KB145238

Elasticsearch in Action

Elasticsearch in Action

일래스틱서치의 핵심 기능과 고급 기능

라두 게오르게 · 매튜 리 힌만 · 로이 루소 지음
이재익 · 최중연 · 이승진 · 한우람 옮김

i!i
에이콘

| 지은이 소개 |

라두 게오르게 Radu Gheorghe

풀타임으로 일래스틱 기반 솔루션에 집중하는 검색 컨설턴트이자 소프트웨어 엔지니어다.

매튜 리 힌만 Matthew Lee Hinman

페타바이트의 데이터를 색인하고 검색하기 위해 일래스틱서치를 사용하는 높은 가용성을 가진 클라우드 기반 시스템을 개발한다.

로이 루소 Roy Russo

포춘 500대 기업들에 예측 분석 솔루션을 제공하는 프레딕토 애널리틱스Predicto Analytics의 기술 담당 부사장이다.

| 감사의 글 |

많은 사람들이 이 책을 만드는 데 귀중한 지원을 해줬다.

- 매닝출판사의 개발 편집자인 수잔 코난트는 여러 방면에서 지원해줬다. 각 장의 초안을 보고 가치 있는 피드백을 제공하고, 책과 각 장의 구조를 계획하도록 도와주었으며, 다음 단계에 대한 충고를 해주고 험난한 길을 헤쳐나갈 수 있도록 도와주었다.
- 편집 기술자인 제트로 코엔라디는 출간되기 전에 많은 양의 원고를 리뷰했으며 출판 전 마지막 단계를 도와줬다.
- 발렌틴 크레타즈는 철저한 전문 교정으로 도움을 주었다.
- 매닝 초기 접근 프로그램MEAP, Manning Early Access Program의 독자들은 저자 온라인 포럼에 수많은 유용한 코멘트를 올려주었다.
- 개발 프로세스에서부터 독자들이 너무 좋은 피드백들을 해주어서, 그들이 없었다면 이 책이 어땠을지 상상할 수조차 없다. 아킴 프리에들랜드, 알란 맥캔, 아르투르 노왁, 바스카르 카람벨카르, 다니엘 벡, 가브리엘 카텐바움, 기안루카 리게토, 이고르 모토브, 지라니 샤익, 조 갈로, 콘스탄틴 야쿠셰브, 코레이 구클루, 마이클 쉴레이차그트, 폴 스타디그, 레이 루고 주니어, 센 슈, 탕구이 레룩스 라두 게오르게에게 감사드린다.

라두 게오르게

순서대로 감사를 표하고 싶다. 아비라Avira의 내 동료들인 미하이 산두, 미하이 에핌, 마틴 아흐렌스, 마티아스 올리그에게 감사한다. 그 외에도 많은 사람들이 일래스틱서치에 관해 배우도록 나를 지지해줬고 항상 성공하지만은 않은 나의 실험들을 용인해주었다. 세마텍스트Sematext의 동료들에게도 감사한다. 커뮤니티와 소통할 수 있게 지원해준 오티스 고스포네틱, 귀중한 팁과 묘책들을 준 라팔 쿠크에게 감사한다. 마지막으로 여기서는 아주 일부만 언급할 수 있을 정도로 너무나 많은 방면에서 나를 지지해준 가족들에게 감사한다. 부모님인 니콜레타, 미하이 게오르게, 인척들인 마다리

6

나^{Madalina}와 아드리아노 라두^{Adrian Radu}는 좋은 음식, 조용한 공간, 그리고 모든 중요한 도의적인 지원을 해주었다. 내 아내 알렉산드리아는 진정한 영웅이다. 그녀는 자신 역시 글을 쓰면서도 내가 글을 쓸 수 있게 모든 것을 배려해 주었다. 마지막으로 나를 이해해주고 책 만들기 같은 창의적인 방법으로 옆에서 함께 시간을 보내준 아들 안드레이에게 감사한다.

매튜 리 힌만

다른 무엇보다 내가 노력할 수 있도록 격려해주고 나의 모험 파트너가 되어 준 아내 데릴라에게 진심 어린 감사의 말을 전하고 싶다. 집필하는 데 너무 많은 지원을 해주었고 내 삶의 다른 많은 부분을 주었다. 우리 딸 베라 올베리아, 태어난 이후로 계속 나를 격려해주어서 고맙다. 일래스틱서치에 공헌해온 모든 분께도 감사드린다. 여러분들 없이는 오픈소스 소프트웨어가 불가능했을 것이다. 이렇게 광범위하고 강력한 종류의 소프트웨어에 공헌하게 된 것은 영광이다.

로이 루소

나의 딸 올리비아와 이사벨라, 그리고 내 아들 야콥스와 아내 로베르타에게 나의 경력 내내 옆에서 지켜봐주고 영감과 동기의 원천이 되어 준 것에 대해 감사하고 싶다. 그들의 지원, 사랑, 이해 덕분에 불가능한 것들이 가능해졌다.

| 이 책을 쓰기까지 |

이 책을 쓰면서, 나의 목적은 일래스틱서치를 사용하기 시작할 때 필요했던 정보를 독자들에게 제공하는 것이었다. 즉, 주요 기능들은 무엇이고 내부적으로 어떻게 동작하는지 알려주고 싶었다. 이러한 목적을 더 잘 설명하기 위해, 어떻게 이 책을 출간하게 됐는지에 대한 더 상세한 이야기를 들려주겠다.

2011년에 로그를 한곳에 모으는 프로젝트를 하면서 일래스틱서치를 처음 접했다. 동료인 미하이 산두는 내게 로그 검색을 위해 일래스틱서치를 사용하는 그레이로그Graylog를 보여줬고, 모든 설정이 매우 쉬웠다. 서버 2대로 우리가 로깅하는 데 필요한 모든 것을 처리할 수 있었지만, 대략 1년 안에 데이터 크기가 수백 배 증가할 것으로 기대했고 정말 그랬다. 게다가 점점 더 복잡한 분석 요구가 있어서, 설정을 튜닝하거나 확장하는 데 일래스틱서치와 그 기능에 대해 깊이 이해할 필요가 있다는 것을 곧 알게 됐다.

우리는 공부할 책이 없어서 어려운 방식으로 배워야 했다. 수많은 실험을 하고, 메일링 리스트에 수많은 질문과 답변을 했다. 긍정적인 면은 거기에 주기적으로 글을 올리는 많은 뛰어난 사람들을 알게 됐다는 것이다. 이렇게 해서 세마텍스트에서 일하게 됐고, 일래스틱서치에 모든 시간을 쏟아 집중할 수 있었다. 매닝출판사에서 내가 일래스틱서치에 관해 글을 쓸 의향이 있는지 묻게 된 이유가 바로 이것일 것이다.

당연히 책을 집필하는 것에 관심이 있었다. 어려운 작업이라고 우려했지만, 다행히도 집필에 관심이 있던 리 힌만을 소개받아 함께 작업을 하게 됐다. 저자가 둘이니일이 수월해질 거라 생각했고, 리와 나는 정말 손발이 잘 맞았으며, 서로에게 유용한 피드백을 제공하기도 했다. 그런데 그 당시 우리가 미처 알지 못했던 것은 기능을 초반에 소개하고 뒷부분에서 다양한 사용 사례에 대해 그 기능의 우수 사례를 배치하는 것이 훨씬 쉬웠을 것이라는 점이다. 하지만 우리는 리뷰어의 피드백을 받으면서 모든 것이 서로 잘 어우러지도록 작업을 했고 진도가 점점 더 느려졌다. 바로 그 시점에 로이 루소가 합류해서 책을 마무리하는 데 도움을 줬다.

2년 6개월 동안 이른 아침, 늦은 밤, 그리고 주말 작업을 한 후, 마침내 끝냈다. 힘들었지만 값진 경험이기도 했다. 4년 전 내 손에 이 책이 있었다면 분명히 좋아했을 것이고, 여러분도 그러길 바란다.

라두 게오르게

| 옮긴이 소개 |

이재익(humanjack@gmail.com)

네이버에서 일래스틱서치를 기반으로 로그 관리 시스템을 개발 및 운영하고 있으며, 로그 저장, 검색, 분석 관련 기술들과 오픈소스에 관심이 많다. 성장을 위해 새로운 시도를 하는 것을 좋아하고, 여가 시간에는 두 아들과 많은 시간을 보내려고 노력한다.

최중연(newpcraft@gmail.com)

네이버에서 시계열 데이터 저장 서비스를 개발하고 있으며, 로그 데이터에 기반한 시계열 데이터 집계 및 저장에 관심이 많다. 이러한 운영 로그를 효과적으로 집계하고 시계열화해서 운영을 고도화하려는 목적으로 일래스틱서치를 접하게 되었고 번역에도 참여하게 됐다.

이승진(sweetest_sj@naver.com)

네이버에 근무하며 전사 로그 플랫폼 개발 및 운영 업무를 수행하였고, 대용량 분산 컴퓨팅과 그에 연관된 오픈소스 프로젝트들에 많은 관심을 가지고 있다. 현재 캘리포니아 어바인Irvine에서 수학 중이다.

한우람(hgword@naver.com)

네이버에서 BTS 및 품질관리도구를 운영하였고, 현재 로그 관리 시스템을 개발하고 있다.

| 옮긴이의 말 |

일래스틱서치는 루씬 기반의 실시간 검색을 제공하는 분산검색엔진이다. 검색 기능 외에도 강력한 집계 기능을 제공해 실시간 분석엔진으로도 활용 가능하고, 데이터를 저장할 수도 있어 NoSQL 저장소로 활용할 수 있다. 넷플릭스^{Netflix}, 깃허브^{Github}, 위키피디아^{Wikipedia} 등의 잘 알려진 사이트에서도 검색, 로그, 분석 등 다양한 용도로 클러스터를 운영하고 있다.

나는 2012년 사내 로그 시스템을 개발하면서 처음으로 일래스틱서치를 사용하기 시작했다. 기존 시스템을 새로 개발하면서 실시간 검색 기능을 제공하기 위해 몇 가지 오픈소스를 검토하였다.

일래스틱서치는 실시간 검색을 제공하면서 집계 기능을 제공하고, 시스템 확장도 용이하여 로그 시스템 개발에 활용하기 적합하다. 또한, 일관된 REST API를 제공한다. 필요한 기능은 플러그인으로 구현하거나 누군가에 의해 이미 구현된 오픈소스 플러그인을 활용할 수도 있다. 일래스틱서치라는 이름에 걸맞은 유연함에 감동한다.

초기 버전의 경우 버그도 많았고, 개발하면서 필요한 세세한 내용들과 제품을 운영하면서 발생하는 다양한 문제들을 해결하기에는 자료가 부족하여 메일링리스트와 다양한 실험을 통해 많은 시간을 소비해야 했다. 최신 버전은 시스템 안정성이 높아지고 사용자도 많이 늘면서 매뉴얼과 인터넷의 자료만으로도 간단한 기능들을 쉽게 활용할 수 있지만, 실무에서는 충분하지 않다.

이 책은 색인, 검색 쿼리, 제안 쿼리, 운영 등 일래스틱서치 대부분의 기능들을 설치부터 운영까지 예제와 함께 설명하고 있어서, 일래스틱서치를 처음 시작하는 개발자, 이미 사용하고 있지만 고급 기능들의 활용 방법에 대해 궁금한 개발자, 설치와 설정 및 운영 노하우가 필요한 인프라 운영자까지 독자들에게 유용한 정보를 제공하고 있다.

일래스틱서치의 다양한 기능들을 사례를 통해 설명하고 있어서 각각의 기본 기능을 이해하면서 실제 어떻게 활용할지에 대해 이해하는 데 많은 도움을 줄 것이다.

마지막으로 계속해서 늦어진 번역 일정에 대해 이해해주신 에이콘출판사 가족 여러분들, 주말과 평일 저녁 번역 작업으로 두 아들의 육아를 맡아준 사랑하는 아내 윤주, 사랑하는 두 아들 준호 준혁에게 감사의 말을 전하고 싶다.

이재익

| 차례 |

10장 성능 극대화 441

11장 클러스터 관리

| 들어가며 |

일래스틱서치Elasticsearch가 2010년에 처음 나온 이후로 그 인기는 점점 높아지고 있다. 검색 엔진의 전통적인 사용 사례인 제품 검색부터 소셜 미디어의 실시간 분석, 애플리케이션 로그, 다른 유동 데이터까지 다양한 상황에서 사용되고 있다. 일래스틱 서치의 강점은 풍부한 분석 기능뿐만 아니라 쉽고 효율적인 분석을 가능케 하는 분산 모델에 있다. 이 모든 것은 이미 자리 잡은 아파치 루씬 검색 엔진 라이브러리를 기반으로 한다. 루씬 역시 지금에 이르러 같은 양의 데이터를 더 적은 CPU, 메모리, 디스크 공간으로 처리할 수 있도록 발전을 거듭하고 있다.

이 책은 서로 다른 분석기와 쿼리 타입을 사용해 유사도 튜닝부터 실시간 분석 목적으로 집계를 사용하는 것까지 일래스틱서치의 모든 주요 기능뿐 아니라 지리 공간 검색geo-spatial과 문서 퍼컬레이션percolation 같은 이색적인 기능도 다룬다.

책을 읽다 보면 일래스틱서치를 사용하기 쉽다는 것을 금방 알게 될 것이다. 몇 시간 안에 문서를 넣고, 검색하고, 통계를 만들고, 하물며 데이터를 여러 대의 서버로 분산하고 복제하는 것조차 할 수 있다. 기본 동작과 설정이 매우 개발자 친화적이어서 사용자가 쉽게 개념 증명Proof-of-concept 작업을 하게 한다.

프로토타입에서 제품으로 옮겨가는 것은 다양한 기능 및 성능 제안과 마주치면서 종종 더 어려워지곤 한다. 따라서 각 기능이 내부적으로 어떻게 동작하는지 설명하려는 것이고, 이로 인해 훌륭한 검색 능력을 갖추게 되고 여러분의 클러스터로 좋은 읽기 쓰기 성능을 얻기 위한 최적화를 할 수 있게 될 것이다.

이 책에서 다루는 기능은 정확히 무엇인가? 이 책의 로드맵을 더 자세히 살펴보자.

이 책의 구성

이 책은 '핵심 기능'과 '고급 기능' 두 개의 부로 나뉜다. 특정 장에서 논의하는 기능은 이전 장에 나온 개념에 종종 의존하므로 순서대로 읽는 것이 좋다. 손으로 직접 실행해보는 걸 선호하는 독자를 위해 각 장에 따라 할 수 있는 코드 예제와 스니펫이 있지만, 개념과 일래스틱서치의 동작 방법을 배우기 위해 꼭 컴퓨터가 필요한 것은 아니다.

1부는 핵심 기능을 설명한다. 즉, 어떻게 데이터를 모델을 만들고 색인해서 활용 사례의 요구에 맞게 검색하고 분석할 수 있는지 설명한다. 1부를 마칠 때쯤에는 일 래스틱서치 기능의 구성 요소를 이해할 수 있을 것이다.

1장, 일래스틱서치 소개 일반적으로 검색 엔진의 역할이 무엇이고, 특히 일래스틱서치의 기능이 무엇인지 개요를 살펴본다. 일래스틱서치로 어떤 종류의 문제를 해결할 수 있는지 알 수 있다.

2장, 기능 들여다보기 문서를 색인하고, 검색하고, 집계로 데이터를 분석하고, 여러 노드로 확장하는 주요 기능에 관해 하나씩 살펴본다.

3장, 데이터 색인, 변경, 삭제 데이터를 색인, 갱신, 삭제할 때 사용할 수 있는 옵션을 알아본다. 문서에서 어떤 종류의 필드를 다룰 수 있는지, 문서를 쓸 때 무슨 일이 일어나는지도 함께 살펴본다.

4장, 데이터 검색 전문 검색 영역을 깊이 있게 살펴본다. 중요한 쿼리와 필터 타입을 알아보고, 동작하는 방법과 언제 어떤 것을 사용할지 알아본다.

5장, 데이터 분석 어떻게 분석을 통해 텍스트가 문서와 쿼리 형태에서 검색에 사용되는 토큰으로 쪼개지는지 설명한다. 일래스틱서치의 전문 검색 잠재력을 완전히 사용하기 위해서 서로 다른 분석기를 어떻게 사용하는지, 그리고 어떻게 여러분 자신만의 분석기를 만드는지도 살펴본다.

6장, 유사도 검색 유사도에 초점을 맞춰 전문 검색 기량을 완성하도록 도와준다. 문서의 점수에 영향을 주는 요소들과 어떻게 서로 다른 스코어링 알고리즘을 사용해서 다루는지, 특정 쿼리나 필드의 우선순위를 조정하거나 점수를 조정하기 위해 좋아요 likes나 리트윗retweet 수 등의 문서 값들을 사용하는지 살펴본다.

7장, 집계로 데이터 살펴보기 실시간 분석을 위해 집계를 사용하는 방법을 알아본다. 집계와 쿼리를 결합하는 방법, 그리고 건초 더미에서 바늘을 찾기(2년 전 누군가 폴란드에서 떨어뜨린) 위해 어떻게 이들을 중첩하는지 살펴본다.

8장, 도큐먼트 간 관계 밴드와 그 밴드의 앨범과 같은 관계형 데이터를 다룬다. 중첩 문서나 부모-자식 관계 같은 일래스틱서치 기능을 어떻게 사용하는지 알아보고, 역정규화나 애플리케이션에서의 조인application-side join처럼 단일하지flat 않은 데이터를 색인하고 검색하기 위한 일반적인 NoSQL 기술도 살펴본다.

2부는 제품에 핵심 기능을 넣을 수 있도록 돕는다. 이를 위해 각 기능의 동작 원리 및 성능과 확장성에 대한 영향을 살펴본다.

9장, 스케일 아웃 여러 노드로 확장하는 것을 알아본다. 색인 샤드를 구성하고 복제하는 방법을 살펴보고, 현재 설계가 향후의 데이터도 대비할 수 있게 한다. 예를 들어, 오버샤딩oversharding하거나 시간 기준의 색인을 사용한다.

10장, 성능 극대화 클러스터의 성능을 더 짜내도록 돕는 요령들을 알아본다. 방법에 따라 일래스틱서치가 캐시를 사용하고 데이터를 디스크에 쓰는 방법뿐만 아니라, 사용 사례에 따라 일래스틱서치를 변경했을 때의 다양한 균형점도 살펴본다.

11장, 클러스터 관리 제품의 클러스터를 모니터하고 관리하는 방법을 알려준다. 주시해야 하는 중요한 지표들과 데이터를 백업하고 복구하는 방법, 그리고 색인 템플릿과 에일리어스alias 같은 손쉬운 방법을 어떻게 사용하는지 다룬다.

이 책의 여섯 가지 부록은 알아야 하지만, 어떤 사용 사례에는 관련이 없을 수도 있는 기능들을 다룬다. '부록'이라는 단어로 인해 이 기능들을 깊이 없이 다룬다고 오해하지는 않기를 바란다. 나머지 부분들처럼 어떻게 각 기능이 내부적으로 동작하는지 상세히 알아볼 것이다.

부록 A, 지리 공간 데이터로 작업하기 지리 공간 검색과 집계에 대해 알아본다.

부록 B, 플러그인 일래스틱서치 플러그인을 관리하는 방법을 알아본다.

부록 C, 하이라이팅 검색 결과에서 쿼리 텀에 대해 하이라이팅하는 것을 알아본다.

부록 D, 일래스틱서치 모니터링 플러그인 일래스틱서치를 관리하기 위해 제품에서 사용할 수도 있을 서드 파티 모니터링 툴을 소개한다.

부록 E, 퍼컬레이터로 검색 뒤집기 많은 쿼리에 대해 몇 개의 문서를 일치시키기 위한 퍼컬레이터를 사용하는 방법을 알아본다.

부록 F, 자동완성과 검색어 제안 기능을 위한 제안자 사용하기 검색 제안과 자동 완성 기능을 구현하기 위한 제안자suggesters를 사용하는 방법을 알아본다

예제 코드 다운로드

예제와 본문의 모든 소스 코드는 일반 본문과 구별하기 위해 별도의 서체를 사용한다. 또한 예제에 코드 주석을 많이 달아서 중요 개념을 강조한다.

이 책의 모든 예제 소스 코드와 실행 지침은 https://github.com/dakrone/elasticsearch-in-action에 있다. 출판사 웹사이트 www.manning.com/books/elasticsearch-in-action에서도 내려받을 수 있다. 또한 에이콘출판사의 도서정보 페이지인 http://www.acornpub.co.kr/book/elasticsearch-in-action에서도 내려받을 수 있다.

코드 스니펫과 소스 코드는 일래스틱서치 1.5에서 잘 동작할 것이다. 물론, 1.x 브랜치의 모든 버전에서 동작해야 한다. 이 책을 쓰는 시점에 버전 2.0의 로드맵이 명확해지고 있어서 이 또한 고려했는데, 대부분의 미리 정의한 필드에 대한 설정 옵션 같은 사라지는 기능들은 생략했다. 필터 캐시같이 1.x와 2.x가 다르게 동작하는 곳에서는 특별히 팁 박스로 따로 언급했다.

저자 온라인

이 책을 구매했다면 매닝출판사가 운영하는 사설 웹 포럼에 무료로 접속해 책에 관해 코멘트를 하거나 기술적인 질문을 하고 저자와 다른 독자들로부터 도움을 받을 수 있다. 저자 온라인 포럼에 방문하고 구독하려면, www.manning.com/books/elasticsearch-in-action에 방문한다. 이 페이지는 여러분이 등록한 포럼에 어떻게 접속하고, 어떤 종류의 도움을 받을 수 있는지, 포럼에서 행동 규칙들에 대한 정보를 제공한다.

독자에 대한 매닝의 의무는 개별 독자 간 그리고 독자와 저자 간 의미 있는 대화에 참여할 수 있는 장소를 제공하는 것이다. 저자 측에서 일정한 시간 의무적으로 참여해야 하는 것은 아니고 저자의 자발적인 지원으로 이뤄질 뿐이다.

저자 온라인 포럼과 이전에 토론했던 기록은 매닝출판사 웹사이트에서 이용 가능하다.

1부

1부에서는 기능적인 면에서 일래스틱서치가 무엇을 할 수 있는지 다룬다. 1장에서는 더 일반적인 개념으로 시작한다. 일래스틱서치를 일반적으로 어떻게 검색엔진으로 사용하는지, 그리고 어떻게 효과적으로 데이터의 모델을 만들고, 색인하고, 검색하고 분석하는지 살펴볼 것이다. 1부를 읽고 나면 일래스틱서치가 기능적인 면에서 무엇을 제공할 수 있는지와 어떻게 일래스틱서치를 사용해서 여러분의 검색과 실시간 분석 문제를 풀 수 있는지 깊이 이해하게 될 것이다.

1

일래스틱서치 소개

1장에서 다루는 내용

- 검색엔진과 검색엔진이 다루는 문제 이해하기
- 검색엔진으로서 일래스틱서치가 얼마나 적합한가
- 전형적인 사용 시나리오
- 일래스틱서치가 제공하는 기능들
- 일래스틱서치 설치하기

우리는 매일 어디에서든 검색한다. 쉽고 빠르게 작업을 마칠 수 있어서 검색은 유용한 것이다. 온라인에서 물건을 사거나 블로그를 방문할 때 전체 웹사이트를 살피는 대신 찾고자 하는 것을 발견할 수 있는 검색박스가 어딘가 있기를 기대한다. 아마도 내가 그럴지 모르겠지만, 아침에 일어났을 때 부엌에 가서 어딘가에 있는 검색박스에 "그릇"을 치면 자주 쓰는 그릇이 하이라이트되길 바란다.

우리는 또한 검색박스가 똑똑해지길 기대한다. "그릇" 전체를 입력하는 대신 검색박스가 추천을 해주길 기대하며, 결과와 추천이 임의의 순서로 나오길 원하지 않는다. 검색이 똑똑해서, 가능하다면 내가 원하는 걸 추측해서 가장 관련된 결과를 처음에 주길 원한다. 예를 들어, 온라인 상점에서 "노트북"을 검색했는데 노트북을 찾기 전에 노트북 액세서리를 스크롤해야 한다면 첫 페이지 결과를 보고 다른 사이트로 가고 싶을 것이다. 관련 결과와 추천이 필요한 이유가 단지 우리가 서두르고 좋은 검색 인터페이스로 인해 참을성이 없어졌기 때문만은 아니다. 점점 더 선택해야 할 것들이 많아지기 때문이기도 하다. 수많은 노트북을 판매하는 온라인 상점의 검색박스에 "내 친구를 위한 가장 좋은 노트북"이라고 입력하는 것은 효과적이지 않으며, 좋은 키워드 검색 역시 때때로 충분하지 않다. 결과에 대한 통계를 제공해서 사용자가 흥미를 느끼는 것에 대해 범위를 좁혀 갈 수 있어야 한다. 화면 크기, 가격 범위 등을 선택해서 노트북 검색을 좁혀가면 결국 대여섯 개의 노트북 선택지만 남는다.

마지막으로 성능 문제가 있다. 누구도 기다리는 것을 원하지 않기 때문이다. 어떤 것을 검색해서 결과를 얻는 데 몇 분씩 걸리는 웹사이트를 본 적이 있다. 몇 분이나! 검색하는 데 말이다!

데이터에 대한 검색을 제공하길 원한다면 몇 가지 이슈를 다루어야 한다. 관련 검색 결과를 내놓고, 통계를 제공하고, 모든 것을 빠르게 처리해야 한다. 이러한 경우가 일래스틱서치Elasticsearch와 같은 검색엔진을 사용하기 적합한 영역이다. 검색엔진은 이러한 도전을 정확히 만족시키기 위해 만들어졌기 때문이다. 관계형 데이터베이스 위에 검색엔진을 배포해서 색인을 생성하고 SQL 질의 속도를 올릴 수 있다. 또는 검색 기능을 추가하기 위해 NoSQL 저장소의 데이터에 대한 색인을 만들 수 있는데, 일래스틱서치를 사용해 이러한 것이 가능하다. 일래스틱서치가 문서 단위로 데이터를 표현하기 때문에 몽고디비MongoDB 같은 문서 기반 저장소와 잘 동작한다. 일래스틱서치 같은 최신 검색엔진은 데이터 저장에도 뛰어나서 강력한 검색 능력과 함께 NoSQL 데이터 저장소로 사용할 수 있다.

일래스틱서치는 오픈소스 분산시스템이며 오픈소스 검색 라이브러리인 아파치 루씬Apache Lucene[1]을 기반으로 만들었다. 루씬은 자바 애플리케이션에 검색 기능을 구현할 수 있게 해준다. 일래스틱서치는 루씬 기능을 가져와서 좀 더 빠르고 쉽게 데이터를 저장하고 색인을 만들고 검색할 수 있도록 확장했다. 이름과 같이 유연하게elastic 제공한다. 또한, 일래스틱서치를 사용하기 위해 애플리케이션을 자바로 만들 필요가 없다. 즉, 일래스틱서치 클러스터를 색인, 검색, 관리하기 위해 데이터를 JSON 형태로 HTTP를 통해 전달할 수 있다.

---

1 아파치 루씬에 관한 추가 정보는 http://lucene.apache.org/core/에서 찾을 수 있다.

1장에서는 검색과 데이터 기능을 자세히 설명하고, 기능들을 어떻게 사용하는지 배울 것이다. 우선 검색엔진이 전형적으로 직면한 도전과제들과 일래스틱서치가 문제들을 해결한 방법을 살펴보자.

1.1 일래스틱서치로 검색 문제 해결

일래스틱서치가 어떻게 동작하는지 이해하기 위해서 예제를 살펴보자. 여러분이 블로그를 호스팅하는 웹사이트에서 일하고 있다고 가정하면 사용자가 특정 글에 대해 전체 사이트를 검색하도록 하길 원할 것이다. 여러분의 첫 번째 업무는 키워드 검색을 구현하는 것이다. 예를 들어 사용자가 "투표"를 검색하면 투표를 포함하는 모든 글을 보여주는 게 좋다.

검색엔진은 여러분을 대신해서 이 일을 하지만, 견고한 검색 기능을 위해서 그 이상이 필요하다. 결과가 빠르게 나와야 하고, 관련된 것이어야 한다. 찾고자 하는 정확한 단어를 모를 때 사용자가 검색하는 것을 돕는 기능을 제공하면 더 훌륭하다. 이러한 기능들은 오타를 찾고, 추천을 제공하며 결과를 범주category로 나누는 것을 포함한다.

> **팁** 이 장에서 일래스틱서치 기능들을 개략적으로 이해할 수 있다. 지금 바로 설치하고 실습하길 원한다면 1.5절로 넘어가라. 설치 과정이 놀랍도록 쉬울 것이다. 개념적인 이해를 위해 이곳으로 돌아오는 것도 좋을 것이다.

1.1.1 빠른 검색 제공

여러분의 사이트에 엄청나게 많은 글이 있다면, 모든 글을 뒤져서 "투표"라는 단어를 검색하는 것은 시간이 오래 걸릴 수 있다. 하지만 여러분은 사용자가 기다리길 원하지 않는다. 이때 일래스틱서치가 도울 수 있다. 기본적으로 모든 데이터를 색인하기 위해 고성능 검색엔진 라이브러리인 루씬을 사용하기 때문이다.

색인은 데이터에 덧붙여 생성하는 자료 구조이고 좀 더 빠르게 검색하도록 해준다. 대부분의 데이터베이스 필드에 색인을 추가할 수 있으며 몇 가지 방법이 있다. 루씬은 역 색인inverted indexing을 사용한다. 역 색인은 각각의 단어가 어디에 속해 있는지 목록을 유지하는 자료구조를 생성하는 것을 의미한다. 예를 들어 태그로 블로그 글을 검색해야 한다면, 역 색인을 사용하는 것은 표 1.1과 같은 형태일 것이다.

▼ **표 1.1** 블로그 태그에 대한 역 색인

미가공 데이터(raw data)		색인 데이터	
블로그 글 ID	태그	태그	블로그 글 ID
1	투표	투표	1, 3
2	평화	평화	2, 3, 4
3	투표, 평화		
4	평화		

투표 태그를 가지고 있는 블로그 글을 검색한다면 각각의 블로그 글마다 단어를 찾기보다는 색인을 찾는 것이 훨씬 빠르다. 태그가 투표인 곳을 찾기만 하면 해당하는 모든 블로그 글들을 얻을 수 있기 때문이다. 이러한 속도의 증가는 검색엔진의 맥락에서 이해된다. 실제로는 오직 한 단어만 검색하는 것은 드물다. 예를 들어 "일래스틱서치 인 액션"을 검색한다면, 세 단어를 찾는 것은 세 배의 속도 증가를 의미한다. 이 모든 것이 지금은 다소 복잡하게 보일지 모르지만 3장의 색인과 4장의 검색을 논의하면서 상세한 것들을 설명할 것이다.

역 색인은 관련성에 있어서도 검색엔진에 적합하다. 예를 들어, "평화"와 같은 단어를 찾을 때 어떤 문서가 일치하는지뿐만 아니라 일치하는 문서의 개수도 얻을 수 있다. 이것은 어떤 단어가 문서 대부분에 있다면 관련성이 적기 때문에 중요하다. 여러분이 "일래스틱서치 인 액션"을 검색하고 수백만의 다른 문서와 마찬가지로 하나의 문서에서 "인"을 포함한다고 하자. 이 순간 여러분은 "인"이 일반적인 단어고 이단어가 포함된 문서가 사실은 여러분의 검색과 얼마나 관련되고 일치되었는지를 의미하지 않는다는 것을 알게 된다. 반대로 수백 개의 문서가 "일래스틱서치"를 포함한다면, 관련 문서들에 근접해 가고 있다는 것을 알 수 있다. 일래스틱서치는 여러분을 위해 이러한 일을 한다. 6장에서는 데이터를 튜닝하는 것과 관련 검색에 대해 모든 것을 배울 것이다.

그렇지만 검색 성능을 개선하는 것과 관련성 사이에는 균형이 있다. 색인은 디스크 공간을 차지하고 새로운 블로그 글을 추가하는 것이 느려질 것이다. 데이터를 추가한 후에 색인을 갱신해야 하기 때문이다. 긍정적인 면은 튜닝을 통해 색인과 검색 시 일래스틱서치를 빠르게 만들 수 있다는 것이다. 10장에서 튜닝에 대해 매우 상세히 논의할 것이다.

1.1.2 관련 결과 보장

관련 결과를 보장하는 것은 어려운 부분이 있다. 어떻게 하면 단순히 투표라는 단어만 포함한 블로그 글 이전에 정말로 투표와 관련된 글이 나타나게 만들 수 있을까? 일래스틱서치로 기본적으로 결과를 정렬하기 위해 사용하는 관련성 점수$^{relevancy score}$를 계산하기 위한 몇 가지 알고리즘을 사용할 수 있다.

관련성 점수는 검색조건과 일치하는 각각의 문서에 할당된 점수이고 문서가 얼마나 조건과 관련성이 있는지를 나타낸다. 예를 들어 한 블로그 글이 "투표"를 다른 문서보다 많이 포함하면 투표와 좀 더 관련성이 있을 것이다. 그림 1.1은 DuckDuckGo의 예를 보여준다.

Election - Wikipedia, the free encyclopedia

"Free **election**" redirects here. For the " **elections**" of Polish kings, see Royal **elections** in Poland

W en.wikipedia.org/wiki/Election

Florida Division of Elections

Offers information for Florida voters about the candidates, **election** process, electors, and registration.

election.dos.state.fl.us

▲ **그림 1.1** 검색어가 좀 더 많이 존재하면 대개 그 문서에 더 높은 순위를 매긴다

기본적으로 문서의 관련성 점수를 평가하는 데 사용하는 알고리즘은 tf-idf다. 4장과 6장에서 점수와 tf-idf에 대해 좀 더 논의할 것이다. 이것은 검색과 관련성에 관한 것이지만 기본 개념은 다음과 같다. tf-idf는 단어 빈도$^{term frequency}$-역 문서 빈도$^{inverse document frequency}$를 나타내며, 관련성 점수에 영향을 주는 두 요소다.

- 단어 빈도^{term frequency} – 문서에서 찾고자 하는 단어가 많이 나올수록 높은 점수를 준다.

- 역 문서 빈도^{inverse document frequency} – 단어가 다른 문서들 간에 흔치 않으면 각 단어의 가중치가 더 높다.

예를 들어, 사이클 리스트의 블로그에서 "자전거 경주"를 찾는다면 "자전거"는 "경주"보다 훨씬 적은 점수를 받는다. 그렇지만 한 문서에서 두 단어가 많이 나올수록 문서의 점수는 높아진다.

알고리즘 선택과 더불어 일래스틱서치는 여러분의 요구에 맞으면서 관련성 점수에 영향을 주는 많은 다른 내장 기능을 제공한다. 예를 들어, 글의 제목과 같은 특정 필드에 점수를 부가해서 본문보다 더 중요도를 줄 수 있다. 이러한 방식은 본문만 일치하는 유사한 문서에 비해 제목에 대한 검색 조건과 일치하는 문서에 더 많은 점수를 준다. 부분적으로 일치하는 것보다 정확하게 일치하는 숫자를 늘릴 수 있고, 점수를 계산하는 방식에 사용자 조건을 추가하는 스크립트를 사용할 수도 있다. 예를 들어 블로그 글에 대해 사용자가 선호도를 표현하도록 할 경우에 점수를 준 숫자에 기반을 둬서 점수를 올리거나, 새로운 글이 유사하거나 오래된 글보다 높은 점수를 갖도록 할 수 있다.

당장은 이러한 기능들의 동작 방식에 대해서 걱정하지 마라. 6장에서 관련성에 대해 자세히 논의한다. 지금은 일래스틱서치로 무엇을 할 수 있고 언제 기능들을 사용하길 원하는지에 초점을 두자.

1.1.3 완전 일치를 뛰어넘어 검색하기

일래스틱서치를 사용하면 검색을 직관적으로 만들고 완전 일치^{exact match} 수준을 넘어설 수 있다. 사용자가 오타를 입력하거나 동의어나 저장된 파생어와 다른 단어를 사용했을 때 유용하다. 사용자가 처음에 정확히 무엇을 입력할지 모를 때도 유용하다.

오타 처리

일래스틱서치를 설정해서 정확히 일치하는 것만 찾는 대신 변형된 것들을 찾게 할 수 있다. 퍼지^{fuzzy} 질의를 사용하면 자전거에 대한 블로그를 찾을 때 "bicycel"로도 검색할 수 있다. 6장에서 유사 검색이 가능하게 만드는 퍼지 질의와 다른 기능들을 살펴본다.

파생어 지원

분석^{analysis}을 사용하면 일래스틱서치가 제목이 "bicycle"인 블로그가 "bicyclist"나 "cycling"을 포함한 질의와 일치하도록 만들 수 있다. 그림 1.1에서 "elections"가 "election"과도 일치한 것을 아마 눈치챘을 것이다. 또한, 일치한 단어가 볼드로 하이라이트된 것도 눈치챘을 것이다. 일래스틱서치를 이용하면 이러한 것들을 할 수 있다. 부록 C에서 하이라이트를 다룰 것이다.

통계 사용

사용자가 무엇을 검색할지 모를 때, 몇 가지 방법으로 도울 수 있다. 한 가지 방법은 7장에서 다룰 집계^{aggregation}를 통해 통계를 보여주는 것이다. 집계는 질의의 결과로 수치^{counter}들을 얻는 방법이다. 얼마나 많은 주제가 범주별로 나뉘는지 또는 범주별로 좋아요^{likes}와 공유^{shares}의 숫자가 얼마인지와 같은 수치들을 말이다. 여러분의 블로그를 생각해보자. 사용자는 오른쪽에 나열된 인기 주제를 본다. 한 주제가 "cycling"이라 하자. "cycling"에 흥미 있는 사람이 결과를 좁히기 위해 주제를 클릭할 것이다. 그때 다른 집계를 사용해서 "cycling" 글을 "bicycle reviews", "cycling events" 등으로 분류할 수 있다.

제안 제공

사용자가 입력을 시작하면 인기 있는 검색과 결과를 찾도록 도울 수 있다. 대부분의 웹 검색엔진이 하는 것과 같이 입력했을 때 검색을 예측하기 위해 제안을 사용할 수 있다. 접두어, 와일드카드^{wild card}, 정규표현식 같은 특별한 질의 형태를 사용해서 입력했을 때 인기 있는 결과를 보여줄 수도 있다. 부록 F에서 자동완성을 위한 "좀 더 빠른 질의^{faster-than-normal queries}"와 "검색제안^{did-you-mean}" 기능 같은 제안자^{suggesters}도 논의할 것이다.

지금까지 일래스틱서치가 제공하는 고수준 기능들을 논의했다. 이제 그 기능들을 보통 어떻게 제품에 사용하는지 살펴보자.

1.2 일반적인 일래스틱서치 사용 사례

일래스틱서치에 데이터를 저장하고 색인하는 것이 빠르고 관련된 검색 결과를 제공하는 좋은 방법이라는 것을 이미 규명했다. 하지만 결국 일래스틱서치는 검색엔진일 뿐이고, 그것 자체만 사용하지는 않을 것이다. 다른 데이터 저장소처럼 데이터를 집어 넣을 방법이 필요하고, 아마도 사용자가 데이터를 검색하기 위한 인터페이스를 제공할 필요가 있을 것이다.

일래스틱서치가 어떻게 더 큰 시스템에 적합한지 아이디어를 얻기 위해서, 세 가지 전형적인 시나리오를 고려해보자.

- 일래스틱서치를 웹사이트의 기본 백엔드로 사용하기 – 논의했던 것처럼 사람들이 블로그 글을 남기도록 하는 웹사이트를 가지고 있지만, 글을 검색하는 기능도 원한다고 하자. 일래스틱서치를 사용하면 모든 글을 저장하고 질의도 제공할 수 있다.

- 기존 시스템에 일래스틱서치 추가하기 – 대량의 데이터를 고속으로 처리하는 시스템을 이미 가지고 있고 검색을 추가하고 싶어서 이 책을 읽을지도 모르겠다. 어떻게 그것이 가능할지 전반적인 설계안들을 살펴볼 것이다.

- 기존 시스템의 백엔드로 일래스틱서치 사용하기 – 일래스틱서치는 오픈소스이고 쉬운 HTTP 인터페이스를 제공하기 때문에 큰 에코시스템ecosystem을 가지고 있다. 예를 들어, 일래스틱서치는 로그수집 용도로 대중적이다. 일래스틱서치에 읽고 쓸 수 있는 도구들이 이미 이용 가능해서, 원하는 방식으로 동작하도록 도구를 설정하는 것 외에는 별도로 개발할 필요가 없다.

각 시나리오를 자세히 살펴보자.

1.2.1 일래스틱서치를 기본 백엔드로 사용하기

전통적으로 검색엔진은 빠른 연관 검색 기능을 제공하기 위해서 안정된 데이터 저장소 위에 배포한다. 과거에는 검색엔진이 내구성 있는 저장소durable storage나 통계 같은 필요한 기능들을 제공하지 않았기 때문이다.

일래스틱서치는 내구성 있는 저장소와 통계, 데이터 저장소에서 기대하는 다른 많은 기능을 제공하는 최신 검색엔진 중 하나다. 신규 프로젝트를 시작한다면, 일래스틱서치를 단 하나의 데이터 저장소로 사용해서 설계를 단순하게 유지하는 것을 고려해보길 추천한다. 업데이트가 많을 때와 같이 모든 경우에 이 방법이 통하지는 않을 것이므로, 다른 저장소 위에 일래스틱서치를 사용할 수도 있다.

> **노트** 다른 NoSQL 저장소와 같이, 일래스틱서치는 트랜잭션을 지원하지 않는다. 3장에서 동시성을 관리하기 위해 어떻게 버전을 사용하는지 볼 것이다. 그러나 트랜잭션이 필요하다면, "소스 저장소"(source of truth)[2]로서 다른 데이터베이스를 사용하길 고려해보라. 또한 정기적인 백업은 하나의 데이터 저장소를 사용할 때 좋은 습관이다. 11장에서 백업에 대해 논의할 것이다.

블로그 예제로 돌아가 보자. 새로 작성한 블로그 글들을 일래스틱서치에서 저장할 수 있다. 유사하게 그림 1.2와 같이 모든 데이터를 가져오고 검색하고 통계를 내기 위해 일래스틱서치를 사용할 수 있다.

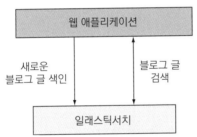

▲ **그림 1.2** 일래스틱서치를 여러분의 모든 데이터를 저장하고 색인하는 단일 백엔드로 사용하기

서버가 내려가면 무슨 일이 일어날까? 다른 서버에 데이터를 복제하여 내고장성을 얻을 수 있다. 많은 다른 특징들이 일래스틱서치를 NoSQL 저장소로 구미를 당기게 한다. 일래스틱서치가 만능일 수는 없지만 전체 설계에 다른 저장소를 넣어서 복잡도를 증가시킬 가치가 있는지 저울질해 보아야 한다.

---

2   https://en.wikipedia.org/wiki/Single_Source_of_Truth – 옮긴이

1.2.2 기존 시스템에 일래스틱서치 추가하기

일래스틱서치 자체가 데이터 저장소로서 요구하는 모든 기능을 항상 제공하지 않을 지도 모른다. 어떤 경우는 다른 저장소에 부가적으로 사용하길 요구할지 모른다.

예를 들어, 트랜잭션 지원과 복잡한 관계는 일래스틱서치가 버전 1[3]에서는 지원 하지 않는다. 그런 기능이 필요하다면 다른 저장소와 함께 일래스틱서치를 사용할 것을 고려하길 바란다.

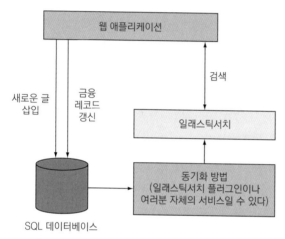

▲ **그림 1.3** 다른 저장소와 같은 시스템으로 일래스틱서치 사용하기

또는 이미 동작하는 복잡한 시스템을 갖고 있지만, 검색을 추가하길 원할지 모른 다. 일래스틱서치만 사용할 목적으로 전체 시스템을 다시 설계하는 것은 위험하다. 좀 더 안전한 방법은 여러분의 시스템에 일래스틱서치를 추가해서 기존 컴포넌트와 함께 동작하도록 만드는 것이다.

어느 쪽을 택하든 두 개의 데이터 저장소를 가지고 있다면, 그것들을 지속해서 동기화하는 방법을 찾아야 한다. 여러분의 기본 저장소가 무엇이고 데이터가 어떻게 위치하느냐에 따라서 그림 1.3에 제시한 것과 같이 일래스틱서치 플러그인을 배포해 서 동기화할 수 있다.

---

3 버전 2에서도 유사한 상태며 일래스틱서치는 Netsted Object, Parent-child mapping 정도의 관계를 지원하고 있다. — 옮긴이

예를 들어, SQL 데이터베이스에 상품 정보를 저장한 온라인 소매점을 가지고 있다고 가정하자. 여러분은 빠른 관련 검색이 필요해서 일래스틱서치를 설치한다. 데이터를 색인하기 위해 동기화 방법을 배포할 필요가 있고, 그것은 일래스틱서치 플러그인이나 여러분이 만든 서비스일 수 있다. 플러그인은 부록 B에서 더 배울 것이고, 애플리케이션에서 색인과 업데이트를 다루는 방법을 3장에서 다룰 것이다. 이 동기화 방법은 각각의 상품과 일치하는 모든 데이터를 가져와서 일래스틱서치에 색인할 수 있고, 각각의 상품은 하나의 문서Document로 저장한다.

한 사용자가 웹 페이지에서 검색 조건을 입력하면, 상점 웹 페이지 애플리케이션은 그 조건에 대해 일래스틱서치에 요청한다. 일래스틱서치는 조건과 일치하고 선호하는 방법으로 정렬된 상품 문서들을 돌려준다. 정렬은 유사도 점수에 기반을 둘 수 있는데, 그것은 사람들이 검색한 단어가 얼마나 많이 상품이나 상품 문서에 저장된 어떤 것에 나타났는지 보여준다. 예를 들어 얼마나 최근에 상품이 추가됐는지, 평균 평점, 또는 그런 것들의 조합 등이다.

정보의 추가나 갱신은 여전히 기본 SQL 데이터베이스에서 이루어지므로 일래스틱서치를 오로지 검색을 다루기 위해 사용할 수 있다. 일래스틱서치에 변경 내용을 최신으로 유지하는 것은 동기화 방법에 달렸다.

일래스틱서치를 다른 컴포넌트들과 연동하길 원할 때, 필요한 것을 하는 것이 이미 있는지 기존 도구들을 확인할 수 있다. 다음 섹션에서 다루겠지만, 일래스틱서치를 위해 커뮤니티에서 만든 강력한 도구들이 있어서, 때로는 자체 컴포넌트를 전혀 만들 필요가 없다.

1.2.3 기존 도구와 함께 일래스틱서치 사용하기

어떤 사례들에서는 일래스틱서치로 실행하는 업무를 하기 위해 한 줄의 코드도 작성할 필요가 없다. 일래스틱서치와 함께 동작하는 많은 도구가 사용 가능해서 자체적으로 처음부터 만들 필요가 없다.

예를 들어, 많은 수의 이벤트를 저장하고, 검색하고 분석하는 대규모 로깅 프레임워크를 배포하길 원한다고 하자. 그림 1.4와 같이 로그를 처리해서 결과를 일래스틱서치에 넘기기 위해서 알시스로그(www.rsyslog.com), 로그스태시(www.elastic.co/

products/logstash), 또는 아파치 플룸(http://flume.apache.org) 같은 로깅 도구를 사용할 수 있다. 시각 인터페이스에서 로그들을 검색하고 분석하기 위해서 키바나(www.elastic.co/products/kibana)를 사용할 수 있다.

▲ **그림 1.4** 일래스틱서치를 즉시 지원하는 로깅 도구 시스템에서의 일래스틱서치

일래스틱서치가 오픈소스라서(정확히는 아파치 2 라이선스) 그렇게 많은 도구들이 지원하는 것은 아니다. 일래스틱서치가 자바로 개발되긴 했지만, 자바 API 이상의 것들이 일래스틱서치로 작업하도록 만든다. 어떤 프로그래밍 언어로 쓰였든 어떠한 애플리케이션도 접근할 수 있는 REST API를 제공하고 있다.

무엇보다 REST 요청과 응답은 일반적으로 JSON^JavaScript Object Notation 포맷이다. 보통 하나의 REST 요청은 데이터를 JSON으로 가지고, 응답도 JSON 문서다.

JSON과 YAML

JSON은 데이터 구조를 표현하기 위한 포맷이다. 하나의 JSON 객체는 보통 키와 값을 포함하고, 값은 문자, 숫자, 참/거짓, 널(null), 다른 객체, 또는 배열이다. 더 상세한 JSON 포맷에 대해서는 http://json.org를 방문하길 바란다.

JSON은 애플리케이션이 구문 분석하고 생성하기 쉽다. YAML(YAML Ain't Markup Language)도 같은 목적을 지원한다. YAML을 작동시키려면, HTTP 요청에 format=yaml 파라미터를 추가하면 된다. YAML에 대한 더 상세한 것은 http://yaml.org를 방문하길 바란다. JSON은 일반적으로 HTTP 통신을 위해 사용하는 반면, 설정 파일은 보통 YAML로 작성한다. 여기서는 대중적인 포맷을 사용한다. JSON은 HTTP 통신, YAML은 설정 파일이다.

예를 들어, 로그 이벤트는 일래스틱서치에 색인할 때 이처럼 보일 것이다.

```
{
  "message": "logging to elasticsearch for the first time",   ← 문자열 값을
                                                                  가진 필드
  "timestamp": "2013-08-05T10:34:00"   ← 문자열은 날짜가 될 수 있고, 일래스틱서치가
                                          자동으로 평가한다.
}
```

message 필드에 first 값을 갖는 로그 이벤트에 대한 검색 요청은 다음과 같다.

```
{
  "query": {
    "match": {
      "message": "first"   ← match 필드는 first가 message의
                              값인 다른 객체를 포함한다.
    }
  }
}
```
query 필드의 값은 match 필드를 포함하는 객체다.

HTTP 상으로 JSON 객체를 보내 데이터를 보내고 질의를 수행하는 것은 일래스틱서치와 상호작용하기 위한 무언가를 확장하기 쉽게 해준다. 알시스로그Rsyslog 같은 시스로그Syslog 데몬에서부터 아파치 매니폴드씨에프Apache ManifoldCF(http://manifoldcf.apache.org)처럼 프레임워크를 연결하는 것까지 말이다. 새로운 애플리케이션을 시작부터 만들거나 기존 애플리케이션에 검색을 추가하려고 하면, REST API는 일래스틱서치에 관심이 가게 하는 특징 중 하나다. 다음 절에서는 다른 특징들을 살펴볼 것이다.

1.2.4 일래스틱서치의 주요 특징

일래스틱서치는 데이터를 색인하고 검색하는 루씬의 기능들에 쉽게 접근하도록 해준다. 색인 측면에서 어떻게 문서를 처리하고 저장할지 많은 선택이 있다. 검색 시에는 여러 질의와 필터들에 대한 선택권을 가진다. 일래스틱서치는 REST API를 통해 기능을 제공하고 JSON으로 질의하며 대부분의 설정을 같은 API를 통해 조절할 수 있다.

루씬이 제공하는 것에 기반을 둬서 일래스틱서치는 캐시부터 실시간 분석까지 자체적인 고수준 기능을 추가하였다. 7장에서는 집계^{aggregation}를 사용해서 가장 인기 있는 블로그 태그, 어떤 글들의 평균적인 인기, 태그별 글의 평균 인기도 같은 무수한 질의 조합들을 얻을 수 있는지 분석 방법을 배울 것이다.

다른 수준의 추상화는 문서^{Document}를 구조화하는 방법이다. 여러 색인을 분리하거나 함께 검색할 수 있고, 하나의 색인에 다른 타입^{type}의 문서를 넣을 수도 있다.

마지막으로 일래스틱서치는 이름이 암시하듯이 신축적이다. 기본값으로 클러스터링할 수 있어서 하나의 서버에서 실행할 때도 클러스터라고 부른다. 용량이나 내고장성을 증가시키기 위해 항상 서버를 더 추가할 수 있다. 유사하게 부하가 줄어들면 클러스터에서 쉽게 서버를 빼서 비용을 절감할 수 있다.

나머지 장에서 이러한 특성들을 아주 상세히 다룰 것이다. 특히 스케일링은 9장에서 다룬다. 하지만 그전에 이러한 특성들이 어떻게 유용한지 자세히 살펴보자.

1.2.5 루씬 기능 확장

많은 경우 사용자들은 여러 가지 기준에 기초해서 검색한다. 예를 들어 여러 필드에서 여러 단어에 대해 검색할 수 있다. 어떤 기준은 필수고 어떤 것은 선택이다. 일래스틱서치의 가장 고마운 기능 중 하나는 잘 구성된 REST API이다. 여러 가지 방법으로 다른 형태의 질의를 조합하기 위해 여러분의 질의를 JSON으로 구성할 수 있다. 4장에서 어떻게 하는지 보여주고, 값싸고 캐시 가능한 방법으로 결과를 포함하거나 제외하는 필터의 사용 방법도 볼 것이다. 여러분의 JSON 검색은 질의와 필터뿐 아니라 집계^{aggregation}를 포함해서 일치한 문서들로부터 통계를 생성할 수 있다.

같은 REST API를 통해 설정뿐 아니라 문서를 색인하는 방법도 읽거나 변경할 수 있다. 11장에서 볼 것이다.

아파치 솔라는 어떤가?

루씬에 대해 이미 들어봤다면 아마도 루씬 기반의 오픈소스 분산 검색엔진인 솔라도 들어 봤을 것이다. 사실 루씬과 솔라는 2010년에 하나의 아파치 프로젝트로 합쳐져서 어떻게 일래스틱서치를 솔라와 비교할 수 있을지 의심할지 모르겠다.

두 검색엔진 모두 유사한 기능을 제공하고 기능들이 새로운 버전에서 빠르게 진화하고 있다. 웹에서 비교 검색할 수 있으나 곧이곧대로 받아들이지 않길 권한다. 이러한 비교는 특정 버전에 한정되었고 더는 쓸모 없는 비교이며, 여러 가지 이유로 편향된 비교 결과다.

그렇긴 하지만 두 제품의 시작을 설명해주는 몇 가지 사실이 있다. 솔라는 2004년, 일래스틱서치는 2010년에 시작했다. 일래스틱서치가 출현했을 때, 이름의 "elastic"이 말하듯 다른 경쟁 제품보다 상당히 쉽게 시스템을 확장할 수 있도록(scale out) 분산 모델을 만들었다. 이 분산 모델은 이 장 후반에 다룰 것이다. 하지만 그사이 솔라는 4.0 버전에서 다른 것들과 함께 샤딩(sharding)을 추가했고, 분산(distributed)이라는 측면에서 논쟁거리를 만들었다.

이 책을 쓰는 시점에서 일래스틱서치와 솔라 각각은 서로가 가지고 있지 않은 기능들을 가지고 있어서, 둘 중 하나를 선택하는 것은 결정하는 시점에 필요한 특정 기능에 좌우될 수 있다. 많은 사례에서 여러분이 필요한 기능은 두 제품 모두 포함하고 있어서 경쟁제품에 흔히 있는 경우처럼 둘 중에서 하나를 선택하는 것은 취향의 문제다. 솔라에 관해 좀 더 알고 싶다면, 트레이 그라인거(Trey Grainger)와 티모시 포터(Timothy Potter)가 저술한 『Solr in Action』(Manning, 2014)을 추천한다.

문서를 색인하는 방식에 있어 중요한 측면이 분석^{analysis}이다. 분석을 통해 색인하는 문서에서 추출된 단어^{words}는 일래스틱서치에서 텀^{terms}이 된다. 예를 들어, "bicycle race"라는 문장을 색인하면 분석을 통해 텀에 해당하는 "bicycle" "race" "cycling" "racing"이 생성되고, 이 중 어떤 텀을 검색할 때, 일치하는 문서가 결과에 포함된다. 같은 분석 과정이 그림 1.5와 같이 검색할 때 적용된다. "bicycle race"를 입력하면 아마도 정확히 일치하는 것만 검색하길 원하지는 않을 것이다. 아마도 두 단어를 어딘가 포함하는 문서들을 검색하길 원할 것이다.

기본 분석기는 우선 공백이나 쉼표 같은 공통 단어 분리기$^{common\ word\ separator}$에 의해 글을 단어들로 나눈다. 그 다음에 단어들을 소문자로 바꿔서 "Bicycle Race"가 "bicycle"과 "race"를 만들어 낸다. 많은 분석기가 더 있고 여러분이 직접 만들 수도 있다. 5장에서 방법을 보여줄 것이다.

아직은 모호하게 들리기 때문에 이 시점에서 그림 1.5의 색인 데이터^{indexed data} 상자에 무엇이 있는지에 대해 좀 더 알고 싶을 것이다. 다음에 설명하는 것과 같이 데이터는 문서로 이루어져 있다. 기본 설정으로 일래스틱서치는 문서를 있는 그대로 저장하고 분석을 통해 파생된 텀들을 역 색인에 넣어서 모든 중요한 것들을 빠르게 관련된 것들을 검색할 수 있게 한다. 3장에서 데이터의 색인과 저장에 대해 좀 더 상세히 설명한다. 지금은 왜 일래스틱서치가 문서 기반이고 어떻게 타입^{type}과 색인으로 문서를 그룹으로 나누는지 자세히 살펴보자.

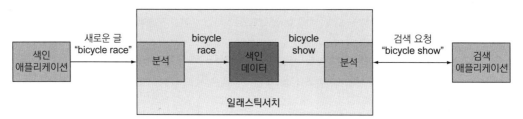

▲ **그림 1.5** 분석은 색인과 검색 시점에 텍스트를 단어로 쪼갠다

1.2.6 일래스틱서치에서 데이터 구조화하기

데이터를 레코드나 행^{rows}으로 저장하는 관계형 데이터베이스와는 다르게 일래스틱 서치는 데이터를 문서 단위로 저장한다. 그러나 두 가지 개념은 어느 정도 유사하다. 테이블의 행에는 열^{column}이 있고, 각 열은 행마다 값을 가진다. 같은 방식으로 문서 마다 키와 값을 가진다.

다른 점은 최소한 일래스틱서치에서는 문서가 계층적일 수 있으므로 데이터 베이스의 행보다 유연하다는 것이다. 예를 들어 "author":"Joe"처럼 키와 문자 열 값을 연관짓는 방법으로 문서가 "tags":["cycling", "cicycles"] 같은 문자열 배열을 할 수 있다. 심지어는 "author":{"first_name":"Joe", "last_name":"Smith"}처럼 키와 값 쌍을 가질 수 있다. 이러한 유연성은 논리적으로 하나의 엔티티^{entity}에 속한 데이터를 다른 테이블의 다른 행에 유지하는 것과는 반대로 모두 같은 문서에 유지하도록 하므로 중요하다. 예를 들어, 블로그 기사를 저장하는 가장 쉽고 빠른 방법은 하나의 글에 속한 모든 데이터를 하나의 문서에 유지하는 것이다. 이렇게 하면 조인^{join} 같은 관계형 데이터베이스의 작업들이 필요 없으므로 검색이 빠르다.

SQL 배경 지식이 있다면, 조인을 사용하고 싶을지 모른다. 불행히도 1.7에서는 지원하지 않는다.[4] 일단 준비가 되면 보통 시작 준비가 된 일래스틱서치를 내려받기만 하면 된다.

1.2.7 자바 설치

자바 실행 환경[JRE]이 없다면 먼저 설치해야 한다. 1.7 이후 버전이라면 어떤 JRE든 동작할 것이다. 보통 오라클(www.java.com/en/download/index.jsp)이나 오픈소스 구현체인 OpenJDK(http://download.java.net/openjdk/)를 설치한다.

"no Java found" 에러 해결하기

다른 자바 애플리케이션과 마찬가지로 일래스틱서치를 사용할 때 내려받아서 설치했으나 자바를 발견할 수 없다고 불평하면서 실행을 거부하는 경우가 발생할 수도 있다.

일래스틱서치의 스크립트는 두 곳에서 자바를 찾는다. 바로 JAVA_HOME 환경 변수와 시스템 경로다. JAVA_HOME에서 확인하려면 유닉스 계열 시스템은 env 명령을 사용하고 윈도즈는 set 명령을 사용한다. 시스템 경로에서 확인하려면 다음 명령을 사용한다.

```
% java -version
```

명령이 동작한다면 자바가 있는 것이다. 그렇지 않다면 JAVA_HOME을 설정하거나 경로에 자바 바이너리를 추가해야 한다. 자바 바이너리는 자바를 설치한(JAVA_HOME) bin 디렉터리에서 찾을 수 있다.

1.2.8 일래스틱서치 내려받아 시작하기

자바 준비와 함께 일래스틱서치를 내려받아서 시작해야 한다. 여러분의 환경에 가장 잘 맞는 패키지를 내려받자. www.elastic.co/downloads/elasticsearch에서 Tar, ZIP, RPM, DEB 패키지가 이용 가능하다.

---

4   2016년 8월 현재 2.x와 5.0 알파에서도 조인을 지원하지는 않는다. 관계를 지원하는 방법은 다음 URL을 참고하면 도움이 될 것이다. https://www.elastic.co/guide/en/elasticsearch/guide/master/relations.html – 옮긴이

유닉스 계열 운영체제

리눅스, 맥, 또는 다른 유닉스 계열 운영체제에서 실행하고 있다면, 일래스틱서치의 tar.gz 파일을 받을 수 있다. 그 다음에 압축을 풀고 포함된 셸 스크립트로 일래스틱서치를 실행할 수 있다.

```
% tar zxf elasticsearch-*.tar.gz
% cd elasticsearch-*
% bin/elasticsearch
```

OS X의 홈브루 패키지 관리자

여러분의 맥에 일래스틱서치를 설치하는 좀 더 쉬운 방법이 필요하다면 홈브루 HOMEBREW를 설치할 수 있다. 자세한 설명은 http://brew.sh에서 찾을 수 있다. 홈브루를 설치하고 나면 일래스틱서치는 다음 명령만 실행하면 된다.

```
% brew install elasticsearch
```

그 다음에 tar.gz 파일과 유사한 방법으로 실행할 수 있다.

```
% elasticsearch
```

ZIP 패키지

윈도우에서 실행한다면 ZIP 파일을 받는다. 유닉스 계열에서 실행한 것과 유사하게 압축을 풀어 bin/ 디렉토리에서 elasticsearch.bat를 실행한다.

```
% bin\elasticsearch.bat
```

RPM이나 DEB 패키지

RPM을 쓰는 레드햇, CentOS, SUSE나 DEB를 사용하는 데비안, 우분투를 운영 중이라면, 일래스틱Elastic에서 제공하는 RPM이나 DEB 저장소가 있다. https://www.

elastic.co/guide/en/elasticsearch/reference/1.4/setup-repositories.html에서 사용법을 볼 수 있다.

목록에 저장소를 추가하고 설치 명령을 실행해서 일래스틱서치를 설치하고 나면, 다음과 같이 실행할 수 있다.

```
% systemctl start elasticsearch.service
```

운영체제에 systemd가 없다면 다음을 실행한다.

```
% /etc/init.d/elasticsearch start
```

일래스틱서치가 무엇을 하고 있는지 보길 원한다면, /var/log/elasticsearch/에서 로그를 살펴보자. TAR나 ZIP 파일을 풀어서 설치했다면, 압축을 해제한 디렉토리의 logs/에서 로그를 볼 수 있다.

1.2.9 동작 확인

이제 일래스틱서치를 설치하고 실행했으니 시작하면서 남긴 로그를 살펴보고 처음으로 REST API에 연결해보자.

시작 로그 검토

처음 일래스틱서치를 실행할 때, 무슨 일이 일어나고 있는지 말해주는 로그들이 보인다. 그중 몇 줄을 보면서 무슨 의미인지를 살펴보자.

첫 번째 줄은 보통 시작한 노드에 관한 상태 정보를 제공한다.

```
[node] [Karkas] version[1.4.0], pid[6011], build[bc94bd8/2014-11-05T14:26:12Z]
```

이 로그에서 Karkas라고 정한 것과 같이 일래스틱서치는 자동으로 임의의 이름을 노드에 할당하고, 설정으로 변경할 수 있다. 실행 중인 일래스틱서치 버전의 세부 항목들과 시작한 자바 프로세스의 PID를 함께 볼 수 있다.

플러그인들은 시작 시점에 로딩되며, 기본으로는 플러그인이 포함되지 않는다.

```
[plugins] [Karkas] loaded [], sites []
```

플러그인에 대한 추가 정보는 부록 B를 보자.

9300 포트는 트랜스포트transport라 부르는 노드 간 통신을 위해 기본으로 사용된다.

```
[transport] [Karkas] bound_address {inet[/0.0.0.0:9300]}, publish_address
{inet[/192.168.1.8:9300]}
```

REST API 대신 네이티브native 자바 API를 사용하면, 이 포트에 연결해야 한다.

다음 줄에서 마스터 노드가 선출되고 여러분이 실행한 Karkas라는 이름의 노드다.

```
[cluster.service] [Karkas] new_master [Karkas][YPHC_vWiQVuSX-ZIJIlMhg]
[inet[/192.168.1.8:9300]], reason: zen-disco-join (elected_as_master)
```

9장에서 마스터 선출을 논하고 스케일 아웃을 다룬다. 기본 방안은 각 클러스터가 어떤 노드가 클러스터에 있고 어디에 모든 샤드들이 있는지 알고 있는 마스터 노드를 가지는 것이다. 마스터가 유효하지 않으면 새로운 노드가 선출된다. 예제의 경우 클러스터에서 첫 노드를 시작했기 때문에 마스터 노드가 됐다.

9200 포트는 기본으로 HTTP 통신을 위해 사용한다. 이 포트를 통해 REST API를 사용하는 애플리케이션이 연결한다.

```
[http] [Karkas] bound_address {inet[/0.0.0.0:9200]}, publish_address {inet[/
192.168.1.8:9200]}
```

다음 줄은 노드가 지금 시작했음을 나타낸다.

```
[node] [Karkas] started
```

게이트웨이gateway는 데이터를 디스크에 기록해서 노드가 내려가도 데이터를 잃지 않도록 하는 일래스틱서치 구성 요소component다.

```
[gateway] [Karkas] recovered [0] indices into cluster_state
```

노드를 시작했을 때 게이트웨이는 데이터가 저장돼서 복구할 수 있는지 디스크를 살펴본다. 앞 예제의 경우 복구할 색인은 없다.

노드 이름에서 게이트웨이 세팅까지 로그에서 살펴본 대부분 정보는 설정 가능할 수 있다. 책을 진행함에 따라 설정 옵션과 개념에 관해 이야기할 것이다. 2부에서 그런 설정 옵션들을 다룰 것이며, 주로 성능과 관리에 대한 것이다. 기본값들이 개발자 친화적이기 때문에 그때까지 설정을 많이 할 필요가 없다.

주의 기본값들이 상당히 개발자 친화적이어서 같은 멀티캐스트[5]가 가능한 네트워크 안에서 다른 컴퓨터에 일래스틱서치 개체를 시작하면 이미 실행한 개체와 같은 클러스터에 조인할 것이다. 이로 인해 샤드 이동 같은 기대하지 않은 결과에 이를 수 있다. 이런 상황을 방지하기 위해 2장의 2.5.1절과 같이 elasticsearch.yml 설정 파일에서 클러스터 이름을 변경할 수 있다.

REST API 사용

REST API에 접속하는 가장 쉬운 방법은 브라우저로 http://localhost:9200에 접근하는 것이다. 로컬 장비에 일래스틱서치를 설치하지 않았다면 localhost를 원격 장비의 IP 주소로 대체한다. 기본적으로 일래스틱서치는 모든 인터페이스의 9200 포트에서 들어오는 HTTP 요청을 기다린다. 요청을 실행하면 그림 1.6과 같이 JSON 응답을 얻을 것이다.

---

5 버전 2.x부터 멀티캐스트가 기본 기능에서 빠지고, 플러그인 형태로 제공한다. 기본 배포 버전은 유니캐스트만 지원하므로 여기서 언급한 문제는 1.x 이하 버전을 사용할 경우에 해당한다. 자세한 내용은 다음 링크를 참고하자. https://www.elastic.co/guide/en/elasticsearch/reference/current/breaking_20_network_changes.htm l- 옮긴이

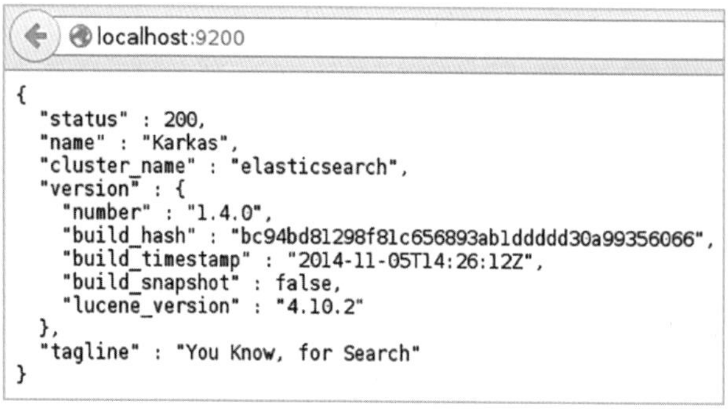

```
←  localhost:9200

{
  "status" : 200,
  "name" : "Karkas",
  "cluster_name" : "elasticsearch",
  "version" : {
    "number" : "1.4.0",
    "build_hash" : "bc94bd81298f81c656893ab1ddddd30a99356066",
    "build_timestamp" : "2014-11-05T14:26:12Z",
    "build_snapshot" : false,
    "lucene_version" : "4.10.2"
  },
  "tagline" : "You Know, for Search"
}
```

▲ **그림 1.6**. 브라우저에서 일래스틱서치 점검하기

1.3 요약

이제 설치를 마무리했다. 이 장에서 무엇을 살펴보았는지 복습해보자.

- 일래스틱서치는 아파치 루씬 위에서 만들어진 오픈소스 분산 검색엔진이다.

- 일래스틱서치의 일반적인 쓰임은 많은 양의 데이터를 색인해서 전문검색과 실시간 통계를 실행하는 것이다.

- 일래스틱서치는 전문검색을 뛰어넘는 특성들을 가지고 있다. 예를 들어 검색의 유사성을 조정해서 검색 제안을 줄 수 있다.

- 시작을 위해 패키지를 받아서 풀고 일래스틱서치 시작 스크립트를 실행했다.

- 클러스터 설정 관리뿐 아니라 데이터 색인과 검색을 위해 HTTP API를 통한 JSON을 사용하고 JSON 응답을 받는다.

- 일래스틱서치를 실시간 검색과 분석 능력을 가진 NoSQL 데이터 저장소로도 볼 수 있다. 기본적으로 문서 기반이고 확장성이 있다.

- 일래스틱서치는 자동으로 데이터를 샤드에 나눠서 클러스터의 이용 가능한 서버들 간에 균형을 유지한다.

2장에서 실제 데이터를 색인하고 검색하면서 일래스틱서치를 좀 더 잘 알게 될 것이다.

2

기능 들여다보기

2장에서 다루는 내용

- 문서, 타입, 색인 정의하기
- 일래스틱서치 노드와 주(primary) 및 복제(replica) 샤드 이해하기
- cURL과 데이터 집합으로 문서 색인하기
- 데이터를 찾고 가져오기
- 일래스틱서치 환경설정 옵션 세팅하기
- 다수의 노드로 작업하기

이제 일래스틱서치가 어떤 종류의 검색엔진인지 알 것이고, 1장에서 주 기능 중 일부를 살펴보았다. 좀 더 실용적인 측면으로 주제를 바꿔서 일래스틱서치가 잘 하는 것들을 어떻게 처리하는지 살펴보자. 사람들이 공통 관심 그룹을 만들거나 모임을 하는 웹사이트와 같이 수백만 개의 문서 중에서 검색하는 방법을 만드는 업무를 줬다고 하자. 이 경우, 문서들은 모임 그룹이거나 개인 이벤트 일 수 있다. 여러분의 모임 사이트가 더 성공함에 따라, 고장을 감내하는 방법으로 구현해야 하고, 더 많은 데이터와 더 많은 동시 검색을 수용할 수 있는 설정이 필요하다.

이 장에서는 어떻게 일래스틱서치 데이터가 조직되는지 설명함으로써 그러한 시나리오에 어떻게 대처하는지 보여줄 것이다. 그 후에 이 장의 샘플 코드를 사용해서

모임 사이트를 위한 실제 데이터의 색인을 만들고 검색하는 연습을 시작할 것이다. 이 모임 예제와 코드 샘플을 책 전반에 걸쳐 사용해 실제 검색과 색인을 해보도록 할 것이다.

HTTP 요청을 위한 멋진 작은 명령행 도구인 cURL을 사용해서 모든 작업을 할 것이다. 원한다면 나중에 cURL이 수행한 것을 선호하는 프로그래밍 언어로 옮길 수 있다. 이장의 끝으로 가면서 설정을 변경하고 일래스틱서치의 새 인스턴스를 시작해서 다수 노드의 클러스터를 실험할 것이다.

먼저 데이터 구조부터 설명을 시작하려고 한다. 어떻게 데이터가 조직되는지 이해하기 위해 다음 두 가지를 살펴볼 것이다.

- 논리 배치 - 검색 애플리케이션이 무엇을 알아야 하는가.

- 색인과 검색을 위해 사용하는 구성 단위는 문서이고, 관계형 데이터베이스의 행과 같이 생각할 수 있다. 문서는 타입으로 나누고, 타입은 테이블이 행을 포함하는 것과 유사하게 문서를 포함한다. 마지막으로 하나 혹은 그 이상의 타입이 하나의 색인에 존재한다. 색인은 가장 큰 컨테이너container이며 SQL 세계에서의 데이터베이스와 유사하다.

- 물리적 배치 - 일래스틱서치가 뒷단에서 어떻게 데이터를 다루는가.

- 일래스틱서치는 각각의 색인을 샤드로 나눈다. 샤드는 클러스터를 구성하는 서버 간에 이동할 수 있다. 보통 애플리케이션은 서버가 하나거나 그 이상이거나 같은 방식으로 일래스틱서치와 동작하기 때문에 이것에 대해 상관하지 않는다. 그러나 클러스터를 관리할 때는 물리적으로 배치하는 방식이 성능과 확장성, 가용성을 결정하기 때문에 관심을 가진다.

그림 2.1은 두 가지 관점을 설명한다.

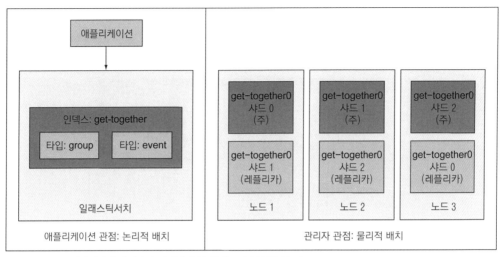

▲ **그림 2.1** 애플리케이션과 관리자의 관점에서 본 일래스틱서치 클러스터

우선 애플리케이션이 보는 논리적인 배치부터 시작하자.

2.1 논리적인 배치 이해하기: 문서, 타입, 색인

일래스틱서치에서 문서의 색인을 만들 때 색인 안의 타입에 문서를 넣는다. 그림 2.2
에서 이 개념을 볼 수 있다. get-together 색인은 두 가지 타입을 포함한다. 이벤트
와 그룹, 타입은 라벨 1과 같은 문서들을 포함한다. 라벨 1은 문서의 ID다.

> **팁** ID가 integer일 필요는 없다. 실은 string이고 제약은 없다. 여러분의 애플리케이션에서
> 통하는 어떤 것이든 넣을 수 있다.

색인-타입-ID 조합은 일래스틱서치에서 하나의 문서를 유일하게 식별한다. 검
색할 때 특정 색인의 특정 타입에서 문서를 찾거나 여러 타입 혹은 여러 색인에 걸쳐
검색할 수 있다.

이 시점에 정확히 문서, 타입, 색인이 무엇인지 질문할지 모른다. 바로 다음 장에
서 살펴볼 것이다.

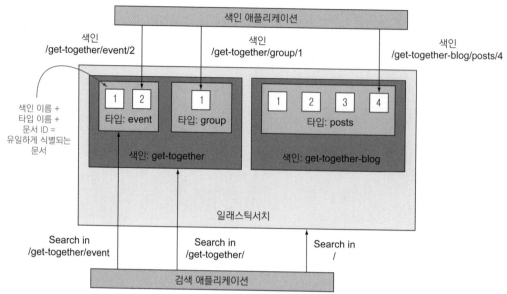

▲ **그림 2.2** 일래스틱서치에서 데이터의 논리적 배치: 어떻게 애플리케이션이 데이터를 보는가

2.1.1 문서

1장에서 일래스틱서치가 문서 기반이라고 했는데, 이것은 색인과 검색하는 데이터의 가장 작은 단위가 문서라는 것을 의미한다. 일래스틱서치에서 문서는 몇 가지 중요한 특징을 가지고 있다.

- 독립적이다. 문서는 필드(name)와 값(Elasticsearch Denver)을 가지고 있다.

- 계층을 가질 수 있다. 문서 안의 문서로 생각하자. 필드의 값은 위치 필드의 값이 문자열인 것과 같이 단순형일 수 있다. 다른 필드와 값들을 포함할 수도 있다. 예를 들어, 위치 필드는 도시와 거리 주소 모두 포함할 수 있다.

- 유연한 구조로 되어 있다. 여러분의 문서는 미리 정의한 스키마에 의존하지 않는다. 예를 들어, 모든 이벤트가 서술 값이 필요하지는 않아서 필드가 완전히 생략될 수 있다. 그러나 위치의 위도와 경도 같은 새로운 필드가 필요할지 모른다.

문서는 보통 데이터의 JSON 표현이다. 1장에서 논의한 것과 같이 HTTP를 통한 JSON은 일래스틱서치와 통신하기 위해 가장 널리 사용하는 방법이고, 이 책을 통해서도 사용한다. 예를 들어, 여러분의 모임 사이트에서 이벤트는 다음 문서로 표현할 수 있다.

```
{
  "name": "Elasticsearch Denver",
  "organizer": "Lee",
  "location": "Denver, Colorado, USA"
}
```

이름name, 주선자organizer, 위치location 세 가지 열을 가진 테이블을 생각해보자. 문서는 값들을 포함한 하나의 행이다. 하지만 이러한 비교를 부정확하게 만드는 몇 가지 차이가 있다. 하나는 행과는 다르게 문서가 계층적일 수 있다는 것이다. 예를 들어, 위치가 이름과 지오로케이션geolocation을 포함할 수 있다.

```
{
  "name": "Elasticsearch Denver",
  "organizer": "Lee",
  "location": {
    "name": "Denver, Colorado, USA",
    "geolocation": "39.7392, -104.9847"
  }
}
```

하나의 문서가 값의 배열을 포함할 수 있다. 예를 들어, 다음과 같다.

```
{
  "name": "Elasticsearch Denver",
  "organizer": "Lee",
  "members": ["Lee", "Mike"]
}
```

일래스틱서치에서 문서는 스키마가 없다고 말한다. 모든 문서가 같은 필드를 가질 필요가 없으므로, 같은 스키마일 필요가 없다는 뜻이다. 예를 들어, 주선자가 모든 모임 전에 호출돼야 하는 경우 위치를 완전히 생략할 수 있다.

```
{
  "name": "Elasticsearch Denver",
  "organizer": "Lee",
  "members": ["Lee", "Mike"]
}
```

필드를 추가하거나 생략할 수 있긴 하지만, 각 필드의 타입은 중요하다. 어떤 것은 문자열, 어떤 것은 정수integer 등이다. 그 때문에 일래스틱서치는 모든 필드와 타입, 그리고 다른 설정에 대한 매핑을 보관하고 있다. 이 매핑은 색인의 타입마다 다르다. 그래서 때로는 일래스틱서치 용어에서 타입이 매핑 타입으로 불리기도 한다.

2.1.2 타입

타입은 테이블이 행에 대한 컨테이너인 것과 같이 문서에 대한 논리적인 컨테이너다. 여러분은 문서를 다른 타입의 다른 구조(스키마)에 넣는다. 예를 들어, 모임 그룹을 정의한 타입과 사람들이 모일 때 이벤트에 대한 다른 타입을 가질 수 있다.

각 타입에서 필드의 정의는 매핑mapping이라고 부른다. 예를 들어, name은 string이지만, location 내부의 geolocation 필드는 geo_point 타입으로 사상될 것이다(부록 A에서 지리 공간geospatial 데이터로 작업하는 것을 다룬다). 각각의 필드는 서로 다르게 다룬다. 예를 들어, name 필드에서 단어를 검색하고, 사는 곳 근처에 있는 사람을 발견하기 위해 위치로 그룹을 검색한다.

> **팁** JSON 문서의 루트(root)에 없는 필드를 찾을 때 경로를 명시해야 한다. 예를 들어, location 아래 geolocation 필드는 location.geolocation으로 참조한다.

여러분도 궁금할 것이다. 일래스틱서치가 스키마가 없다면 왜 문서는 타입에 속해 있으며 각 타입은 스키마와 같은 매핑을 포함하는가?

문서가 꼭 스키마가 필요하진 않기 때문에 스키마가 없다^{schema-free}고 말한다. 매핑에 정의한 모든 필드를 포함할 필요는 없고, 새로운 필드를 생성할지도 모른다. 어떻게 동작할까? 우선, 매핑은 타입에서 지금까지 색인한 모든 문서의 모든 필드를 포함한다. 하지만 모든 문서가 모든 필드를 가질 필요는 없다. 또한 새로운 문서가 매핑에 존재하지 않는 필드와 함께 색인하면, 일래스틱서치는 자동으로 새로운 필드를 매핑에 추가한다. 필드를 추가하기 위해 타입이 무엇인지 추측한다. 예를 들어, 값이 7이면 `long` 타입으로 가정한다.

새로운 필드의 자동 감지는 일래스틱서치가 잘못 추측할 수도 있으므로 불리한 면을 가지고 있다. 예를 들어, 7을 색인한 후에, "hello world"를 색인하길 원할 수도 있는데, 이것은 `string`이지 `long`이 아니므로 실패할 것이다. 실제품에서 안전한 방법은 데이터의 색인을 만들기 전에 매핑을 정의하는 것이다. 3장에서 매핑 정의에 관해 더 이야기할 것이다.

매핑 타입은 문서를 논리적으로만 나눈다. 물리적으로 같은 색인의 문서는 속해 있는 매핑 타입에 관련 없이 디스크에 쓰인다.

2.1.3 색인

색인은 매핑 타입의 컨테이너다. 일래스틱서치 색인^{index}은 관계형 세계의 데이터베이스와 같이 독립적인 문서 덩어리다. 각각의 색인은 디스크에 같은 파일 집합으로 저장한다. 모든 매핑 타입의 모든 필드를 저장하고, 고유의 설정을 한다. 예를 들어, 각 색인은 `refresh_interval`이라는 설정으로 새로 색인한 문서를 검색할 수 있도록 하는 간격을 정의한다. 이 refresh 연산은 성능 측면에서 꽤 비싸므로, 문서를 색인할 때마다 하는 대신 가끔 수행한다(기본값은 1초에 한 번 수행한다). 일래스틱서치가 준 실시간^{near-real-time}이라는 것을 본 적이 있다면, 이 refresh 과정과 연관된 것이다.

> **팁** 여러 타입에 걸쳐 검색할 수 있는 것과 같이, 여러 색인에 걸쳐 검색할 수 있다. 이것은 문서를 조작할 수 있는 방법에 유연성은 준다. 예를 들어, 모임 이벤트와 그것에 관한 블로그 포스트를 다른 색인 혹은 같은 색인의 다른 타입에 넣을 수 있다. 어떤 방법이 다른 것보다 좀 더 효율적인가는 사용 시나리오에 달렸다. 3장에서 효율적인 색인을 위해 데이터를 조직하는 방법에 관해 이야기할 것이다.

색인에 국한된 설정의 한 예가 샤드 수다. 1장에서 색인은 한 개 혹은 그 이상의 샤드로 구성할 수 있음을 보았다. 이것은 확장성에 좋다. 즉, 일래스틱서치를 여러 대의 서버에서 실행하고, 모든 서버에서 구동하는 같은 색인의 샤드들을 가질 수 있다. 다음으로 일래스틱서치에서 어떻게 샤딩이 동작하는지 자세히 살펴볼 것이다.

2.2 물리적 배치 이해하기: 노드와 샤드

어떻게 데이터가 물리적으로 배치되는지 이해하는 것은 결국 어떻게 일래스틱서치가 확장하는지 이해하는 것이다. 9장 전체가 확장성에 관한 것이긴 하지만, 이 장에서는 여러 개의 노드가 클러스터에서 함께 동작하는 방법을 살펴보면서 확장성이 어떻게 동작하는지, 데이터가 샤드와 복제로 어떻게 나누어지는지, 어떻게 색인과 검색이 여러 샤드와 복제와 함께 동작하는지 소개할 것이다.

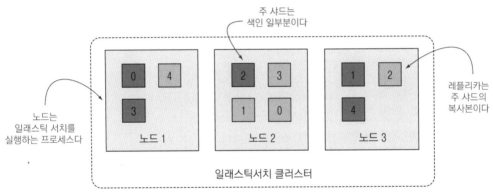

▲ **그림 2.3** 다섯 개 샤드로 나누어진 하나의 색인을 가지고 있고, 세 개 노드로 구성된 클러스터. 샤드당 하나의 복제를 가지고 있다

큰 그림을 이해하기 위해, 일래스틱서치 색인을 생성할 때 무슨 일이 발생하는지 복습해보자. 그림 2.3에서 설명하는 것과 같이 기본값으로 각 색인은 다섯 개의 주 샤드로 구성되고, 각각은 하나의 복제를 가지고 있어서 모두 10개의 샤드를 가진다.

다음에서 보는 것과 같이, 복제는 신뢰성과 검색 성능에 좋다. 기술적으로 샤드는 루씬이 여러분의 색인에 대한 데이터를 저장하는 파일들의 디렉토리다. 샤드는 또한 일래스틱서치가 노드에서 노드로 옮기는 가장 작은 단위다.

2.2.1 하나 혹은 그 이상의 노드를 갖는 클러스터 생성

노드는 일래스틱서치의 인스턴스다. 서버에 일래스틱서치를 시작했을 때, 하나의 노드를 갖는다. 다른 서버에 일래스틱서치를 실행하면, 다른 노드다. 여러 개의 일래스틱서치 프로세스를 시작하면 같은 서버에 여러 개의 노드를 가질 수도 있다.

다수의 노드는 같은 클러스터에 합류할 수 있다. 이 장의 후반부에 논의하겠지만, 같은 클러스터 이름을 가진 노드를 시작하고 다른 것들은 기본 설정을 사용하는 것만으로도 클러스터를 구성하는 데 충분하다. 다수 노드의 클러스터와 함께 같은 데이터는 여러 서버에 분산될 수 있다. 이것은 일래스틱서치가 일할 더 많은 자원을 갖기 때문에 성능에 도움을 준다. 신뢰성에도 도움을 준다. 샤드당 최소 하나의 복제를 가지고 있으면, 어느 노드가 사라져도 일래스틱서치는 여전히 모든 데이터를 제공할 것이다. 일래스틱서치를 사용하는 애플리케이션이 클러스터에서 하나 이상의 노드를 갖는 것은 투명하다. 기본 설정으로 클러스터의 어떤 노드에든 접속해서 마치 하나의 노드를 가지고 있는 것처럼 전체 데이터와 작업할 수 있다.

클러스터링이 성능과 가용성에는 좋긴 하지만, 난점도 있다. 노드가 충분히 빨라 서로 간에 통신을 할 수 있도록 보장해서, 스플릿 브레인^{split brain}(클러스터의 두 파트가 통신할 수 없어서 다른 파트가 떨어져 나갔다고 생각하는 것)가 발생하지 않도록 해야 한다. 이런 이슈를 해결하기 위해 9장은 확장에 대해 논의한다.

문서의 색인을 만들 때 무슨 일이 일어나는가?

기본 설정으로 문서의 색인을 만들 때, 우선 문서 ID의 해시값에 기반을 둬서 선택한 주 샤드 중 하나에 보낸다. 주 샤드는 그림 2.4의 노드 2와 같이 다른 노드에 있을지 모르지만 애플리케이션에는 투명하다.

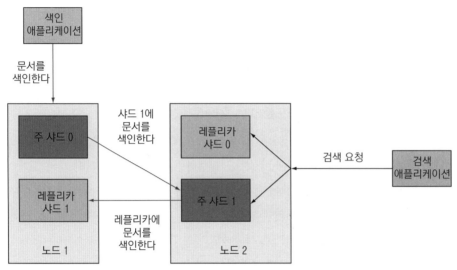

▲ **그림 2.4** 문서는 랜덤한 주 샤드와 리프리카에 색인을 만든다. 검색은 주 샤드나 레플리카의 상태에 상관 없이 전체 샤드들에서 실행한다

그 다음 문서는 주 샤드의 모든 복제에 색인하도록 보내진다(그림 2.4의 왼쪽을 보라). 이것은 복제가 주 샤드로부터 데이터를 동기화하도록 유지한다. 동기된 복제는 검색을 제공하고, 주 샤드가 이용 불가한 경우 주 샤드로 자동 승격될 수 있다.

색인을 검색할 때 무슨 일이 일어나는가?

색인을 검색할 때, 일래스틱서치는 해당 색인의 전체 샤드를 찾아야 한다(그림 2.4의 오른쪽). 샤드가 주primary 혹은 레플리카일 수 있는데, 보통 주와 레플리카 샤드가 같은 문서를 포함하기 때문이다. 일래스틱서치는 검색하는 색인의 주 샤드와 레플리카 샤드 간에 검색 로드를 분배해서, 검색 성능과 고장 감내fault tolerance에 유용하게 레플리카를 사용한다.

다음에 주 샤드와 레플리카 샤드가 무엇이고 어떻게 일래스틱서치 클러스터에 할당되는지 상세히 살펴볼 것이다.

2.2.2 주 샤드와 레플리카 샤드 이해하기

일래스틱서치가 다루는 가장 작은 단위인 샤드부터 시작해보자. 하나의 샤드는 하나의 루씬 색인이다. 루씬 색인은 역 색인을 포함하는 파일들의 모음^{a directory of files}이다. 역 색인은 일래스틱서치가 전체 문서를 찾아보지 않고도 하나의 텀(혹은 단어)을 포함하는 문서를 찾도록 해주는 구조다.

> **일래스틱서치 색인과 루씬 색인**
>
> 일래스틱서치를 논의하면서 "색인"이란 단어를 자주 사용한다. 어떻게 이 용어가 동작하는지 보자.
>
> 일래스틱서치 색인은 샤드라는 청크(chunks)로 나뉜다. 하나의 샤드는 하나의 루씬 색인이기에 일래스틱서치 색인은 여러 개의 루씬 색인으로 구성된다. 이것은 일래스틱서치가 데이터를 색인하고 검색하기 위한 핵심 라이브러리로 아파치 루씬을 사용하기 때문에 타당하다.
>
> 이 책을 통해 "색인"이라는 단어를 볼 때마다 일래스틱서치 색인을 의미한다. 샤드 내부의 세부를 살펴볼 때는 "루씬 색인"이라는 용어를 사용할 것이다.

그림 2.5에서 get-together 색인의 첫 번째 기본 샤드가 어떤 종류의 정보를 포함할지 볼 수 있다. 지금부터 부르게 될 get-together0 샤드는 루씬 색인이다(역 색인). 기본값으로 원문서의 내용과 검색하는 데 도움을 주는 단어 사전^{term dictionary}과 단어 빈도^{term frequencies} 같은 추가 정보를 저장한다.

단어 사전은 각 단어를 그 단어를 포함한 문서의 식별자에 매핑한다. 검색할 때 일래스틱서치는 단어를 위해 모든 문서를 찾을 필요가 없다. 단어 사전을 사용해서 일치하는 모든 문서를 빠르게 찾는다.

단어 빈도는 일래스틱서치에 문서에서의 단어나 나온 숫자를 빠르게 알려준다. 이것은 결과의 관련성 점수를 계산하는 데 중요하다. 예를 들어, "Denver"를 찾는다면, "Denver"를 많이 포함하는 문서는 일반적으로 더 관련성이 높다. 일래스틱서치는 그런 문서에 더 높은 점수를 부여하고 결과 목록에 상위에 위치하게 한다. 기본값으로 순위 알고리즘은 1장의 1.1.2절에서 설정한 것과 같이 TF-IDF이지만, 더 많은 선택이 있다. 6장에서 검색 관련성에 대해 아주 상세히 논의할 것이다.

샤드는 루씬 색인이다

		get-together0 샤드	
역 색인			
단어	문서	빈도	
elasticsearch	id1	1 occurrence: id1->1 time	
denver	id1,id3	3 occurrences: id1->1 time, id3->2 times	
clojure	id2,id3	5 occurrences: id2->2 times, id3->3 times	
data	id2	2 occurrences: id2->2 times	

▲ **그림 2.5** 루씬 색인에서의 단어 사전과 빈도

샤드는 주 또는 레플리카 샤드일 수 있고, 레플리카는 주 샤드의 정확한 복사본이다. 레플리카는 검색을 위해 사용하거나 본래의 주 샤드를 잃어버렸을 때 새로운 주 샤드가 될 수 있다.

일래스틱서치 색인은 하나 이상의 주 샤드와 0개 이상의 레플리카 샤드로 구성된다. 그림 2.6에서 일래스틱서치 get-together 색인이 여섯 개의 전체 샤드로 구성된 것을 볼 수 있다. 두 개는 주 샤드(검은 박스)이고 각 두 개씩 총 네 개(좀 더 밝은색 박스)의 레플리카 샤드가 있다.

▲ **그림 2.6** 여러 개의 주 샤드와 복제 샤드가 get-together 색인을 구성한다

레플리카는 실행 시간에 추가나 삭제할 수 있지만 주 샤드는 그렇지 않다

레플리카는 항상 생성하거나 제거할 수 있으므로 언제든 샤드당 레플리카의 수를 변경할 수 있다. 이것은 색인이 나누어진 주 샤드의 수에는 적용할 수 없다. 색인을 생성하기 전에 샤드의 수를 결정해야 한다.

너무 적은 샤드는 확장에 제한하고 너무 많은 샤드는 성능에 영향을 준다는 것을 명심해야 한다. 기본 설정인 다섯 개는 보통 좋은 시작이다. 9장에서 확장에 대해 좀 더 배울 것이다. 동적으로 레플리카 샤드를 추가하거나 삭제하는 방법도 설명할 것이다.

지금까지 살펴본 모든 샤드와 레플리카는 일래스틱서치 클러스터 안에서 노드에 분산된다. 다음으로 일래스틱서치가 어떻게 하나 이상의 노드를 갖는 클러스터에 샤드와 레플리카를 분산하는지 상세히 살펴볼 것이다.

2.2.3 클러스터에 샤드 분산하기

가장 단순한 일래스틱서치 클러스터는 하나의 노드를 가진다. 즉, 하나의 머신이 하나의 일래스틱서치 프로세스를 실행한다. 1장에서 일래스틱서치를 설치하고 실행했을 때, 노드가 하나인 클러스터를 생성했다.

같은 클러스터에 더 많은 노드를 추가할수록 기존 샤드는 모든 노드 간에 균형을 이룬다. 결과적으로 해당 샤드들과 동작하는 색인과 검색 요청 모두 추가 노드들의 부가적인 성능의 이득을 얻는다. 클러스터에 노드를 추가하는 방법으로 확장하는 것을 수평적 확장$^{horizontal\ scaling}$이라고 부른다. 노드를 더 추가하고 요청이 분산되어, 모든 노드가 일을 공유한다. 수평적 확장의 대안은 수직적으로 확장하는 것이다. 일래스틱서치 노드에 더 많은 자원을 추가하는 것이다. 가상 머신이라면 프로세서를 추가하거나 물리 머신에 램을 추가하는 것이다. 수직적인 확장이 거의 매번 성능에 도움이 되겠지만 항상 가능하거나 비용 효율적인 것은 아니다. 샤드를 사용하는 것은 수평적으로 확장하도록 해준다.

여러분이 현재 두 개의 기본 샤드가 있고 레플리카가 없는 get-together 색인을 확장하길 원한다고 가정하자. 그림 2.7에서 보는 것과 같이, 첫 번째 선택은 노드를 업그레이드해서 수직적으로 확장하는 것이다. 예를 들어, RAM을 추가하고 CPU를 추가하거나 더 빠른 디스크를 추가하는 등의 일이다. 두 번째 선택은 다른 노드를 추가하고 데이터를 두 노드에 분산해서 수평적으로 확장하는 것이다.

10장에서 성능에 대해 더 이야기한다. 지금은 어떻게 색인과 검색이 여러 샤드와 레플리카에 걸쳐 동작하는지 살펴보자.

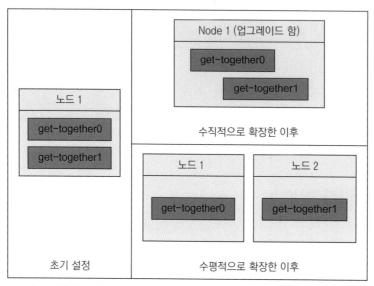

▲ **그림 2.7** 성능을 개선하기 위해 수직적으로(오른쪽 위) 혹은 수평적으로(오른쪽 아래) 확장한다

2.2.4 분산 색인과 검색

이 시점에서 어떻게 색인과 검색이 여러 노드에 걸쳐 분산된 여러 샤드와 함께 동작하는지 궁금할지 것이다.

그림 2.8에 보는 것과 같이 색인을 해보자. 색인 요청을 받은 일래스틱서치 노드는 우선 문서를 색인할 샤드를 선택한다. 기본값으로 문서는 샤드에 골고루 분산된다. 각 문서에 대해 샤드는 그 문서의 ID 문자열을 해싱해서 결정한다. 각 샤드는 동등하게 새로운 문서를 받을 기회와 함께 동등한 해시 범위를 갖는다. 대상 샤드가 결정되면 현재 노드는 샤드를 소유한 노드로 문서를 전달한다. 결과적으로 색인 작업은 샤드의 모든 복제 때문에 다시 수행된다. 색인 명령은 모든 가능한 레플리카가 문서를 색인한 후에 성공적으로 반환한다.

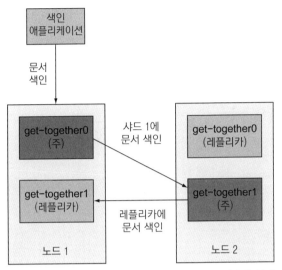

▲ **그림 2.8** 색인 동작(operation)은 응답하는 샤드에 전달 후 복제로 전달된다

검색 시에 요청을 받은 노드는 모든 데이터를 포함한 샤드에 요청을 전달한다. 라운드 로빈round-robin을 사용해서, 일래스틱서치는 이용 가능한 주 혹은 레플리카 샤드를 선택하고 검색 요청을 전달한다. 그림 2.9에서 보는 것과 같이 일래스틱서치는 샤드들로부터 결과를 모아서, 하나의 응답으로 집계 후에 클라이언트 애플리케이션에 응답을 전달한다.

클러스터의 모든 노드가 같은 하드웨어와 소프트웨어 설정을 가지고 같은 성능을 제공한다면 기본값으로 주와 레플리카 샤드가 라운드 로빈으로 검색 요청을 받는다. 그러한 경우가 아니라면, 데이터를 조직하고 샤드를 설정해서 느린 노드가 병목이 되는 것을 방지할 수 있다. 9장에서 그러한 선택을 좀 더 살펴보자. 지금은 1장에서 시작한 단일 노드의 일래스틱서치 클러스터에 문서를 색인하는 것으로부터 시작하자.

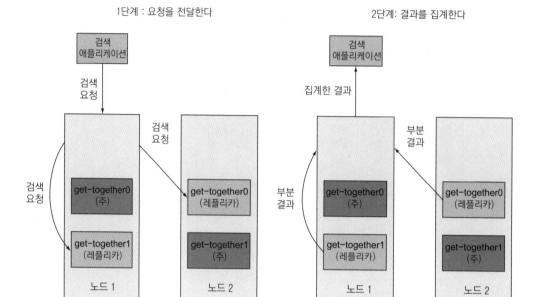

1단계 : 요청을 전달한다 2단계: 결과를 집계한다

▲ **그림 2.9** 검색 요청은 전체 데이터를 포함한 주/레플리카 샤드에 전달된다. 그 후에 결과를 집계(aggregated)하여
클라이언트에 보낸다

2.3 새로운 데이터 색인

3장에서 색인에 대한 상세한 내용을 살펴보겠지만, 여기에서 목표는 색인이 무엇인
가에 대한 느낌을 주는 것이다. 이 장에서 다음 과정을 논의할 것이다.

- cURL을 사용해서 일래스틱서치에 색인할 JSON 문서를 보내는 REST API를
  사용할 것이다.

- 이미 존재하지 않는 경우 일래스틱서치가 문서가 속한 색인와 타입을 자동으
  로 생성하는 방법을 살펴볼 것이다.

- 책의 소스 코드로부터 추가 문서를 색인하면 검색할 준비가 된 데이터를 갖
  는다.

수동으로 첫 문서를 색인해서 HTTP PUT 요청을 URI로 어떻게 보내는지 살펴보
면서 시작하자. URI 예제는 라벨label과 함께 그림 2.10에서 볼 수 있다. 요청을 어떻
게 보내는지 차근차근 살펴보자.

사용한 프로토콜.
HTTP는 기본으로
지원한다

연결할 포트.
일래스틱서치는 기본으로
9200 포트를 제공한다

타입 이름

http://localhost:9200/get-together/group/1

연결할 일래스틱서치 노드의 호스트명.
로컬 머신에 일래스틱서치가 있으면
localhost를 사용한다

인덱스 이름

문서 ID

▲ **그림 2.10** 일래스틱서치에서 문서의 URI

2.3.1 cURL로 문서 색인

이 책의 코드 대부분은 cURL을 사용할 것이다. cURL은 데이터를 HTTP로 전달하기 위한 명령행 도구다. 일래스틱서치 코드 예제를 위해 cURL을 사용하는 것이 관습이 되어 감에 따라 여러분은 HTTP 요청을 하기 위해 curl 명령을 사용할 것이다. 그것은 cURL 예제를 다른 언어로 바꾸기 쉽기 때문이다. 사실 일래스틱서치의 공식 메일링 리스트에 도움을 요청하면 여러분의 문제에 해당하는 curl 재현recreation을 제공하길 추천한다. curl 재현은 여러분이 경험한 문제를 재현하는 curl 일련의 명령이고, 일래스틱서치를 로컬에 설치한 누구나 실행할 수 있다.

cURL 설치하기

리눅스나 맥 OS X 같은 유닉스 계열 운영체제를 운영하고 있다면, curl 명령이 있을 것이다. 명령이 없거나 윈도우를 사용한다면 http://curl.haxx.se에서 내려받을 수 있다. 추천하는 방법은 Cygwin을 설치하여 함께 설치된 cURL을 선택하는 것이다.

윈도우에서 curl 명령을 실행하기 위해 Cygwin을 사용하는 것은 유닉스 계열 시스템에서 동작하는 명령을 복사해서 사용할 수 있으므로 선호한다. 윈도우 셸을 사용하는 것을 고수한다면, 작은 따옴표가 다르게 동작하기 때문에 좀 더 신경 써야 한다. 대부분의 경우에 작은따옴표(')를 큰따옴표로 대체하고 백 슬래시로 큰따옴표를 이스케이프(escape)해야 한다(\"). 예를 들어, 다음 유닉스 명령은 다음과 같다.

```
curl 'http://localhost' -d '{"field": "value"}'
```

윈도우에서 다음과 같다.

```
curl "http://localhost" -d "{\"field\": \"value\"}"
```

curl을 사용해서 HTTP 요청을 하는 방법은 많다. man curl을 실행해서 모든 방법을 살펴보라. 이 책에서는 다음 curl 사용 관습^{convention}을 사용한다.

- 보통 GET, PUT, POST 같은 메소드는 -X 파라미터^{parameter}의 아규먼트^{argument}다. 파라미터와 아규먼트 사이에 공백을 넣을 수 있지만, 책에서는 넣지 않는다. 예를 들어, -X PUT 대신 -XPUT을 사용한다. 기본값은 GET이고 책에서 사용할 때 -X 파라미터를 함께 생략한다.

- URI에서 프로토콜을 생략한다. 즉, 항상 http를 사용하고 curl은 프로토콜을 명시하지 않으면 기본으로 http를 사용한다.

- 다수의 파라미터를 포함하고 있어서 앰퍼샌드(&)로 구분해야 한다면, URL 둘레에 작은따옴표를 넣는다. 앰퍼샌드는 보통 프로세스를 백그라운드로 보내는 용도이기 때문이다.

- HTTP로 보내는 데이터는 보통 JSON이다. JSON 자체가 큰따옴표를 포함하기 때문에 작은따옴표로 둘러 쌓는다.

  작은따옴표가 JSON 자체에 필요하다면, 예제와 같이 우선 작은따옴표를 달고 큰 따옴표로 필요한 작은 따옴표를 둘러 쌓는다.

  ```
  '{"name": "Scarlet O'"'"'Hara"}'
  ```

  일관성을 위해서 대부분의 URL 역시 작은따옴표로 둘러쌀 것이다(작은따옴표가 문자를 이스케이프하는 것을 방해하거나 변수를 포함할 때, 큰따옴표를 사용할 때는 예외다).

HTTP 요청을 위해 사용하는 URL은 가끔 pretty=true나 단순하게 pretty 같은 파라미터를 포함한다. 요청이 curl로 실행되든지 아니든지 책에서는 후자를 사용한다. 특히 pretty 파라미터는 한 줄로 모든 응답을 주는 기본값보다 JSON 응답을 더 읽기 쉽게 보이도록 한다.

Head, kopf, 또는 Marvel를 통해 브라우저로 일래스틱서치 사용하기

명령행보다 그래픽 인터페이스를 선호한다면 몇 가지 도구가 이용 가능하다.

일래스틱서치 헤드(Head) - 여러분은 이 도구를 일래스틱서치 플러그인, 독립형 HTTP 서버, 파일 시스템에서 열 수 있는 웹 페이지로 설치할 수 있다. HTTP 요청을 보낼 수 있지만, 헤드는 어떻게 샤드가 클러스터에 분산되는지 보여주는 모니터링 도구로써 가장 유용하다. https://github.com/mobz/elasticsearch-head에서 일래스틱서치 헤드를 발견할 수 있다.

일래스틱서치 코프(kopf) - 모니터링과 요청을 보내기 좋다는 점에서 헤드와 유사하다. 파일 시스템에서 웹 페이지로 혹은 일래스틱서치 플러그인으로 실행한다. 헤드와 코프 둘 다 빠르게 발전해서, 비교가 쓸모 없어지는 것 또한 빠를지 모른다. https://github.com/lmenezes/elasticsearch-kopf에서 일래스틱서치 코프를 발견할 수 있다.

마블(Marvel) - 이 도구는 일래스틱서치를 위한 모니터링 툴이다. 클러스터를 관리하는 것에 관한 모든 것을 다루는 11장에서 모니터링에 대해 좀 더 이야기한다. 그 후에 부록 D에서 마블 같은 모니터링 도구를 기술할 것이다. 지금 기억할 것은 마블이 센스(Sense)라고 하는 일래스틱서치에 요청을 보내는 그래픽 방법 또한 제공한다는 것이다. 센스는 자동 완성을 제공해서 학습하는 데 유용하다. www.elastic.co/downloads/marvel에서 마블을 내려받을 수 있다. 개발 기간에는 무료이지만 상용 제품이라는 것을 주의하자.

curl 명령을 사용할 수 있고 로컬 머신에 기본 설정으로 일래스틱서치가 설치됐다고 가정하면, 첫 번째 get-together 색인의 group 타입의 문서를 다음과 같이 색인할 수 있다.

```
% curl -XPUT 'localhost:9200/get-together/group/1?pretty' -d '{
  "name": "Elasticsearch Denver",
  "organizer": "Lee"
}'
```

다음과 같은 결과를 얻어야 한다.

```
{
  "_index" : "get-together",
  "_type" : "group",
  "_id" : "1",
  "_version" : 1,
```

```
    "created" : true
}
```

응답은 색인, 타입, 그리고 색인한 문서의 ID를 포함한다. 이 경우 여러분이 명시한 ID를 얻지만, 3장에서 배우는 것처럼 일래스틱서치가 ID를 생성하는 것도 가능하다. 1부터 시작하고 업데이트할 때마다 증가하는 문서의 버전도 얻는다. 3장에서 업데이트에 관해 배울 것이다.

이제 색인한 첫 번째 문서가 있으니, 이 문서를 포함한 색인과 타입에 무슨 일이 벌어졌는지 보자.

2.3.2 색인과 매핑 타입 생성

일래스틱서치를 설치하고 도큐먼트를 색인하기 위해 curl 명령을 실행하면, 왜 다음과 같은 요소들을 주면서 동작하는지 의아할지 모른다.

- 색인은 이전에 존재하지 않았다. get-together라는 색인을 생성하는 어떤 명령을 준 적이 없다.
- 매핑을 이전에 정의하지 않았다. 문서의 필드를 정의하는 group이라는 매핑 타입을 정의하지 않았다.

curl 명령은 일래스틱서치가 자동으로 get-together 색인을 추가하고 group 타입을 위한 새로운 매핑도 생성하기 때문에 동작한다. 매핑은 필드 정의를 문자열로 포함한다. 일래스틱서치는 기본값으로 이 모든 것은 처리해서 추가 설정 없이 색인을 시작하도록 해준다. 필요하다면 이러한 기본 동작을 변경할 수 있다. 3장에서 살펴볼 것이다.

색인을 수동으로 생성하기

다큐먼트를 색인할 때 사용한 요청과 유사하게 PUT 요청으로 항상 색인을 생성할 수 있다.

```
% curl -XPUT 'localhost:9200/new-index'
{"acknowledged":true}
```

색인을 생성하는 것이 도큐먼트를 생성하는 것보다 시간이 걸려서 사전에 색인을 준비하길 원할지 모른다. 색인을 미리 생성하는 다른 이유는 일래스틱서치가 제공하는 기본 설정과 다른 설정을 원할 때다. 예를 들어, 특정 샤드 수를 원할 수 있다. 9장에서 이러한 것을 어떻게 하는지 보여줄 것이다. 일반적으로 확장하는 방법으로 많은 색인을 사용하기 때문이다.

매핑 이해하기

언급한 것처럼 매핑은 새 문서와 함께 자동으로 생성되고, 일래스틱서치는 자동으로 name과 organizer 필드를 문자열로 감지한다. 새로운 문서를 다른 새 필드와 추가하면, 일래스틱서치는 타입도 추측하고 새로운 필드를 매핑에 덧붙인다.

현재 매핑을 보기 위해 색인의 _mapping 종단endpoint에 HTTP GET을 요청한다. 이것은 해당 색인의 모든 타입에 대한 매핑을 보여주지만, _mapping 종단 아래 타입 이름을 명시해서 특정 매핑을 얻을 수 있다.

```
% curl 'localhost:9200/get-together/_mapping/group?pretty'
{
  "get-together" : {
    "mappings" : {
      "group" : {
        "properties" : {
          "name" : {
            "type" : "string"
          },
          "organizer" : {
            "type" : "string"
          }
        }
      }
    }
  }
}
```

응답은 다음 관련 데이터를 포함한다.

- 색인명 - get-together

- 타입 - group

- 프로퍼티 목록 - `name`과 `organizer`

- 프로퍼티 옵션 - `type` 옵션은 두 프로퍼티 모두 `string`이다.

3장에서 색인, 매핑, 매핑 타입에 대해 좀 더 이야기한다. 지금은 매핑을 정의하고 책의 샘플 코드에 있는 스크립트를 실행해서 도큐먼트의 색인을 만들어 보자.

2.3.3 코드 샘플로 문서 색인하기

색인한 문서를 검색하는 것을 살펴보기 전에 코드 샘플의 populate.sh를 실행해서 좀 더 색인을 해보자. 이후 검색하기 위한 좀 더 많은 샘플 데이터를 줄 것이다.

코드 샘플 다운로드

소스 코드를 내려받기 위해 https://github.com/dakrone/elasticsearch-in-action을 방문하고 지시를 따르라. 가장 쉬운 방법은 저장소를 복제(clone)하는 것이다.

git clone https://github.com/dakrone/elasticsearch-in-action.git

윈도우를 사용한다면, 먼저 https://cygwin.com에서 Cygwin을 설치하는 것이 최선이다. 설치 도중에 설치할 패키지 목록에 git과 curl을 추가하라. 그러고 나면 코드 샘플을 내려받기 위해 git을 사용하고 그것들을 실행하기 위해 curl을 사용할 수 있다.

우선 스크립트는 생성한 get-together 색인을 삭제한다. 그 후 색인을 재생성하고 mapping.json에 정의한 매핑을 생성한다. 매핑 파일은 지금까지 보아온 것들 외에 다른 옵션을 명시할 수 있는데, 이는 3장을 포함한 나머지 장에서 살펴본다. 마지막으로 스크립트는 group과 event 두 개의 타입에 도큐먼트의 색인을 만든다. 두 타입 간에는 부모-자식 관계가 있다(events가 group에 속한다). 부모-자식 관계는 8장에서 자세히 살펴보고, 지금은 이 관계를 무시한다.

populate.sh 스크립트를 실행하면 다음과 같이 보일 것이다.

예제 2.1 populate.sh로 도큐먼트 색인 생성

```
% ./populate.sh
WARNING, this script will delete the 'get-together' index and re-index all data!
Press Control-C to cancel this operation.
Press [Enter] to continue.
```

스크립트를 실행한 후, 몇 개의 만나는 그룹과 그룹들을 위해 계획한 이벤트들을 가질 것이다. 어떻게 이 문서들을 검색할 수 있는지 살펴보자.

2.4. 데이터 검색하고 가져오기

여러분이 생각하는 것처럼 어떻게 검색할지에 대한 많은 옵션이 있다. 어쨌든 검색은 일래스틱서치의 목적이다.

> **노트**   4장에서 가장 일반적인 검색 방법을 살펴본다. 6장에서 유사 결과를 얻는 것을 더 배우고, 10장에서 검색 성능에 관해 배운다.

전형적인 검색을 구성하는 것들을 자세히 살펴보면, "elasticsearch"라는 단어를 포함하는 그룹을 검색하지만 오직 가장 관련된 문서의 name과 location 필드만 물어본다. 다음 예제는 GET 요청과 응답을 보여준다.

예제 2.2 그룹에서 "elasticsearch" 검색

```
% curl "localhost:9200/get-together/group/_search?\
q=elasticsearch\
&fields=name,location\
&size=1\
&pretty"
```

URL은 어디를 검색할지 가리킨다. 즉, get-together 색인의 그룹 타입에서 검색한다.

URI 파라미터는 상세한 검색 옵션을 부여한다. 즉, "elasticsearch"를 포함한 문서를 찾지만, 상위 결과 중 name과 location 필드만 반환한다.

JSON 응답을 좀 더 읽기 쉬운 포맷으로 출력하는 플래그

일반적으로 쿼리는 q=name:elasticsearch처럼 특정 필드에 수행하지만, 이 경우는 모든 필드를 검색하길 원하기 때문에 어느 필드도 명시하지 않았다. 사실 일래스틱서치는 기본으로 모든 필드의 내용을 색인하는 _all이라는 특정 필드를 사용한다. 3장에서 _all 필드를 좀 더 살펴보겠지만 현재는 명시적인 필드 이름이 없는 쿼리가 _all로 간다는 것을 알면 좋다.

4장에서 검색의 좀 더 많은 면을 살펴보겠지만 여기서 검색의 세 가지 중요한 점들을 자세히 살펴볼 것이다.

- 어디를 검색할지

- 응답 내용

- 무엇을 어떻게 검색할지

2.4.1 어디를 검색할지 설정하기

예제 2.2에서와 같이 일래스틱서치가 특정 색인의 특정 타입을 보도록 지시할 수 있지만 같은 색인, 다수의 색인, 혹은 모든 색인에서 여러 타입에 검색할 수도 있다.

다수의 타입에서 검색하기 위해 쉼표로 분리된 목록을 사용한다. 예를 들어, group과 event 타입 모두 검색하기 위해 이와 같은 명령을 실행한다.

```
% curl "localhost:9200/get-together/group,event/_search\
?q=elasticsearch&pretty"
```

색인 URL의 _search 종단에 요청을 보내 색인의 모든 타입에 검색할 수도 있다.

```
% curl 'localhost:9200/get-together/_search?q=sample&pretty'
```

타입과 유사하게 복수의 색인을 검색하기 위해 쉼표로 분리한다.

```
% curl "localhost:9200/get-together,other-index/_search\
?q=elasticsearch&pretty"
```

이 특정 요청은 미리 다른 색인을 생성하지 않으면 실패할 것이다. 그런 문제를 무시하기 위해 `ignore_unavailable` 플래그를 `pretty` 플래그를 추가한 방법과 같은 방법으로 붙일 수 있다. 모든 색인에서 검색하려면, 색인명을 완전히 생략한다.

```
% curl 'localhost:9200/_search?q=elasticsearch&pretty'
```

> **팁**　모든 색인을 검색할 필요가 있다면, 색인명으로 _all을 사용할 수 있다. 이것은 예제와 같이 모든 색인에 걸쳐 하나의 타입을 검색할 필요가 있을 때 편리하다. http://localhost:9200/_all/event/_search

어디를 검색할지에 관한 유연성은 무엇이 사용 사례에 적합한지에 따라 복수의 색인과 타입으로 데이터를 구성할 수 있도록 해준다. 예를 들어, 로그 이벤트는 "logs-2013-06-03", "logs-2013-06-04" 등과 같이 시간 기반의 색인을 주로 구성한다. 그런 설계는 오늘의 색인이 인기 있다는 것을 의미한다. 모든 새로운 이벤트가 오늘의 색인으로 가고, 대부분 최신 데이터를 검색한다. 인기 색인은 전체 데이터의 몇 분의 일만 포함해서 쉽고 빠르게 다룰 수 있다. 그리고 원한다면 이전 데이터나 모든 데이터를 여전히 검색할 수 있다. 2부에서 그런 설계 방식에 관해 좀 더 알게 되고, 확장, 성능, 관리에 관해서 좀 더 배울 것이다.

2.4.2 응답 내용

검색 응답은 검색 기준과 일치하는 문서뿐 아니라 검색 성능이나 결과의 유사도를 확인하는 데 유용한 정보를 포함한다.

일래스틱서치로부터의 응답이 무엇을 포함하는지에 대한 예제 2.2에 대해 질문이 있을 것이다. 점수는 무엇인가? 모든 샤드가 이용 가능하지 않다면 무슨 일이 일어나는가? 다음 예제에 보이는 응답의 각 부분을 살펴보자.

78

예제 2.3 하나의 결과 문서에 두 필드를 돌려주는 검색 응답

```
{
  "took" : 2,                              요청이 얼마나 걸리고
  "timed_out": false                       타임아웃이 발생했나?
  "_shards" : {
    "total" : 2,
    "successful" : 2,                      몇 개의 샤드에
    "failed" : 0                           질의 했나
  },
  "hits" : {
    "total" : 2,
    "max_score" : 0.9066504,               일치하는 모든 문서에
                                           대한 통계
    "hits" : [ {
      "_index" : "get-together",
      "_type" : "group",
      "_id" : "3",
      "_score" : 0.9066504,
      "fields" : {                                               결과 배열
        "location" : [ "San Francisco, California, USA" ],
        "name" : [ "Elasticsearch San Francisco"]
      }
    }]
  }
}
```

보는 바와 같이 일래스틱서치로부터의 JSON 응답은 시간, 샤드, 히트(hit) 통계와 요청한 문서들에 대한 정보를 포함한다. 이들 각각을 차례로 살펴볼 것이다.

시간

첫 응답 항목은 다음과 같다.

```
"took" : 2,
"timed_out" : false,
```

  took 필드는 일래스틱서치가 요청을 처리하는 데 얼마나 걸렸는지 말해준다. 시간 단위는 밀리 초다. timed_out 필드는 검색이 타임아웃 됐는지 보여준다. 기본으로 검색은 절대 타임아웃되지 않지만 timeout 파라미터로 한계를 명시할 수 있다. 예를 들어, 다음 검색은 3초 후에 타임아웃된다.

```
% curl "localhost:9200/get-together/group/_search\
?q=elasticsearch\
&pretty\
&timeout=3s"
```

  검색이 타임아웃되면, timed_out 값은 true이고, 타임아웃될 때까지의 결과만을 얻는다.

샤드

다음 일부 응답은 검색에 포함된 샤드에 관한 정보다.

```
"_shards" : {
  "total" : 2,
  "successful" : 2,
  "failed" : 0
```

  두 개의 샤드를 가진 한 색인을 검색했기 때문에 자연스럽게 보일지 모른다. 모든 샤드가 응답했기 때문에 successful이 2이고 failed는 0이다.
  노드가 내려가고 샤드가 검색 요청에 응답할 수 없을 때 무슨 일이 발생할지 궁금할 것이다. 그림 2.11을 보자. 세 개의 노드를 가지고 있는 클러스터가 있고, 각각은 하나의 샤드가 있고 복제가 없다. 하나의 노드가 내려가면, 어떤 데이터는 놓치게 될 것이다. 이 경우, 일래스틱서치가 살아 있는 샤드로부터 결과를 주고, 실패한 필드에 검색하기 위해 이용 불가한 샤드 수를 보고한다.

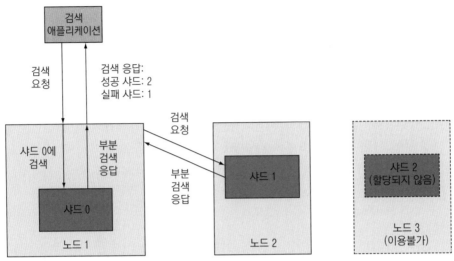

▲ **그림 2.11** 부분 결과는 여전히 이용 가능한 샤드 로부터 반환될 수 있다

히트 통계

마지막 응답 요소는 히트라고 불리고, 일치하는 문서의 배열을 포함하기 때문에 꽤 길다. 하지만 배열 전에 몇 개의 통계를 포함한다.

```
"total" : 2,
"max_score" : 0.9066504
```

Total에서 전체 일치하는 문서 수를 볼 수 있고, max_score에서 일치하는 문서의 최대 점수를 볼 수 있다.

> **정의**   검색으로 나온 문서의 점수는 문서가 얼마나 주어진 검색 기준과 유사한가에 대한 척도다. 1장에서 언급한 것과 같이 기본적으로 점수는 TF-IDF(term frequency-inverse document frequency) 알고리즘으로 계산한다. 단어 빈도(Term frequency)는 검색한 각 텀(단어)에 대해 그 텀이 더 발생하면 문서의 점수가 증가한다. Inverse document frequency는 텀이 전체 문서에 적게 발생하면 점수가 증가한다. 좀 더 관련이 있다고 생각하기 때문이다. 텀이 다른 문서에 자주 나타난 다면, 아마도 일반적인 텀이라서 덜 관련됐을 것이다. 어떻게 검색을 좀 더 관련되게 할지 6장에서 보여줄 것이다.

전체 문서 수는 응답에서 보는 문서의 수와 일치하지 않을지 모른다. 기본값으로 일래스틱서치는 결과 수를 10으로 제한한다. 그래서 10개를 넘는 결과를 가진다면, 검색 결과 기준에 맞는 문서의 정확한 수를 위해 `total` 값을 본다. 이전에 본 것과 같이 돌아온 결과의 수를 변경하려면 `size` 파라미터를 사용한다.

결과 문서

히트 배열은 응답에서 보통 가장 관심 있는 정보다.

```
"hits" : [ {
  "_index" : "get-together",
  "_type" : "group",
  "_id" : "3",
  "_score" : 0.9066504,
  "fields" : {
    "location" : [ "San Francisco, California, USA" ],
    "name" : [ "Elasticsearch San Francisco" ]
  }
}]
```

각 일치하는 문서는 그것이 속하는 색인과 타입, ID, 점수를 보여준다. 검색 쿼리에 명시한 필드의 값 또한 보인다. 예제 2.2에서 `fields=name,location`을 사용했다. 어떤 필드를 원하는지 명시하지 않으면 `_source` 필드가 보인다. `_all`과 같이 `_source`는 특별한 필드이고, 기본으로 일래스틱서치가 원 JSON 문서를 저장한다. 소스에 저장한 것을 설정할 수 있고, 3장에서 좀 더 살펴본다.

> **팁** 소스 필터링을 사용해서 원본 문서(_source)에서 어느 필드를 보여줄지 제한할 수 있다. 관련 내용은 www.elastic.co/guide/en/elasticsearch/reference/master/search-request-source-filtering.html을 참고하자. 검색 시 JSON 페이로드에 이런 옵션을 넣을 수 있다. 다음 장에서 설명한다.

2.4.3 검색 방법

지금까지 모든 검색 옵션이 URI로 가기 때문에 명명된 URI 요청으로 검색했다. 명령 행으로 실행하는 간단한 검색에는 좋지만, URI 요청을 손쉬운 방법shortcut 정도로 취급하는 게 좋다.

보통 요청의 데이터 부분에 쿼리를 넣을 것이다. 일래스틱서치는 JSON 포맷으로 모든 검색 기준을 명시하도록 해준다. 검색이 복잡해질수록 JSON은 쉽게 읽고 쓸 수 있으며 좀 더 많은 기능을 제공한다.

일래스틱서치에 대한 모든 group에 JSON 쿼리를 보내기 위해서 다음과 같이 할 수 있다.

```
% curl 'localhost:9200/get-together/group/_search?pretty' -d '{
  "query": {
    "query_string": {
      "query": "elasticsearch"
    }
  }
}'
```

쉬운 말로 "문자열이 elasticsearch인 query_string 타입의 쿼리를 실행하라" 로 바꿀 수 있다. 일래스틱서치에 입력할 상용구boilerplate가 너무 많은 것 같이 보일 지 모르지만, JSON이 URI 요청보다 더 많은 옵션을 제공하기 때문에 그렇다. 4장에 서 JSON 쿼리를 사용하는 것이 다른 타입의 쿼리를 조합하기 시작할 때 적절하다는 것을 알게 될 것이다. URI에 그 모든 옵션을 밀어 넣는 것은 다루기 더 어렵다. 각 필 드를 살펴보자.

쿼리 스트링 옵션 설정

JSON 요청의 마지막 레벨에서 "query": "elasticsearch"가 있고, 이미 쿼리라 는 것을 알기 때문에 "query" 부분이 중복이라고 생각할지 모른다. 하지만 query_ string은 문자열 자체보다 많은 옵션을 제공한다.

예를 들어, "elasticsearch san francisco"를 검색한다면, 일래스틱서치는 기본적으로 _all 필드를 찾는다. 대신 그룹의 이름을 찾길 원한다면, 다음과 같은 옵션을 명시한다.

```
"default_field": "name"
```

또한 기본값으로 일래스틱서치는 명시한 단어 중 어느 것이든 일치하는 문서들을 내놓는다(기본 연산자가 OR이다). 모든 단어가 일치하길 원한다면, 다음과 같은 옵션을 명시한다.

```
"default_operator": "AND"
```

수정한 쿼리는 다음과 같다.

```
% curl 'localhost:9200/get-together/group/_search?pretty' -d '{
  "query": {
    "query_string": {
      "query": "elasticsearch san francisco",
        "default_field": "name",
        "default_operator": "AND"
    }
  }
}'
```

같은 결과를 얻기 위한 다른 방법은 쿼리 스트링 자체에 필드와 연산자를 명시하는 것이다.

```
"query": "name:elasticsearch AND name:san AND name:francisco"
```

쿼리 스트링은 검색 기준을 명시하는 강력한 도구다. 일래스틱서치는 여러분이 찾고자 하는 단어들과 필드나 연산자 같은 다른 옵션을 이해하기 위해 문자열을 구문 분석한다. 그리고 나서 쿼리를 실행한다. 이 기능은 루씬[1]에서 온 것이다.

적절한 쿼리 타입 선택

`query_string` 쿼리 타입이 복잡해 보인다면, 좋은 소식은 많은 다른 형태의 쿼리가 있다는 것이다. 4장에서 대부분 다룰 것이다. 예를 들어, `name` 필드에 "elasticsearch"라는 단어만 찾는다면 텀 쿼리가 더 빠르고 간단할 것이다.

```
% curl 'localhost:9200/get-together/group/_search?pretty' -d '{
  "query": {
    "term": {
      "name": "elasticsearch"
    }
  }
}'
```

필터 사용하기

지금까지 여러분이 본 모든 검색은 쿼리였다. 쿼리는 결과를 돌려주고 각 결과는 점수가 있다. 점수에 관심이 없다면, 필터 쿼리^{filtered query}를 대신 실행할 수 있다. 4장에서 필터 쿼리에 관해 좀 더 이야기할 것이지만, 핵심은 필터는 오직 결과가 검색과 일치하는지만 관심을 가진다는 것이다. 결과적으로 다른 쿼리보다 빠르고 쉽게 캐시에 저장할 수 있다.

예를 들어, 다음 쿼리는 "elasticsearch"라는 단어를 group 타입 문서의 name 필드에서 찾는다.

---

1 쿼리 스트링 문법에 대해 더 알고 싶다면, 다음을 방문해보자. http://lucene.apache.org/core/4_9_0/queryparser/org/apache/lucene/queryparser/classic/package-summary.html#package_description

```
% curl 'localhost:9200/get-together/group/_search?pretty' -d '{
  "query": {
    "filtered": {
      "filter": {
        "term": {
          "name": "elasticsearch"
        }
      }
    }
  }
}'
```

결과는 동등한 텀 쿼리로 얻은 것과 같지만, 필터 결과는 점수에 의해 정렬되지 않는다(모든 결과에 대한 점수가 1.0이기 때문이다).

집계 적용

쿼리와 필터에 덧붙여 집계를 통해 각종 통계를 얻을 수 있다. 7장에서 집계를 자세히 살펴보고, 여기서는 간단한 예제를 보자.

사용자가 get-together 웹사이트를 방문하고 있고 사용 가능한 종류의 그룹을 살펴보길 원한다고 가정하자. 여러분은 그룹 조직자가 누구인지 보여주길 원할지 모른다. 예를 들어, "Lee"가 일곱 번의 만남 주선자로 결과에 나왔다면 Lee를 아는 사용자는 일곱 개의 만남만 걸러내기 위해서 그의 이름을 클릭할지 모른다.

그룹 조직자인 사람들을 반환하려면, 텀 집계를 사용할 수 있다. 이것은 명시한 필드에 나타난 각 텀별 수치를 보여준다. 이 경우는 조직자다. 집계 쿼리는 다음과 같을 것이다.

```
% curl localhost:9200/get-together/group/_search?pretty -d '{
  "aggregations" : {
    "organizers" : {
      "terms" : { "field" : "organizer" }
    }
```

```
    }
}'
```

쉬운 말로, 이 요청은 "terms 타입이고 organizer 필드를 찾는 organizers라고 명명된 집계를 주세요."로 바꿀 수 있다. 다음 결과는 응답의 주요 부분을 보여준다.

```
"aggregations" : {
  "organizers" : {
    "buckets" : [ {
      "key" : "lee",
       "doc_count" : 2
      }, {
        "key" : "andy",
        "doc_count" : 1
....
```

결과는 여섯 개의 전체 팀 중에서 "lee"가 두 번 나오고 "andy"가 한 번 나온다는 것 등을 보여준다. Lee가 조직한 그룹을 두 개 가지고 있다. 그다음에 결과를 좁히기 위해 Lee가 조직자인 그룹만 검색할 수 있다.

집계는 여러분이 원하는 것이 무엇인지 몰라서 검색할 수 없을 때 유용하다. 어떤 종류의 그룹이 이용 가능한가? 내가 사는 곳 근처에 어떤 이벤트가 있나? 집계를 사용해서 이용 가능한 데이터를 드릴 다운하고 실시간 통계 정보를 볼 수 있다.

반대의 시나리오를 가지고 있는 경우가 있다. 정확하게 무엇을 원하는지 알고 검색을 전혀 실행하길 원하는지 않는다. ID로 문서를 가져오는 것이 유용한 경우다.

2.4.4 ID로 문서 가져오기

특정 문서를 가져오기 위해서 문서가 속한 색인과 타입 그리고 ID를 알아야 한다. 그다음에 문서의 URI에 HTTP GET 요청을 보낸다.

```
% curl 'localhost:9200/get-together/group/1?pretty'
{
  "_index" : "get-together",
  "_type" : "group",
  "_id" : "1",
  "_version" : 1,
  "found" : true,
  "_source" : {
  "name": "Denver Clojure",
  "organizer": ["Daniel", "Lee"]
....
```

응답은 여러분이 명시한 색인, 타입, ID를 포함한다. 문서가 존재하면, 버전, 소스에 덧붙여 found 필드가 true라는 것을 알 것이다. 문서가 존재하지 않으면, found는 false다.

```
% curl 'localhost:9200/get-together/group/doesnt-exist?pretty'
{
  "_index" : "get-together",
  "_type" : "group",
  "_id" : "doesnt-exist",
  "found" : false
}
```

기대한 것처럼, ID로 문서를 얻는 것은 검색보다 훨씬 빠르고 자원 측면에서도 덜 비싸다. 실시간으로 행해지기도 한다. 색인 작업이 끝나자마자 새로운 문서는 GET API를 통해 가져올 수 있다. 그에 반해서 검색은 준 실시간이다. 기본값으로 매 초 발생하는 리프레시를 기다려야 하기 때문이다.

모든 기본 API 요청을 어떻게 하는지 보았으니, 기본 설정 옵션들을 어떻게 변경하는지 보자.

2.5 일래스틱서치 설정하기

일래스틱서치의 강점 중 하나는 개발자 친화적인 초기 설정을 가지고 있다는 것이다. 이전 절에서 본 것과 같이, 어떤 설정 변경 없이 여러분의 테스트 서버에 색인과 검색을 할 수 있다. 일래스틱서치는 자동으로 색인을 생성하고 문서에서 새로운 필드의 타입을 알아낸다.

일래스틱서치는 또한 쉽고 효율적으로 확장한다. 이것은 대규모 데이터나 요청을 다루고 있을 때 또 하나의 중요한 특징이다. 이 장의 마지막 절에서 두 번째 일래스틱서치 인스턴스를 시작할 것이다. 1장에서 이미 시작한 것에 더해서 클러스터를 형성하도록 하자. 이러한 방법으로 어떻게 일래스틱서치가 확장하고 클러스터에 데이터를 분산하는지 볼 것이다.

확장이 설정을 변경하지 않고도 가능할 수 있긴 하지만, 이후 두 번째 노드를 추가할 때 놀라지 않기 위해 이 장에서 설정을 약간 변경할 것이다. 세 개의 다른 설정 파일에 다음 변경 사항을 적용할 것이다.

- elasticsearch.yml에 클러스터 이름 명시하기 - 일래스틱 특유의 옵션이 들어가는 주 설정 파일이다.
- logging.yml에 로깅 옵션 수정하기 - 로깅 설정 파일은 일래스틱서치가 로깅을 위해 사용하는 log4j의 옵션을 위한 것이다.
- 환경 변수나 elasticsearch.in.sh에 메모리 설정 조정하기 - 이 파일은 일래스틱서치를 작동시키는 자바 가상 머신^{JVM}을 설정하기 위한 것이다.

다른 많이 옵션이 있고, 나올 때마다 몇몇을 언급하겠지만, 목록에 있는 것들이 가장 일반적으로 사용하는 것들이다. 이 설정 변경 각각을 차례로 살펴보자.

2.5.1 elasticsearch.yml에 클러스터 이름 명시하기

일래스틱서치의 주 설정 파일은 압축을 풀은 tar.gz이나 zip 아카이브의 config/ 디렉토리에서 찾을 수 있다.

> **팁** RPM이나 DEB 패키지로 설치했다면 /etc/elasticsearch/에 파일이 있다.

REST API와 같이 설정은 JSON이나 YAML이 될 수 있다. REST API와는 다르게 가장 대중적인 포맷은 YAML이다. 읽고 사용하기 편하며, 이 책의 모든 설정 예제는 elasticsearch.yml에 근거한다.

기본적으로 새로운 노드는 멀티캐스트[2]로 기존 클러스터를 찾는다. 특정 멀티캐스트 주소를 듣고 있는 모든 호스트에 핑을 보내는 방식이다. 클러스터를 찾으면 새로운 노드는 클러스터 이름이 같은 경우 합류한다. 기본 설정을 가진 인스턴스가 여러분의 클러스터에 합류하는 것을 방지하기 위해 클러스터 명을 변경하는 게 좋다. 클러스터명을 바꾸려면 elasticsearch.yml에 cluster.name를 코멘트 해제 후 변경한다.

```
cluster.name: elasticsearch-in-action
```

파일을 갱신 후에 **컨트롤+C**를 눌러서 일래스틱서치를 정지하고 다음 명령으로 다시 시작한다.

```
bin/elasticsearch
```

> **주의** 데이터를 색인했다면, 새로운 클러스터 명으로 일래스틱서치를 재시작 후에 데이터가 없다는 것을 알게 됐을 지 모른다. 데이터를 저장하는 디렉토리가 클러스터명을 포함하기 때문이고, 클러스터명을 다시 변경하고 재시작하면 색인한 데이터를 다시 되돌릴 수 있다. 지금은 코드 샘플의 populate.sh를 다시 실행해서 샘플 데이터를 다시 넣을 수 있다.

2.5.2 logging.yml을 통해 자세한 로깅 명시하기

뭔가 잘못됐을 때, 애플리케이션 로그는 실마리를 찾기 위한 첫 번째 장소다. 그저 어떻게 돼가고 있는지 보길 원할 때도 유용하다. 일래스틱서치의 로그를 봐야 한다면, 기본 위치는 zip/tar.gz 아카이브를 푼 경로 아래의 logs/ 디렉토리다.

---

2 2.0 이후로 젠 디스커버리(zen discovery)는 기본값으로 유니캐스트를 사용하고 멀티캐스트는 플러그인으로 변경됐다. 그나마 2.2 이후에는 사용되지 않게 됐고 5.0에서는 완전히 제거된다. – 옮긴이
   https://www.elastic.co/guide/en/elasticsearch/plugins/current/discovery-multicast.html

팁 RPM이나 DEB 패키지로 설치했다면 기본 경로는/var/log/elasticsearch/다.

일래스틱서치 로그 엔트리는 세 가지 파일 형태로 구성된다.

- 메인 로그(cluster-name.log) - 일래스틱서치가 동작 중일 때 무슨 일이 일어 났는지에 관한 일반적인 정보를 알 수 있다. 예를 들어, 쿼리가 실패했거나 새로운 노드가 클러스터에 합류했는지 알 수 있다.
- 느린 검색 로그(cluster-name_index_search_slowlog.log) - 쿼리가 너무 느리게 실행될 때 일래스틱서치가 로그를 남기는 곳이다. 기본으로 쿼리가 0.5초 넘게 걸리면 이곳에 로그를 남긴다.
- 느린 색인 로그(cluster-name_index_indexing_slowlog.log) - 느린 검색 로그와 유사하지만 기본으로 색인 작업이 0.5초 이상 걸리면 로그를 남긴다.

로깅 옵션을 변경하려면 elasticsearch.yml과 같은 위치에 있는 logging.yml 파일을 수정한다. 일래스틱서치는 log4j(http://logging.apache.org/log4j/)를 사용하고, logging.yml의 설정 옵션은 이 로깅 유틸리티에 한정된다.

다른 설정처럼 기본값들은 합리적이지만, 예를 들어 좀 더 자세한 로그를 남기고 싶다면, 첫 단계로 좋은 방법은 모든 로깅에 영향을 주는 rootLogger를 변경하는 것이다. 지금은 기본값을 남겨두지만, 모든 로그를 남기고 싶다면 logging.yml의 첫 줄을 다음과 같이 변경하면 된다.

```
rootLogger: TRACE, console, file
```

기본값으로 로깅 레벨은 INFO이고, INFO나 그 이상의 모든 이벤트를 남긴다.

2.5.3 JVM 설정 조정하기

자바 애플리케이션으로써 일래스틱서치는 JVM에서 실행한다. JVM은 물리 머신처럼 자체 메모리를 가지고 있다. JVM은 자체 설정을 가지고 있고, 가장 중요한 것은 얼마나 많은 메모리를 사용할지 허락하는 것이다. 올바른 메모리 설정을 선택하는 것은 일래스틱서치 성능과 안정성을 위해 중요하다.

일래스틱서치에 의해 사용하는 대부분 메모리는 힙이라고 부른다. 기본 설정은 일래스틱서치가 힙으로 초기에 256MB를 할당해서 1GB까지 확장한다. 검색이나 색인 작업이 1GB 이상의 RAM이 필요하면, 작업이 실패하고 로그에서 OOM[Out-Of-Memory] 에러를 보게 될 것이다. 역으로 오직 256MB의 램을 가지고 있는 가전기기에 서 일래스틱서치를 실행한다면 기본 설정은 너무 많은 메모리를 할당할지 모른다.

기본값을 변경하려면 ES_HEAP_SIZE 환경 변수를 사용할 수 있다. 일래스틱서치 를 시작하기 전에 명령행에서 설정할 수 있다.

유닉스 계열 시스템에서는 export 명령을 사용한다.

```
export ES_HEAP_SIZE=500m; bin/elasticsearch
```

윈도우 계열에서는 SET 명령을 사용한다.

```
SET ES_HEAP_SIZE=500m & bin\elasticsearch.bat
```

힙 크기를 설정하는 더 영구적인 방법은 bin/elasticsearch.in.sh를 변경하는 것이다(윈도우는 elasticsearch.bat). 파일의 시작 부분에 #!/bin/sh 이후에 ES_HEAP_SIZE=500m를 추가한다.

> **팁** DEB 패키지를 통해 일래스틱서치를 설치했다면 /etc/default/elasticsearch에서 이 변수를 변경한다. RPM 패키지로 설치했다면 같은 설정을 /etc/sysconfig/elasticsearch에서 변경할 수 있다.

이 책의 범위에서 기본값은 충분하다. 더 폭넓게 테스트를 실행한다면, 더 메모리를 할당해야 할 수도 있다. 1GB 램 보다 적은 머신이라면 200m 같은 더 적은 값으로 낮춰야 동작할 것이다.

실 서비스에서는 얼마나 많은 메모리를 할당하는가

서버에 일래스틱서치를 단독으로 실행한다면 전체 RAM의 절반을 ES_HEAP_SIZE에 할당하는 것으로 시작한다. 다른 애플리케이션이 큰 메모리가 필요하다면 더 적은 값을 시도한다. 나머지 절반은 운영체제의 캐시로 사용해서 저장한 데이터가 빠르게 접근되도록 한다. 이러한 경험 법칙을 넘어서 일래스틱서치가 얼마나 많은 메모리가 있어야 하는지 보기 위해 클러스터를 모니터링 하면서 테스트를 실행해야 한다. 책의 2부에서 성능 튜닝과 모니터링에 관해 좀 더 이야기한다.

지금까지 일래스틱서치 설정 옵션을 변경해보고, 데이터를 색인하고 검색했기 때문에 일래스틱서치의 "elastic" 부분의 맛을 알았을 것이다. 즉, 확장하는 방식을 말한다(9장에서 이 주제를 깊이 있게 다룬다). 하나의 노드로 모든 장의 작업을 할 수 있긴 하지만, 어떻게 확장하는지 개요를 이해하기 위해서, 같은 클러스터에 노드를 더 추가할 것이다.

2.6 클러스터에 노드 추가하기

1장에서 tar.gz이나 ZIP 아카이브를 풀고 첫 일래스틱서치 인스턴스를 실행했다. 이렇게 해서 한 노드 클러스터를 생성했다. 두 번째 노드를 추가하기 전에 현재 어떻게 데이터가 할당돼 있는지 그려보기 위해 클러스터 상태를 확인할 것이다. 이전에 (2.3.1장) 문서를 색인할 때 언급했던 일래스틱서치 코프^{kopf}나 헤드^{Head} 같은 그래픽 툴로 할 수 있다. 그림 2.12는 코프에서의 클러스터를 보여준다.

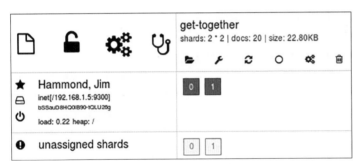

▲ **그림 2.12** 일래스틱서치 kopf로 본 한 노드 클러스터

이 플러그인들을 설치하지 않았다면, 항상 Cat 샤드 API에서 대부분 정보를 얻을 수 있다.

```
% curl 'localhost:9200/_cat/shards?v'
index          shard prirep state docs  store ip          node
get-together 0     p       STARTED 12 15.1kb 192.168.1.4 Hammond, Jim
get-together 0     r       UNASSIGNED
```

```
get-together 1      p      STARTED 8 11.4kb 192.168.1.4  Hammond, Jim
get-together 1      r      UNASSIGNED
```

팁 　대부분의 일래스틱서치 API들은 JSON을 반환하지만, Cat API는 예외이고, Cat 샤드 API는 그중 하나다. 더 많은 API가 있고, 사람과 셸 스크립트 모두로 분석하기 쉬운 포맷으로 특정 시점에 클러스터가 무엇을 하고 있는지에 관한 정보를 얻는 데 유용하다. 관리에 초점을 둔 11장에서 Cat API에 대해 더 이야기할 것이다.

어느 쪽이든 다음 정보를 볼 수 있다.

- 전에 elasticsearch.yml에 정의한 것과 같은 클러스터명이다.

- 오직 하나의 노드만 있다.

- get-together 색인은 유효한 두 개의 기본 샤드를 가지고 있다. 미할당 샤드는 이 색인에 설정했던 레플리카를 나타낸다. 오직 하나의 노드만 있으므로 레플리카는 미할당으로 남는다.

미할당 레플리카 샤드는 상태를 yellow로 만든다. 이것은 기본 샤드들은 할당됐지만 모든 레플리카가 할당되지는 않았다는 것을 의미한다. 기본 샤드가 빠졌다면, 클러스터는 red가 돼서 최소한 하나의 색인이 불완전하다는 것을 표시한다. 모든 레플리카가 할당 됐다면, 클러스터는 green이 돼서 모든 작업이 기대한 것과 같다는 것을 표시한다.

2.6.1 두 번째 노드 시작하기

다른 터미널에서 bin/elasticsearch나 elasticsearch.bat를 실행한다. 이렇게 하면 같은 머신에 다른 일래스틱서치 인스턴스를 시작한다. 보통 추가적인 프로세싱 파워의 이득을 얻기 위해 다른 머신에 새로운 노드를 시작하지만 지금은 모든 것을 로컬로 실행할 것이다.

새로운 노드의 터미널이나 로그 파일에서 다음처럼 시작하는 줄을 볼 수 있다.

```
[INFO ][cluster.service          ] [Raman] detected_master [Hammond, Jim]
```

Hammond, Jim은 첫 노드의 이름이다. 두 번째 노드가 멀티캐스트로 첫 번째 노드를 찾아서 클러스터에 합류했다. 첫 번째 노드는 클러스터의 마스터다. 즉 어떤 노드가 클러스터에 있고 샤드가 어디에 있는지 같은 정보를 유지하는 역할을 한다. 이 정보는 클러스터 상태라고 부르고 다른 노드에 복제된다. 마스터가 내려가면 다른 노드가 선출되어 그 자리를 차지할 수 있다.

그림 2.13에서 클러스터의 상태를 보면, 일련의 레플리카들이 새 노드에 할당돼서, 클러스터가 green으로 된 것을 알 수 있다.

이러한 두 노드가 별도의 머신에 있다면, 고장 방지 클러스터를 갖게 되고, 전보다 더 많은 동시 검색을 처리할 것이다. 그러나 더 높은 색인 성능이 필요하거나 더 많은 동시 검색을 처리할 필요가 있다면 어떻게 해야 하나? 추가 노드가 확실히 도움을 줄 것이다.

> **노트** 여러분은 머신에서 시작하는 첫 노드가 HTTP 요청을 위해 모든 인터페이스의 9200 포트에서 수신한다는 것을 이미 인지했을지 모른다. 더 많은 노드를 추가하면, 포트 9201, 9202 등을 사용한다. 노드 간 통신에는 일래스틱서치가 포트 9300, 9301 등을 사용한다. 방화벽에서 허가해야 할지도 모를 포트들이다. elasticsearch.yml의 네트워크와 HTTP 부분에서 수신 주소를 변경할 수 있다.

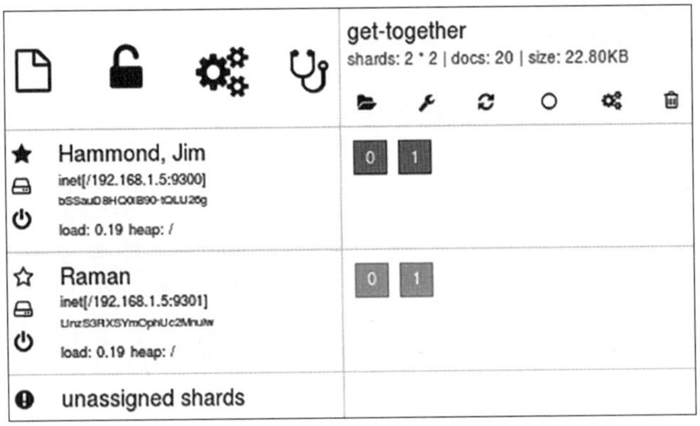

▲ **그림 2.13** 복제 샤드가 두 번째 노드에 할당된다

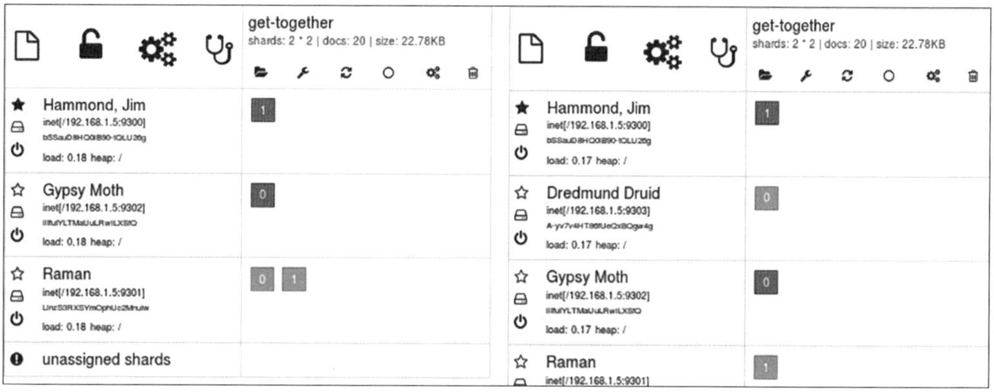

▲ **그림 2.14** 일래스틱서치는 커지는 클러스터에 자동으로 샤드를 분배한다

2.6.2 노드 추가하기

세 번째와 그리고 네 번째 노드를 추가하기 위해 다시 bin/elasticsearch나 elasticsearch.bat를 실행한다면, 멀티캐스트로 마스터를 찾아 같은 방법으로 클러스터에 합류한다는 것을 알 수 있다. 추가로 그림 2.14에 보이는 것과 같이, get-together 색인의 네 개의 샤드가 자동으로 클러스터에 골고루 분산된다.

이 시점에 더 많은 노드를 추가하면 무슨 일이 생길지 궁금해할 것이다. 기본적으로 아무 일도 일어나지 않는다. 전체 네 개의 샤드를 가지고 있어서 네 개의 노드 이상에서 분배될 수 없기 때문이다. 즉, 확장하고 싶다면 몇 가지 옵션이 있다.

- 레플리카 수를 변경한다. 레플리카는 즉석에서 갱신할 수 있긴 하지만, 이 방법으로 확장하면 오직 동시 검색 수만을 증가시킨다. 검색이 순차 순환 대기 round-robin 방식으로 같은 샤드의 레플리카로 보내지기 때문이다. 색인 성능은 새로운 데이터가 모든 샤드에 의해 처리되어야 하므로 같을 것이다. 또한 단일isolated 검색은 오직 하나의 샤드 집합에서만 실행하기 때문에, 레플리카를 추가한다고 도움이 되는 것은 아니다.

- 더 많은 샤드로 색인 생성하기. 이것은 기본 샤드가 즉석에서 변경될 수 없으므로 데이터를 다시 색인하는 것을 의미한다.

- 색인을 더 추가한다. 어떤 데이터는 더 많은 색인을 사용하도록 쉽게 설계할 수 있다. 예를 들어, 로그의 색인을 만든다면 매일의 로그를 별도의 색인에 넣을 수 있다.

9장에서 확장을 위한 이런 패턴들을 논의한다. 우선은 단순함을 유지하기 위해 추가했던 세 개의 노드들을 내릴 수 있다. 한 번에 하나씩 노드를 내리면 처음 상태로 돌아간 것처럼 자동으로 샤드들이 균형을 유지하는 것을 볼 수 있다. 모두 한 번에 내린다면, 첫 노드에 하나의 샤드만 남고, 나머지 데이터를 얻기 위한 시간이 없다. populate.sh를 다시 실행하는 경우에는 모든 샘플 데이터를 재색인할 것이다.

2.7 요약

이 장에서 배운 것을 복습해보자.

- 일래스틱서치는 기본적으로 문서 기반이고, 확장성이 있으며, 스키마는 자유롭다.
- 기본 설정으로 클러스터를 형성할 수는 있지만, 다음 단계로 넘어가기 전에 그것 중 최소 몇 가지는 조정해야 한다.
- 색인 요청은 기본 샤드들에 분산되고 기본 샤드의 레플리카로 복제된다.
- 검색은 전체 데이터 집합 간에 순차 순환 대기 방식으로 처리되고, 그것들이 샤드나 복제를 구성한다. 검색 요청을 받은 노드는 각 샤드들로부터 부분 결과를 집계하고, 그 결과들을 애플리케이션에 반환한다.
- 클라이언트 애플리케이션은 각 색인이 조각났다거나 클러스터가 무엇을 찾는지 알지 못할 것이다. 그것들은 오직 색인, 타입, 문서 ID만 신경 쓴다. 문서들의 색인을 만들고 검색하기 위해 REST API를 사용한다.
- 새로운 문서를 보내고 HTTP 요청의 JSON 페이로드로 파라미터를 검색할 수 있다. 그리고 JSON 응답을 결과와 함께 돌려받을 것이다.

다음 장에서는 일래스틱서치에서 효율적으로 데이터를 조직하고, 문서가 어떤 종류의 필드를 가질 수 있는지 배워서 색인, 갱신, 삭제를 위한 모든 관련 옵션에 익숙해지는 바탕이 될 것이다.

3

데이터 색인,
변경, 삭제

3장에서 다루는 내용
- 같은 색인에서 도큐먼트의 다수 개 타입을 정의하는 매핑 타입 사용
- 매핑에 사용 가능한 필드 타입
- 사전 정의된 필드와 필드 옵션 사용
- 데이터 색인, 변경 및 삭제에 도움되는 모든 것

3장에서는 도큐먼트 색인, 변경, 삭제 같은 일래스틱서치에서의 데이터 입력과 출력 및 유지에 대해 다룬다. 1장에서 일래스틱서치가 도큐먼트 기반이라고 배웠는데, 그 도큐먼트는 로우Row 내에서 테이블 컬럼 이름이 가지는 값처럼 독립적인 필드와 그 필드 값으로 구성된다. 2장에서는 어떻게 하면 일래스틱서치의[1] REST API로 그러한 도큐먼트를 색인하는지 살펴봤다. 이제 도큐먼트에 있는 필드와 도큐먼트가 담고 있는 것을 살펴보면서 색인 과정으로 더 깊게 들어가 볼 것이다. 예를 들어, 다음과 같은 도큐먼트를 색인한다고 하자.

---

1   REST는 Representational State Transfer의 약자로 URI(Uniform Resource Identifier)와 행위로 구성되는데, URI
는 정보의 위치를 표현하고, 정보에 대한 행위는 HTTP 메소드를 이용해서 표현한다. HTTP 메소드는 행위의 유형
에 따라 GET, POST, PUT, DELETE를 구분해서 사용한다. 일래스틱서치에서는 REST 스타일의 API를 제공하는데,
대부분의 경우 정보를 GET으로 조회하고, POST로 생성하며, PUT으로 변경하고, DELETE로 삭제한다. - 옮긴이

```
{"name": "Elasticsearch Denver"}
```

Name 필드는 그 필드의 값인 Elasticsearch Denver가 문자열이기 때문에 문자열 필드다. 그 외에도 숫자, 불린 등이 올 수 있다. 3장에서는 다음처럼 세 가지 필드 유형을 볼 것이다.

- 기본 필드 - 문자열과 숫자가 이 필드에 해당한다.
- 배열 및 다중 필드 - 같은 필드에 같은 기본 타입으로 된 다수개의 값을 저장하는 데 사용하는 필드다. 예를 들어, tags 필드는 다수개의 태그 문자열을 가질 수 있다.
- 사전 정의된 필드 - 일례로 이 유형은 _ttl(Time to live)과 _timestamp를 포함한다.

일래스틱서치가 이들 필드 타입을 자동으로 관리하고 추가적으로 어떠한 기능을 제공하는 메타데이터처럼 생각해보자. 예를 들어, _timestamp처럼 새 데이터를 자동으로 도큐먼트에 추가하도록 일래스틱서치를 설정하거나, 지정된 시간 이후 자동으로 삭제하기 위해 _ttl 필드를 사용할 수 있다.

도큐먼트에 어떠한 필드 타입이 올 수 있는지와 이를 어떻게 색인하는지 알아보고, 이미 존재하는 도큐먼트를 어떻게 변경할 수 있는지도 살펴볼 것이다. 기존 도큐먼트를 변경할 때 일래스틱서치가 데이터를 저장하는 방식 때문에 도큐먼트를 검색해서 읽어온 후 명세에 맞게 변경 사항을 적용한다. 그 다음, 변경 사항을 적용한 도큐먼트를 다시 색인하고 기존 것은 삭제한다. 이런 변경은 동시성 문제를 일으킬 수 있는데, 도큐먼트 버전을 이용해서 어떻게 자동으로 해결할 수 있는지 살펴볼 것이다. 또한, 도큐먼트를 삭제하는 다양한 방법을 살펴볼 텐데, 이들 간에 약간의 성능 차이는 있다. 이는 색인을 위해 일래스틱서치에서 사용하는 주요 라이브러리인 아파치 루씬이 디스크에 데이터를 저장하는 특수한 방식 때문에 발생한다.

도큐먼트로부터 필드를 어떻게 관리할 수 있는지 살펴보면서 색인에 대해 알아볼 것이다. 2장에서 알아본 것처럼, 필드는 매핑에 정의되어 있어서, 각 필드 타입별로 어떻게 작업할 수 있는지 자세히 알아보기 전에, 일반적으로 어떻게 매핑할 수 있는지를 먼저 살펴볼 것이다.

3.1 도큐먼트 종류를 정의하는 매핑 사용하기

색인은 타입을 포함하고, 타입은 개별 도큐먼트를 포함한다. 데이터의 논리적 분할 측면에서 색인은 데이터베이스로, 타입은 테이블로 생각해볼 수 있다. 예를 들어, 2장에서 소개했던 get-together 웹사이트는 서로 다른 도큐먼트 구조 때문에 group과 event라는 서로 다른 타입을 사용했다. 그 웹사이트가 블로그도 갖고 있었다면, 확연히 서로 다른 데이터 집합이므로 블로그 글과 덧글은 서로 다른 색인에 유지할 것이다.

매핑에서 타입은 개별 필드의 정의를 담는다. 매핑은 그 타입으로부터 도큐먼트에 있는 모든 필드를 포함하고, 도큐먼트의 필드를 어떻게 색인할 것인지 일래스틱서치에게 말해준다. 예를 들어, 필드가 날짜를 담고 있다면, 어떤 날짜 형식을 받아들일지 정의할 수 있다.

논리적 구분만 제공하는 타입

일래스틱서치는 서로 다른 타입을 갖는 도큐먼트를 물리적으로 분리하지는 않는다. 같은 일래스틱서치 색인 내에서의 모든 도큐먼트는 타입에 무관하게 결국 같은 샤드에 속하는 파일 집합에 있게 된다. 루씬 색인 샤드에서 타입 이름이 필드인데, 전체 매핑으로부터 모든 필드가 루씬 색인에 있는 필드로 합쳐진다.

타입 개념은 같은 색인에 있는 서로 다른 종류의 도큐먼트를 가지기 쉽도록 하는 루씬이 아닌 일래스틱서치 특유의 추상화 계층이다. 예를 들어, 일래스틱서치는 특정 타입만으로 검색할 때 그 타입에 속한 도큐먼트를 필터링하는 방식으로 도큐먼트를 분리한다.

이러한 접근법은 같은 이름의 필드가 여러 타입으로 존재할 때 문제가 생긴다. 예상치 못한 결과를 피하려면, 같은 이름을 가진 두 필드가 같은 설정값을 가져야 하는데, 그렇지 않으면 일래스틱서치는 두 필드 중 참조하려는 것이 어느 것인지 판단하기 어렵게 된다. 결국, 두 필드 모두 동일한 루씬 색인에 속하게 된다. 예를 들어, group 및 event 도큐먼트 둘 다 같은 필드를 가진다면, 문자열 하나와 정수 하나가 아닌 둘 다 문자열이 되어야 한다. 현실에서 자주 발생할 문제는 아닐 수 있지만, 뜻밖의 상황에 당황하지 않으려면, 이러한 문제는 기억해두는 것이 좋다.

그림 3.1에서 group과 event는 서로 다른 타입으로 저장된다. 애플리케이션은 event처럼 특정 타입 내에서 검색할 수 있다. 일래스틱서치는 검색할 때 한 번에 다수 개의 타입에서뿐만 아니라 색인 이름으로 지정한 색인의 모든 타입에서도 검색할 수 있다.

이제 일래스틱서치가 어떻게 매핑을 사용하는지 알았으니, 이제 타입 매핑을 어떻게 읽고 쓸 수 있는지 알아보자.

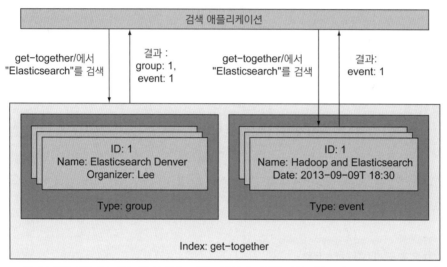

▲ **그림 3.1** 같은 색인에서 데이터를 분리하는 타입 이용하기. 검색은 단일, 다수 또는 모든 타입으로 실행할 수 있다

3.1.1 매핑 검색 및 정의하기

일래스틱서치는 필드를 자동으로 찾고 그것에 맞게 매핑을 조정하므로, 일래스틱서치를 배우면서 매핑만큼은 신경 쓸 게 별로 없다. 어떻게 동작하는지 예제 3.1에서 볼 수 있다. 프로덕션Production 애플리케이션에서는 대개 매핑을 미리 정의할 필요가 있으므로 필드 자동 감지에만 의존할 수는 없다. 어떻게 매핑을 정의하는지는 나중에 다시 설명할 것이다.

현재 매핑 가져오기

어떤 필드 타입의 현재 매핑을 보려면, 타입의 URL 다음에 _mapping을 덧붙여서 HTTP GET으로 호출한다.

```
curl 'localhost:9200/get-together/group/_mapping?pretty'
```

다음 예제는 우선 new-events라는 새 타입을 지정하고, get-together 웹사이트에 처음으로 새 도큐먼트를 색인하면, 일래스틱서치는 자동으로 그 매핑을 만들어준다. 다음으로 생성된 매핑을 검색하는데, 도큐먼트의 필드와 일래스틱서치가 찾아낸 필드의 타입을 보여준다.

예제 3.1 자동으로 생성한 매핑 가져오기

```
curl -XPUT 'localhost:9200/get-together/new-events/1' -d '{        새 도큐먼트 색인
  "name": "Late Night with Elasticsearch",
  "date": "2013-10-25T19:00"
}'

curl 'localhost:9200/get-together/_mapping/new-events?pretty'  ◄
{                                                                  매핑 가져오기
  "get-together": {
    "mappings": {
      "new-events": {
        "properties": {
          "date": {
            "type": "date",
            "format": "dateOptionalTime"          도큐먼트의 두 필드와
          },                                        필드의 타입 찾기
          "name": {
            "type": "string"
          }
        }
      }
    }
  }
}
```

새 매핑 정의하기

매핑 정의는 기존과 같은 URL을 사용하지만 GET 대신 HTTP PUT으로 호출한다. 매핑을 조회할 때 반환했던 것과 같은 형식의 JSON 매핑을 요청 본문에 기술한다. 예를 들어, 다음은 문자열로된 host 필드를 정의하는 매핑을 입력하는 요청이다.

```
% curl -XPUT 'localhost:9200/get-together/_mapping/new-events' -d '{
  "new-events": {
    "properties": {
      "host": {
        "type": "string"
      }
    }
  }
}'
```

어떤 도큐먼트를 그 타입에 넣기 전이 아니라, 색인을 만든 이후에 새 매핑을 정의할 수 있다. 예제 3.1에서 보듯이, 이미 매핑을 갖고 있었다면, 어떻게 PUT[2]이 동작할 수 있을까? 이 의문에 관한 설명은 다음에 다시 설명할 것이다.

3.1.2 기존 매핑 확장하기

새 매핑을 기존 매핑에 입력하면, 일래스틱서치는 이 둘을 병합한다. 이때 일래스틱서치에 매핑 정보를 요청하면 다음과 같은 결과를 얻을 것이다.

```
{
  "get-together": {
    "mappings": {
      "new-events": {
        "properties": {
          "date": {
```

---

2 REST에서 PUT은 생성을 의미하는데 이미 매핑이 있는데 PUT을 사용했음을 의문으로 제시한 것이다. – 옮긴이

```
        "type": "date",
        "format": "dateOptionalTime"
      },
      "host": {
        "type": "string"
      },
      "name": {
        "type": "string"
      }
    }
  }
}
}
```

보는 바와 같이, 이제 매핑은 초기 매핑에 새로 정의한 필드가 더해져서 결과적으로 두 필드를 모두 담게 되었다. 초기 매핑은 새로 추가한 필드로 확장하는데, 이 필드가 어떤 것이든 간에 어디라도 추가할 수 있다. 일래스틱서치는 기존 매핑과 새로 제공한 매핑을 서로 병합한다.

그러나 안타깝게도 모든 병합이 잘 동작하는 것은 아니다. 예를 들어, 이미 존재하는 필드 데이터 타입은 변경할 수 없고, 필드를 색인하는 방식도 변경할 수 없다. 왜 이런 문제가 발생하는지 좀 더 자세히 살펴보자. 다음 예제에서 보듯, host 필드를 long으로 변경하면, MergeMappingException으로 실패한다.

예제 3.2 기존 필드 타입을 string에서 long으로 변경 시도는 실패한다

```
curl -XPUT 'localhost:9200/get-together/_mapping/new-events' -d '{
  "new-events": {
    "properties": {
      "host": {
        "type": "long"
      }
    }
```

```
    }
}'
```

```
# reply
{"error":"MergeMappingException[Merge failed with failures {[mapper [host]
of different type, current_type [string], merged_type [long]]}]","status":400}
```

이 오류를 우회하는 유일한 방법은 다음 절차로 new-events의 모든 데이터를 다시 색인하는 것이다.

1 new-events 타입의 데이터를 모두 삭제한다. 3장에서 데이터를 어떻게 삭제하는지 나중에 다시 알아볼 것이다. 데이터 삭제는 현재 매핑도 함께 삭제한다.

2 새 매핑을 입력한다.

3 데이터 전체를 다시 색인한다.

왜 다시 색인해야 하는지 이해를 돕기 위해, host 필드에 이미 문자열 event를 색인했다고 가정해보자. 이제 host 필드가 long이 돼야 한다면, 일래스틱서치는 기존 도큐먼트에서 host 색인 방식을 변경해야 할 것이다. 이후 다시 살펴볼 텐데, 기존 도큐먼트를 편집한다는 것은 삭제하고 다시 색인해야 함을 의미한다. 가급적 매핑을 올바르게 정의해서 필드 변경이 아닌 추가만 하도록 하자. 이제 일래스틱서치에서 필드의 기본 타입에 대해서 알아보고 이들 타입으로 무엇을 할 수 있는지 살펴보자.

3.2 도큐먼트 필드를 정의하는 기본 타입

일래스틱서치에 있어서 필드는 문자열 또는 숫자처럼 기본 타입(표 3.1 참고) 중 하나가 되거나, 배열처럼 기본 타입에서 파생된 좀 더 복잡한 타입이 될 수 있다.

3장에서는 추가적인 몇 개의 타입에 관해서는 설명하지 않는다. 예를 들어, 도큐먼트 내부에 도큐먼트를 가질 수 있는 중첩 타입이나 위도와 경도를 기반으로 위치를 저장하는 좌표$^{geo\_point}$ 타입이 이에 해당한다. 이들 추가적인 타입은 도큐먼트 사이의 관계를 다루는 8장, 지리 데이터를 다루는 부록 A에서 다시 소개한다.

> **노트**　이름이나 날짜처럼 도큐먼트에 정의한 필드 외에도 일래스틱서치는 사전 정의된 필드 집합도 사용한다. 예를 들어, _all 필드는 도큐먼트의 모든 필드를 함께 색인한 곳이다. 이는 검색 가능한 필드를 지정하지 않고도 유저가 전체 필드에 대해 뭔가 검색해야 할 때 유용하다. 사전 정의된 필드는 자체 설정 옵션을 가지는데 3장에서 곧 설명할 것이다.

기본 타입은 데이터를 색인할 때 적절한 매핑을 선택하는 밑바탕이 되므로 잘 살펴두자.

▼ **표 3.1** 일래스틱서치 기본 필드 타입

기본 타입	예제 값
문자열(String)	"Lee", "Elasticsearch Denver"
숫자(Numeric)	17, 3.2
날짜(Date)	2013–03–15T10:02:26,231+01:00
불린(Boolean)	값으로 true나 false가 올 수 있다.

3.2.1 문자열

타입 중 가장 단순한 것은 바로 문자열이다. 일련의 글자들을 색인한다면 필드는 문자열 타입이 될 것이다. 또한 매핑에서 어떻게 분석할 것인가에 대한 상당히 많은 옵션을 갖고 있어서 가장 흥미로운 타입이기도 하다.

분석이란 텍스트를 파싱하는 일련의 과정인데, 변환하고, 적절한 검색을 구성하는 데 필요한 요소로 분해한다. 너무 추상적으로 들린다면 5장에서 이 개념에 대해 다시 알아볼 것이므로 걱정하지 않아도 된다. 다만, 3장에서는 예제 3.1에서 색인해 뒀던 도큐먼트를 이용하는 기본적인 것만 살펴보기로 하자.

```
% curl -XPUT 'localhost:9200/get-together/new-events/1' -d '{
  "name": "Late Night with Elasticsearch",
  "date": "2013-10-25T19:00"
}'
```

색인한 도큐먼트에서 문자열 name 필드에 있는 late 단어를 검색하려면 다음처럼 실행한다.

```
% curl 'localhost:9200/get-together/new-events/_search?pretty' -d '{
  "query": {
    "query_string": {
      "query": "late"
    }
  }
}'
```

이 검색은 예제 3.1에서 색인해뒀던 "Late Night with Elasticsearch" 도큐먼트를 찾는다. 일래스틱서치는 분석을 통해서 "late"와 "Late Night with Elasticsearch" 문자열을 연관시킨다. 그림 3.2에서 보듯이, "Late Night with Elasticsearch"를 색인할 때, 기본 분석기는 모든 문자를 소문자로 만들고 문자열을 단어로 단위로 분해한다.

분석은 late, night, with 및 elasticsearch의 네 가지 텀^{Term}을 만들어 낸다. 그 후 쿼리 문자열에도 같은 절차를 적용하는데, 이번에는 "late"가 문자열 "late"를 만들어 낸다. 도큐먼트로부터 나온 결과인 late 텀이 질의로부터 나온 결과인 late 텀과 일치하기 때문에 doc1 도큐먼트가 검색된다.

> **정의**   텀은 텍스트로부터 나온 단어이고 검색을 위한 기본 단위다. 다시 말하자면, 이 단어는 서로 구별되는 것을 의미한다. 즉, 이름이 될 수도 IP 주소가 될 수도 있다. 한 필드가 완전히 일치해야 한다면, 그 필드의 모든 문자열을 단일 단어처럼 취급해야 한다.

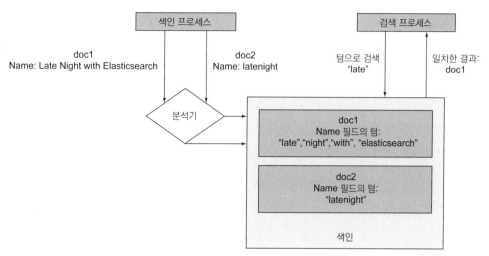

▲ **그림 3.2** 기본 분석기가 문자열을 텀으로 분해하고 이어서 검색이 이들 텀을 맞춰본다

한편, "latenight"를 색인한다면, 기본 분석기는 latenight라는 단 한 개의 텀만 만든다. 그래서 late 텀을 포함하지 않으므로 결국 "late"로 검색하면 doc2는 검색이 안 될 것이다.

매핑이 활동하는 곳이 바로 이러한 분석 과정이다. 매핑에서 분석을 위한 다수의 옵션을 지정할 수 있다. 예를 들어, 원본 텀의 동의어^{Synonym} 텀을 만들어 내는 분석을 설정할 수 있으므로, 쿼리는 동의어까지도 검색한다. 약속대로 5장의 상세 분석에서 깊게 들여다보겠지만, 지금은 index 옵션만 살펴보자. 이 index 옵션의 기본값은 analyzed인데, 그 외에도 not_analyzed나 no로 설정할 수 있다. 예를 들어, name 필드에 다음과 같이 not_analyzed로 설정하면 매핑은 다음과 같이 볼 수 있다.

```
% curl -XPUT 'localhost:9200/get-together/_mapping/new-events' -d '{
  "new-events": {
    "properties": {
      "name": {
        "type": "string",
        "index": "not_analyzed"
      }
    }
```

```
    }
}'
```

index 기본값은 analyzed인데, 앞에서 설명한 것처럼 분석기는 모든 문자를 소문자로 바꾸고 단어 단위로 분해한다. 단일 단어로 일치하는 검색 결과를 얻으려면 이 옵션을 사용한다. 예를 들어, 사용자가 "elasticsearch"를 검색하면, 결과 목록에 "Late Night with Elasticsearch"가 보이리라 기대할 수 있다.

반면, index를 not_analyzed로 설정하면, 분석 과정을 건너뛰고 전체 문자열을 단일 텀으로 색인한다. 태그 검색을 할 때처럼 정확히 일치해야 할 때 이 옵션을 사용한다. "big data"를 검색하면 "data"가 아닌 "big data"가 결과로 나오기를 원할 것이다. 또한, 이 방식은 텀 개수를 세는 대부분의 집계에 필요할 것이다. 가장 빈번하게 나타나는 태그를 얻으려 한다면, "big data"가 "big"과 "data"의 각각이 아닌 단일 텀처럼 세기를 바랄 것이다. 집계에 대해서는 7장에서 살펴볼 것이다.

만약 index를 no로 설정하면, 색인을 생략하고 어떠한 텀도 만들지 않아서 특정 필드의 검색이 불가능할 것이다. 검색할 필요가 없는 필드에 이 옵션을 사용하면 공간을 절약과 함께 색인 및 검색에 필요한 시간도 절약할 수 있다. 예를 들어, 이벤트의 리뷰를 저장한다고 하자. 비록 이 리뷰를 저장하고 보여주는 것이 가치가 있어도 검색할 필요까지는 없을 것이다. 이 경우 그 필드의 색인을 비활성화함으로써 색인 과정을 더 빠르게 만들고 저장 공간도 절약한다.

필드에서 검색할 때 쿼리가 분석되는지 확인하자

앞에서 사용했던 query_string 같은 어떤 쿼리에서는 분석 과정이 검색 결과에 영향을 미치는 기준으로 작용한다. 예상치 못한 결과를 보고 싶지 않다면 이 문제를 잘 알아두어야 한다.

예를 들어, analyzed가 아닌 상태에서 "Elasticsearch"를 색인한다면, Elasticsearch 텀을 만들게 된다. 다음과 같이 "Elasticsearch"로 쿼리한다고 하자.

```
curl 'localhost:9200/get-together/new-events/_search?q=Elasticsearch'
```

이 URI 요청은 분석되므로 소문자로 된 elasticsearch 텀이 만들어진다. 그러나 색인에 elasticsearch 텀이 없고 다만 대문자로 시작하는 Elasticsearch만 갖고 있어서 일치하는 검색결과는 없다. 검색에 대해 이야기할 4장에서 어느 쿼리 타입이 입력 텍스트를 분석하고 어느 타입이 그렇지 않은지 배울 것이다.

다음으로 어떻게 숫자를 색인하는지 살펴보자. 일래스틱서치는 숫자를 취급하는 데 도움되는 몇 가지 기본 타입을 제공하는데 이들을 한데 묶어서 숫자 타입이라고 표현할 것이다.

3.2.2 숫자

숫자Numeric 타입은 부동소수점을 포함할 수도 그렇지 않을 수도 있다. 소수점이 필요하지 않다면, byte, short, integer 및 long 중 어느 하나를 선택할 수 있다. 반면, 필요하다면 float나 double을 선택한다. 이들 타입은 자바 기본 데이터 타입과 일치하며, 색인 크기와 색인할 값의 범위에 영향을 미친다. 예를 들어, long 타입은 64비트 공간을 차지하지만 short은 16비트만 차지할 뿐이다. 그러나 long은 short이 저장 가능한 -32,768에서 32,767보다 수조 배 더 큰 범위의 수를 저장할 수 있다.

정수 값의 범위나 필요한 부동소수점 값의 정밀도를 모른다면, 일래스틱서치가 매핑할 때 자동으로 정수 값으로는 long을 부동소수점 값으로는 double을 사용하는 안전한 방식으로 해결해준다. 이들 두 타입은 더 많은 공간을 차지하므로 색인은 더 커지면서 느려지긴 하겠지만, 적어도 색인할 때 일래스틱서치로부터 out-of-range 오류를 만나지는 않을 것이다.

문자열과 숫자를 알아봤으니 이제 좀 더 특별한 목적으로 만들어진 날짜 타입을 살펴보자.

3.2.3 날짜

날짜 타입은 날짜와 시간을 저장하는 데 사용한다. 2013-12-25T09:00:00처럼 보통 문자열로 된 날짜를 제공하는 데 사용하고, 일래스틱서치는 문자열을 파싱하고 long 타입의 숫자로 루씬 색인에 저장한다. 그 long 타입은 UTC 시간으로 1970년 1월 1일 00:00:00(UNIX epoch)부터 지정한 시간까지 누적한 밀리초 숫자다.

도큐먼트를 검색할 때, 여전히 날짜 문자열을 제공하고 일래스틱서치는 이들 문자열을 파싱해서 백그라운드에서는 숫자로 동작한다. 이유는 숫자는 문자로 작업하는 것보다 더 빠르게 저장할 수 있기 때문이다.

반면, 제공한 날짜 문자열을 일래스틱서치가 이해하는지를 고려해봐야 한다. 날짜 문자열의 날짜 형식은 format 옵션으로 지정하는데, 일래스틱서치는 기본적으로 ISO 8601 타임스탬프를 파싱한다.

ISO 8601

날짜 및 시간과 관련된 데이터 교환의 국제 표준인 ISO 8601은 RFC 3339(www.ietf.org/rfc/rfc3339.txt)에 따라 타임스탬프에서 광범위하게 사용된다. ISO 8601 날짜는 다음과 같은 형식이다.

```
2013-10-11T10:32:45.453-03:00
```

이는 타임스탬프 변환에 적합한 모든 요소를 지니고 있는데, 정보는 왼쪽에서 오른쪽으로, 가장 중요한 것에서 그렇지 않은 것으로 읽는다. 4자리의 연도를 가지고 시간에는 밀리초와 시간대(Time zone)를 포함한다. 타임스탬프의 많은 정보가 선택사항이다. 예를 들어, 밀리초를 지정할 필요가 없고 시간도 제외 가능하다.

날짜 형식을 지정하려고 format 옵션을 사용할 때 다음의 두 선택지가 있다.

- 미리 지정된 날짜 형식을 사용한다. 예를 들어, 날짜 형식은 2013-02-25와 같은 날짜를 파싱한다. 다양한 사전 정의된 형식을 사용할 수 있는데, www.elastic.co/guide/reference/mapping/date-format/에서 모두 확인할 수 있다.

- 사용자 정의 형식을 지정할 수 있다. 타임스탬프를 위한 패턴을 지정할 수 있는데, 예를 들어, MMM YYYY로 지정하면 Jul 2001과 같은 날짜를 파싱한다.

사용할 날짜 정보를 입력하기 위해 다음 예제에서 보는 것처럼 weekly-events 새 매핑 타입을 추가하자. 그런 다음, 또한 예제에서 보는 바와 같이 name과 처음 이벤트가 발생한 날짜를 ISO 8601 타임스탬프로 지정한다. 물론 next_event 필드를 추가해서 사용자 정의 날짜 형식으로 날짜를 지정한다.

예제 3.3 기본 및 사용자 날짜 형식 사용하기

```
curl -XPUT 'localhost:9200/get-together/_mapping/weekly-events' -d '{
  "weekly-events": {
    "properties": {
      "next_event": {
        "type": "date",
        "format": "MMM DD YYYY"
      }
    }
  }
}
```
사용자 날짜 형식을 정의한다. 그 외 다른 날짜는 자동으로 탐지되므로 명시적으로 지정할 필요는 없다.

```
curl -XPUT 'localhost:9200/get-together/weekly-events/1' -d '{
  "name": "Elasticsearch News",
  "first_occurence": "2011-04-03",
  "next_event": "Oct 25 2013"
}'
```
표준 날짜/시간 형식을 지정한다. 여기서는 시간을 지정하지 않았고 오직 날짜만 포함했다.

이미 문자열, 숫자 그리고 날짜 형식에 관해 이야기를 했다. 이제 마지막 기본 형식인 불린으로 넘어가겠다. 날짜와 마찬가지로, 불린은 좀 더 특수한 목적으로 만들어진 것이다.

3.2.4 불린

불린 타입은 도큐먼트에 true나 false 값을 저장하기 위해 사용한다. 예를 들어, event의 비디오 다운로드 가능 여부를 표현하는 필드가 필요하다고 한다면, 샘플 도큐먼트는 아래와 같이 색인할 수 있다.

```
% curl -XPUT 'localhost:9200/get-together/new-events/1' -d '{
  "name": "Broadcasted Elasticsearch News",
  "downloadable": true
}'
```

downloadable 필드는 자동으로 불린으로 매핑되고 루씬 색인에 true이면 T, false이면 F로 저장된다. 날짜 필드처럼 일래스틱서치는 원본 도큐먼트에서 제공하는 값을 파싱하여 true와 false를 각각 T와 F로 변환한다.

필드에 사용할 수 있는 기본 타입인 문자열, 숫자, 날짜 및 불린에 대해 살펴보았다. 이제 같은 타입을 여러 번 사용할 수 있는 배열과 다중 필드를 살펴보자.

3.3 배열과 다중 필드

때때로 도큐먼트에 단순 필드-값 쌍만으로는 충분하지 않은 경우가 있다. 같은 필드가 다수 개의 값을 가질 필요도 있을 것이다. Get-together 예제로부터 벗어나 다른 사용 사례를 보자. 블로그 포스트를 색인하고 한 개 이상의 태그가 있는 태그 필드가 필요하다면, 배열이 필요한 것은 바로 이러한 경우다.

3.3.1 배열

다수 개 값으로 필드를 색인하려면, 다음 예제처럼 대괄호Square bracket로 값을 둘러싸 넣는다.

```
% curl -XPUT 'localhost:9200/blog/posts/1' -d '{
  "tags": ["first", "initial"]
}'
```

여기서 "어떻게 배열 필드를 매핑에서 정의하는가?"가 아마도 궁금할 텐데, 그에 대한 답은 "여러분이 정의하지 않는다"이다. 이 경우 매핑은 단일 값을 가질 때처럼 문자열로 태그 필드를 정의한다.

```
% curl 'localhost:9200/blog/_mapping/posts?pretty'
{
  "blog": {
    "mappings": {
      "posts": {
```

```
      "properties": {
        "tags": {
          "type": "string"
        }
      }
    }
  }
}
```

모든 기본 타입은 배열을 지원하는데, 매핑 변경 없이 단일 값과 배열 모두 사용할 수 있다. 예를 들어, 다음 블로그 포스트가 단 하나의 태그만 갖고 있다면 다음과 같이 색인할 수 있다.

```
% curl -XPUT 'localhost:9200/blog/posts/2' -d '{"tags": "second"}'
```

내부적으로 제공한 값이 얼마나 많은지 여부만 다를 뿐 같은 필드 내에 많거나 적거나 텀을 색인하는 루씬 입장에서는 다를 게 없다.

3.3.2 다중 필드

배열이 같은 설정으로 더 많은 데이터를 색인한다면, 다중 필드는 같은 데이터를 다른 설정으로 여러 번 색인한다. 예를 들어, 예제 3.4에서 서로 다른 두 설정을 가진 포스트 타입으로부터 태그 필드를 설정하는데, 단어 단위의 일치를 위해 analyzed를, 완전한 태그 이름의 일치를 위해 not_analyzed를 설정한다.

> **팁** 단일 필드를 다중 필드 설정으로 데이터 재색인(re-index) 없이 업그레이드(Upgrade)할 수 있다. 다음 예제를 실행하기 전에 이미 생성한 태그 문자 필드가 있다면 이처럼 된다. 반대로는 가능하지 않은데, 한 번 지정하면 매핑에서 서브 필드(sub-field)를 삭제할 수는 없다.

예제 3.4 문자열을 위한 다중 필드: 한 번은 analyzed, 다른 한 번은 not_analyzed를 사용

```
% curl -XPUT 'localhost:9200/blog/_mapping/posts' -d '{
  "posts": {
    "properties": {
      "tags": {
        "type": "string",
        "index": "analyzed",
        "fields": {
          "verbatim": {
            "type": "string",
            "index": "not_analyzed"
          }
        }
      }
    }
  }
}'
```

기본 태그 필드는 analyzed인데 입력하는 텍스트를 소문자로 변환하고 단어로 분해한다.

두 번째 필드인 tags.verbatim은 not_analyzed인데 원래의 태그를 단일 텀으로 만든다.

그저 아무 문자열로 실행하면 태그 필드의 `analyzed` 버전에서 검색한다. 그러나 원래의 태그에서 정확하게 일치하는 것을 가져오기 위해 `not_analyzed` 버전에서 검색하려면, tags.verbatim이라는 전체 경로를 지정해서 검색한다.

다중 필드와 배열 필드 타입 둘 다 단일 필드에 다수 개의 기본 타입 값을 가지게 한다. 다음으로 자동 만료의 경우처럼 도큐먼트에 새로운 기능성을 부여하는 사전 정의된 필드(일반적으로 일래스틱서치가 관리한다)에 대해 살펴보자.

3.4 사전 정의된 필드 사용하기

일래스틱서치는 새 기능을 추가해서 설정 및 사용할 수 있는 몇 개의 사전 정의된 필드를 제공한다. 이러한 사전 정의된 필드는 지금까지 봐왔던 필드에 비해 다음 세 가지가 사뭇 다르다.

- 일반적으로, 사전 정의된 필드는 사용자가 정의하지 않고 일래스틱서치가 제공한다. 예를 들어, 도큐먼트를 색인할 때 날짜를 기록하는 _timestamp 필드를 사용할 수 있다.

- 사전 정의된 필드는 필드에 따라 특수 기능을 갖고 있다. 예를 들어, _ttl ^{time to live} 필드는 일래스틱서치에 의해 특정 시간 이후에 도큐먼트를 자동 삭제하는 기능을 갖는다.

- 사전 정의된 필드 이름은 모두 언더스코어(_)로 시작한다. 이들 필드가 도큐먼트에 새 메타데이터를 추가하면, 원본 도큐먼트를 저장하는 것에서부터 자동 만료를 위해 타임스탬프를 저장하는 것에 이르기까지 일래스틱서치는 이 메타데이터를 다양한 기능에 사용한다.

주요한 몇몇 사전 정의된 필드를 다음과 같이 분류해보았다.

- 도큐먼트를 어떻게 저장하고 검색하는지에 관한 제어: _source는 색인할 때 원래의 JSON 도큐먼트를 저장하도록 한다. _all은 모든 필드를 색인한다.

- 도큐먼트의 아이덴티티^{identity}: 도큐먼트가 색인된 곳에 관한 데이터가 포함된 특수 필드 _uid, _id, _type, _index가 있다.

- 도큐먼트에 새 속성 추가: _size[3]로 원본 JSON 크기 값을 색인할 수 있다. 같은 방법으로, _timestamp[4]를 이용해서 색인 시점의 시간값을 별도로 색인할 수 있으며, 일래스틱서치는 _ttl[5]을 이용해서 특정 시간 이후에 자동으로 삭제되도록 할 수 있다. 같은 목적을 달성하는 더 나은 방법(예를 들어, 3.6.2절에서 소개할 저렴한 비용으로 전체 색인을 만료하는 방법)이 있기 때문에, 자동 삭제에 대해서는 더 이상 다루지 않겠다. 또한, 향후 릴리스에서 이 기능이 제거[6]될 수도 있다.

---

3 www.elastic.co/guide/en/elasticsearch/reference/master/mapping-size-field.html

4 www.elastic.co/guide/en/elasticsearch/reference/master/mapping-timestamp-field.html

5 www.elastic.co/guide/en/elasticsearch/reference/master/mapping-ttl-field.html

6 관련 논의 참고: https://github.com/elastic/elasticsearch/issues/9679

- 도큐먼트가 샤드로 가는 경로를 제어: _routing과 _parent가 있는데, 스케일링scaling과 관련된 9장의 9.8절에서 _routing을, 도큐먼트간 관계와 관련해서 이야기할 8장에서 _parent를 보게 될 것이다.

3.4.1 도큐먼트를 저장하고 검색하는 방식 제어하기

이제 도큐먼트를 색인에 저장하는 _source와 단일 필드에 있는 모든 내용을 색인하는 _all을 살펴보자.

원래의 내용을 저장하는 데 사용하는 _SOURCE

_source 필드는 원본 도큐먼트를 원래 형식 그대로 저장하기 위한 것이다. 이는 검색 결과에서 ID뿐만 아니라 도큐먼트 내용도 볼 수 있도록 한다.

_source는 원본 도큐먼트를 저장할지 또는 그렇지 않을지를 true 또는 false로 지정할 수 있다. 기본값은 true인데, 일래스틱서치의 다른 주요 기능 사용에 _source가 필요하므로 대부분의 경우 사용하는 것이 좋다. 예를 들어, 3장에서 앞으로 배우게 될 변경 API를 사용해서 도큐먼트 내용을 변경하려면 _source가 필요하다. 또한, 기본 하이라이트Highlighting 구현 역시 _source가 필요하다(하이라이트의 상세한 설명은 부록 C를 참고한다).

> **주의** 수많은 기능이 _source 필드에 의존하고, 공간과 성능 측면에서도 비교적 저렴한 비용으로 저장하므로, 2.0 버전부터 비활성화 기능은 제거될 것이다. 깃허브(GitHub) https://github.com/elastic/elasticsearch/issues/8142에 논의된 내용을 참고한다. 앞에서 설명한 이유 때문에 _source를 비활성화하는 것을 추천하지는 않는다.

어떻게 이 필드가 사용되는지 보려면, 일래스틱서치가 이전에 색인된 도큐먼트를 조회할 때 반환하는 결과를 살펴보면 된다.

```
% curl 'localhost:9200/get-together/new-events/1?pretty'
[...]
  "_source" : {
  "name": "Broadcasted Elasticsearch News",
  "downloadable": true
```

또한 검색할 때 기본적으로 이 값을 반환하기 때문에 JSON 결과의 _source에서
도 볼 수 있다.

원본 도큐먼트의 특정 필드만 반환하기

도큐먼트를 조회하거나 검색할 때, 일래스틱서치가 특정 필드만 검색 결과에 포함할
지 아니면 _source 전체를 포함할지 지정할 수 있다. 예를 들어, 다음처럼 코머로 구
분된 필드 목록을 fields 파라미터로 제공할 수 있다.

```
% curl -XGET 'localhost:9200/get-together/group/1?pretty&fields=name'
{
  "_index": "get-together",
  "_type": "group",
  "_id": "1",
  "_version": 1,
  "found": true,
  "fields": {
    "name": [
      "Denver Clojure"
    ]
  }
}
```

_source를 저장할 때, 일래스틱서치는 여기에서 필수 필드를 가져온다. Store
옵션을 yes로 설정한 개별 필드만 저장할 수 있다. 예를 들어, name 필드만 저장하려
면 매핑은 다음과 같다.

```
% curl -XPUT 'localhost:9200/get-together/_mapping/events_stored' -d '{
  "events_stored": {
    "properties": {
      "name": {
        "type": "string",
        "store": "yes"
```

```
        }
      }
    }
}'
```

_source 전체를 조회해서 특정 필드를 추출하는 것보다 단일 저장 필드를 조회하는 것이 더 빠르므로, 특히 큰 도큐먼트를 갖고 있을 때 일래스틱서치에게 특정 필드만 요청하는 것이 더 유용할 수 있다.

> **노트** 개별 필드를 저장할 때 더 큰 색인을 가지게 되므로 저장할 것이 더 많아진다는 것을 고려해야 한다. 대개 더 큰 색인이라는 것은 더 느린 색인과 검색 성능을 의미한다.

내부적으로, _source는 루씬의 다른 저장 필드에 위치한다. 일래스틱서치는 원본 JSON을 그 곳에 저장하고 필요 시 필드를 추출한다.

모든 것을 색인하는 _ALL

_source는 모든 것을 저장하고, _all은 모든 것을 색인한다. _all로 검색할 때, 일래스틱서치는 어떤 필드가 일치하는지와 무관하게 검색 결과를 반환한다. 이는 사용자가 보려는 것이 어디에 있는지 몰라도 그저 무언가를 찾을 때 유용하다. 예를 들어, "elasticsearch"를 검색하는 것은 그룹 이름인 "Elasticsearch Denver"와 더불어 다른 그룹에 있는 elasticsearch 태그도 찾을 것이다.

필드 이름 없는 URI로 검색을 실행하면 기본값 _all로 검색한다.

```
curl 'localhost:9200/get-together/group/_search?q=elasticsearch'
```

항상 특정 필드만 검색하려면 _all의 enable 옵션으로 false를 설정해서 비활성화할 수 있다.

```
"events": {
  "_all": { "enabled": false}
```

이렇게 하면 색인 전체 크기가 줄어들고 더 빠르게 색인을 만든다. 기본적으로, _all은 include_in_all 옵션 값으로 true를 가진 개별 필드를 암묵적으로 포함한다. 그러므로 include_in_all 옵션을 사용해서 _all에 무엇이 포함되고 무엇이 그렇지 않을지 제어할 수도 있다.

```
% curl -XPUT 'localhost:9200/get-together/_mapping/custom-all' -d '{
  "custom-all": {
    "properties": {
      "organizer": {
        "type": "string",
        "include_in_all": false
      }
    }
  }
}'
```

앞의 예제와 같이 include_in_all을 사용하면 공간 절약면에서 뿐만 아니라 어떻게 쿼리를 동작하게 할지에 관해서도 유연성을 준다. 필드 지정 없이 쿼리를 실행하면 일래스틱서치는 _all에 색인된 필드의 내용을 검색할 것이다.

다음으로, 사전 정의된 필드로 도큐먼트를 식별하는 데 사용하는 _index, _type, _id, _uid가 있다.

3.4.2 도큐먼트 식별하기

같은 색인 내에서 도큐먼트를 식별하기 위해 일래스틱서치는 도큐먼트 타입과 ID를 조합한 _uid 필드를 제공한다. 도큐먼트를 검색하거나 조회할 때 언제나 얻을 수 있는 _uid 필드는 _id와 _type 필드로 구성한다.

```
% curl 'localhost:9200/get-together/group/1?fields&pretty'{
  "_index": "get-together",
  "_type": "group",
  "_id": "1",
  "_version": 1,
  "found": true
}
```

방금 _uid는 _id와 _type으로 만들어진다고 했는데, 그렇다면 일래스틱서치는 왜 _id와 _type 그리고 _uid의 두 곳에 같은 데이터를 저장하는지 궁금할 것이다.

일래스틱서치는 모든 도큐먼트가 같은 루씬 색인에 있으므로 식별을 위해 내부적으로 _uid를 사용한다. _type과 _id의 분리는 서로 다른 구조로 사용하기 쉽도록 하는 추상적인 개념이다. _id는 보통 _uid로부터 추출할 수 있지만, 특정 타입에서 검색할 때 타입으로 도큐먼트를 걸러내기 쉽도록 _type은 독립적으로 색인해야 한다. 표 3.2는 _uid, _id 및 _type 기본 설정을 보여준다.

▼ **표 3.2** _id, _type 필드 기본 설정

필드 이름	값 저장	값 색인	비고
_uid	yes	yes	전체 색인 내의 도큐먼트를 식별하는 데 사용된다.
_id	no	no	색인하지도 저장하지도 않는다. 검색한다면 대신 _uid를 검색에 사용한다. 결과를 가져올 때, 내용은 _uid로부터 추출한다.
_type	no	not_analyzed	색인되어 있고 단일 텀으로 만들어져 있다. 일래스틱서치에 의해 특정 타입의 도큐먼트를 걸러내는 데 사용한다. 역시 필드 내에서 검색도 가능하다.

도큐먼트에 ID 제공하기

지금까지 URI 일부분에 직접 ID를 제공했다. 예를 들어, 1st라는 ID를 이용해서 도큐먼트를 색인하려면 다음과 같이 실행한다.

```
% curl -XPUT 'localhost:9200/get-together/manual_id/1st?pretty' -d '{
  "name": "Elasticsearch Denver"
}'
```

그러면 처리 결과에 ID를 볼 수 있다.

```
{
  "_index": "get-together",
  "_type": "manual_id",
```

```
  "_id": "1st",
  "_version": 1,
  "created": true
}
```

반면에, ID 없이 실행하더라도 일래스틱서치가 알아서 고유 ID를 만들어준다. 별도로 고유 ID를 갖고 있지 않거나 특정 속성에 의한 도큐먼트를 식별할 필요가 없을 경우에 유용하다. 일반적으로, 애플리케이션 로그를 색인할 때처럼 식별할 고유 속성을 갖고 있지도 않고 결코 업데이트하지도 않을 때 사용한다.

일래스틱서치가 ID를 생성하도록 하려면 HTTP POST를 사용하고 ID는 생략한다.

```
% curl -XPOST 'localhost:9200/logs/auto_id/?pretty' -d '{
  "message": "I have an automatic id"
}'
```

그러면 자동으로 생성된 ID를 처리 결과에서 볼 수 있다.

```
{
  "_index": "logs",
  "_type": "auto_id",
  "_id": "RWdYVcU8Rjyy8sJPobVqDQ",
  "_version": 1,
  "created": true
}
```

도큐먼트 내부에 색인 이름 저장하기

일래스틱서치가 도큐먼트에 색인 이름을 저장하기 위해 ID 및 type과 마찬가지로 _index 필드를 사용한다. _id와 _type처럼 검색 또는 GET 요청 결과에서 _index를 볼 수 있지만, _id와 _type과 다르게도, 필드 내용에서 오는 것이 아님을 알 수 있다. _index의 기본값은 비활성이다.

일래스틱서치는 각 결과에서 어느 색인으로부터 오는지 알고 있기 때문에, _index 값을 보여줄 수는 있다. 그러나, 기본적으로 _index 값을 이용해서 검색할 수는 없다. 즉, 다음 명령은 어떠한 결과도 찾을 수 없을 것이다.

```
% curl 'localhost:9200/_search?q=_index:get-together'
```

_index를 활성화하려면 다음과 같이 매핑에서 enabled 옵션을 true로 설정한다.

```
% curl -XPUT 'localhost:9200/get-together/_mapping/with_index' -d '{
  "with_index": {
    "_index": { "enabled": true }
  }
}'
```

도큐먼트에 이 타입을 추가하고 바로 전 검색을 다시 실행하면 새 도큐먼트를 찾을 것이다.

> **노트** 앞에서 했던 것처럼 특정 색인에 속하는 도큐먼트 검색은 index URL을 사용해서 쉽게 할 수 있다. 그러나 _index 필드는 더 복잡한 사용 사례에서 유용할 것이다. 예를 들어, 멀티테넌트 (Multitenant) 환경에서 각 사용자별로 색인을 가질 수 있다. 다중 색인으로 검색할 때, 각 사용자에 속하는 도큐먼트 개수를 보는 _index 필드에서 텀 집계를 사용할 수 있다. 7장에서 집계를 살펴볼 것이다.

일래스틱서치에서 어떻게 도큐먼트가 매핑되는지 살펴보았고 사용 사례에 맞는 적절한 방식으로 색인할 수 있게 되었다. 다음으로, 이미 색인된 도큐먼트를 어떻게 수정하는지 살펴보겠다.

3.5 기존 도큐먼트 변경하기

다양한 이유로 기존 도큐먼트를 변경할 필요가 있을 것이다. 예를 들어, get-together group의 organizer를 변경한다고 가정하자. 서로 다른 도큐먼트를 같은 주소(index, type 및 ID)로 색인할 수 있지만, 기대하는 바대로, 일래스틱서치가 적용하기를 원하는 변경 사항을 전송해서 도큐먼트를 변경할 수 있다. 일래스틱서치의 변경 API는 도큐먼트에 적용하기를 원하는 변경 사항을 전송토록 하고 이 API는 작업의 성공 여부를 나타내는 결과를 반환한다. 이 변경 과정은 그림 3.3을 참고한다.

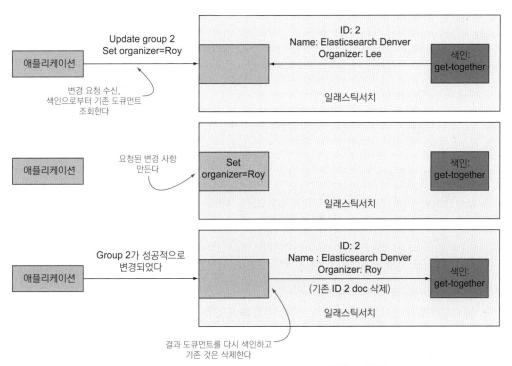

▲ **그림 3.3** 변경하는 도큐먼트는 기존 도큐먼트에 덮어쓰면서 조회, 처리, 재색인을 수반한다

그림 3.3처럼 일래스틱서치는 위에서 아래 방향으로 다음을 수행한다.

- 기존 도큐먼트를 조회 – 이 작업을 위해 _source 필드를 활성화해야 한다. 그렇지 않으면 일래스틱서치는 원본 도큐먼트가 어떤 형태였는지 알 수 없다.
- 명시된 변경 사항을 반영 – 예를 들어, 도큐먼트가 다음과 같았다면,

  ```
  {"name": "Elasticsearch Denver", "organizer": "Lee"}
  ```

  organizer를 변경하려 했고, 그 결과 도큐먼트는 다음과 같을 것이다.

  ```
  {"name": "Elasticsearch Denver", "organizer": "Roy"}
  ```

- 기존 도큐먼트를 삭제하고 대신 같은 자리에 변경 사항이 반영된 새 도큐먼트를 색인한다.

3장에서 변경 API를 사용하는 몇 가지 방법과 일래스틱서치의 버전 관리 기능을 이용해서 어떻게 동시성을 관리하는지 살펴볼 것이다.

3.5.1 변경 API 사용하기

우선 도큐먼트를 어떻게 변경하는지 살펴보자. 변경 API는 다음의 몇 가지 방법을 제공한다.

- 기존 도큐먼트에서 추가하거나 동일한 부분을 교체하기 위한 부분 도큐먼트를 전송한다. 이는 가장 간단한 방법으로, 한 개 이상의 필드를 그 값과 함께 전송하고 변경이 끝난 다음 도큐먼트에서 변경한 부분을 찾을 수 있을 것이다.
- 부분 도큐먼트 또는 스크립트를 전송할 때, 도큐먼트가 존재하지 않는다면 도큐먼트가 생성되었는지 확인한다. 이미 있다면 색인하려는 도큐먼트 원본 내용을 명시할 수 있다.
- 도큐먼트를 변경하는 스크립트를 전송한다. 예를 들어, 온라인 상점에서 재고로 보유한 티셔츠 개수를 고정된 값으로 설정하는 것이 아니라 증가시키고 싶을 것이다.

부분 도큐먼트 전송하기

하나 이상의 필드를 변경하는 가장 쉬운 방법은 필드에 입력할 값을 가진 도큐먼트의 일부분을 전송하는 것이다. 이렇게 하려면 이 정보를 도큐먼트 URL의 _update 종단점Endpoint에 HTTP POST 요청으로 전송한다. 샘플 코드에 있는 populate.sh를 실행하면, 다음 명령이 실행 가능할 것이다.

```
% curl -XPOST 'localhost:9200/get-together/group/2/_update' -d '{
  "doc": {
    "organizer": "Roy"
  }
}'
```

기존 값 또는 이들 필드가 존재하거나 말거나 doc 아래에 값을 명시한 필드를 입력한다. 도큐먼트를 찾을 수 없다면 변경 작업은 실패하고 도큐먼트가 없다고 메시지가 나올 것이다.

> **노트** 변경할 때, 충돌이 있을 수 있음을 기억해두는 게 좋다. 예를 들어, group의 organizer는 "Roy"로, colleague는 이를 "Radu"로 변경한다면, 이들 중 하나는 다른 하나에 의해 덮어써질 것이다. 이를 제어하려면 앞으로 소개할 버전 관리를 사용하면 된다.

UPSERT로 존재하지 않은 도큐먼트 생성하기

존재하지 않는 도큐먼트를 변경해야 한다면, upsert를 사용할 수 있다. 관계형 데이터베이스로부터 나온 이 친숙한 용어는 update와 insert의 합성어다.

도큐먼트를 찾을 수 없다면 JSON의 upsert 부분에 색인할 초기 도큐먼트를 추가할 수 있다. 기존 명령은 다음처럼 바꾼다.

```
% curl -XPOST 'localhost:9200/get-together/group/2/_update' -d '{
  "doc": {
    "organizer": "Roy"
  },
  "upsert": {
```

```
    "name": "Elasticsearch Denver",
    "organizer": "Roy"
  }
}'
```

스크립트로 도큐먼트 변경하기

마지막으로, 존재하는 도큐먼트의 값을 사용해서 어떻게 도큐먼트를 변경하는지 살펴보자. 온라인 상점에서 제품 색인 도중에 제품 가격을 30 증가시키려 한다고 가정하자. 이를 위해 같은 API를 사용하지만 변경할 내용에는 도큐먼트 대신 스크립트를 제공한다. 스크립트는 일래스틱서치로 전송하는 JSON에 정의하는 코드 조각이지만, 외부 스크립트를 지정할 수도 있다.

아마도 더 적절한 검색으로 만들기 위해 스크립트를 사용할 것이므로 6장에서 스크립트 작성에 관한 더 많은 이야기를 하게 될 것이다. 7장에서는 스크립트를 집계에서 어떻게 사용하는지를, 10장에서는 이러한 스크립트를 어떻게 더 빠르게 실행하는지 소개할 것이다. 이제, 변경 스크립트의 세 가지 주요 요소를 살펴보자.

- 기본 스크립트 언어는 Groovy다. 자바와 유사한 문법이지만 스크립팅에 사용하기에 더 쉽다.

- 변경 작업은 기존 도큐먼트의 _source를 가져와서 변경하고 결과 도큐먼트를 다시 색인하는 것이므로, 스크립트 역시 _source에 있는 필드를 변경한다. _source를 참조하려면 ctx._source를 사용하고 특정 필드를 참고하려면 ctx._source['필드 이름']을 사용한다.

- 변수가 필요하다면 스크립트와 별도로 params 내에 정의하는 것을 추천한다. 스크립트는 컴파일이 필요한데 컴파일된 이후부터는 캐시에서 가져온다. 같은 스크립트를 서로 다른 파라미터로 여러 번 실행하면 스크립트는 단 한 번만 컴파일한다. 그 이후부터는 캐시에서 가져와서 실행한다. 컴파일이 필요하기 때문에 서로 다른 스크립트를 가지는 것보다 단일 스크립트와 파라미터로 분리해서 실행하는 것이 더 빠르다.

예제 3.5에는 Elasticsearch shirt 가격을 10만큼 올리는 데 Groovy 스크립트를 사용한 것이다.

> **노트** 일래스틱서치 버전에 따라 예제 3.5와 같은 API를 통해 실행되는 스크립트는 보안상 기본적으로 사용할 수 없다.[7] 이 기능을 동적 스크립팅이라 부르는데, elasticsearch.yml의 script. disable_dynamic을 false로 변경하면 사용 가능하다. 또 다른 방법으로, 각 노드의 파일시스템 또는 .script 색인에 스크립트를 저장할 수 있다. 더 상세한 것은 스크립팅 모듈 문서 www.elastic.co/guide/en/elasticsearch/reference/current/modules-scripting.html을 참고한다.

예제 3.5 스크립트를 이용해서 변경하기

```
curl -XPUT 'localhost:9200/online-shop/shirts/1' -d '
{
  "caption": "Learning Elasticsearch",
  "price": 15
}'


curl -XPOST 'localhost:9200/online-shop/shirts/1/_update' -d '{
  "script": "ctx._source.price += price_diff",
  "params": {
    "price_diff": 10
  }
}'
```

price_diff로부터 price 필드 값을 증가시키는 스크립트

스크립트에서 변수에 값을 할당하기 위한 선택사항인 params 부분

예제에서는 ctx._source ['price'] 대신 ctx._source.price를 사용했음을 볼 수 있다. 이는 price 필드를 참조하는 또 다른 방식이다. 셸 스크립트에서 작은따옴표를 이스케이핑하면 복잡해 보일 수 있어서 이렇게 하면 curl을 사용할 때 더 편리하다.

---

7 요청 시 정의하는 동적 스크립팅은 1.4.3 버전부터 보안 문제로 기본값이 비활성이다. 대신 .scripts 색인에 스크립트를 저장하고 요청에서 이 스크립트 이름을 지정하도록 추천한다. 1.6 버전부터 script.disable_dynamic 옵션을 script.inline, script.indexed로 세분화해서 제공한다. - 옮긴이

도큐먼트를 어떻게 변경할 수 있는지 살펴봤으니 이제 다수 개 변경이 동시에 발생했을 때 어떻게 동시성을 관리할 수 있는지 살펴보자.

3.5.2 버전 관리로 동시성 제어 구현하기

동시에 다수 변경을 실행한다면 동시성 문제에 맞닥뜨릴 수 있다. 그림 3.4에서 보듯이, 하나의 변경이 원본 도큐먼트를 가져와서 변경 사항을 적용하는 동안 또 다른 하나의 변경이 도큐먼트를 다시 색인하게 할 수 있다. 동시성 제어 없이는 두 번째 재색인은 첫 번째 변경의 변경 사항을 무효화할 수 있다.

다행히, 일래스틱서치는 각 도큐먼트의 버전 번호를 이용해서 동시성 제어를 제공한다. 처음으로 색인한 도큐먼트 버전은 1이다. 변경으로 인해 다시 색인하면 버전 번호는 2가 된다. 동시에 다른 변경에 의해 버전 번호가 2가 되었다면 이는 충돌이 발생한 것이고 지금의 변경은 실패한다(그렇지 않으면 그림 3.4의 경우처럼 다른 변경을 덮어쓰게 될 것이다). 그렇게 하면 변경 작업을 다시 시도할 수 있고 더 이상의 버전 충돌이 없다면 버전 번호는 3이 된다.

어떻게 동작하는지 보려면, 예제 3.6의 코드를 사용해서 그림 3.5 같은 절차를 재현할 것이다.

1 도큐먼트를 색인하면 변경(update1)한다.

2 백그라운드에서 변경 작업을 시작한 update1은 대기 시간^{sleep}동안 기다린다.

3 대기하는 동안 그 도큐먼트를 변경하는 다른 변경 명령(update2)을 만든다. 이 변경은 update1의 원본 도큐먼트에서 가져오는 시점과 이 도큐먼트의 재색인 작업 사이에 발생한다.

4 Update2 변경을 무효화하는 대신 도큐먼트 버전이 이미 2가 되었으므로 update1이 실패한다. 이 시점에 update1을 재시도할 기회를 갖게 되고, 버전 3에서 변경을 적용한다(예제 3.6에서 볼 수 있다).

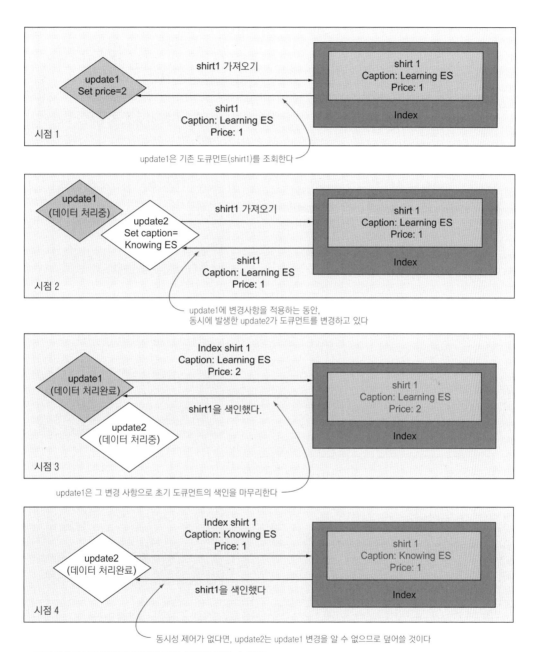

▲ 그림 3.4 동시성 제어가 없으면 변경 사항을 잃을 수 있다

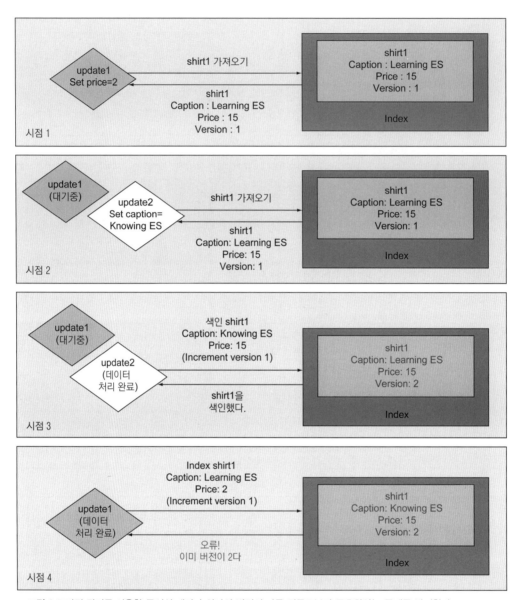

▲ **그림 3.5** 버전 관리를 이용한 동시성 제어가 하나의 변경이 다른 것들로부터 무효화하는 문제를 방지한다

예제 3.6 두 개의 동시 변경은 버전 관리로 인해 하나는 실패한다

```
% curl -XPOST 'localhost:9200/online-shop/shirts/1/_update' -d '{
  "script": "Thread.sleep(10000); ctx._source.price = 2"
}' &
% curl -XPOST 'localhost:9200/online-shop/shirts/1/_update' -d '{
  "script": "ctx._source.caption = \"Knowing Elasticsearch\""
}'
```

Update1은 10초를 대기하고 백그라운드(&)로 진입한다.

Update2가 10초 이내로 동작하면 버전 번호가 증가하므로 update1을 실패하게 만든다.

그림 3.5는 앞의 예제로 인해 어떤 일이 발생하는지 도식화한 것이다.

이러한 동시성 제어 방법은 병렬 작업을 허용하고, 드물게 나타나는 충돌(이러한 충돌이 발생하면 오류를 던진다)을 추정하기 때문에 낙관적 잠금^{Optimistic locking}으로 부른다. 이와 반대로는 비관적 잠금^{Pessimistic locking}이 있는데, 충돌을 야기하는 작업을 우선 막으면서 충돌을 방지한다.

충돌 시 자동으로 재시도하는 변경

버전 충돌이 발생해도 애플리케이션에서 이를 해소할 수 있다. 만일, 변경 작업이라면 이를 다시 적용하도록 다시 시도해볼 수 있다. 그런데 retry_on_conflict 파라미터를 이용하면, 애플리케이션 도움 없이 자동으로 일래스틱서치가 재시도하도록 할 수 있다.

```
% SHIRTS="localhost:9200/online-shop/shirts"
% curl -XPOST "$SHIRTS/1/_update?retry_on_conflict=3" -d '{
  "script": "ctx._source.price = 2"
}'
```

도큐먼트 색인할 때 버전 사용하기

앞의 예제와 달리, 변경 API를 사용하지 않고 도큐먼트를 변경하는 방법은 새 데이터를 index, type 및 ID로 색인하는 것이다. 이는 기존 도큐먼트를 덮어쓰면서도 동시성 제어를 위한 버전 필드를 사용할 수 있다. 이를 위해 HTTP 요청에 버전 파라미터를 지정한다. 이 버전 값은 도큐먼트가 가질 것이라고 기대하는 버전이어야 한다. 예를 들어, 버전이 3이라고 예상한다면, 다음과 같이 재색인을 요청할 수 있다.

```
% curl -XPUT 'localhost:9200/online-shop/shirts/1?version=3' -d '{
  "caption": "I Know about Elasticsearch Versioning",
  "price": 5
}'
```

그러나 예제 3.6에서 보듯 이 변경은 현재 버전이 3과 다르다면 버전 충돌 예외로 실패할 것이다.

버전을 이용하면 도큐먼트를 안전하게 색인 또는 변경할 수 있다. 다음으로 도큐먼트를 어떻게 삭제하는지 살펴보자.

외부 버전 관리 이용하기

지금까지 색인이든 변경이든 각 작업에 대해 버전 번호를 자동으로 증가하도록 만드는 일래스틱서치 내부 버전 관리를 사용했다. 원본 데이터가 다른 데이터 저장소에 있다면, 아마도 버전 관리 시스템(예를 들어, 타임스탬프에 기반하는)을 이미 자체적으로 갖고 있을 것이다. 이 경우 도큐먼트도 함께 동기적으로 버전을 유지하고 싶을 것이다.

외부 버전 관리에 의존하려면 매번 요청할 때 버전 번호에 더해서 version_type=external을 추가하면 된다.

```
DOC_URL="localhost:9200/online-shop/shirts/1"
curl -XPUT "$DOC_URL?version=101&version_type=external" -d '{
  "caption": "This time we use external versioning",
  "price": 100
}'
```

이렇게 하면 일래스틱서치는 버전 번호를 자동으로 증가시키지 않고, 현재 버전보다 요청으로 받은 버전 번호가 더 높기만 한다면 어떤 버전 번호라도 받아들인다.

3.6 데이터 삭제하기

이제 일래스틱서치가 어떻게 데이터를 전송하는지 알게 되었는데, 색인한 것을 어떤 방법으로 삭제할 수 있는지 살펴보자. 지금까지 3장에서 실행했던 예제로 인해 삭제 가능한 불필요한 데이터를 이미 갖고 있다. 최소한 검색이나 이후 색인이 느려지지 않도록 데이터를 삭제하는 몇 가지 방법을 살펴본다.

- 개별 도큐먼트 또는 도큐먼트 그룹 삭제: 일래스틱서치는 삭제할 대상을 검색 시 보이지 않도록만 표시해서 나중에 비동기 방식으로 색인에서 삭제한다.
- 완성된 색인 삭제: 도큐먼트 그룹을 삭제하는 특수한 경우라서, 성능을 고려해서 사용할만한 방식은 아니다. 주요 작업은 그 색인과 연관된 모든 파일을 삭제하는 것인데, 거의 즉시 처리된다.
- 색인 닫기: 비록 삭제와는 무관하지만, 여기에 언급할 만한 가치는 충분하다. 닫은 색인은 읽기나 쓰기 작업을 허용하지 않고, 메모리에 로드^{Load}하지도 않는다. 일래스틱서치에서 데이터를 삭제한 것과 다름이 없지만, 디스크에는 남아 있으며, 닫은 색인을 여는 작업만으로도 쉽게 복구할 수 있다는 장점이 있다.

3.6.1 도큐먼트 삭제하기

개별 도큐먼트를 삭제하는 몇 가지 방법 중 대부분 여기에 언급할 것이다.

- ID로 단일 도큐먼트 삭제. 삭제할 도큐먼트가 오직 한 개라면 ID를 이용해서 삭제할 수 있다.
- 단일 요청으로 다수 도큐먼트를 삭제 - 다수의 개별 도큐먼트를 삭제한다면 벌크 요청^{Bulk request}으로 한 번에 모든 것을 삭제할 수 있는데, 이 방법은 한 번에 한 건의 도큐먼트를 삭제하는 것보다 더 빠르다. 벌크 삭제에 대해서는 벌크 색인 및 변경과 함께 10장에서 다시 살펴볼 것이다.
- 매핑 타입 삭제, 매핑 타입 내에서 모든 도큐먼트 삭제 - 이 방식은 특정 타입에서 색인된 모든 도큐먼트와 매핑을 효과적으로 검색하고 삭제한다.

- 쿼리로 검색하는 모든 도큐먼트 삭제 - 이 방식은 삭제할 도큐먼트를 내부적으로 검색을 실행하고 도큐먼트를 찾아낸다는 의미에서 매핑 타입으로 삭제하는 것과 유사한데, 다만, 어떠한 쿼리라도 지정할 수 있고 찾아낸 도큐먼트만 삭제한다는 것이 다르다.

단일 도큐먼트 삭제하기

단일 도큐먼트를 삭제하려면 해당 URL을 HTTP DELETE 요청을 전송하면 되는데, 예를 들어, 다음을 보자.

```
% curl -XDELETE 'localhost:9200/online-shop/shirts/1'
```

색인과 변경처럼 삭제도 동시성 관리를 위해 버전 관리를 사용할 수 있다. 예를 들어, 특정 타입의 모든 셔츠가 다 팔렸다고 가정한다면, 검색에 나오지 않도록 도큐먼트를 삭제하고 싶을 것이다. 그러나 동시에 새 수하물이 도착해서 재고 데이터가 변경되었다는 것을 모를 수도 있다. 이를 해결하려면 색인과 변경 요청에서처럼 DELETE 요청에도 버전 파라미터를 추가한다.

버전 관리에서 삭제에 한 가지 특이한 점이 있다. 변경 버전이 삭제 버전보다 더 낮기 때문에 삭제한 이후로는 이제 더 이상 존재하지 않아서, 이후의 변경과 재생성이 쉽다는 것이다. 외부 버전 관리를 사용한다면 문제가 발생할 수 있는데, 어떤 외부 버전 관리에서도 존재하지 않는 도큐먼트는 취급하지 않기 때문이다.

이런 문제를 방지하기 위해 일래스틱서치는 한동안 도큐먼트의 버전을 유지하는데, 삭제 버전보다 낮은 버전의 변경을 거부할 수 있다. 기본적으로 이 시간은 60초이며 대부분의 경우 충분한 시간이겠지만, elasticsearch.yml의 index.gc_deletes 설정이나 개별 색인의 설정으로 변경할 수도 있다. 색인 설정 관리에 대해서는 관리와 관련된 11장에서 좀 더 이야기할 것이다.

매핑 타입과 쿼리로 일치한 도큐먼트 삭제하기

전체 매핑 타입까지도 삭제할 수 있는데, 매핑과 이 타입으로 색인된 모든 도큐먼트까지 삭제한다. 이와 같이 하려면, DELETE 요청 URL에 타입을 명시한다.

```
% curl -XDELETE 'localhost:9200/online-shop/shirts'
```

타입 삭제에서 까다로운 부분은 타입 이름이 도큐먼트의 다른 필드에 있다는 것이다. 색인의 모든 도큐먼트는 이것이 속하는 매핑 타입과 무관하게 결국 동일 샤드에 있다. 앞의 명령을 실행할 때 일래스틱서치는 그 타입의 도큐먼트를 쿼리한 이후에 이를 삭제한다. 일반적으로 색인을 완전히 삭제하는 것에 비해 타입 삭제 시 더 많은 시간과 자원을 사용한다.

같은 방법으로 특정 타입을 가진 모든 도큐먼트를 대상으로 쿼리하고 삭제할 수 있는데, 일래스틱서치는 도큐먼트의 쿼리를 명시해서 삭제하는 쿼리에 의한 삭제라고 불리는 API를 제공한다. 이 API는 쿼리 실행과 비교한다면, HTTP 요청이 DELETE이고 _search 종단점이 _query인 것만 제외하고 유사하다. 예를 들어, get-together 색인으로부터 "Elasticsearch"가 포함된 모든 도큐먼트를 삭제하려면 다음 명령을 실행한다.

```
% curl -XDELETE 'localhost:9200/get-together/_query?q=elasticsearch'
```

4장에서 더 자세히 살펴볼 일반 쿼리와 유사하게 특정 타입, 다중 타입, 색인이 있는 모든 곳, 다중 색인 또는 모든 색인에 대해 쿼리에 의한 삭제를 실행할 수 있다. 그러나 쿼리에 의한 삭제는 모든 색인(_all)에 대해서 검색할 때 특히 주의가 필요하다.

팁 조심하는 것 외에도 백업으로 위험으로부터 대비할 수 있다. 백업에 대해서는 관리 (Administration)의 모든 것이 담겨 있는 11장에서 논의한다.

3.6.2 색인 삭제하기

예상하듯 색인 삭제는 색인 URL에 DELETE 요청으로 실행한다.

```
% curl -XDELETE 'localhost:9200/get-together/'
```

코머로 구분된 목록을 명시해서 다중 색인을 삭제하거나, 색인 이름 대신 _all을 명시해서 모든 색인까지도 삭제할 수 있다.

> **팁**   curl -XDELETE localhost:9200/_all로 모든 도큐먼트를 삭제한다는 것이 위험하게 보이지 않는가? 그렇다면 설정으로 미연에 방지할 수 있다. elasticsearch.yml에 destructive_requires_name 옵션을 true로 변경하면, 삭제 시 일래스틱서치는 _all뿐만 아니라 색인 이름으로 와일드카드(Wildcard)까지도 거부한다.

색인의 모든 샤드와 연관된 파일을 삭제하는 것이므로 색인 삭제는 빠르다. 개별 도큐먼트를 삭제할 때와 비교해서 파일 시스템의 파일은 빠르게 삭제된다. 단, 삭제 시에는 단지 삭제된 것으로만 표시하고, 세그먼트를 병합할 때 삭제한다. 참고로, 병합은 다수의 작은 루씬 세그먼트를 더 큰 세그먼트로 결합하는 과정이다.

세그먼트와 병합

일래스틱서치 용어로서의 세그먼트는 색인할 때 생성되는 루씬 색인 또는 샤드의 덩어리(Chunk)를 의미한다. 세그먼트는 새 도큐먼트를 색인할 때 생성된 데이터를 절대 추가하지 않는다. 삭제는 도큐먼트에 삭제 표시를 할 뿐 절대 삭제되는 것은 아니다. 결국, 도큐먼트 변경은 이후 재색인을 할 뿐 기존 데이터는 변경하지 않는다.

일래스틱서치가 샤드에서 쿼리를 실행할 때 특정 색인의 다수의 샤드에서 쿼리하는 과정처럼, 루씬은 모든 세그먼트를 쿼리하고 결과를 병합한 다음 그 결과를 전송한다. 샤드처럼 처리해야 할 많은 세그먼트는 검색을 더 느리게 만든다.

예상하는 것처럼, 일반 색인 작업은 다수의 이러한 작은 세그먼트를 만든다. 루씬은 색인에 있어 극히 많은 수의 세그먼트를 가지지 않도록 하려고 가끔 이들을 병합한다.

도큐먼트의 병합은 그 내용을 읽고, 삭제할 도큐먼트를 제외하고, 결합한 새로운 큰 세그먼트를 생성하는 것을 의미한다. 이 과정은 CPU와 디스크 I/O 같은 자원을 필요로 한다. 다행히 병합은 비동기로 실행되고 일래스틱서치는 다양한 관련 옵션을 제공한다. 색인, 변경 및 삭제 작업의 성능을 어떻게 향상할 수 있을지 배우기 위해 12장에서 이들 옵션에 대해 더 알아볼 것이다.

3.6.3 색인 닫기

색인을 삭제하는 대신, 이들을 닫는 선택지도 있다. 색인을 닫으면 열기 전까지 일래스틱서치는 그 색인의 데이터를 읽거나 쓸 수 없다. 애플리케이션 로그처럼 지속해서 공급되는 데이터의 경우 유용하다. 일별로 하나의 색인을 생성하는 것처럼, 시간 기반 색인으로 유입되는 데이터를 저장하는 데 좋은 방법이며, 9장에서 배울 것이다.

실세계에서 애플리케이션 로그는 오래전의 것을 봐야 할 필요성도 있어서 오랜 시간 갖고 있을 것이다. 반면, 일래스틱서치에서 데이터 크기가 더 커진다는 것은 자원 증가를 요구한다는 의미가 된다. 이러한 경우를 위해, 오래된 색인을 닫는다는 것은 타당하다 하겠다. 보통 그런 데이터가 필요할 가능성은 높지 않지만 삭제하고 싶지는 않을 것이다.

online-shop 색인을 닫으려면 URL의 _close 종단점을 HTTP POST로 전송한다.

```
% curl -XPOST 'localhost:9200/online-shop/_close'
```

색인을 다시 열려면 종단점이 _open인 것만 다를 뿐 유사한 명령을 실행한다.

```
% curl -XPOST 'localhost:9200/online-shop/_open'
```

색인을 닫은 이후로 일래스틱서치의 메모리에 남아 있는 것은 이름과 샤드 위치 같은 메타데이터뿐이다. 디스크 공간이 충분하고 데이터를 다시 검색할 필요가 있을지 확실치 않다면, 삭제하는 대신 색인을 닫는 것이 더 낫다. 닫은 색인은 언제든 다시 열어서 검색할 수 있어서 삭제보다는 닫는 것이 더 마음 편할 것이다.

3.6.4 샘플 도큐먼트 재색인

2장에서 도큐먼트를 색인하는 이 책의 코드 샘플을 사용했었다. 코드 샘플에서 populate.sh를 실행하면 3장에서 생성했던 get-together 색인을 삭제하고 샘플 도큐먼트를 다시 색인한다. populate.sh 스크립트와 mapping.json의 매핑 정의 둘 다 본다면, 3장에서 이야기한 다양한 타입의 필드를 알아볼 수 있을 것이다.

분석 설정 같은 어떤 매핑과 색인 옵션은 곧 나올 장에서 다루었다. 검색에 대해 탐구할 4장을 위해 get-together 색인을 준비하는 populate.sh를 실행한다. 이 샘플 코드는 검색할 샘플 데이터를 제공한다.

3.7 요약

다음으로 넘어가기 이전에 3장에서 설명했던 것을 정리해보자.

- 매핑은 도큐먼트에 필드와 어떻게 이들 필드가 색인되는지 정의하게 한다. 매핑은 자동으로 확장되므로 일래스틱서치는 스키마에 자유롭다고 말하지만, 프로덕션에서 종종 무엇을 색인하고 무엇을 저장하며 어떻게 저장할지를 직접 제어할 필요가 있다.

- 도큐먼트의 대부분 필드가 문자열, 숫자처럼 기본 타입이다. 이들 필드를 색인하는 방법은 일래스틱서치가 어떻게 색인을 수행하는지와 검색 결과에 어떤 관련이 있는지에 영향이 크다. 분석 설정은 5장에서 설명한다.

- 단일 필드는 또한 다중 필드나 값을 포함할 수 있다. 같은 필드에 같은 기본 타입을 다수 포함하도록 하는 배열과 다중 필드를 살펴봤다.

- 일래스틱서치는 도큐먼트에 명시한 필드뿐만 아니라 _source와 _all 같은 사전 정의된 필드를 제공한다. 이들 필드 설정은 도큐먼트에 명시적으로 기술하지 않은 어떠한 데이터를 변경하지만, 성능과 기능 모두 큰 영향을 줄 수 있다. 예를 들어, _all에서 어느 필드를 색인할지도 결정할 수 있다.

- 일래스틱서치는 데이터를 루씬 세그먼트에 저장하므로 한 번 생성하면 변경하지 않고, 도큐먼트 변경은 기존 것을 조회해서 색인한 새 도큐먼트를 넣고 기존 것은 삭제 표시를 한다.

- 도큐먼트 삭제는 루씬 세그먼트가 비동기로 병합될 때 발생한다. 전체 색인 삭제가 하나 이상의 개별 도큐먼트를 삭제하는 것보다 빠른 이유는 병합 없이 디스크에서 파일을 삭제할 수 있어서다.

- 색인, 변경, 삭제하는 동안 동시성 문제를 관리하는 도큐먼트 버전을 사용할 수 있다. 동시성 문제 때문에 변경이 실패할 경우, 일래스틱서치가 자동으로 재시도하도록 설정할 수 있다.

4

데이터 검색

지금까지 일래스틱서치에 어떻게 데이터를 넣는지 살펴보았는데, 이제는 검색을 이용해서 일래스틱서치로부터 어떻게 데이터를 가져오는지 알아보자. 어쨌든, 검색할 수 없다면 검색 엔진에 데이터를 색인해서 넣어본들 무슨 소용인가? 다행히도, 일래스틱서치는 루씬 검색 기능을 모두 사용해서 데이터를 검색할 수 있도록 풍부한 API를 제공한다. 일래스틱서치는 그 형식 덕분에 다양한 조합으로 검색 요청을 만들 수 있다. 그래서 여러분의 데이터에 사용할 적절한 필터 조합 쿼리를 찾는 데 가장 나은 방법은 일단 직접 시험해보는 것이므로, 프로젝트 데이터에서 여러분이 원하는 가장 적합한 것을 찾기 위해 여러 가지 조합을 시도해 보는 것을 두려워하지는 말자.

> **검색 가능한 데이터**
>
> 4장에서는 이전에 예제로 다뤘던 get-together 웹사이트를 구성하는 데이터 집합을 다시 사용할
> 것이다. 이 데이터 집합은 group과 event 두 개의 서로 다른 도큐먼트 타입을 담고 있다. 그냥 따
> 라해보거나 나만의 쿼리를 실행해보려면, 우선 일래스틱서치 색인을 만드는 populate.sh 스크립
> 트를 내려받고 실행한다. 스크립트를 실행하면 샘플이 생성되므로 이 책의 진행을 따라가려면 스
> 크립트를 다시 한 번 실행해야 한다.
>
> 스크립트를 내려받으려면 https://github.com/dakrone/elasticsearch-in-action에서 이 책의
> 소스 코드를 확인한다.

검색 요청과 이 검색 요청의 결과가 일반적으로 어떻게 보일지 알아보기 위해 모
든 검색 요청과 결과에 공통된 구성 요소에 관해 이야기하는 것으로 시작해보자. 그
다음, 검색 API의 주요 구성 요소 중 하나인 쿼리와 필터 DSL에 관해 이야기한다. 다
음으로, 필터와 쿼리에 사용하는 가장 일반적인 방법에 대해 알아보면서 쿼리와 필
터의 차이점에 대해서도 논의한다. 일래스틱서치가 도큐먼트의 점수를 어떻게 계산
하는지 좀 더 상세히 알고 싶더라도 걱정하지 말자. 관련성 검색에 관해 이야기할
6장에서 다시 논의할 것이다. 마지막으로, 애플리케이션에서 사용하는 어떤 쿼리 타
입이나 필터 조합을 선택할 것인지에 대한 빠르고 간편한 안내서도 제공한다. 그냥
지나치기에 너무 많은 쿼리 타입과 필터가 있다고 생각한다면, 이 안내서를 확인해
보면 도움이 될 것이다.

시작하기 전에, 일래스틱서치에서 검색을 실행할 때 어떤 일이 일어나는지 그림
4.1을 다시 살펴보자. REST API 검색 요청은 처음 접속하려고 선택한 노드에 전송되
고 검색 요청을 모든 샤드(주 또는 레플리카)로 보낸다. 모든 샤드에서 정렬 및 순위를
매긴 결과로부터 충분한 정보를 수집하면, 오직 반환될 도큐먼트 내용을 담고 있는
샤드만 해당 내용을 반환하도록 요청을 받는다.

이러한 검색 라우팅 기능은 설정할 수 있는데, "query_then_fetch"라 부르는 이
러한 기본적인 동작은 그림 4.1에서 볼 수 있다. 라우팅 기능을 어떻게 변경하는지는
10장에서 볼 수 있을 것이다. 이제, 모든 일래스틱서치 검색 요청을 공유하는 기본적
인 구조를 알아보자.

4.1 검색 요청의 구조

일래스틱서치 검색 요청은 JSON 도큐먼트 기반 요청이거나 URL 기반 요청이다. 요청은 서버로 보내지고, 모든 검색 요청이 같은 형식을 따르기 때문에 개별 검색 요청을 변경할 수 있는 구성 요소에 대해 이해하는 것이 도움될 것이다. 서로 다른 구성 요소를 논의하기 전에 검색 요청의 범위에 관해 이야기할 필요가 있다.

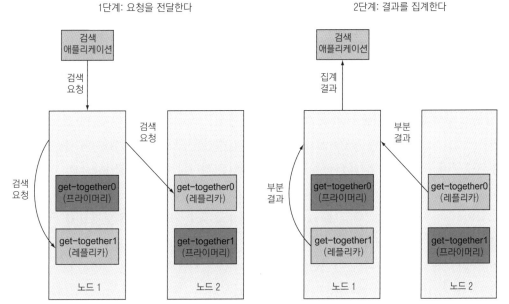

▲ **그림 4.1** 검색 요청이 어떤 경로로 지나가는가를 보여준다. 색인은 두 개의 샤드이고 샤드당 한 개의 복제본으로 구성했다. 도큐먼트를 찾고 점수를 산정한 후 상위 10개의 도큐먼트만 불러왔다

4.1.1 검색 범위 지정하기

모든 REST 검색 요청은 _search REST 종단점을 사용하고 GET이나 POST 요청 중하나가 된다. 전체 클러스터를 검색하거나 또는 요청 URL에 색인 이름 또는 타입을 지정해서 범위를 제한할 수 있다. 다음 예제는 검색 범위를 제한하는 검색 URL의예다.

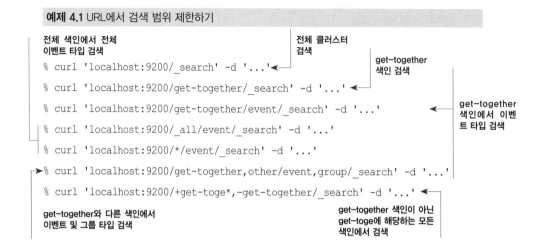

예제 4.1 URL에서 검색 범위 제한하기

전체 색인에서 전체
이벤트 타입 검색

전체 클러스터
검색

get-together
색인 검색

```
% curl 'localhost:9200/_search' -d '...'
% curl 'localhost:9200/get-together/_search' -d '...'
% curl 'localhost:9200/get-together/event/_search' -d '...'
% curl 'localhost:9200/_all/event/_search' -d '...'
% curl 'localhost:9200/*/event/_search' -d '...'
% curl 'localhost:9200/get-together,other/event,group/_search' -d '...'
% curl 'localhost:9200/+get-toge*,-get-together/_search' -d '...'
```

get-together
색인에서 이벤
트 타입 검색

get-together와 다른 색인에서
이벤트 및 그룹 타입 검색

get-together 색인이 아닌
get-toge에 해당하는 모든
색인에서 검색

일단 색인을 하면, 다중 색인을 검색하는 엘리어스^{Alias}도 사용할 수 있다. 이 방식은 접근 가능한 날짜와 시간으로 구성한 이름의 색인을 이용해서 검색할 때 종종 사용한다. 즉, logstash-yyyymmdd 형식의 색인은 하나의 엘리어스로 logstash를 호출하지만 실은 전체 색인을 가리키게 된다. 기본 검색을 할 수도 있고 curl 'localhost:9200/logstash/_search'처럼 전체 logstash 기반 색인에 한정할 수도 있다. 최고 성능을 내려면, 최소한의 색인과 타입을 사용하도록 쿼리를 제한하는 것이 좋다. 각 검색 요청이 모든 색인 샤드에 전송된다는 사실은, 더 많은 색인은 더 많은 샤드에 검색 요청이 전송된다는 것을 의미한다.

검색 요청 범위를 어떻게 제한해야 할지 알았다면 이제는 검색 요청의 기본 구성 요소에 대해 알아보자.

4.1.2 검색 요청의 기본 구성 요소

검색할 색인을 선택했다면, 검색 요청에 있어 가장 중요한 구성 요소를 설정해야 한다. 구성 요소는 반환할 도큐먼트 개수를 제어하고, 최적의 도큐먼트를 선택하게 하며, 원치 않는 도큐먼트는 결과에서 걸러내도록 한다.

- query - 검색 요청에 있어 가장 중요한 구성 요소다. 점수 기반으로 최적의 도큐먼트를 반환하거나 원치 않는 도큐먼트를 걸러내도록 설정한다. 이 구성

요소는 DSL 쿼리와 DSL 필터를 사용해서 구성하는 데, 예를 들어, 올해 개최한 이벤트이면서 "elasticsearch" 단어를 포함하는 제목을 가진 모든 이벤트를 검색하는 데 사용한다.

- size - 반환할 도큐먼트 개수를 의미한다.

- from - size와 함께 페이지 매김^{Pagination}에 사용한다. 다음 페이지 10개를 결정하기 위해 일래스틱서치는 상위 20개를 산출해내야 한다는 점을 기억해 두자. 결과 집합이 커져서 중간쯤 어딘가의 페이지를 가져오는 것은 비용이 많이 들어가는 요청이 될 것이다.

- _source - _source 필드를 어떻게 반환할 것인가를 명시한다. 기본값은 완전한 _source 필드를 반환하는 것이다. _source 설정으로 반환되는 필드를 걸러낼 수 있다. 색인된 도큐먼트가 크고 결과에서 전체 내용이 필요하지는 않을 때 사용한다. 이 옵션을 사용하려면, 색인 매핑에서 _source 필드를 비활성화하지 않아야 한다. 필드와 _source 간 차이점에 관한 것은 바로 다음에 있는 참고를 보자.

- sort - 기본 정렬은 도큐먼트 점수에 따른다. 그런데, 점수 계산이 필요 없거나 동일 점수의 다수 도큐먼트가 예상된다면, 반환한 도큐먼트 결과로부터 가져올 때 sort를 추가해서 원하는 대로 순서를 제어할 수 있다.

> **노트** 필드는 일래스틱서치 1.x 버전 이전에서는 반환하는 필드의 필터링을 위해 사용하는 구성 요소였다. 여전히 아직도 사용할 수 있는데, 저장된 필드로부터 반환하는 역할을 한다. 사용 가능한 저장된 필드가 없을 때는 원본으로부터 필드를 얻게 된다. 색인에 명시적으로 필드를 저장하지 않는다면, 그보다는 _source 구성 요소를 사용하는 것이 더 낫다. _source 필터링을 사용하면 일래스틱서치는 _source로부터 필드를 얻기 전에 먼저 저장된 필드를 확인하는 과정을 거치지 않는다.

결과 시작 및 페이지 크기

결과 시작 위치와 각 결과 페이지의 크기를 지정하기 위해 from과 size 필드를 전송한다. 예를 들어, from이 7이고 size가 5라면, 일래스틱서치는 8번째, 9번째, 10번째, 11번째 그리고 12번째 결과를 반환한다(왜냐하면, from 파라미터는 0부터 시작하므로

7은 8번째 결과의 시작이 된다). 이들 두 개의 파라미터가 전달되지 않았다면 일래스틱서치는 첫 결과의 시작(0번째)을 기본값으로 사용하고 응답 결과와 함께 10건의 결과를 전송한다. 일래스틱서치로 검색 요청을 전송하는 두 가지의 방법이 있는데, 다음 절에서 URL 기반 검색 요청 전송에 대해서 알아보고, 이후에 Body 기반 검색 요청에 대해서도 알아본다. 지금까지 알아본 검색 요청의 기본 구성 요소는 이 두 방법에서 모두 동일하게 사용할 것이다.

URL 기반 검색 요청

이 절에서는 이전 절에서 다뤘던 네 개의 기본 구성 요소를 사용해서 URL 기반 검색 요청을 만들어볼 것이다. URL 기반 검색은 curl로 요청할 때 유용하다. 단, 모든 검색 기능이 URL 기반 검색을 사용할 수 있는 것은 아니다. 다음 예제에서 검색 요청은 모든 이벤트를 검색하겠지만, 다음 페이지의 10개만 반환한다.

예제 4.2 from과 size를 이용해서 결과의 페이지 매김

```
% curl 'localhost:9200/get-together/_search?from=10&size=10'
```
URL에 from과 size 파라미터로
일치하는 모든 도큐먼트를 요청

예제 4.3에서 모든 이벤트 중에서 최초 10개 이벤트를 날짜 오름차순으로 정렬하고 반환하도록 검색 요청을 만든다. 필요하다면 두 검색 요청 설정을 병합할 수도 있다. 또한, 다음 예제의 검색 요청을 내림차순[desc]으로 수정해서 실행해보고 이벤트의 순서가 변경되는지도 확인해본다.

예제 4.3 결과의 순서 변경

```
% curl 'localhost:9200/get-together/_search?sort=date:asc'
```
일치하는 모든 도큐먼트를 날짜 오름차순으로
정렬한 결과 중 최초 10개를 반환한다.

예제 4.4는 결과에서 원하는 소스로부터 어떻게 필드를 제한하는지 보여준다. 이벤트 제목과 이벤트일만 필요하고 날짜로 정렬한 이벤트를 조회하는데, 제목과 날짜만 요청하도록 _source 구성 요소를 설정했다. _source에 관한 더 많은 옵션은 본

문 기반 요청에 대해 알아볼 다음 절에서 설명한다. 다음 예제에서 응답은 일치한 단 한 건의 결과를 보여준다.

예제 4.4 _source로 응답에서 원하는 필드를 제한

```
% curl 'localhost:9200/get-together/_search?sort=date:asc&_source=title,date'
{
  "_index": "get-together",
  "_type": "event",
  "_id": "114",
  "_score": null,
  "_source": {
    "date": "2013-09-09T18:30",
    "title": "Using Hadoop with Elasticsearch"
  },
  "sort": [
    1378751400000
  ]
},
```

일치하는 모든 도큐먼트를 요청하고 날짜 오름차순으로 정렬한 결과에서 최초 10건만 반환한다. 응답에 title과 date의 두 필드만 포함하기를 원한다.

일치하는 응답 한 건을 보여준다.

정렬을 사용했으므로 점수 계산을 하지 않아 점수는 null이 되었다.

_source 도큐먼트에서 이제 필요한 필드만 포함했다.

지금까지는 match_all 쿼리를 사용하는 검색 요청을 만들어봤다. 쿼리와 필터 DSL은 4.2절에서 다루겠지만, 다음 예제에서 title에 "elasticsearch" 단어를 포함하는 결과를 반환하는 URL 기반 검색 요청을 어떻게 작성할 수 있는지 살펴보자. 여기도 동일하게 날짜로 정렬해본다. 여기서는 q=title:elasticsearch 부분을 주목해보자. 제목 필드에서 "elasticsearch" 단어를 검색하려고 사용했다.

예제 4.5 결과 순서 변경하기

```
% curl 'localhost:9200/get-together/
_search?sort=date:asc&q=title:elasticsearch'
```

제목에서 "elasticsearch" 단어로 일치하는 모든 이벤트를 요청한다.

q=는 검색 요청에 쿼리 제공하기 위해 사용한다. title:elasticsearch는 "elasticsearch" 단어를 제목 필드에서 찾겠다는 의미다. 직접 쿼리를 실행해보고 제목이 "elasticsearch" 단어를 가진 이벤트만 포함하는 결과인지 확인해보자. 그리고

다른 단어와 필드를 자유롭게 넣어 실행해보자. 단일 쿼리 내에서 검색 API에서 언급했던 구성 요소들을 결합할 수도 있다.

URL 검색 요청은 이미 익숙해졌을 테니, 이제는 본문 기반 검색 요청에 대해서 알아보자.

4.1.3 본문 기반 검색 요청 사용하기

이전 절에서 URL 기반 쿼리에서 기본 검색 구성 요소를 어떻게 사용하는지 예를 들어가며 살펴봤다. 특히, 일래스틱서치와 상호 작용하는 가장 좋은 방법은 명령 행 _{Command line}을 사용하는 것이라는 것을 알 수 있었다. 그러나 본문 기반 검색 요청을 사용하면, 유연하면서 더 많은 옵션을 제공하는 좀 더 고급 검색을 실행해볼 수 있다. 본문 기반 검색을 사용할 때조차 URL에서 사용했던 몇몇 구성 요소들을 다시 사용할 수 있다. 이전 절에서 이미 URL 기반의 대부분 설정을 알아봤으니, 이 절에서는 요청 본문에 대해서만 알아볼 것이다. 다음 예제는 get-together 색인에 있는 모든 도큐먼트 중에서 두 번째 페이지를 검색한다.

예제 4.6 from과 size를 사용하는 페이지 매김 결과

```
% curl 'localhost:9200/get-together/_search' -d '{
  "query": {
    "match_all": {}
  },
  "from": 10,       10번째부터 시작하는
                    결과를 반환한다.
  "size": 10                   최대 10개 결과를
}'                             반환한다.
```

쿼리의 "query" 부분만 주목하고, "match_all" 부분은 아직은 무시하자. 이와 관련해서는 쿼리와 필터 DSL을 다룰 4.2절에서 다시 이야기할 것이다.

결과와 함께 반환하는 필드

검색 요청의 일부분을 차지하는 또 다른 요소는 일래스틱서치로 하여금 일치하는 개별 도큐먼트에서 반환할 필드 목록을 어떻게 지정하게 하는가인데, 검색 요청에

_source 구성 요소에서 이를 지정하면 된다. 요청에 _source를 지정하지 않는다면, 일래스틱서치는 기본적으로 도큐먼트의 _source 전체를 반환하거나 저장된 _source가 없다면 일치하는 _id, _type, _index, _score와 같은 도큐먼트에 관한 메타데이터만 반환한다.

일치하는 각 그룹의 name과 date 필드를 반환하는 앞의 쿼리를 이용해서 다음 예제를 다시 작성했다.

예제 4.7 _source의 필터링

```
% curl 'localhost:9200/get-together/_search' -d '{
  "query": {
    "match_all": {}
  },
  "_source": ["name", "date"]    ◄───  검색 응답으로 name과 date 필
}'                                      드를 반환한다.
```

_SOURCE로 반환한 필드에서 와일드카드

필드 목록을 각각 지정해서 반환하는 것 외에도 와일드카드를 사용할 수도 있다. 예를 들어, "name"과 "nation" 필드 둘 다 반환하려면, _source: "na*"를 지정한다. _source["name.*", "address.*"]와 같이 와일드카드 문자열을 배열처럼 사용해서 다수 개 와일드카드를 지정할 수도 있다.

어떤 필드를 포함할지 지정할 수 있을 뿐만 아니라 반환하지 않을 필드 또한 지정할 수 있다. 다음 예제에서 어떻게 지정하는지 볼 수 있다.

예제 4.8 include와 exclude로 반환하는 _source 필터링

```
% curl 'localhost:9200/get-together/_search' -d '{
  "query": {
    "match_all": {}
  },
  "_source": {
    "include": ["location.*", "date"],    ◄───  검색 결과로 location과
                                                  date 필드로 시작하는
                                                  필드를 반환한다.
```

```
    "exclude": ["location.geolocation"]  ◄─────┐
  }                                              location.geolocation 필드는
}'                                               반환하지 않는다.
```

결과에서 순서 정렬

검색에 포함하는 가장 마지막 요소라면 결과의 순서를 정렬하는 것이다. 정렬 순서를 지정하지 않으면, 일래스틱서치는 일치한 도큐먼트를 _score 값의 내림차순으로 정렬해서 가장 적합성이 높은(가장 높은 점수를 가진) 도큐먼트 순서로 반환한다.

오름차순 또는 내림차순으로 필드를 정렬하려면 필드를 나열한 배열 대신 다음 예제처럼 맵을 가진 배열을 지정한다. 필드 목록 또는 정렬 값을 가진 필드 맵을 지정해서 한 개 이상의 필드로 정렬할 수 있다. 예를 들어, 이전 organizer 검색을 이용해서, 먼저 생성일 기준으로 가장 오래된 것으로 시작해서, 다음으로 get-together 그룹 이름[name] 기준으로, 마지막으로 _score 결과로 정렬 결과를 반환할 수 있다.

예제 4.9 date 오름차순, name 내림차순, _score에 의한 정렬한 결과

```
% curl 'localhost:9200/get-together/_search' -d '{
  "query": {
    "match_all": {}
  },
  "sort": [                          먼저 오래된 것부터
                                     최신 순으로 생성일로          그 다음, 그룹 이름을
    {"created_on": "asc"},  ◄────┘   정렬을 한다.                알파벳 역순으로 정렬
                                                      ◄────────  한다.
    {"name": "desc"},
    "_score"  ◄────┐
  ]               마지막으로, 결과의 적합성
}'                (_score 값)으로 정렬한다.
```

다중 값과 분석된 필드에서 정렬

다중 값 필드(예를 들어, tags 같은)에서 정렬할 때, 어떻게 그 값을 사용해서 정렬하는지 모를 것이다. 정렬한 것 중 하나를 골라내겠지만 어느 것인지 알 수는 없다. 분석된 필드 역시 마찬가지다. 분석된 필드에는 여러 개의 텀이 규칙적으로 나타날 것이기 때문이다. 그러므로 분석되지 않은 필드나 수치 필드가 정렬하기에 가장 알맞다.

기본 구성 요소로 실행

자, 기본 검색 구성 요소를 알아봤으니 다음 예제는 이들 구성 요소를 모두 사용해서 검색해보자.

예제 4.10 범위, 페이지 매김, 필드, 정렬 순서의 4가지 요소를 이용한 쿼리

```
% curl 'localhost:9200/get-together/group/_search' -d'{
  "query": {
    "match_all": {}
  },
  "from": 0,
  "size": 10,
  "_source": ["name", "organizer", "description"],
  "sort": [{"created_on": "desc"}]
}'
```

결과의 첫 부분(0번째)으로 시작

10개 결과를 반환

그룹 이름, 조직, 조직자, 그룹 설명 포함

created_on 필드로 내림차순 정렬

쿼리와 필터 API에 대해 더 자세히 알아보기 전에 검색 응답 구조에 대해 먼저 알아보자.

4.1.4 응답 구조 이해하기

검색에서 어떤 응답이 나오는지 보자. 다음 예제는 "elasticsearch"와 관련된 그룹을 검색한다. URL 기반 검색을 사용해서 간단하게 쿼리를 해봤다.

예제 4.11 검색 요청 및 응답 예

```
% curl 'localhost:9200/_search?q=title:elasticsearch&_source=title,date'
{
  "took": 2,
  "timed_out": false,
  "_shards": {
    "total": 2,
    "successful": 2,
    "failed": 0
```

쿼리 실행 소요 시간(밀리초)

샤드 중 하나가 타임아웃이 발생하면 일부 결과만 보여줌을 명시

요청에 응답한 성공 또는 실패한 샤드의 개수

150

```
            },
  응답은 hits 배    ▶ "hits": {                      검색으로 일치한
  열을 가지고 있                                       결과 전체 개수
  는 hits 키를 포        "total": 7, ◀
  함한다.
                        "max_score": 0.9904146,
                                                 이 검색에서 전체 도
                                                 큐먼트의 최고 점수
  hits 배열은      ▶ "hits": [{
  hits 키워드
  요소 내에           "_index": "get-together",
  위치
                     "_type": "event",                         결과 도큐먼트의
                                                                색인
                     "_id": "103",
                                                          결과 도큐먼트의 일
                     "_score": 0.9904146,                 래스틱서치 타입
  요청한 _source      "_source": {
  필드 (이 예제에서                                    결과 도큐먼트의 ID
  는 title과 date)       "date": "2013-04-17T19:00",
                        "title": "Introduction to Elasticsearch"
                     }
                   },                                이 결과의 적합성
                                                     점수
                   {
                     "_index": "get-together",
                     "_type": "event",
                     "_id": "105",
                     "_score": 0.9904146,
                     "_source": {
                       "date": "2013-07-17T18:30",
                       "title": "Elasticsearch and Logstash"
                     }
                   },
                   ... ◀
                   ]                 그 외 일치한 결과는
                 }                   말줄임표로 대체
            }
```

만약, 도큐먼트의 _source나 필드 중 어디에도 저장하지 않았다면, 일래스틱서
치로부터 값을 조회할 수 없다는 것을 기억하자.

이제 검색 요청의 기본 구성 요소에 익숙해졌을 텐데, 아직 쿼리와 필터 DSL를
소개하지 않았다. 지금까지 일부러 언급하지 않았던 이유는 절 하나를 할애해야 할
만큼 큰 주제이기 때문이다.

4.2 쿼리와 필터 DSL 소개

이전 절에서 검색 요청의 기본 구성을 다뤘다. 항목의 전체를 반환하고 `from`과 `size`를 사용해서 페이지 매김을 지원하는 것에 대해 이야기했다. 또한 반환할 소스의 필드를 정렬하고 필터링하는 것도 알아보았다. 아직 상세하게 다루지 못했던 기본 구성 요소 중 쿼리 구성 요소를 이 절에서 다뤄보기로 한다. 지난 예제에서 기본 쿼리 구성 요소인 `match_all` 쿼리를 사용해봤다. 이제 실제 동작하는 것을 보기 위해 다음 예제를 살펴보자.

예제 4.12 요청 본문을 이용해서 기본 검색 요청

```
% curl 'localhost:9200/get-together/_search' -d '{
  "query": {                          쿼리 API의
    "match_all": {}                   기본 예제
  }                          검색 API에서 쿼리
}                           구성 요소
```

이 절에서 `match_all` 쿼리를 `match` 쿼리로 변경하고, 필터 DSL에서 쿼리 DSL의 `filtered` 쿼리를 사용하는 검색 요청으로 변경하는 `term` 필터를 추가할 것이다. 그 이후에 필터와 쿼리의 차이점이 뭔지 더 깊게 알아본다. 그 다음으로는 몇몇 다른 기본 쿼리와 필터에 대해 살펴본다. 그런 다음, 고급 쿼리와 필터 및 복합 쿼리로 이 절을 마무리하면서, 분석기에 대해 알아보기 전에 업무에서 올바른 쿼리를 잘 선택할 수 있도록 도울 수 있을 것이다.

4.2.1 쿼리와 텀 필터 일치

지금까지 대부분 검색이 모든 도큐먼트를 반환하도록 요청하는 것이었다. 이 절에서는 반환할 도큐먼트 개수를 제한하는 두 가지 방법을 보여준다. 다음 예제는 "Hadoop" 단어를 제목으로 포함하는 그룹을 찾기 위해 `match` 쿼리를 사용했다.

예제 4.13 match 쿼리

```
% curl 'localhost:9200/get-together/event/_search' -d '{
  "query": {
    "match": {
      "title": "hadoop"
    }
  }
}'
```

match 쿼리는 제목에 "hadoop"이 있는 이벤트를 어떻게 검색하는지 보여준다.

h가 소문자인 "Hadoop" 단어로 찾음을 주목하자.

쿼리는 3건의 이벤트를 반환한다. 4.1.4절에서 응답 구조는 이전에 설명했다. 쿼리를 실행해서 처음 일치하는 것의 점수를 확인한다. 첫 일치는 "Using Hadoop with Elasticsearch"라는 제목을 가진 도큐먼트다. 이 도큐먼트 점수는 1.3958796이다. 이 검색을 H가 대문자인 "Hadoop" 단어로 검색하도록 변경할 수 있다. 결과는 같을 것이다. 믿지 못하겠다면 직접 한 번 실행해보자.

이제 이벤트 주최자에 대해 이벤트를 분류하는 웹사이트가 있다고 상상해보자. 여기서 괜찮은 모임 목록과 주최자별 이벤트의 개수를 얻는다. Andy가 관리하는 이벤트를 클릭한 후 Andy가 관리하는 모든 이벤트 찾기를 원한다. 이 경우 host 필드에서 Andy를 찾는 match 쿼리로 검색 요청을 생성할 수 있다. 이 검색 요청을 만들고 실행하면, Andy가 관리하는 모두 같은 점수를 가지고 있는 3개의 이벤트가 있음을 보게 될 것이다. 방금 "왜?"라는 의문이 생겼다면, 점수 매기는 방법을 다루는 6장을 참고하자. 이제 필터를 소개할 시간이 된 것 같다.

필터가 4장에서 다루는 쿼리와 유사하긴 해도 점수 매김과 여러 가지 검색 기능 수행을 어떻게 적용하는지가 다르다. 쿼리가 특정 텀으로 점수 계산하는 것과 달리, 검색에서 필터는 "이 도큐먼트가 이 쿼리와 일치를 하는가"하는 단순 이진법의 예 또는 아니요 답변만을 반환한다. 그림 4.2는 쿼리와 필터의 주요 차이점을 보여준다.

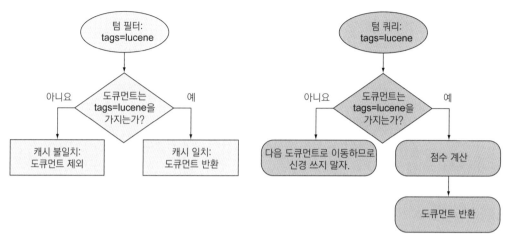

▲ **그림 4.2** 필터가 점수를 매기지 않으므로 처리해야 할 것이 적고 캐시도 가능해진다

필터는 이런 차이점 때문에 일반 쿼리를 사용하는 것보다 더 빠를 수 있고 캐시할 수도 있다. 필터를 이용해서 검색하는 것은 쿼리를 사용하는 일반 검색과 유사하게 보이지만, 다음 예제에서 보는 것처럼, 쿼리는 원래의 쿼리와 필터를 포함하는 "filtered" 맵으로 변경한다. 이 쿼리는 쿼리 DSL에서 필터드 쿼리Filtered query로 부른다. 필터드 쿼리는 두 개의 구성 요소, 즉, 쿼리와 필터를 포함한다.

예제 4.14 필터를 사용한 쿼리

```
% curl 'localhost:9200/get-together/_search' -d '{
  "query": {
    "filtered": {          ← 쿼리 타입. 여기에 명시된
                              쿼리 필터를 지정
      "query": {
        "match": {
          "title": "hadoop"     쿼리는 제목에서 "hadoop"을
        }                       가진 이벤트를 검색한다.
      }
    },
    "filter": {
      "term": {
        "host": "andy"        추가적인 필터는 andy가 관리하는 이벤트로
      }                       만 쿼리를 제한한다. andy가 소문자임을 주
                              목하자. 이에 대해서는 분석에 관한 다음 장
                              에서 설명할 것이다.
```

```
        }
      }
    }
  }
} '
```

여기 "hadoop"으로 일치하는 이벤트를 위한 일반적인 쿼리처럼 필터가 사용되었으나, 필터는 "Hadoop" 단어를 위한 쿼리뿐만 아니라 특정 이벤트로 제한할 때에도 사용한다. 이 특정 필터 부분 내부에, host가 "andy"인 모든 도큐먼트를 찾기 위해 텀 필터가 사용되었다. 여기서 일래스틱서치는 이 필터와 일치하는 도큐먼트인지 아닌지 알려주는 바이너리 비트 집합인 비트셋Bitset을 작성한다. 그림 4.3 비트셋이 어떤 것인지 보여준다.

일래스틱서치가 비트셋을 만들고 나서는 도큐먼트를 필터링하는 데 사용할 수는 있으나 검색의 쿼리 일부분으로 검색하는 것은 아니다. 필터는 점수 계산이 필요한 도큐먼트를 제한한다. 제한된 도큐먼트 집합의 점수는 쿼리 기반으로 계산된다. 이런 이유로, 필터를 추가하는 것은 전체 쿼리를 단일 검색으로 결합하는 것보다 더 빠르다. 어떤 종류의 필터인가에 따라 일래스틱서치는 비트셋 결과를 캐시할 수 있다. 필터를 다른 검색에 사용해도 비트셋을 다시 계산할 필요가 없다.

그러나 어떤 유형의 필터의 경우, 일래스틱서치가 다시 사용되지 않을 것으로 판단하거나 비트셋 재생성 비용이 사소하다면 자동으로 캐시하지 않을 수 있다. 캐시하기 어려운 쿼리의 예로 최근 한 시간의 모든 문서로 결과를 제한하는 필터의 경우가 그러하다. 이 쿼리는 이를 실행할 때 매초 변경되어야 하므로 캐시할 이유가 없다. 예제 4.17을 확인해보자. 추가로, 일래스틱서치는 필터를 캐시 해야 할지에 관해 수동으로 지정하는 기능을 제공한다. 이 모든 것은 필터를 가진 검색을 더 빠르게 만든다. 그러므로 가능하다면 쿼리의 일부분을 필터로 만들 필요가 있다.

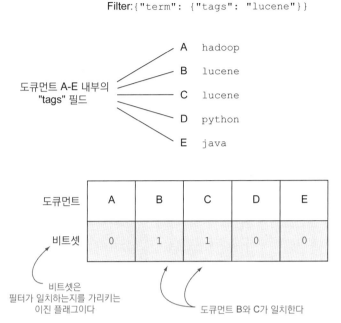

Filter:{"term": {"tags": "lucene"}}

▲ **그림 4.3** 필터 결과가 검색을 더 빠르게 만드는 비트셋으로 캐시된다

　어떻게 동작하고 성능에 어떻게 영향을 끼치는지 설명하기 위해 10장에서 비트 셋을 다시 살펴볼 것이다. 이제 필터가 무엇인지 이해하게 되었으니 또 다른 필터 타 입과 쿼리에 대해 알아보고, 특정 데이터를 검색하도록 실행해볼 것이다.

4.2.2 가장 많이 사용되는 기본 검색과 필터

비록 일래스틱서치에서 쿼리하는 수많은 방법이 있지만, 어떤 쿼리는 색인에 데이터 가 어떻게 저장되었는지에 의존하는 쿼리보다 더 나을 수 있다. 이 절에서 일래스틱 서치가 지원하는 쿼리의 서로 다른 타입에 대해 배워보고 예제를 통해 쿼리에서 어 떻게 사용하는지 하나씩 알아본다. 어떤 쿼리가 데이터에 가장 적합한지 결정할 수 있도록 각각 성능에 대해서도 언급하고, 각 쿼리를 사용할 때의 장단점에 대해서 가 늠해보도록 한다.

　4장 이전 절에서 이미 몇몇 쿼리와 필터를 소개했다. 전체 도큐먼트를 반환하 는 match_all 쿼리로 시작해서, 특정 필드에 대해 일치하는 단어로 결과를 제한하

는 match 쿼리로, 그리고 특정 필드에 있는 텀을 사용해서 결과를 제한하는 텀 필터까지 사용해봤다. 아직 알아보지 않은 하나의 쿼리가 있는데, 바로 query_string을 사용하는 것이다. 이 쿼리는 URL 기반 검색에서 사용한다. 더 많은 정보는 이후 다시 소개한다.

4장에서 이들 쿼리에 대해 다시 설명하고 있는데, 여기서는 고급 옵션을 추가로 소개할 것이다. 또한, 범위 필터, 프리픽스Prefix 쿼리, simple_query_string 쿼리 같은 고급 쿼리와 필터도 살펴본다. 자, 이제 가장 쉬운 쿼리인 match_all부터 시작해보자.

MATCH_ALL 쿼리

이 쿼리가 하는 일이 어떤 것인지 알아볼 기회를 주겠다. 정답이다! 이 필터는 모든 도큐먼트를 일치하게 한다. 쿼리 대신 필터 사용이 필요할 때, match_all 쿼리가 상당히 유용하다(아마도 도큐먼트 점수에 관해 신경 쓰지 않을 때라면). 또는 검색하는 색인과 타입 사이에서 모든 도큐먼트를 반환하고 싶을 때 유용하다. 이 쿼리는 다음과 같은 형태다.

```
% curl 'localhost:9200/_search' -d '{
  "query" : {
    "match_all" : {}
  }
}'
```

검색에 쿼리 부분 대신 필터를 사용하면 쿼리는 이와 같을 것이다(필터는 생략했다).

```
% curl 'localhost:9200/get-together/_search' -d '{
  "query": {
    "filtered": {
      "query": {
        "match_all": {}
      },
      "filter": {
```

```
        ... 필터 세부 내용 ...
      }
    }
  }
}'
```

단순하지 않은가? 거의 모든 것을 검색하기 때문에 검색엔진을 사용함에도 사용자에게는 유용해 보일 것이다. Match_all 쿼리를 기본으로 사용하면 검색 요청조차 더 쉽게 만들 수 있다. 그러므로 쿼리 요소는 이 경우 완벽하게 생략할 수 있다. 다음에 좀 더 유용한 쿼리를 살펴보자.

QUERY_STRING 쿼리

2장에서 일래스틱서치 서버를 시작하고 실행할 때, 어떻게 쉽게 쿼리 결과를 얻을 수 있는지 보려고 query_string 쿼리를 사용했다. 다음 예제에서 소개하는 것처럼, query_string 검색은 요청 URL로부터 또는 요청 본문을 전송하는 것으로부터 수행할 수 있다.

이 예제에서는 "nosql"을 포함하는 도큐먼트를 검색하는데, 이 쿼리는 도큐먼트 한 건을 반환할 것이다.

예제 4.15 query_string 검색 예제

```
% curl -XGET 'localhost:9200/get-together/_search?q=nosql&pretty'
```
> query_string 검색은 URL 파라미터처럼 전송했다.

```
% curl -XPOST 'http://localhost:9200/get-together/_search?pretty' -d '{
  "query" : {
    "query_string" : {
      "query" : "nosql"
    }
  }
}'
```
> 같은 query_string 검색을 요청 본문처럼 전송했다.

기본적으로, query_string 쿼리는 _all 필드를 검색한다. 3장 내용을 기억한다면, _all 필드는 모든 필드 결합으로 만들어진 것임을 이미 알고 있을 것이다. 다음 예제에서 보듯이, description:nosql처럼 쿼리로 특정 필드를 지정하거나 요청 본문에 default_field를 지정하면 이를 변경할 수 있다.

예제 4.16 query_string 검색으로 default_field 지정

```
% curl -XPOST 'localhost:9200/_search' -d '{
  "query" : {
    "query_string" : {
      "default_field" : "description",        쿼리에 지정된 필드가 없기 때문에 기본 필드
      "query" : "nosql"                        (description)가 사용되었다.
    }
  }
}'
```

추측할 수 있듯이, 이 문법은 단일 단어를 검색하는 것보다 더 많은 것을 제공한다. 내부적으로, 이는 모두 AND와 OR처럼 불린 연산자로 서로 다른 텀을 검색하고 추가적으로 마이너스(-) 연산을 사용해서 결과로부터 도큐먼트를 제외하는 결합의 루씬 쿼리 문법이다. 다음 쿼리는 "nosql" 이름으로 모든 그룹을 검색하지만 description에 "mongodb"를 포함하지 않는다.

```
name:nosql AND -description:mongodb
```

1999년부터 2001년 사이에 생성한 모든 search와 모든 lucene 그룹은 다음과 같이 검색할 수 있다.

```
(tags:search OR tags:lucene) AND created_on:[1999-01-01 TO 2001-01-01]
```

> **노트** query_string 쿼리가 지원하는 문법에 관한 전체 예제는 www.lucenetutorial.com/lucene-query-syntax.html을 참고한다.

> **Query_string에서 유의할 점**
>
> 비록 query_string 쿼리가 일래스틱서치에서 사용 가능한 가장 강력한 쿼리 중 하나지만, 때때로 가독성이 떨어지고 확장하기 가장 어려운 것이 될 수 있다. 이 문법으로 자신만의 쿼리를 지정하는 기능을 사용자에게 허용할 수 있다는 점에 유혹될 수 있으나, 다음과 같은 복잡한 쿼리는 의미를 설명하기 어렵다는 것만큼은 고려해야 한다.
>
> ```
> name:search^2 AND (tags:lucene OR tags:"big data"~2) AND -
> description:analytics AND created_on:[2006-05-01 TO 2007-03-29]
> ```

이 query_string의 또 다른 가장 큰 단점은 쿼리가 위력적인 힘을 가진다는 것이다. 웹사이트 사용자에게 이 힘을 그대로 노출하면, 일래스틱서치 클러스터가 위험할 수 있다. 사용자가 잘못된 형식으로 쿼리를 실행하면 예외 상황에 맞닥뜨리게 될 것이다. 또한, 모든 것을 반환하는 조합을 만들 가능성도 있어서, 이는 클러스터를 위험에 빠뜨리는 길이 될 것이다. 바로 전 예제의 설명을 참고하면 무슨 말인지 이해할 것이다.

도큐먼트의 필드와 필드 내에 있는 문자열 검색을 허용하는 term, terms, match, multi_match 쿼리를 포함하는 query_string 쿼리는 다른 대체재로 교체하는 것을 추천한다. 적절한 대체재는 simple-query-string 쿼리인데, +, -, AND, OR를 사용하여 쉽게 접근 가능한 쿼리 문법으로 교체할 수 있다. 이 절 이후에 이들 쿼리에 대해 더 알아본다.

텀 쿼리와 텀 필터

텀 쿼리와 필터는 실행 가능한 가장 단순한 쿼리인데, 필드와 텀을 지정해서 도큐먼트 내에서 검색할 수 있다. 검색한 텀이 분석되지 않았기 때문에 완전히 일치하는 도큐먼트 결과만 찾는다는 것을 알아두자. 일래스틱서치에 의해 어떻게 텍스트를 개별적인 색인 조각으로 토큰을 만드는지 분석을 다루는 5장에서 알아볼 것이다. 루씬에 익숙하다면, 텀 쿼리가 직접적으로 루씬 TermQuery로 매핑된다는 사실이 유용한 정보가 될 것이다.

다음 예제는 elasticsearch 태그로 그룹을 검색하는 텀 쿼리를 보여준다.

예제 4.17 텀 쿼리 예제

```
% curl 'localhost:9200/get-together/group/_search' -d '{
  "query": {
    "term": {
      "tags": "elasticsearch"
    }
  },
  "_source": ["name", "tags"]
}'

{
  ...
    "hits": [
      {
        "_id": "3",
        "_index": "get-together",
        "_score": 1.0769258,
        "_type": "group",
        "_source": {
          "name": "Elasticsearch San Francisco",
          "tags": [
            "elasticsearch",
            "big data",
            "lucene",
            "open source"
          ]
        }
      },
      {
        "_id": "2",
        "_index": "get-together",
        "_score": 0.8948604,
        "_type": "group",
```

← 태그에서 "elasticsearch"
단어를 포함하는 두 개의
결과가 나왔다.

```
      "_source": {
        "name": "Elasticsearch Denver",
        "tags": [
          "denver",
          "elasticsearch",
          "big data",
          "lucene",
          "solr"
        ]
      }
    }
  ],
  ...
}
```

텀 쿼리처럼 텀 필터는 점수에 영향을 미치지 않고 텀을 포함하는 도큐먼트의 제한된 결과가 필요할 때 사용할 수 있다. 점수를 사용한 이전 예제의 도큐먼트 점수를 다음 예제와 비교하자. 필터가 계산에 방해가 되지도 점수에 영향을 미치지도 않는다는 것을 알게 될 것이다. Match_all 쿼리 때문에 모든 도큐먼트의 점수는 1.0이된다.

예제 4.18 텀 필터 예제

```
% curl 'localhost:9200/get-together/_search' -d '{
  "query": {
    "filtered": {
      "query": {
        "match_all": {}
      },
      "filter": {
        "term": {
          "tags": "elasticsearch"
        }
      }
```

기존과 같은 쿼리지만 이번에
는 필터를 사용한다.

```
        }
    },
    "_source": ["name", "tags"]
}'

{
    ...
    "hits": [
        {
            "_id": "3",
            "_index": "get-together",
            "_score": 1.0,
            "_type": "group",
            "_source": {
                "name": "Elasticsearch San Francisco",
                "tags": [
                    "elasticsearch",
                    "big data",
                    "lucene",
                    "open source"
                ]
            }
        },
        {
            "_id": "2",
            "_index": "get-together",
            "_score": 1.0,
            "_type": "group",
            "_source": {
                "name": "Elasticsearch Denver",
                "tags": [
                    "denver",
                    "elasticsearch",
```

도큐먼트 점수는 필터가 쿼리 대신 사용되었으므로 이제 상수가 된다.

```
            "big data",

            "lucene",

            "solr"

          ]

        }

      }

    ]

  ...

}
```

텀즈 쿼리

텀 쿼리와 유사하게, 텀즈(term이 아닌 terms) 쿼리로 도큐먼트 필드에서 다중 텀으로 검색할 수 있다. 예를 들어, 다음 예제는 "jvm", "hadoop" 중 어느 하나와 일치하는 태그의 그룹을 검색한다.

예제 4.19 텀즈 쿼리로 다중 텀을 검색

```
% curl 'localhost:9200/get-together/group/_search' -d '{
  "query": {
    "terms": {
      "tags": ["jvm", "hadoop"]          ◀── 검색하려는 다중 텀
    }
  },
  "_source": ["name", "tags"]
}'


{
  ...
    "hits": [
      {
        "_id": "1",
        "_index": "get-together",
        "_score": 0.33779633,
        "_type": "group",
```

```
      "_source": {
        "name": "Denver Clojure",
        "tags": [
          "clojure",
          "denver",
          "functional programming",        ◄────┐
          "jvm",                                 │
          "java"                                 │
        ]                                        │
      }                                          │
    },                                           │
    {                                            │
      "_id": "4",                                │
      "_index": "get-together",                  │   일치하는 태그 중 하나를
      "_score": 0.22838624,                      │   찾음
      "_type": "group",                          │
      "_source": {                               │
        "name": "Boulder/Denver big data get-together",
        "tags": [                                │
          "big data",                            │
          "data visualization",                  │
          "open source",                         │
          "cloud computing",                     │
          "hadoop"                         ◄────┘
        ]
      }
    }
  ...
}
```

   쿼리 일치 전에 도큐먼트에서 최소 개수의 텀 일치를 강제하려면, minimum_
should_match 파라미터를 지정한다.

```
% curl 'localhost:9200/get-together/group/_search' -d '{
  "query": {
    "terms": {
      "tags": ["jvm", "hadoop", "lucene"],
      "minimum_should_match": 2
    }
  }
}'
```

"잠깐! 꽤 괜찮잖아!"라고 생각이 든다면, 다중 쿼리를 단일 쿼리에 결합할 필요가 있을 때 무슨 일이 발생할지 아마 궁금할 것이다. 다중 텀 쿼리를 결합에 관해서는 복합 쿼리를 언급할 4.3절에서 다시 논의할 것이다.

4.2.3 매치 쿼리와 텀 필터

텀 쿼리와 유사하게 매치 쿼리는 검색하려는 필드와 검색하려는 문자열을 포함하는 해시 맵인데, 필드나 한 번에 모든 필드를 검색하는 _all 필드가 올 수 있다. 다음 예제는 name 필드에 "elasticsearch"를 포함하는 그룹을 검색하는 매치 쿼리다.

```
% curl 'localhost:9200/get-together/group/_search' -d '{
  "query": {
    "match": {
      "name": "elasticsearch"
    }
  }
}'
```

매치 쿼리는 몇몇 서로 다른 방식으로 동작할 수 있다. 가장 주요한 두 가지의 기능은 boolean과 phrase다.

BOOLEAN 쿼리 기능

기본적으로, 쿼리 매치는 Boolean 기능과 OR 연산을 사용한다. 예를 들어, "Elasticsearch Denver" 텍스트를 검색한다면 일래스틱서치는 "Elasticsearch OR Denver"로 검색해서 "Elasticsearch Amsterdam"과 "Denver Clojure Group" 모두로부터 get-together groups가 일치할 것이다.

"Elasticsearch"와 "Denver"를 모두 포함하는 결과를 검색하려면, 맵과 추가하는 연산자 필드 설정에 들어가는 일치 필드 이름을 수정하면서 연산자를 변경한다.

```
% curl 'localhost:9200/get-together/_search' -d '{
  "query": {
    "match": {
      "name": {                                    ←  name 값 문자열 대신
                                                      맵을 사용한다.
        "query": "Elasticsearch Denver",   ←  쿼리 키에서 문자열을
                                              검색하도록 지정한다.
        "operator": "and"        ←  기본값인 or 연산자 대신 and
                                    연산자를 사용한다.
      }
    }
  }
}'
```

두 번째로 매치 쿼리의 주요한 기능은 phrase 쿼리다.

PHRASE 쿼리 기능

도큐먼트 내에서 각 단어의 위치에 따른 leeway 값처럼 특정 구Phrase를 검색할 때 phrase 쿼리가 유용하다. Leeway는 slop으로 불리는데 구문 내에서 토큰 사이의 거리를 표현하는 수치 값이다. get-together의 그룹 name을 기억해 내려 할 때, "Enterprise" 단어와 "London" 단어는 기억하나 name의 나머지는 기억하지 못한다고 하자. "enterprise london" 구문을 기본값 0 대신 slop을 1 또는 2로 설정해서 완전한 그룹 제목을 몰라도 구문을 포함하는 결과를 찾아 검색할 수 있다.

```
% curl 'localhost:9200/get-together/group/_search' -d'{
  "query": {
    "match": {
```

```
        "name": {
          "type": "phrase",          ← 일반 match 쿼리 대신 match
                                        phrase 쿼리를 사용
          "query": "enterprise london",

          "slop": 1   ←
        }                   slop에 1을 지정해서 텀간 leeway 거리를
      }                     가지도록 일래스틱서치에 요청
    },
  "_source": ["name", "description"]
}'


...

{
  "_id": "5",
  "_index": "get-together",
  "_score": 1.7768369,
  "_type": "group",
  "_source": {
    "description": "Enterprise search get-togethers are an opportunity to
get together with other people doing search.",
    "name": "Enterprise search London get-together"   ←
  }                                        단어로 분리된 "enterprise"와
}                                          "london"으로 일치하는 필드
...
```

4.2.4 Phrase_prefix 쿼리

Match_phrase 쿼리와 유사하게 match_phrase_prefix 쿼리는 phrase로 검색하는 것에 더해서 phrase 내에서 마지막 텀에 프리픽스 매칭을 허용한다. 이 기능은 검색을 제안하는 검색창에서 사용자가 검색 텀을 입력하는 동안 자동완성을 제공하는 데 정말 유용하다. 이런 유형의 기능으로 검색을 사용할 때, max_expansions 설정을 사용해서, 검색이 반환할 이해 가능한 수준의 총 소요 시간 내에서 확장할 프리픽스의 최댓값을 설정하는 것이 좋을 것이다.

다음 예제에서 "elasticsearch den"이 phrase_prefix 쿼리로 사용되었다. 일래스틱서치는 "den" 텍스트를 가지고 "den"으로 시작하는(예를 들어, "Denver") name 필드의 모든 값을 찾는다. 검색 규모가 커질 가능성이 있으므로 꼭 expansions 값으로 제한해야 한다.

```
% curl 'localhost:9200/get-together/group/_search' -d '{
  "query": {
    "match": {
      "name": {
        "type": "phrase_prefix",       ◄─── 기본 phrase 쿼리 대신
        "query": "Elasticsearch den",  ◄───      phrase_prefix 사용
        "max_expansions": 1  ◄───
      }                                 "Elasticsearch"
    }                                   를 포함하는 필드와
  },                                    "den"으로 시작하는
  "_source": ["name"]                   텀으로 필드 일치
}'
                     시도할 프리픽스 확장의
                     최댓값을 지정

...
{
  "_id": "2",
  "_index": "get-together",
  "_score": 2.7294521,
  "_type": "group",
  "_source": {
    "name": "Elasticsearch Denver"
  }
}
...
```

Boolean과 phrase 쿼리는 사용자 입력을 받아들이는 데 훌륭한 선택이 된다. Query_string 쿼리와 다르게 매치 쿼리가 +, -, ?, ! 같은 예약된 문자를 막지 않으

면서 오류 발생이 가장 적은 방식으로 사용자 입력을 그대로 넘기도록 허용하기 때문이다.

MULTI_MATCH로 다중 필드 일치

비록 `multi_match` 쿼리가 텀즈 쿼리처럼 필드에서 다중 일치로 검색하는 기능으로 고려해볼 수 있겠지만, 이 기능은 다소 다르다. 다만, 다중 필드의 값을 검색하도록 허용한다. 이는 get-together 예제에서 그룹 `name`과 `description` 문자열로 검색하기를 원하는 곳에 유용할 수 있다.

```
% curl 'localhost:9200/get-together/_search' -d'{
  "query": {
    "multi_match": {
      "query": "elasticsearch hadoop",
      "fields": [ "name", "description" ]
    }
  }
}'
```

매치 쿼리가 phrase 쿼리, `prefix` 쿼리 또는 `phrase_prefix` 쿼리로 전환할 수 있는 것처럼, `multi_match` 쿼리는 `type` 키를 추가로 정의해서 phrase 쿼리 또는 `phrase_prefix` 쿼리로 전환할 수 있다. Multi_match 쿼리는 검색을 위해 단일 필드 대신 다중 필드를 지정할 수 있다는 것을 제외하고는 매치 쿼리와 완전히 비슷하다.

매치 쿼리를 사용하면 어떠한 것도 검색할 수 있는데, 이는 대부분의 경우 기본적으로 사용할 수 있는 쿼리 타입이라 할 수 있어, 가능한 이를 사용하도록 강하게 추천한다. 이제, 일래스틱서치가 지원하는 다른 쿼리 타입에 대해서도 알아볼 것이다.

4.3 쿼리와 복합 쿼리 결합

서로 다른 쿼리 타입을 사용하는 방법에 대해 배웠다면 일래스틱서치의 `bool` 쿼리에서 오는 쿼리 타입을 결합해야 할 필요성이 있음을 알게 될 것이다.

4.3.1 bool 쿼리

Bool 쿼리는 몇 개의 쿼리라도 특정 부분이 must, should, must_not로 데이터가 일치하는지 명시하게 하는 쿼리 구문을 이용해서 단일 쿼리에 결합할 수 있다.

- bool 쿼리로 must 매치를 지정한다면, 쿼리가 반환하는 오직 일치하는 결과만 받는다.

- should 매치를 지정하면, 도큐먼트가 반환하는 특정 개수의 구문이 일치해야 한다는 의미다.

- must 구문이 지정되지 않으면, 도큐먼트로부터 반환된 것으로부터 일치하는 적어도 하나는 가져야 한다.

- 마지막으로 must_not 구문은 일치하는 도큐먼트가 결과셋에서 제외하는 데 사용한다.

표 4.1에 세 가지 구문과 이진 방식을 비교하는 목록을 보여준다.

▼ **표 4.1** bool 쿼리 구문 타입

bool 쿼리 절	이진 연산 대응	의미
must	다중 절을 결합하기 위해 이진 and 연산을 사용(query1 AND query2 AND query3)	must 절에서 검색은 도큐먼트가 일치해야 한다. 소문자 and는 함수이고, 대문자 AND는 연산자다.
must_not	이진 not 연산으로 다중 절 결합	must_not 절에서 검색은 도큐먼트의 부분이 되지 않아야 한다. 다중 절은 이진 not 메소드에서 결합한다(NOT query1 AND NOT query2 AND NOT query3).
should	이진 or 연산으로 다중 절 결합 (query1 OR query2 OR query3)	should 절에서 검색은 이진 OR(query1 OR query2 OR query3)와 유사하게 도큐먼트가 일치하거나 그렇지 않을 수 있다. 그러나 최소 minimum_should_match 파라미터로 이 개수만큼은 일치해야 한다(must가 존재하지 않으면 기본값은 1이고 must가 존재한다면 0이다).

예제를 통해서 must, should, must_not 간 차이점을 이해하는 것이 더 쉬울 것이다. 다음 예제에서 David가 참석한(attendees 팀) 이벤트를 검색하는데, Clint나 Andy 중 하나는 참석해야 하고, June 30, 2013보다 오래되지 않아야 한다.

예제 4.20 bool 쿼리로 쿼리 결합

```
% curl 'localhost:9200/get-together/_search' -d'{
  "query": {
    "bool": {
      "must": [
        {
          "term": {
            "attendees": "david"        │ must로 결과 도큐먼트를
                                         │ 일치하는 쿼리
          }
        }
      ],
      "should": [
        {
          "term": {
            "attendees": "clint"         │ should로 도큐먼트를
                                         │ 일치하는 첫 쿼리
          }
        },
        {
          "term": {
            "attendees": "andy"          │ should로 도큐먼트를
                                         │ 일치하는 두 번째 쿼리
          }
        }
      ],
      "must_not": [
        {
          "range": {
            "date": {                    │ must_not으로 결과
              "lt": "2013-06-30T00:00"   │ 도큐먼트를 일치하는
                                         │ 쿼리
            }
          }
        }
      ],
      "minimum_should_match": 1    ◄──── should 절의 최솟값만큼 결과로 반환
                                        하는 도큐먼트가 일치해야 한다.
```

```
        }
      }
}'


{
  "_shards": {
    "failed": 0,
    "successful": 2,
    "total": 2
  },
  "max_score": 0.56109595,
  "total": 1,
  "hits": {
    "hits": [
        {
          "_id": "110",
          "_index": "get-together",
          "_score": 0.56109595,
          "_type": "event",
          "_source": {
            "attendees": [
              "Andy",
              "Michael",
              "Ben",
              "David"
            ],
            "date": "2013-07-31T18:00",
            "description": "Discussion about the Microsoft Azure cloud and
             HDInsight.",
            "host": "Andy",
            "location": {
              "geolocation": "40.018528,-105.275806",
              "name": "Bing Boulder office"
            },
```

```
        "title": "Big Data and the cloud at Microsoft"
      }
    }
  ]
 },
 "timed_out": false,
 "took": 67
}
```

4.3.2 bool 필터

Bool 쿼리의 필터 버전은 쿼리 버전처럼 거의 동일한 역할을 하지만, 쿼리 대신 필터를 결합한다. 이전 예제의 필터에 해당하는 것을 다음 예제에서 볼 수 있다.

예제 4.21 bool 필터로 필터 결합하기

```
% curl 'localhost:9200/get-together/_search' -d'{
  "query": {
    "filtered": {
      "query": {
        "match_all": {}
      },
      "filter": {
        "bool": {
          "must": [
            {
              "term": {
                "attendees": "david"
              }
            }
          ],
          "should": [
            {
              "term": {
```

```
          "attendees": "clint"
        }
      },
      {
        "term": {
          "attendees": "andy"
        }
      }
    ],
    "must_not": [
      {
        "range": {
          "date": {
            "lt": "2013-06-30T00:00"
          }
        }
      }
    ]
  }
}
}'
```

예제 4.20의 bool 쿼리에서 봤듯이 쿼리 버전의 minimum_should_match 설정은 반환되는 결과로 일치하는 should 절의 최솟값을 지정하게 한다. 예제 4.21에서 기본값인 1이 사용되었다. bool 필터는 이 속성을 제공하지 않는다.

BOOL 쿼리 향상시키기

제공하는 bool 쿼리가 다소 부자연스럽기는 하지만, must, should, must_not 같은 3가지 bool 쿼리 옵션을 포함한다. 이 bool 쿼리를 다음과 같이 더 나은 형태로 다시 쓸 수 있다.

```
% curl 'localhost:9200/get-together/_search' -d'{
  "query": {
    "bool": {
      "must": [
        {
          "term": {
            "attendees": "david"
          }
        },
        {
          "range": {
            "date": {
              "gte": "2013-06-30T00:00"    ◄─── gte는 더 크거나 같음을
            }                                    의미한다.
          }
        },
        {
          "terms": {
            "attendees": [
              "clint",
              "andy"
            ]
          }
        }
      ]
    }
  }
}' ... 이전 쿼리 같은 결과 ...
```

이 쿼리는 이전 쿼리보다 더 작음에 주목하자. 범위 쿼리를 lt(보다 작은)에서 gte(보다 크거나 같은)로 뒤집게 되면 must_not에서 must로 변경해야 한다. 두 개의 분리된 should 쿼리는 두 텀 쿼리 대신 단일 텀 쿼리로 합칠 수 있다. 이제 minimum_should_match 값으로 1을, 그리고 텀 쿼리로 이동해서 should 절을

must 절로 교체할 수 있다. 일래스틱서치는 유연한 쿼리 언어를 가지고 있어서 일래스틱서치로 전송하는 것이 쿼리가 어떤 형태인지 자유롭게 시험해볼 수 있다.

bool 쿼리와 필터를 경험해봤으니 이제 어떤 쿼리나 필터도 결합할 수 있다. 이제 일래스틱서치가 지원하는 다른 쿼리 타입으로도 반환할 수 있다. 텀 쿼리에 관해 이미 알고 있지만, 만약 전송하려는 데이터를 일래스틱서치가 분석하게 하려면? 매치 쿼리는 이러한 요구에 아주 딱 맞는 쿼리다.

> **노트** minimum_should_match 옵션은 숨겨진 기능인데, 기본값을 가지고 있다. must 절을 제공하면 minimum_should_match는 기본값은 0이 되고, must 절이 없다면 기본값은 1이 된다.

4.4 매치와 필터 쿼리를 넘어서서

지금까지 다뤘던 query_string과 매치 쿼리 같은 범용General-purpose 쿼리는 검색창에서 사용자가 입력한 단어로 그런 쿼리를 실행할 수 있어서 특히 유용하다.

검색 범위를 좁히는 목적으로 특정 사용자 인터페이스는 검색 창 옆에 최근 생성된 그룹을 검색하도록 하는 달력 위젯이나 특정 위치에서 발생한 이벤트를 필터링하려는 체크 상자 같은 또 다른 요소를 포함하기도 한다.

4.4.1 범위 쿼리와 필터

범위 쿼리와 필터는 사실 따로 설명할 필요가 없다. 즉, 특정 범위 사이의 숫자, 날짜 및 문자열까지도 사용할 수 있는 값으로 쿼리하는 데 사용한다.

범위 쿼리를 사용해서 필드에 상위 및 하위 값을 지정한다. 예를 들어, 2012년 6월 1일부터 같은 해 8월 1일 이전에 생성된 모든 그룹을 검색하려면 다음의 쿼리를 사용한다.

```
% curl 'localhost:9200/get-together/_search' -d '{
  "query": {
    "range": {
      "created_on": {
```

```
            "gt": "2012-06-01",
            "lt": "2012-09-01"
        }
      }
    }
}
```

gt(보다 많은)과 lt(보다 작은)를
사용하여 날짜 범위를 지정한다.

또는 다음과 같이 필터를 사용할 수도 있다.

```
% curl 'localhost:9200/get-together/_search' -d '{
    "query": {
      "filtered": {
        "query": {
          "match_all": {}
        },
        "filter": {
          "range": {
            "created_on": {
              "gt": "2012-06-01",
              "lt": "2012-09-01"
            }
          }
        }
      }
    }
}'
```

match_all을 사용하여 쿼리
부분을 생략할 수 있다. 이는
기본값이다.

created_on 날짜가 6월 1일
이후부터 검색하고...

... 또한 created_on 날짜가
8월 1일 이전까지 포함한다.

gt, gte, lt, lte 파라미터의 의미를 알고 싶다면 표 4.2를 보자.

▼ **표 4.2** 범위 쿼리 파라미터

파라미터	의미
gt	지정된 값보다 더 크지만 그 값은 포함하지 않는 필드 값을 검색한다.
gte	지정된 값보다 더 크지만 그 값도 포함하는 필드 값을 검색한다.
lt	지정된 값보다 더 작지만 그 값은 포함하지 않는 필드 값을 검색한다.
lte	지정된 값보다 더 작지만 그 값도 포함하는 필드 값을 검색한다.

범위 쿼리는 또한 문자열 범위도 지원하므로 get-togethers의 "c"와 "e" 사이의 이름을 가진 모든 그룹을 검색하려면 다음으로 검색할 수 있다.

```
% curl 'localhost:9200/get-together/_search' -d '{
  "query": {
    "range": {
      "name": {
        "gt": "c",
        "lt": "e"
      }
    }
  }
}'
```

범위 검색을 사용할 때 필터가 더 나은 선택인지 신중하게 생각하자. 바이너리 매치("이 도큐먼트는 범위 내에 있다 또는 이 도큐먼트는 범위 내에 없다.")를 가지는 범위 쿼리로 들어간 도큐먼트는 범위 쿼리가 되는 데 필요하지 않기 때문이다. 쿼리로 만들지 필터로 만들지 확실치 않다면 필터로 만들자. 범위 쿼리를 만드는 데 99%의 경우, 필터가 옳은 선택이다.

4.4.2 프리픽스 쿼리와 필터

텀 쿼리와 유사하게 프리픽스 쿼리와 필터는 검색하기 전에 분석이 안 된 프리픽스를 포함하는 텀을 검색하도록 해준다. 예를 들어, "liber"로 시작하는 모든 이벤트의 색인 검색은 다음 쿼리를 사용한다.

```
% curl 'localhost:9200/get-together/event/_search' -d '{
  "query": {
    "prefix": {
      "title": "liber"
    }
  }
}'
```

그리고 유사하게 일반 쿼리 대신 거의 동일한 문법으로 필터를 사용할 수 있다.

```
% curl 'localhost:9200/get-together/event/_search' -d '{
  "query": {
    "filtered": {
      "query": {
        "match_all": {}
      },
      "filter": {
        "prefix": {
          "title": "liber"
        }
      }
    }
  }
}'
```

잠깐만! "liber" 대신 "Liber"만 다른 같은 요청을 전송하면 무슨 일이 발생할까? 검색 프리픽스는 전송 전에는 분석되지 않으므로, 색인에 소문자로 된 텀을 찾을 수 없기 때문이다. 이는 일래스틱서치가 도큐먼트를 분석하고 쿼리하는 방식 때문인데, 5장에서 좀 더 깊게 살펴본다. 이 기능 때문에 프리픽스 쿼리는 텀이 색인의 일부분일 때 사용자가 입력한 부분 텀의 자동완성에 있어서 좋은 선택이다. 예를 들어, 존재하는 카테고리가 이미 알려져 있을 때 카테고리 입력창을 제공할 수 있다. 사용자가 색인의 일부분인 텀을 입력하고 있다면, 사용자의 검색창에 입력하는 텍스트를 가져와서 소문자로 변경한 다음 결과를 보여주는 어떤 다른 결과를 보여주기 위해 프리픽스 쿼리를 사용할 수 있다. 프리픽스 쿼리로부터 매칭 결과를 가지고 있을 때 사용자가 입력하는 도중에 제안처럼 그들을 제공할 수 있다. 그러나 결과에서 텀을 분석하거나 fuzziness 값을 지정하기를 원한다면, 자동완성 기능을 위해 match_phrase_prefix 쿼리를 사용하는 게 아마 더 나을 것이다. 제안[suggestion]과 제안자[suggester]에 관해서는 부록 F에서 다룰 것이다.

4.4.3 와일드카드 쿼리

정규 표현으로 검색하는 방식처럼 와일드카드 쿼리를 떠올려봤을 수 있는데, 사실 와일드카드 쿼리는 유닉스 셸[Shell]에서 사용하는 globbing 방식[1]에 가깝다. 예를 들어, 다음을 실행한다고 하자.

```
ls *foo?ar
```

"myfoobar", "foocar", "thefoodar" 같은 단어가 일치한다.

문자열을 사용해서 일래스틱서치가 * 와일드카드로 어떤 문자든 또는 ? 와일드카드로 단일 문자든 치환하도록 해줄 수 있다.

예를 들어, "ba*n"의 쿼리는 *가 어떤 문자 나열이 될 수 있으므로 "bacon", "barn", "ban", "baboon"이 일치하고, 반면에 "ba?n" 쿼리는 ?가 언제나 단일 문자만 일치해야 하므로 오직 "barn"만 일치할 것이다. 예제 4.22에 wildcard-test로 불리는 새로운 색인을 사용하는 와일드카드 쿼리의 예를 보여준다. 또한, 더 복잡한 와일드카드 패턴으로 일치하기 위해 다수의 *와 ? 문자를 섞을 수 있는데 주의할 점은 문자열이 분석될 때, 공백은 기본적으로 제거되므로 공백을 색인하지 않았다면 ?가 공백을 일치하지 못할 수 있다는 것이다.

---

1   Globbing 패턴에 대해 살펴보려면 http://www.tldp.org/LDP/abs/html/globbingref.html을 참고한다. – 옮긴이

예제 4.22 와일드카드 쿼리 예제

```
% curl -XPOST 'localhost:9200/wildcard-test/doc/1' -d '
{"title":"The Best Bacon Ever"}'

% curl -XPOST 'localhost:9200/wildcard-test/doc/2' -d '
{"title":"How to raise a barn"}'

% curl 'localhost:9200/wildcard-test/_search' -d'{
  "query": {
    "wildcard": {
      "title": {                        "ba*n"은 bacon과 barn을
        "wildcard": "ba*n"    ◀─────    일치한다.
      }
    }
  }
}'


{
  ...
  "hits": [
    {
      "_index": "wildcard-test",
      "_type": "doc",
      "_id": "1",
      "_score": 1.0,
      "_source": {
        "title": "The Best Bacon Ever"
      }
    },
    {
      "_index": "wildcard-test",
      "_type": "doc",
      "_id": "2",
      "_score": 1.0,
```

182

```
      "_source": {
        "title": "How to raise a barn"
      }
    }
  ]
  ...
}


% curl 'localhost:9200/wildcard-test/_search' -d '{
  "query": {
    "wildcard": {
      "title": {
        "wildcard": "ba?n"
      }
    }
  }
}'
```

"ba?n"은 bacon이 아닌
오직 barn만 일치한다.

```
{
  ...
  "hits": [
    {
      "_index": "wildcard-test",
      "_type": "doc",
      "_id": "2",
      "_score": 1.0,
      "_source": {
        "title": "How to raise a barn"
      }
    }
  ]
  ...
}
```

이 쿼리를 사용할 때 참고할 것은 와일드카드 쿼리는 매치 쿼리 같은 다른 쿼리에 비해 가볍지 않다는 것이다. 와일드카드 문자(*나 ?)가 일찍기 쿼리 텀에 나타나면, 루씬과 일래스틱서치가 일치를 위해 더 많은 작업을 해야 한다. 예를 들어, 검색 텀 "h*"는 일래스틱서치는 "h"로 시작하는 모든 텀이 일치해야 한다. 텀이 "hi*"라고 한다면, 일래스틱서치는 오직 "h"로 시작하는 모든 텀의 더 작은 집합인 hi"로 시작하는 모든 텀을 대상으로 검색하면 된다. 이 오버헤드와 성능 고려 사항 때문에 와일드카드 쿼리는 프로덕션에 이들 쿼리를 넣기 전에 복제된 데이터에서 주의 깊게 테스트하는 게 좋다. 유사^{Similar} 쿼리, regexp 쿼리에 관해서는 검색과 적합성을 다룰 6장에서 이야기할 것이다.

4.5 존재하는 필드에 필터로 쿼리

때때로 일래스틱서치 쿼리할 때, 필드를 가지지 않거나 필드에 값이 없는 모든 도큐먼트를 검색하는 것이 도움될 수 있다. 예를 들어, get-together 색인에서 리뷰가 없는 모든 그룹을 검색하기를 원한다. 반면에, 필드의 어떤 내용인지 관계없이 특정 필드를 가진 모든 도큐먼트를 검색하기를 원할 것이다. 이것은 exists 필터와 missing 필터를 사용하는데, 둘 다 일반 쿼리가 아니라 필터 역할을 한다.

4.5.1 Exists 필터

이름으로 알 수 있는 것처럼, exists 필터는 어떤 값이든 간에 특정 필드에 값을 가지는 도큐먼트를 쿼리하는 필터를 사용한다. 다음 예제에서 exists 필터를 어떻게 사용하는지 보자.

```
% curl 'localhost:9200/get-together/_search' -d '{
  "query": {
    "filtered": {
      "query": {
        "match_all": {}
      },
```

```
      "filter": {
        "exists": {
          "field": "location.geolocation"
        }
      }
    }
  }
}'
```

... 오직 location.geolocation 필드를 가진 도큐먼트만 반환한다 ...

또 다른 방법으로 missing 필터를 사용할 수 있다.

4.5.2 Missing 필터

Missing 필터는 값이 없거나 기본값(null 값으로 부르기도 하는데 매핑에서는 null_value
다)을 가진 도큐먼트를 검색하게 한다. Reviews 필드가 없는 도큐먼트를 검색하려면
다음과 같이 필터를 사용할 수 있다.

```
% curl 'localhost:9200/get-together/_search' -d '{
  "query": {
    "filtered": {
      "query": {
        "match_all": {}
      },
      "filter": {
        "missing": {
          "field": "reviews",          reviews 필드가 없는 모든
          "existence": true,           도큐먼트를 찾는다.
          "null_value": true
        }
      }
    }
  }
}'
```

필드가 없고 `null_value` 필드인 도큐먼트를 일치하는 필터를 확장하려면, existence와 `null_value` 필드를 위해 불린 값을 지정할 수 있다. 다음 예제에서 보여주는 것처럼, 도큐먼트 응답은 `null_value`가 필드에 설정된 도큐먼트를 포함한다.

예제 4.23 불린 값의 existence와 null_value 필드

```
% curl 'localhost:9200/get-together/_search' -d '{
  "query": {
    "filtered": {
      "query": {
        "match_all": {}
      },
      "filter": {
        "missing": {
          "field": "reviews",        ◄── 다시, reviews 필드가 없는
                                          도큐먼트를 찾는다.
          "existence": false,        ◄── reviews 필드가 없는
                                          도큐먼트 일치
          "null_value": true         ◄── 또한 reviews 필드에 null_value를
        }                               가진 도큐먼트 일치
      }
    }
  }
}'
```

missing과 exists 필터 둘 다 캐시는 기본값이다.

4.5.3 쿼리를 필터로 변환

일래스틱서치가 지원하는 서로 다른 쿼리와 필터 타입에 관해 논의해왔는데, 이미 제공하는 필터를 오직 제한적으로만 사용했다. 때때로 query_string처럼 필터가 없는 쿼리를 필터로 전환하기를 원할 수도 있다. 드물게 이러한 것이 필요할 수 있는데, 만약 필터 내용 내에서 전문 검색^{full-text search}이 필요하다면 이렇게 사용할 수 있다. 즉, 일래스틱서치는 어떤 쿼리도 필터로 전환해서 쿼리 필터로 이를 할 수 있게 한다.

Query_string 쿼리를 변환하는 것은 "denver clojure"로 일치하는 name을 검색하는데 다음과 같이 검색을 사용한다.

```
% curl 'localhost:9200/get-together/_search' -d '{
  "query": {
    "filtered": {
      "query": {
        "match_all": {}
      },
      "filter": {
        "query": {
          "query_string": {
            "query": "name:\"denver clojure\""    ◄──   쿼리를 싸는 이 쿼리 필터를 사용하는
          }                                              것은 필터 유형을 갖지는 않는다.
        }
      }
    }
  }
}'
```

이를 사용해서, 부분 쿼리의 점수 계산할 필요가 없는 등 필터의 일부 장점을 가질 수 있다. 또한, 여러 번 사용하게 된다면 필터를 캐시로 선택할 수 있다. 캐시 문법은 다음 예제에 보여주는 것처럼 단순히 _cache 키를 추가하는 것과는 다소 다르다.

예제 4.24 캐시 쿼리 필터

```
% curl 'localhost:9200/get-together/_search' -d '{
  "query": {
    "filtered": {
      "query": {
        "match_all": {}
      },
      "filter": {
```

```
        "fquery": {
          "query": {
            "query_string": {
              "query": "name:\"denver clojure\""
            }
          },
          "_cache": true
        }
      }
    }
  }
}'
```

query 부분은 fquery
맵 내부에 있다.

이 필터는 일래스틱서치에게
캐시하도록 한다.

쿼리의 `query` 부분은 `fquery`로 불리는 새로운 키 내부로 이동하고 이제 그 옆에 `_cache` 키가 있다. 필터(`match` 쿼리나 `query_string` 쿼리 같은 것)가 없는 특정 쿼리를 종종 사용한다면, 그리고 쿼리의 특정 부분을 위해 점수 매기는 것이 중요하지 않다고 가정한다면, 아마도 캐시하기를 바랄 것이다.

4.6 실무를 위한 최선의 쿼리 선택

지금까지 가장 잘 알려진 일래스틱서치 쿼리의 일부를 살펴보았다. 자, 이제 어느 쿼리를 어떻게 사용하고 언제 사용하는지 알아보자. 비록 어떤 쿼리가 어디에 사용하는지에 대해 명확한 규칙은 없지만, 표 4.3은 일반적인 경우 어디에 어떤 쿼리를 사용할 수 있는지 결정하도록 도울 것이다.

▼ 표 4.3 일반 사용 사례에서 어느 쿼리 타입을 사용해야 하는가

사용 사례	사용할 쿼리 타입
구글 스타일 인터페이스와 유사하게 사용자로부터 입력받고 그 입력으로 도큐먼트 검색을 원한다.	+/−를 지원하고 특정 필드에서 검색을 원한다면 match 쿼리나 simple_query_string 쿼리를 사용하자.
문구를 입력을 받고 leniency(slop) 값으로 문구가 포함된 도큐먼트를 검색하려 한다.	사용자가 검색한 유사 구문을 찾기 위해 slop의 값을 가진 match_phrase 쿼리를 사용하자.
어떤 단어가 나타나야 하는지 정확하게 알고 not_analyzed 필드에 단일 단어로 검색하기를 원한다.	쿼리 텀이 분석되지 않았으므로 term 쿼리를 사용한다.
그들 중에서 단일 검색을 만들기 위해 여러 다른 검색이나 검색 타입을 결합하기를 원한다.	몇 개의 서브 쿼리를 단일 쿼리로 결합하는 bool 쿼리를 사용한다.
도큐먼트의 여러 필드에 걸쳐 특정 단어를 검색하기를 원한다.	match 쿼리와 유사한 기능을 하지만 다중 필드에서 동작하는 multi_match 쿼리를 사용하자.
검색으로 하여금 모든 도큐먼트를 반환하기를 원한다.	검색으로 하여금 모든 도큐먼트를 반환하는 match_all 쿼리를 사용하자.
두 개의 특정 값 사이의 값들에서 필드를 검색하기를 원한다.	특정 범위 값으로 도큐먼트 내에서 검색하는 range 쿼리를 사용하자.
특정 문자열로 시작하는 값들에서 필드를 검색하기를 원한다.	주어진 문자열로 시작하는 텀을 검색하는 프리픽스 쿼리를 사용하자.
사용자가 이미 입력한 단일 단어를 기반으로 하는 값을 자동완성하기를 원한다.	텍스트로 시작하는 완전히 일치하는 값에서 사용자가 입력한 값을 전송하는 프리픽스 쿼리를 사용하자.
특정 필드에 값이 없는 모든 도큐먼트를 검색하기를 원한다.	특정 필드가 없는 도큐먼트를 걸러내는 missing 필터를 사용하자.

4.7 요약

필터는 점수 계산을 하지 않고 캐시로 쿼리 성능을 올릴 수 있다. 4장에서 다음의 내용을 배웠다.

- `match`나 `query_string` 쿼리 같은 인간 언어[Human-language] 타입 쿼리는 검색창에 적합하다.

- 매치 쿼리는 전문 검색^{full-text search}을 위한 쿼리이지만, `query_string` 쿼리는 루씬 쿼리 문법을 모두 노출하므로 더 유연하지만 더 복잡하다.

- `match` 쿼리는 `boolean`, `phrase`, `phrase_prefix`의 여러 서브 타입을 가진다. 주요 차이점은 `boolean`은 개별 단어 일치를 `phrase` 타입은 `phrase`에서 그들이 있던 단어의 순서를 고려한다.

- 프리픽스와 와일드카드 쿼리 같이 특화된 쿼리 또한 지원한다.

- 존재하지 않는 필드가 있는 도큐먼트를 필터링하려면, `missing` 필터를 사용한다.

- `exists` 필터는 정반대로 동작하는데, 오직 지정된 필드 값을 가진 도큐먼트만 반환한다.

쿼리의 또 다른 타입은 적합성을 조정하는 것도 가능한데 6장에서 다룰 것이다. 일치 결과와 그들의 적합성은 어떻게 텍스트가 분석되었는지에 의해 큰 영향을 받는다. 5장에서 분석에 대해 상세히 알아본다.

5

데이터 분석

이미 데이터 색인과 검색에 대해 알아보았지만, 일래스틱서치에 데이터를 전송할 때 실제 무슨 일이 일어나는가? 도큐먼트에서 텍스트를 일래스틱서치로 전송하면 어떤 일이 발생할까? 일래스틱서치는 대소 문자가 변경될 때조차 문장 내에서 어떻게 특정 단어를 찾을 수 있을까? 예를 들어, "nosql"로 검색할 때, 보통 "share your experience with NoSql & big data technologies" 구문을 포함하는 도큐먼트가 일치하기를 원할 텐데, 바로 NoSql 단어를 포함하고 있기 때문이다. "nosql"로 `query_string` 검색을 하고 도큐먼트를 찾는 것은 앞 장에서 배웠던 것을 사용할 수

있다. 이 장에서는 도큐먼트를 반환하는 query_string 쿼리를 왜 사용하는지 배울
것이다. 이 장을 끝내면, 일래스틱서치의 분석이 더 유연한 방식으로 도큐먼트 집합
을 검색하도록 하는지에 관한 더 나은 아이디어를 갖게 될 것이다.

5.1 무엇을 분석할 것인가?

분석은 일래스틱서치가 도큐먼트를 역색인에 추가되도록 전송하기 전에 도큐먼트
본문에서 수행하는 과정이다. 일래스틱서치는 도큐먼트가 색인에 추가되기 전에 모
든 분석된 필드를 위해 수많은 단계를 거친다.

- 문자 필터링 – 문자 필터를 이용해서 문자들을 변환한다.
- 텍스트를 토큰으로 분해 – 텍스트를 한 개 이상의 토큰의 집합으로 분해한다.
- 토큰 필터링 – 토큰 필터를 사용해서 개별 토큰을 변환한다.
- 토큰 색인 – 토큰을 색인에 저장한다.

다음에 각 단계에 대해 더 자세하게 설명하겠지만, 우선 다음 도표에 요약한 전
반적인 절차를 보자. 그림 5.1은 "share your experience with NoSql & big data
technologies" 텍스트가 분석된 토큰(share, your, experience, with, nosql, big, data,
tools, and technologies)으로 변경되는 것을 보여준다. 사용한 분석기는 문자 필터,
토크나이저, 토큰 필터를 사용해서 만든 사용자 지정 분석기다. 5장에서 이후에 사용
자 지정 분석기에 대해 더 깊이 알아볼 것이다.

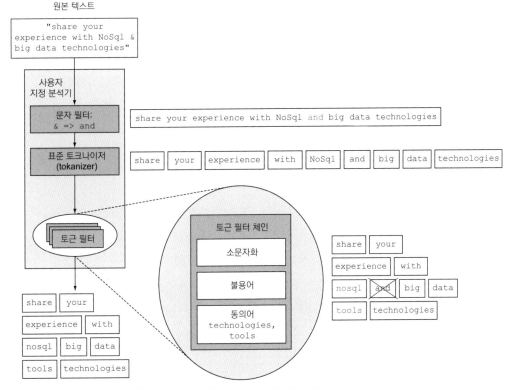

▲ **그림 5.1** 표준 구성 요소를 사용하는 사용자 지정 분석기의 분석 절차 개요

5.1.1 문자 필터링

그림 왼쪽 위에서 볼 수 있는 것처럼, 일래스틱서치는 먼저 문자 필터를 실행하는데, 이들 필터는 연속된 특정 문자를 다른 문자로 변환하는 데 사용된다. 이는 HTML에서 텍스트를 추출하거나 임의의 개수의 문자들을 다른 문자들로 변환(예를 들어, "I love u 2"를 "I love you too"로 단축 메시지를 바로잡는)하는 데 사용할 수 있다. 그림 5.1에서 "&" 대신 "and"로 교체하는 문자 필터를 사용한다.

5.1.2 토큰으로 분해하기

텍스트에 문자 필터가 적용된 후 조각으로 분해할 필요가 있다. 루씬 자체는 데이터의 큰 문자열에 작용하지 않는 대신 토큰으로 알려져 있는 것에 작동한다. 토큰은 몇 개가 되든(0개조차) 텍스트 조각으로부터 생성한다. 예를 들어, 영문에서 사용 가능한 일반적인 토크나이저는 표준 토크나이저인데, 공백과 개행 같은 화이트스페이스뿐만 아니라 대시(dash) 같은 문자를 기반으로 텍스트를 토큰으로 분해한다. 그림 5.1에서 "share your experience with NoSql and big data technologies" 문자열을 share, your, experience, with, NoSql, and, big, data, technologies 토큰으로 분해하는 것을 보여주고 있다.

5.1.3 토큰 필터링

텍스트 블록이 토큰으로 변환된 이후로, 일래스틱서치는 토큰 필터로 불리는 것을 개별 토큰에 적용한다. 이들 토큰 필터는 입력으로 토큰을 가져와서 변경하거나 필요 시에 더 많은 토큰을 추가하고 삭제한다. 가장 유용한 것 중 하나이면서 토큰 필터의 일반적인 예는 바로 소문자 토큰 필터인데, 이 필터는 토큰을 가져와서 소문자로 만든다. 이는 "nosql" 텀으로 검색할 때 "NoSQL"을 가진 get-together를 찾을 수 있게 한다. 토큰은 각각 서로 다른 역할을 수행하는 하나 이상의 토큰 필터를 통과한 토큰으로 색인에 가장 적합한 형식의 데이터를 만든다.

그림 5.1의 예제에서 세 개의 토큰 필터가 있는데, 첫 번째는 토큰을 소문자로 만드는 것이고, 두 번째는 불용어 "and"를 제거하는 것(불용어에 대해서는 나중에 5장에서 알아본다), 그리고 세 번째는 동의어를 사용해서 "tools"를 "technologies"에 추가하는 것이다.

5.1.4 토큰 색인

0개 또는 그 이상의 토큰 필터를 거친 토큰은 도큐먼트 색인을 위해 루씬으로 전송된다. 이들 토큰은 1장에서 논의했던 역색인으로 만든다.

서로 다른 부분으로 구성한 모든 분석기는 0개 또는 그 이상의 문자 필터, 토크나이저, 0개 또는 그 이상의 토큰 필터처럼 정의할 수 있다. 직접 구성하지 않아도 바로 사용할 수 있는 사전구성된 분석기에 대해서 5장에서 다시 살펴보겠지만, 분석기의 개별 구성 요소에 관해서 먼저 이야기하겠다.

검색을 실행하는 동안 분석

어떤 종류의 쿼리를 사용하는가에 따라, 색인에 대해 검색을 수행하기 전에 분석은 검색 텍스트에 적용할 수도 있다. 특히, match와 match_phrase 쿼리는 검색하기 전에 분석을 수행하는 데 반해, term과 terms 쿼리는 그렇지 않다. 이는 왜 특정 검색만 도큐먼트가 일치하거나 그렇지 않은지를 디버깅할 때 명심해야 할 중요한 사실인데, 이는 기대하는 바와 다르게 분석되었을 수도 있기 때문이다. 검색된 텍스트와 색인된 텍스트에 서로 다른 분석기를 설정하는 옵션조차 있다. Ngram 분석기를 논의할 때 더 알아본다. 더 자세한 것은 4.2.1절의 match와 term 쿼리를 살펴보자.

이제 일래스틱서치가 분석 단계 동안 무엇을 하는지 이해했으니, 매핑에서 어떻게 분석기를 필드에 지정하는지, 그리고 사용자 지정 분석기는 어떻지 지정하는지 알아보자.

5.2 도큐먼트에 분석기 사용하기

서로 다른 유형의 분석기와 토큰 필터에 대해 아는 것이 좋긴 하지만, 실제 사용하기 전에 여러분이 그들을 어떻게 사용하려는지 일래스틱서치가 알아야 한다. 예를 들어, 매핑에서 분석기를 위해 사용할 개별 토크나이저와 토큰 필터를 지정할 수 있고, 어떤 분석기가 어떤 필드를 사용할지 지정할 수 있다.

여기에 필드에 사용 가능한 분석기를 지정하는 두 가지 방법이 있다.

- 색인이 생성될 때, 특정 색인을 위해 `settings`로
- 일래스틱서치의 설정 파일에서 전역 분석기로

일반적으로, 좀 더 유연성이 있으려면, 매핑을 지정하기를 원하는 색인 생성 시점에 분석기를 지정하기가 더 쉽다. 이는 변경되거나 완전히 다른 분석기로 새로운 색인을 만들 수 있다. 반면에, 자주 변경하지 않는 색인에서 같은 분석기 집합을 사용하고 있음을 알았다면, 설정 파일에 분석기를 넣어서 대역폭을 절약할 수 있다. 일래스틱서치를 어떻게 사용하는지 시험해보고 가장 잘 동작하는 옵션을 고르자. 그 둘을 결합하는 것이 가능하고, 모든 색인에서 사용되는 분석기를 설정 파일에 입력할 수 있으며, 색인을 생성할 때 안정성을 더하기 위해 추가적인 분석기를 지정할 수도 있다.

사용자 지정 분석기를 지정한 방식에 상관없이, 색인을 생성할 때 매핑을 지정하거나 나중에 이를 지정하는 "put mapping API"를 사용해서 색인의 매핑에서 어떤 필드가 어떤 분석기를 사용할지 지정할 필요가 있을 것이다.

5.2.1 색인 생성 시 분석기 추가하기

3장에서 색인을 생성할 때 몇몇 settings를 봤다. 특히 색인을 위한 주와 레플리카 샤드 개수를 위한 settings는 다음 예제처럼 볼 수 있다.

예제 5.1 주와 레플리카 샤드 개수 설정

```
% curl -XPOST 'localhost:9200/myindex' -d '{
  "settings": {                         색인을 위한 사용자 지정 settings 설정하기, 여기에는
    "number_of_shards": 2,  ◀━━         두 개의 주 샤드를 지정한다.

    "number_of_replicas": 1  ◀━━
  },                                     한 개의 레플리카
                                         지정
  "mappings": {
  ...
  }                         ◀━━         색인을 위한 매핑
}'
```

사용자 지정 분석기를 추가하는 것은 index 키 아래에 있는 settings 설정에 별도의 맵으로 지정한다. 이 키에 사용하려는 사용자 지정 분석기를 지정하고, 여기에 색인이 사용하는 사용자 지정 토크나이저, 토큰 필터, 문자 필터를 포함할 수 있다. 다음 예제는 전체 분석 단계를 위해 사용자 부품custom parts을 지정하는 사용자 지정 분석기를 보여준다. 복잡한 예제이므로, 서로 다른 부품을 보여주는 제목을 추가했다. 5장에 다시 살펴볼 것이므로 지금은 상세한 모든 코드에 대해서는 걱정하지 말자.

예제 5.2 색인 생성 동안 사용자 지정 분석기 추가

```
% curl -XPOST 'localhost:9200/myindex' -d '{
  "settings": {
    "number_of_shards": 2,          이전에 설명했던
    "number_of_replicas": 1,        색인에 관한 설정
```

```
        "index": {
            "analysis": {
```

색인 레벨 설정

이 색인을 위한 분석 설정

사용자 지정 분석기

```
            "analyzer": {
                "myCustomAnalyzer": {
                    "type": "custom",
                    "tokenizer": "myCustomTokenizer",
                    "filter": ["myCustomFilter1", "myCustomFilter2"],
                    "char_filter": ["myCustomCharFilter"]
                }
            },
```

분석기 개체에서 사용자 지정 분석기 지정

myCustomAnalyzer 사용자 지정 분석기

이것은 사용자 지정 유형이다.

텍스트를 토큰화하는 myCustom 토크나이 저 사용

다른 분석 전에 실행될 사용자 지정 문자 필터로 myCustomCharFilter를 지정

텍스트에 실행되는 myCustomFilter1와 myCustomFilter2 두 필터를 지정

토크나이저

```
        "tokenizer": {
            "myCustomTokenizer": {
                "type": "letter"
            }
        },
```

letter 타입의 사용자 지정 토크나이저 지정

사용자 지정 필터

```
        "filter": {
            "myCustomFilter1": {
                "type": "lowercase"
            },
            "myCustomFilter2": {
                "type": "kstem"
            }
        },
```

두 사용자 지정 토큰 필터, 하나는 lowercasing, 다른 하나는 kstem

문자 필터

```
    "char_filter": {

      "myCustomCharFilter": {

        "type": "mapping",

        "mappings": ["ph=>f", "u=>you"]

      }

    }

  },
```

문자를 다른 것으로 매핑하는
사용자 문자 필터

매핑

```
  "mappings": {

    ...

  }

}'
```

색인을 생성하기
위한 매핑

여기 예제 코드에 5.2.3절에 필드의 분석기를 어떻게 지정하는지 알아보기 위한 매핑이 있다. 이 예제에서는 myCustomAnalyzer로 부르는 사용자 지정 분석기를 만드는데, 이 분석기는 myCustomTokenizer 사용자 지정 토크나이저와 myCustomFilter1, myCustomFilter2 두 개의 사용자 지정 필터를, 그리고 myCustomCharFilter 사용자 지정 문자 필터를 지정한다. 이들 개별 분석기 부품은 각각 JSON 서브 맵에 주어진다. 색인과 검색 시 유연한 분석 옵션을 주기 위해 서로 다른 이름을 가진 다중 분석기를 지정하고 사용자 지정 분석기로 그들을 결합할 수 있다.

어떤 사용자 지정 분석기가 언제 색인이 생성하는지 알아봤으니, 일래스틱서치 설정 자체에 추가된 동일한 분석기를 살펴보자.

5.2.2 일래스틱서치 설정으로 분석기 추가하기

색인을 생성하는 동안 settings로 분석기를 지정하는 것외에도 일래스틱서치 설정 파일에 분석기를 추가하는 것은 사용자 지정 분석기를 지정하는 또 다른 방식이다.

그러나 이 방법에는 트레이드오프가 있다. 색인을 생성하는 도중에는 언제든 일래스틱서치를 재시작하지 않아도 분석기를 변경할 수 있다. 그러나 일래스틱서치 설정에 분석기를 지정하면 분석기의 어떠한 변경 사항이라도 일래스틱서치를 재시작할 필요가 생긴다. 반면에 색인을 생성할 때 전송하는 데이터는 적을 것이다. 이 사실이 비록 일반적으로 유연성 측면에서 색인 생성할 때 지정하는 것이 더 편리해도, 결코 분석기를 변경하지 않을 계획이라면 설정 파일에 넣는 것이 더 나을 것이다.

JSON에 이를 지정하는 것과 elasticsearch.yml 설정 파일에 분석기를 지정하는 것은 유사하다. 다음에 이전 절과 같은 사용자 지정 분석기를 YAML 설정 파일에 기재한 것을 참고한다.

```yaml
index:
  analysis:
    analyzer:
      myCustomAnalyzer:
        type: custom
        tokenizer: myCustomTokenizer
        filter: [myCustomFilter1, myCustomFilter2]
        char_filter: myCustomCharFilter
    tokenizer:
      myCustomTokenizer:
        type: letter
    filter:
      myCustomFilter1:
        type: lowercase
      myCustomFilter2:
        type: kstem
    char_filter:
      myCustomCharFilter:
        type: mapping
        mappings: ["ph=>f", "u =>you"]
```

5.2.3 매핑에서 필드를 위한 분석기 지정하기

사용자 지정 분석기를 가진 필드를 분석하기 전에 남아 있는 풀어야 할 퍼즐 조각이 아직 하나가 더 있다. 바로 사용자 지정 분석기 중 하나를 사용해서 분석하는 매핑을 가진 특정 필드를 어떻게 지정하는가인데, 이는 단순히 매핑에서 분석 필드를 설정해서 필드에 대한 분석기를 지정하면 된다. 예를 들어, `description`으로 불리는 필드 매핑이 있다면, 다음과 같이 분석기를 설정한다.

```
{
  "mappings": {
    "document": {
      "properties": {
        "description": {
          "type": "string",
          "analyzer": "myCustomAnalyzer"   ◄─── description 필드에 myCustomAnalyzer
        }                                        분석기를 지정
      }
    }
  }
}
```

특정 필드가 모두 분석되는 것을 원치 않는다면, `index` 필드에 `not_analyzed` 설정을 지정할 필요가 있다. 이는 텍스트를 어떠한 종류의 변경(소문자화나 그밖의 어떠한 것도)도 없이 단일 토큰처럼 유지한다. 이는 다음과 같다.

```
{
  "mappings": {
    "document": {
      "properties": {
        "name": {
          "type": "string",
          "index": "not_analyzed"   ◄─── name 필드는 분석하지
        }                                않도록 지정
      }
```

```
      }
    }
}
```

  만약, 분석되거나 원본 텍스트 필드 둘 다에서 검색하려면 그 둘을 다음 절에서 소개하는 다중 필드에 지정하면 된다.

분석된 텍스트를 다르게 저장하는 다중 필드 유형 사용하기

가끔 분석된 버전 필드와 더불어 분석되지 않은 원본 텍스트 검색이 필요할 때가 있다. 특히 문자열 필드에서 집계나 정렬 같은 작업을 할 경우에 그렇다. 일래스틱서치는 3장에서 먼저 살펴봤던 다중 필드를 사용해서 간단하게 해결한다. Get-together 색인에 있는 group의 name 필드를 가져오자. 여러분은 아마 name 필드로 정렬하고 싶을 텐데, 분석을 사용해서 이를 검색하면 된다. 다음 예제처럼 두 가지 역할을 다 할 수 있도록 필드를 지정할 수 있다.

```
% curl -XPOST 'localhost:9200/get-together' -d '{
  "mappings": {
    "group": {
      "properties": {
        "name": {
          "type": "string",
          "analyzer": "standard",      ◄── 표준 분석기는 기본 값이며
                                            생략이 가능하다.
          "fields": {
            "raw": {
              "index": "not_analyzed",  ◄── 필드의 raw 버전이며 분석되
              "type": "string"              지 않는다.
            }
          }
        }
      }
    }
  }
}'
```

여기서 분석기를 어떻게 지정하는지 배웠으니, 이제 임의의 텍스트를 어떻게 분석할 수 있는지 확인하는 분석 API에 대해 알아본다.

5.3 분석 API로 텍스트 분석하기

분석 절차를 테스트하는 분석 API를 사용은 일래스틱서치 색인에 어떤 정보가 저장돼 있는지 추적하는 데 상당한 도움이 될 수 있다. 이 API는 여러분들로 하여금 분석기, 토크나이저 또는 토큰 필터를 지정해서 일래스틱서치에 어떠한 텍스트라도 보내면 분석된 토큰을 돌려받게 한다. 다음 예제는 어떤 분석 API가 표준 분석기를 사용해서 "share your experience with NoSql & big data technologies" 텍스트를 분석하는 것을 보여준다.

예제 5.3 분석 API를 사용한 예제

```
% curl -XPOST 'localhost:9200/_analyze?analyzer=standard' -d 'share your
experience with NoSql & big data technologies'

{
  "tokens" : [ {
  "token" : "share",
    "start_offset" : 0,
    "end_offset" : 5,
    "type" : "<ALPHANUM>",
    "position" : 1
  }, {
    "token" : "your",
    "start_offset" : 6,
    "end_offset" : 10,
    "type" : "<ALPHANUM>",
    "position" : 2
  }, {
    "token" : "experience",
    "start_offset" : 11,
    "end_offset" : 21,
```

분석된 토큰: share, your, experience, with, nosql, big, data, technologies

```
      "type" : "<ALPHANUM>",
      "position" : 3
    }, {
      "token" : "with",
      "start_offset" : 22,
      "end_offset" : 26,
      "type" : "<ALPHANUM>",
      "position" : 4
    }, {
      "token" : "nosql",
      "start_offset" : 27,
      "end_offset" : 32,
      "type" : "<ALPHANUM>",
      "position" : 5
    }, {
      "token" : "big",
      "start_offset" : 35,
      "end_offset" : 38,
      "type" : "<ALPHANUM>",
      "position" : 6
    }, {
      "token" : "data",
      "start_offset" : 39,
      "end_offset" : 43,
      "type" : "<ALPHANUM>",
      "position" : 7
    }, {
      "token" : "technologies",
      "start_offset" : 44,
      "end_offset" : 56,
      "type" : "<ALPHANUM>",
      "position" : 8
    }]
}
```

분석 API로부터 가장 중요한 출력은 토큰 키다. 출력은 보는 것처럼 처리된 토큰 (실제 이들은 색인에 기록될 것이다)이 있는지 나타내는 이들 맵의 목록이다. 예를 들어, "share your experience with NoSql & big data technologies" 텍스트에 대해 여덟 개의 토큰인 share, your, experience, with, nosql, big, data, technologies 를 반환받을 것이다. 이 경우 표준 분석기로 각 토큰은 소문자로 되고 문장 끝의 구두점은 제거된다는 것에 주목하자. 이는 일래스틱서치가 어떻게 분석하는지 도큐먼트를 테스트하면서 볼 수 있어서 좋은데, 텍스트에서 수행되는 분석을 사용자 지정하는 몇 가지 방법을 갖고 있다.

5.3.1 분석기 선택하기

생각해둔 분석기가 있어서 어떻게 텍스트를 다루는지 확인하고 싶다면, 분석기의 이름을 analyzer 파라미터로 설정하면 된다. 다음 절에서 서로 다른 내장 분석기에 대해 알아보겠지만, 만약 어떤 것이라도 시도하려 한다면 이를 잊지 말자. elasticsearch.yml 파일에 분석기를 설정한다면, analyzer 파라미터에 있는 name 으로 이를 지정할 수 있다. 추가적으로 예제 5.2의 예제처럼 사용자 지정 분석기로 색인을 만들었다면, 이 또한 name으로 분석기를 지정할 수 있다. 그러나, /_search HTTP 종단점 앞에 색인을 우선 명시해야할 것이다. get-together 색인 이름을 사용하고 myCustomAnalyzer로 불리는 분석기를 사용한다면 다음과 같이 한다.

```
% curl -XPOST 'localhost:9200/get-together/_analyze?analyzer=myCustomAnalyz
er' -d 'share your experience with NoSql & big data technologies'
```

5.3.2 즉흥적 분석기를 생성하는 부품 조합하기

가끔은 내장 분석기만 사용하고 싶지 않을 때도 있다. 그 대신 토크나이저와 토큰 필터의 조합으로 시도를 해보고 싶을 것이다. 예를 들어, 다른 분석기 없이 특정 토크나이저가 어떻게 문장을 분해하는지 보고 싶을 경우가 그렇다. 분석 API로 텍스트를 분석하기 위해 사용하는 토크나이저와 토큰 필터 목록을 지정할 수 있다. 예를 들어, 공백으로 텍스트를 분해하기 위해 화이트스페이스 토크나이저와 그 후에 소문자화 및 역토큰 필터reverse token filter를 사용하고 싶다면 다음과 같이 하면 된다.

```
% curl -XPOST 'localhost:9200/
_analyze?tokenizer=whitespace&filters=lowercase,reverse' -d 'share your
experience with NoSql & big data technologies'
```

그러면 다음 토큰을 받을 것이다.

erahs, ruoy, ecneirepxe, htiw, lqson, &, gib, atad, seigolonhcet

이 토크나이저는 "share your experience with NoSql & big data technologies" 문장을 share, your, experience, with, NoSql, &, big, data, technologies 토큰으로 토큰화한다. 그 다음, 소문자 토큰으로 만들고 마지막으로 제공하는 텀을 가져와서 각 토큰을 반대로 뒤집는다.

5.3.3 필드 매핑에 기반한 분석

분석 API에 있어서 또 하나의 유용한 점은 색인을 위한 매핑 생성을 시작하면, 일래스틱서치는 이미 생성된 매핑이 있는 필드를 기반으로 분석하게 한다. Description 필드로 매핑한다면 다음과 같이 보일 것이다.

```
... 다른 매핑 ...
"description": {
    "type": "string",
    "analyzer": "myCustomAnalyzer"
}
```

Field 파라미터를 명시해서 다음과 같은 요청으로 그 field와 연관된 분석기를 사용할 수 있다.

```
% curl -XPOST 'localhost:9200/get-together/_analyze?field=description' -d '
share your experience with NoSql & big data technologies'
```

Description 필드와 연관된 분석기이므로 그 사용자 지정 분석기가 자동으로
사용될 것이다. 이를 사용하려면 우선 색인을 명시해야 한다는 것을 잊지 말자. 일래
스틱서치가 색인으로부터 특정 필드의 매핑을 가져올 수 있어야 하기 때문이다.

어떻게 서로 다른 분석기를 cURL로 테스트하는지 이미 다뤄봤으므로 일래스틱
서치가 바로 사용할 수 있도록 제공하는 모든 서로 다른 분석기를 알아보자. 그러나
언제든 서로 다른 부품(토크나이저와 토큰 필터)과 결합하는 자기만의 분석기를 만들 수
있다는 것을 잊지 말자.

5.3.4 텀 백터 API를 사용하여 색인된 텀에 관해 배워보기

적절한 분석기에 대해 생각해본다면, 이전 절의 _analyze 종단점 꽤 쓸만한 방법
이었다. 그러나 특정 도큐먼트에 있는 텀에 관해 더 알아보려 한다면, 모든 구분 필
드를 확인하는 것보다 더 효과적인 방법이 있다. 모든 텀에서 더 많은 정보를 얻
기 위해 _termvector 종단점을 사용하면 된다. 이 종단점을 사용하면, 텀이 도큐
먼트와 색인에 얼마나 있는지, 그리고 도큐먼트 내 어디에 있는지도 알 수 있다.
_termvector 종단점의 기본적인 사용법은 다음과 같다.

```
% curl 'localhost:9200/get-together/group/1/_termvector?pretty=true'
```

```
{
  "_index": "get-together",
  "_type": "group",
  "_id": "1",
  "_version": 1,
  "found": true,
  "term_vectors": {
    "description": {            ← 반환된 텀 정보에 해당하는 필드
      "field_statistics": {     ← 이 필드에서 텀에 해당하는 통계
        "sum_doc_freq": 197,
        "doc_count": 12,
        "sum_ttf": 209          ← 이 필드에서 모든 텀의 빈도수의
      },                           합, 단일 도큐먼트에서 텀이 다수
                                   존재하면 이 값은 0보다 많다.
```

이 필드에서 개별 텀이 도큐먼트에 존재하는 수의 합

이 필드를 포함하는 도큐먼트 개수

```
"terms": {
  "about": {
    "term_freq": 1,
    "tokens": [
      {
        "position": 16,
        "start_offset": 90,
        "end_offset": 95
      }
    ]
  },
  "and": {
    "term_freq": 1,
    "tokens": [
      {
        "position": 13,
        "start_offset": 75,
        "end_offset": 78
      }
    ]
  },
  "clojure": {
    "term_freq": 2,
    "tokens": [
      {
        "position": 2,
        "start_offset": 9,
        "end_offset": 16
      },
      {
        "position": 17,
        "start_offset": 96,
```

이 필드에서 찾을 수 있는 텀에 대한 위치를 포함하는 배열

description 필드에 있는 모든 텀을 포함하는 개체

제공된 데이터에 속하는 텀

이 필드에서 텀이 존재하는 빈도수

```
                "end_offset": 103
            }
          ]
        }
      }
... 이후 텀은 생략되었음
      }
    }
}
```

설정 가능한 것 중 하나는 텀 통계인데 그냥 사용하기에는 무거운 기능이라는 것을 알아야 한다. 다음 명령은 요청을 어떻게 변경하는지 보여준다. 즉, 텀 통계를 요청하고 여기에 추가로 통계를 원하는 필드를 언급한다.

```
% curl 'localhost:9200/get-together/group/1/_termvector?pretty=true' -d '{
    "fields" : ["description","tags"],
    "term_statistics" : true
}'
```

여기에 응답의 일부분을 보여준다. 하나의 텀만 보여졌는데 그 구조는 이전 코드 샘플과 동일하다.

```
"about": {
  "doc_freq": 2,          ◄──── 정보가 표시되는 텀
  "ttf": 2,               ◄───
  "term_freq": 1,                이 텀이 존재하는
  "tokens": [                    도큐먼트의 개수
    {
      "position": 16,            색인에 이 텀이
      "start_offset": 90,        존재하는 개수
      "end_offset": 95
    }
  ]
}
```

이제 분석기가 무엇을 하는지 분석기 결과를 어떻게 탐색할 수 있는지 배웠다. 다음 절의 내장 분석기를 탐색할 때 _analyze와 _termvector API를 계속 사용할 것이다.

5.4 분석기, 토크나이저, 토큰 필터

이 절에서는 일래스틱서치가 제공하는 내장 분석기, 토크나이저, 토큰 필터에 대해서 논의할 것이다. 일래스틱서치는 소문자화, 스태밍stemming, 언어 특화language-specific, 동의어 등 상당히 많은 것을 제공하므로 필요한 토큰을 얻기 위해 서로 다른 방식을 결합할 수 있어 상당한 유연성을 제공한다.

5.4.1 내장 분석기

이 절에서는 바로 사용할 수 있는 일래스틱서치 분석기에 대해 알아본다. 분석기는 단일 토크나이저, 0 또는 그 이상의 토큰 필터와 함께 선택적인 문자 필터로 구성된다고 기억해두자. 그림 5.2에 분석기 구조를 시각화했다. 토크나이저와 토큰 필터를 언급할 텐데, 이후 절에서 더 자세히 알아볼 것이다. 개별 분석기와 함께 분석기 같은 것을 사용한 분석을 보여주는 약간의 텍스트 예제를 포함할 것이다.

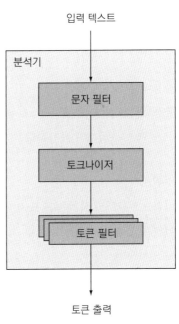

▲ **그림 5.2** 분석기 개요

표준 분석기

표준standard 분석기는 분석기를 명시하지 않을 때, 텍스트를 위한 기본 분석기다. 표준 토크나이저, 표준 토큰 필터, 소문자화 토큰 필터, 불용어 필터를 조합함으로써, 대부분 유럽권 언어에 적합한 기본적인 것을 갖추고 있다. 표준 분석기에 관해 할 말이 많지는 않다. 5.4.2와 5.4.3절에서 표준 토크나이저와 표준 토큰 필터가 어떤 일을 하는가에 대해 이야기할 텐데, 필터를 위한 분석기를 명시하지 않으면 표준 분석기가 사용된다는 것만 명심하자.

단순 분석기

단순^{simple} 분석기는 말 그대로 단순하다! 소문자 토크나이저를 사용하는데, 즉 토큰은 비-문자^{nonletter}로 분해되고 자동으로 소문자로 변형된 것이다. 이 분석기는 화이트스페이스로 분해하지 않는 아시아권 언어에는 잘 동작하지 않으므로 유럽권 언어에서만 사용하자.

화이트스페이스

화이트스페이스^{whitespace} 분석기 역시 아주 단순하게도 텍스트를 화이트스페이스로 분해해서 토큰으로 만드는 것 외에는 하는 일이 없다.

불용어

불용어^{stop} 분석기는 토큰 스트림으로부터 불용어를 거르는 추가적인 기능을 제외하고는 단순 분석기와 유사하다.

키워드

키워드^{keyword} 분석기는 필드 전체를 단일 토큰으로 만든다. 매핑에서 키워드 토크나이저를 사용하는 것보다 색인 설정에 not_analyzed로 설정하는 것이 더 낫다는 것도 알아두자.

패턴

패턴^{pattern} 분석기는 분해된 부분이 될 토큰의 패턴을 명시하도록 한다. 그러나 패턴을 지정해야하므로, 사용자 지정 분석기를 이용해서 필요한 토큰 필터와 기존 패턴 토크나이저를 결합하는 것이 보통 더 낫다.

언어 및 다국어

일래스틱서치는 광범위하게 다양하고 쓸 만한 특정 언어에 특화된 분석기를 지원한다. 즉, arabic, armenian, basque, brazilian, bulgarian, catalan, chinese, cjk, czech, danish, dutch, english, finnish, french, galician, german, greek, irish, hindi, hungarian, indonesian, italian, norwegian, persian, portuguese, romanian, russian, sorani, spanish, swedish, turkish, thai를 위한 분석기다. 이들 이름 중 하나를 사용해서 특정 언어에 특화된 분석기를 명시할 수 있는데, 이 이름은 소문자로 입력해야 한다. 이 목록에 없는 언어는 플러그인으로 제공할 수 있다.

스노우볼

스노우볼snowball 분석기는 표준 분석기와 마찬가지로 표준 토크나이저, 토큰 필터를 소문자화 토큰 필터, 불용어 필터와 함께 사용하는데, 여기에다 스노우볼 스태머 snowball stemmer를 사용해서 텍스트로부터 어간stem을 추출한다. 5장 마지막 부분에 좀 더 상세히 이야기할 것이므로 지금은 스태밍stemming이 뭔지 몰라도 걱정하지 말자. 이들 분석기에 대해 완전하게 이해하기 전에 분석기를 구성하는 부품에 대한 이해가 필요하므로 이제 일래스틱서치가 제공하는 토크나이저에 대해 알아보자.

5.4.2 토큰화

5장 초반 내용을 다시 떠올려보면, 토큰화는 텍스트의 문자열을 가져와서 토큰이라 불리는 더 작은 청크chunk로 분해하는 것이라고 했다. 일래스틱서치는 바로 사용 가능한 내장 분석기뿐만 아니라 수많은 내장 토크나이저도 갖고 있다.

표준 토크나이저

표준 토크나이저standard tokenizer는 대부분의 유럽권 언어에 적합한 문법 기반 토크나이저인데 기본적으로 최대 255 길이의 토큰을 가지는 세그먼팅 유니코드 텍스트 segmenting Unicode text를 다룬다. 이 토크나이저는 쉼표, 마침표 같은 구두점은 제거한다.

```
% curl -XPOST 'localhost:9200/_analyze?tokenizer=standard' -d 'I have,
potatoes.'
```

예제의 결과로 얻는 토큰은 I, have, potatoes다.

키워드

키워드keyword 토크나이저는 전체 텍스트를 가져와서 단일 토큰처럼 토큰 필터에 제공하는 단순한 토크나이저이다. 어떠한 종류의 토큰화도 하지 않고 오직 토큰 필터만 적용하고자 할 때 유용하다.

```
% curl -XPOST 'localhost:9200/_analyze?tokenizer=keyword' -d 'Hi, there.'
```

토큰은 Hi와 there이다.

문자

문자letter 토크나이저는 텍스트를 가져와서 이를 문자가 아닌 것으로 토큰을 나눈다. 예를 들어, "Hi, there." 문장에 적용하면, 쉼표, 공백, 마침표가 모두 비-문자nonletter 이므로 토큰은 Hi와 there가 될 것이다.

```
% curl -XPOST 'localhost:9200/_analyze?tokenizer=letter' -d 'Hi, there.'
```

토큰은 Hi와 there다.

소문자화

소문자화lowercase 토크나이저는 정규regular 문자 토크나이저의 역할과 더불어 소문자화 토큰 필터(예상하는 바와 같이 전체 토큰을 소문자로 만든다)를 결합한다. 단일 토크나이저single tokenizer를 사용하는 주요 이유는 한 번에 두 역할을 모두 수행하므로 더 나은 성능을 얻기 때문이다.

```
% curl -XPOST 'localhost:9200/_analyze?tokenizer=lowercase' -d 'Hi, there.'
```

토큰은 hi와 there다.

화이트스페이스

화이트스페이스 토크나이저는 공백, 탭, 개행 등의 화이트스페이스로 토큰을 분해한다. 이 토크나이저는 어떠한 종류의 구두점도 제거하지 않아서 "Hi, there." 텍스트를 토큰화한 결과는 Hi와 there와 같이 두 개의 토큰이 된다.

```
% curl -XPOST 'localhost:9200/_analyze?tokenizer=whitespace' -d 'Hi, there.'
```

토큰은 Hi와 there다.

패턴

패턴pattern 토크나이저는 임의의 패턴을 명시해서 텍스트를 토큰으로 분해한다. 이 패턴은 분해시 기준이 되는 간격 문자를 일치하도록 명시해야 한다. 예를 들어, 다음과 같은 텍스트를 분해하기 위해 텍스트를 .-.로 분해하는 사용자 정의 분석기를 만들 수 있다.

```
% curl -XPOST 'localhost:9200/pattern' -d '{
  "settings": {
    "index": {
      "analysis": {
        "tokenizer": {
          "pattern1": {
            "type": "pattern",
            "pattern": "\\.-\\."
          }
        }
      }
    }
  }
}'

% curl -XPOST 'localhost:9200/pattern/_analyze?tokenizer=pattern1' \
-d 'breaking.-.some.-.text'
```

토큰은 breaking, some, text다.

UAX URL EMAIL

표준 토크나이저는 영어 단어를 처리하는 데 상당한 쓸모가 있지만, 최근 몇몇 텍스트는 웹사이트 주소나 이메일 주소로 끝을 맺는 것들이 많다. 표준 분석기는 의도하지 않았던 위치를 기준으로 분해하는 문제가 있는데, 예를 들어, 이메일 주소 john.smith@example.com을 표준 토크나이저로 분석하면 다음과 같이 의도하지 않은 다수 개의 토큰으로 분리된다.

```
% curl -XPOST 'localhost:9200/_analyze?tokenizer=standard' \
-d 'john.smith@example.com'
```

토큰은 john.smith과 example.com이다.

이 예제에서 john.smith와 example.com 부분으로 분해되는 것을 볼 수 있다. 다음 예제에서 보는 것처럼 URL도 역시 분해한다.

```
% curl -XPOST 'localhost:9200/_analyze?tokenizer=standard' \
-d 'http://example.com?q=foo'
```

토큰은 http, example.com, q, foo다.

UAX URL email 토크나이저는 이메일과 URL 모두 단일 토큰으로 남긴다.

```
% curl -XPOST 'localhost:9200/_analyze?tokenizer=uax_url_email' \
-d 'john.smith@example.com http://example.com?q=bar'

{
  "tokens": [
    {
      "token": "john.smith@example.com",
      "start_offset": 1,
      "end_offset": 23,
```

```
        "type": "<EMAIL>",
        "position": 1
    },
    {
        "token": "http://example.com?q=bar",
        "start_offset": 24,
        "end_offset": 48,
        "type": "<URL>",
        "position": 2
    }
  ]
}
```

앞의 결과에서 필드 타입을 주목하자.
기본적으로 최대 255 문자다.

이 토크나이저는 텍스트 필드에서 완전한 URL이나 이메일 주소를 검색할 때 큰 도움이 된다. 이 경우 응답에 email과 url로 설정된 필드 타입을 포함한다.

경로 계층

경로 계층 토크나이저는 같은 경로를 분할하는 파일을 검색할 시스템 경로를 색인하게 한다. 예를 들어, 파일명을 갖고 있는 /usr/local/var/log/elasticsearch.log를 색인한다고 가정하자. 경로 계층 토크나이저는 이를 다음과 같이 토큰화한다.

```
% curl 'localhost:9200/_analyze?tokenizer=path_hierarchy' \
-d '/usr/local/var/log/elasticsearch.log'
```

토큰은 /usr, /usr/local, /usr/local/var, /usr/local/var/log, /usr/local/var/log/elasticsearch.log이다.

이는 파일이 공유하는 같은 경로 계층을 검색한다는 의미다. 즉, "/usr/local/var/log/es.log"를 쿼리해도 "/usr/local/var/log/elasticsearch.log"와 같은 토큰을 공유하므로 역시 결과를 반환할 수 있다.

지금까지 텍스트 블록에서 서로 다른 토큰으로 분해하는 여러 가지 방식을 알아보았으니 개별 토큰으로 어떤 일을 할 수 있는지 알아보자.

5.4.3 토큰 필터

일래스틱서치는 수많은 토큰 필터를 갖고 있는데 그 모두를 나열한다는 것은 장황한 설명이 되므로 그중 가장 자주 사용하는 것만 소개한다. 그림 5.1, 5.3에서 세 가지의 토큰 필터(소문자화 필터, 불용어 필터, 동의어 필터)를 볼 수 있다.

표준

표준standard 토큰 필터가 완벽하게 결과를 산출할 것이라는 의견에 속으면 안 된다 (실제 전혀 도움이 되지 않는다). 예전 버전의 루씬에서는 단어 마지막에 붙어 있는 "'s" 문자나 관련 없는 마침표 문자를 제거하는 데 사용되었는데, 이제는 다른 토큰 필터 와 토크나이저의 일부가 이미 이를 처리하고 있다.

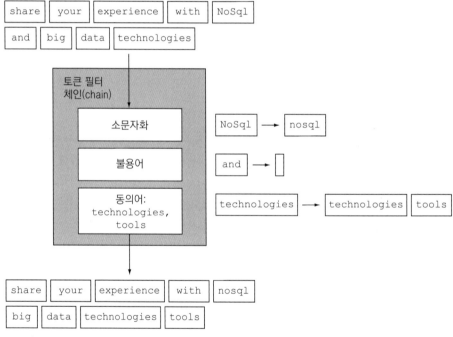

▲ **그림 5.3** 토큰 필터는 색인을 위해 토크나이저와 준비한 데이터로부터 토큰을 받아들인다

소문자화

소문자화^{lowercase} 토큰 필터는 통과하는 토큰을 소문자로 만드는 일만 한다. 다음 예제를 보면 쉽게 이해할 수 있다.

```
% curl 'localhost:9200/_analyze?tokenizer=keyword&filters=lowercase' -d 'HI
THERE!'
```

토큰은 hi there!다.

길이

길이^{length} 토큰 필터는 토큰의 min과 max 길이의 경계 밖으로 떨어진 단어를 제거한다. 예를 들어, min을 2로 max를 8로 설정하면 어떤 토큰이라도 2 문자보다 짧거나 8 문자보다 긴 토큰은 제거될 것이다.

```
% curl -XPUT 'localhost:9200/length' -d '{
  "settings": {
    "index": {
      "analysis": {
        "filter": {
          "my-length-filter": {
            "type": "length",
            "max": 8,
            "min": 2
          }
        }
      }
    }
  }
}'
```

이제 my-length-filter로 불리는 사용자 지정 필터로 설정된 색인이 있다고 하자. 다음 요청으로 이 필터를 2보다 짧고 8보다 긴 모든 토큰을 걸러내는 데 사용한다.

```
% curl 'localhost:9200/length/_analyze?tokenizer=standard&filters=my-length-
filter&pretty=true' -d 'a small word and a longerword'
```

토큰은 small, word, and다.

불용어

불용어[stop] 토큰 필터는 토큰 스트림으로부터 불용어를 제거한다. 영어에 대해서 이 목록에 해당하는 모든 토큰을 제거한다는 의미다. 불용어가 무엇인지 궁금한가? 여기에 영어를 위한 불용어 목록의 기본값을 나열했다.

a, an, and, are, as, at, be, but, by, for, if, in, into, is, it, no, not, of, on, or, such, that, the, their, then, there, these, they, this, to, was, will, with

불용어 목록을 명시하기 위해, 다음과 같이 단어 목록으로 사용자 지정 토큰 필터를 만들 수도 있다.

```
% curl -XPOST 'localhost:9200/stopwords' -d'{
  "settings": {
    "index": {
      "analysis": {
        "analyzer": {
          "stop1": {
            "type": "custom",
            "tokenizer": "standard",
            "filter": [
              "my-stop-filter"
            ]
          }
        },
        "filter": {
          "my-stop-filter": {
            "type": "stop",
```

```
            "stopwords": [
                "the",
                "a",
                "an"
            ]
          }
        }
      }
    }
  }
}'
```

설정 위치로부터의 상대 경로나 절대 경로로 지정한 파일로부터 불용어 목록을 읽
어오는데 개별 단어는 개행으로 구분하고 파일은 UTF-8로 인코드해서 저장한 파일
이어야 한다. 파일로부터 불용 단어 필터를 읽어오도록 다음과 같이 설정할 수 있다.

```
% curl -XPOST 'localhost:9200/stopwords' -d'{
  "settings": {
    "index": {
      "analysis": {
        "analyzer": {
          "stop1": {
            "type": "custom",
            "tokenizer": "standard",
            "filter": [
              "my-stop-filter"
            ]
          }
        },
        "filter": {
          "my-stop-filter": {
            "type": "stop",
            "stopwords_path": "config/stopwords.txt"
```

```
            }
         }
       }
     }
   }
}'
```

소개할 마지막 옵션은 사전 정의된 불용어 언어 목록을 사용할 수도 있다. 이 경우 불용어 값은 "_dutch_"와 같은 사전 정의된 언어가 올 수 있는데, "stopwords": "_dutch_"처럼 지정한다.

TRUNCATE, TRIM, LIMIT TOKEN COUNT

다음 세 개의 토큰 필터는 어떤 점에서 토큰 스트림을 제한하는 데 사용한다고 할 수 있다.

- truncate 토큰 필터는 사용자 지정 설정에서 length 파라미터로 특정 길이가 넘어가는 토큰을 잘라낸다. 기본값으로 10문자까지 잘라낸다.

- trim 토큰 필터는 토큰을 둘러싼 모든 화이트스페이스를 제거한다. 예를 들어, " foo "는 foo 토큰으로 변형될 것이다.

- limit token count 토큰 필터는 특정 필드가 담을 수 있는 토큰의 최대 개수를 제한한다. 예를 들어, limit값이 8인 limit token count 필터를 만들면 스트림으로부터 첫 8개 토큰만 색인한다. max_token_count 파라미터를 사용해서도 설정할 수 있는데, 기본값은 1(오직 1개 토큰만 색인한다)이다.

반전

반전reverse 토큰 색인은 토큰 스트림으로부터 개별 토큰을 정반대로 뒤집는다. Edge ngram 필터를 사용하거나 와일드카드로 시작하는 검색을 해야 할 때 특히 유용하다. "*bar"처럼 매우 느린 와일드카드로 시작하는 검색 대신 반전된 필드에서 "rab*"로 검색하는 것이 루씬에서 더 빠르기 때문이다. 다음 예제는 토큰 스트림을 반전하는 예를 보여준다.

예제 5.4 반전 토큰 필터 예

```
% curl 'localhost:9200/_analyze?tokenizer=standard&filters=reverse' \
        -d 'Reverse token filter'
{
  "tokens": [
    {
      "token": "esreveR",        ◄──── "Reverse" 단어가
      "start_offset": 0,               반전되었다.
      "end_offset": 7,
      "type": "<ALPHANUM>",
      "position": 1
    },
    {
      "token": "nekot",          ◄──── "token" 단어가
      "start_offset": 8,               반전되었다.
      "end_offset": 13,
      "type": "<ALPHANUM>",
      "position": 2
    },
    {
      "token": "retlif",         ◄──── "filter" 단어가
      "start_offset": 14,              반전되었다.
      "end_offset": 20,
      "type": "<ALPHANUM>",
      "position": 3
    }
  ]
}
```

개별 토큰이 반전됐음을 볼 수 있다. 그러나 토큰 사이의 순서는 바뀌지 않았다.

유일성

유일성^{unique} 토큰 필터는 오직 유일한 토큰만 유지한다. 일치하는 첫 토큰의 메타 데이터를 유지하면서 이후에 나타나는 것들은 모두 제거한다.

```
% curl 'localhost:9200/_analyze?tokenizer=standard&filters=unique' \
-d 'foo bar foo bar baz'
```

```
{
  "tokens": [
    {
      "token": "foo",
      "start_offset": 0,
      "end_offset": 3,
      "type": "<ALPHANUM>",
      "position": 1
    },
    {
      "token": "bar",
      "start_offset": 4,
      "end_offset": 7,
      "type": "<ALPHANUM>",
      "position": 2
    },
    {
      "token": "baz",
      "start_offset": 16,
      "end_offset": 19,
      "type": "<ALPHANUM>",
      "position": 3
    }
  ]
}
```

ASCII FOLDING

Ascii folding 토큰 필터는 일반 ASCII 문자셋에 해당하지 않는 Unicode 문자가 있다면, 이에 대응하는 ASCII로 변환한다. 예를 들어, 다음과 같이 Unicode "u?"는 ASCII "u"로 변환한다.

```
% curl 'localhost:9200/_analyze?tokenizer=standard&filters=asciifolding' -d
'u?nicode'

{
  "tokens": [
    {
      "token": "unicode",
      "start_offset": 0,
      "end_offset": 7,
      "type": "<ALPHANUM>",
      "position": 1
    }
  ]
}
```

동의어

동의어^{synonym} 토큰 필터는 토큰 스트림의 단어를 원래 토큰과 동일한 오프셋^{offset} 내에서 동의어로 교체한다. 예를 들어, "I own that automobile" 텍스트와 "automobile"에 대한 동의어로 "car"를 가져왔다고 하자. 동의어 토큰 필터 없이는 다음 토큰을 만들어낼 것이다.

```
% curl 'localhost:9200/_analyze?analyzer=standard' -d'I own that automobile'

{
  "tokens": [
    {
```

```
      "token": "i",
      "start_offset": 0,
      "end_offset": 1,
      "type": "<ALPHANUM>",
      "position": 1
    },
    {
      "token": "own",
      "start_offset": 2,
      "end_offset": 5,
      "type": "<ALPHANUM>",
      "position": 2
    },
    {
      "token": "that",
      "start_offset": 6,
      "end_offset": 10,
      "type": "<ALPHANUM>",
      "position": 3
    },
    {
      "token": "automobile",
      "start_offset": 11,
      "end_offset": 21,
      "type": "<ALPHANUM>",
      "position": 4
    }
  ]
}
```

"automobile"에 대한 동의어를 다음과 같이 지정하는 사용자 지정 분석기를 정의할 수 있다.

```
% curl -XPOST 'localhost:9200/syn-test' -d'{
  "settings": {
    "index": {
      "analysis": {
        "analyzer": {
          "synonyms": {
            "type": "custom",
            "tokenizer": "standard",
            "filter": [
              "my-synonym-filter"
            ]
          }
        },
        "filter": {
          "my-synonym-filter": {
            "type": "synonym",
            "expand": true,
            "synonyms": [
              "automobile=>car"
            ]
          }
        }
      }
    }
  }
}'
```

이를 사용한 결과에서는 automobile 토큰이 모두 car 토큰으로 교체되었음을 알 수 있다.

```
% curl 'localhost:9200/syn-test/_analyze?analyzer=synonyms' -d'I own that automobile'
```

```
{
  "tokens": [
    {
      "token": "i",
      "start_offset": 0,
      "end_offset": 1,
      "type": "<ALPHANUM>",
      "position": 1
    },
    {
      "token": "own",
      "start_offset": 2,
      "end_offset": 5,
      "type": "<ALPHANUM>",
      "position": 2
    },
    {
      "token": "that",
      "start_offset": 6,
      "end_offset": 10,
      "type": "<ALPHANUM>",
      "position": 3
    },
    {
      "token": "car",
      "start_offset": 11,        start_offset과 end_offset이
      "end_offset": 21,          automobile에서 온 것임을 주
      "type": "SYNONYM",         목하자.
      "position": 4
    }
  ]
}
```

이 예제에서는 토큰을 교체하는 동의어 필터를 설정했다. 그런데, 교체하는 대신 동의어 토큰에 정의해둔 토큰들을 토큰에 추가할 수도 있다.[1] 이 경우 `automobile=>car` 대신 `automobile,car`를 사용한다.

5.5 Ngram, edge ngram, shingle

Ngram과 edge ngram은 일래스틱서치에서 텍스트를 토큰화하는 독특한 방식이라할 수 있다. Ngram은 토큰의 각 단어 부분을 다중 서브 토큰으로 분해하는 방식이다. Ngram과 edge ngram 필터 둘 다 `min_gram`과 `max_gram` 설정이 필요하다. 이들 설정은 단어로부터 분해된 토큰의 크기를 제어한다. 아마 이해가 어려울 것 같은데 예를 들어가며 살펴보자. Ngram 분석기로 "spaghetti" 단어를 분석한다고 가정하고, 가장 단순한 1-grams(unigram으로 알려진)부터 시작해보자.

5.5.1 1-gram

"spaghetti"의 1-gram은 s, p, a, g, h, e, t, t, i가 된다. ngram의 크기에 따라 문자열을 작은 토큰으로 분해한다. 이 경우, unigram에 대해 이야기하고 있으므로 개별 항목은 단일 문자다.

5.5.2 Bigram

문자열을 bigrams(크기가 2인 문자열을 의미)로 분해한다면, sp, pa, ag, gh, he, et, tt, ti와 같은 작은 토큰을 얻을 것이다.

5.5.3 Trigram

크기가 3이라면(trigram이라고 부른다), spa, pag, agh, ghe, het, ett, tti 토큰을 얻을 것이다.

---

1   automobile,car로 동의어 필터를 만들면, automobile이나 car 토큰이 들어오면 automobile과 car를 토큰으로 함께 출력하겠다는 의미다. - 옮긴이

5.5.4 min_gram과 max_gram 설정

이 분석기를 이용할 때 두 개의 서로 다른 크기를 설정해야 한다. 하나는 생성하려는 가장 작은 ngram(min_gram 설정), 다른 하나는 가장 긴 ngram을 지정한다. 앞의 예제를 사용해서 min_gram을 2로, max_gram을 3으로 설정하면 바로 앞의 두 예제에서 나온 토큰을 모두 합한 것이다.

sp, spa, pa, pag, ag, agh, gh, ghe, he, het, et, ett, tt, tti, ti

Min_gram 설정을 1로, max_gram은 3으로 두면, s, sp, spa, p, pa, pag, a,....로 시작하는 더 많은 토큰을 얻을 것이다.

이런 방식으로 텍스트를 분석하는 것에 흥미를 끌 만한 점이 있는데, 텍스트를 쿼리할 때 쿼리는 텍스트를 동일한 방식으로 분해할 텐데, 그래서 철자가 틀린 "spaghety" 단어도 찾을 수 있다는 것이다. 이를 검색하는 한 가지 방법은 일치를 확인하기 위해 단어의 편집 거리를 지정하는 퍼지fuzzy 쿼리를 실행하는 것이다. 그러나 ngram을 사용해서 그런 유사한 기능을 얻을 수 있다. 원본 단어("spaghetti")와 잘못된 철자를 가진 단어("spaghety")에서 bigram으로 생성한 것을 서로 비교해보자.

- "spaghetti"를 bigram으로 만든 토큰: sp, pa, ag, gh, he, et, tt, ti
- "spaghety"를 bigram으로 만든 토큰: sp, pa, ag, gh, he, et, ty

6개의 토큰이 서로 겹치는 것을 볼 수 있는데, "spaghetti" 단어는 "spaghety"로 쿼리할 때 여전히 일치할 수 있는 것이다. 그러나 더 많은 단어가 포함된 쿼리라면, 원본 "spaghetti" 단어와 일치하지 않을 수 있다는 것은 명심해야 한다. 이런 이유로 쿼리 적합성을 항상 확실하게 테스트해야 한다!

Ngram의 또 다른 유용성은 사전에 어떤 언어로된 텍스트인지 모르거나 다른 유럽권 언어가 서로 다른 방식으로 결합된 단어로된 언어를 갖고 있을 때에도 텍스트를 분석할 수 있다는 것이다. 이는 또한 서로 다른 언어에서 서로 다른 분석기를 정의하거나 도큐먼트의 서로 다른 필드를 사용하는 방식이 아니라 단일 분석기로 다중 언어를 다룰 수 있는 장점이 있다.

5.5.5 Edge ngram

Edge ngram으로 불리는 ngram 분해의 변종은 오직 앞부분부터 ngram을 만든다. "spaghetti" 예제에서 `min_gram` 설정을 2로 `max_gram` 설정을 6으로 지정하면 다음 토큰을 얻을 것이다.

```
sp, spa, spag, spagh, spaghe
```

개별 토큰이 앞부분부터 만들어지는 것을 볼 수 있다. 실제로 프리픽스^prefix 쿼리를 실행하지 않고 같은 프리픽스를 공유하는 단어를 검색하는 데 도움된다. 단어의 뒷부분부터 ngram을 만들려면 side 속성을 기본값인 front 대신 back으로 변경하면 된다.

5.5.6 Ngram 설정

Ngram은 단어 사이의 공백이 없어도 언어를 분석할 수 있기 때문에 어떤 언어인지 모를 때 텍스트를 분석하는 데 좋은 방법일 수 있다. `Min_gram`과 `max_gram` 설정으로 edge ngram 분석기를 설정하는 예제는 다음과 같다.

예제 5.5 Ngram 분석

```
% curl -XPOST 'localhost:9200/ng' -d'{
  "settings": {
    "number_of_shards": 1,
    "number_of_replicas": 0,
    "index": {
      "analysis": {
        "analyzer": {
          "ng1": {
            "type": "custom",
            "tokenizer": "standard",
            "filter": ["reverse", "ngf1", "reverse"]  ◄── reverse, edge ngram, reverse
          }                                                순서로 분석기를 설정
        },
```

```
      "filter": {
        "ngf1": {
          "type": "edgeNgram",
          "min_gram": 2,
          "max_gram": 6
        }
      }
    }
  }
}'
```

Edge ngram 토큰 필터를 위해
최소 길이와 최대 길이를 설정

```
% curl -XPOST 'localhost:9200/ng/_analyze?analyzer=ng1' -d'spaghetti'
```

```
{
  "tokens": [
    {
      "token": "ti",
      "start_offset": 0,
      "end_offset": 9,
      "type": "word",
      "position": 1
    },
    {
      "token": "tti",
      "start_offset": 0,
      "end_offset": 9,
      "type": "word",
      "position": 1
    },
    {
      "token": "etti",
      "start_offset": 0,
      "end_offset": 9,
```

"spaghetti" 단어의 오른쪽 측
면으로부터 분석된 토큰

```
        "type": "word",
        "position": 1
      },
      {
        "token": "hetti",
        "start_offset": 0,
        "end_offset": 9,
        "type": "word",
        "position": 1
      },
      {
        "token": "ghetti",
        "start_offset": 0,
        "end_offset": 9,
        "type": "word",
        "position": 1
      }
    ]
}
```

5.5.7 Shingle

Ngram과 edge ngram과 같은 선상에서 shingle(질병이 아니다)[2] 필터로 알려져 있다. Shingle 토큰 필터는 기본적으로 문자 수준이 아닌 토큰 수준에서 ngram이다. 예제에서 사용했던 "spaghetti" 단어를 다시 보자. 최소 길이와 최대 길이가 각각 1과 3인 Ngram을 사용하면 일래스틱서치는 s, sp, spa, p, pa, pag, a, ag 등의 토큰을 생성할 것이다. Shingle 필터는 대신 토큰 수준에서 이를 실행하는데, 그래서 "foo bar baz" 텍스트를 min_shingle_size는 2로 max_shingle_size는 3으로 적용하면 다음의 토큰을 생성할 것이다.

foo, foo bar, foo bar baz, bar, bar baz, baz

2　원문에서 사용했던 shingles는 대상포진이라는 뜻을 갖고 있다. – 옮긴이

232

단일 토큰이 여전히 결과에 포함되는 이유는 무엇일까? shingle 필터는 기본적으로 원래의 토큰을 포함한다. 그래서 원본 토크나이저가 만들어 내는 토큰 foo, bar, baz가 shingle 토큰 필터를 거치게 되어 foo bar, foo bar baz, bar baz 토큰이 생성되는 것이다. 단일 토큰을 포함한 이들 모든 토큰은 최종 토큰 스트림을 형성하도록 결합한다. Output_unigrams 옵션을 false로 설정해서 이 기능을 비활성화할 수 있다.[3]

다음 예제는 shingle 토큰 필터의 예를 보여준다. 참고로, min_shingle_size 옵션은 2 이상의 값만 지정할 수 있다.

예제 5.6 Shingle 토큰 필터 예제

```
% curl -XPOST 'localhost:9200/shingle' -d '{
  "settings": {
    "index": {
      "analysis": {
        "analyzer": {
          "shingle1": {
            "type": "custom",
            "tokenizer": "standard",
            "filter": [
              "shingle-filter"
            ]
          }
        },
        "filter": {
          "shingle-filter": {
            "type": "shingle",
            "min_shingle_size": 2,         최소 및 최대 shingle 길이 지정
            "max_shingle_size": 3,
            "output_unigrams": false   ◀── shingle 토큰 필터에게 원래의
          }                                단일 토큰을 제외하겠다고 했다.
```

---

3 output_unigrams = false이면 입력에 사용된 문자열의 단일 토큰은 결과에서 제외된다. – 옮긴이

```
        }
      }
    }
  }
}'

% curl -XPOST 'localhost:9200/shingle/_analyze?analyzer=shingle1' -d 'foo
bar baz'

{
  "tokens": [
    {
      "token": "foo bar",         ←┐
      "start_offset": 0,           │
      "end_offset": 7,             │
      "type": "shingle",           │    분석된 shingle 토큰
      "position": 1                │
    },                             │
    {                             │
      "token": "foo bar baz",  ←───┘
      "start_offset": 0,
      "end_offset": 11,
      "type": "shingle",
      "position": 1
    },
    {
      "token": "bar baz",      ←┐   분석된 shingle 토큰
      "start_offset": 4,        
      "end_offset": 11,
      "type": "shingle",
      "position": 2
    }
  ]
}
```

5.6 스태밍

스태밍Stemming은 단어를 단어의 원형이나 어근으로 줄이는 역할을 한다. 이는 검색할 때 아주 편리하다. 단어의 복수형뿐만 아니라 단어의 어근root이나 어간stem(그래서 이름이 stemming이다)을 공유하는 단어 같은 것도 일치할 수 있기 때문이다. 구체적인 예를 보자. 단어가 "administrations"라면, 단어의 어근은 "administr"가 된다. 이는 "administrator", "administration", "administrate" 같은 단어의 다른 어근 모두를 일치하게 한다. 스태밍은 엄격하고 정확한 일치를 필요로 하는 검색을 좀 더 유연하게 바꾸는 강력한 방식이다.

5.6.1 스태밍 알고리즘

스태밍 알고리즘은 공식을 사용하거나 어간으로 만들기 위한 개별 토큰 규칙의 집합을 적용한다. 일래스틱서치는 현재 세 개의 각각 다른 스태머 알고리즘을 제공하는데 snowball 필터, porter_stem 필터, kstem 필터가 이에 해당한다.

이들은 거의 유사한 방식으로 동작하는데, 스태밍에 관해서 어느 정도로 공격적으로 처리하는지가 약간 다르다. 더 공격적인 스태머는 그렇지 않은 스태머에 비해 단어를 더 많이 자른다는 것을 의미한다. 표 5.1에 서로 다른 스태머 알고리즘을 비교한다.

▼ 표 5.1 snowball, porter stem, kstem 스태밍 비교

스태머	administrations	administrators	Administrate
snowball	administr	administr	Administer
porter_stem	administr	administr	Administer
kstem	administration	administrator	Administrate

어떻게 스태머가 단어를 어간으로 만드는지 보기 위해 분석 API에 토큰 필터처럼 명시했다.

```
curl -XPOST 'localhost:9200/_analyze?tokenizer=standard&filters=kstem' -d
'administrators'
```

테스트할 필터로 snowball, porter_stem, kstem 중 하나를 사용해보자. 알고리즘 스태머의 대안으로 원래 단어와 그의 어간으로 일대일 매핑된 사전을 이용해서 어간을 만들 수도 있다.

5.6.2 사전으로 스태밍

바탕이 되는 언어가 뭔지 알 수 없으므로 가끔 알고리즘 스태머가 이상한 방식으로 단어를 어간으로 만든다. 이런 이유로, 단어를 어간으로 만드는 더 정확한 방식은 단어 사전을 사용하는 것이다. 일래스틱서치에서 스태밍을 취급하는 사전과 결합하는 hunspell 토큰 필터를 사용할 수 있다. 이 때문에 스태밍의 품질은 사용하는 사전의 품질과 직접 연관이 있다. 스태머는 오직 사전에 있는 단어만 어간으로 만들 수 있기 때문이다.

Hunspell 분석기를 생성할 때, 사전 파일은 elasticsearch.yml 파일이 있는 같은 디렉터리에 hunspell이라는 디렉터리에 있어야 한다. hunspell 디렉터리 내부에 개별 언어 사전은 로케일^{locale}명으로 폴더를 만들어 넣어야 한다. 어떻게 hunspell 분석기로 색인을 생성하는지 살펴보자.

```
% curl -XPOST 'localhost:9200/hspell' -d'{
  "analysis": {
    "analyzer": {
      "hunAnalyzer": {
        "tokenizer": "standard",
        "filter": [
          "lowercase",
          "hunFilter"
        ]
      }
    },
    "filter": {
      "hunFilter": {
        "type": "hunspell",
```

```
        "locale": "en_US",
        "dedup": true
      }
    }
  }
}
```

Hunspell 사전 파일은 ⟨es-config-dir⟩/hunspell/en_US(⟨es-config-dir⟩은 일래스틱서치 설정 디렉토리의 위치다) 내에 있다. 이 hunspell 분석기는 영어에 대한 것이고 이전 예제에서의 로케일 설정과 일치하기 때문에 en_US 폴더가 사용된다. elasticsearch.yml에서 indices.analysis.hunspell.dictionary.location 설정으로 일래스틱서치가 hunspell 사전을 찾는 위치를 또한 변경할 수 있다. 분석기가 잘 동작하는지 테스트하기 위해 다음처럼 다시 분석 API를 사용한다.

```
% curl -XPOST 'localhost:9200/hspell/_analyze?analyzer=hunAnalyzer'
-d'administrations'
```

5.6.3 토큰 필터로부터 스태밍 오버라이드

가끔 스태머가 올바르지 않게 처리하거나 특정 단어가 정확하게 일치하기를 원한다면, 어간화된 단어는 원치 않을 것이다. 토큰 필터 체인에서 스태밍 필터 전에 키워드 마커 토큰 필터를 배치하면 이를 해결할 수 있다. 이 키워드 마커 토큰 필터에서 단어 목록이나 단어 목록을 가진 파일을 명시해서 어간으로 만들지 않도록 할 수 있다.

어간화된 것으로부터 단어를 막는 것 외에 수동으로 스태밍 단어로 사용되는 규칙 목록을 명시하는 것이 유용할 수도 있다. cats => cat 규칙 같은 것을 명시하도록 하는 스태머 오버라이드 토큰 필터로 이를 해결할 수 있다.

스태머 오버라이드가 규칙을 발견하고 단어로 이를 적용하면 단어는 어떠한 다른 스태머도 어간화하지 않는다.

이들 토큰 필터 둘 다 다른 어떠한 다른 스태밍 필터보다 앞에 위치해야 한다. 체인에서 이후 다른 토큰 필터에 의해 적용된 스태밍으로부터 텀을 보호하려면 말이다.

5.7 요약

이제 일래스틱서치가 색인이나 쿼리 전에 필드 텍스트를 어떻게 조각으로 분해하는지 이해하게 됐다. 텍스트는 서로 다른 토큰으로 분해되고 필터는 이들 토큰을 만들고 삭제하며 변경하는 데 사용된다.

- 분석은 도큐먼트의 필드에 있는 텍스트를 토큰으로 만드는 과정이다. 같은 과정이 match 쿼리 같은 쿼리의 검색 문자열에도 적용된다. 도큐먼트의 토큰이 검색 문자열로부터의 토큰과 일치할 때 그 도큐먼트는 일치한다.

- 매핑을 통해 개별 필드에 분석기를 할당한다. 그 분석기는 일래스틱서치 설정이나 색인 설정에 의해, 또는 기본 분석기 설정으로 정의한다.

- 분석기는 하나 이상의 문자 필터가 하나 이상의 토큰 필터가 되는 토크나이저에 의해 만들어지는 체인을 처리한다.

- 문자 필터는 토크나이저로 보내기 전에 문자열을 처리하는 데 사용된다. 예를 들어, "&"를 "and"로 변경하는 매핑 문자 필터를 사용할 수 있다.

- 토크나이저는 문자열을 다수 개 토큰으로 분해하는 데 사용할 수 있다. 예를 들어, 화이트스페이스 토크나이저는 공백으로 개별 단어를 구분해서 토큰을 만드는 데 사용한다.

- 토큰 필터는 토크나이저로부터 오는 토큰을 처리하는 데 사용한다. 예를 들어, 어근으로 단어를 줄이고 단어의 복수와 단수 버전 둘 다 동작하는 검색을 만드는 데 스테밍을 사용할 수 있다.

- Ngram 토큰 필터는 단어 일부로 토큰을 만든다. 예를 들어, 매번 두 개의 연속하는 문자를 토큰으로 만들 수 있다. 이는 검색 문자열이 오자(typo)를 포함하더라도 동작하는 검색이 필요하다면 유용하다.

- Edge ngram은 ngram과 비슷하지만 오직 단어의 시작 또는 마지막으로부터 처리한다는 것이 다르다. 예를 들어, "event"으로 e, ev, eve 토큰을 만들 수 있다.

- Shingle은 ngram과 구phrase 수준에서는 닮았다. 예를 들어, 구에서 매번 연속하는 두 개의 단어로 텀을 생성할 수 있다. 이는 제품의 요약 설명에서처럼 다중-단어 일치에 대해 적합성을 높이려 할 때 유용하다. 다음 장에서 적합성에 관해 더 알아볼 것이다.

6

유사도 검색

6장에서 다루는 내용

- 루씬과 일래스틱서치 내부에서 점수를 결정하는 방법
- 특정 질의나 필드의 점수를 올리는 방법
- 단어 빈도와 역 문서 빈도에 대한 이해와 유사도 점수와 연관된 API 설명
- 문서의 일부 점수를 재계산하여 점수의 영향을 감소
- function_score 질의를 이용한 강력한 점수 받기
- 필드 데이터 캐시와 캐시가 일래스틱서치 인스턴스에 미치는 영향

문서의 구조가 정형화되지 않은 환경에서 다양한 저장소와 검색엔진이 검색조건에 맞는 문서를 찾을 수 있다고 설명하고 있다. 일래스틱서치가 "SELECT * FROM users WHERE name LIKE 'bob%'"이라는 질의를 실행하는 것과 다른 점은 관련 있는 문서를 점수를 통해서 묶어주는 기능이다. 이 점수로부터 찾고자 하는 질의와 문서가 얼마나 관련 있는지를 알 수 있다.

사용자가 웹사이트 검색창에 입력하는 검색어는 입력한 검색어에 꼭 맞는 것뿐만 아니라, 유사한 것들도 같이 보기를 원한다. 알려진 대로 일래스틱서치는 문서의 연관성을 결정하는 데 유연성을 가지고 있고, 관련성 높은 결과를 얻기 위하여 사용자가 검색을 정의하는 많은 방법이 있다.

문서가 질의에 얼마나 잘 맞는지 특별히 고려하지 않고 단지 문서가 일치하는지 안 하는지 여부만 고려하는 상황에 있다고 해도 두려워하지 말아라. 이 장에서는 문서를 걸러내는 유연한 방법에 대해 다룬다. 그리고 필드 데이터 캐시를 이해하는 것이 중요하다. 필드 데이터 캐시는 일래스틱서치가 색인 문서들에서 필드의 값을 저장하는 인 메모리 캐시이고, 정렬, 스크립팅, 혹은 이 필드들 안의 값들을 집계할 때 사용한다.

이 장에서 일래스틱서치의 기본 점수 계산 알고리즘뿐만 아니라, 부스팅boosting을 이용하여 점수에 직접 영향을 미치는 방법과 explain API를 이용하여 점수가 어떻게 계산되는지에 대해 다룰 것이다. 이후에 질의 리스코어링rescoring을 사용하여 점수의 영향을 감소하는 방법을 다룬다. 질의 리스코어링은 쿼리를 확장하여 function score 질의로 점수에 대한 완벽한 통제를 하고 스크립트를 이용해서 원하는 정렬을 할 수 있다. 마지막으로 우리는 인 메모리 필드 데이터 캐시에 관해 이야기한다. 이 것들이 질의에 어떤 영향을 미치는지 알아보고, doc values라고 불리는 필드 데이터 캐시의 대안에 대해서도 알아본다.

필드 데이터 캐시에 대하여 말하기 전에, 일래스틱서치가 문서에 대한 점수를 계산하는 방법에 대해 알아보자.

6.1 일래스틱서치에서 점수를 계산하는 방법

처음에 질의가 문서에 대하여 일치하는지 2가지로 생각하게 된다. "네, 일치함" 또는 "아니요, 일치하지 않음"이다. 이것보다는 질의가 문서에 관련 있는지로 생각하는 것이 더 좋다. 반면에 '문서가 일치한다/일치하지 않는다'와 같은 이분법으로는 A 문서가 B 문서보다 더 질의에 일치하는지를 이야기하기 어렵다. 예를 들어, 자주 사용하는 검색엔진에서 "elasticsearch"를 찾는다면, 검색된 페이지가 여러분이 원하는 내용이 아닐 수 있다. 대신에 찾는 문서가 가장 관련 있는 내용이 순위에 올라야 한다.

질의에 대한 문서를 찾는 과정을 "Scoring"이라고 하고, 일래스틱서치를 점수를 부여하는 방식을 알 필요는 없지만, 안다면 사용하는 데 유용하다.

6.1.1 문서 점수 계산 방법

루씬 및 이것의 확장프로그램인 일래스틱서치의 점수 계산 방법은 문서를 받아 몇 가지 방법을 이용하여 문서의 점수를 계산하고 있다. 먼저 각 부분을 소개하고 전체를 조합해서 전체 점수부여 방법을 설명하겠다. 이전에 언급했듯이 내가 찾고자 하는 문서와 관련 있는 문서가 처음으로 나오길 바라는데, 루씬과 일래스틱서치에서 이를 점수라고 한다.

　점수 계산의 시작은 단어가 얼마나 반복되는지와 얼마나 자주 사용되는 단어인지가 점수에 영향을 미친다. 짧게 설명하면 하나의 문서에서 단어가 여러 번 반복되면 관련성은 높아진다. 하지만 전체 문서에서 단어가 자주 반복된다면, 관련성은 낮아진다. 이걸 TF-IDF(TF = term frequency/단어 빈도, IDF = inverse document frequency/역 문서 빈도)라고 부르며, 각각에 대해서 자세히 알아보기로 한다.

6.1.2 단어 빈도

문서에서 점수를 얻는 첫 번째 방법은 단어가 얼마나 자주 문서에서 반복되는가다. 예를 들어 Elasticsearch를 검색한다고 하면, Elasticsearch가 자주 반복된 문서를 먼저 보기를 원할 것이다. 그림 6.1을 보자.

> "We will discuss Elasticsearch at the next Big Data group."
>
> "Tuesday the Elasticsearch team will gather to answer questions about Elasticsearch."

▲ **그림 6.1** 단어 빈도는 문서에 단어가 얼마나 많이 나타나는가를 말한다

　첫 번째 예문에서는 Elasticsearch가 한 번 검색되었고, 두 번째 예문에서는 두 번 검색되었다. 그래서 두 번째 예문에 첫 번째 예문보다 더 높은 점수를 가지게 된다. 우리가 숫자로 이 점수를 말한다면, 첫 번째 예문의 TF는 1이고, 두 번째 예문의 TF는 2이다.

6.1.3 역 문서 빈도

역 문서 빈도는 단어 빈도보다 조금 더 복잡하다. 무슨 뜻이냐면, 전체 문서에서 자주 반복되는 토큰(주로 단어, 하지만 항상 단어는 아님)은 덜 중요하다는 것이다. 여기에 쉬운 예제가 있다. 그림 6.2에 나온 3개의 문서를 보자.

"We use Elasticsearch to power the search for our website."

"The developers like Elasticsearch so far."

"The scoring of documents is calculated by the scoring formula."

▲ **그림 6.2** 역 문서 빈도는 전체 문서에서 단어가 나온 빈도를 확인한다. 단어가 자주 나온 것을 확인하지는 않는다

예제 3개의 문서는 다음과 같다.

- "Elasticsearch"단어의 문서 빈도의 값은 2이다(2개의 문서에서 사용되었기 때문이다). IDF 점수는 1/DF를 곱한 점수가 된다. DF는 문서에서 단어가 반복된 횟수다. 이 말은 단어가 자주 반복되면 가중치는 낮아진다는 것이다.

- "the" 단어의 문장 빈도는 3이다. 모든 3개의 문서에서 사용되었기 때문이다. 마지막 예문에서 "the"가 2번 사용되어 총 4번 사용되었지만, 문장 빈도는 여전히 3이다. IDF는 문서에서 단어 사용 여부만 확인하고, 단어가 얼마나 자주 사용되었는지는 확인하지 않기 때문이다. 단어의 빈도는 단어 빈도에서 확인한다.

역 문서 빈도는 단어의 빈도를 균형 잡는 중요 요인이다. 예를 들어 사용자가 "the score" 단어를 검색한다고 할 때, 찾는 "the"는 일반 영어 문서에 대부분 포함되게 되어 있기 때문에, 균형이 잡혀 있지 않으면, "the" 단어의 빈도가 "score" 단어의 빈도를 완전히 압도하게 된다. "the"와 같은 자주 사용되는 단어는 IDF 균형에 영향을 미치고, 질의 단어가 유사도 점수에 더 영향을 주게 됩니다.

TF-IDF로 계산되고 나면, TF-IDF 공식에 따라 문서의 점수를 계산할 준비가 되었다.

6.1.4 루씬의 점수 계산 공식

루씬의 기본 점수 계산 공식은 이전 부문에서 논의한 것과 같이 TF-IDF에 기초해서 계산된다. 우선 그림 6.3을 보자, 이후 수식의 각 부분을 설명할 거다

$$score_{query,\,document} = \sum_{t}^{q} \sqrt{TF_{t,d}} * IDF_{t,d}^{2} * norm(d, field) * boost(t)$$

▲ **그림 6.3** 루씬의 질의와 문서에 대한 점수 계산 공식

풀어서 말하면, 주어진 질의 q와 문서 d의 점수[score]는 문서 d의 텀의 단어 빈도에 대한 제곱근, 텀에 대한 역 문서 빈도의 제곱, 문서에서 필드에 대한 정규화 지수, 텀에 대한 부스트[boost]의 곱이다.

와우, 어렵다. 하지만 걱정하지 마라. 일래스틱서치를 사용하기 위해서 이 공식을 암기할 필요는 없다. 여기서 수식이 어떻게 계산되는지만 이해하면 된다. 중요한 점은 단어 빈도와 역 문서 빈도가 문서의 점수에 어떻게 영향을 주는가와 일래스틱서치 색인에서 문서의 점수를 결정할 때 이것들이 핵심적인지를 이해하는 것이다.

단어 빈도가 높으면 점수가 높은 것처럼, 역 문서 빈도가 높으면 색인에서 단어는 드물게 나타난다. 우리가 TF-IDF에 관해 설명을 마치긴 했으나, 아직 루씬의 기본 점수 계산 함수에 관해서는 설명을 마치지 못했다. 두 가지를 놓쳤는데, 조합 인자[coordination factor]와 질의 표준화[query normalization]다. 조합 인자는 얼마나 많은 문서에서 찾았는지와 얼마나 많은 단어를 찾았는지를 고려한다. 질의 표준화는 질의 결과를 비교할 수 있도록 한다. 이건 어려운 일이지만, 실제로 다른 질의들의 점수를 비교하면 안 된다. 기본 점수는 TF-IDF와 벡터 공간 모델의 조합으로 이루어진다

만약 여러분이 이 부분에 더 관심이 있다면 루씬 문서의 "`org.apache.lucene.search.similarities.TFIDFSimilarity`" 클래스를 확인해보기를 추천한다.

6.2 다른 점수 방법

이전 부문에서 이야기한 TF-IDF와 벡터 공간 모델의 조합은 일래스틱서치와 루씬에서 가장 인기 있는 모델인 건 틀림없다. 하지만 저 모델만 제공하는 건 아니다. TF-IDF에 기초하여 실제 점수 방법이 나왔지만, 지금부터 TF-IDF를 기본 점수 방법으로 부르기로 하자. 다른 모델은 다음과 같다.

- Okapi BM25

- Divergence from randomness 혹은 DFR similarity

- Information based 혹은 IB similarity

- LM Dirichlet similarity

- LM Jelinek Mercer similarity

우리는 위에 설명한 다른 방법 중 하나(BM25)를 어떻게 일래스틱서치에 설정하고 사용하는지 간단히 다룰 것이다. 우리가 점수 계산하는 방법에 관해 이야기할 때, 일래스틱서치 내부의 유사도similarity 모듈이 변경되는 것에 대하여 이야기할 것이다.

TF-IDF의 대안 모델을 말하기 이전에(BM25로 알려진 확률 점수 구조), 일래스틱서치에서 어떻게 설정하는지 말해보자. 필드의 유사도를 정하는 두 가지 다른 방법이 있다. 첫 번째 방법은 다음 예제에서 보는 것과 같이 필드 매핑에 있는 유사도 파라미터를 변경하는 것이다.

예제 6.1 필드 매핑에서 유사도 파라미터 수정

```
{
  "mappings": {
    "get-together": {
      "properties": {
        "title": {
          "type": "string",
          "similarity": "BM25"     ◄── 이 필드로 유사도를 설정,
        }                               BM25의 경우
      }
    }
  }
}
```

일래스틱서치에서 설정하는 두 번째 방법은 필드 매핑에 추가 점수 방법을 사용하는 것이다. 유사도는 분석기와 유사하게 settings에 정의되어 있고, 필드 이름으

로 연결되어 있다. 이 접근 방법은 settings에 유사도 알고리즘을 설정하는 것이다. 다음에 설명하는 예제는 BM25 유사도로 settings에 설정하고, mappings에서 해당 점수 알고리즘을 사용하도록 설정한 것이다.

예제 6.2 BM25 유사도 고급 설정

```
curl - XPOST 'localhost:9200/myindex' - d '{
  "settings": {
    "index": {
      "analysis": {...},
      "similarity": {
        "my_custom_similarity": {      ← 사용자 유사도 설정 이름
          "type": "BM25",              ← 유사도 타입 : 이 경우에는 BM25
          "k1": 1.2,
          "b": 0.75,                   k1, b, 유사도 변수 설정 그리고 중복
          "discount_overlaps": false   토큰을 계산하지 않도록 설정함
        }
      }
    }
  },
  "mappings": {
    "mytype": {
      "properties": {
        "title": {
          "type": "string",
          "similarity": "my_custom_similarity"   ← 사용자 유사도 필드를
        }                                           사용하도록 설정
      }
    }
  }
}'
```

추가로 항상 특정 점수 방법을 적용하고 싶다면, elasticsearch.yml 설정 파일에 다음 설정을 추가할 수 있다.

```
index.similarity.default.type: BM25
```

좋아! 이제 대안 유사도를 어떻게 설정하는지 보았다. 이제 TF-IDF와 대체 유사도 알고리즘이 어떻게 다른지 확인해보자.

6.2.1 Okapi BM25

Okapi BM25는 아마도 루씬에서 TF-IDF 이후에 두 번째로 많이 사용되는 확률 기반 유사도 알고리즘이다. 이 뜻은 주어진 문서가 질의에 일치할 확률로 점수를 구한다고 생각할 수 있다. BM25는 짧은 필드들에 대해서 좋다고 알려져 있다. 물론 여러분이 가지고 있는 데이터셋^{Dataset}에서도 그런지는 테스트를 해야 한다. BM25는 사전의 각 용어에 일치하는 값의 배열에 각 문서를 대응하고, 문서의 순위를 결정하기 위해 확률 모델을 사용한다.

BM25의 전체 공식은 이 책에서 설명하는 범위를 벗어나서, BM25가 어떻게 루씬에서 구현되었는지 더 알고 싶으면 http://arxiv.org/pdf/0911.5046.pdf 문서를 참고하면 된다.

BM25는 3가지 설정이 있다. k1, b 그리고 discount_overlaps다.

- k1과 b는 숫자 형 설정이고 이 값들은 점수 계산 방법을 조절한다.

- k1은 단어 빈도가 점수에 얼마나 중요한지 제어한다(문서에 단어가 얼마나 자주 반복되는지, 또는 이장 앞에서 이야기한 TF).

- B는 0-1 사이의 숫자 형으로 문서의 길이가 점수에 미치는 영향도를 설정한다.

- k1의 기본값은 1.2, b의 기본값은 0.75다.

- discount_overlaps 설정은 여러 토큰이 같은 장소에서 발생할 경우 필드에 영향을 미칠지와 어떻게 길이를 정규화할지 ES에 알려줄 수 있다. 기본값은 true다.

변경된 점수 테스트

위 설정을 변경한다면, 문서 점수의 순위와 점수의 변화를 판단할 수 있는 좋은 테스트 환경을 가지고 있어야 한다는 것을 잊지 말아야 한다. 변경을 재현하여 평가하는 방법 없이 관련성 알고리즘 설정을 변경하는 것은 의미가 없다. 그것은 단순히 추측일 뿐이다.

지금까지 기본 TF-IDF의 점수 계산 방식과 대체 방법인 BM25에 대해 알아보았다. 이제 문서의 점수에 영향을 미치는 세밀한 방법인 부스팅^{boosting}에 대해 알아보자

6.3 부스팅

부스팅^{Boosting}은 문서의 관련성을 수정하는 절차이다. 두 가지 유형의 부스팅이 있다. 문서를 색인하거나 문서를 질의할 때 점수 부스트^{boost}를 할 수 있다. 문서의 부스팅을 바꾸는 것은 색인에 데이터를 색인하는 시간과 문서를 재색인하는 시점에만 변경할 수 있다. 우리는 질의 시점 부스팅을 사용하는 걸 추천한다. 왜냐하면 이 방법이 가장 유연하고 데이터의 재색인 없이 필드나 단어를 바꾸는 걸 허용한다.

get-together의 색인에서 예제를 보자. 예제에서 그룹을 찾는다면, 그룹명이 그룹 설명보다 더 중요하다. 일래스틱서치 베를린 그룹을 찾아보자. 그룹을 찾을 때 그룹명은 아마도 많은 단어를 포함하고 있는 그룹 설명보다 중요한 정보다. 그룹명은 설명보다 더 비중이 있다. 이럴 때 부스팅을 쓸 수 있다.

시작하기 전에, 부스트 숫자는 곱셈과 같지 않다. 이 뜻은 점수를 계산할 때 부스트 값은 정규화된다. 예를 들어, 모든 필드에 10이라는 boost 점수를 설정했다면, 모든 값이 같으므로 이건 1로 정규화된다. 결국 boost를 적용하지 않은 것과 같다. 부스트 숫자는 상대적이라, 필드에 3이라고 부스트 점수를 설정하면, 해당 필드는 다른 필드에 비해 3배쯤 중요하다고 생각하면 된다.

6.3.1 색인 시점에 부스팅

이미 언급했듯이, 색인 시점에 문서의 질의에 대한 추가적인 부스트^{boost}를 할 수 있다. 비록 우리가 이런 형식의 부스팅을 추천하지는 않지만, 특정 경우에는 유용하다. 그래서 어떻게 설정 가능한지 알아보자

이런 형식의 부스팅을 할 때는 필드에 부스트 파라미터를 사용하여 특정 매핑을 지정해야 한다. 예를 들어, 그룹 유형의 이름 필드를 부스트하면, 색인을 다음 예제에서 표시하는 것과 같은 매핑으로 생성해야 한다.

예제 6.3 그룹유형의 이름 필드를 색인 시점에 강화

```
curl - XPUT 'localhost:9200/get-together' - d '{
  "mappings": {
    "group": {
      "properties": {
        "name": {
          "boost": 2.0,          색인 시점 이름 필드의 값을 강화
          "type": "string"
        },
        ...rest of the mappings...
      }
    }
  }
}'
```

색인에 매핑을 지정한 이후에는 모든 문서가 자동으로 이름 필드에 부스트가 적용되어 루씬의 색인에 저장된다. 다시 정해진 부스트 값을 수정하려고 하면, 재색인 작업을 해야 한다.

색인 시점에 부스팅을 하지 말아야 할 또 다른 이유는 부스트 값이 루씬 내부 색인 구조에 낮은 정밀도로 저장되어, 오직 단일 바이트로 부동소수 숫자를 저장함으로, 문서의 최종점수를 계산할 때 정밀도가 손실될 수 있어서다.

마지막으로 색인 시점에 부스트하지 말아야 하는 이유는, 부스트가 모든 단어에 적용되기 때문이다. 그러므로 여러 부스트에 매핑되는 단어는 여러 번 부스트되어 가중치를 더 가중한다.

색인 시점에 부스팅을 하는 것은 위와 같은 이유로 다음에 볼 질의 시점에 부스트를 하는 것이 더 좋다.

6.3.2 질의 시점에 부스팅

검색을 할 때 부스팅을 하는 방법은 몇 가지가 있다. match, multi_match, simple_query_string, 또는 query_string 질의를 사용한다면, 단어별 또는 필드별 부스

트를 설정할 수 있다. 거의 모든 일래스틱서치의 질의가 부스팅을 지원한다. 만약 이 것으로도 충분하지 않으면, 이 장 뒷부분에서 다룰 function_score 질의를 이용하여 더 세부적으로 사용할 수 있다.

　　match 질의의 경우, 다음에 보여주는 부스트 파라미터를 사용하여 질의를 부스트할 수 있다. 질의를 부스팅한다는 것은 설정된 필드에서 찾은 각각의 단어에 부스트를 한다는 것이다.

예제 6.4 match 질의 중 부스팅

```
curl - XPOST 'localhost:9200/get-together/_search?pretty' - d '{
  "query": {
    "bool": {
      "should": [
        {
          "match": {
            "description": {
              "query": "elasticsearch big data",      질의 시점 부스팅한
              "boost": 2.5                        ◀──  match 질의
            }
          }
        },
        {
          "match": {
            "name": {                              부스팅 사용 안 한
              "query": "elasticsearch big data" ◀── 두 번째 match 질의
            }
          }
        }]
    }
  }
}'
```

이런 방법은 일래스틱서치에서 제공하는 다른 질의들인 텀 질의, prefix 질의나 기타 질의에서도 동작한다. 이전 예제에서 첫 번째 match 질의에만 부스트가 추가된 것을 확인하자. 이제 첫 번째 match 질의의 최종 결과는 두 번째 match 질의보다 높다. 이런 질의는 여러 질의를 bool이나 and/or/not 등을 사용했을 때 의미가 있다.

6.3.3 여러 필드에 질의하기

multi_match 질의와 같이 여러 필드에 질의하기 위해서는 다른 형식으로 접근해야 한다. 전체 multi 질의에 부스팅을 명시할 수 있다. 다음 예제와 같이 match 질의에 부스팅하는 것은 이전과 유사하다.

예제 6.5 multi_match 질의 전체에 부스트 지정하기

```
curl - XPOST 'localhost:9200/get-together/_search?pretty' - d '{
  "query": {
    "multi_match": {
      "query": "elasticsearch big data",
      "fields": ["name", "description"],
      "boost": 2.5
    }
  }
}'
```

또는 특별한 문법을 통해 일부 필드에만 부스트를 명시할 수 있다. 필드명에 캐럿(^) 표시를 추가하여, 해당 필드만 부스트하도록 일래스틱서치에 알려줄 수 있다. 이전 예제의 질의에서 다음과 같이 변경함으로써 전체 필드에 부스팅를 하는 것이 아닌 이름 필드에만 부스트할 수 있다.

예제 6.6 이름 필드에만 부스팅

```
curl - XPOST 'localhost:9200/get-together/_search?pretty' - d '{
  "query": {
    "multi_match": {
      "query": "elasticsearch big data",
      "fields": ["name^3", "description"]    ◄──── 이름 필드 뒤에 ^3을 추가하여
    }                                              3의 값으로 부스팅
  }
}'
```

query_string 질의의 경우, 단어에 "^"를 추가하는 문법을 이용하여 각각의 단어를 강화할 수 있다. 다음 예제와 같이 "elasticsearch" 와 "big data"를 찾는 경우 "elasticsearch"에만 3의 값으로 부스팅할 수 있다.

예제 6.7 query_string 질의에서 개별 단어를 부스팅하기

```
curl - XPOST 'localhost:9200/get-together/_search?pretty' - d '{
  "query": {
    "query_string": {
      "query": "elasticsearch^3 AND \"big data\""    ◄──── 단어 뒤에 "^3"을 추가하여
    }                                                        3의 값으로 부스팅
  }
}'
```

이전에 언급했듯이 필드나 단어에 부스팅하는 값은 절댓값이 아닌 상대값이라는 것을 명심해야 한다. 만약 모든 단어를 같은 값으로 부스팅한 후 찾으면, 부스팅하지 않은 것과 같다. 루씬이 부스트 값을 정규화했기 때문이다. 강화 값을 4로 하더라도 4의 곱으로 점수가 나오는 건 아니라는 것을 기억해야 한다.

질의 시점에 부스트하는 것은 굉장히 유연하다. 두려워하지 말고 원했던 정보가 나올 때까지 데이터 집합을 가지고 실험해보자. 부스팅을 바꾸는 것은 일래스틱서치에 질의를 보내는 것만큼 간단하다.

6.4 explain을 통해 어떻게 문서의 점수가 결정되는지 이해하기

문서의 점수를 사용자가 정의하는 것으로 가기 전에, 문서의 점수를 매기는 방법을 단계별로 나누어서 루씬의 실제 값과 함께 다루자. 일래스틱서치 관점에서 하나의 문서가 질의에 더 잘 일치하는지 이해하는 데 도움이 될 것이다.

이를 점수 설명하기explaining라고 부른다. 일래스틱서치에 "explain=true"라는 설정을 요청 URL이나 전송 내용에 지정함으로써 사용할 수 있다. 문서가 어떤 방법으로 점수가 나왔는지 설명할 때 유용하다. 또 문서가 왜 질의에 일치하지 않았는지 설명할 때도 사용된다. 이것은 기대하는 질의의 결과 문서가 질의의 응답으로 오지 않았을 때 유용하다고 밝혀졌다.

들어가기 전에, 질의의 설명을 설정하는 예제를 보도록 하자.

예제 6.8 전송 내용에 설명설정을 하는 방법

```
curl - XPOST 'localhost:9200/get-together/_search?pretty' - d ' {
  "query": {
    "match": {
      "description": "elasticsearch"
    }
  },
  "explain": true  ◀─── 전송 내용에 설명설정을 하는 방법
}'
```

위에서 어떻게 설명 파라미터를 설정하는지 볼 수 있다. 이건 상세하게 내용을 출력하도록 설정한다. 요청에 대한 첫 번째 결괏값을 보도록 하자.

```
{
  "hits": {
    "total": 9,
    "max_score": 0.4809364,
    "hits": [{
      "_shard": 0,
      "_node": "Kwc3QxdsT7m23T_gb4l3pw",
```

```
"_index": "get-together",
"_type": "group",
"_id": "3",
"_score": 0.4809364,
"_source": {
  "name": "Elasticsearch San Francisco",
  "organizer": "Mik",
  "description": "Elasticsearch group for ES users of all knowledge
   levels",
  "created_on": "2012-08-07",
  "tags": ["elasticsearch", "big data", "lucene", "open source"],
  "members": ["Lee", "Igor"],
  "location": "San Francisco, California, USA"
},
"_explanation": {
  "value": 0.4809364,
  "description": "weight(description:elasticsearch in 1)
  [PerFieldSimilarity], result of:",
  "details": [{
    "value": 0.4809364,
    "description": "fieldWeight in 1, product of:",
    "details": [{
      "value": 1.0,
      "description": "tf(freq=1.0), with freq of:",
      "details": [{
        "value": 1.0,
        "description": "termFreq=1.0"
      }]
    }, {
      "value": 1.5389965,
      "description": "idf(docFreq=6, maxDocs=12)"
    }, {
      "value": 0.3125,
```

문서의 최상위 점수

"_explanation"은 문서의 점수에 대한 설명 포함

점수 값에 대하여 사람이 읽을 수 있는 설명

최종 점수를 만드는 각 복합 부분의 결합

254

```
            "description": "fieldNorm(doc=1)"
        }]
      }]
    }
  }]
}
}
```

응답의 추가된 부분은 새로운 _explanation 키로 점수의 각각 다른 부분을 작게 나눈 정보를 포함한다. 위 경우에는 설명 필드에서 "elasticsearch"를 찾고 있고, 설명 필드에 한 번 "elasticsearch"를 사용한 문서를 찾았다, 그래서 TF는 1이다.

똑같이 역 문서 빈도[IDF] 설명에서 보듯이 "elasticsearch"는 총 12개의 문서에서 6번 나타났다. 최종적으로 루씬 내부에서 해당 필드에 대해 정규화된 것을 볼 수 있다. 최종 점수는 이 점수들을 함께 곱하면 나온다.

```
1.0 x 1.5389965 x 0.3125 = 0.4809364
```

이건 한 개의 질의에 대한 간단한 예제이고, 하나의 문서에 대한 설명만을 보았다. 설명 기능은 더 복잡한 질의를 요청했으면 더 많이 어렵고 매우 길어질 수 있다. 게다가 설명 기능을 사용하여 일래스틱서치에 질의를 할 경우 추가적인 자원을 사용한다. 그래서 모든 질의에 적용하기보다는 디버그용으로 사용하는 것이 좋다

6.4.1 왜 문서가 맞지 않는지 설명

이전에 언급했듯이 설명의 다른 사용법이 있다. 문서가 어떻게 계산되어 찾아졌는지 설명하는 것처럼, 특별한 설명 API를 사용하여 왜 문서를 찾을 수 없는지도 알 수 있다.

하지만 이 경우에는 간단히 설명 파라미터를 추가하지 않고 다음에서 보는 것과 같이 다른 API를 사용한다.

예제 6.9 설명 API를 이용한 문서를 찾을 수 없는 원인 찾기

```
curl - XPOST 'localhost:9200/get-together/group/4/_explain' - d ' {
  "query": {
    "match": {
      "description": "elasticsearch"
    }
  }
}'
{
  "_id": "4",
  "_index": "get-together",
  "_type": "group",
  "explanation": {
    "description": "no matching term",      왜 문서를 찾지 못했는지에
    "value": 0.0                            대한 설명
  },
  "matched": false    ◀──  문서가 질의에 일치하는지를
}                          나타내는 플래그
```

이 예제에서는 설명의 값이 간단하게 "단어를 찾을 수 없음"인데, 이유는 문서의 설명 필드에서 "elasticsearch"가 사용되지 않았기 때문이다. 또한, 이 API를 이용하여 문서의 ID를 안다면 문서의 점수를 가지고 올 수 있다.

이 도구를 이용하여 어떻게 문서의 점수를 결정하는지 확인할 수 있다. 걱정하지 말고 도구를 이용해서 점수를 수정해보자.

다음은 우리가 점수를 수정하기 전에, 점수의 영향과 점수를 찾는 데 오래 걸릴 경우 어떻게 대처할 수 있는지를 볼 것이다.

6.5 질의 재점수로 점수에 대한 영향 줄이기

점수에 의해 시스템의 속도에 어떤 영향을 주는지 아직 이야기하지 않았다. 대부분의 일반 질의에서는 문서의 점수를 계산하는 건 속도에 조금 영향을 준다. TF-IDF가 루씬팀에 의해 아주 효율적으로 최적화되었기 때문이다.

그런데도 특정 사례에 점수를 계산하는 건 컴퓨팅 자원을 더 소모한다.

- 스크립트를 실행하여 스크립트가 색인의 각 문서의 점수를 계산하는 경우
- pharse 질의를 이용하여 각 단어의 거리를 지정할 때, 큰 slop을 설정하는 경우(4.2.1장에서 논의됨)

위 같은 경우 수백/수천만의 문서에 점수 계산 수식의 영향을 줄이고 싶을 것이다. 이 문제를 해결하기 위해 일래스틱서치는 재점수rescoring라 불리는 기능을 가지고 있다. 재점수는 이름과 같이 초기 질의가 실행되고 응답받은 결과를 가지고 점수를 계산하는 것을 의미한다. 스크립트를 사용하여 잠재적으로 고비용의 질의를 상위 1,000개의 데이터만 검색해서 match 질의보다 저렴하게 사용할 수 있다. 다음에서 재점수를 사용하는 예제를 보자.

예제 6.10 검색된 문서의 하부 점수를 재점수 계산

```
curl - XPOST 'localhost:9200/get-together/_search?pretty' - d '{
  "query": {
    "match": {
      "title": "elasticsearch"          모든 문서에 대한 원본
                                         질의 실행
    }
  },
  "rescore": {
    "window_size": 20,     ◀──  재점수에 의한
                                결과 개수
    "query": {
      "rescore_query": {
        "match": {
          "title": {
            "type": "phrase",
            "query": "elasticsearch hadoop",   원본 질의 결과의 상위
            "slop": 5                           20개를 검색하는 질의
          }
        }
      }
    },
```

```
        "query_weight": 0.8,                    ←——————   원본 질의 점수의 가중치
        "rescore_query_weight": 1.3  ←——————
      }
    }                                              재 점수 계산한 질의의
  }                                                점수 가중치
}'
```

이 예제는 모든 문서의 제목에서 "elasticsearch"가 들어간 상위 20개의 결과를 가지고 오고, 점수를 pharse 질의에 큰 slop 값을 지정하여 재점수를 매기는 것이다. 비록 pharse 질의에 높은 slop 값을 구하는 건 비용이 비싸지만, 걱정할 필요 없다. 수백/수천만 문서 대신에 상위 20개의 문서에만 돌릴 것이기 때문이다. query_weight, rescore_query_weight 파라미터를 이용하여 초기 질의와 재점수 질의에 의해 점수가 결정될 수 있도록 각각 질의에 가중치를 줄 수 있다. 여러 재점수 질의를 차례로 사용할 수 있고, 각 재점수 질의는 이전 결과를 가지고 계산한다.

6.6 function_score를 이용한 사용자 설정 점수 계산

드디어 우리는 일래스틱에서 제공하는 멋진 질의 중 하나인 function_score에 왔다. function_score 질의는 임의의 함수에 숫자로 점수를 지정하여 초기 질의에 맞는 문서의 점수를 결정하는데 세부적으로 조절할 수 있도록 한다.

각 function은 점수에 영향을 미치는 작은 JSON 조각이다. 혼란스러운가? 우리는 이 부문의 마지막까지 이걸 정리한다. 우리는 function_score 질의의 기본 구조부터 시작할 것이다. 다음에서 점수를 계산하지 않은 예제를 살펴보자.

예제 6.11 Function_score 질의의 기본 구조

```
curl - XPOST 'localhost:9200/get-together/_search?pretty' - d '{
  "query": {
    "function_score": {
      "query": {
        "match": {
          "description": "elasticsearch"
        }
```

```
    },
    "functions": []  ◄──┤  비어 있는 "Functions" 목록
  }
 }
}'
```

　이건 그냥 일반적인 match 질의 안에 function_score를 넣은 간단한 예제다. 여기에 functions라는 새로운 키가 있다. 지금은 비어 있지만 걱정하지 말자. 곧 여기에 값을 넣을 것이다. 이 목록은 function_score 함수가 문서에 동작한 질의의 결과를 보여줄 예정이다. 예를 들어, 총 30개의 문서가 있는데 이 중 설명 필드에는 "elasticsearch"가 검색되는 문서가 25개가 있다면, 이 25개의 문서가 functions 안의 배열에 나타난다.

　function_score 질의는 초기 질의 외에 추가로 몇 개의 다른 함수를 가지고 있고, 각 함수는 다른 필터 요소를 가질 수 있다. 다음 부문에서 각 함수에 대해 예제를 통해 자세히 알아보자.

6.6.1 가중치

가중치^{weight} 함수는 제공되는 함수 중 가장 단순하다. 점수에 일정한 수를 곱하는 것이다. 정규화된 값을 증가시키는 일반적인 부스트 필드 대신 가중치는 진짜로 점수를 값에 곱한다.

　이전 예제에서, 이미 모든 문서에서 설명 필드에 "elasticsearch"가 있는 문서를 찾았다. 다음 예제에서 설명 필드에 "hadoop"이 있는 경우 값을 증가시켜보자.

예제 6.12 문서 설명 필드에 "hadoop"이 있는 경우 가중치 함수를 이용해서 점수 증가시키기

```
curl - XPOST 'localhost:9200/get-together/_search?pretty' - d '{
  "query": {
    "function_score": {
      "query": {
        "match": {
          "description": "elasticsearch"
```

```
        }
      },
    "functions": [{
      "weight": 1.5,
      "filter": {
        "term": {
          "description": "hadoop"
        }
      }
    }]
    }
  }
}'
```

문서의 설명 필드에 "hadoop"이 있는 경우
가중치 함수를 이용해서 점수를 1.5배 증가

이 예제에서 변경된 건 functions 항목에 다음과 같은 내용이 포함된 것이다.

```
{
  "weight": 1.5,
  "filter": {
    "term": {
      "description": "hadoop"
    }
  }
}
```

문서의 설명 필드에 "hadoop"이 있는 경우 점수에 1.5를 곱하라는 뜻이다.

이와 같은 걸 여러 개 설정할 수 있다, 예를 들어, get-together 그룹에서 "logstash"를 찾은 경우에도 다음 예제와 같이 두 개의 다른 weight 함수를 지정하여 점수를 증가시킬 수 있다.

예제 6.13 두 개의 가중치 함수 지정

```
curl - XPOST 'localhost:9200/get-together/_search?pretty' - d '{
  "query": {
    "function_score": {
      "query": {
        "match": {
          "description": "elasticsearch"
        }
      },
      "functions": [{
        "weight": 2,
        "filter": {
          "term": {
            "description": "hadoop"          설명 필드에 "hadoop"가 있는
          }                                    경우 점수를 2배 증가
        }
      }, {
        "weight": 3,
        "filter": {
          "term": {
            "description": "logstash"         설명 필드에 "logstash"가 있는
          }                                    경우 점수를 3배 증가
        }
      }]
    }
  }
}'
```

6.6.2 점수 결합하기

어떻게 점수들을 결합하는지에 대해 이야기해보자. 점수에 관해 이야기할 때 생각해야 할 2가지 요인이 있다.

- 개별 함수를 어떤 방법으로 결합할지를 정하는 `score_mode`
- 원본 질의 점수와 `functions`의 점수를 어떻게 결합할지(우리의 예제에서는 설명 필드에서 "elasticsearch"를 찾는)를 정하는 `boost_mode`

첫 번째 요인인 `score_mode` 파라미터는 각기 다른 `functions`의 점수를 어떻게 결합하는지를 결정한다. 이전 cURL 요청에서 두 개의 `functions`가 있다. 하나의 가중치는 2이고, 다른 하나는 3이다. `score_mode` 파라미터를 `multiply`, `sum`, `avg`, `first`, `max` 또는 `min`으로 설정할 수 있다. 만약 지정하지 않는다면, 각 function의 값을 모두 곱한다.

만약 `first`로 지정한다면, 첫 번째로 일치하는 function의 점수만 사용한다. 예를 들어 이전 예제에서 `score_mode`를 `first`로 설정한다면, 문서는 "hadoop"과 "elasticsearch"를 가지고 있고, 오직 처음에 문서와 일치하는 문서만 2의 가중치를 적용한다.

두 번째 점수 결합 설정은 초기 질의와 `functions`의 점수를 결합하는 걸 조정하는 `boost_mode`다. 만약 설정하지 않는다면, 새로운 점수는 원본 질의와 function의 점수의 곱으로 설정된다. 이걸 `sum`, `avg`, `max`, `min` 또는 `replace`로 설정할 수 있다. `replace`로 설정한다는 것은 원본 질의의 점수를 `functions`의 점수와 서로 교체한다는 것이다.

이 설정은 필드의 값에 기초해서 수정하는 데 사용된다. `functions`는 `field_value_factor`, `script_score`, `random_score`를 다루며, `linear`, `gauss`, `exp`와 같은 decay 함수도 다룬다. 우리는 `field_value_factor` 함수에 관해 설명할 것이다.

6.6.3 field_value_factor

다른 질의를 기반으로 점수를 수정하는 건 매우 유용하다. 하지만 많은 사용자가 문서 내부의 데이터로부터 점수에 영향을 미치도록 사용하고 싶어 한다. 이 예제에서는 이벤트의 점수를 증가시키기 위해 리뷰의 숫자를 받아 사용할 수 있다. 이건 `function_score` 내부에 `field_value_factor`를 사용하여 가능하게 한다.

field_value_factor 함수는 숫자 필드를 포함하는 필드의 이름을 받고, 추가로 점수에 곱할 상수값을 받는다. 그리고 마지막으로 대수와 같은 수학함수를 값에 적용한다. 다음 예제를 보자

예제 6.14 field_value_factor를 function_score 질의 안에 사용하기

```
curl -XPOST "http://localhost:9200/get-together/event/_search?pretty" -d'{
  "query": {
    "function_score": {
      "query": {
        "match": {
          "description": "elasticsearch"
        }
      },
      "functions": [{
        "field_value_factor": {
          "field": "reviews",        ← 값을 사용할 숫자 필드
          "factor": 2.5,             ← "Factor" 리뷰 필드의 값에 곱할 상수
          "modifier": "ln"           ← 추가로 계산한 수학 함수
        }
      }]
    }
  }
}'
```

field_value_factor 함수에서 오는 점수는 아래와 같다.

```
ln(2.5 * doc['reviews'].value)
```

문서의 리뷰 필드에 7이라는 값이 있다면, 그 값은 다음과 같다.

```
ln(2.5 * 7) -> ln(17.5) -> 2.86
```

ln이외에도 다음과 같은 값을 사용할 수 있다: none (default), log, log1p, log2p, ln1p, ln2p, square, sqrt, reciprocal. field_value_factor를 사용하기 위해 기억해야 하는 건, 지정한 필드의 모든 값을 메모리에 올린다는 것이다. 그래서 점수 계산을 빠르게 할 수 있다. 이건 필드 데이터의 일부분이고, 이후 6.10장에서 더 설명할 것이다. 하지만 이걸 말하기 전에, 우리는 사용자 정의 스크립트를 지정하여 세부적으로 점수에 영향을 미치는 다른 함수를 공부할 것이다.

6.6.4 스크립트

스크립트는 점수를 변경하는 것에 대하여 완벽하게 조절할 수 있다. 스크립트 안에서 점수를 정렬하는 어떤 것도 할 수 있다.

간단히 복습하면, 스크립트는 Groovy 언어로 쓰여 있고, 스크립트 안에서 _score를 사용하여 문서의 원래 점수에 접근할 수 있다. 문서의 값에는 doc['fieldname']을 이용하여 접근할 수 있다. 조금 더 복잡한 스크립트를 이용하여 점수를 계산한 다음 예제를 보자.

예제 6.15 복잡한 스크립트를 이용한 점수 계산

```
curl - XPOST 'localhost:9200/get-together/event/_search?pretty' - d '{
  "query": {
    "function_score": {
      "query": {
        "match": {
          "description": "elasticsearch"
        }
      },
      "functions": [{
        "script_score": {
          "script": "Math.log(doc['attendees'].values.size() * myweight)",   ◄── 스크립트는 각 문서의 값에 적용됨
          "params": {
            "myweight": 3   ◄── "myweight"변수는 요청의 파라미터로 대체됨
          }
        }
```

```
      }],
      "boost_mode": "replace"    ◄─────  문서의 원점수는 스크립트에
    }                                    의해 생성된 점수로 대체됨
  }
}'
```

이 예제에서 점수는 attendee 목록의 크기로 점수에 영향을 미치고, 가중치 값을 곱한 후 로그를 취하고 있다.

스크립트는 매우 강력하다. 왜냐하면, 원하는 건 모두 할 수 있기 때문이다. 하지만 기억해야 하는 건 일반 점수 계산에 비하면 매우 느리다는 것이다. 질의에 맞는 문서마다 동적으로 스크립트를 실행해야 하기 때문이다. 예제 6.15에서 파라미터화된 스크립트를 사용할 때, 스크립트를 캐시하면 성능에 도움이 된다.

6.6.5 random

random_score 함수는 무작위점수를 문서에 할당한다. 문서를 무작위로 정렬할 때의 이점은 첫 페이지 결과를 변화 있게 할 수 있다는 것이다. get-together에서 검색할 때, 어떤 경우에는 매번 같은 상위 결과를 보지 않기를 원할 수 있다.

무작위 값의 초기값을 지정할 수 있다. 함수의 임의값 생성에 사용되는 숫자를 질의에 넘겨줄 수 있다. 이렇게 무작위로 문서를 정렬할 수 있지만 같은 초기값을 사용한다면, 같은 요청에 대해서는 같은 결과를 되돌려 준다. 이런 기능을 지원하는 유일한 기능이다. 그래서 간단한 함수로 제공한다.

다음은 get-together에서 무작위로 정렬하는 것에 대한 예제다.

예제 6.16 "random_score"를 사용하여 무작위로 문서 정렬

```
curl - XPOST 'localhost:9200/get-together/event/_search?pretty' - d '{
  "query": {
    "function_score": {
      "query": {
        "match": {
          "description": "elasticsearch"
        }
```

```
    },
    "functions": [{
      "random_score": {
        "seed": 1234      ◄──  "random_score" 함수의 씨앗 값
      }
    }]
  }
}'
```

　별로 유용해 보이지 않더라도 걱정하지 말자. 모든 다른 함수들을 소개한 이후에, 이 부문의 끝에서 모든 함수를 사용한 예제를 보여줄 것이다. 그전에 decay_functions라는 함수에 관해 이야기해보자.

6.6.6 decay 함수

function_score에서 마지막으로 이야기할 decay 함수다. 이 함수는 특정 필드를 기준으로 점수를 점진적으로 줄여준다. 이 함수는 도움이 되는 몇 가지 경우가 있다. 예를 들어, get-together 예제에서 최근 문서의 점수를 더 높게 하고 오래된 문서일수록 점수를 낮게 하고 싶을 수 있다. 다른 예로는 지리적인 정보와 같이 사용할 때다. decay 함수를 사용하여 지리정보(예를 들어 사용자의 위치)와 가깝다면 점수를 증가시키고, 멀다면 점수를 줄일 수 있다.

　decay 함수에는 3가지 종류가 있다. linear, gauss, exp다. 각 decay 함수는 다음과 같은 문법을 따른다.

```
{
  "TYPE": {
    "origin": "...",
    "offset": "...",
    "scale": "...",
    "decay": "..."
  }
}
```

TYPE은 3가지 종류 중 1개가 될 수 있다. 각 타입은 그림 6.4, 6.5, 6.6과 같이 서로 다른 모양의 곡선을 가지고 있다.

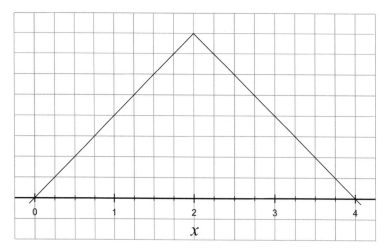

▲ **그림 6.4** "Linear" 곡선 – 점수를 기준으로 같은 비율로 점수가 줄어듦

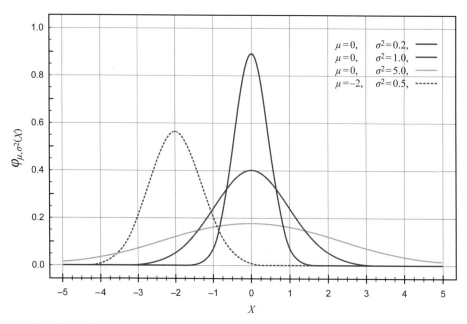

▲ **그림 6.5** "Gauss" 곡선 – "scale" 지점까지는 더 천천히 점수가 감소하고 이후에는 점수가 빠르게 감소함

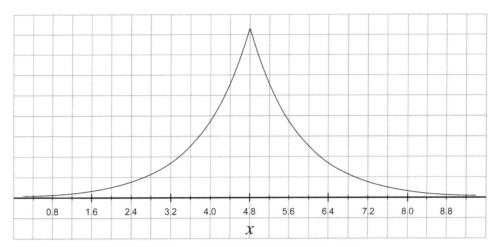

▲ **그림 6.6** "Exponential" 곡선 – 원점수로부터 점수가 과감하게 줄어듦

6.6.7 설정 옵션

설정 옵션은 곡선이 어떻게 보이냐를 조절한다. 3개의 decay 곡선에는 4가지 설정 옵션이 있다.

- origin은 곡선의 중앙 지점이다. 그래서 점수의 가장 높은 곳이기도 하다. 지리 정보의 거리를 이용한 예제에서 origin 위치는 사용자의 현재 위치이다. 다른 상황에서는 "origin"은 날짜 또는 숫자 필드다.

- offset은 점수가 줄어들기 전까지 기준점에서 얼마나 멀리 있느냐이다. 우리 예제에서 offset을 1km로 설정하면, 기준점에서 1km까지는 점수가 줄어들지 않는다. 기본값은 0이고, 이건 기준점에서부터 바로 점수가 줄어든다는 것이다.

- scale과 decay 옵션은 서로 관련 있다. 그들을 설정함으로써, 필드에 scale 값을, 점수는 decay에 의해 감소한다고 말할 수 있다. 혼란스러운가? 실제 값을 생각해보면 훨씬 쉽게 알 수 있다. scale을 5km, decay를 0.25로 설정한다면, 그것은 기준점에서 5km에 있는 곳의 점수는 기준 점수에서 0.25를 곱한 값이 되어야 한다는 것이다.

다음에서 Gaussian decay를 사용한 get-together 데이터의 예제를 볼 수 있다.

예제 6.17 "Gaussuan decay"를 사용한 지리 정보 위치

```
curl - XPOST 'localhost:9200/get-together/event/_search?pretty' - d '{
  "query": {
    "function_score": {
      "query": {
        "match_all": {}
      },
      "functions": [{
        "gauss": {
          "location_event.geolocation": {
            "origin": "40.018528,-105.275806",
            "offset": "100m",
            "scale": "2km",
            "decay": 0.5
          }
        }
      }]
    }
  }
}'
```

"decay" 함수
의 기준 위치

기준점에서 100m 이내는 같은 점수를
유지함

기준점에서 2km에 위치한
점수는 원점수의 절반 값

위의 예제에서 어떤 일이 일어나고 있는지 보자

- `match_all` 질의를 사용하여, 모든 문서가 결과로 돌아온다.

- 각 결과 문서에 Gaussian decay를 적용하여 점수를 구한다.

- 기준 위치는 콜로라도의 Boulder이다. 그러므로 get-togethre에서 Boulder
  의 점수가 가장 높다. 그리고 Denver(Boulder 옆에 위치), get-together 데이
  터에서 기준점에서 점점 먼 순으로 나온다.

6.7 다시 묶어서 보여주기

우리가 여러 함수를 사용한 예제를 보여준다고 약속했었다. 그리고 우린 거짓말하지 않는다.

다음 목록은 get-together 이벤트에서 질의할 내용이다.

- 특정 단어에 가중치를 높이기

- account에 reviews가 있는 경우

- attendees가 있는 경우 점수를 더 높게

- 지리적으로 가까운 경우에 점수 높이기

다음 예제를 보면 이해할 수 있을 것이다.

예제 6.18 모든 "function_score" 함수를 같이 사용

```
curl - XPOST 'localhost:9200/get-together/event/_search?pretty' - d '{
  "query": {
    "function_score": {
      "query": {                          ← 원래 질의는 모든 문서를 찾음
        "match_all": {}
      },
      "functions": [{                       문서의 설명 항목에 "hadoop"가 있다면,
        "weight: 1.5,                  ←    1.5배 가중치를 부여
        "filter": {
          "term": {
            "description": "hadoop"
          }
        }
      }, {
        "field_value_factor": {
          "field": "reviews",
          "factor": 10.5,                   "reviews"가 높은 문서의 점
          "modifier": "log1p"               수를 높게 함
        }
```

```
    }, {
      "script_score": {
        "script": "Math.log(doc['attendees'].values.size() * myweight)",
        "params": {
          "myweight": 3
        }
      }
    }, {
      "gauss": {
        "geolocation": {
          "origin": "40.018528,-105.275806",
          "offset": "100m",
          "scale": "2km",
          "decay": 0.5
        }
      }
    }],
    "score_mode": "sum",
    "boost_mode": "replace"
  }
}
}'
```

"attendees"의 숫자가 점수에
영향을 미치도록 함

"40.018528,-105.275806" 위치
정보에서 멀수록 점수를 감소시킴

각 함수의 점수를 모두 합산하도록
추가

원래 질의한 점수를 함수들의
계산된 결과로 대체

위 예제는 다음과 같다.

1. match_all을 이용하여 색인에서 모든 문서를 가지고 온다.

2. 설명 필드에 hadoop 단어가 있는 경우 weight 함수를 이용하여 점수를 증가시킨다.

3. 다음에는 field_value_factor 함수를 이용하여 리뷰의 개수를 가지고 점수를 변경시킨다.

4. script_score를 이용하여 attendees의 숫자를 이용한다.

5. 마지막으로 기준점에서 점진적으로 점수가 감소하도록 gauss decay를 사용한다.

6.8 스크립트를 이용한 정렬

스크립트를 이용하여 문서의 점수를 수정하는 것과 같이 일래스틱서치는 스크립트를 이용하여 문서의 정렬도 변경할 수 있다. 문서에 필드가 없는 경우에도 정렬이 필요한 경우에 유용하다.

예를 들어 "elasticsearch"로 검색한다고 했을 때, 얼마나 많은 사람이 참석attended했는지로 정렬한다고 하면, 다음과 같이 쉽게 요청할 수 있다

예제 6.19 스크립트를 이용한 문서 정렬

```
curl - XPOST 'localhost:9200/get-together/event/_search?pretty' - d '{
  "query": {
    "match": {
      "description": "elasticsearch"
    }
  },
  "sort": [{
      "_script": {
        "script": "doc['attendees'].values.size()",     ← "attendees" 필드를 정렬
                                                             필드로 사용
        "type": "number",     ← 정렬 값은 숫자 타입
        "order": "desc"     ← attendee 숫자에 의한
      }                          내림차순 정렬
    },
    "_score"     ← 같은 attendees를 가지고 있는 경우
  ]                   문서의 _score 점수를 이용하여 정렬
}'
```

검색된 각 문서의 필드에 대해서 "sort":[5.0, 0.28856182]와 값을 얻는다는 것을 주의해야 한다. 이 값들은 일래스틱서치에서 문서를 정렬할 때 사용한다. 5.0의 값이 수치임을 주의하자. 스크립트의 결괏값을 숫자(반대 값은 문자열)로 지정했기 때문이다. 배열의 두 번째 값은 문서의 원래 점수다. 왜냐하면, 참석자의 수가 여러 문서에서 찾아진다면 두 번째 정렬로 지정했기 때문이다.

이건 매우 강력하지만, 사용자 정의 스크립트에서 _score를 이용하여 문서를 정렬하는 것보다 function_score 질의를 사용하기가 훨씬 쉽고 빠르다.

다른 옵션으로 색인된 문서의 다른 숫자 필드에서 참가자의 수를 가지고 올 수 있다. 이건 함수에서 정렬하거나 점수를 바꿀 때 훨씬 쉽게 할 수 있다.

다음은 field_data라는 스크립트와 연관 있지만 조금 다른 것을 이야기해보자.

6.9 필드 데이터 우회

역색인은 단어를 찾을 때, 검색된 문서를 돌려받을 때 좋다. 그러나 필드로 정렬하거나 결과를 그룹지을 때와 같이 일래스틱서치가 각 검색된 문서를 빠르게 계산이 필요할 때 찾는 단어들이 정렬이나 집계에 사용되길 원한다.

역 색인은 이러한 작업을 잘 수행하진 못한다. 필드 데이터가 이럴 때 유용하다. 우리가 필드 데이터에 대해 말할 때, 필드의 모든 고유한 값에 대해 말해보자. 이 값들은 일래스틱서치에 의해 메모리에 올라와 있다. 다음과 같은 3개의 문서가 있다고 하자.

```
{"body": "quick brown fox"}
{"body": "fox brown fox"}
{"body": "slow turtle"}
```

메모리에 적재되는 단어는 quick, brown, fox, slow, turtle이다. 일래스틱서치는 이 단어들을 메모리에 올릴 때 다음에 알아볼 필드 데이터 캐시를 이용하여 압축한 방법으로 올린다.

6.9.1 필드 데이터 캐시

필드 데이터 캐시The field data cache는 일래스틱서치에서 무언가의 숫자를 세는 데 사용하는 내부 메모리 캐시다. 이 캐시는 보통(항상 그런 건 아님) 데이터가 필요로 한 시점에 만들어지고, 다양한 작업 동안 유지된다. 메모리에 올리는 작업은 많은 시간과 CPU를 소모하고, 만약 데이터의 양이 많다면, 첫 번째 검색이 느릴 것이다.

warmers는 일래스틱서치가 내부 캐시를 채우기 위해 자동으로 동작하는 질의다. 질의에 대한 데이터가 필요하기 전에 미리 올리는 데 도움이 된다. 우리는 10장에서 warmers에 대해 더 알아봅니다.

> **왜 field data cache가 매우 필요한가?**
>
> 일래스틱서치는 캐시가 필요하다. 대용량 데이터에 대해 많은 비교 분석 작업을 하기 때문이다. 그리고 이러한 작업을 합리적인 시간 안에 완료하려면 데이터를 메모리에서 접근해야만 가능한 유일한 방법이기 때문이다. 일래스틱서치는 캐시가 메모리에서 차지하는 양을 최소화하기 위해 큰 단위로 동작하지만, 여전히 JVM에서 가장 큰 힙 영역을 쓰는 것 중 하나다.

캐시에 의해 사용되는 메모리의 양뿐만 아니라 초기에 캐시에 로딩되는 시간도 짧지 않다는 것을 알고 있어야 한다. 사용 시 다음을 주의해야 한다 첫 번째 집합 함수를 호출한 시점에는 완료까지 2~3초가 걸리지만, 그 다음에 호출하면 응답까지 30ms만 걸린다.

긴 로딩 시간은 문제가 될 수 있다. 이런 문제를 색인 시점에 미리 로딩하고 새로운 세그먼트가 검색이 가능하도록 일래스틱서치가 자동으로 필드 데이터를 올리도록 할 수 있다. 필드의 정렬이나 집합에 이 작업을 수행하려면, fielddata를 설정해야 한다. 매핑에 loading을 eager로 해야 한다. eager로 설정함으로써, 일래스틱서치는 첫 번째 검색까지 기다리지 않고, 가능할 때 바로 데이터를 올린다.

예를 들어, get-together 그룹의 태그(상위 10개의 집합 태그)를 만들려면, 다음과 같이 매핑을 할 수 있다.

예제 6.20 제목 필드에 데이터를 적재하기 위한 "eager" 설정

```
curl - XPOST 'localhost:9200/get-together'-d '{
  "mappings": {
    "group": {
      "properties": {
        "title": {
          "type": "string",
          "fielddata": {
            "loading": "eager"
```

제목 필드에 대해 일찍 데이터가
로드될 수 있도록 설정

```
        }
      }
    }
  }
}'
```

6.9.2 어떤 필드 데이터에 사용되는가?

이전에 언급했듯이, 필드 데이터는 일래스틱서치의 여러 곳에서 사용된다.

- 필드를 정렬

- 필드의 집합

- 스크립트에서 doc['fieldname'] 표기법으로 필드의 값에 접근

- _score 질의에서 field_value_factor 함수를 사용

- _score 질의에서 decay 함수를 사용

- 검색 요청에서 fielddata_fields를 사용하여 필드 값을 받을 때

- 문서들 간의 부모/자식 간의 ID를 캐싱

아마도 가장 흔한 사용 방법은 필드에 대한 정렬 또는 집합을 사용할 때다. 예를 들어, get-together의 결과에서 organizer 필드로 정렬한다고 하면, 효율적으로 정렬 순서를 비교하기 위해서는 모든 고유한 필드의 값이 메모리에 적재해야 한다.

정렬된 다음에 집계하면 된다. 텀 집계를 실행할 때, 일래스틱서치는 각 고유한 텀을 계산할 수 있어야 한다. 그리고 이 고유한 텀과 개수는 분석 결과를 정렬할 때까지 메모리에 유지되어야 한다. 마찬가지로 통계 집합의 경우, 필드에 대한 수치는 결과를 계산하기 위해 메모리에 적재되어야 한다.

언급한 바와 같이 많은 데이터를 적재할 수 있는 것처럼 들리지만(분명 그렇게 들릴 것이다.), 일래스틱서치는 데이터를 압축하는 방법으로 적재한다. 이 말은 클러스터에서 어떻게 필드 데이터를 관리할지 알고 있어야 한다는 거다.

6.9.3 필드 데이터 관리

일래스틱서치 클러스터에는 필드 데이터를 관리하는 몇 가지 방법이 있다. 그럼 우리가 "관리"라고 말하는 것은 어떤 의미일까? 필드 데이터를 관리한다는 건 일래스틱서치 클러스터에서 JVM 가비지 컬렉션 이슈를 회피한다는 것이다. GC는 시간이 오래 걸리고 많은 메모리를 사용한다면 OutOfMemoryError를 발생할 수 있다. 또한, 캐시의 이탈을 방지하고, 메모리에서 제거되지 않도록 하는 게 유익하다.

관리하기 위해 3가지 다른 방법이 있다.

- 필드 데이터에 사용할 메모리의 제한
- 서킷 브레이커circuit breaker에 필드 데이터 사용하기
- doc values로 메모리값을 무시

필드 데이터에 사용하는 메모리의 제한

메모리에 너무 큰 공간을 사용하지 않도록 하는 가장 쉬운 방법은 특정 크기로 필드 데이터 공간을 제약하는 것이다. 만약 이것을 설정하지 않는다면, 일래스틱서치는 캐시에 메모리 제약을 하지 않는다. 그리고 데이터는 자동으로 만료되지 않는다.

여기에 필드 데이터 캐시를 제약하는 2가지 다른 옵션이 있다. 메모리 크기로 제약을 걸거나 캐시의 데이터가 언제 삭제될지를 정할 수 있다.

이 설정은 elasticsearch.yml 파일에 지정할 수 있다. 이 설정은 API를 통해 업데이트할 수 없고, 변경 시 재시작을 해야 한다.

```
indices.fielddata.cache.size: 400mb
indices.fielddata.cache.expire: 25m
```

그러나 이 설정을 할 때, expire 설정을 하는 것보다 indices.fieldata.cache.size를 설정하는 게 더 의미 있다. 왜 그럴까? 왜냐하면 캐시에 필드 데이터를 적재할 때, 메모리 제한에 도달할 때까지 메모리에 유지된다. 그리고 제한에 도달하면 LRU 방법에 따라 메모리에서 제거된다. 크기 제한만 설정한 상태에서 캐시가 메모리 제한에 도달하면 오래된 데이터를 제거하는 것이다.

크기를 설정할 때 절대 크기 대신에 상대 크기도 설정할 수 있다, 우리 예제의 400mb 대신에 40%라고 지정할 수 있고, 40%는 JVM 힙 크기의 40%를 필드 데이터 캐시로 사용한다. 이건 보유하고 있는 서버들이 서로 다른 물리 메모리를 가지고 있어도, elasticsearch.yml 설정 파일에 절대 사이즈 설정을 하지 않고 같이 사용할 수 있어 유용하다.

서킷 브레이커에 필드 데이터 사용하기

만약 캐시 크기를 지정하지 않으면 어떤 일이 발생할까? 메모리에 너무 많은 데이터가 적재되는 것을 막기 위하여, 일래스틱서치는 서킷 브레이커circuit breaker라는 개념을 가지고 있다. 메모리에 적재되는 데이터의 양을 모니터링하여, 제한을 넘으면 발생한다.

필드 데이터의 경우, 매 요청 발생 시 필드 데이터를 읽어야 한다(예를 들어 필드를 정렬한다든지), 서킷 브레이커는 얼마나 많은 메모리가 필요한지 예측하고, 최대 사이즈를 넘어서는지 확인한다. 만약 최대 크기를 넘어서면, 에러를 발생해서 동작이 메모리를 넘지 않도록 예방한다.

이건 몇 가지 이점이 있다. 필드 데이터 캐시의 제한에 도달할 때, 필드 데이터 사이즈는 메모리에 데이터를 적재한 후 계산될 수 있다. 이건 너무 많은 데이터이고, OOMout of memory 에러가 발생할 수 있다. 반면에 서킷 브레이커는 데이터를 읽기 전에 사이즈를 예측하여, 시스템이 OOMout of memory이 발생하지 않도록 할 수 있다.

서킷 브레이커 에대한 다른 이점은 노드가 동작 중일 때 동적으로 조절 가능하다는 것이다. 반면에 캐시의 크기를 설정 파일에 설정했다면, 설정을 변경하면 노드를 재시작해야 한다. 서킷 브레이커는 기본적으로 JVM 힙 사이즈의 60%로 필드 데이터 크기를 지정하고 있다. 다음 요청으로 설정할 수 있다.

```
curl - XPUT 'localhost:9200/_cluster/settings' {
  "transient": {
    "indices.breaker.fielddata.limit": "350mb"
  }
}
```

다시 말하면, 이 설정은 350m와 같은 절댓값과 45%와 같은 백분율을 모두 지원한다. 한 번 이 값을 설정하면, Nodes의 Stats API를 이용해서 한도나 현재 얼마나 메모리를 사용하고 있는지를 볼 수 있다. 이 API는 11장에서 다룰 예정이다.

> **노트**　현재 1.4버전에는 서킷 브레이커 요청도 있다. 요청 때문에 OOM(OutOfMemoryError)
> 에러가 발생하지 않게 기본값 40%로 제약하고 있다. 이건 다른 인 메모리 데이터 구조체를 생성할
> 때 도움을 준다. 또한, 부모 서킷 브레이커도 있다. 필드 데이터와 요청이 힙크기의 70%를 넘지 않
> 도록 한다. 두 가지 한도 설정은 각각 Cluster Update Settings AP인 indices.breake .request.limit
> 와 indices.breaker.total.limit로 설정할 수 있다.

메모리값을 무시하고 Doc values로 디스크 활용

지금까지 서킷브레이커를 사용하여 처리되지 않은 요청에 의해 서버가 다운되지 않도록 하는 것을 보았고, 필드 데이터 공간이 지속해서 부족한 경우, JVM 힙 크기를 증가하여 RAM을 더 사용하도록 하거나, 필드 데이터 크기를 제한하여 나쁜 성능에서 동작하도록 하는 것을 봤다. 그러나 계속 필드 데이터가 부족하고, JVM 힙을 늘리기에는 메모리가 부족하여 필드 데이터가 부족으로 느린 성능에서 운영할 수 있는가? 이것이 doc values가 나타난 이유다.

Doc values는 메모리에 적재된 문서를 색인하는 대신에, 색인 데이터와 함께 디스크에 저장하고 그 값을 사용한다. 이 뜻은 일반적으로 필드 데이터는 메모리에서 데이터를 읽을 때, 메모리 대신 디스크에서 읽을 수 있다. 이런 점은 몇 가지 장점을 제공한다.

* 성능이 부드럽게 저하 - 한 번에 JVM 힙에 모든 내용이 적재되어야 하는 기본 필드 데이터와 달리, doc value는 색인의 나머지 부분처럼 디스크에서 읽을 수 있다. 만약 OS가 RAM 캐시에 모든 것을 맞출 수 없다면, 더 많은 디스크 탐색이 필요하다. 하지만 고비용의 메모리 적재나 제거는 없고, OOM 에러에 대한 위험도 없다. 그리고 서킷 브레이커 예외도 없다. 왜냐하면, 서킷 브레이커는 필드 데이터 캐시가 너무 많은 메모리를 사용하는 걸 예방하기 때문이다.

- 더 나은 메모리 관리 - 문서 값을 커널에 기반을 둬서 캐시하여 사용하면, 힙 사용에 대한 가비지 컬렉션의 비용을 회피할 수 있다.

- 빠른 로딩 - 문서 값으로 uninvert 구조는 색인 시점에 계산된다. 그래서 첫 번째 질의를 실행하더라도, 일래스틱서치는 즉시 uninvert 할 필요가 없다. 이건 초기 요청을 빠르게 한다. 왜냐하면, 이미 uninvert 처리가 실행되었기 때문이다.

이 장의 다른 것과 같이 공짜 같은 건 없다. Doc value는 다음과 같은 단점 또한 가지고 있다.

- 더 큰 색인 사이즈 - 모든 문서 값을 디스크에 저장해서 색인의 크기를 키운다.

- 색인속도가 느려짐 - 문서 값을 계산하기 위해 색인 속도가 느려진다.

- 문서 값을 읽을 때 일반적으로 이미 메모리에 적재된 데이터 캐시를 사용하는 경우에 조금 느려진다. 이건 정렬, facets, 집계가 포함된다.

- 분석되지 않은 필드^{non-analyzed fields}에서만 동작함 - 1.4 버전에서는 doc value가 분석된 필드에는 지원되지 않는다. 예를 들어 이벤트 제목으로부터 단어 목록을 만든다면, doc value의 장점을 가질 수 없다. doc value는 숫자 형, 날짜 형, 불리안, 바이너리, 지도 정보 필드에서 사용할 수 있다, 일래스틱 서치에 색인된 로그 메시지의 timestamp 필드와 같이 분석되지 않은 대규모 데이터에도 동작 잘한다.

좋은 소식은 필드에 doc values와 인 메모리 필드 데이터 캐시를 조합하여 사용할 수 있다. 따라서 이벤트의 타임스탬프 필드에는 doc values를 사용하고, 제목 필드는 메모리를 사용할 수 있다.

doc values는 어떻게 사용할까? 왜냐하면, doc values는 색인 시점에 생성되기 때문에, doc values를 사용하기 위해서는 특정 필드에 대한 매핑이 필요하다. 문자열 필드가 분석되지 않고, 그 필드의 값을 사용하고 싶다면, 다음 예제에서와 같이 색인을 생성할 때 매핑을 설정할 수 있다.

예제 6.21 매핑을 이용하여 제목 필드에 문서 값 사용하기

```
curl - XPOST 'localhost:9200/myindex' - d ' {
  "mappings": {
    "document": {
      "properties": {
        "title": {
          "type": "string",
          "index": "not_analyzed",          ──┐  "doc_values"를 사용하여
          "doc_values": true   ◀──────────────┘  제목 필드에 설정하기
        }
      }
    }
  }
}'
```

한 번 매핑이 설정되면, 색인과 검색은 별도의 변경 없이 정상적으로 동작한다.

6.10 요약

일래스틱서치 내부에서 점수를 계산하는 것과 어떻게 문서와 field data 캐시와 상호 작용하는지 잘 이해하게 되었을 것이다. 그래서 이번 장에 대해서 복습해보자.

- 단어의 빈도와 문서에서 단어가 반복된 횟수는 질의 내부의 점수를 계산하는 데 사용된다.

- 일래스틱서치는 점수를 수정하고 원하는 대로 바꾸기 위한 많은 방법을 제공한다.

- 문서 일부의 점수를 재계산하여 점수의 영향을 줄일 수 있다.

- explain API를 이용하여 어떻게 문서의 점수에 대하여 이해했다.

- function_score 질의는 문서의 점수에 대한 모든 것을 제공한다.

- 필드 데이터 캐시를 이해하면 일래스틱서치 클러스터가 어떻게 메모리를 사용하는지 이해할 수 있다.

- 필드 데이터 캐시가 메모리를 너무 많이 사용하면 문서 값과 같은 대안을 사용할 수 있다.

7장에서는 질의의 결과를 얻지 못해도 집계를 이용하여 다양한 시각으로 데이터를 분석하는 방법을 보도록 한다.

7

집계로 데이터 살펴보기

7장에서 다루는 내용

- 지표 집계
- 단일/다중 버킷 집계
- 중첩 집계
- 질의, 필터, 집계의 관계

지금까지 이 책에서 색인과 검색에 사용법에 대해 집중했다. 사용자는 많은 문서에서 자신이 찾기 원하는 키워드와 가장 연관도가 높은 문서를 찾고 싶어 한다. 사용자가 특정 결과에 관심이 없는 많은 사용 사례가 있다. 대신에, 그들은 문서의 통계 정보를 얻고 싶어 한다. 여기서 이 통계는 최신 화젯거리인 뉴스, 다른 제품에 대한 제품 동향, 당신의 웹사이트에 방문한 순 방문자 수와 같은 것이 될 수 있다.

일래스틱서치의 집계는 검색과 일치하는 문서를 적재하고, 문자 필드의 단어를 세거나, 숫자 필드의 평균을 구하는 것과 같은 계산 업무를 해결할 수 있다. 집계가 동작하는 걸 보기 위해, 우리는 이전 장에서 함께 작업한 get-together 예제를 사용한다. 사용자는 당신의 사이트에 접속하여 그룹 정보를 찾기 위해 무엇부터 시작해야 할지 알 수 없다. 사용자에게 시작하기 위한 정보를 제공하기 위해, 그림 7.1과 같이 당신의 get-together 사이트에서 가장 인기 있는 태그 정보를 UI로 보여줄 수 있다.

Tags

- ☐ open source (7)
- ☑ elasticsearch (3)
- ☐ big data (2)

Elasticsearch Denver

Enterprise search London get-together

Elasticsearch San Francisco

▲ **그림 7.1** 집계 사용 예제: get-together 그룹의 상위 태그

이 태그들은 당신의 그룹 문서의 별도 필드에 저장된다. 사용자는 태그를 선택할 수 있고 선택된 태그에 포함되는 문서를 필터할 수 있다. 이것은 사용자가 자신의 관심 그룹을 쉽게 찾을 수 있도록 한다.

일래스틱서치에서 인기 있는 태그 목록을 얻으려면, 집계를 사용하면 된다. 이 경우에 텀즈 집계를 태그 필드에 사용하여 필드에서 단어의 발생을 계산하고 가장 많이 반복되는 단어를 돌려보내면 된다. 집계의 다른 유형에 대해서 이 장의 뒷부분에서 설명한다. 예를 들어, 당신은 날짜 히스토그램 집계를 사용하여 작년 매달 얼마나 많은 이벤트가 발생했는지를 보여줄 수 있다. 평균 집계를 사용하면 각 이벤트의 평균 참석자를 보여줄 수 있고, significant_terms 집계를 사용하여 유사한 이벤트에 관심 있어 하는 사용자를 찾을 수 있다.

facet은 무엇인가?

루씬, 솔라 또는 일래스틱서치를 가끔 쓴다고 하자. 그러면 아마 facets을 들어봤을 것이다. facets은 집계와 유사하다. 왜냐하면 이것도 질의에 일치하는 문서를 적재하여 통계 정보를 계산하여 돌려준다. Facets은 일래스틱서치 1.x 버전에서는 지원되고, 2.0 버전에서는 제거될 예정이다.

Facets과 집계와의 다른 점은 facets에서는 여러 타입을 사용할 수 없다는 것이다. 이건 데이터 검색을 일부 제한한다. 예를 들어 블로그 사이트를 운영한다고 하자. 올해 가장 인기 있는 주제를 텀즈 facet을 이용하여 찾거나 하루에 얼마나 많은 글을 등록했는지를 날짜 히스토그램 facet를 이용해서 찾고 싶을 수 있다. 하지만 각각의 토픽에 대해 얼마나 많은 글이 등록되었는지를 찾을 수는 없다(적어도 한 번의 질의로는 안 됨). 날짜 히스토그램 facet을 텀즈 facet 밑으로 중첩하여 사용하면 정보를 얻을 수 있다.

집계는 위와 같은 제한을 제거하고 문서에 대해 더 깊이 있는 분석을 할 수 있도록 태어났다. 예를 들어, 온라인 상점 로그가 일래스틱서치에 저장되어 있다고 하자. 집계를 이용하여 가장 많이 팔린 상품뿐만 아니라, 각 국가에서 가장 많이 팔린 상품, 각 국가/상품별 추세와 같은 내용을 검색할 수 있다.

이 장에서는 우리는 먼저 집계의 공통 특성에 관해 이야기할 것이다. 어떻게 동작시키고 이전에 배운 질의와 필터와 어떻게 관련 있는지를 본다. 그리고 각 집계 타입에 대해 부분적으로 깊게 보고, 마지막으로 여러 다른 타입을 조합하여 사용하는 것을 보여줄 것이다.

집계는 지표와 버킷이라는 두 가지 분류로 나눌 수 있다. 지표 집계는 문서 그룹의 통계 분석을 나타낸다. 결과는 최솟값, 최댓값, 표준 편차 그 외 여러 지표로 표현된다. 예를 들어 온라인 상점에서 파는 상품들의 평균가격을 구하거나 로그인한 순 방문자를 구할 수 있다.

버킷 집합은 하나 또는 여러 개의 버킷에 일치하는 문서를 나눈 다음 각 버킷의 문서의 수를 돌려준다. 그림 7.1에서와 같이 가장 인기 있는 태그를 찾을 때, 텀즈 집계는 문서의 태그에 대한 버킷을 만들고 각 버킷의 문서의 수를 제공한다.

버킷 집합 내에서 당신은 다른 집계를 중첩할 수 있다. 최상위 집계 때문에 생성된 각 문서의 버킷에 하위 집계를 실행할 수 있다. 그림 7.2에서 예제를 볼 수 있다.

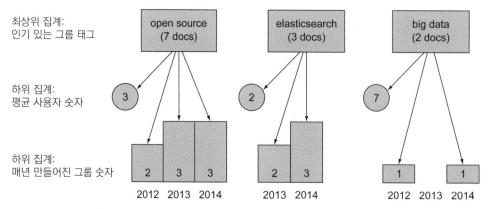

▲ **그림 7.2** 텀즈 버킷 집계는 다른 집계와의 중첩을 허용

위 예제 그림을 보면, 당신은 텀즈 집계를 사용하여 가장 인기 있는 그룹 태그를 가지고 올 수 있고 또한 각 태그와 일치하는 그룹 구성원의 평균 수를 얻을 수 있다. 그리고 매년 생성된 그룹의 수, 태그 정보를 일래스틱서치에 요청할 수 있다.

상상할 수 있는 바와 같이, 많은 유형의 집계를 조합하여 사용하는 다양한 방법이 있다. 데이터 분석에 더 나은 뷰를 가지기 위해, 우리는 지표/버킷 집계를 살펴볼 것이다. 그리고 나서 어떻게 이것들을 조합할지 의논할 것이다. 우선 모든 집계 형식의 공통점을 보자. 어떻게 쓰고 질의와 어떻게 관련이 있는지를 보자.

7.1 집계의 내부 이해하기

모든 집계는 유형과 관계없이 몇 가지 규칙을 따른다.

- 질의와 같은 JSON 요청에 집계를 정의하고, 키를 "aggregations" 또는 "aggs"로 표시한다. 각각 이름을 지정하고 특정 유형과 유형에 대한 옵션을 지정한다.

- 집계는 질의 결과에 실행한다. 이장의 뒤에서 배울 global 집계를 사용하지 않는 한 질의에 일치하지 않는 문서는 처리되지 않는다.

- 집계에 영향을 주지 않고 질의 결과를 필터할 수 있다. 이를 위해 포스트 필터를 어떻게 사용하는지 보도록 한다. 예를 들어, 온라인 상점에서 키워드로 검

색할 때, 키워드에 일치하는 모든 아이템에 대한 통계를 만들 수 있지만, 포스트 필터는 오직 재고가 있는 경우에만 보여줄 수 있다.

이 장에서 이미 본 적 있는 인기 있는 단어 집계에 대해 살펴보자. 사용 예제로는 get-together 사이트에 존재하는 그룹에서 가장 인기 있는 주제(태그)를 가지고 오는 것이 될 수 있다. 우리는 텀즈 집계를 사용하여 모든 집계가 따라야 하는 규칙에 대해 볼 것이다.

7.1.1 집계 요청의 구조

예제 7.1에서 get-together 그룹에서 가장 빈번한 태그를 가지고 오는 텀즈 집계를 실행할 것이다. 이 텀즈 집계의 구조는 다른 모든 집계에 적용된다.

> **노트** 이 장에서 작업을 진행할 때, 책의 예제를 돌릴 예제 데이터가 필요할 것이다. https://github.com/dakrone/elasticsearch-in-action에서 받을 수 있다.

예제 7.1 상위 태그를 가지고 오기 위해 terms aggregation 사용

```
curl 'localhost:9200/get-together/group/_search?pretty' - d '{
  "aggregations": {              ← aggregations 키는 요청의
    "top_tags": {                   집계 부분을 표시
      "terms": {                 ←
        "field": "tags.verbatim"  ← 집계의 타입을 terms로 지정
      }
    }
  }
}'
### reply
[...]
  "hits" : {                    ←
    "total" : 5,
    "max_score" : 1.0,          _search에 질의가 없더라도
    "hits" : [ {                결과는 항상 표시됨
```

집계의 이름을 지정

not_analyzed 필드인 verbatim 필드는 "big", "data" 분리되어 사용하지 않고, "big data" 하나의 텀으로 사용됨

286

```
[...]
  "name": "Denver Clojure",
[...]
  "name": "Elasticsearch Denver",
[...]
},
"aggregations" : {                    ←——— aggregation 결과 시작
  "top_tags" : {                    ←——— 지정된 aggregation 이름
    "buckets" : [ {
      "key" : "big data",          ←
      "doc_count" : 3             ←
    }, {
      "key" : "open source",              버킷의 유일한 텀
      "doc_count" : 3
    }, {                                  각 단어가 얼마나 많이
      "key" : "denver",                   나타났는지 보여줌
      "doc_count" : 2
[...]
  }
}
```

- 최상위 aggregation 키는 aggs로 줄여서 사용할 수 있다.

- 다음 단계에서 집계의 이름을 지정해야 한다. 지정된 이름은 응답에서 볼 수 있다. 이건 당신이 여러 집계를 한 번의 요청으로 할 때 유용하다. 그래서 당신은 쉽게 각 결괏값의 의미를 볼 수 있다.

- 마지막으로 집계 유형과 특정 옵션을 지정해야 한다. 이 경우에는 필드 이름을 지정했다.

예제 7.1의 검색 요청은 이전 장에서 본 질의와 유사하다. 사실 10개의 결과 그룹을 받았다. 왜냐하면, 특정 질의가 지정되지 않아 4장에서 본 것과 같이 "match_all" 질의가 동작했기 때문이다. 그래서 집계가 모든 문서를 대상으로 실행되었다. 다른 질의에 동작시키면 집계 결과도 다른 문서를 반환한다. 어느 쪽이든 10개의 결

과를 얻었을 것이다. 왜냐하면, 기본 반환 크기가 10이기 때문이다. 2, 4장에서 본 것과 같이 URI나 JSON 설정으로 값을 변경할 수 있다.

필드 데이터와 집계

일반적인 검색을 할 때, 역색인의 특성 때문에 빠르게 실행된다. 찾고자 하는 단어의 개수를 제한하면, 일래스틱서치는 해당 단어를 포함하는 문서를 찾아 돌려준다. 반면에 집계는 각 문서에 일치하는 질의 단어와 같이 동작해야 한다. 이건 문서 ID와 단어 간의 매핑이 필요하다. 역색인과 반대로 어떤 문서에 용어를 매핑한다.

기본적으로 6장의 6.10절에서 설명한 것처럼 일래스틱서치는 역색인을 필드 데이터로 역치환한다. 더 많은 단어 필드 데이터를 사용하는 경우 더 많은 메모리가 필요하다. 이것이 왜 일래스틱서치에 크고 넉넉한 힙을 제공해야 하는 이유다. 특히 많은 문서에 대해 집계를 하거나 문서에 하나 이상의 단어를 분석하는 경우에 그렇다. not_analyzed 필드의 경우 doc values를 사용해서 색인 시점에 역 치환한 데이터 구조를 생성해서 디스크에 저장할 수 있다. 필드 데이터와 doc values에 대한 자세한 내용은 6장 6.10절에서 찾을 수 있다.

7.1.2 질의 결과에 실행하는 집계

전체 데이터 집합에 대해 지표를 계산하는 것은 집계를 사용할 수 있는 사용 사례 중하나이다. 종종 질의의 문맥에 대해 지표를 계산하고 싶을 수 있다. 예를 들어, 당신이 그룹에서 Denver를 검색하는 경우, 아마 Denver 그룹에서 가장 인기 있는 태그를 보고 싶을 것이다. 예제에서 보는 것과 같이, 다음은 집계의 기본 동작이다. 암묵적으로 match_all 질의가 실행되는 예제 7.1과 달리, 다음 예제에서는 location 필드에 Denver를 검색하는 질의를 하고, Denver 정보만 가지고 집계를 하는 것을 보여준다.

예제 7.2 Denver그룹에서 상위 태그 가지고 오기

```
curl 'localhost:9200/get-together/group/_search?pretty' - d '{
  "query": {
    "match": {
      "location": "Denver"          ← 이 질의는 그룹 중 Denver에
    }                                   속한 데이터만 보도록 한다.
```

```
    },
  "aggregations": {
    "top_tags": {
      "terms": {
        "field": "tags.verbatim"
      }
    }
  }
}'
### reply
[...]
  "hits" : {
    "total" : 2,
    "max_score" : 1.44856,
    "hits" : [ {
[...]
  "name": "Denver Clojure",
[...]
  "name": "Elasticsearch Denver",
[...]
    },
  "aggregations" : {
    "top_tags" : {
      "buckets" : [ {
        "key" : "denver",
        "doc_count" : 2
      }, {
        "key" : "big data",
        "doc_count" : 1
[...]
```

예제 7.1보다 적은 결과를 가지고 온다.
Denver만 찾고 있기 때문이다.

Denver에 관련된 태그만 계산하여
예제 7.1과 다른 값을 보여준다.

4장에서 한 내용을 기억해보자. 질의에 `from`과 `size` 파라미터를 이용하여 질의 결과를 페이지별로 가지고 올 수 있다. 이 파라미터들은 집계에 영향을 미치지 않는다. 왜냐하면, 집계는 항상 질의에 일치하는 문서에 대해서만 동작하기 때문이다.

만약 집계의 제한 없이 질의 결과를 제한하고 싶으면, post filter를 사용하면 된다. 우리는 post filter와 필터/집계의 관계에 대하여 다음 장에서 논의할 것이다.

7.1.3 필터와 집계

4장에서 필터와 유사한 대부분의 질의 유형을 살펴봤다. 왜냐하면, 필터는 점수를 계산하지 않고 캐시가 가능하며, 필터와 유사한 질의보다 빠르다. 또한, 다음과 같은 filter를 감싼 filtered 질의를 배웠다.

```
% curl 'localhost:9200/get-together/group/_search?pretty' - d '{
  "query": {
    "filtered": {
      "filter": {
        "term": {
          "location": "denver"
        }
      }
    }
  }
}'
```

이 방법으로 필터를 사용하면 전체 질의 성능에 좋다. 필터는 처음에 실행되기 때문이다. 그리고 질의(일반적으로 더 많은 성능이 있어야 하는)는 오직 필터에 일치되는 문서에서만 동작한다. 집계에 관한 한, 그림 7.3과 같이 집계는 질의에 의해 걸러진 결과에 대하여 동작한다.

"새로운 게 없네"라고 말할 수 있다. "filtered 질의 동작은 다른 질의들이 집계가 왔을 때 하는 동작과 유사하다." 맞는 말이다. 그러나 필터를 동작시키는 다른 방법이 있다. 집계와 독립적으로 질의 이후에 실행되는 post filter를 사용하는 방법이다. 다음에서 보여주는 질의 요청은 이전 filtered 질의와 같은 결과를 반환한다.

290

```
% curl 'localhost:9200/get-together/group/_search?pretty' - d '{
  "post_filter": {
    "term": {
      "location": "denver"
    }
  }
}'
```

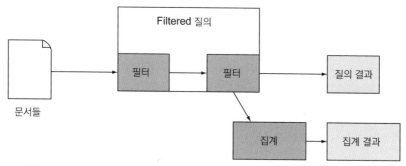

▲ **그림 7.3** filter를 감싼 filtered 질의가 먼저 실행되고 집계와 결과를 제한한다

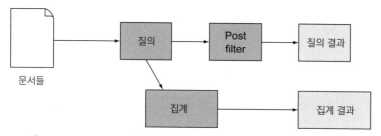

▲ **그림 7.4** post filter는 질의 이후에 실행되며 집계에는 영향을 미치지 않음

그림 7.4에 그려진 것과 같이, post filter는 두 가지가 filtered 질의와 다르다.

- 성능 - post filter는 질의 이후에 실행된다. 질의는 모든 문서에 대해 실행된 다는 것을 기억해야 한다. 그리고 필터는 오직 질의에 일치하는 문서에서만 동작한다. 전체에 요청을 하는 건 filtered 질의와 같이 먼저 결과를 필터하 는 것보다 일반적으로 느리다.

- 집계에 의해 처리되는 문서 집합 – 문서가 post filter에 일치하지 않더라도,
  집계에 의해 처리된다.

이제 질의와 필터, 집계의 연관성뿐만 아니라 집계 요청의 전체 구조에 대해 이해해야 한다. 집계에 대해 더 깊이 보고 다른 집계 유형에 대해 볼 수 있다. 지표 집계와 버킷 지표에 대해 시작하고 어떻게 조합하여 실시간으로 당신의 데이터에 대한 깊은 이해를 할 수 있을지 논의할 것이다.

7.2 지표 집계

지표^{Metrics} 집계는 문서의 집합에서 통계 정보를 추출하거나 7.4장에서 본 것과 같이 다른 집계에서 나온 문서의 버킷을 분석할 수 있다.

이런 통계들은 일반적으로 숫자 필드에 수행된다. 최소나 평균값과 같은 것들이다. 통계를 각각 얻거나 stats 집계를 통해 한 번에 같이 받을 수 있다. 표준편차나 합의 제곱과 같은 고급 통계는 extended_stats 집계를 통해 가능하다.

숫자 필드와 비숫자 필드로부터 7.2.3절에서 배울 cadinality 집계를 이용하여 유일한 값에 대한 통계 정보를 가질 수 있다.

7.2.1 통계

지표 집계를 이용하여 각 이벤트 참가자의 수에 대한 통계^{Statistics}를 얻는 방법을 살펴보자.

예제에서 이벤트 문서가 참가자 목록을 가지고 있는 것을 볼 수 있다. 예제 7.3에서 보여주는 것과 같이 질의 시점에 스크립트를 통해 참가자의 숫자를 계산할 수 있다. 3장에서 문서를 수정하기 위해 스크립트를 사용하는 것에 관해 이야기했었다. 일반적으로 일래스틱서치 질의에 각 문서의 값을 반환하는 작은 스크립트를 사용할 수 있다. 이 경우에 이 값은 참가자 배열의 요소들의 수가 된다.

스크립트의 유연성은 비용을 포함한다

스크립트는 질의에 사용할 때 유연하지만, 성능과 보안 관점에서 주의사항을 알고 있어야 한다.

스크립트는 대부분의 집계 유형에서 사용할 수 있지만, 모든 문서에서 동작하기 때문에 집계 동작을 느리게 한다. 스크립트를 실행할 때 성능 문제를 회피하고 싶으면, 색인 시점에 계산할 수 있다. 이 경우에는 모든 이벤트에 대한 참석자의 수를 추출할 수 있고 색인을 하기 전에 별도의 필드로 추가할 수 있다. 성능에 관련된 내용은 10장에서 더 이야기할 것이다.

대부분의 배포된 일래스틱서치에서 사용자는 질의 문장(query string)을 명시하고, 서버 애플리케이션이 질의 문장으로부터 질의를 생성한다. 그러나 사용자가 스크립트를 포함한 어떤 종류의 질의든 사용할 수 있도록 한다면, 누군가 이것을 악용하여 악성 코드를 실행할 수 있다. 이런 이유로 예제 7.3에서와 같이 인라인 스크립트를 동작시키는(다이내믹 스크립팅이라고 불리는) 것이 사용하는 일래스틱 버전에 의하여 비활성화되는 것이다. 활성화시키려면, "elasticsearch.yml" 파일의 "set.disable_dynamic" 값을 false로 지정하면 된다.

다음 목록에서 모든 이벤트의 참석자 수에 대한 통계 정보를 요청할 수 있다. 스크립트에서 참가자의 수를 얻은 다음, doc['attendees'].values를 이용하여 참석자의 배열을 받을 수 있다. 길이 속성을 추가하면 참석자의 수를 알 수 있다.

예제 7.3 이벤트 참석자의 수를 가져오기 위해 stats 호출

```
URI=localhost:9200/get-together/event/_search
curl "$URI?pretty&search_type=count" - d '{      ◀── 집계에 대해서만 생각한다면, 결과를 묻지
                                                    말고 개수만을 가지고 온다.
  "aggregations": {
    "attendees_stats": {
      "stats": {
        "script": "doc['"'attendees'"'].values.length"   ◀── 참석자의 수를 계산하는
      }                                                       스크립트. 실제 필드를 지
    }                                                         정하여 필드 대신 스크립
  }                                                           트를 사용
}'
### reply
[...]
  "aggregations" : {
    "attendees_stats" : {
```

```
        "count" : 15,
        "min" : 3.0,
        "max" : 5.0,
        "avg" : 3.8666666666666667,
        "sum" : 58.0
      }
    }
}
```

각 이벤트당 최소 참가자 수뿐만 아니라 최대, 합, 평균 등을 알 수 있다. 또한, 이런 통계는 이미 계산된 문서의 수를 가져온다.

만약 이 중에서 하나의 통계만 필요하다면 따로 요청하여 받을 수 있다. 예를 들어 각 이벤트의 평균 참석자를 계산하려면, 다음 목록에서 보듯이 avg 집계를 이용할 수 있다.

예제 7.4 이벤트의 평균 참석자 수 구하기

```
URI=localhost:9200/get-together/event/_search
curl "$URI?pretty&search_type=count" -d '{
  "aggregations": {
    "attendees_avg": {
      "avg": {
        "script": "doc['"'attendees'"'].values.length"
      }
    }
}}'
### reply
[...]
  "aggregations" : {
    "attendees_avg" : {
      "value" : 3.8666666666666667
    }
  }
}
```

avg 집계와 유사하게 min, max, sum, value_count 등과 같은 다른 지표 집계를 사용할 수 있다. 예제 7.4에서 avg라는 집계 이름을 사용하고자 하는 지표 집계 이름으로 변경하면 된다. 통계를 분리하는 것의 장점은 일래스틱서치가 필요하지 않은 지표를 계산하기 위하여 시간을 낭비하지 않는다는 점이다.

7.2.2 고급 통계

stats 집계를 이용하여 추가적인 통계 정보를 얻을 수 있다. 다음 예제에서 보여주는 것처럼 숫자 필드에 extended_stats 집계를 동작하여 제곱의 합, 분산, 표준 편차 등의 정보를 얻을 수 있다.

예제 7.5 이벤트 참석자 수의 추가 통계 정보 구하기

```
URI=localhost:9200/get-together/event/_search
curl "$URI?pretty&search_type=count" -d '{
  "aggregations": {
    "attendees_extended_stats": {
      "extended_stats": {
        "script": "doc['"'attendees'"'].values.length"
      }
    }
  }
}}'
### reply
  "aggregations" : {
    "attendees_extended_stats" : {
      "count" : 15,
      "min" : 3.0,
      "max" : 5.0,
      "avg" : 3.8666666666666667,
      "sum" : 58.0,
      "sum_of_squares" : 230.0,
      "variance" : 0.38222222222222135,
      "std_deviation" : 0.6182412330330462
```

```
      }
   }
```

이런 모든 통계는 질의에 일치하는 모든 문서의 값을 찾아 계산하여, 매번 100%
정확하다. 다음으로 빠르고 근사 알고리즘을 사용하는 통계에 대해 볼 것이다. 이건
정확성은 낮지만 적은 메모리를 사용하며 더 빠르다.

7.2.3 근사치 통계

일부 통계는 문서에서 값을 높은 정확성으로(100%는 아니지만) 찾아 계산한다. 이것은
실행 시간과 메모리 사용량을 모두 제한한다.

여기에 일래스틱서치에서 percentiles와 cardinality 두 가지 통계를 어떻게 가
지고 오는지 보자. percentiles는 주어진 x를 가지고 전체 값에서 x% 이하인 값을
찾는다. 예를 들어 온라인 상점을 운영하고 있다면, 각 장바구니에 있는 값을 기록하
고, 사용자들이 어떤 가격 범위를 장바구니에 담는지 확인하기에 유용하다. 아마도
대부분 사용자는 1~2개의 상품을 구매할 것이다. 그러나 상위 10% 사용자는 많은
상품을 구매하고 당신 수익의 대부분을 창출할 것이다.

Cardinality는 필드의 유일한 값의 개수이다. 이건 웹사이트에 접근한 유일한 IP
개수를 알고 싶을 때 유용하다.

백분위 수

백분위 수Percentiles의 경우, 이벤트의 참가자 수를 다시 한 번 생각해보고, 여러분이
생각하는 보통의 참석자 수와 높은 참석자의 최대 수를 결정하자. 예제 7.6에서 80%
와 99% 백분위 수로 계산할 수 있다. 당신은 80% 이상 99% 이하의 숫자를 고려해
볼 수 있다. 상위 1%는 예외적으로 높은 수치이기 때문에 무시할 수 있다.

이를 위해서는 당신은 백분위 집계를 사용해야 한다. 그리고 이 특정 백분위 값
을 가지고 오기 위해 80과 99를 배열에 설정해야 한다.

예제 7.6 이벤트 참석자 수의 80번째, 99번째 백분위 값 구하기

```
URI=localhost:9200/get-together/event/_search
curl "$URI?pretty&search_type=count" -d '{
  "aggregations": {
    "attendees_percentiles": {
      "percentiles": {
        "script": "doc['"'attendees'"'].values.length",
        "percents": [80, 99]
      }
    }
}}'
### reply
  "aggregations" : {
    "attendees_percentiles" : {
      "values" : {
        "80.0" : 4.0,        ◄──── 80%의 값은 4
        "99.0" : 5.0         ◄──
      }                           99%의 값은 5
    }
  }
```

예제와 같이 작은 데이터에서는 100% 정확도의 데이터를 얻을 수 있다. 그러나 실제 큰 데이터 사이즈의 환경에서는 그렇지 못할 수 있다. 대부분의 데이터와 백분위 수를 사용할 경우 기본 설정으로 99.9% 이상의 데이터 정확도를 가질 수 있다. 하지만 50번째와 같은 백분위 수의 경우 정확도가 매우 안 좋을 수 있다. 정확도는 0 또는 100으로 향할수록 더 좋은 결과를 얻는다.

기본값이 100인 compression 파라미터의 값을 증가하여 메모리 사용량과 정확도를 조절할 수 있다. compression 값에 비례하여 메모리 소비량은 증가하고 백분위 수의 근사치를 구할 때 얼마나 많은 값을 사용할지 조절할 수 있다.

반대의 결과를 얻을 수 있는 percentile_ranks 집계도 있다. 즉, 값의 집합을 명시하고 명시한 값까지 일치하는 문서의 백분위를 얻는다.

```
% curl "$URI?pretty&search_type=count" - d '{
  "aggregations": {
    "attendees_percentile_ranks": {
      "percentile_ranks": {
        "script": "doc['"'attendees'"'].values.length",
        "values": [4, 5]

      }
    }
  }
}'
```

카디널리티

카디널리티cardinality의 경우, 당신의 get-together 사이트에서 유일한 사용자 숫자를 찾기를 원한다고 해보자. 다음에서 보여주는 것과 같이 카디널리티 집계를 사용할 수 있다.

예제 7.7 카디널리티 집계를 이용하여 유일한 사용자 정보 구하기

```
URI=localhost:9200/get-together/group/_search
curl "$URI?pretty&search_type=count" -d '{
  "aggregations": {
    "members_cardinality": {
      "cardinality": {
        "field": "members"

      }
    }
}}'
### reply
  "aggregations" : {
    "members_cardinality" : {
      "value" : 8

    }

  }
```

백분위 집계와 같이 카디널리티 집계도 근사치 값이다. 이러한 근사 알고리즘을 이해하기 위해 대안으로 사용될 수 있는 것들에 대해 살펴보자. 버전 1.1.0에서 카디널리티가 소개되기 이전에는 필드의 카디널리티를 얻는 일반적인 방법은 7.1절에서 본 텀즈 집계를 이용한 것이다. 단어 집계는 각 단어의 상위 N개의 값을 알 수 있고, 여기서 N은 설정 가능한 파라미터이기 때문이다. 만약 이 숫자가 충분히 크다면, 모든 유일한 단어를 가질 수 있다. 이것을 계산하여 카디널리티값을 구할 수 있다.

하지만 불행하게도, 이런 접근은 오직 적은 문서와 적은 카디널리티를 가지는 필드에서만 동작한다. 그렇지 않으면 텀즈 집계를 동작시키기 위해 너무 큰 자원을 필요로 하기 때문이다.

- 메모리 – 유일한 단어를 계산하기 위해 메모리에 모든 단어가 적재되어야 한다.

- CPU – 결과는 정렬되어 보여야 한다. 기본적으로 순서는 각 용어가 발생한 횟수로 정렬된다.

- 네트워크 – 각 샤드에서 유일한 단어로 정렬된 큰 배열이 사용자의 요청을 받은 노드로 전송되어야 한다. 그리고 전달받은 노드는 사용자에게 값을 반환하기 위하여 전달받은 큰 배열을 하나의 배열로 합치는 작업을 진행해야 한다.

이것이 근사치 알고리즘이 역할을 할 수 있는 부분이다. 카디널리티 필드는 HyperLogLog++라는 알고리즘으로 동작한다. 이건 검색을 원하는 필드로부터 해시값을 구하고, 해시값을 이용하여 근사값을 구하는 알고리즘이다. 메모리에 이런 해시값을 한 번만 적재하기 때문에, 얼마나 많은 단어를 검사하는지에 상관없이 메모리 사용량이 일정하다.

> **노트** HyperLogLog++ 알고리즘에 대해 더 자세히 알고 싶다면, 구글의 원본 문서를 보자.
> http://static.googleusercontent.com/external_content/untrusted_dlcp/research.google.com/en/us/pubs/archive/40671.pdf

메모리와 카디널리티

카디널리티 집계는 메모리 사용량이 일정하다고 했다. 하지만 얼마나 크게 설정 가능할까? `precision_threshold` 파라미터를 통해서 설정할 수 있다. `threshold`가 높으면, 더 정확한 결과를 얻을 수 있지만, 더 많은 메모리를 사용한다. 만약 직접 카디널리티 집계를 실행한다면, `precision_threshold` * 8바이트만큼의 메모리를 각 샤드에서 질의를 동작시키기 위해 사용된다.

카디널리티 집계도 다른 집계와 마찬가지로, bucket 집계에서 중첩할 수 있다. 그렇게 하면 메모리 사용량은 상위 집계에서 생성된 bucket의 개수만큼 곱해진다.

> **팁** 일반적으로, 기본 precision_threshold 값으로도 동작을 잘한다. 메모리 사용량과 정확도에 대해 좋은 균형을 제공하고 버킷의 숫자에 따라 조절되기 때문이다.

다음으로 multi-bucket 집계의 선택에 대해 알아보도록 하자. 하지만 이걸 보기 전에, 표 7.1에서 각 지표 집계와 일반적은 사용예시를 간단하게 살펴보자.

▼ **표 7.1** 지표 집계와 일반적인 사용 예제

집계 타입	사용 예제
stats	여러 상점에서 같은 상품을 팜. 가격에 대한 통계를 수집: 얼마나 많은 상점에서 상품을 파는지 그리고 최소, 최대 평균 값이 얼마인지 구함
individual stats (min, max, sum, avg, value_count)	여러 상점에서 같은 상품을 판매할 때 상품의 최소 가격을 표시
extended_stats	문서는 성격 검사 결과를 포함. 분산과 표준편차를 이용하여 유사한 성격의 사람을 그룹 지어 통계를 수집
percentiles	웹 사이트에 접속한 시간: 웹사이트에 접근 시 발생하는 지연과 가장 늦은 응답
percentile_ranks	SLA를 충족하는지 확인: 99%의 요청이 100ms 이내에 제공할 수 있어야 한다면, 실제 얼마나 충족하는지를 확인
cardinality	서비스에 접근하는 유일한 IP 주소의 개수

7.3 다중 버킷 집계

이전 장에서 본 것과 같이, 지표 집계는 모든 문서를 기반으로 생성한 하나 이상의 숫자로 설명할 수 있다. 다중 버킷 집계^{Multi-bucket aggregations}는 각 태그에 일치하는 문서의 그룹을 버킷에 넣는다. 그리고 각 버킷에 있는 태그의 그룹 수를 집계한 하나 이상의 값을 가질 수 있다.

지금까지 질의에 일치하는 모든 문서에 대해 지표 집계를 실행하였다. 하나의 큰 버킷으로 그 문서들을 생각할 수 있다. 다른 집계들도 이런 버킷을 생성한다. 예를 들어 색인 중인 로그가 국가 코드를 가지고 있다면, 텀즈 집계를 이용하여 국가별로 문서를 담을 버킷을 생성할 수 있다. 아니면 7.4절에서 볼 것과 같이, 집계를 중첩해서 사용할 수 있다. 예를 들어 나라별 유일한 사용자의 숫자를 알기 위해 텀즈 집계로 생성된 버킷에 카디널리티 집계를 중첩하여 사용할 수 있다.

우선은 어떤 종류의 다중 버킷 집계가 있는지 알아보고, 일반적인 사용 예제를 보도록 하자.

- 텀즈 집계^{Terms aggregations}는 문서에서 각 단어의 빈도를 계산하려고 할 때 사용한다. 이미 앞에서 몇 번 본 텀즈 집계는 각 단어가 몇 번 나타났는지를 돌려주는데, 블로그에서 사용자들이 자주 접근하는 글을 찾거나 인기 있는 태그를 찾을 때 유용하다. 그리고 significant_terms 집계도 있다. 이것은 전체 문서에서 발생한 단어 빈도와 질의 결과에서 발생하는 차이점을 돌려주며, 검색 문맥에서 의미 있는 단어를 추천할 때 유용하다. 예를 들어 "search engine"에 관련된 문서에서 "elasticseach"를 추천하는 것처럼 말이다.

- 범위 집계는 버킷을 생성한 후 어떤 숫자, 날짜 또는 IP 주소 범위를 버킷에 나누는 방법이다. 이 방법은 사용자가 예상하는 값에 대해 분석을 하기에 유용하다. 예를 들어, 온라인 상점에서 랩톱에 대하여 검색한다고 할 때, 가장 인기 있는 랩톱의 가격 범위를 알 수 있다.

- 히스토그램^{Histogram} 집계는 숫자 형이나 날짜형 둘 중 하나를 사용하며 범위 집계와 유사하다. 그러나 각 범위를 지정하는 대신에 각 간격에 대하여 정의를 한다. 일래스틱서치는 간격에 맞춰 버킷을 생성한다. 이건 사용자가 어떤 값을 볼지 모르는 경우에 유용하다. 예를 들어, 매달 얼마나 많은 이벤트가 발생하는지 도표로 보여줄 수 있다.

- 중첩, 역 중첩, 그리고 자식 집계는 문서의 관계에 걸쳐서 집계를 실행한다. 8장에서 중첩과 부모-자식 관계에 대해 논의할 것이다.

- 지오 거리^{Geo distance}, 지오 해시 그리드^{geohash grid} 집계는 지리정보를 기반으로 버킷을 생성한다. 부록 A에서 지리검색에 대해 보여줄 것이다.

그림 7.5는 우리가 논의할 다중 버킷 집계 유형의 개요를 보여준다. 다음으로 각 다중 버킷 집계에 대해 자세히 알아보고 어떻게 사용하는지 보도록 하자.

7.3.1 텀즈 집계

먼저 7.1절의 모든 집계가 동작하는 예제에서 텀즈 집계^{Terms aggregations}를 보았다. 일반적인 사용 예제는 문서에서 자주 발생하는 상위 X개의 정보를 가지고 올 때 사용한다. 여기서 X는 사용자의 이름이나, 태그, 카테고리와 같은 문서의 필드가 된다. 왜냐하면, 텀즈 집계는 각 필드의 값이 아닌 각 단어에 대해 계산한다. 그래서 분석 되지 않은 필드에서도 돌릴 수 있다. "big data"의 경우에는 "big" 한 번, "data" 한 번으로 계산된다.

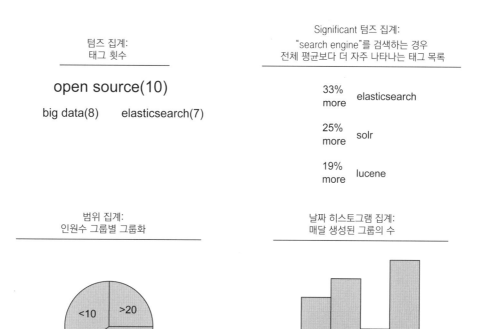

▲ **그림 7.5** 다중 버킷 집계의 주요 유형

텀즈 집계는 이벤트의 설명처럼 분석된 필드에서 가장 많이 사용된 단어를 뽑아낼 때 사용할 수 있다. 그림 7.6과 같이 이 정보를 이용하여 워드 클라우드를 생성할 수 있다. 만약 많은 문서를 가지고 있거나 문서에 많은 단어를 포함하고 있다면, 모든 필드가 메모리에 적재될 수 있도록 넉넉한 메모리가 있어야 한다는 것을 잊지 말아야 한다.

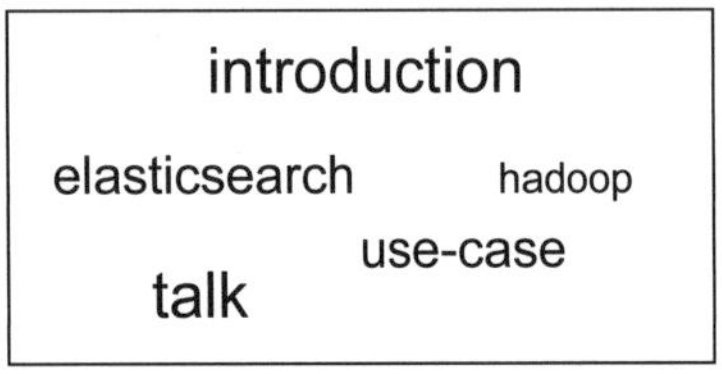

▲ **그림 7.6** 단어 집계는 단어의 사용 빈도를 구하고 워드 클라우드를 생성하는 데 사용할 수 있다

상위 X개의 정보를 가지고 오는 사용 예제에서 정렬은 기본적으로 계산된 단어 개수의 내림차순 정렬이다. 그러나 오름차순으로 정렬하거나, 다른 조건 예를 들어 단어의 이름 같은 정보로 정렬할 수 있다. 다음 목록에서 정렬 속성을 사용하여 어떻게 그룹 태그를 알파벳순으로 정렬하는지 보여준다.

예제 7.8 태그 버킷을 이름순으로 정렬

```
URI=localhost:9200/get-together/group/_search
curl "$URI?pretty&search_type=count" -d '{
  "aggregations": {
    "tags": {
      "terms": {
        "field": "tags.verbatim",
        "order": {
          "_term": "asc"   ◀── 정렬 기준(버킷의 단어)과
        }                       정렬 방법(오름차순)
      }
    }
  }
}}'
### reply
```

```
"aggregations" : {
  "tags" : {
    "buckets" : [ {
      "key" : "apache lucene",
      "doc_count" : 1
    }, {
      "key" : "big data",
      "doc_count" : 3
    }, {
      "key" : "clojure",
      "doc_count" : 1
```

만약 텀즈 집계 밑에 지표 집계를 중첩하는 경우, 지표에 의해 단어를 정렬할 수 있다. 예를 들어 예제 7.8과 같이 태그당 평균 그룹 멤버의 평균을 구하기 위해 텀즈 집계 밑에 평균 지표 집계를 사용할 수 있다. 그리고 avg_members: desc(예제 7.8의 _term: asc 대신에)와 같은 지표 집계 이름을 참조하여 구성원의 수에 따라 태그를 정렬할 수 있다.

응답에 포함할 단어

기본적으로 텀즈 집계는 선택한 상위 10개의 단어만 돌려준다. 그러나 size 파라미터를 통해서 조절할 수 있다. 0으로 설정하면 모든 단어를 다 돌려준다. 하지만 높은 카디널리티cardinality를 가진 필드에서 사용할 경우 위험하다. 왜냐하면, 매우 큰 결과를 반환하기 때문에 정렬하기 위해 CPU를 많이 사용하고 네트워크를 포화시킬 수 있다.

상위 10개(또는 설정한 크기의 단어)를 가져오기 위해 일래스틱서치는 각 샤드에서 단어의 개수를 가지고 와서(shard_size를 통해 설정된) 결과를 집계해야 한다. 그림 7.7은 shard_size가 2로 설정된 경우 동작하는 것을 보여준다.

이 메커니즘은 개별 샤드에서 상위 정보를 가지고 올 때 몇 가지 단어에 대해 부정확한 개수를 얻을 수 있음을 함축하고 있다. 그림 7.7에서 보는 것과 같이 lucene의 전체 값은 7이지만, 각 샤드의 상위 2개의 값에 들지 못해 전체 태그의 상위 2개의 값에 들지 못해 잘못된 값을 되돌려준다.

결과의 정확도를 올리기 위해 그림 7.8과 같이 더 큰 크기의 shard_size를 설정할 수 있다. 그러나 이 작업은 집계하기 위해 더 많은 자원을 사용한다(특히 중첩하여 집계를 사용한다면 더 그렇다). 왜냐하면 메모리에 더 많은 버킷을 유지해야 하기 때문이다.

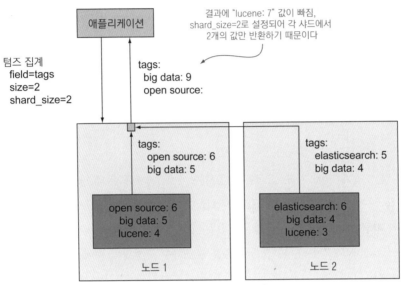

▲ **그림 7.7** 때때로 전체 상위 X개의 값을 가져오는 경우 값이 정확하지 않다. 왜냐하면, 각 샤드별로 상위 X개의 값을 반환하기 때문이다

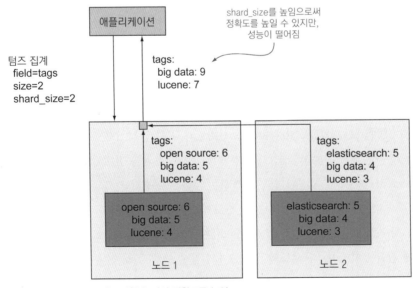

▲ **그림 7.8** shard_size의 크기를 늘려서 정확도를 높임

정확한 결과를 가져 오기 위한 아이디어로, 집계 결과의 시작 부분에서 값을 확인할 수 있다.

```
"tags" : {
  "doc_count_error_upper_bound" : 0,
  "sum_other_doc_count" : 6,
```

첫 번째 숫자는 최악의 시나리오 오차 범위다. 예를 들어, 샤드에서 반환하는 텀 발생 수의 최솟값이 5라고 하면, 같은 샤드에서 4번 발생한 텀은 반환되지 않을 수 있다. 이 단어가 최종 결과로 나와야 한다면, 최악의 에러worst-case error는 4다. 모든 샤드에 대한 숫자의 합계가 doc_count_error_upper_bound를 구성한다. 우리의 코드 예제를 보면, 그 값은 언제나 0이다. 우리는 오직 1개의 샤드만 가지고 있기 때문이다. 즉, 샤드의 상위 단어의 개수와 전체 샤드의 상위 단어가 같다.

두 번째 숫자는 상위 개수에 포함되지 않는 텀의 전체 발생 숫자를 나타낸다.

show_term_doc_count_error를 true로 설정하여 단어별 doc_count_error_upper_bound 값을 얻을 수 있다. 단어마다 최악의 시나리오를 취한다. 예를 들어 샤드에서 "big data"를 돌려준다면, 그것이 정확한 값이라는 것을 알 수 있다. 하지만 다른 샤드가 "big data"를 전혀 반환하지 않는다면, 최악의 시나리오는 "big data"가 마지막 값을 반환한 텀 바로 밑에 있는 경우이다. 텀을 반환하지 않는 샤드들에 대해서 이 에러 숫자를 합산하면 텀별 doc_count_error_upper_bound를 구성한다.

정확도 영역spectrum의 다른 끝에서, 낮은 빈도를 갖는 텀들을 관련 없다고 간주하고 결과에서 완전히 제외할 수 있다. 텀을 빈도가 아닌 다른 방법으로 정렬하려고 할 때 유용하다. 낮은 빈도의 텀들이 나타나지만, 오타 같은 무관한 결과로 인해 결과를 오염시키길 원하지 않는다. 그렇게 하려면 기본값이 1로 설정되어 있는 min_doc_count 값을 변경해야 한다. 샤드에서 낮은 빈도의 단어를 잘라버리고 싶다면, shard_min_doc_count를 사용해야 한다.

마지막으로 결과에서 특정 단어를 포함하거나 제거할 수 있다. 그렇게 하기 위해서는 include와 exclude 옵션의 값에 정규표현식 값을 넣어 사용할 수 있다. include 옵션을 단독으로 사용하면 오직 패턴이 일치하는 단어들만 포함한다. exclude 옵션을 단독으로 사용하면 패턴에 일치하는 단어들은 제외한다. 두 개를 같이 사용한다면 exclude가 먼저 실행되고, exclude 옵션으로 제거된 값들에 include 옵션을 적용한다.

다음 예제는 어떻게 "search"를 포함하는 태그의 개수를 반환하는지에 대해 보여준다.

예제 7.9 "search" 단어를 포함하는 버킷만 생성

```
URI=localhost:9200/get-together/group/_search
curl "$URI?pretty&search_type=count" -d '{
  "aggregations": {
    "tags": {
      "terms": {
        "field": "tags.verbatim",
        "include": ".*search.*"
      }
    }
}}'
### reply
  "aggregations" : {
    "tags" : {
      "buckets" : [ {
        "key" : "elasticsearch",
        "doc_count" : 2
      }, {
        "key" : "enterprise search",
        "doc_count" : 1
```

수집 모드

기본적으로 일래스틱서치는 단일 패스로 모든 집계를 수행한다. 예를 들어 텀즈 집계와 카디널리티 집계를 중첩해서 사용한다면, 일래스틱 서치는 각 단어의 버킷을 만들고, 각 버킷의 카디널리티를 계산하고, 버킷을 정렬하여 상위 X개의 값을 반환한다.

대부분의 경우에는 잘 동작하지만, 버킷이 많거나 하위 집계가 많으면 시간과 메모리 또한 많이 사용한다. 특히 하위 집계도 버킷이 많은 다중-버킷 집계인 경우에 그렇다. 이런 경우에는 2단계의 접근 방법이 더 좋다. 처음으로 상위 집계의 버킷을 생성하고, 상위 X개의 값을 정렬하고 메모리에 적재한다. 그리고 하위 집계의 경우 이 상위 X개에 대해서만 계산을 한다.

일래스틱서치에서 collect_mode를 설정함으로써 위 접근 방법을 사용할 수 있다. 기본값은 depth_first이고, 2단계 접근법은 breadth_first다.

중요한 단어

significant_terms 집계는 현재 검색 결과에서 평균보다 더 자주 나타나는 단어를 보려고 하면 유용하다. get-together 그룹의 예제를 통해 알아보자. get-together 모든 그룹에서 clojure 단어는 자주 반복되지 않는다. 백만 건의 중 10번(0.001 %)만 나타난다고 추측해보자. Denver로 검색한 결과에서, clojure가 만 건에서 7(0.07 %)번 나타난다고 가정한다면, 백분율은 전체 그룹의 결과보다 높고, Denver에는 다른 지역과 비교해서 더 강한 clojure 커뮤니티를 나타낸다. programming이나 devops와 같은 다른 단어들이 더 자주 나타나는 것은 중요하지 않다.

significant_terms 집계는 단어를 계산하는 것이 텀즈 집계와 유사하다. 하지만 결과 버킷을 질의에 일치하는 문서인 포그라운드 문서(앞의 예제에서 0.07 %)와 색인에 있는 모든 문서인 백그라운드 문서(0.001 %)의 백분율 차이로 매긴 점수를 기준으로 정렬한다.

다음 예제에서 get-together 사이트에서 이벤트를 위하여 Lee 사용자와 유사한 성향의 사용자를 찾을 것이다. 그러기 위해서는 Lee가 참석한 이벤트에 대해 질의하고, significant_terms 집계를 이용하여 같이 참석한 참석자들을 찾아서 그들이 참석한 이벤트를 전체 이벤트에서 비교한다.

예제 7.10 Lee와 유사한 이벤트에 참가한 참석자 찾기

```
URI=localhost:9200/get-together/event/_search
curl "$URI?pretty&search_type=count" -d '{
  "query": {
    "match": {
      "attendees": "lee"          ◄──  Lee가 참석한 이벤트에
    }                                   대한 검색
  },
  "aggregations": {
    "significant_attendees": {
      "significant_terms": {
        "field": "attendees",     ◄──  Lee가 참석한 이벤트에 평균보다
                                        더 참석한 사용자를 찾음
        "min_doc_count": 2,
        "exclude": "lee"          ◄──  비교 대상에서 Lee는 제외함, Lee는
      }                                 동일한 이벤트 참석 성향을 가짐
    }
  }
}}'
### reply
  "aggregations" : {
    "significant_attendees" : {
      "doc_count" : 5,            ◄──  Lee가 참석한 이벤트는 총 5개
        "buckets" : [ {
          "key" : "greg",
          "doc_count" : 3,              Greg는 유사한 관심도를 가짐,
                                        3번의 이벤트 참석과 모두 Lee
          "score" : 1.7999999999999998,  가 참석한 이벤트에 참석
          "bg_count" : 3
        }, {
          "key" : "mike",
          "doc_count" : 2,             다음 순서는 Mike, 그는 2개의
                                       이벤트 참석 모두 Lee가 참석한
          "score" : 1.2000000000000002,  이벤트에 참석
          "bg_count" : 2
        }, {
```

적어도 2번 이상 같은
이벤트에 참석한 참가
자를 가지고 옴

7장 집계로 데이터 살펴보기 | 309

```
"key" : "daniel",
"doc_count" : 2,
"score" : 0.6666666666666667,
"bg_count" : 3
```

마지막은 Daniel, 그는 3개의 이벤트에 참석하지만, 오직 2개만 Lee가 참석한 이벤트

예제에서 추측 가능한 것과 같이 significant_terms 집계는 돌아올 값을 조절하기 위하여 텀즈 집계와 같은 size, shard_size, min_doc_count, shard_min_doc_count, include, exclude 옵션을 가진다. 그 외에도 background_filter 파라미터를 이용하여 정의된 필터와 일치하는 항목만 백그라운드 문서로 변경할 수 있다. 예를 들어 Lee가 오직 기술 이벤트에만 참석했다는 것을 알 수도 있고 그가 관심이 없을 것 같은 이벤트들을 필터하는것을 고려해볼 수 있다.

텀즈와 significant_terms 집계 모두 문자 필드에서 동작을 잘한다. 숫자 필드의 경우 범위와 막대 그래프 집계가 더 적절하다. 다음에서 그것들을 볼 수 있다.

7.3.2 범위 집계

terms 집계는 대부분 문자열과 함께 사용되지만, 숫자 형 값에도 동작한다. 이건 노트북의 보증이 2년 또는 3년 아니면 그 이상인지 와 같은 작은 카디널리티 정보를 알고 싶을 때 유용하다.

나이나 가격과 같이 높은 카디널리티 필드에서는 아마도 범위 값을 찾을 것이다. 예를 들어 사용자의 나이가 18~39세 사이인지, 40~60세 사이인지 아니면 다른 범위인지 알고 싶을 수 있다. 텀즈 집계를 이용해서도 이런 작업을 할 수 있다. 하지만 지루한 작업이 될 것이다. 첫 번째 버킷을 얻기 위해 프로그램에서 18세, 19세부터 39세까지 나이를 계산하도록 추가해야 한다. 그리고 이장의 뒤에서 볼 것과 같이 하위 집계를 추가하고 싶다면 더 복잡한 작업이 될 것이다.

수치에 대해 이런 문제를 해결하기 위해 범위 집계가 있다. 이름에서 추측할 수 있듯이, 원하는 수치 범위를 제공하고 각 버킷에 해당 값을 사용하여 문서를 계산하여 나눈다. 그래픽 방식으로 데이터를 나타내기 위해 이들 집계를 사용할 수 있다. 예를 들어 그림 7.9의 파이 차트처럼 보여줄 수 있다.

310

3장에서 일래스틱서치는 날짜 문자열을 저장할 때 밀리 초 단위인 유닉스 시간을 long 타입으로 저장하는 것을 보았다. 날짜 범위로 작업할 때, 범위 집계^{Range} aggregations의 다른 형식인 date_range 집계를 사용해야 한다.

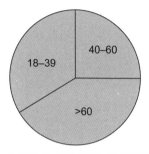

▲ **그림 7.9** 범위 집계는 각 범위에 대한 문서의 수를 반환한다. 이것은 파이차트를 그리기에 좋다

범위 집계

get-together 사이트 예제로 돌아가서 이벤트 참석자의 숫자를 분석해보자. 범위 집계에 범위 목록을 전달하여 해당 정보를 얻을 수 있다. 여기서 명심해야 할 것은 범위의 최솟값은 버킷에 포함되고 최댓값은 버킷에 포함되지 않는다. 예제 7.11에서 다음과 같은 3가지 범주를 얻을 수 있다.

- 4명 미만의 참석자가 참석한 이벤트
- 4명 이상 6명 미만의 참석자가 참석한 이벤트
- 6명 이상의 참석자가 참석한 이벤트

노트 범위는 꼭 인접할 필요는 없다 완전히 분리되어 있거나 겹쳐질 수 있다. 대부분의 경우 모든 값을 포함해야 맞지만, 꼭 그래야만 하는 것은 아니다.

예제 7.11 범위 집계를 사용하여 이벤트의 참석자 수로 표현하기

```
URI=localhost:9200/get-together/event/_search
curl "$URI?pretty&search_type=count" -d '{
  "aggregations": {
```

```
      "attendees_breakdown": {
        "range": {
          "script": "doc['"'attendees'"'].values.length",   ← 이전 예제와 같이 스크립트
          "ranges": [                                           를 이용하여 숫자를 구함
            { "to": 4 },
            { "from": 4, "to": 6 },   ← 개수를 구하기 위한 범위
            { "from": 6 }
          ]
        }
      }
}}'
### reply
  "aggregations" : {
    "attendees_breakdown" : {
      "buckets" : [ {
        "key" : "*-4.0",
        "to" : 4.0,
        "to_as_string" : "4.0",    ← 각 범위에 존재하는
        "doc_count" : 4              문서의 숫자
      }, {
        "key" : "4.0-6.0",
        "from" : 4.0,
        "from_as_string" : "4.0",
        "to" : 6.0,
        "to_as_string" : "6.0",
        "doc_count" : 11
      }, {
        "key" : "6.0-*",
        "from" : 6.0,
        "from_as_string" : "6.0",   ← 문서가 존재하지 않더라도
        "doc_count" : 0               0으로 표시
```

예제에서 볼 수 있듯이 모든 범위 집계에서 from과 to를 모두 사용할 필요는 없다. 이 파라미터 중 하나를 생략하면 각각의 경계를 제거하고, 전체 이벤트에서 4명보다 적은 참석자 또는 6명 이상의 참석자가 들어간 이벤트를 검색한다.

날짜 범위 집계

상상한 것과 같이 범위에 날짜 문자열을 넣는 것을 제외하고 날짜 범위 집계는 범위 집계처럼 동작한다. 그러므로 날짜 형식을 정의해야 한다. 그래야만 일래스틱서치가 문자열을 저장된 것과 같은 숫자 형식의 유닉스 시간 정보로 변환할 수 있다.

다음 예제에서 이벤트를 2개의 범주로 나눌 것이다. 2013년 7월 이전과 2013년 7월 이후다. 미래와 과거의 이벤트를 유사한 방법으로 접근하여 계산할 수 있다.

예제 7.12 날짜 범위 집계를 이용하여 이벤트를 이벤트 날짜로 나누어 표현

```
URI=localhost:9200/get-together/event/_search
curl "$URI?pretty&search_type=count" -d '{
  "aggregations": {
    "dates_breakdown": {
      "date_range": {
        "field": "date",
        "format": "YYYY.MM",        ← 날짜 형식 정의
        "ranges": [
          { "to": "2013.07" },       날짜 범위 정의
          { "from": "2013.07"}
        ]
      }
    }
}}'
### reply
  "aggregations" : {
    "dates_breakdown" : {
      "buckets" : [ {
        "key" : "*-2013.07",
        "to" : 1.3726368E12,
```

```
        "to_as_string" : "2013.07",
        "doc_count" : 8            ◄──── 각 날짜 범위별 문서의 수
    }, {
        "key" : "2013.07-*",
        "from" : 1.3726368E12,
        "from_as_string" : "2013.07",
        "doc_count" : 7
```

format 필드의 값이 익숙해 보인다면 그것은 3장 매핑에서 날짜 형식을 정의할 때 본 Joda Time annotation과 같기 때문이다. 전체 문법의 경우 DataTimeFormat 문서(http://joda-time.sourceforge.net/apidocs/org/joda/time/format/DateTimeFormat. html)를 보면 된다.

7.3.3 히스토그램 집계

숫자 범위를 처리하기 위해 히스토그램 집계^{Histogram aggregations}도 있다. 방금 본 범위 집계와 유사하지만 각 범위를 수동으로 지정하는 대신에 고정된 간격을 정의 하면, 일래스틱서치가 간격을 만들어준다. 예를 들어, people 문서에서 연령별 그룹정 보를 얻고 싶을 때 간격을 10년으로 정의한다면, 0-10(10 제외), 10-20(20 제외) 등의 버킷을 얻을 수 있다.

범위 집계와 마찬가지로, 날짜 형식에서 동작하는 날짜 히스토그램 집계가 있다. 이건 매일 메일링 리스트가 전송한 이메일의 개수를 막대 그래프 차트로 만들 때 유용하다.

히스토그램 집계

히스토그램 집계를 실행하면 범위 집계를 실행하는 것과 비슷하다. 방금 범위 배열 을 간격으로 변경했다. 일래스틱서치는 최솟값부터 최댓값을 포함할 때까지 간격을 추가해서 범위를 만든다. 예를 들어 다음 예제에서와 같이, 간격을 1로 지정한다면 3 명이 참석한 이벤트, 4명, 5명이 참석한 이벤트를 볼 수 있다.

예제 7.13 각 이벤트의 참석자 정보를 히스토그램 집계로 표현하기

```
URI=localhost:9200/get-together/event/_search
curl "$URI?pretty&search_type=count" -d '{
  "aggregations": {
    "attendees_histogram": {
      "histogram": {
        "script": "doc['"'attendees'"'].values.length",
        "interval": 1          ◀──┐ 범위를 만들 간격 설정. 여기서는
      }                           │ 모든 값으로 설정
    }
  }
}}'
### reply
  "aggregations" : {
    "attendees_histogram" : {
      "buckets" : [ {        ┌── key는 범위 값을 나타냄, 다음 키값은
        "key" : 3,        ◀──┘ key + interval 값
        "doc_count" : 4
      }, {
        "key" : 4,        ◀──┐ 다음 "from" 값은
        "doc_count" : 9      │ 이전 값의 "to"값
      }, {
        "key" : 5,
        "doc_count" : 2
```

텀즈 집계와 마찬가지로 히스토그램 집계도 min_doc_count를 특정 값으로 지정
할 수 있다. 이 값은 적은 문서를 가지고 있는 버킷을 무시할 때 유용하다. min_doc_
count는 비어 있는 버킷을 볼 때도 유용하다. 기본적으로 최솟값과 최댓값 사이에
문서가 없는 간격이 있다면, 해당 간격은 모두 생략하게 된다. min_doc_count 0으
로 설정하면 문서가 없어도 해당 간격은 나타나도록 설정된다.

날짜 히스토그램 집계

예상한 대로 히스토그램 집계와 같이 날짜 히스토그램 집계를 사용할 수 있다. 그러나 간격 필드에 날짜를 입력한다. 날짜값은 date_range 집계와 같이 1M 또는 1.5h 같은 Joda Time annotation으로 지정한다. 예를 들어 다음 예제와 같이 매달 일어난 이벤트에 대해 분석할 수 있다.

예제 7.14 매달 발생한 이벤트를 히스토그램 집계로 표현

```
URI=localhost:9200/get-together/event/_search
curl "$URI?pretty&search_type=count" -d '{
  "aggregations": {
    "event_dates": {
      "date_histogram": {
        "field": "date",              날짜 형식으로 날짜 간격을
        "interval": "1M"       ◀────  여기에 지정
      }
    }
}}'
### reply
  "aggregations" : {
    "event_dates" : {
      "buckets" : [ {
        "key_as_string" : "2013-02-01T00:00",      key_ad_string은 더 유용하다. 사람이
        "key" : 1359676800000,                     읽을 수 있는 형식의 날짜 형식이다.
        "doc_count" : 1
      }, {
        "key_as_string" : "2013-03-01T00:00",
        "key" : 1362096000000,
        "doc_count" : 1
      }, {
        "key_as_string" : "2013-04-01T00:00",
        "key" : 1364774400000,
        "doc_count" : 2
[...]
```

일반적인 히스토그램 집계와 같이 당신은 min_doc_count를 사용하여 비어 있는 버킷을 보여주거나 적은 문서를 가지고 있는 버킷을 생략할 수 있다.

날짜 히스토그램 집계도 다른 모든 다중 버킷 집계와 두 가지 공통점이 있다.

- 문서가 특정 단어를 가지고 있는 경우를 계산한다.
- 버킷을 생성해서 각 범주에 맞는 문서를 나눈다.

버킷은 다중 버킷 집계에서 다른 집계를 중첩할 때만 유용하다. 이것은 데이터에 더 깊은 통찰을 제공한다. 다음 장에서 중첩 집계를 보도록 하자. 우선 다중 버킷 집계와 일반적인 사용법을 나타내는 표 7.2를 보도록 하자.

▼ 표 7.2 멀티 버킷 집계와 일반적인 사용 예제

집계 유형	사용 유형 예제
terms	블로그 사이트의 상위 태그 보여주기; 뉴스사이트의 이번 주 인기 있는 주제 보기
significant_terms	평상시보다 이번 달에 사용자들이 사용하거나 다운로드한 새로운 기술 트렌드 정보 동향
range와 date_range	저렴한, 중간 가격의, 매우 비싼 랩톱 정보 보여주기, 지나간 이벤트, 금주의 이벤트, 다가오는 이벤트 보여주기
histogram과 date_histogram	분포 보여주기: 연령대별로 얼마나 많은 사용자가 운동하는지 또는 매일 산 상품에 대한 추세 보여주기

이 목록은 완전하지 않다. 하지만 가장 중요한 집계 유형과 옵션을 포함한다. 전체 목록은 해당 문서(www.elastic.co/guide/en/elasticsearch/reference/master/search-aggregations.html)에서 확인할 수 있다. 그리고 지리 집계는 부록 A에서, 중첩과 하위 집계는 8장에서 이야기할 것이다.

7.4 중첩 집계

집계의 진정한 힘은 중첩하여 사용할 때 나타난다. 예를 들어 블로그를 가지고 있고, 각 게시글의 접근에 대해 기록하고 있다면, 텀즈 집계를 이용하여 사용자들이 가장 많이 접근하는 게시글을 찾을 수 있다. 하지만 카디널리티 집계를 텀즈 집계 하위에 중첩해서 사용해서 각 게시글의 유일한 접근자의 수를 볼 수 있고, 텀즈 집계의 정렬을 수정하여 가장 많은 유일한 사용자가 본 게시글을 볼 수 있다.

집계를 중첩하여 사용하는 것은 데이터를 탐색하는 데 새로운 가능성을 열어준다. 집계를 중첩하여 사용하는 건 일래스틱서치의 facets을 대체하기 위해 나타났다. facets은 중첩해서 사용할 수 없기 때문이다.

다중 버킷 집계는 일반적으로 집계를 중첩하는 시작 지점이다. 예를 들어 텀즈 집계는 get-together 그룹의 인기 있는 태그를 보여준다. 이 말은 각 태그에 대한 문서의 버킷을 가지고 있다는 말이다. 각 버킷에 대해 하위 집계를 사용하여 다른 지표를 볼 수 있다. 예를 들어, 그림 7.10에서 보이는 것처럼 각 태그에 대해 매달 얼마나 많은 그룹이 생성되었는지를 볼 수 있다.

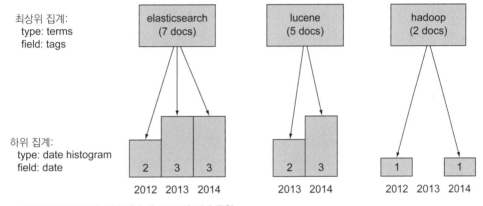

▲ **그림 7.10** 텀즈 집계 밑에 날짜 히스토그램 집계 중첩

이 장 뒤에서 중첩 집계 중 result grouping이라 불리는 사용 사례에 대하여 볼 것이다. result grouping은 관련도에 따라 상위 N개의 결과를 가지고 오는 일반 검색과 다르게, 부모 집계로부터 생성된 각 문서의 버킷에서 상위 N개의 결과를 가지고 온다. 온라인 상점을 운영 중이고, 누군가 윈도우를 검색한다면, 보통 때는 처음에 Windows OS의 많은 버전을 검색의 결과로 보여줄 것이다. 이건 가장 좋은 사용자 경험을 제공해주지 않는다. 검색 시점에 사용자들이 모두 윈도우 OS를 구매하기 위한 것이라고 볼 수 없기 때문이다. 어떤 소프트웨어는 윈도우를 위해 개발되었을 수 있고, 특정 하드웨어가 윈도우에서 동작할 수 있다. 이것이 result grouping이 필

요한 이유다. 그림 7.11과 같이 표현된다. 각 운영체제, 소프트웨어, 하드웨어 범주의 상위 3개의 결과를 보여주고, 사용자가 선택할 수 있는 넓은 선택 범위를 제공한다. 사용자는 특정 범위에 대해 검색하기 위하여 범위명을 클릭할 수 있다.

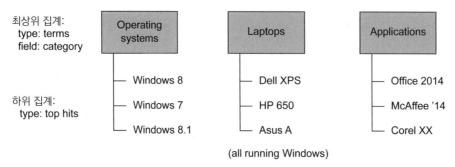

▲ **그림 7.11** 텀 집계 하위에 top_hits 집계를 중첩하여 result grouping 얻기

일래스틱서치에서 top_hits라는 특별한 집계를 사용하여 결과를 묶어서 가지고 올 수 있다. 이건 사용자가 설정한 점수를 기반으로 부모 집계의 각 버킷을 정렬하여 상위 N개의 결과를 돌려준다. 여기서 부모 집계는 그림 7.11 온라인 상점 예제에서 처럼 카테고리 필드에 대해 동작하는 terms 집계가 될 수 있다. 다음 장에서 특별한 집계에 대해 더 알아볼 것이다.

마지막 중첩 사용 사례는 집계가 실행되는 문서의 집합을 제어하는 것에 관해 이 야기한다. 예를 들어 질의에 상관없이 작년에 get-together 그룹에서 생성된 상위 태그를 보고 싶을 수 있다. 이를 위해서 제공된 필터에 일치하는 문서의 버킷을 생성 하여 다른 집계와 중첩할 수 있는 필터 집계를 사용할 수 있다.

7.4.1 다중 버킷 집계 중첩

다른 집계와 집계를 중첩하려면 aggregation이나 aggs키를 부모 집계와 같은 레벨 에서 사용하면 된다. 다중 버킷 집계에서 이건 무한히 수행할 수 있다. 예를 들어 다 음 예제에서 텀즈 집계를 이용하여 상위 태그를 보려고 한다. 각 상위 태그에 대해서 날짜 히스토그램 집계를 이용하여 매달 얼마나 많은 그룹이 생성되었는지 보고, 최 종적으로 각 그룹의 버킷에 대하여 범위 집계를 이용하여 3명 미만/3명 이상의 멤버 를 가지고 있는 그룹에 대해 보려고 한다.

예제 7.15 다중 버킷 집계를 3번 중첩

```
URI=localhost:9200/get-together/group/_search
curl "$URI?pretty&search_type=count" -d '{
    "aggregations": {
        "top_tags": {
            "terms": {
                "field": "tags.verbatim"
            },
            "aggregations": {
                "groups_per_month": {
                    "date_histogram": {
                        "field": "created_on",
                        "interval": "1M"
                    },
                    "aggregations": {
                        "number_of_members": {
                            "range": {
                                "script": "doc['"'members'"'].values.length",
                                "ranges": [
                                    { "to": 3 },
                                    { "from": 3 }
                                ]
                            }
                        }
                    }
                }
            }
        }
    }
}}'
### reply
    "aggregations" : {
        "top_tags" : {
            "buckets" : [ {
```

일반적인 상위 값을 가져오는
텀즈 집계

"aggregation" 키를 이용하여
하위 집계 정의

상위 태그에 대해 날짜
막대 그래프 집계를 적용

날짜 히스토그램 집계를
하위 집계로 설정

범위 집계는 모든 태그
와 날짜 버킷에 적용

"big data"는 상위 태그이고
3개의 문서에 나타남

320

```
        "key" : "big data",
        "doc_count" : 3,
        "groups_per_month" : {
          "buckets" : [ {
            "key_as_string" : "2010-04-01",
            "key" : 1270080000000,
            "doc_count" : 1,
            "number_of_members" : {
              "buckets" : [ {
                "key" : "*-3.0",
                "to" : 3.0,
                "to_as_string" : "3.0",
                "doc_count" : 1
              }, {
                "key" : "3.0-*",
                "from" : 3.0,
                "from_as_string" : "3.0",
                "doc_count" : 0
              } ]
            }
          }, {
            "key_as_string" : "2012-08-01",
[...]
```

"big data" 문서가 생성된 월별로 버킷이 생성됨

2010년 4월에 한 개의 문서가 생성됨

이 문서는 3명 이하의 멤버를 가짐

다음에 "big data" 문서가 생성되어 생성된 버킷은 2012년 8월

분석 정보는 모든 "big data"의 버킷을 보여주고 나머지 태그 정보에 대해서도 보여줌

항상 버킷 집계 안에서 지표 집계를 중첩할 수 있다. 예를 들어 3명 미만/ 3명 이상의 범위 대신에 그룹의 평균 멤버를 보고 싶다면, 이전 예제에서 avg나 stats 집계를 이용할 수 있다.

이 장의 마지막에서 top_hits라는 특정 집계 유형을 다룬다고 이야기했다. 그건 부모 집계의 각 버킷에 설정한 단어로 정렬하여 상위 N개의 결과를 돌려둔다. 다음으로 어떻게 top_hits 집계를 이용해서 결과를 가지고 올지 알아볼 것이다.

7.4.2 결과를 그룹 지어 가지고 오는 중첩 집계

결과를 묶어서 보는 건 상위 결과를 범주별로 묶어서 보려고 할 때 유용하다. 구글 같은 사이트에 많은 결과를 보여줄 때 해당 사이트에서 상위 3개 정도의 결과만 보고 다른 사이트의 결과를 보고 싶을 수 있다. 질의에 일치하는 모든 결과를 보기 위해서 사이트의 이름을 클릭하면 보여준다.

결과를 묶어서 보는 건 결과에 다른 좋은 정보나 아이디어를 줄 수 있도록 한다. 사용자에게 최신 이벤트를 표시하고 더 다양한 결과를 만들고 가장 참석이 많은 참석자에게 최신 이벤트에 대한 정보를 보여주고 싶을 것이다. 이럴 경우 다음 예제에서와 같이 참석자 필드에 텀즈 집계를 한 결과에 `top_hits`를 중첩해서 사용하면 된다.

예제 7.16 top hits 집계를 이용하여 결과를 묶어서 보여줌

```
URI=localhost:9200/get-together/event/_search
curl "$URI?pretty&search_type=count" -d '{
  "aggregations": {
    "frequent_attendees": {
      "terms": {
        "field": "attendees",        이 텀즈 집계는 2명의 참가자가 가장
        "size": 2                    많이 참석한 이벤트를 확인한다.
      },
      "aggregations": {
        "recent_events": {           "top_hits" 집계는 실제
          "top_hits": {        ◀──  이벤트 정보를 준다.
            "sort": {
              "date": "desc"         가장 최근 이벤트를
            },                ◀──    첫 번째로 반환한다.
            "_source": {
              "include": [ "title" ]
            },
            "size": 1   ◀──  버킷에 가져올 결과
          }                   개수를 설정한다.
        }
      }
    }
  }
```

```
    }
}}'
### reply
  "aggregations" : {
    "frequent_attendees" : {
      "buckets" : [ {
        "key" : "lee",
        "doc_count" : 5,
        "recent_events" : {
          "hits" : {
          "total" : 5,
          "max_score" : 1.0,
          "hits" : [ {
            "_index" : "get-together",
            "_type" : "event",
            "_id" : "100",
            "_score" : 1.0,
            "_source":{"title":"Liberator and Immutant"},
            "sort" : [ 1378404000000 ]
          } ]
        }
      }
    }, {
      "key" : "shay",
      "doc_count" : 4,
      "recent_events" : {
        "hits" : {
[...]
          "_source":{"title":"Piggyback on Elasticsearch training in San
Francisco"},
[...]
```

> **"Lee"는 가장 자주 참석했다.**
> **5번의 이벤트 참석을 했다.**

> **결과는 질의할 때 얻는 것과**
> **정확히 같아 보인다.**

처음에는 결과를 묶어서 보기 위해 집계를 사용하는 것이 이상하게 생각될 수도 있다. 그러나 집계가 무엇인지 배운 후에는 버킷과 중첩에 대한 개념은 매우 강력하고 질의 결과에 대한 통계를 수집하는것 보다 훨씬 더 많은 일을 할 수 있다는 것을 안다. top_hits 집계는 비통계 집계 결과의 예다.

7.1절에서 본 것과 같이 기본적으로 집계를 실행할 때 질의 결과에만 한정하지 않는다. 하지만 필요하다면 피해서 실행할 수 있다. 예를 들어 블로그 사이드바에 가장 인기 있는 포스트 태그를 보여주려고 하자. 그리고 사용자의 검색과 상관없이 사이드바에서 보여주려고 한다. 이를 위해서 질의에 독립적으로 모든 블로그 포스트에 대해 텀즈 집계를 동작시켜야 한다. 다음과 같은 경우에 global 집계가 유용하다. 검색하는 조건(검색하는 색인와 타입)의 모든 문서를 버킷에 담고, 이 모든 문서 밑에서 다른 집계를 중첩해서 사용할 때 유용하다.

global 집계는 다른 집계에 동작하기 위해 문서의 집합을 변경하는 단일 버킷 집계의 하나이다. 다음에서 이를 알아보도록 하자.

7.4.3 단일 버킷 집계 사용하기

7.1장에서 보았듯이, 일래스틱서치는 기본적으로 질의 결과에 집계를 동작시킨다. 기본값을 변경하기 위해서는, 단일 버킷 집계를 사용해야만 한다. 여기서는 다음 3가지 단일버킷 집계에 대해 알아보기로 하자.

- global 집계는 검색하는 색인과 타입의 모든 문서 타입을 버킷으로 생성한다. 이건 질의에 상관없이 모든 문서에 대해 집계를 실행할 때 유용하다.

- filter와 filters 집계는 하나 또는 그 이상의 필터에 일치하는 문서를 버킷으로 생성한다. 이건 문서의 집합을 더 제한할 필요가 있을 때 유용하다. 예를 들어 상점에 물품이 있는 상품만 검색하거나 재고가 있는 상품과 프로모션 상품을 분리해서 집계하는 경우다.

- missing집계는 특정 필드를 가지고 있지 않은 문서들로 버킷을 생성한다. 이건 필드에 어떤 계산을 하는 집계를 실행시킬 때, 필드의 데이터가 없어서 집계에서 다루지 못하는 경우에 유용하다. 예를 들어 여러 상점의 상품 평균 가격을 보여주고 이 상품이 없는 상점을 보여주려고 할 때 사용할 수 있다.

GLOBAL

get-together 사이트의 코드 예제에서 일래스틱서치에 대한 이벤트를 찾는다고 가정하자. 하지만 전체에서 가장 빈번하게 사용되는 태그를 보고 싶다. 예를 들어 앞에서 설명한 것과 같이 상위 태그를 사용자가 검색한 결과에 관련 없이 사이드바에 보여주고 싶다. 이를 위해서 그림 7.12에서 보여주는 것과 집계하는 질의의 데이터의 흐름을 변경할 수 있는 global 집계가 필요하다.

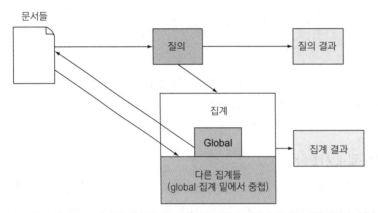

▲ **그림 7.12** Global 집계 밑에서 집계를 중첩하면 모든 문서에서 집계를 동작시킬 수 있다

다음 예제와 같이 제목에서 "elasticsearch"를 찾고 있을지라도, 전 문서의 가장 많이 사용되는 태그를 얻기 위해서 global 집계에서 텀즈 집계를 중첩해서 사용한다.

예제 7.17 Global 집계는 질의와 관계없이 전체 상위 태그를 보는 데 도움을 줌

```
URI=localhost:9200/get-together/group/_search
curl "$URI?pretty&search_type=count" -d '{
  "query": {
    "match": {
      "name": "elasticsearch"
    }
  },
  "aggregations": {
    "all_documents": {
      "global": {},                    부모는 Global 집계
```

```
      "aggregations": {
        "top_tags": {
          "terms": {                 텀즈 집계를 하위에 중첩,
            "field": "tags.verbatim"  모든 데이터에 적용됨
          }
        }
      }
}}'
### reply
[...]
  "hits" : {
    "total" : 2,        질의는 2개의 문서를 반환
[...]
  "aggregations" : {
    "all_documents" : {    집계는 5개의 문서에서
      "doc_count" : 5,      동작함
      "top_tags" : {
        "buckets" : [ {
          "key" : "big data",   질의 결과가 없더라도 텀즈
          "doc_count" : 3       집계 결과는 나타남
[...]
```

우리가 "모든 문서"라고 말할 때 의미하는 건 검색 URI에 정의된 검색의 모든 문서를 말한다. 전체 get-together 색인에서 그룹 유형에 대해 검색하는 경우 모든 그룹을 고려해야 한다. 모든 get-together 색인에서 검색한다면, 집계는 그룹과 이벤트를 포함해야 한다.

필터

7.1절의 post 필터를 기억하는가? 이건 JSON 요청에 filtered 질의를 사용하는 대신에 필터를 직접 정의할 때 사용된다. post 필터는 집계에 영향을 주지 않고 결과를 제한한다.

326

필터 집계는 반대로 동작한다. 이것은 집계가 동작하는 문서를 제한하고 결과에는 영향을 미치지 않는다. 그림 7.13은 이를 설명한 것이다.

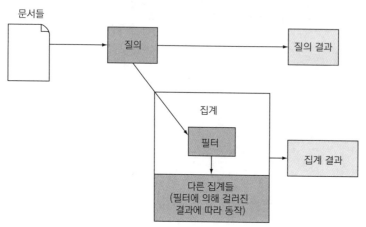

▲ **그림 7.13** 필터 집계는 질의 결과로 하위 중첩집계의 결과를 제한한다

이벤트 제목에서 "elasticsearch"를 검색하려고 한다면, 이벤트 설명을 포함해서 워드 클라우드를 만들고 싶을 것이다. 하지만 최근 이벤트의 정보(2013년 7월 1일 이후라고 하자)만 나타내고 싶다.

그렇게 하려면 다음 예제에서와 같이 평소와 동일하게 질의를 사용하면 된다. 하지만 집계를 같이 사용해야 한다. 첫 번째 필터 집계는 문서를 7월 1일 이후로 제한하다. 그리고 텀즈 집계를 중첩하여 워드 클라우드를 생성하면 된다.

예제 7.18 필터 집계는 질의로부터 오는 문서로 제한

```
URI=localhost:9200/get-together/event/_search
curl "$URI?pretty&search_type=count" -d '{
  "query": {
    "match": {
      "title": "elasticsearch"
    }
  },
  "aggregations": {
```

```
        "since_july": {
          "filter": {
            "range": {
              "date": {
                "gt": "2013-07-01T00:00"
              }
            }
          },
          "aggregations": {
            "description_cloud": {
              "terms": {
                "field": "description"
              }
            }
          }
        }
      }
}}'
### reply
[...]
  "hits" : {
    "total" : 7,
[...]
  "aggregations" : {
    "since_july" : {
      "doc_count" : 2,
      "description_cloud" : {
        "buckets" : [ {
          "key" : "we",
          "doc_count" : 2
        }, {
          "key" : "with",
          "doc_count" : 2
[...]
```

필터 집계는 하위 집계가 동작
할 버킷을 정의함

질의는 7개의 결과를 반환함

"description_cloud" 집계는 필터의 결과
로부터 오직 2개의 매칭되는 결과를 얻음

328

노트 여러 개의 필터를 정의하는 filters(복수형) 집계도 있다. 범위 집계가 각 범위에 대하여 여러 버킷을 생성하는 것처럼 각 필터에 대해 여러 버킷을 생성하는 것 이외에는 필터 집계와 유사하게 동작한다. 필터 집계에 대한 더 많은 정보를 원하면 www.elastic.co/guide/en/elasticsearch/reference/current/search-aggregations-bucket-filters-aggregation.html. 페이지를 참고하면 된다.

MISSING

우리가 지금까지 본 집계의 대부분은 문서의 버킷을 생성하고 필드의 값으로부터 통계 정보를 얻는다. 만약 문서가 필드를 가지고 있지 않다면, 버킷에 포함되지 못하고 어떠한 통계에도 집계될 수 없다.

예를 들어 이벤트 날짜에 날짜 히스토그램 집계를 사용한다고 하자. 하지만 일부 이벤트는 이벤트 날짜 정보가 설정되지 않았다. 날짜 정보가 설정되지 않은 정보도 집계하고 싶다면 missing 집계를 통해서 가능하다.

```
% curl "$URI?pretty&search_type=count" - d '{
  "aggregations": {
    "event_dates": {
      "date_histogram": {
        "field": "date",
        "interval": "1M"
      }
    },
    "missing_date": {
      "missing": {
        "field": "date"
      }
    }
  }
}'
```

다른 단일 버킷 집계처럼, `missing` 집계도 다른 집계와 같이 중첩해서 사용할 수 있다. 예를 들어, 날짜가 지정되지 않은 이벤트일지라도 최대 집계를 이용하여 하나의 이벤트에 참석하는 최대 사용자 수를 알 수 있다.

여기서 다루지 않은 다른 중요한 단일 버킷 집계가 있다. `nested`나 `reverse_nested` 집계와 같이 중첩된 문서에 모든 능력을 사용할 수 있다.

중첩된 문서를 사용하면 일래스틱서치에서 관계형 데이터를 작업할 수 있는 방법 중 하나이다. 다음 장에서는 중첩된 문서와 중첩 집계를 포함한 문서 간의 관계에 대해 모두 알아볼 것이다.

7.5 요약

이장에서는 주요 집계 유형과 이를 어떻게 조합하여 질의에 일치하는 문서에 대한 통찰을 제공하는지 알아봤다.

- 집계는 결과 문서로부터 단어를 계산하고 통계를 계산하여 질의 결과의 전체적인 정보를 얻는 데 도움이 된다.
- 집계는 일래스틱서치의 새로운 facets이다. 더 많은 유형의 집계와 이를 조합하여 데이터에 대한 더 깊은 통찰을 제공하기 때문이다.
- 집계는 버킷과 지표의 2가지 주요 유형이 있다.
- 지표 집계는 최소, 최대, 숫자 필드의 평균과 같이 문서의 집합에 대한 통계를 계산한다.
- 일부 지표 집계는 정확한 값보다 확장성을 위해 근사치 알고리즘을 이용하여 계산된다. `percentiles`, `cardinality` 집계가 여기에 속한다.
- 버킷 집계는 하나 또는 그 이상의 버킷에 문서를 넣고 이 버킷에 계산된 결과를 돌려준다. 예를 들어 포럼에서 가장 인기 있는 게시글을 찾는다고 하자. 버킷 집게 밑에 버킷 집계에서 생성된 각 버킷에 한 번 동작하는 하위 집계를 중첩하자. 이 중첩 집계를 이용하여 각 태그에 일치하는 포스트의 평균 댓글 수를 알 수 있다.

- `top_hits` 집계는 하위 집계의 결과를 묶어서 보여줄 수 있다.

- 텀즈 집계는 일반적으로 상위 유저/위치/상품과 같은 정보를 얻기 위해 사용한다. `significant_terms` 집계와 같은 텀즈 집계의 변형인 다중 버킷 집계는 전체 색인보다 질의 결과에 의해 자주 나타나는 단어를 반환한다.

- 범위, 날짜 범위 집계는 숫자와 날짜 필드를 범주화할 때 유용하다. 히스토그램 / 날짜 히스토그램도 유사하지만, 날짜 범위를 지정하는 대신 날짜 간격을 이용한다.

- `global`, `filter`, `filters`, `missing` 집계와 같은 단일 버킷 집계는 질의의 결과로 문서를 반환하며, 다른 집계가 실행하는 문서 집합을 변경하는 데 사용된다.

8

도큐먼트 간 관계

본질적으로 어떤 데이터는 관계형 특성이 있다. 예를 들어, 이 책에서 사용한 get-together 사이트에 같은 취미를 가진 사람들로 구성된 그룹과 그 그룹이 준비하는 이벤트가 있다. 그러면 특정 주제와 관련된 이벤트를 주최하는 그룹은 어떻게 검색할 것인가?

다뤄야 할 데이터가 단순한 구조라면, 8장은 건너뛰고 9장에서 이야기할 스케일 아웃으로 넘어가도 된다. 타임스탬프^{timestamp}, 심각도^{severity}, 메시지 같은 독립적인 필드를 가진 전형적인 로그가 이 같은 경우다. 반면, 데이터에 블로그 포스트와 댓글, 사용자와 제품 등과 같이 관련된 개체들을 가진다면, 그들 관계를 도큐먼트에서 어떻게 잘 표현할 수 있을지 궁금할 텐데, 이를 위해 그들 관계에 적합한 쿼리를 실행하고 집계할 수 있다.

SQL 데이터베이스와 달리, 일래스틱서치는 조인^join 연산을 하지 않는다. 이유는 8.4절 비정규화(데이터 중복 사용)에서 다루는 것처럼, 분산 시스템에서 쿼리 시간 조인은 보통 느린데 반해, 일래스틱서치를 사용해서 실시간이면서도 쿼리 결과는 수 밀리 초 내에서 반환하기를 원하기 때문이다. 그 대신 일래스틱서치는 관계를 정의하는 여러 가지 방법을 제공한다. 예를 들어, 지역 기반으로 이벤트를 검색하거나 주최하는 이벤트의 속성 기반으로 그룹을 검색할 수 있다. 일래스틱서치 검색 개체^Object 타입, 중첩^Nested 도큐먼트, 부모-자식^Parent-Child 관계 및 비정규화^Denormaling로 도큐먼트 간 관계를 정의하는 방법과 각각의 장점 및 단점을 8장에서 살펴볼 것이다.

8.1 도큐먼트 간 관계를 정의하는 옵션

우선, 각 접근 방법에 대해 개략적으로 정의해본다.

- 개체 타입 - 도큐먼트 필드 값으로 개체(자체 필드와 값을 가진)를 가지도록 한다. 예를 들어, 이벤트를 위한 주소 필드는 도시, 우편번호, 도로명 같은 자체 필드를 가진 개체가 될 수 있다. 여러 도시에 같은 이벤트가 있다고 한다면, 배열로 된 주소도 가능하다.

- 중첩 도큐먼트 - 개체 타입이 갖는 문제점은 모든 데이터가 같은 도큐먼트 안에 저장된다는 것인데, 중첩 도큐먼트 방식은 부 도큐먼트까지도 검색할 수 있다. 예를 들어, `city=Paris AND street_name=Broadway`는 비록 파리에는 Broadway 거리가 없더라도 동시에 뉴욕과 파리에서 개최하는 이벤트를 반환할 수 있다. 중첩 도큐먼트는 같은 JSON 도큐먼트를 색인하게 하지만, 분리된 루씬 도큐먼트에 주소를 유지해서, `city=New York AND street_name=Broadway` 같은 검색을 만들어 기대했던 결과를 반환한다.

- 도큐먼트 간 부모-자식 관계 - 이 방법은 이벤트와 그룹처럼 서로 다른 데이터 타입으로 일래스틱서치 도큐먼트를 완전히 구분 사용하게 해도, 여전히 그들 사이의 관계를 정의해야한다. 예를 들어, 어떤 그룹이 어떤 이벤트를 개최하는지 표현하기 위해, 이벤트의 부모로 그룹을 가질 수 있다. 이는 특정 지역에서 특정 그룹이 주최하는 이벤트, 즉 일래스틱서치와 관련된 이벤트를 주최하는 그룹을 검색할 수 있게 한다.

- 비정규화^{Denormalizing} – 관계를 표현하기 위해 데이터를 중복하는 보편적 기술이다. 다른 선택지가 오직 일-대-다^{One-to-many}에서만 동작하므로, 일래스틱서치에서 다-대-다^{Many-to-many} 관계를 표현하기 위해 비정규화를 사용할 수 있다. 예를 들어, 모든 그룹은 구성원을 가지고 구성원은 다수 개 그룹에 속할 수 있다. 그래서 그룹 도큐먼트에서 그룹의 모든 구성원을 포함하는 한쪽의 관계를 중복할 수 있다.

- 애플리케이션측 조인 – 애플리케이션으로부터 관계를 다루는 또 다른 보편적 기술이다. 소규모 데이터를 갖고 정규화 상태를 유지할 수 있을 때 잘 동작한다. 예를 들어, 참여하는 모든 그룹의 구성원을 중복하는 대신, 그룹에서의 ID만 포함해서 그들을 별도로 저장할 수 있다. 그런 다음, 두 개의 쿼리를 실행할 것이다. 먼저 구성원에서 구성원 조건에 해당하는 것을 찾아낸다. 그리고, 이들 ID를 가지고 그룹에서 검색 조건으로 포함한다.

각각의 기능을 상세히 알아보기 전에 여기서 개요와 일반적인 사용 사례를 확인해볼 것이다.

8.1.1 개체 타입

공통 관심 그룹과 이에 상응하는 이벤트를 표현하는 가장 쉬운 방법은 개체 타입을 사용하는 것이다. 다음 예제와 같이, JSON 개체 또는 JSON 개체 배열을 필드 값처럼 입력하게 한다.

```
{
  "name": "Denver technology group",
  "events": [
    {
      "date": "2014-12-22",
      "title": "Introduction to Elasticsearch"
    },
    {
      "date": "2014-06-20",
```

```
    "title": "Introduction to Hadoop"
  }
 ]
}
```

일래스틱서치 관련 이벤트가 있는 그룹을 검색하려면 events.title 필드에서 검색할 수 있다.

내부적으로 일래스틱서치(라기보다는 루씬)는 개별 개체의 구조를 알지 못하고 오직 필드와 그 값에 대해서만 안다. 도큐먼트는 결국 마치 다음에서 보는 것처럼 색인된다.

```
{
  "name": "Denver technology group",
  "events.date": [ "2014-12-22", "2014-06-20" ],
  "events.title": [ "Introduction to Elasticsearch", "Introduction to
    Hadoop" ]
}
```

개체 타입은 한 번에 오직 한 개의 개체 필드를 쿼리해야 할 때(보통 일-대-일 관계) 잘 동작하지만, 다수 개 필드를 쿼리할 때(보통 일-대-다 관계)에는 예상치 못한 결과를 얻을 수 있다. 예를 들어, 2014년 12월에 하둡 모임을 개최하는 그룹을 필터링한다면, 쿼리는 다음과 같을 것이다.

```
"bool": {
  "must": [
    {
      "term": {
        "events.title": "hadoop"
      }
    },
    {
      "range": {
```

```
        "events.date": {
          "from": "2014-12-01",
          "to": "2014-12-31"
        }
      }
    }
  ]
}
```

hadoop이 포함된 제목과 지정한 날짜 범위로 앞의 예제에서 봤던 샘플 도큐먼
트가 일치할 것이다. 그런데 원하는 결과가 아닐 것이다. 일래스틱서치 이벤트는 12
월이고, 하둡 이벤트는 6월이다. 기본 개체 타입으로 함께 있다는 것은 관계 데이터
를 가장 빠르고 쉬운 접근 방법이긴 하지만, 그림 8.1처럼 일래스틱서치는 도큐먼트
의 경계를 알지 못한다.

8.1.2 중첩 타입

이러한 교차–개체^{cross-object} 일치 문제가 발생하지 않도록 하려면, 별개의 루씬 도큐
먼트에서 이벤트를 색인하는 중첩 타입을 사용할 수 있다. 두 경우에서 그룹의 JSON
도큐먼트는 완전히 동일하게 보이고, 애플리케이션은 같은 방식으로 각각 색인할 것
이다. 차이점은 일래스틱서치가 분리된 루씬 도큐먼트가 아니라 인접하는 중첩 내부
개체로 색인하도록 하는 매핑에 있다. 다만, 검색 시 모든 루씬 도큐먼트에서 검색하
게 하는 8.2절에서 알아볼 중첩 필터와 쿼리를 사용해야 한다.

일부 사용 사례에서는 개체와 중첩 타입처럼 같은 도큐먼트에 모든 데이터를 구
겨 넣는 것이 좋은 생각이 아니다. 그룹과 이벤트 사례에서 어떤 그룹과 그 그룹의
데이터로 조직된 새 이벤트가 같은 도큐먼트에 있다면, 그 이벤트에 대해 전체 도큐
먼트를 다시 색인해야 할 것이다. 얼마나 큰 도큐먼트를 가지고 얼마나 자주 작업을
실행하는가에 따라, 성능과 동시성에 영향을 줄 수 있다.

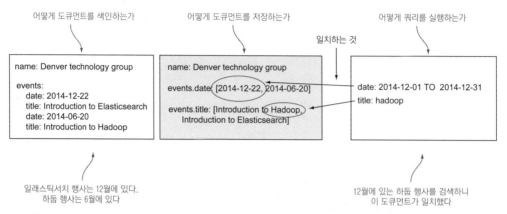

▲ **그림 8.1** 내부 개체의 경계는 저장할 때 처리하지 않아서, 예상치 못한 결과로 이어지고 있다

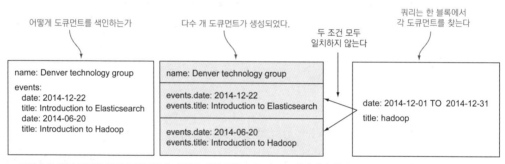

▲ **그림 8.2** 중첩 타입은 일래스틱서치가 개체를 개별 루씬 도큐먼트로 색인하게 한다

8.1.3 부모-자식 관계

부모-자식 관계는 서로 다른 타입으로 도큐먼트를 입력하고 각각의 타입 매핑에서 그 사이의 관계를 정의함으로써 완전히 다른 일래스틱서치 도큐먼트를 사용할 수 있다. 예를 들어, 하나의 매핑 타입에서 event와 group을 가질 수 있고, group이 event의 부모로 매핑에 명시할 수 있다. 또한, 그림 8.3처럼 event를 색인할 때 group에 속하는 event가 group을 가리키도록 할 수 있다. 검색 시 관계의 다른 부분을 고려해서 has_parent나 has_child 쿼리와 필터를 사용할 수 있다. 이에 관해서는 8장에서 다시 논의할 것이다.

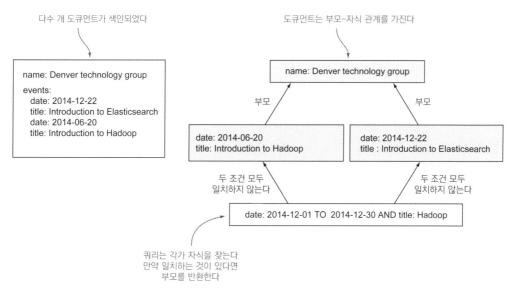

▲ 그림 8.3 서로 다른 타입의 일래스틱서치 도큐먼트는 부모–자식 관계를 가질 수 있다

8.1.4 비정규화

어떠한 상관 관계를 다룬다면 개체, 중첩 도큐먼트, 부모-자식 관계를 가지게 된다. 이들은 하나 이상의 자식을 가진 단일 부모를 가지는 종류인 일-대-일과 일-대-다 관계를 다룬다. 또한 일래스틱서치가 제공하는 또 다른 기술이 있는데, NoSQL 데이터 저장소에서 조인을 사용할 수 없음을 극복하기 위해 종종 사용되는 방법이다. 그 중 하나가 비정규화^{Denormalizing}인데, 같은 데이터가 다른 도큐먼트에 중복된다 하더라도 관련된 데이터를 도큐먼트 내부에 포함하겠다는 의미다. 다른 하나는 여러분의 애플리케이션 내에서 데이터 조인을 처리하는 것이다.

예를 들어, 그룹과 이 그룹의 구성원을 보자. 그룹은 하나 이상의 구성원을 가질 수 있고 사용자는 하나 이상의 그룹 구성원이 될 수 있다. 이 둘은 자신만의 속성 집합을 가진다. 이 관계를 표현하기 위해 구성원의 부모로서 그룹이 될 것이다. 다수 그룹의 구성원인 사용자로서 이 데이터를 비정규화할 수 있는데 그림 8.4처럼 구성원이 속하는 그룹마다 한 번씩 포함된다.

또는 그룹와 구성원을 분리하고 그룹 도큐먼트에 구성원 ID만 포함하도록 할 수도 있다. 애플리케이션에서 그룹과 그 그룹의 구성원을 구성원 ID로 조인하면 되는데, 그림 8.5에 보듯이, 소수의 구성원 ID를 가진다면 쿼리는 잘 동작할 것이다.

8장에서 개체와 배열, 중첩, 부모-자식, 비정규화, 애플리케이션측 조인 기술을 하나씩 깊게 살펴볼 것이다. 내부적으로 어떻게 동작하는지, 매핑은 어떻게 정의하는지, 색인은 어떻게, 그리고 도큐먼트는 어떻게 검색하는지 배울 것이다.

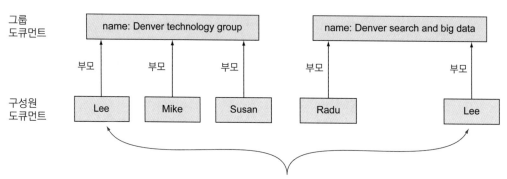

▲ **그림 8.4** 비정규화는 값비싼 관계성을 유지하는 대신 데이터를 중복하는 기술이다

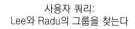

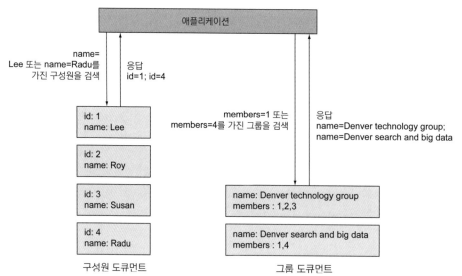

▲ **그림 8.5** 정규화한 데이터를 유지하면서 애플리케이션에서 조인을 실행할 수 있다

8.2 필드 값처럼 개체 갖기

2장 내용을 되짚어 보면, 일래스틱서치의 도큐먼트는 계층 구조가 될 수 있다. 예를 들어, 코드 샘플에서 get-together 사이트의 이벤트는 이름과 지리상 위치 정보의 두 개의 필드를 가진 개체로 location을 가진다.

```
{
  "title": "Using Hadoop with Elasticsearch",
  "location": {
    "name": "SkillsMatter Exchange",
    "geolocation": "51.524806,-0.099095"
  }
}
```

루씬에 익숙하다면 "루씬이 오직 단순 구조만 지원하는데 일래스틱서치 도큐먼트는 어떻게 계층적일 수 있을까?"라는 궁금증이 생길 수 있다. 일래스틱서치는 내부적으로 루씬에서 별도 필드를 활용하여 전체 경로를 각각의 내부 필드를 개체에 입력하고 계층을 단순 구조로 만든다. 그림 8.6에서 이 과정을 볼 수 있다.

일반적으로, 이벤트의 location 이름으로 검색할 때, location.name으로 참조할 수 있다. 검색으로 들어가기 전에 8.2.2절에서 살펴볼 텐데, 매핑을 정의하고 어떻게 특정 도큐먼트를 색인하는지 보자.

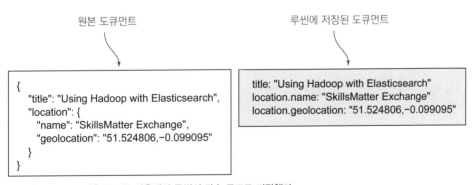

▲ **그림 8.6** JSON 계층 구조를 이용해서 루씬의 단순 구조로 저장했다

8.2.1 개체 매핑과 색인

기본적으로 내부 개체 매핑을 자동으로 감지한다. 예제 8.1에서 계층 도큐먼트를 색인하고 감지한 매핑이 어떻게 보이는지 볼 것이다. 만약, 이들 이벤트 도큐먼트가 익숙하게 느껴진다면, 코드 샘플에서 개체에 있는 이벤트에 location을 저장하기 때문이다. 아직 샘플 코드를 내려받지 않았다면, https://github.com/dakrone/elasticsearch-in-action에서 내려받을 수 있다.

예제 8.1 내부 JSON 개체는 개체 타입처럼 매핑한다

```
curl -XPUT 'localhost:9200/get-together/event-object/1' -d '{
  "title": "Introduction to objects",
  "location": {                              JSON 도큐먼트 내에
    "name": "Elasticsearch in Action book",  있는 개체
    "address": "chapter 8"
  }
}'


curl 'localhost:9200/get-together/_mapping/event-object?pretty'


# expected reply:
{
  "get-together": {
    "mappings": {
      "event-object": {
        "properties": {
          "location": {
            "properties": {
              "address": {
                "type": "string"       개체 매핑은 자동으로 루트
              },                        (root) 개체처럼 그 속성과 함
              "name": {                 께 감지된다.
                "type": "string"
              }
```

```
        }
      },
      "title": {
        "type": "string"
      }
    }
  }
}
}
```

단지 루트 JSON 개체를 가진 것처럼 속성 목록을 가진 내부 개체를 볼 수 있다. 루트 개체에서 필드를 위해 하는 것과 같은 방식으로 내부 객체로부터 필드 타입을 설정한다. 예를 들어, 3장에서 보는 것처럼 다중 필드를 가지는 `location.address`로 업그레이드할 수 있다. 이는 기본 `analyzed` 버전에 추가로 완전히 일치하게 하는 `not_analyzed` 버전을 가지는 것처럼 다른 방식으로 주소를 색인하게 한다.

> **팁** ▬ 어떻게 기본 타입 또는 다수 개 필드를 사용하는지 보고 싶다면, 3장을 다시 살펴보자. 분석에 관한 더 상세한 내용은 5장에서 볼 수 있다.

단일 내부 개체를 위한 매핑은 배열에서 다수 개 개체를 가질 때에도 동작할 것이다. 예를 들어, 다음 문서를 색인할 때, 예제 8.1의 매핑은 동일한 결과를 남길 것이다.

```
{
  "title": "Introduction to objects",
  "location": [
    {
      "name": "Elasticsearch in Action book",
      "address": "chapter 8"
    },
    {
      "name": "Elasticsearch Guide",
```

```
    "address": "elasticsearch/reference/current/mapping-object-type.html"
  }
 ]
}'
```

　요약하면, 매핑에서 개체 및 개체 배열을 다루는 것은 3장에서 보았던 필드와 배열을 다루는 것이 무척 닮아 있다. 다음으로 또한 4장과 6장에서 보았던 검색을 살펴볼 것이다.

8.2.2 개체에서 검색하기

기본적으로, 일래스틱서치는 미리 어떤 정의도 갖지 않은 내부 개체를 가진 계층적 JSON 도큐먼트를 인식하고 색인한다. 그림 8.7에서 보듯이, 검색에도 마찬가지다. 기본적으로, 경로를 location.name처럼 확인하려는 필드까지 지정해서 내부 개체를 참조해야 한다.

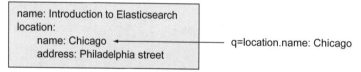

▲ **그림 8.7** 필드 전체 경로를 명시해서 개체의 필드를 검색할 수 있다

　2장과 4장에 걸쳐 다루었던 것처럼, 코드 샘플로부터 도큐먼트를 색인했다. 이제 예제 8.2에서처럼 찾으려는 필드처럼 location.name의 전체 경로를 지정해서 사무실에서 하는 이벤트를 검색할 수 있다.

> **팁** 　내려받은 코드 샘플을 아직 색인하지 않았다면, https://github.com/dakrone/elasticsearch-in-action 저장소로부터 복제(cloning)한 다음 populate.sh 스크립트를 실행하면 된다.

예제 8.2 코드 샘플로 색인한 이벤트로부터 location.name를 검색하고 있다

```
EVENT_PATH="localhost:9200/get-together/event"
curl "$EVENT_PATH/_search?q=location.name:office&pretty"
```

```
# reply: [...] "title": "Hortonworks, the future of Hadoop and big data",
[...] "location": { "name": "SendGrid Denver office",
    "geolocation": "39.748477,-104.998852"[...]
        "title": "Big Data and the cloud at Microsoft",
[...] "location": { "name": "Bing Boulder office",
    "geolocation": "40.018528,-105.275806"[...]
```

> location 개체의 name 필드에 의해 사무실에서 하는 이벤트 두 개를 찾았다.

집계

검색하는 동안, 다른 필드와 같은 방식으로 location.name과 같이 개체 필드를 다룬다. 7장에서 봤던 집계가 잘 동작할 것이다. 예를 들어, 다음 terms 집계는 워드 클라우드word cloud를 만들기 위해 location.name 필드에서 가장 많이 사용된 단어를 얻는다.

```
% curl "localhost:9200/get-together/event/_search?pretty" -d '{
  "aggregations": {
    "location_cloud": {
      "terms": {
        "field": "location.name"
      }
    }
  }
}'
```

일-대-일 관계에서 가장 잘 동작하는 개체

일-대-일 관계는 개체의 적합한 사용 사례인데, 마치 루트 도큐먼트의 필드인 것처럼 내부 개체 필드를 검색할 수 있다. 루씬 수준에서 location.name은 같은 단순 구조의 또 다른 필드다. 또한 배열에서 입력된 개체를 가진 일-대-다 관계를 가질 수 있다. 예를 들어, 다수 개 구성원을 가진 그룹을 생각해보자. 만약, 각 구성원은 자신만의 개체를 갖고 있고 다음과 같이 표현할 것이다.

```
"members": [
  {
    "first_name": "Lee",
    "last_name": "Hinman"
  },
  {
    "first_name": "Radu",
    "last_name": "Gheorghe"
  }
]
```

members.fist_name:lee로 여전히 검색할 수 있는데, 기대하는 것처럼 "Lee"를 찾을 것이다. 그러나 명심해야할 것은 루씬의 도큐먼트 구조는 다음에 더 가깝다는 것이다.

```
"members.first_name": ["Lee", "Radu"],
"members.last_name": ["Hinman", "Gheorghe"]
```

단일 필드에서 검색한다면 다수 개 조건에도 불구하고 검색이 잘 될 것이다. 그런데 members.first_name:lee AND members.last_name:gheorghe로 검색한다면, 두 조건 각각 일치하기 때문에 도큐먼트는 여전히 일치할 것이다. 이 사실은 비록 Lee Gheorghe 이름의 구성원이 없다고 하더라도 일래스틱서치가 개체 간 경계를 인식하지 않아서 같은 도큐먼트에 있는 모든 것을 던지기 때문에 발생한다. 일래스틱서치가 이러한 경계를 인식하도록 하려면 다음에 소개할 중첩 타입을 사용하면 된다.

도큐먼트 관계를 정의하기 위해 개체를 사용하는 방식의 장점과 단점

다음으로 넘어가기 전에, 왜 개체를 사용해야 하고 또는 사용하지 않아야 하는지 요약해보았다. 장점은 다음과 같다.

- 일단, 사용하기 쉽다. 일래스틱서치는 기본적으로 개체를 감지하는데, 대부분의 경우, 개체를 색인하기 위해 미리 특별한 정의를 해둘 필요가 없다.
- 단순 도큐먼트처럼 개체에서 쿼리와 집계를 실행할 수 있다. 루씬 수준에서는 결국 단순 도큐먼트이기 때문이다.
- 조인이 없다. 같은 도큐먼트에 모두 있기 때문에 개체를 사용하는 것은 8장에서 논의하는 어떠한 선택지보다 가장 좋은 성능을 보여줄 것이다.

그러나 다음과 같은 단점도 있다.

- 개체 간 경계가 없다. 그런 기능이 필요하다면, 다른 선택지(중첩, 부모–자식, 비정규화)를 살펴보고 여러분의 사용 사례에 적합하다면 개체로 그들을 결합할 필요가 있다.
- 단일 개체를 변경하는 것은 전체 도큐먼트를 다시 색인해야 함을 의미한다.

8.3 중첩 타입: 중첩 도큐먼트 연결하기

중첩 타입은 이미 논의했던 개체 타입과 같은 방식으로 매핑을 정의한다. 내부적으로 중첩 도큐먼트는 다른 루씬 도큐먼트처럼 색인한다. 개체 타입 대신 중첩 타입을 사용하려면 type 필드에 nested를 설정하면 된다. 애플리케이션 측면에서 중첩 도큐먼트 색인은 개체 색인과 다를 바가 없다. JSON 도큐먼트는 마치 일래스틱서치 도큐먼트처럼 색인하기 때문이다. 다음 예제를 보자.

```
{
  "name": "Elasticsearch News",
  "members": [
    {
      "first_name": "Lee",
      "last_name": "Hinman"
    },
    {
```

```
        "first_name": "Radu",
        "last_name": "Gheorghe"
    }
  ]
}
```

루씬 수준에서 일래스틱서치는 루트 도큐먼트와 분리된 도큐먼트의 모든 구성원 개체를 색인한다. 그러나 그림 8.8에서 보는 것처럼, 모두 단일 블록에 넣는다.

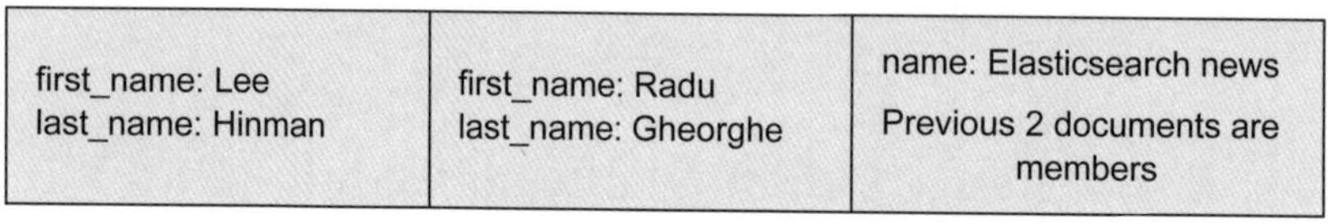

first_name: Lee last_name: Hinman	first_name: Radu last_name: Gheorghe	name: Elasticsearch news Previous 2 documents are members

▲ **그림 8.8** 중첩–타입 개체로 일래스틱서치 도큐먼트를 저장하는 루씬에서 도큐먼트 블록

최소의 작업 횟수로 쿼리하고 불러오도록 보장하기 위해, 블록의 도큐먼트들은 항상 함께 존재할 것이다.

이제 어떻게 중첩 도큐먼트가 동작하는지 알아보았으니, 일래스틱서치가 이를 어떻게 사용하게 하는지 알아보자. 색인과 검색 시 중첩되도록 원하는 것을 명시해야 한다.

- 내부 개체는 같은 블록에서 분리된 도큐먼트로 색인하기 위해 중첩 매핑이어야 한다.
- 중첩 쿼리와 필터는 검색할 동안 그들 블록을 사용하도록 만들어야 한다.

다음 두 절에서 각각 어떻게 할 수 있는지 알아보겠다.

8.3.1 중첩 도큐먼트 매핑 및 색인하기

중첩 매핑은 type으로 object 대신 nested가 된다는 것만 제외하고는 개체 매핑과 비슷해 보인다. 다음 예제에서 중첩 타입 필드로 매핑을 정의하고 중첩 개체 배열을 포함하는 도큐먼트를 색인할 것이다.

예제 8.3 중첩 도큐먼트 매핑과 색인하기

```
curl -XPUT localhost:9200/get-together/_mapping/group-nested -d '{
  "group-nested": {
    "properties": {
      "name": {
        "type": "string"
      },
      "members": {
        "type": "nested",
        "properties": {
          "first_name": {
            "type": "string"
          },
          "last_name": {
            "type": "string"
          }
        }
      }
    }
  }
}'
```

이 부분은 같은 블록에 위치하는 개별 도큐먼트에서 members 개체를 색인하도록 일래스틱서치에 알려주는 것이다.

```
curl -XPUT localhost:9200/get-together/group-nested/1 -d '{
  "name": "Elasticsearch News",
  "members": [
    {
      "first_name": "Lee",
      "last_name": "Hinman"
    },
    {
      "first_name": "Radu",
      "last_name": "Gheorghe"
    }
  ]
}'
```

이 속성은 주 도큐먼트에 들어간다.

이 개체들은 루트 도큐먼트처럼 같은 블록의 일부분인 자기만의 도큐먼트에 들어간다.

예제에서 색인했던 것처럼, nested 매핑을 가진 JSON 개체는 nested 쿼리와 필터로 검색하도록 한다. 이런 검색에 관해 이후 좀 더 알아보겠지만, 기억해둬야 할 것은 nested 쿼리와 필터는 그런 도큐먼트 경계 내에서 검색하게 한다는 것이다. 예를 들어, 성이 "Lee"이고 이름이 "Hinman"인 구성원을 가진 그룹을 검색할 수 있을 것이다. Nested 쿼리는 교차-개체 일치가 없으므로, 성이 "Lee"이고 이름이 "Gheorghe"와 같은 예기치 못한 일치를 피할 수 있다.

교차-개체 일치 활성화하기

어떤 상황에서는 교차-개체 개체 일치가 필요하기도 할 것이다. 예를 들어, Lee와 Radu 둘 다 가진 그룹을 검색한다면, 이런 쿼리는 이 절의 개체 타입에서 논의했던 일반적인 JSON 개체에서 동작할 것이다.

```
"query": {
  "bool": {
    "must": [
      {
        "term": {
          "members.first_name": "lee"
        }
      },
      {
        "term": {
          "members.first_name": "radu"
        }
      }
    ]
  }
}
```

이 쿼리는 모든 것이 같은 도큐먼트에 있을 때에는 두 조건 모두 일치하므로 잘 동작할 것이다.

그런데, 중첩 도큐먼트로 만든 쿼리는 이 방식으로는 동작하지 않는데, 그 이유는 members 개체가 루씬 도큐먼트에서 별도로 저장되기 때문이다. 그래서 서로 다른 도큐먼트에 데이터가 있으므로 두 조건이 모두 일치하는 members 개체를 찾을 수 없다. 즉, Lee인 것과 Radu인 것은 있어도 둘 다 포함하는 도큐먼트가 없다는 의미다.

이러한 상황에서, 교차-개체 일치를 원할 때의 개체 방식과 이를 피하려 할 때의 중첩 도큐먼트 방식 모두 필요하다고 생각할 것이다. 일래스틱서치는 몇몇 매핑 옵션(include_in_root과 include_in_parent)으로 이를 지원한다.

INCLUDE_IN_ROOT

Include_in_root를 중첩 매핑에 추가하면, 내부 members 개체를 두 번 색인하는데, 그림 8.9에서 보는 것처럼, 한 번은 중첩 도큐먼트에서 또 한 번은 루트 도큐먼트 내의 개체에서 한다.

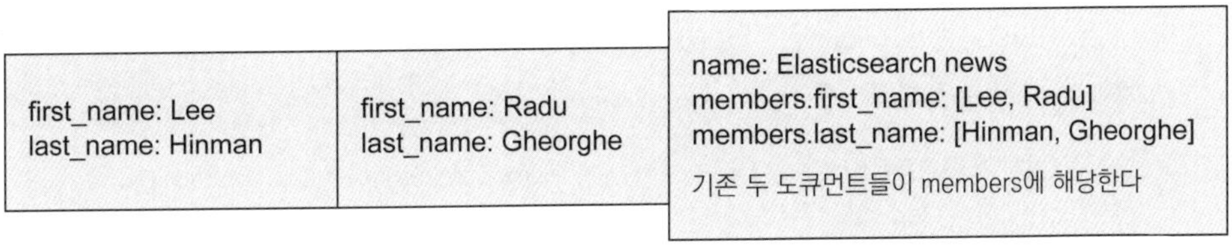

first_name: Lee last_name: Hinman	first_name: Radu last_name: Gheorghe	name: Elasticsearch news members.first_name: [Lee, Radu] members.last_name: [Hinman, Gheorghe] 기존 두 도큐먼트들이 members에 해당한다

▲ **그림 8.9** include_in_root 사용으로 루트 도큐먼트에서 중첩 도큐먼트의 필드를 또한 색인한다

다음 매핑은 교차-개체 일치가 필요할 때 중첩 도큐먼트와 일반 쿼리로 중첩 쿼리를 사용하게 할 것이다.

```
"members": {
  "type": "nested",
  "include_in_root": true,
  "properties": {
    "first_name": { "type": "string" },
    "last_name": { "type": "string" }
  }
}
```

350

INCLUDE_IN_PARENT

일래스틱서치는 다수준 중첩 도큐먼트의 가지게 한다. 예를 들어, 그룹이 중첩 자식처럼 구성원을 가질 수 있다면, 그 그룹에서 그들이 작성한 댓글처럼 구성원은 그들 자신의 자식을 가질 수 있다. 그림 8.10은 이런 계층 구조를 도식화했다.

방금 봤던 `include_in_root` 옵션으로 어떤 수준에서라도 루트 도큐먼트(여기서는 부모의 부모, Grandparent)를 필드로 추가할 수 있다. 인접한 부모 도큐먼트에 하나의 중첩 도큐먼트 필드를 색인해 넣는 `include_in_parent` 옵션도 있다. 예를 들어, 다음 예제는 `members` 도큐먼트에 댓글을 포함할 것이다.

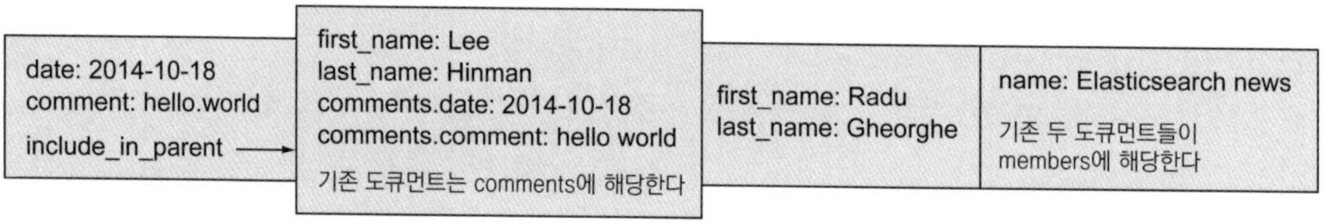

▲ **그림 8.10** include_in_parent는 또한 중첩 도큐먼트의 필드를 인접한 부모 도큐먼트에 색인해 넣는다

예제 8.4 다수준 중첩이 있을 때 include_in_parent 사용

```
curl -XPUT localhost:9200/get-together/_mapping/group-multinested -d '{
  "group-multinested": {
    "properties": {
      "name": {
        "type": "string"
      },
      "members": {
        "type": "nested",          members는 루트 group-multinested
        "properties": {            도큐먼트다. 여기에 포함하지는 않는다.
          "first_name": {
            "type": "string"
          },
          "last_name": {
            "type": "string"
          },
```

```
        "comments": {
          "type": "nested",
          "include_in_parent": true,
          "properties": {
            "date": {
              "type": "date",
              "format": "dateOptionalTime"
            },
            "comment": {
              "type": "string"
            }
          }
        }
      }
    }
  }
}'
```

> comments는 members의 중첩 도큐먼
> 트이다. 내용 또한 부모인 members 도
> 큐먼트의 개체로 색인된다.

어떻게 중첩 구조로 쿼리하는지 아마 궁금할 것이다. 이에 관해서는 다음 절에서
살펴볼 것이다.

8.3.2 중첩 도큐먼트의 검색 및 집계

매핑에 있어서 중첩 도큐먼트에서 검색 및 집계를 실행할 때, 찾으려는 개체가 중첩
되어 있다는 것을 명시할 필요가 있을 것이다. 이를 위해 중첩 쿼리, 필터, 집계가 이
를 실행하는 데 도움이 된다. 이들 특수한 쿼리와 집계는 일래스틱서치가 같은 블록
내에 있는 서로 다른 루씬 도큐먼트를 조인하고 같은 일래스틱서치 도큐먼트처럼 결
과 데이터를 다룬다.

중첩 도큐먼트 내에서 검색하는 이 방법은 중첩 쿼리나 중첩 필터를 사용하는 것
이다. 여러분이 4장 이후에서 봐왔던 것과 동일하게 쿼리와 필터 사이의 전통적인
차이점이 있음을 다음과 같이 기대할 수 있을 것이다.

- 쿼리는 점수를 계산하므로 관련성으로 정렬된 결과를 반환할 수 있다.

- 필터는 점수를 계산하지 않으므로 결과를 더 빠르게 만들고 캐시하기 쉽다.

> **팁**   특히, 중첩 필터는 기본적으로 캐시하지 않는다. 다른 모든 필터에서 가능한 것처럼, _cache 설정을 true로 변경하면 가능하다.

중첩 필드에서 집계를 실행하려면, 즉, 가장 자주 접근하는 그룹 구성원으로 예를 들면, nested 집계로 그들을 둘러싸야 할 것이다. 만약, 각 구성원이 포함된 상위 그룹을 보여주는 것처럼, 부 집계^{Sub aggregation}가 부모 루씬 도큐먼트를 참조해야 한다면, reverse_nested 집계로 계층 구조를 타고 오를 수 있다.

중첩 쿼리와 필터

중첩 쿼리나 필터를 실행할 때, 일래스틱서치가 어느 루씬 블록에 중첩 개체가 위치하는지 알려주는 경로를 인자로 명시해야 한다. 추가로, 중첩 쿼리나 필터는 일반 쿼리나 필터를 각각 둘러싸야 할 것이다. 다음 예제에서, 성이 "Lee"이고 이름이 "Gheorghe"인 구성원을 검색할 테지만, 예제 8.3에서 색인했으나 Lee Hinman와 Radu Gheorghe만 존재할 뿐 Lee Gheorghe로 불리는 구성원이 없으므로 일치하는 도큐먼트도 없을 것이다.

예제 8.5 중첩 쿼리 예제

```
curl 'localhost:9200/get-together/group-nested/_search?pretty' -d '{
  "query": {
    "nested": {
      "path": "members",          members 아래에 있는 중첩
                                  도큐먼트를 찾는다.
      "query": {                  이 쿼리는 보통 같은 도큐먼트 내에 있는
        "bool": {                 개체에서 실행하는 한 건의 쿼리가 될 것이다.
          "must": [
            {
              "term": {
                "members.first_name": "lee"
              }
```

```
        },
        {
          "term": {
            "members.last_name": "gheorghe"  ◄──
          }
        }
      ]
    }
  }
}
}'
```

Lee Gheorghe라는 구성원이 없다. 이를 hinman으로 변경하면 Lee Hinman이 일치한다.

막 봤던 것처럼 중첩 필터는 중첩 쿼리와 완전히 동일해 보일 것이다. `query` 단어를 `filter`로 변경하기만 하면 될 것이다.

다수준 중첩 내에서 검색하기

일래스틱서치에서는 다수준 중첩 또한 가질 수 있다. 예를 들어, 예제 8.4를 다시 보자면, members와 이에 대한 comments와 같이 두 단계로 중첩한 매핑을 추가했다. 이 중첩 도큐먼트의 comments에서 검색하기 위해, 다음 예제에서 보는 것처럼 경로에 members.commments를 명시해야 한다.

예제 8.6 다수준 중첩 도큐먼트를 색인하고 검색하기

```
curl -XPUT localhost:9200/get-together/group-multinested/1 -d '{
  "name": "Elasticsearch News",
  "members": {
    "first_name": "Radu",
    "last_name": "Gheorghe",
    "comments": {      ◄──
      "date": "2013-12-22",
      "comment": "hello world"
    }
  }
```

예제 8.4에서도 nested로 설정했던 것처럼, comments 개체는 members 개체 아래에 중첩된다.

```
}'

curl 'localhost:9200/get-together/group-multinested/_search' -d '{
  "query": {
    "nested": {
      "path": "members.comments",        ◄── members 아래에 있는 comments를 보자.
      "query": {
        "term": {
          "members.comments.comment": "hello"  ◄── 이 쿼리는 여전히 보는 것처럼
        }                                            필드에 전체 경로를 제공한다.
      }
    }
  }
}'
```

중첩 개체의 점수 집계하기

중첩 쿼리는 점수를 계산하지만, 어떻게 그렇게 하는지는 언급하지 않았다. 설명을 위해 그룹에 속한 세 구성원인 Lee Hinman, Radu Gheorghe, Lee Smith로 불리는 또 다른 남자를 이용해서 이야기해보겠다. 만약, "Lee"로 nested 쿼리를 한다면, 두 구성원과 일치할 것이다. 각 내부 구성원 도큐먼트는 어떻게 조건에 잘 맞는지에 따라 자기만의 점수를 가질 것이다. 그러나 애플리케이션으로부터 오는 쿼리가 그룹 도큐먼트를 위한 것이므로, 일래스틱서치는 모든 그룹 도큐먼트를 위한 점수를 돌려줄 필요가 있을 것이다. 지금 시점에서, score_mode 옵션으로 명시할 수 있는 네 가지 옵션이 있다.

- avg - 기본 옵션인데, 일치하는 내부 도큐먼트의 점수를 가져와서 평균 점수를 반환할 것이다.

- total - 일치하는 내부 도큐먼트의 점수를 요약해서 반환할 텐데, 일치한 개수를 셀 때 유용하다.

- max - 내부 도큐먼트 최고 점수를 반환한다.

- none - 전체 도큐먼트 점수에 대해 유지되거나 계산된 점수가 없다.

루트 또는 부모에서 nested 타입과 점수 옵션을 포함하기 위해 너무 많은 옵션이 있다고 생각한다면, 모든 옵션과 사용처를 쉽게 참조할 수 있도록 표 8.1을 보자.

▼ **표 8.1** Nested 타입 옵션

옵션	설명	예제
include_in_parent: true	부모 도큐먼트에 있는 중첩 도큐먼트를 역시 색인한다. "first_name:Lee AND last_name:Hinman"을 위해 nested 타입이 필요하고, "first_name:Lee AND first_name:Radu"를 위해 개체 타입이 필요하다.	
include_in_root: true	루트 도큐먼트에 있는 중첩 도큐먼트를 색인한다.	이전과 같은 시나리오이지만 event〉members〉comments처럼 다수의 계층을 갖고 있다.
score_mode: avg	일치하는 중첩 도큐먼트 개수의 평균 점수	Elasticsearch와 관련한 개최하는 이벤트의 그룹을 검색한다.
score_mode: total	중첩 도큐먼트 점수를 요약	Elasticsearch와 함께 해야하는 대부분의 이벤트를 개최하는 그룹을 검색한다.
score_mode: max	중첩 도큐먼트 점수의 최댓값	Elasticsearch와 관련한 상위 몇 개의 이벤트를 개최하는 그룹을 검색한다.
score_mode: none	어떠한 점수도 총점에 대해 산출하지 않는다.	Elasticsearch와 관련한 이벤트를 개최하는 그룹을 걸러낸다. nested 필터를 대신 사용한다.

어느 내부 도큐먼트가 일치하는지 확인하기

많은 중첩 하위 도큐먼트를 가진 대용량 도큐먼트를 색인할 때, 중첩 도큐먼트 중 어느 것이 명시한 중첩 쿼리로 일치했는지 궁금할 것이다. 이 경우, lee라는 성으로 찾는 쿼리가 그룹 구성원 중 어느 것이 일치했는지다. 일래스틱서치 1.5부터 검색 요청에 inner_hits 개체를 추가할 수 있는데, from과 size 같은 옵션을 제공한다.

```
"query": {
  "nested": {
    "path": "members",
    "query": {
      "term": {
        "members.first_name": "lee"
      }
    },
    "inner_hits": {
      "from": 0,
      "size": 1
    }
  }
}
```

응답은 각 일치하는 도큐먼트마다 inner_hits 개체를 포함할 것이다. 이 도큐먼트는 각 도큐먼트가 중첩 하위 도큐먼트인 것만 제외하고는 보통의 쿼리 응답과 무척 닮아 보인다.

```
"_source":{
  "name": "Elasticsearch News",
  [...]
  "inner_hits": {
    "members": {
      "hits": {
        "total": 1,
        "max_score": 1.4054651,
        "hits": [
          {
            "_index": "get-together",
            "_type": "group-nested",
            "_id": "1",
            "_nested": {
```

```
          "field": "members",
          "offset": 0
      },
      "_score": 1.4054651,
      "_source": {
        "first_name": "Lee",
        "last_name": "Hinman"
      }
    }
  ]
 }
}
```

하위 도큐먼트를 식별하기 위해 _nested 개체를 보면 된다. field는 중첩 개체의 경로이고, offset은 배열에 있는 중첩 도큐먼트의 위치를 보여준다. 이 경우, Lee는 제일 처음 구성원에 해당한다.

중첩 정렬

대부분 사용 사례에서 점수로 루트 도큐먼트를 정렬하겠지만, 내부 중첩 도큐먼트의 수치를 기반으로 정렬할 수도 있다. 6장에서 이미 봤던 것처럼 다른 필드에서 정렬과 유사한 방식으로 실행될 것이다. 예를 들어, 제품을 루트 도큐먼트로 가지고 중첩 도큐먼트로 다양한 가계를 제공하는 가격 집계 사이트를 갖고 있다고 한다면, 각각 제공하는 최소 가격으로 정렬할 수 있다. 이전에 봤던 score_mode 옵션과 유사하게, mode 옵션을 명시하고 루트 도큐먼트의 정렬 값으로 중첩 도큐먼트의 min, max, sum, avg 값을 가져올 수 있다.

```
"sort": [
  {
    "offers.price": {
      "mode": "min",
      "order": "asc"
```

```
        }
      }
    ]
```

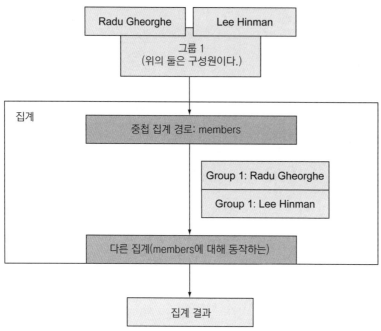

▲ **그림 8.11** 중첩 집계는 명시한 경로에서 실행하는 또 다른 집계를 위해 필요한 조인을 하고 있다

일래스틱서치는 이에 관해서 스마트해서 `offers.price`가 `offers` 개체에 위치 하는지 알아내고, 정렬을 위해 중첩 도큐먼트 아래의 `price` 필드를 접근한다.

NESTED와 REVERSE NESTED 집계

중첩 타입 개체를 집계하기 위해, `nested` 집계를 사용해야 한다. 이는 필드를 포함 하는 중첩 개체를 경로로 명시하는 단일 버킷^{single-bucket} 집계다. 그림 8.11에서 보는 것처럼, 중첩 집계는 다른 집계가 명시한 경로에서 잘 동작하게 하려고 일래스틱서 치가 필요한 조인을 하도록 한다.

예를 들어, 몇 개의 그룹에 속하는 최상위 사용자를 얻기 위해 보통 구성원 `name` 필드에서 `terms` 집계를 실행할 것이다. 만약, 그 `name` 필드가 `members`의 `nested`

타입 개체와 함께 저장된다면, members로 설정한 경로를 가진 nested 집계에서 그 terms 집계는 둘러싸일 것이다.

```
% curl "localhost:9200/get-together/group/_search?pretty" -d '{
  "aggregations": {
    "members": {
      "nested": {
        "path": "members"
      },
      "aggregations": {
        "frequent_members": {
          "terms": {
            "field": "members.name"
          }
        }
      }
    }
  }
}'
```

Members의 중첩 집계 아래에 더 많은 집계를 추가할 수 있고, 일래스틱서치는 이를 members 타입에서 확인해서 알 것이다.

부모나 루트 도큐먼트로 돌아갈 필요가 있는 사용 사례가 있다. 예를 들어, 상위 그룹 태그로 보여주기 위해 각각 frequent members를 얻고자 한다면, 일래스틱서치에게 중첩 계층 구조를 올라가도록 알려주는 reverse_nested 집계를 사용할 것이다.

```
"frequent_members" : {
  "terms": {
    "field": "members.name"
  },
  "aggregations": {
```

360

```
    "back_to_group": {
      "reverse_nested": {},
      "aggregations": {
        "tags_per_member": {
          "terms": {
            "field": "tags"
          }
        }
      }
    }
  }
}
```

nested와 reverse_nested 집계는 일래스틱서치에게 루씬 도큐먼트에서 다음 집계의 필드를 찾도록 알려주는 데 효과적으로 사용될 수 있다. 이는 7장에서 봤듯 이 중첩 도큐먼트에 대해 여러분에게 모든 집계 타입을 사용하는데 개체를 위해 그들을 사용할 수 있는 것처럼 유연성을 준다. 단지 이 유연성의 단점은 성능적 불이익 이다.

성능 고려 사항

10장에서 더 상세하게 성능에 대해 알아보겠지만, 일반적으로 중첩 쿼리와 집계가 그들 개체를 상대하는 것보다 더 느리다는 것을 추측할 수 있다. 일래스틱서치는 블록 안에 있는 다수 개 도큐먼트를 결합하기 위해 어떠한 추가적인 작업을 필요하기 때문이다. 그러나 블록을 사용하는 근본적인 구조 때문에, 이들 쿼리와 집계는 완전히 분리된 일래스틱서치 도큐먼트를 결합하는 것보다 무척 빠를 것이다.

이 블록 구현은 그 자체로 결점을 갖고 있다. 왜냐하면 하나의 내부 도큐먼트를 변경하거나 추가할 때 전체 앙상블에 대해 재색인이 필요하므로 중첩 도큐먼트는 모두 정체 상태가 된다.

get-together 사이트처럼 그룹별 하나의 도큐먼트와 그의 모든 이벤트가 중첩되어 있고, 중첩 도큐먼트 크기가 커진다면, 좋은 선택은 별개의 일래스틱서치 도큐먼트를 사용하고 그들 사이에 부모-자식 관계를 정의하는 것이다.

도큐먼트 관계 정의를 위해 nested 타입 사용할 때의 장점과 단점

넘어가기 전에, 중첩 도큐먼트를 사용해야 할(또는 그렇지 않을) 이유를 개략적으로 정리하였다. 장점은 다음과 같다.

• Nested 타입은 개체 경계를 인식하므로 더 이상의 "Radu Hinman"이 일치하는 것은 없다.
• 중첩 매핑을 정의하면 전체 도큐먼트를 개체처럼 한 번에 색인할 수 있다.
• Nested 쿼리와 집계는 부모와 자식 부분을 결합하고, 이 결합에 대해 어떠한 쿼리도 실행할 수 있다. 이 8장에서는 이 기능을 제공하는 것 이외에는 다른 선택은 설명하지 않았다.
• 모든 루씬 도큐먼트가 일래스틱 도큐먼트를 같은 세그먼트에 있는 같은 블록에 함께 있도록 하므로 쿼리 시 결합은 빠르다.
• 필요하다면 개체로부터 모든 기능을 얻기 위해 자식 도큐먼트를 부모가 포함할 수 있다. 이 기능은 애플리케이션을 이해하기 쉽게 한다.

단점은 다음과 같다.

• 쿼리가 그들의 개체에 상응하는 것보다 더 느릴 것이다. 개체가 여러분의 모든 요구 기능을 제공한다면, 그것이 더 빠르기 때문에 더 나은 선택이다.
• 자식을 변경하는 것은 전체 도큐먼트를 다시 색인하게 할 것이다.

8.4 부모–자식 관계: 개별 도큐먼트 연결하기

일래스틱서치에서 데이터의 관계 정의를 위한 다른 선택은 같은 색인의 다른 타입의 자식처럼 색인 내에서 타입을 정의하는 것이다. 도큐먼트나 관계가 종종 변경될 필요가 있을 때 유용하다. _parent 필드를 통해 매핑에서 관계를 정의할 것이다. 예를 들어, 그림 8.12처럼 책에 포함된 event가 group의 자식으로 정의되어 있는 샘플 코드로부터 mapping.json 파일을 참고할 수 있다.

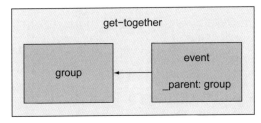

▲ **그림 8.12** 매핑에 정의된 events와 groups 사이의 관계

362

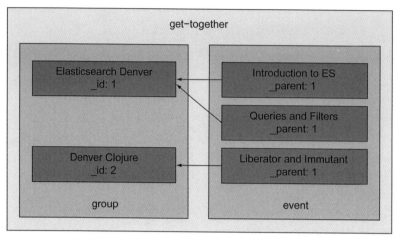

▲ **그림 8.13** 각 자식 도큐먼트의 _parent 필드가 부모의 _id 필드를 가리키고 있다

매핑에 이 관계를 정의한 이후로, 도큐먼트 색인을 시작할 수 있다. 부모(이 경우 group 도큐먼트)가 보통 색인된다. 자식(이 예제에서는 event)에 관해서는 부모의 ID를 _parent 필드에 명시할 필요가 있다. 이는 기본적으로 event가 자신의 group을 가리킬 것이고, 그림 8.13처럼 어떤 event 조건을 포함하는 group이나 그 반대의 조건으로 검색하게 한다.

중첩 접근법과 비교하면 검색은 더 느리다. 중첩 도큐먼트처럼 모든 내부 개체가 루트 도큐먼트로 쉽게 결합될 수 있기 위한 같은 블록을 배정받은 루씬 도큐먼트인 것은 사실이다. 부모와 자식 도큐먼트는 완전히 다른 일래스틱서치 도큐먼트이므로 별도로 검색되어야 한다.

부모-자식 접근법은 도큐먼트를 색인하고 변경하고 삭제할 때 빛을 발하게 된다. 부모와 자식 도큐먼트는 서로 다른 일래스틱서치 도큐먼트이기 때문에 별도로 관리될 수 있다. 예를 들어, 만약 group이 많은 event를 갖고 있고 새로운 한 건을 추가한다면, 새로운 event 도큐먼트를 하나 추가하는 것이다. Nested 타입의 접근법을 사용하면, 일래스틱서치는 새 event와 기존에 존재하는 event 모두와 함께 group 도큐먼트를 다시 색인해야 할 것이고 이것은 속도를 더 느리게 한다.

부모 도큐먼트는 자식을 색인할 때 이미 색인했거나 그렇지 않을 수 있다. 이는 많은 새 도큐먼트를 가질 때 그리고 비동기로 이를 색인하고 싶을 때 유용하다. 예를 들어, 여러분의 웹사이트에서 user에 의해 생성된 event를 색인하고 user도 색인할 수 있다. Event는 로깅 시스템^{Logging system}으로부터 오고, 사용자는 데이터베이스로부터 동기화될 것이다. 부모로서 user를 가지는 event를 색인하기 전에 반드시 user가 존재해야 하는지 여부를 걱정할 필요가 없다. 만약 user가 없다 하더라도 event는 색인된다.

그러나 우선 어떻게 부모와 자식 도큐먼트를 색인할 것인가? 이제 이에 관해 알아볼 것이다.

8.4.1 자식 도큐먼트를 색인, 변경, 삭제하기

색인한 이후로 부모 도큐먼트는 다른 도큐먼트처럼 색인되기 때문에 여기서는 오직 자식 도큐먼트에 관해 신경 쓰게 될 것이다. 이는 자식 도큐먼트가 _parent 필드로 그 부모를 가리켜야 한다는 것이다.

> **노트**   도큐먼트 타입의 부모는 다른 타입의 자식이 될 수 있다. 중첩 타입으로 할 수 있는 것처럼 다수준 관계를 가질 수 있다. 그들을 조합도 할 수 있다. 예를 들어, group은 nested 타입처럼 저장되는 group의 member를 가질 수 있고 event는 그 자식처럼 별도로 저장된다.

자식 도큐먼트가 될 때 매핑에서 _parent 필드를 정의해야 하고, 색인할 때, _parent 필드에 부모의 ID를 명시해야 한다. 부모 ID와 타입은 또한 자식 라우팅^{routing} 값처럼 제공된다.

일반 라우팅 값은 부모 그 자신처럼 같은 샤드에 있는 같은 부모 영역의 모든 자식을 만든다. 검색할 때, 일래스틱서치가 부모와 그 자식 사이에서 해야 하는 모든 상관 관계가 같은 노드에서 발생한다. 이는 부모의 검색에 있어서 네트워크를 경유하는 모든 자식 도큐먼트로 요청하는 것보다 매우 빠르다. 라우팅의 또 다른 영향은 자식 도큐먼트를 변경, 삭제할 때인데, _parent 필드를 명시할 필요가 있다.

이제 다음 것들을 어떻게 할 수 있는지 살펴볼 것이다.

- 매핑에서 _parent 필드 정의하기
- _parent 필드 명시로 자식 도큐먼트를 색인, 변경, 삭제하기

라우팅 및 라우팅 값

어떻게 색인 작업이 기본적으로 샤드로 분산되는지 2장을 떠올려본다면, 색인한 각 도큐먼트 색인은 ID를 가지고 ID는 해시가 된다. 동시에 각 색인의 샤드는 전체 해시 범위에 대해 같은 슬라이스를 가진다. 색인한 도큐먼트는 그 범위에 있는 도큐먼트의 해시 ID를 가진 샤드로 간다.

해시 ID는 라우팅 값으로 불리고 도큐먼트를 샤드로 할당하는 절차를 라우팅이라 부른다. 각 ID는 서로 다르고 그들 모두 해시하므로 기본 라우팅 방법은 샤드 간 도큐먼트를 고르게 놓기 때문이다.

사용자 정의 라우팅 값도 지정할 수 있다. 9장에서 상세히 사용자 정의 라우팅을 사용하는 것을 알아볼 것이다. 그러나 기본 아이디어는 일래스틱서치가 샤드를 결정하기 위해 도큐먼트 ID가 아닌 라우팅 값을 해시한다는 것이다. 같은 라우팅 값을 해싱하는 것은 항상 같은 해시를 주기 때문에 다수 개 도큐먼트가 동일한 샤드에 있도록 하려면 사용자 정의 라우팅을 사용할 것이다.

쿼리에 라우팅 값을 제공할 수 있으므로 검색을 시작할 때 사용자 정의 라우팅은 유용해진다. 이렇게 하면 일래스틱서치는 모든 샤드로 쿼리를 하는 대신 오직 라우팅 값과 관련된 샤드로 쿼리를 한다. 이는 여러분의 클러스터에 있어서 상당히 부담을 줄여주고 일반적으로 각 사용자 도큐먼트 모두 유지하기 위해 사용된다.

부모 도큐먼트로 같은 해시를 하는 자식 도큐먼트로 보내도록 하는 _parent 필드는 ID와 부모 도큐먼트 타입과 함께 일래스틱서치에 제공한다. _parent는 근본적으로 라우팅 값이고 검색 시 이것으로부터 득을 본다. 일래스틱서치는 오직 부모 샤드가 자식을 쿼리하거나 자식 샤드가 부모를 쿼리하는 데 이 라우팅 값을 자동으로 사용할 것이다.

매핑

다음 예제는 코드 샘플에서의 event 매핑과 관련된 부분을 보여준다. _parent 필드는 부모 타입(이 경우 group)을 가리켜야 한다.

예제 8.7 샘플 코드에서의 _parent 매핑

```
# from mapping.json
"event" : {          ◀── event 타입을 위한 매핑이
  "_source" : {           여기서부터 시작한다.
    "enabled" : true
  },
  "_all" : {
    "enabled" : false
```

```
  },
  "_parent" : {              _parent는 group 타입을
    "type" : "group"         가리킨다.
  },                         event 타입의 프로퍼티 (필드)는
  "properties" : {    ◄───   여기서부터 시작한다.
```

색인과 검색

인플레이스^in place 매핑으로, 도큐먼트 색인을 시작할 수 있다. 그러한 도큐먼트는 URI의 파라미터에 parent 값을 포함해야 한다. event를 위해 그 값은 Elasticsearch Denver group으로 2를 가지는 것처럼, 그 것이 속하는 group의 도큐먼트 ID다.

```
% curl -XPOST 'localhost:9200/get-together/event/1103?parent=2' -d '{
  "host": "Radu,
  "title": "Yet another Elasticsearch intro in Denver"
}'
```

_parent 필드는 저장되어 나중에 이를 조회할 수 있고, 또한 색인되므로 그 값으로 검색할 수 있다. 만약, group의 _parent의 내용을 살펴본다면 매핑에서 정의했던 타입과 추가로 색인할 때 명시했던 group ID를 볼 것이다.

event 도큐먼트를 조회하려면, 일반 색인 요청을 실행하고 _parent 값을 또한 명시해야 한다.

```
% curl 'localhost:9200/get-together/event/1103?parent=2&pretty' {
  "_index" : "get-together",
  "_type" : "event",
  "_id" : "1103",
  "_version" : 1,
  "found" : true, "_source" : {
  "host": "Radu",
  "title": "Yet another Elasticsearch intro in Denver"
  }
}
```

같은 ID가 서로 다른 group을 가리키는 다수 개 event를 가질 수 있으므로 _parent 값이 필요하다. 그러나 _parent와 _id 조합은 유일하다. 만약, 그 부모를 명시하지 않고 자식 도큐먼트를 조회하려고 한다면, 라우팅 값이 필요하다고 말하는 오류를 받을 것이다. _parent 값은 라우팅 값이고 Elasticsearch는 이를 요구한다.

```
% curl 'localhost:9200/get-together/event/1103?pretty'
{
  "error": "RoutingMissingException[routing is required for [get-together]/
[event]/[1103]]",
  "status": 400
}
```

변경하기

3장의 3.5절에서 했던 것과 유사하게 update API를 통해 자식 도큐먼트를 변경할 것이다. 오직 여기에서 차이점이라면 parent를 다시 제공해야 한다는 것 뿐이다. event 도큐먼트를 검색하는 경우와 마찬가지로, parent는 변경하고자 하는 event 도큐먼트의 라우팅 값을 필요로 한다. 그렇지 않으면, parent를 명시하지 않고 도큐먼트를 조회할 때와 같은 RoutingMissingException을 보게 될 것이다.

다음 코드는 도큐먼트로 description을 추가하고 단순히 색인하는 것이다.

```
curl -XPOST 'localhost:9200/get-together/event/1103/_update?parent=2' -d '{
  "doc": {
    "description": "Gives an overview of Elasticsearch"
  }
}'
```

삭제하기

단일 event 도큐먼트를 삭제하는 것은, 3장의 3.6.1절에서와 같이 delete 요청을 실행하는 것인데 parent 파라미터가 추가된다.

```
curl -XDELETE 'localhost:9200/get-together/event/1103?parent=2'
```

쿼리에 의해 삭제하는 것은 이전처럼 동작하는데, 일치하는 도큐먼트가 삭제된다. 이 API는 parent 값도 필요 없고 이를 고려하지도 않는다.

```
curl -XDELETE 'http://localhost:9200/get-together/event/_query?q=host:radu'
```

쿼리에 관해서 말한다면, 어떻게 부모-자식 관계를 거쳐 검색할 수 있는지 살펴보자.

8.4.2 부모와 자식 도큐먼트에서 검색하기

group과 그의 event를 가지는 것과 같은 부모-자식 관계로, group에 event 조건을 추가하거나 그 반대로 검색할 수 있다. 사용할 실제 쿼리와 필터가 어떤 것인지 살펴보자.

- has_child 쿼리와 필터는 그 자식으로부터의 조건을 가진 부모를 검색하는데 유용하다. 예를 들어, Elasticsearch와 관련한 event를 개최하는 group을 알고 싶을 경우다.
- has_parent 쿼리와 필터는 그 부모로부터의 조건을 가진 자식을 검색할때 유용하다. 예를 들어, Denver에서 하는 event를 알고 싶은 경우인데, location이 group의 프로퍼티이기 때문이다.

HAS_CHILD 쿼리와 필터

group이 개최하는 Elasticsearch와 관련한 event를 검색하려고 한다면, has_child 쿼리나 필터를 사용할 수 있다. 여기에서 전형적인 차이점은 필터는 점수에 관해 신경 쓰지 않는다는 것이다.

has_child 필터는 다른 필터나 쿼리를 감싸는 것이 가능하다. 명시된 자식 타입에 대해 필터나 쿼리를 실행하고 일치하는 것을 수집한다. 일치하는 자식은 _parent 필드에 있는 그 부모의 ID를 포함한다. 일래스틱서치는 그 부모 ID를 수집하고 각 자식마다 같은 부모 ID가 여러 번 나타날 수 있으므로 중복을 제거하며 부모 도큐먼트 목록을 반환한다. 전체 과정은 그림 8.14에 볼 수 있다.

그림의 1단계에서 다음 행위가 일어난다.

- 애플리케이션은 "Elasticsearch"를 제목으로 갖는 type이 event인 자식을 가진 group 도큐먼트를 요청하는 has_child 필터를 실행한다.

- 필터는 "Elasticsearch"로 일치하는 event 타입의 도큐먼트에서 실행한다.

- event 도큐먼트 결과는 각각 그들 부모를 가리킨다. 다수 event가 같은 group을 가리킬 수 있다.

2 단계에서 일래스틱서치는 모든 유일한 group 도큐먼트를 모아서 애플리케이션으로 반환한다.

그림 8.14에서의 필터는 다음과 같이 보일 것이다.

```
% curl 'localhost:9200/get-together/group/_search?pretty' -d '{
  "query": {
    "filtered": {
      "filter": {
        "has_child": {
          "type": "event",
          "filter": {
            "term": {
              "title": "elasticsearch"
            }
          }
        }
      }
    }
  }
}'
```

has_child 쿼리는 자식 도큐먼트 점수를 집계해서 각 부모에게 점수를 줄 수 있는 것만 제외하고 필터에 의해 유사한 방식으로 실행한다. 중첩 쿼리로 할 수 있는 것처럼, score_mode를 max, sum, avg, 또는 none을 설정하면 된다.

노트 has_child 필터가 필터나 쿼리를 둘러쌀 수 있다면, has_child 쿼리 또한 다른 쿼리를 둘러쌀 수 있다.

1단계: 자식 도큐먼트 쿼리

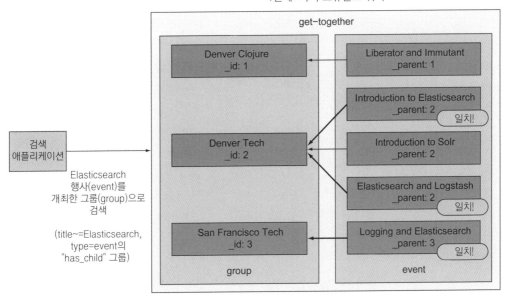

2단계: 일치한 것을 부모 결과로 집계

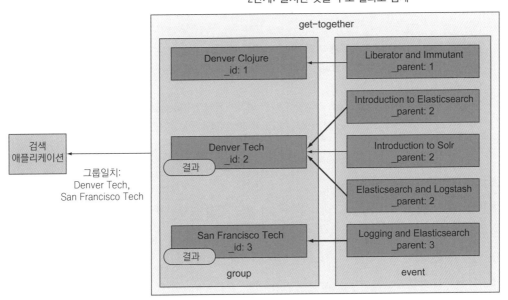

▲ **그림 8.14** has_child 필터는 먼저 자식에서 실행하고 그 다음으로 그 결과를 부모에게 집계하고 이를 반환한다

예를 들어, score_mode를 max로 설정하고 Elasticsearch와 가장 관련성이 높은 이벤트의 개최자(host)로 정렬한 그룹group을 반환하는 다음의 쿼리로 얻을 수 있다.

```
% curl 'localhost:9200/get-together/group/_search?pretty' -d '{
  "query": {
    "has_child": {
      "type": "event",
      "score_mode": "max",
      "query": {
        "term": {
          "title": "elasticsearch"
        }
      }
    }
  }
}'
```

> **주의** has_child 쿼리와 필터가 부모 중복을 빠르게 제거하기 위해, 6장에서 소개했던 필드 캐시에서 그들의 ID를 캐시한다. 이 방식은 쿼리로 일치하는 많은 부모가 있다면 JVM 힙의 많은 부분을 소모할 것이다.
> _parent 필드를 위해 루씬 doc 값을 가질 수 있다면 이러한 문제가 적어질 것이다. https://github.com/elastic/elasticsearch/issues/6107에서 좀 더 상세한 내용을 찾을 수 있다.

결과에서 자식 도큐먼트 가져오기

기본적으로, has_child 쿼리로 일치한 자식이 아닌 부모 도큐먼트만 반환한다. 중첩 도큐먼트 관련해서 앞에서 봤던 것처럼, inner_hits 옵션을 추가하면 추가로 자식도 얻을 수 있다.

```
"query": {
  "has_child": {
    "type": "event",
    "query": {
```

```
      "term": {
        "title": "elasticsearch"
      }
    },
    "inner_hits": {}
  }
}
```

중첩 도큐먼트에서처럼, 일치하는 각 group의 응답은 일치하는 event를 또한 포함할 것이다. 단, event는 분리된 도큐먼트이고 오프셋offset** 대신 ID를 가진다.

```
"name": "Elasticsearch Denver",
[...]
  "inner_hits" : {
    "event" : {
      "hits" : {
        "total" : 2,
        "max_score" : 0.9581454,
        "hits" : [ {
          "_index" : "get-together",
          "_type" : "event",
          "_id" : "103",
          "_score" : 0.9581454,
          "_source":{
            "host": "Lee",
            "title": "Introduction to Elasticsearch",
```

HAS_PARENT 쿼리와 필터

기대하는 것처럼 has_parent는 has_child의 정반대 기능이다. event 중에서도 이것이 속하는 group 조건을 포함해서 검색하려 할 때 사용한다.

has_parent 필터는 쿼리와 필터를 둘러쌀 수 있다. 부모 결과를 가지는 여러분이 제공하는 "type"에서 실행하고 _parent 필드로부터 ID를 가리키는 자식을 반환한다.

372

다음 예제에서 일래스틱서치 관련 이벤트를 어떻게 검색하는지 보여주는데, Denver에서 진행한 이벤트만 검색한다.

Denver의 일래스틱서치 이벤트를 찾는 has_parent 쿼리

```
curl 'localhost:9200/get-together/event/_search?pretty' -d '{
  "query": {
    "bool": {           주 쿼리는 두 개의 must
      "must": [         쿼리를 포함한다.
        {
          "term": {
            "title": "elasticsearch"      제목에 "elasticsearch"가
          }                                있는 event에서 실행한다.
        },
        {
          "has_parent": {
            "type": "group",
            "query": {
              "term": {
                "location": "denver"     Denver에서의 이벤트만 대상으
              }                           로 하는 개별 이벤트의 group에
            }                             서 실행한다.
          }
        }
      ]
    }
  }
}'
```

오직 자식이 부모를 갖기 때문에 has_child의 경우처럼 집계한 점수가 없다. 기본적으로, has_parent는 자식의 점수("score_mode": "none")에 어떠한 영향도 없다. 부모 group의 점수를 물려받은 event를 만들기 위해 "score_mode"를 "score"로 변경할 수 있다.

has_child 쿼리와 필터처럼 has_parent 쿼리와 필터도 부모 ID를 빠른 검색을 제공하기 위해 필드 데이터에 적재해야 한다. 이는 모든 부모/자식 쿼리가 중첩 쿼리 보다 더 느리다는 것을 예상할 수 있음을 말한다. 즉, 모든 개별 도큐먼트를 색인하고 검색할 수 있도록 지불하는 비용인 것이다.

has_child 쿼리와 필터와 또 다른 유사점은 기본적으로 has_parent가 관계의 오직 한쪽(여기서는 자식 도큐먼트)만 반환한다는 것이다. 일래스틱서치 1.5버전부터 쿼리에 inner_hits 개체를 추가해서 부모를 인출할 수 있다.

자식 집계

버전 1.4부터 자식 집계를 제공하는데, 부모 도큐먼트에서 만들어 낸 것으로 자식 도큐먼트에서 중첩 집계가 가능하다. terms 집계로 get-together group의 가장 인기가 있는 태그를 얻는 것에 관해 말해보자. 그 각각의 태그에 대해, 각 태그의 그룹에 속하면서 가장 빈번히 참석하는 이벤트가 또한 필요하다. 즉, 특정 타입의 이벤트에 강한 선호도를 가진 사람을 알아내고 싶다.

다음 예제에 있는 top-tags terms 집계 하에 중첩하는 자식 집계로 이러한 사람 명단을 얻을 것이다. 자식 집계 하에서 각 태그에 대한 참석자 수를 세는 또 다른 terms 집계를 중첩할 것이다.

예제 8.9 부모와 자식 집계 결합하기

```
curl "localhost:9200/get-together/_search?pretty" -d '{
  "aggs": {
    "top-tags": {
      "terms": {                          top-tags 집계는 각 태그에 대
        "field": "tags.verbatim"          한 group의 버킷(bucket)을 하
                                          나 만든다.
      },
      "aggs": {
        "to-events": {
          "children": {                   to-events는 각 태그에 있는
            "type": "event"               group에 대한 event 버킷을 하
                                          나 만든다.
          },
```

```
                "aggs": {
                  "frequent-attendees": {
                    "terms": {
                      "field": "attendees"
                    }
                  }
                }
              }
            }
          }
        }
      }
    }
}'
```

frequent-attendees는 각
event 버킷에 있는 참석자
수를 센다.

응답

```
  "aggregations" : {
    "top-tags" : {
      "buckets" : [ {
        "key" : "big data",
        "doc_count" : 3,
        "to-events" : {
          "doc_count" : 9,
          "frequent-attendees" : {
          "buckets" : [ {
            "key" : "andy",
            "doc_count" : 3
          }, {
            "key" : "greg",
            "doc_count" : 3
[...]
        "key" : "open source",
        "doc_count" : 3,
        "to-events" : {
          "doc_count" : 9,
```

big data 태그를 가진 3개의
group이 있다.

3개 group은 총 9개 event 자식
도큐먼트를 가지고 있다.

Andy와 Greg는 3개의 big data
이벤트에 간다.

```
  "frequent-attendees" : {
    "buckets" : [ {
      "key" : "shay",                    Shay는 4개의 open-source
      "doc_count" : 4                    이벤트에 간다.
    }, {
      "key" : "andy",
      "doc_count" : 3
```
[...]

노트　자식 집계가 중첩 집계와 유사하다는 것(중첩 집계는 자식 도큐먼트를 집계 내부로 전달한다)을 아마도 알아차렸을 것이다. 그러나 1.4 버전까지 일래스틱서치는 부모 도큐먼트를 집계로 보내는 반대 방향으로 동작하는(부모 도큐먼트를 집계 내부로 전달한다) 역순 중첩 집계의 부모-자식 방식은 지원하지 않는다.

색인시간 조인으로는 중첩 도큐먼트를, 쿼리시간 조인으로는 부모-자식 관계를 생각해볼 수 있다. 중첩으로 부모는 모든 자식을 색인 시 단일 루씬 블록 내에서 조인한다. 반면에, _parent 필드는 서로 다른 타입의 도큐먼트가 쿼리 시간에 상관되도록 할 수 있다.

중첩과 부모-자식 구조는 일-대-다 관계에 적합하다. 다-대-다 관계에서는 NoSQL 세계에서 일반적인 기술인 비정규화를 사용해야 한다.

도큐먼트 관계를 정의하는 부모-자식 지정 사용에 관한 장점과 단점

이전으로 돌아가서, 여기에서는 왜 부모-자식 관계를 사용하거나 그렇지 않아야 할 이유를 대략 살펴보자. 장점은 다음과 같다.

- 자식과 부모는 개별적으로 변경 가능하다.
- 만약, 애플리케이션에서 조인을 한다면, 모든 관련 도큐먼트가 같은 샤드에 있어서 추가적인 네트워크 홉(hop) 없이 샤드 수준에서 조인이 완료되어 쿼리-시간 조인 성능이 좀 더 좋아진다.

단점은 다음과 같다.

- 쿼리 비용이 중첩 방식보다 더 높아지고 필드 데이터보다 더 많은 메모리가 필요하다.
- 최소 1.4 버전까지의 집계는 오직 자식 도큐먼트가 그 부모만을 조인할 수 있고 거꾸로는 할 수 없다.

8.5 중복 데이터 연결을 사용하는 비정규화

비정규화는 비용이 높은 조인을 피하기 위해 데이터를 중복하는 방식에 관한 것이다. 이미 우리가 논의했던 group과 event 관련 예를 보자. 그 예는 event는 오직 한 개의 group에 의해 개최하고 한 개의 group은 많은 event를 주최할 수 있으므로 일-대-다 관계이다.

그림 8.15처럼, 부모-자식이나 중첩 구조에서는 group과 event는 서로 다른 루씬 도큐먼트에 저장한다.

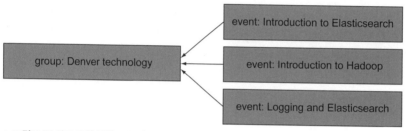

▲ **그림 8.15** 서로 다른 루씬 도큐먼트간의 계층 관계(중첩 또는 부모-자식 관계)

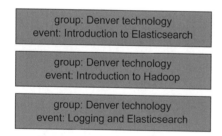

▲ **그림 8.16** group 정보를 각 event로 복사해서 비정규화한 계층 관계

그림 8.16에 있는 것처럼, 이 관계는 group 정보를 모든 event에 추가하는 것으로 비정규화할 수 있다.

다음으로 어떻게 그리고 언제 비정규화의 도움을 받을 수 있고 어떻게 비정규화한 데이터를 색인하고 쿼리할 수 있는지 구체적으로 살펴볼 것이다.

8.5.1 비정규화 사용 사례

단점부터 시작해보자. 비정규화된 데이터는 더 많은 공간을 점유하고 정규화된 데이터에 비해 관리하기 더 어렵다. 그림 8.16의 예에서 group의 상세를 변경하려면, 상세 정보가 세 번 중복되어 나타나므로 3건의 도큐먼트를 모두 변경해야 한다.

그러면 장점이라면 쿼리에서 서로 다른 도큐먼트를 조인할 필요가 없다. 그림 8.17에서 보듯, 네트워크에서 조인해야 하는 도큐먼트는 높은 대기시간을 만들게 되므로 이 문제는 특히 분산 시스템에서 중요한 요소다.

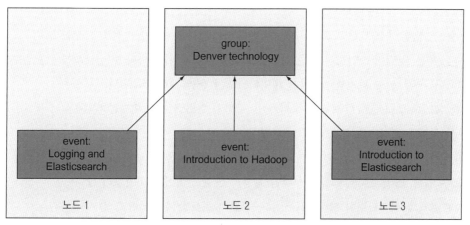

▲ **그림 8.17** 노드에서 도큐먼트를 조인하는 것은 네트워크 대기시간 때문에 어려운 문제다

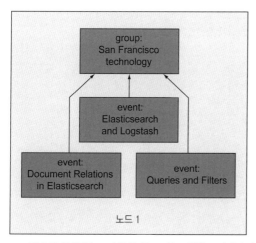
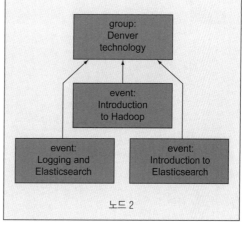

▲ **그림 8.18** 중첩/부모–자식 관계는 모든 조인을 로컬에서 수행하도록 한다

그림 8.18처럼 중첩과 부모-자식 도큐먼트는 부모와 모든 그 자식이 같은 노드에 저장하도록 해서 이를 우회한다.

- 중첩 도큐먼트는 같은 샤드의 같은 세그먼트에 항상 같이 있도록 루씬 블록에 색인한다.
- 자식 도큐먼트는 그 부모와 같은 라우팅값^{rouing value}으로 색인해서 같은 샤드에 속하도록 한다.

일-대-다 관계로 비정규화하기

중첩과 부모-자식 구조로 했던 로컬 조인은 원격 조인으로 할 수 있는 것보다 훨씬 더 빠르다. 물론, 여전히 조인하지 않는 것보다 조인하는 것이 더 비싸다. 비정규화는 이 문제에 도움을 줄 수 있지만, 더 많은 데이터가 있음을 암시하기도 한다. 더 많은 데이터를 색인해야 하므로 색인 작업에 더 많은 부하가 걸릴 것이고 쿼리는 더 큰 색인 하에서 실행할 것이므로 더 느리게 만들 것이다.

중첩, 부모-자식, 비정규화 중 선택해야 할 때 여기에 이러한 트레이드오프가 있음을 볼 수 있다. 일반적으로 만약 데이터가 상당히 작고 정적이고 쿼리량이 많다면, 일-대-다 관계의 비정규화가 답이 될 것이다. 색인이 허용할 수준이면서 많은 색인 작업이 없다면, 이 방식은 단점으로 인한 피해가 적고, 조인을 피하게 해서 쿼리를 더 빠르게 한다.

> **팁** 성능이 중요하다면 색인과 검색을 빠르게 하는 것에 관한 10장을 살펴보자.

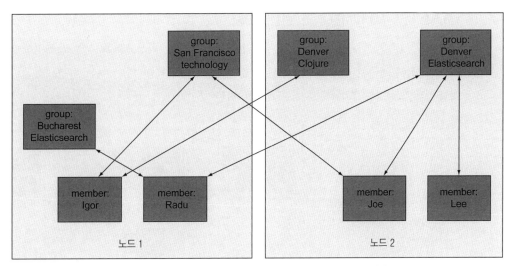

▲ **그림 8.19** 다–대–다 관계는 로컬 조인도 불가능한 수준의 대용량 데이터를 포함할 수 있다

다–대–다 관계 비정규화하기

일래스틱서치에서 다–대–다 관계는 일–대–다 관계에 비해 취급하기 무척 어렵다. 예를 들어, group은 다수 member를 포함할 수 있고 person은 다수의 group에 속한 구성원일 수 있다.

일래스틱서치는 다–대–다 관계를 단일 노드에서 포함한다고 보장할 수 없고 중첩과 부모-자식의 일–대–다 구현과는 다르기 때문에 여기서 비정규화는 더 나은 방안일 것이다. 그림 8.19에서 보듯, 단일 관계는 전체 데이터셋으로 확장할 수도 있다. 이는 불가피하게 교차 네트워크 조인cross-network join으로 비용을 높게 한다.

어떻게 교차 네트워크 조인으로 인한 문제 때문에 1.5 버전부터 비정규화는 일래스틱서치에서 다–대–다 관계를 표현하는 유일한 방법이다. 그림 8.20은 그림 8.19에서 본 구조가 member가 속하는 각 group의 자식처럼 member를 비정규화할 때 어떻게 보이는지를 설명하는 그림이다. 다–대–다 관계의 한쪽을 비정규화해서 추가로 일–대–다 관계로 만들었다.

이제 그림 8.20 같은 구조를 어떻게 색인하고 변경하며 쿼리할 수 있는지 알아볼 것이다.

8.5.2 비정규화 데이터 색인, 변경, 삭제

색인을 시작하기 전에, 어떻게 다-대-다를 일-대-일로 비정규화할 것인지 결정해야
할 텐데, 여기에는 두 가지 큰 판단 기준이 있는데, 관계의 어떤 쪽이 비정규화해야
하고, 어떻게 결과를 일-대-다 관계로 표현할 것인지다.

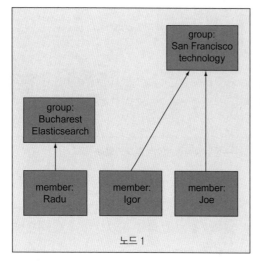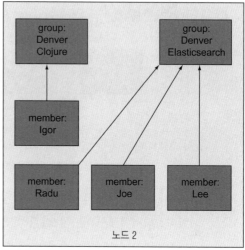

▲ **그림 8.20** 로컬 조인을 하도록 다-대-다 관계를 다수의 일-대-다 관계로 비정규화

어떤 쪽을 비정규화할 것인가?

member가 group의 자식으로 중복할 것인가 아니면 다른 쪽이 될 것인가? 어떤 데
이터를 색인하고 변경하고 삭제하며 쿼리할 것인지 이해하기 위해 하나를 선택한다.
비정규화한 쪽(자식)은 모든 측면에 있어서 관리가 더 어려워질 것이다.

- 그 각각의 부모를 한 번 색인하면 도큐먼트는 여러 번 색인한다.
- 변경할 때, 그 도큐먼트의 모든 인스턴스를 변경해야 한다.
- 삭제할 때, 모든 인스턴스를 삭제해야 한다.
- 개별로 자식을 쿼리할 때, 같은 내용을 가지고도 더 많은 히트[hits]를 얻게 되
어, 애플리케이션 측에서 중복 제거를 해야 한다.

이 가설을 바탕으로, member를 group의 자식으로 만드는 것이 더 합리적으로 보인다. member 도큐먼트는 작은 크기이고 자주 변경하지 않으며 event를 가지는 group보다 더 빈번하게 쿼리하지는 않는다. 이러한 결과로, member 도큐먼트 복제를 관리하는 것은 더 쉬울 것이다.

일-대-다 관계를 어떻게 표현하기를 원하는가?

부모-자식인가 아니면 중첩 도큐먼트일 것인가? 얼마나 자주 group과 member를 함께 검색하고 조회하는지를 바탕으로 이를 선택할 것이다. 중첩 쿼리는 has_parent나 has_child 쿼리보다 더 성능이 좋다.

또 다른 중요한 측면은 얼마나 자주 구성원이 변경하는가다. 부모-자식 구조는 개별로 변경할 수 있어서 이러한 경우에 더 좋다.

이러한 예로, group과 member를 함께 검색과 조회하는 것이 드물고 그 member는 group을 두고 자주 조인을 한다고 가정해보자. 이러한 경우에는 부모-자식 관계로 가게 될 것이다.

색인

group과 그 그룹의 event는 이전처럼 색인하지만, member는 member가 속하는 모든 group 마다 한번씩 색인해야 한다. 다음 예제는 새 member 타입으로 매핑을 처음 정의하고 나서 코드 샘플에 있는 Denver Clojure와 Denver Elasticsearch group의 구성원으로 Mr. Hinman을 색인할 것이다.

예제 8.10 비정규화한 member 색인

```
curl -XPUT 'localhost:9200/get-together/_mapping/member' -d '{
  "member": {
    "_parent": {
      "type": "group"        ← 먼저 member의 부모 타입이
    },                          group임을 명시하는 매핑을
    "properties": {             정의한다.
      "first_name": {
        "type": "string"
      },
```

```
    "last_name": {
      "type": "string"
    }
   }
  }
}'
```

```
curl -XPUT 'localhost:9200/get-together/member/10001?parent=1' -d '{
  "first_name": "Matthew",
  "last_name": "Hinman"
}'
```
parent=1은 Denver Clojure group을 가리킨다.

```
curl -XPUT 'localhost:9200/get-together/member/10001?parent=2' -d '{
  "first_name": "Matthew",
  "last_name": "Hinman"
}'
```
parent=2는 Denver Elasticsearch group를 가리킨다.

노트 다중 색인 작업은 벌크 API를 사용해서 단일 HTTP 요청으로 할 수 있다. 성능과 관계된 10장에서 벌크 API에 관해 논의할 것이다.

변경

또 다시 group은 운 좋게도 3장 3.5절에서 봤던 것처럼 변경을 한다. 그러나 member가 그 상세 정보를 변경한다면, 비정규화되어 있어서 우선 중복된 모든 것을 검색해야 하고 각각 변경해야 한다. 예제 8.11에는 _id로 "10001"을 가지는 모든 도큐먼트를 검색하고 그가 불리고 싶어하는 Lee로 성을 변경할 것이다.

ID가 이름 같은 다른 필드보다 더 신뢰할 수 있는 경향이 있어 이름으로 검색하는 대신 ID로 검색하고 있다. _parent 필드를 사용할 때, 부모-자식을 소개하는 절이 떠오를 텐데, 같은 색인 내의 같은 타입 내의 다중 도큐먼트는 같은 이러한 _id 값을 가질 수 있다. 오직 _id와 _parent 조합이 유일성을 보장한다. 비정규화하면서 이 기능을 사용할 수 있고, 각 group마다 member가 속할 때마다 의도적으로 같은 사람에 대해 같은 _id 값을 사용할 수 있다.

예제 8.11 비정규화한 member 변경하기

```
curl 'localhost:9200/get-together/member/_search?pretty' -d '{
  "query": {
    "filtered": {
      "filter": {
        "term": {
          "_id": "10001"
        }
      }
    }
  },
  "fields": [
    "_parent"
  ]
}'
```

같은 ID로 모든 member 검색하는 것은 이 ID에 해당하는 중복된 모든 사람을 반환할 것이다.

어떻게 변경할지 알려면 각 도큐먼트 필드로부터 _parent 필드만 필요하다.

```
curl -XPOST 'localhost:9200/get-together/member/10001/_update?parent=1' -d
'{
  "doc": {
    "first_name": "Lee"
  }
}'
```

각 도큐먼트가 반환하는 값으로부터 "Lee" 이름을 변경한다.

```
curl -XPOST 'localhost:9200/get-together/member/10001/_update?parent=2' -d
'{
  "doc": {
    "first_name": "Lee"
  }
}'
```

노트 다중 업데이트는 벌크 API로 단일 HTTP 요청에서도 사용할 수 있다. 벌크 색인에서 경우처럼 10장에서 벌크 변경에 관해 논의할 것이다.

삭제

비정규화한 member를 삭제하는 것은 다시 모든 복제를 식별하는 과정을 필요로 한다. 특정 도큐먼트를 삭제하기 위해 부모-자식을 소개하는 절을 떠올려보면, _id와 _parent 둘 다 명시해야 하는데, 두 조합이 같은 색인과 타입에서 유일하기 때문이다. 예제 8.11처럼, 우선 term 필터로 member를 찾아야 한다. 그 다음 각 member 인스턴스를 삭제할 것이다.

```
% curl -XDELETE 'localhost:9200/get-together/member/10001?parent=1'
% curl -XDELETE 'localhost:9200/get-together/member/10001?parent=2'
```

이제 비정규화한 member에서 어떻게 색인하고 변경하고 삭제하는지 알았으니 어떻게 쿼리를 실행하는지 살펴보자.

8.5.3 비정규화한 데이터 쿼리

그룹을 쿼리하려고 한다면 그룹은 비정규화하지 않았으므로 비정규화에 관한 것이 없다. 만약, member로부터 조건을 검색해야 한다면, 8.4.2절에서 사용했던 것처럼 has_child 쿼리를 사용해야 한다.

Member는 비정규화되어 있기 때문에 역시 최악의 쿼리 결과를 얻게 되는데, 비록 그들이 속하는 그룹을 검색 조건으로 포함할지라도, has_parent 쿼리로 검색할 수는 있다. 그러나 여기에는 동일한 복수의 member를 돌려받는다는 문제가 생긴다. 즉, 다음 예제에서 다른 두 member를 색인한 후, 검색할 때 그 둘을 함께 돌려받게 될 것이다.

예제 8.12 비정규화한 데이터 쿼리로 중복 결과 반환

```
curl -XPUT 'localhost:9200/get-together/member/10002?parent=1' -d '{
    "first_name": "Radu",
    "last_name": "Gheorghe"
}'

curl -XPUT 'localhost:9200/get-together/member/10002?parent=2' -d '{
    "first_name": "Radu",
```

개별 그룹에 대해 각각 색인을 한다.

```
    "last_name": "Gheorghe"
}'

curl -XPOST 'localhost:9200/get-together/_refresh'

curl 'localhost:9200/get-together/member/_search?pretty' -d '{
  "query": {
    "term": {
      "first_name": "radu"          ◀── 이름으로 사람을 검색한다.
    }
  }
}'

# reply
"hits" : [ {
  "_index" : "get-together",
  "_type" : "member",              ◀──
  "_id" : "10002",
  "_score" : 2.871802,
  "_source" : {
    "first_name": "Radu",
    "last_name": "Gheorghe"                      개별 그룹에 대한 같은 사람을 두 번 반환
  }                                              한다.
}, {
  "_index" : "get-together",
  "_type" : "member",
  "_id" : "10002",
  "_score" : 2.5040774,            ◀──
  "_source" : {
    "first_name": "Radu",
    "last_name": "Gheorghe"
  }
} ]
```

1.5 버전부터, 중복된 이러한 member를 애플리케이션에서 삭제할 수 있다. 또 다시, 같은 사람이 항상 같은 ID를 가진다면, 같은 ID를 갖는 두 결과는 동일하기 때문에 중복 제거 작업을 쉽게 만드는 그 ID를 사용할 수 있다.

집계에서도 같은 문제가 발생하는데, 만약 member의 어떤 속성의 개수를 센다면, 여러 곳에서 같은 member가 나타나게 되어 그 개수는 정확하지 않을 것이다.

대부분 검색과 집계에서의 우회 방안은 개별 색인에서 member의 복제본을 유지하는 것이다. 우리는 이를 "members"로 부르자. 쿼리하면 색인은 단지 각 member의 복제본을 반환할 것이다. 이 우회 방안이 가진 문제점은 members 단독으로 쿼리할 때에만 도움을 주고, 그렇지 않으면 다음에 논의할 애플리케이션쪽 조인을 하게 된다.

비정규화 사용으로 관계를 정의할 때 장점과 단점

다른 방식을 소개하면서 했던 것처럼, 비정규화의 강점과 약점을 빠르게 훑어본다. 장점은 다음과 같다.

- 다-대-다 관계에 적용할 수 있다.
- 어떠한 조인도 참여하지 않아서 만약 클러스터가 중복으로 인한 부가적인 데이터를 취급할 수 있다면 쿼리를 빠르게 만드는 방법이 된다.

단점은 다음과 같다.

- 애플리케이션은 색인, 변경, 삭제 시 중복에 주의해야 한다.
- 이러한 데이터 중복으로 인해 어떤 검색과 집계는 잘 동작하지 않을 것이다.

8.6 애플리케이션 측 조인

비정규화 대신 group과 member 관계에 관한 다른 선택지는 그 관계를 개별 색인으로 유지하고 애플리케이션에서 조인하는 것이다. 일래스틱서치가 부모-자식으로 하는 것과 무척 유사하게, 어떤 group에 속하는 어떤 member를 가리키는 ID를 색인에 저장하고 그 둘을 쿼리해야 한다.

예를 들어, "Lee"나 "Radu"이 구성원으로 있는 "Denver" 이름을 가진 group을 쿼리한다면, 어떤 것이 Lee와 Radu인지 찾기 위해 우선 members에서 불린 쿼리를 실행할 수 있다. 그런 후 검색한 ID로 group에서 Denver 쿼리 근처에 `terms` 필터에 구성원 ID를 추가하여 두 번째 검색을 실행할 수 있다. 전체 과정은 그림 8.21에 도식화했다.

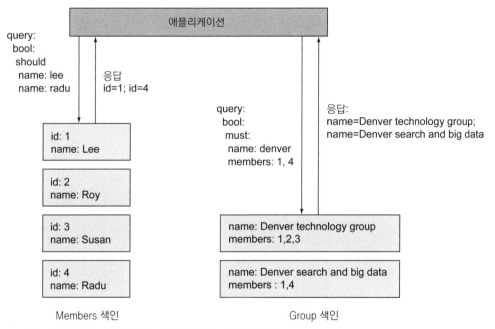

▲ **그림 8.21** 애플리케이션쪽 조인은 두번의 쿼리를 실행해야 한다

이 방식은 일치하는 구성원이 많지 않을 때에 잘 동작한다. 그러나 예를 들어 도시의 모든 구성원을 포함하려고 한다면, 두 번째 쿼리는 아마 수천의 구성원을 포함해서 `terms` 필터를 실행해야 할 텐데 이 때문에 쿼리 비용이 높아진다. 그럼에도 불구하고, 성능을 위해 할 수 있는 몇 가지가 아직 남아 있다.

- 첫 쿼리를 실행할 때, 구성원 ID만 필요하므로 트래픽을 줄이기 위해 _source 필드 조회를 비활성화할 수 있다.

```
"query": {
  "filtered": {
[...]
  }
},
"_source": false
```

- 두 번째 쿼리에서, ID 개수가 많다면, field data에서 terms 필터로 실행하는 것이 더 빠를 것이다.

```
"query": {
  "filtered": {
    "filter": {
      "terms": {
        "members": [
          1,
          4
        ],
        "execution": "fielddata"
      }
    }
  }
}
```

10장에서 성능에 관해 더 살펴볼 테지만 도큐먼트 관계를 모델링할 때, 결국 선택지 중에서 가능한 것을 골라 최적화하는 것이 될 것이다.

8.7 요약

우리는 수많은 사용 사례에서 관계형 데이터를 다뤄야 한다. 8장에서는 다음에 나열하는 것을 어떻게 다룰 수 있는지 살펴봤다.

- 일-대-일 관계에서 가장 유용한 개체 매핑
- 일-대-다 관계를 다루는 중첩 도큐먼트와 부모-자식 구조
- 다-대-다 관계에 가장 도움이 되는 비정규화와 애플리케이션 측 조인

조인은 로컬에서조차 성능에 피해를 주기 때문에 단일 도큐먼트에 가능한 많은 속성을 넣는 것은 일반적으로 좋은 생각이다. 개체 매핑은 도큐먼트에서 계층 구조를 사용하므로 이에 도움이 된다. 여기에서 검색과 애플리케이션은 단순구조^{flat-structured} 도큐먼트로 하는 것처럼 동작하는데, location.name처럼 전체 경로를 사용해서 필드를 참조해야 한다.

교차-개체 일치를 피하고 싶을 때, 중첩과 부모-자식 도큐먼트는 다음처럼 도움이 된다.

- 중첩 도큐먼트는 기본적으로 단일 블록에 있는 다중 루씬 도큐먼트에 입력하는 색인시간 조인이다. 애플리케이션에서 블록은 단일 일래스틱서치 도큐먼트처럼 보여진다.
- _parent 필드는 한 도큐먼트에서 그 부모가 되는 같은 색인에 있는 다른 타입의 또 다른 도큐먼트로 가리키도록 한다. 일래스틱서치는 쿼리시간에 로컬 조인을 수행할 수 있도록 부모와 그 자식이 같은 샤드에 자리잡도록 라우팅을 사용할 것이다.

다음 쿼리와 필터로 중첩과 부모-자식 도큐먼트를 검색할 수 있다.

- 중첩 쿼리와 필터
- has_child 쿼리와 필터
- has_parent 쿼리와 필터

집계는 nested와 reverse_nested 집계 타입을 통해 중첩 도큐먼트가 갖는 관계에 대해 동작한다.

개체, 중첩, 부모-자식 도큐먼트 및 비정규화의 일반적인 기술은 어쨌든 성능과 기능성에 있어서 적절한 조합을 얻을 수 있도록 결합할 수 있다.

2부

2부에서는 개발이 아닌 프로덕션 환경에 관하여 중점적으로 다룬다. 일래스틱서치를 스케일 아웃하는 것, 성능 튜닝, 유지 보수에 관한 3개 장이 있다. 또한 다양한 기능들이 어떻게 동작하는지를 알아보며 1부에서 살펴본 기능들에 대해 더 깊게 이해할 수 있을 것이다. 일래스틱서치를 프로덕션 요구에 맞게 스케일 아웃할 수 있고 유지보수하기 쉬운 구조로 설계하기 위해 많은 경우 개발자와 운영자가 함께 작업을 해야 하는데, 이 장의 내용은 양쪽 모두에게 유용할 것이다.

9

스케일 아웃

> **9장에서 다루는 내용**
>
> - 일래스틱서치 클러스터에 노드 추가하기
> - 일래스틱서치 클러스터에서의 마스터 선출
> - 노드를 제거하거나 해체하기
> - _cat API 를 사용하여 클러스터 살펴보기
> - 계획 수립 및 스케일링 전략
> - 앨리어스와 커스텀 라우팅

일래스틱서치가 무엇을 할 수 있는지 잘 이해했으니, 일래스틱서치의 다음 핵심 기능들에 대해 들을 준비가 됐다. 확장성은 색인과 검색을 더 많이 다루거나 빠르게 다룰 수 있는 능력이다. 최근 확장성이 수백만 혹은 수십억의 문서를 다룰 때 한 가지 중요한 요소다. 어떤 형태로의 확장 없이 하나의 일래스틱서치 인스턴스나 노드에서 항상 원하는 만큼의 트래픽을 지원할 수는 없다. 운 좋게도 일래스틱서치는 확장하기 쉽다. 이 장에서 일래스틱서치가 마음대로 쓸 수 있는 확장 능력과 어떻게 그런 기능을 사용해서 일래스틱서치의 성능과 안정성을 더 높일 수 있는지 살펴볼 것이다.

2장과 3장에서 일래스틱서치가 모임 데이터를 다루는 방법을 살펴보았다면, 여기서는 어떻게 검색시스템을 더 많은 트래픽을 처리할 수 있도록 스케일 아웃할 수 있는지에 대해서 살펴볼 것이다. 사무실에 앉아 있는데, 보스가 사무실로 들어와 웹사이트가 유명 포털에 모임 장소를 예약하기 위한 필수 웹사이트로 소개되었다고 말한다고 상상해보자. 이제 여러분은 일래스틱서치가 새로운 그룹과 이벤트 유입을 처리할 수 있도록 하고, 또 해당 유명 포털을 통한 새로운 검색 요청을 처리할 수 있어야 한다. 주어진 시간이 24시간뿐이라면, 어떻게 일래스틱서치 서버를 스케일업하여 이 트래픽을 처리하도록 할 것인가? 다행히도, 일래스틱서치는 기존의 일래스틱서치 클러스터에 노드를 추가하여 클러스터를 확장하는 것이 매우 쉽다.

9.1 일래스틱서치 클러스터에 노드를 추가하기

앞서 이야기한 것과 같은 상황에 처하지는 않았더라도, 일래스틱서치를 실제로 실험해 가며 한 번쯤은 당신의 클러스터가 더 많은 처리량을 갖게 되기를 원하게 되는 상황이 올 것이다.

검색과 데이터 색인을 병렬성을 높여 더 빠르게 하고자 할 수도 있고, 장비의 디스크 용량이 부족해질 수도 있고 혹은 일래스틱서치 노드가 데이터에 대한 검색을 수행하면서 메모리 부족 에러를 내고 있을 수도 있다. 이런 경우에, 일래스틱서치 노드의 성능을 가장 쉽게 향상시키는 방법은 더 많은 노드들을 추가하여 2장에서 살펴보았던 일래스틱서치 클러스터를 구성하는 것이다. 일래스틱서치는 클러스터에 노드를 추가하여 수평적으로 확장하기가 매우 쉽고, 이를 통해 검색이나 색인 부하를 분산시킬 수 있다. 일래스틱서치 클러스터에 노드를 추가함으로써, 곧 다가오는 수백만 건의 그룹과 이벤트 데이터를 처리할 수 있게 될 것이다.

9.1.1 일래스틱서치 클러스터에 노드 추가하기

일래스틱서치 클러스터를 구성하는 첫 단계는 하나의 노드에 다른 노드를 추가하여 노드들이 연결된 클러스터로 만드는 것이다. 로컬 개발 환경에서 노드를 추가하는 것은 아주 쉬운데, 다음 코드처럼 일래스틱서치를 내려받아 별도의 폴더에 저장하고, 그 폴더에서 bin/elasticsearch 명령을 수행하기만 하면 된다. 일래스틱서치는 자동적으로 사용 가능한 다음 포트를 찾아 바인딩하고(이 경우 9201), 자동으로 기존의 노드에 조인할 것이다. 또한 일래스틱서치 배포판을 다시 내려받을 필요도 없다. 같은 디렉터리에서 복수 개의 일래스틱서치 인스턴스를 다른 인스턴스에 영향을 미치지 않고 구동시킬 수 있기 때문이다.

```
% bin/elasticsearch                          ◄─── 2장에서 시작시킨 일래스틱
[in another terminal window or tab]               서치 노드
% mkdir elasticsearch2
% cd elasticsearch2
% tar zxf elasticsearch-1.5.0.tar.gz
% cd elasticsearch-1.5.0
% bin/elasticsearch                          ◄─── 새로 시작시킨 일래스틱서치 노드
```

두 번째 일래스틱서치 노드를 클러스터에 조인시켰으니, health 명령을 통해 어떻게 클러스터 상태가 변했는지를 다음 목록과 같이 확인할 수 있다.

예제 9.1 두 개의 노드로 구성된 클러스터의 상태 확인하기

```
% curl -XGET 'http://localhost:9200/_cluster/health?pretty'
{
  "cluster_name": "elasticsearch",        ◄─── 이제 클러스터는 옐로가 아닌 그린
  "status": "green",                           상태다.
  "timed_out": false,
  "number_of_nodes": 2,                   ◄─── 이제 데이터를 처리할 수 있는 두 노드가
  "number_of_data_nodes": 2,                   클러스터에 속하게 되었다.
  "active_primary_shards": 5,
  "active_shards": 10,                    ◄─── 이제 10개 샤드 모두 활성화
  "relocating_shards": 0,                      되었다.
```

```
  "initializing_shards": 0,
  "unassigned_shards": 0 ◄
}
```

더이상 할당되지 않은 샤드가
존재하지 않는다.

이제 unassigned_shards 숫자가 0인 것에서 확인할 수 있듯이 클러스터 내에
할당되지 않은 샤드가 존재하지 않게 되었다. 어떻게 샤드들이 서로 다른 노드에 있
게 된 것일까? 그림 9.1을 통해 노드를 클러스터에 추가하기 이전과 이후에 테스트
색인에 어떤 일이 일어나는지를 확인해볼 수 있다. 왼쪽의 경우에는 테스트 색인의
주 샤드들은 모두 노드 1에 위치하고 있고 레플리카 샤드는 할당되지 않은 상태다.
이 경우, 클러스터는 옐로 상태인데, 모든 주 샤드는 어딘가에 할당되어 있지만, 레플
리카는 그렇지 않기 때문이다. 두 번째 노드가 추가되면, 할당되지 않았던 레플리카
샤드들이 새로운 노드 2에 할당되고, 따라서 클러스터 상태는 그린으로 바뀌게 된다.

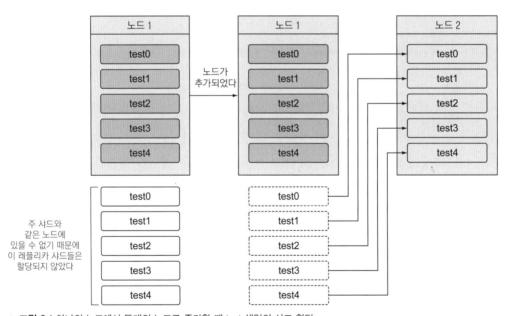

▲ 그림 9.1 하나의 노드에서 두개의 노드로 증가할 때 test 색인의 샤드 할당

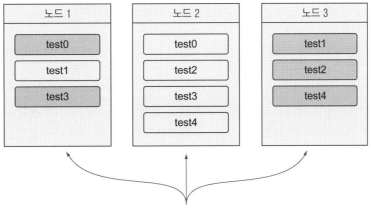

일래스틱서치가 세 노드에 걸쳐 샤드들을 재분배하였다

▲ **그림 9.2** 일래스틱서치 노드가 3개일 때 test 색인의 샤드 할당

노드가 추가되면, 일래스틱서치는 자동으로 모든 노드에 걸쳐서 샤드들을 균등하게 분배하고자 한다. 그림 9.2는 같은 클러스터의 세 일래스틱서치 노드에 같은 샤드들이 어떻게 분배되는지를 보여준다. 한 노드에 주와 레플리카 샤드가 함께 있을수는 있지만, 같은 샤드의 주와 레플리카가 한 노드에 있을 수 없다는 점을 확인할 수 있다.

더 많은 노드가 클러스터에 추가될 경우, 일래스틱서치는 모든 노드에 걸쳐 샤드의 수를 균등하게 분포시키려고 할 것이다. 이를 통해 추가된 샤드들이 데이터(샤드라는 형태의)를 일정 비율 가져감으로써 역할을 분담하게 되기 때문이다. 지금까지 살펴본 것이 일래스틱서치 클러스터를 횡적으로 확장하는 것이다.

일래스틱서치 클러스터에 노드를 추가하는 것은 많은 이점이 있는데, 주가 고가용성을 갖게 된다는 것과 전반적으로 성능이 향상된다는 점이다. 레플리카가 활성화되어 있다면(기본적으로는 활성화되어 있다) 일래스틱서치는 주를 찾을 수 없을 경우 자동으로 레플리카 샤드를 주로 승격시켜 색인의 데이터에 문제없이 접근할 수 있도록 한다. 이와 같이 노드들에 걸쳐 데이터가 분포되어 있는 것은 성능 향상에도 도움이 되는데, 그림 2.9에서 살펴보았던 것처럼 검색이나 조회 요청은 주와 레플리카 샤드 모두 수행할 수 있기 때문이다. 이렇게 확장하는 것은 클러스터 전체 관점에서 메모리를 늘려주는 효과를 갖는다. 따라서 메모리를 많이 요구하는 검색이나 집계 요청을 처리하는 데 너무 오랜 시간이 걸리거나 메모리 부족 현상을 발생시키고 있다면, 노드들을 추가하는 게 가장 쉽게 더 많은 복잡한 요청을 처리하는 방법이 될 수 있다.

지금까지 일래스틱서치 노드에 다른 노드를 추가하여 진정한 의미의 클러스터를 구성하였다. 이 시점에서 아마도 당신은 어떻게 각 노드가 다른 노드를 발견하고 그것과 통신하는지가 궁금할 수 있다. 이어서는 일래스틱서치의 노드 디스커버리 방법들을 알아볼 것이다.

9.2 다른 일래스틱서치 노드 발견하기

아마 당신은 클러스터에 추가한 두 번째 노드가 어떻게 첫 번째 노드를 발견하고 자동으로 클러스터에 조인하게 됐는지 정확히 알고 싶을 것이다. 내부적으로 일래스틱서치 노드는 두 가지 다른 방법(멀티캐스트 혹은 유니캐스트)을 사용해서 다른 노드를 발견할 수 있다. 두 방법을 동시에 사용할 수도 있지만 기본적으로는 멀티캐스트를 사용하도록 되어 있는데, 그 이유는 유니캐스트를 사용하려면 연결할 대상이 될 노드들의 목록이 필요하기 때문이다.

9.2.1 멀티캐스트 디스커버리

일래스틱서치가 시작할 때 IP 주소 224.2.2.4의 54328 포트로 멀티캐스트 핑을 보내고, 같은 클러스터 이름을 가진 다른 일래스틱서치 노드로부터 응답을 받게 된다. 따라서 만약 여러분의 동료가 실행시킨 일래스틱서치가 당신의 클러스터에 조인하는 것을 확인했다면, elaticsearch.yaml 설정 파일의 cluster.name 기본값인 elasticsearch에서 다른 특정한 이름으로 바꾸도록 하자. 멀티캐스트 디스커버리는 elasticsearch.yml에 있는 다음 옵션들을(각각의 기본값을 함께 표기하였다) 통해 몇몇 옵션을 통해 변경하거나 완전히 비활성화시킬 수 있다.

```
discovery.zen.ping.multicast:
  group: 224.2.2.4
  port: 54328
```

```
ttl: 3
address: null          address를 null로 두는 것은 모든 네트워크
                       인터페이스에 바인딩하라는 것을 뜻한다.
enabled: true
```

일반적으로, 멀티캐스트 디스커버리는 클러스터에 추가되는 노드들의 IP가 자주 바뀌는 경우처럼 같은 네트워크 내에 위치하고 있는 매우 유동적인 클러스터를 사용하는 경우 유용하다. 멀티캐스트 디스커버리는 "이봐, 여기 나 말고 또 'xyz'라는 일래스틱서치 클러스터에 속한 노드가 있는가"라고 소리쳐 묻고 응답을 기다리는 상황과 유사하다. 그림 9.3은 시각적으로 멀티캐스트 디스커버리를 보여주고 있다.

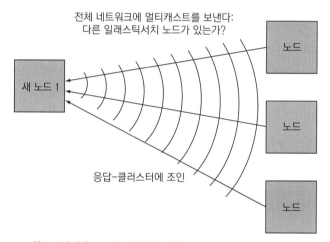

▲ **그림 9.3** 멀티캐스트 디스커버리를 사용하여 클러스터의 다른 노드들을 발견하기

비록 멀티캐스트 디스커버리가 로컬 환경에서 혹은 POC 테스트 시에는 유용할 수 있지만, 프로덕션 클러스터의 경우에는 더 안정적으로 다른 노드들을 발견하는 방법은 몇몇 혹은 모든 노드들을 "탐지꾼"처럼 사용하여 클러스터에 관한 다른 정보를 확인하는 것이다. 이런 방법은 누군가가 노트북을 같은 네트워크에 연결했을 때, 의도하지 않은 다른 노드들이 클러스터에 연결되는 상황을 방지할 수 있도록 해준다. 유니캐스트 방법은 네트워크 전체와 통신하기보다는 지정된 노드 목록에 연결하고자 하기 때문에 이러한 문제를 방지할 수 있다.

9.2.2 유니캐스트 디스커버리

유니캐스트 디스커버리는 클러스터 정보를 더 알아보기 위해 접속할 대상이 되는 일래스틱서치 호스트 목록을 사용한다. 노드의 IP 주소가 자주 변경되지 않거나 네트워크 전체가 아닌 특정 노드들끼리만 서로 통신하여야 하는 프로덕션 환경의 일래스틱서치의 경우라면 이는 이상적이라고 할 수 있다. 유니캐스트는 일래스틱서치에게 클러스터 내 다른 노드들의 IP 주소와 부차적으로 포트(혹은 포트의 범위)를 알려주어서 사용할 수 있다. 유니캐스트 설정의 예를 살펴보면, elasticsearch.yml 파일에 `discovery.zen.ping.unicast.hosts: ["10.0.0.3", "10.0.0.4:9300", "10.0.0.5[9300-9400]"]`처럼 네트워크의 일래스틱서치 노드를 입력하는 것이다. 모든 노드를 발견하기 위해 유니캐스트 목록에 클러스터의 모든 일래스틱서치 노드를 입력해야 하는 것은 아니다. 다만 충분히 많은 주소들을 설정하여 각 노드가 탐지꾼 노드 와 통신할 수 있도록 하여야 한다. 예를 들어, 만약 유니캐스트 목록의 첫 번째 노드가 클러스터의 7개 노드 중 3개를 알고 있고, 두 번째 노드는 7개 노드 중 다른 4개를 알고 있다면, 디스커버리를 수행하는 노드는 클러스터의 7개 노드 전부를 발견할 수 있을 것이다. 그림 9.4 는 유니캐스트 디스커버리를 시각적으로 표현한 것이다.

유니캐스트 디스커버리를 비활성화해야 할 필요는 없다. 다른 일래스틱서치 노드를 발견하기 위해 멀티캐스트 디스커버리만을 사용하고자 한다면, 별도의 설정이 되지 않은 상태의 설정 파일을 그대로 두면 된다. 클러스터에 속해 있는 다른 노드들을 발견한 이후에, 일래스틱서치 노드들은 마스터 선출을 진행한다.

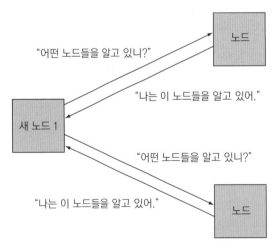

▲ **그림 9.4** 유니캐스트 디스커버리를 통해 클러스터 내의 다른 노드들을 발견하기

9.2.3 마스터 선출 및 장애 감지

클러스터의 노드들이 서로를 발견하였다면, 이제 그들 중 누가 마스터가 될 것인지를 결정하게 된다. 마스터 노드는 클러스터의 상태를 관리하는 역할을 맡는다. 클러스터 상태란, 현재 설정값과 샤드, 색인, 노드들의 상태를 의미한다. 마스터 노드가 선출되면, 마스터 노드는 내부적으로 핑을 통해 각 노드에 문제가 없는지를 확인한다. 이는 장애 감지라고 불리는데, 이 장의 후반부에서 더 자세히 알아볼 것이다. 일래스틱서치는 node.master 설정 값을 false로 하지 않은 모든 노드가 마스터가 될 자격이 있다고 판단한다. node.master 설정을 다르게 사용해야 할 이유나 일래스틱서치 노드의 종류에 관해서는 이 장의 뒷부분에서 검색을 어떻게 빠르게 할 것인가를 다루며 더 알아보게 될 것이다. 클러스터가 하나의 노드만으로 이루어져 있다면, 이 노드는 타임아웃 기간동안 같은 클러스터에 속하는 다른 노드를 발견하지 못했다면 자기 자신을 마스터로 선출하게 된다.

여러 노드로 구성된 프로덕션 클러스터의 경우에는 마스터 노드의 최소 개수를 정하는 것이 좋은 방법일 수 있다. 이 설정은 마치 일래스틱서치가 복수 개의 마스터 노드를 가질 수 있다는 것처럼 들리지만, 사실 이것은 클러스터가 정상적인 상태가 되기 이전에 클러스터에 있는 노드 중 얼마나 많은 노드가 마스터 노드가 될 자격이 있는지를 뜻한다. 마스터 노드의 자격을 가진 노드의 최소 수를 정하는 것은 당신의 클러스터가 클러스터 상태 전체에 관한 정보를 알지 못한 채로 잠재적인 위험한 동작을 수행하지 않도록 보장하기 위해 유용할 수 있다. 이 최솟값은 노드들의 숫자가 변하지 않는 경우라면 노드들의 총 숫자로 설정할 수도 있고, 일반적인 규칙인 (전체 클러스터에 있는 노드의 수 / 2) +1로 설정할 수도 있다. minimum_master_nodes를 1보다 큰 값으로 설정하는 것은 스플릿 브레인이라고 불리는 현상을 방지하는 데 도움이 된다. 방금 언급한 일반 규칙을 따를 경우, 세 노드로 이루어진 클러스터는 minimum_master_nodes를 2로, 혹은 14 노드로 이루어진 경우에는 8로 정하면 될 것이다. 이 설정을 바꾸고자 한다면 elasticsearch.yml에서 discovery.zen.minimum_master_nodes를 당신의 클러스터에 맞게 변경하면 된다.

> **스플릿 브레인이란?**
>
> 스플릿 브레인은 클러스터에 속한 하나 혹은 여러 개의 노드가 마스터 노드와 통신하지 못하고, 새로운 마스터를 선출하여 요청을 처리하고 있는 상황을 말한다. 이 경우, 당신의 클러스터는 두 개로 나뉘어져 독립적으로 작동하게 된다. 즉, 하나의 클러스터가 두 개의 독립된 부분으로 나뉘어진다는 점에서, 스플릿 브레인이란 용어는 뇌의 두 반구와 유사하게 볼 수 있다. 이를 방지하기 위해서는 discovery.zen.minimum_master_nodes를 클러스터의 노드 숫자를 고려하여 설정하여야 한다. 노드 수가 고정되어 있다면, 이를 클러스터의 전체 노드수로 설정하면 된다. 그렇지 않다면, (전체 노드수 + 1) / 2로 하는 것이 좋은데, 이것은 하나 혹은 두 개의 노드가 다른 노드로부터 연결이 끊긴다고 하더라도, 마스터가 될 자격이 있는 노드들의 정족수가 채워지지 않으므로 새로 마스터를 선출하여 별도의 클러스터를 형성하지 않기 때문이다.

노드들이 시작되고 서로를 발견하였다면, 다음 목록처럼 curl 명령을 수행하여 어떤 노드가 클러스터의 마스터로 선출되었는지 확인할 수 있다.

예제 9.2 curl로 클러스터의 노드들에 관한 정보 조회하기

```
% curl 'http://localhost:9200/_cluster/state/master_node,nodes?pretty'
{
  "cluster_name": "elasticsearch",
  "master_node": "5jDQs-LwRrqyrLm4DS_7wQ",          ◄── 현재 마스터로 선출된 노드의 ID
  "nodes": {
    "5jDQs-LwRrqyrLm4DS_7wQ": {      ◄── 클러스터의 두 번째 노드
      "name": "Kosmos",
      "transport_address": "inet[/192.168.0.20:9300]",
      "attributes": {  }
    },
    "Rylg633AQmSnqbsPZwKqRQ": {      ◄── 클러스터의 첫 번째 노드
      "name": "Bolo",
      "transport_address": "inet[/192.168.0.20:9301]",
      "attributes": {  }
    }
  }
}
```

9.2.4 장애 감지

클러스터가 두 노드로 구성되어 있고, 마스터 노드가 선출된 상황에서, 이제 모든 클러스터 내의 모든 노드와 통신하여 전체 클러스터에 문제가 없는지를 확인해야 한다. 이는 장애 감지 프로세스라고 불린다. 그림 9.5에서처럼, 마스터 노드는 클러스터의 모든 노드에 핑을 보내고 각 노드는 마스터에 핑을 보내 더이상의 선출 과정이 필요하지 않음을 확인하게 된다. 다음 그림에서 확인할 수 있듯이, 각 노드는 매 discovery.zen.fd.ping_interval(기본값 1s)마다 핑을 보내고, discovery.zen.fd.ping_timeout(기본값 30s)만큼 대기한다. 그리고 최대 discovery.zen.fd.ping_retries(기본값 3)회만큼 재시도 후 노드가 연결이 끊어졌다고 판단하게 되어 필요에 따라 샤드를 다른곳으로 이동시키거나 혹은 마스터 선출을 진행하게 된다. 당신의 환경이 레이턴시가 높을 경우(예를 들어 서로 다른 아마존 AWS 존에 있는 ec2 노드들을 사용하고 있는 경우) 이 값을 바꿀 것을 권장한다.

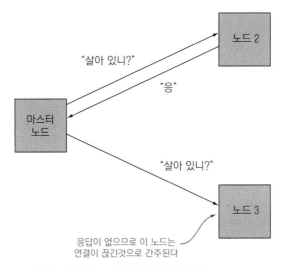

▲ **그림 9.5** 마스터 노드의 클러스터 장애 감지

필연적으로, 당신의 클러스터의 노드들 중 하나는 다운될 수도 있다. 다음 차례에서는 노드가 클러스터로 제거되었을 때 어떤 일이 일어나는지, 그리고 분산 환경에서 어떻게 데이터 유실 없이 노드를 제거할 수 있는지에 대해 이야기해보자.

9.3 클러스터에서 노드를 제거하기

노드를 추가하는 것은 스케일 아웃을 위한 좋은 방법이다. 그런데 노드가 클러스터로부터 떨어져 나가거나 혹은 노드를 정지시키는 경우에는 어떤 일이 일어날까? 그림 9.2와 같이 3개의 노드로 구성되어 있고, 5개의 주 샤드와 1개의 레플리카로 이루어진 테스트 색인 하나가 3개의 노드에 걸쳐 분포하고 있는 클러스터를 가지고 알아보자.

시스템 관리자인 조[Joe]가 노드 1의 전원 코드에 발이 걸려 넘어졌다고 가정해보자. 노드 1에 있는 샤드들에게는 어떤 일이 벌어질 것인가? 일래스틱서치가 처음으로 하게 될 일은 그림 9.6에서처럼 자동으로 노드 2에 있는 test0과 test3의 레플리카 샤드를 주 샤드로 전환하는 것이다. 색인 요청은 먼저 주 샤드로 향하기 때문에 일래스틱서치는 색인의 주 샤드들이 할당된 상태를 보장하고자 하는 것이다.

> **노트** 일래스틱서치는 레플리카들 중 하나를 무작위로 주로 전환한다. 이 예제의 경우는 각 주 샤드에 대한 레플리카가 하나씩 밖에 없었기 때문에(노드 2에 있었던 레플리카들) 이렇게 진행된 것일 뿐이다.

일래스틱서치가 사라진 주 샤드의 레플리카를 주로 전환시킨 후의 클러스터는 그림 9.6과 같다.

레플리카를 주로 전환한 후에, 클러스터는 옐로 상태가 된다. 이는 레플리카 샤드들이 노드로 할당되지 않았음을 의미한다.

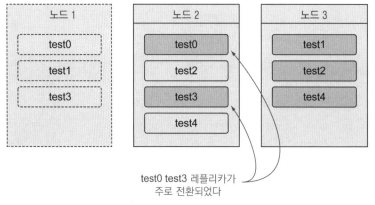

test0 test3 레플리카가
주로 전환되었다

▲ **그림 9.6** 노드 유실 시 레플리카가 주로 전환되는 상황

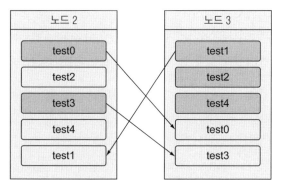

▲ **그림 9.7** 노드 유실 이후 레플리카 샤드를 재생성

  그리고 나서 일래스틱서치는 test 색인의 고가용성을 보장하기 위해 레플리카 샤
드들을 생성한다. 모든 주 샤드가 정상적으로 동작하고 있는 상황에서, 그림 9.7처럼
노드 2에 있는 test0과 test3 주 샤드의 데이터는 노드 3의 레플리카로 복제되고, 노
드 3에 있는 test1 주 샤드는 노드 2의 레플리카로 복제된다.

  노드 장애를 복구하기 위해 레플리카 샤드들이 다시 생성되면, 클러스터는 모든
주와 레플리카 샤드들이 노드에 할당되어 다시 그린 상태로 돌아올 것이다. 이 기간
동안 클러스터의 데이터가 유실된 것은 아니기 때문에 여전히 검색과 색인을 처리
할 수 있다는 점을 기억하자. 하나 이상의 노드에 장애가 생기거나, 혹은 레플리카가
없는 샤드에 장애가 생기면, 클러스터는 레드 상태가 된다. 이는 영구적으로 일부 데
이터가 유실되었음을 의미하고, 따라서 당신은 데이터를 실제로 가지고 있는 노드를
다시 연결시키거나 혹은 유실된 데이터를 다시 색인하여야 한다.

  레플리카 샤드의 숫자에 관해 중요한 점은 이것에 따라 얼마나 많은 위험을 부담
하게 되는지에 대해서 이해하는 것이다. 하나의 레플리카를 사용한다면 한 노드에서
장애가 발생하여도 데이터 유실은 없다. 같은 논리로 두 개의 레플리카를 사용한다
면, 두 노드의 장애를 데이터 유실 없이 견딜 수 있다. 따라서 유스케이스에 따라 적
합한 수의 레플리카를 선택하여야 한다. 색인들을 백업하는 것도 좋은 방법인데, 이
는 관해서는 클러스터 관리에 대해서 이야기하게 될 11장의 주제이기도 하다.

노드를 추가하고 제거하는 것이 어떤 것인지를 살펴보았는데, 클러스터를 옐로 상태로 만들지 안고 노드를 정지시키는 것은 어떻게 할 수 있는가? 다음 차례에서는 노드를 해체하여 다른 클러스터 사용자에게 영향을 미치지 않고 노드를 제거하는 방법에 대해서 이야기해보자.

9.3.1 노드 해체하기

노드가 정지되었을 때 일래스틱서치가 자동으로 새 레플리카를 생성해주는 건 매우 좋은 점이긴 하다. 하지만 클러스터 관리 측면에서, 결국 당신은 원하게 클러스터를 옐로 상태로 만들지 않고 데이터를 가진 노드를 정지시킬 수 있게 되기를 원할 것이다. 어쩌면 하드웨어 성능이 저하되거나 요청이 예전만큼 많지 않아서 노드를 더이상 유지하지 않기를 원할 수 있다. 언제든 자바 프로세스를 죽여서 노드를 정지시킬 수 있고, 일래스틱서치는 이 경우 다른 노드로 데이터를 복구시키려고 할 것이다. 하지만 색인에 대하여 레플리카가 하나도 없는 경우는 어떨까? 이는 즉 데이터를 미리 옮기지 않고 노드를 정지시킬 경우 데이터를 잃게 된다는 것을 의미한다.

다행히도, 일래스틱서치는 클러스터에게 특정 노드(들)에 샤드를 할당하지 않도록 해체하게 할 수 있다. 이제까지의 3개의 노드로 구성된 예제에서, 노드 1, 노드 2, 노드 3이 각각 IP 주소 192.168.1.10, 192.168.1.11, 192.168.1.12에 해당한다고 가정해보자. 노드 1을 정지하면서 클러스터 그린 상태를 유지하고 싶다면, 첫 노드를 먼저 해체하여 해당 노드에 있는 모든 샤드를 클러스터의 다른 노드로 옮겨야 한다. 노드 해체는 다음 목록에서 처럼 클러스터 설정을 일시적으로 변경하여 할 수 있다.

예제 9.3 클러스터에서 노드를 해체하기

```
curl -XPUT localhost: 9200/_cluster/settings -d '{
  "transient": {
    "cluster.routing.allocation.exclude._ip": "192.168.1.10"
  }
}'
```

이 설정은 일시적이기 때문에, 클러스터 재시작 후에도 적용되지는 않는다.

192.168.1.10은 노드1의 IP 주소다.

이 명령을 수행하면, 일래스틱서치는 해체된 노드에 있는 모든 샤드를 클러스터 내의 다른 노드로 이동시킨다. _nodes 종단점을 통해 노드들의 ID를 확인하고 클러스터 상태를 조회하여 각각의 샤드가 어디에 있는지 확인할 수 있다. 다음 목록에서 이 명령어들의 결과 예시를 확인할 수 있다.

예제 9.4 클러스터 상태에서 샤드의 위치를 확인하기

```
% curl -s 'localhost:9200/_nodes?pretty'          먼저 클러스터 내의 노드들의
{                                                 목록을 얻어온다.
  "cluster_name": "elasticsearch",
  "nodes": {
    "lFd3ANXiQlug-0eJztvaeA": {                   노드의 고유한 ID
      "name": "Hayden, Alex",
      "transport_address": "inet[/192.168.0.10:9300]",   해체되었던 노드의 IP 주소
      "ip": "192.168.0.10",
      "host": "Perth",
      "version": "1.5.0",
      "http_address": "inet[/192.168.0.10:9200]"
    },
    "JGG7qQmBTB-LNfoz7VS97Q": {
      "name": "Magma",
      "transport_address": "inet[/192.168.0.11:9300]",
      "ip": "192.168.0.10",
      "host": "Xanadu",
      "version": "1.5.0",
      "http_address": "inet[/192.168.0.11:9200]"
    },
    "McUL2T6vTSOGEAjSEuI-Zw": {
      "name": "Toad-In-Waiting",
      "transport_address": "inet[/192.168.0.12:9300]",
      "ip": "192.168.0.10",
      "host": "Corinth",
      "version": "1.5.0",
      "http_address": "inet[/192.168.0.12:9200]"
```

408

```
      }
    }
}

% curl 'localhost:9200/_cluster/state/routing_table,routing_nodes?pretty'
{
  "cluster_name": "elasticsearch",
  "routing_table": {
    "indices": {
      "test": {
        "shards": {
          ...
        }
      }
    }
  },
  "routing_nodes": {
    "unassigned": [],
    "nodes": {
      "JGG7qQmBTB-LNfoz7VS97Q": [
        {
          "state": "STARTED",
          "primary": true,
          "node": "JGG7qQmBTB-LNfoz7VS97Q",
          "relocating_node": null,
          "shard": 0,
          "index": "test"
        },
        {
          "state": "STARTED",
          "primary": true,
          "node": "JGG7qQmBTB-LNfoz7VS97Q",
          "relocating_node": null,
```

필터링된 클러스터
상태를 조회하기

이 페이지에 담을 수
있을만큼 줄어듬

이 키는 각 노드와 그 노드에 현재
할당되있는 샤드들을 보여준다.

```
      "shard": 1,
      "index": "test"
    },
    {
      "state": "STARTED",
      "primary": true,
      "node": "JGG7qQmBTB-LNfoz7VS97Q",
      "relocating_node": null,
      "shard": 2,
      "index": "test"
    },
    ...
  ],
  "McUL2T6vTSOGEAjSEuI-Zw": [
    {
      "state": "STARTED",
      "primary": false,
      "node": "McUL2T6vTSOGEAjSEuI-Zw",
      "relocating_node": null,
      "shard": 0,
      "index": "test"
    },
    {
      "state": "STARTED",
      "primary": false,
      "node": "McUL2T6vTSOGEAjSEuI-Zw",
      "relocating_node": null,
      "shard": 1,
      "index": "test"
    },
    {
      "state": "STARTED",
      "primary": false,
```

```
        "node": "McUL2T6vTSOGEAjSEuI-Zw",
        "relocating_node": null,
        "shard": 2,
        "index": "test"
      },
      ...
    ]
  }
 },
 "allocations": []
},
```

아주 길고 난해한 목록이다! 하지만 걱정하지 않아도 된다. 이 장의 후반부에서 우리는 조금 더 가독성이 좋은 형태의 API인 _cat API를 살펴볼 것이다.

해체되었던 192.168.1.10의 노드인 lFd3ANXiQlug0eJztvaeA 노드에는 샤드가 없는 것을 확인할 수 있다. 따라서 이제 이 노드를 정지시켜도 클러스터의 상태에는 영향이 없이 그린으로 유지될 것이다. 이 절차를 한 번에 한 노드씩 반복하여 정지시키고자 하는 모든 노드를 해체하거나, 혹은 192.168.1.10이 아닌 쉼표로 구분된 IP 주소의 목록을 통해서 다수의 노드를 한 번에 해체할 수 있다. 주의해야 할 점은 디스크나 메모리 사용 면에서 클러스터의 다른 노드들이 샤드 할당을 처리할 수 있어야 한다는 점이다. 따라서 노드들을 해체하기 이전에 충분히 여유공간을 확보할 수 있도록 계획을 세우도록 하자.

하나의 일래스틱서치 색인은 얼마나 많은 데이터를 다룰 수 있는가?

좋은 질문이지만 아쉽게도 한 색인의 한계는 장비의 종류나, 데이터를 가지고 어떤 작업을 한 것인지, 혹은 색인을 얼마나 많은 샤드로 분할할 것인지에 따라 달라진다. 일반적으로 루씬 색인(일래스틱서치의 샤드에 상응한다)는 21억건 이상의 문서 혹은 2740억 건 이상의 고유 텀들을 가질 수 없다(https://lucene.apache.org/core/4_9_0/core/org/apache/ lucene/codecs/ lucene49/package-summary.html#Limitations 참조). 하지만 이 한계점 이전에 이미 디스크 용량이 문제가 될 것이다. 하나의 색인에 당신의 데이터를 저장할 수 있을지 확인하는 가장 좋은 방법은 프로덕션이 아닌 환경에서 테스트를 해보며, 원하는 성능 지표를 얻기 위해 설정 값을 변경해가면서 확인해보는 것이다. 주 샤드의 개수는 색인 생성 이후에는 변경할 수 없다. 오직 레플리카의 수만 변경이 가능한 점을 고려하여 설계하도록 하자.

이제까지 어떻게 노드가 추가되고 제거되는지를 살펴보았으니, 다음으로 어떻게 일래스틱서치 노드를 업그레이드할지에 대해 이야기해보록 하자.

9.4 일래스틱서치 노드 업그레이드하기

어떤 버전의 일래스틱서치를 사용하고 있는지와 무관하게, 최신의 버전으로 업그레이드해야 하는 시점은 반드시 다가온다. 지속적으로 기능이 추가되고 버그 픽스가 이루어지기 때문에, 항상 최신 버전의 일래스틱서치를 사용하기를 권장한다. 각자의 사용 환경에 따라서 업그레이드 작업은 쉬울 수도 있고 그렇지 않을 수도 있다.

> **업그레이드 시 주의사항**
>
> 업그레이드에 대한 내용을 다루기 이전에, 일래스틱서치 인스턴스를 업그레이드하는 것에 대한 주의사항을 알아둘 필요가 있다. 일래스틱서치 서버를 업그레이드하고 새로운 문서를 생성하였다면, 이 서버는 이제 다시 다운그레이드시킬 수 없다. 프로덕션 인스턴스에 업그레이드를 할 때는 데이터를 사전에 먼저 백업해두도록 하자. 11장에서 데이터 백업에 대해서 더 자세히 다룰 예정이다.
>
> 다른 중요한 고려 사항은 같은 일래스틱서치 클러스터 내에 여러 버전이 섞여 있는 상황에서도 동작하긴 하지만, JVM 버전이 다를 경우 직렬화가 다른 방식으로 이루어져 문제가 되는 경우가 있다. 따라서 같은 클러스터 내에서는 JVM 버전을 섞어 쓰지 않는 것을 권장한다.

일래스틱서치 클러스터를 업그레이드하기 위한 가장 쉬운 방법은 전체 클러스터를 정지시키고 기존에 사용하던 방법으로(예를 들어 .tar.gz 배포판을 내려받든, 데비안 시스템을 사용할 경우 dpkg를 이용하여 .deb 패키지를 내려받든) 모든 설치된 일래스틱서치를 업그레이드하는 것이다. 모든 노드가 업그레이드된 후에 전체 클러스터를 재시작하고, 일래스틱서치 클러스터의 상태가 그린이 될 때까지 기다리면, 드디어 업그레이드 작업이 종료되는 것이다.

하지만 이 방법이 항상 옳은 것은 아니다. 많은 경우 피크타임이 아닐지라도 다운타임은 허용되지 않는다. 다행히도, 롤링 리스타트를 통해 일래스틱서치를 무정지로, 즉 색인이나 검색 요청을 계속 처리하면서 업그레이드할 수 있다.

9.4.1 롤링 리스타트하기

롤링 리스타트란 노드를 업그레이드하거나 혹은 정적인 설정값을 바꾼 경우 데이터
의 가용성을 해치지 않으며 여러분의 클러스터를 재구동하기 위한 또 하나의 방법이
다. 이는 일래스틱서치가 프로덕션 환경에서 구동되고 있는 경우 특히 유용하다. 전
체 클러스터를 한 번에 정지시키는 것이 아니라, 한 번에 하나씩 노드를 정지시키는
것이다. 이 과정은 몇 단계 절차를 거쳐야 하기 때문에 조금 더 손이 많이가는 작업
이다.

롤링 리스타트를 하는 첫 번째 단계는 각 노드가 정지될 경우 일래스틱서치가 자
동으로 샤드들을 리밸런스해주기를 원하는지 결정하는 것이다. 많은 경우에는 업그
레이드 과정에서 노드가 클러스터에서 제거되어도 일래스틱서치가 자동으로 복구해
주기를 원하지는 않을 것이다. 왜냐하면 이는 곧 모든 노드를 리밸런싱 한다는 것을
의미하기 때문이다. 실제로 데이터는 같은 곳에 있고, 다만 노드가 재시작되어 클러
스터에 다시 추가되기를 기다리기만 하면 된다.

대부분의 경우, 업그레이드를 수행하는 동안 데이터가 클러스터 내에서 이동하지
않는 것이 더 적절할 것이다. 업그레이드하는 과정에서 cluster.routing.allocation.
enable 설정을 none으로 하여 이러한 동작을 얻을 수 있다. 정리하자면, 전체 프로
세스는 다음과 같다.

1 클러스터의 allocation을 비활성화

2 업그레이드할 노드를 정지

3 노드 업그레이드

4 업그레이드된 노드 구동

5 업그레이드된 노드가 클러스터에 추가되기를 기다림

6 클러스터의 allocation을 활성화

7 클러스터가 그린 상태가 되기를 기다림

업그레이드를 할 모든 노드에 대해서 이 절차를 반복하자. 클러스터의 allocation
을 비활성화하려면, 클러스터 설정 API를 다음과 같은 세부 설정으로 사용하면 된다.

```
curl -XPUT 'localhost:9200/_cluster/settings' -d '{
  "transient": {
    "cluster.routing.allocation.enable": "none"
  }
}'
```

이것을 none으로 설정하는 것은 클러스터의 샤드들이 할당되지 않는다는 것을 의미한다.

이 명령을 수행하면, 일래스틱서치 클러스터는 더이상 샤드를 재분배하지 않게된다. 예를 들어, 한 색인의 주를 갖고 있는 노드가 정지되어 그 주 샤드가 사라진 경우, 일래스틱서치는 여전히 레플리카를 새 주로 전환시키지만, 새로운 레플리카는 생성되지 않는다. 이런 환경에서는 안전하게 하나의 일래스틱서치를 종료하고 업그레이드를 수행할 수 있다.

업그레이드 후에는 잊지 말고 클러스터의 allocation을 다시 활성화하도록 하자. 그렇지 않으면 이후에 일래스틱서치가 왜 정상적으로 샤드를 할당하지 않는지 의아해 하는 상황이 올 것이다. 할당을 다시 활성화하려면 cluster.routing.allocation.enable을 다음처럼 none에서 all로 바꾸면 된다.

```
curl -XPUT 'localhost:9200/_cluster/settings' -d '{
  "transient": {
    "cluster.routing.allocation.enable": "all"
  }
}'
```

이것을 all 로 설정하는 것은 주와 레플리카 샤드 모두가 할당될 수 있음을 의미한다.

이와 같은 두단계의 안전 절차, 즉 할당을 비활성화하고 다시 활성화하는 것을 업그레이드할 클러스터의 모든 노드에 대해 수행하여야 한다. 맨 처음과 마지막에만 이 절차를 수행하였다면, 일래스틱서치는 업그레이드되는 노드에 있었던 샤드를 할당하지 못하고, 여러 노드를 업그레이한 후에는 클러스터가 레드 상태가 될 것이다. 할당을 다시 활성화하고 클러스터가 다시 그린 상태로 돌아왔다면, 당신의 데이터는 어딘가에 할당되어 다음 노드에서 업그레이드를 수행하는 동안에도 접근 가능할 것이다. 업그레이드가 필요한 모든 노드 각각에 대해서 이 절차를 반복하여 클러스터 전체를 업그레이드할 수 있다.

한 가지 더 언급할 것은 레플리카가 없는 색인에 관한 것이다. 위의 예시들은 모두 레플리카가 하나 이상 있는 상황, 즉 하나의 노드가 정지되어도 데이터에 대한 접근에는 문제가 없는 경우를 가정하고 있다. 당신의 색인이 레플리카를 가지고 있지 않다면, 업그레이드를 위해 노드를 정지하기 이전에 9.3.1에서 살펴봤던 해체 단계를 거쳐서 노드로부터 데이터를 모두 옮기도록 해야 한다.

9.4.2 재시작 시 리커버리 시간을 최소화하기

할당을 비활성화하고 활성화하는 단계를 거쳤더라도, 여전히 하나의 노드를 업그레이드하는 과정에서 클러스터 상태가 그린으로 돌아오기까지는 시간이 꽤 걸릴 수 있다. 아쉽게도, 일래스틱서치의 복제 방식이 문서 레벨에서가 아닌 각 샤드의 세그먼트 레벨에서 수행되기 때문이다. 이는 즉 복제될 데이터를 전송하는 일래스틱서치 노드가 "segments_1을 가지고 있는가?"라고 묻는 상황과 유사하다. 파일을 갖고 있지 않거나 파일이 같지 않다면 세그먼트 파일 전체가 복사된다. 문서들이 정확히 같을지라도 많은 양의 데이터가 복사될 수 있다. 세그먼트 파일에 씌여진 마지막 문서를 검증하기 이전까지는 주에서 레플리카샤드로 데이터를 복제하는 과정에서 조금이라도 다른 파일을 모두 복사하게 된다.

주와 레플리카에 존재하는 세그먼트 파일을 동일한 것으로 만들기 위한 방법은 두 가지가 있다. 첫째는 10장에서 살펴보았던 것처럼 주와 레플리카 샤드 모두에서 하나의 큰 세그먼트 파일을 만들기 위한 optimize API를 사용하는 것이다. 다른 방법은 레플리카 수를 0으로 변경하고 다시 더 큰 숫자로 되돌리는 것이다. 이는 모든 복제본이 주 샤드와 같은 세그먼트 파일을 갖게 되는 것을 보장한다. 하지만 이는 얼마 동안은 데이터의 복제본이 없다는 것을 의미하므로 프로덕션 환경에서 적용할 때는 주의해야 한다.

마지막으로 복구시간을 최소화하기 위해서 노드 업그레이드를 수행하는 동안 클러스터로의 데이터 색인을 잠시 멈추는 것을 생각해볼 수 있다.

노드 업그레이드에 관하여 알아봤으니, 클러스터에 대한 정보를 조금 더 정제된 형태로 조회할 수 있는 유용한 API인 _cat API에 대해 살펴보자.

9.5 _cat API 사용하기

9.1, 9.2, 9.3절에서처럼 curl 명령을 사용하는 것은 클러스터를 이해하기 위한 아주 좋은 방법이다. 하지만 때로는 이 명령으로 조회한 결과보다 더 가독성이 좋은 것이 필요할 수 있다(와닿지 않는다면, http://localhost:9200/_cluster/state에서 curl 명령을 아주 큰 클러스터에 수행해보고 결과가 어떻게 나오는지 확인해보라!). 이럴 경우 _cat API는 매우 유용하다. _cat API는 거대한 JSON 형태가 아닌 훨씬 더 가독성이 좋은 형태로 응답을 반환하는 클러스터 진단 혹은 디버깅 툴이라고 할 수 있다. 다음 목록은 이미 다뤘었던 상태와 노드 목록을 조회하는 curl 구문과 대응하는 명령어들이다.

예제 9.5 _cat API를 사용해서 클러스터의 상태와 노드들을 확인하기

```
curl -XGET 'localhost:9200/_cluster/health?pretty'    ◀──    클러스터 상태 API를 통해
{                                                            클러스터 상태 확인하기

  "cluster_name" : "elasticsearch",

  "status" : "green",

  "timed_out" : false,

  "number_of_nodes" : 2,

  "number_of_data_nodes" : 2,

  "active_primary_shards" : 5,

  "active_shards" : 10,

  "relocating_shards" : 0,

  "initializing_shards" : 0,

  "unassigned_shards" : 0

}
```

```
                                         _cat API를 통해 클러스터
                                         상태 확인하기
%  curl -XGET 'localhost:9200/_cat/health?v'  ◀──
cluster        status node.total node.data shards pri relo init
unassignelasticsearch red          2          2      42  22   0    0         23
```

```
% curl -XGET 'localhost:9200/_cluster/state/master_node,nodes&pretty'    ◀──┐
{                                                          JSON API를 사용해 노드들의 목록과
                                                           어떤 노드가 마스터인지를 확인하기
  "cluster_name": "elasticsearch",

  "master_node": "5jDQs-LwRrqyrLm4DS_7wQ",

  "nodes": {
```

```
    "5jDQs-LwRrqyrLm4DS_7wQ": {

      "name": "Kosmos",

      "transport_address": "inet[/192.168.0.20:9300]",

      "attributes": {}

    },

    "Rylg633AQmSnqbsPZwKqRQ": {

      "name": "Bolo",

      "transport_address": "inet[/192.168.0.21:9300]",

      "attributes": {}

    }

  }

}
```

> ...그리고 _cat API를 통해 이를 조회하기. 마스터 칼럼 값이 "m"인 노드가 마스터 노드다.

```
% curl -XGET 'localhost:9200/_cat/nodes?v'

host          heap.percent ram.percent load node.role master name

Xanadu.local         8         56 2.29 d        *      Bolo

Xanadu.local         4         56 2.29 d        m      Kosmos
```

health와 nodes 종단점 이외에도, 클러스터가 수행하고 있는 여러 작업을 디버깅하는 데 유용한 _cat API는 많은 다른 기능을 가지고 있다. cURL 'localhost:9200/_cat' 명령을 통해 지원되는 모든 _cat API 목록을 확인할 수 있다.

_cat APIs

이 글이 작성된 시점에서 다음과 같은 _cat API 명령들이 유용할 수 있다. 다음은 관련 설명이며, 다른 것들도 꼭 확인해보도록 하자.

- allocation – 각 노드에 할당된 샤드의 수를 보여준다.
- count – 전체 클러스터 혹은 색인의 문서의 수를 보여준다.
- health – 클러스터 상태를 보여준다.
- indices – 색인들에 관한 정보를 보여준다.
- master – 어떤 노드가 현재 마스터로 선출되었는지를 보여준다.
- nodes – 클러스터 내의 모든 노드에 대한 다양한 정보를 보여준다.
- recovery – 클러스터에서 현재 진행되고 있는 리커버리 작업들의 상태를 보여준다.
- shards – 클러스터 내 샤드들의 크기, 수, 이름을 보여준다.
- plugins – 설치된 플러그인에 관한 정보를 보여준다.

클러스터에 노드를 추가하는 것을 살펴보는 동안, _cat API를 사용하여 샤드들이 각 노드에 어떻게 분포하고 있는지를 다음 목록에서 함께 알아보자. 이것은 예제 9.2 에서 본 curl 명령에 비해 훨씬 쉽게 클러스터 내에서의 샤드 분포를 확인할 수 있 는 방법이다.

예제 9.6 _cat API를 통해 샤드 분포 확인하기

할당 명령은 각 노드에 있는 샤드들의 수를 보여준다.

```
% curl -XGET 'localhost:9200/_cat/allocation?v'
shards disk.used disk.avail disk.total disk.percent host ip node
     2   196.5gb      36.1gb     232.6gb           84 Xanadu.local  192.168.192.16
Molten Man
     2   196.5gb      36.1gb     232.6gb           84 Xanadu.local  192.168.192.16
Grappler


% curl -XGET 'localhost:9200/_cat/shards?v'

index         shard prirep state    docs store    ip             node
get-together  0     p      STARTED   12 15.1kb 192.168.192.16 Molten Man
get-together  0     r      STARTED   12 15.1kb 192.168.192.16 Grappler
get-together  1     r      STARTED    8 11.4kb 192.168.192.16 Molten Man
get-together  1     p      STARTED    8 11.4kb 192.168.192.16 Grappler
```

주 샤드들은 모두 한 노드에 있고 레플리 카들은 다른 노드에 있는 것을 확인할 수 있다.

_cat/allocation과 _cat/shards API는 9.3.1에서 살펴보면 해체를 수행한 이 후 노드가 안정적으로 종료되었는지를 확인하는 좋은 방법이다. 예제 9.2의 curl 명 령 결과와 예제 9.6의 결과를 비교해보면 _cat API의 결과가 가독성이 훨씬 좋은 것 을 알 수 있다.

샤드들이 클러스터 내에서 어떻게 분포되는지를 확인하였으니, 이제 노드들과 클 러스터들을 더 잘 활용하기 위한 설계를 하는 방법에 대하여 알아보도록 하자.

9.6 스케일링 전략

성능 향상을 위해 클러스터에 노드를 추가하는 것은 매우 쉬워보이기는 하지만, 당신의 클러스터에 맞는 최적의 성능을 얻기 위한 작은 계획도 충분히 검증을 하여야 할 것이다.

일래스틱서치를 사용하는 용도는 다양하다. 따라서 당신은 어떻게 데이터를 색인할 것이며 검색할 것인지에 따라 최적의 구성을 선택해야 한다. 하지만 일반적으로 프로덕션 환경에 일래스틱서치를 구성할 때 다음 세 가지의 전략을 고려해볼 수 있는데, 오버 샤딩, 색인와 샤드에 데이터 분할, 처리량 극대화다.

9.6.1 오버 샤딩

먼저 오버 샤딩에 관하여 알아보자. 오버 샤딩이란 노드를 추가하고 확장할 것을 미리 감안하여 한 색인에 대해 의도적으로 다수의 샤드를 생성하는 것을 의미한다. 9.8의 다이어그램을 통해 더 자세히 살펴보자.

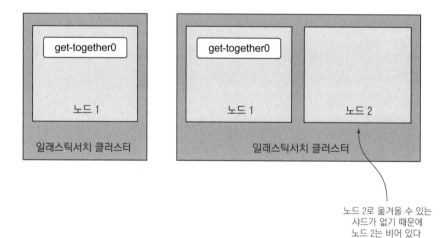

▲ **그림 9.8** 한 샤드와 한 노드가 있는 경우, 그리고 한 샤드가 두 노드에 확장되는 경우

그림 9.8을 보면 get-together 색인은 하나의 샤드를 갖고 있고 레플리카는 없다. 이때 하나의 노드를 추가하면 어떻게 될까?

아쉽게도 노드를 클러스터에 추가함으로써 얻을 수 있는 이득을 하나도 누릴 수 없다. 노드를 추가하여도, 별다른 확장 효과를 누릴수 없는데, 모든 색인이나 검색 요청은 여전히 하나의 샤드가 위치한 노드에서만 수행될 것이기 때문이다. 샤드란 일래스틱서치 작업이 수행될 최소의 단위이기 때문에, 클러스터 내의 주 샤드의 숫자를 계획하고 있는 노드의 수만큼은 가지고 있는 것이 좋다. 5개의 노드로 이루어진 클러스터에서 11개의 주 샤드를 활용하고 있다면, 추후에 더 많은 요청을 처리하기 위해 노드를 추가할 때에도 확장의 효과를 얻을 수 있다. 같은 상황에서 갑자기 11개 이상의 노드를 사용하게 되었다면, 샤드수에 비해 노드수가 많아지기 때문에 주 샤드를 더이상 분배할 수 없게 될 것이다.

어쩌면 당신은 쉽게 생각하여 이런 말을 할 수도 있다. "그러면 100개의 주 샤드를 갖도록 색인을 생성하면 되겠네!" 처음에는 좋은 생각처럼 보일지 모르겠지만, 일래스틱서치가 샤드를 관리하기 위해서는 숨겨진 오버헤드가 있다. 1장에서 배웠던 것처럼 각 샤드는 완전한 루씬 색인이기 때문에, 각 샤드는 색인의 각 세그먼트별로 많은 파일 디스크립터를 필요로 하고 메모리 오버헤드를 발생시킨다. 지나치게 많은 샤드를 갖는 색인을 생성하면, 이는 곧 성능을 보장하기 위해 쓰여야 할 메모리를 사용하게 되거나 혹은 장비의 파일 디스크립터나 램 한계에 다다를 수 있다. 게다가, 데이터를 압축하는 시점에서는 데이터를 100개 조각으로 분할하게 되므로 결과적으로 적절한 크기였다면 얻을 수 있었을 최적의 압축율을 떨어뜨리게 될것이다.

모든 유스케이스에 맞는 완벽한 샤드와 색인의 비율은 없다는 것은 아무 의미도 없다. 일래스틱서치는 일반적인 경우를 위해 기본값으로 5개의 샤드를 사용하지만, 색인을 생성하는 시점에 향후의 확장 혹은 축소 계획에 따라서 샤드의 숫자를 결정하는 것은 언제나 매우 중요하다. 색인이 가지고 있는 주 샤드의 숫자는 그 색인 생성 이후에는 변경될 수 없다는 점을 기억해야 한다. 계획을 잘못해서 여섯달 치의 방대한 데이터를 다시 색인해야 하는 상황이 오기를 바라지는 않을 것이다. 이에 관해서는 다음 장에서 색인에 대해 더 깊게 살펴보며 더 많이 이야기하게 될 것이다.

색인을 생성할 때 샤드의 수를 정해야 하는 것과 동시에, 당신은 일래스틱서치의 색인들에 데이터를 어떻게 분할할지도 결정해야 한다.

9.6.2 데이터를 색인와 샤드에 분할하기

안타깝게도 현재로서는 한 색인에 대한 주 샤드의 숫자를 증가시키거나 감소시킬 수 없다. 하지만 언제든 데이터를 여러 색인에 걸쳐 존재하도록 설계할 수 있다. 이 역시도 데이터를 분배하기 위한 유효한 방법이다. get-together 예제를 통해 살펴보면, 이벤트가 발생한 도시별로 색인을 만들어도 전혀 문제가 없다. 예를 들어, 새크라멘토에서보다 뉴욕에서 발생하는 이벤트가 많을 것이라고 예상한다면, 새크라멘토 색인을 두개의 주 샤드를 갖도록 하고, 뉴욕 색인을 네개의 주 샤드를 갖도록 생성할 수 있을 것이다. 혹은 이벤트가 발생한 연도별로 색인을 생성하여 데이터를 시간에 따라서 분할할 수도 있을 것이다. 이와 같이 데이터를 시분할하는 것이 검색에 유리할 수 있는데, 데이터를 분할한다는 것은 곳 데이터를 적절하게 배치한다는 것을 의미하기 때문이다. 만약 사용자가 2014년이나 2015년에 발생한 이벤트나 그룹에 대해서 검색하고자 할 경우, 전체 get-together 색인이 아닌 해당 연도 색인들에 대해서만 검색을 하면 되기 때문이다.

색인을 구조를 설계하는 다른 방법은 앨리어스를 함께 사용하는 것이다. 앨리어스는 색인들에 대한 포인터와 같은 기능을 한다. 또한 앨리어스는 그것이 가리키고 있는 색인을 언제든 변경할 수 있도록 해준다. 이는 데이터를 어떤 의미에 따라서 분할하는 데 큰 도움을 준다. 예를 들어 last-year라는 앨리어스를 생성하여 2014년을 가리키도록 만들고, 이후 2016년 1월 1일이 되면 앨리어스를 2015년 색인을 가리키도록 할 수 있다. 이 기법은 로그 파일과 같이 시계열로 발생하는 데이터를 색인할 때 일반적으로 사용된다. 이를 통해서 데이터가 월별/주별/일별로 나누어지고 현재 시점을 의미하는 앨리어스를 생성하여 항상 현재 시점을 가리키도록 한다면, 주기가 바뀔 때마다 색인명을 바꾸지 않고도 현재의 데이터에 대해 검색할 수 있게 된다. 다시 한 번 강조하자면, 앨리어스를 통해 유연하게 데이터를 관리할 수 있고, 오버헤드가 거의 없다. 따라서 이것을 직접 테스트해보기를 권장한다. 앨리어스에 대해서는 이 장의 후반부에서 더 깊이 다루게 될 것이다.

색인을 생성할 때 주의해야 할 점은 색인마다 샤드들을 갖기 때문에 샤드 생성의 오버헤드가 있다는 것이다. 과도하게 많은 색인을 생성하면, 지나치게 많은 샤드를 생성하게 되고 요청을 처리하는 데 사용될 리소스를 그만큼 낭비하게 된다. 데이터가 클러스터 내에서 어떻게 분포될지 이해했다면, 노드 설정을 변경하여 처리량을 극대화하는 것에 대해 살펴볼 필요가 있다.

9.6.3 처리량 극대화하기

처리량 극대화하기라는 말은 여러 의미로 해석될 수 있는 매우 모호한 말이다. 색인 처리량을 극대화하고 싶은가? 검색을 빠르게 하고 싶은가? 한 번에 더 많은 검색을 수행할 수 있기를 바라는가? 각각의 경우에 맞게 일래스틱서치 설정을 맞춰 사용할 수 있다. 예를 들어, 많은 새 그룹과 이벤트가 들어오는 경우, 어떻게 색인을 최대한 빠르게 하고자 할 것인가? 색인을 빠르게 하는 하나의 방법은 임시적으로 클러스터의 레플리카 샤드 수를 줄이는 것이다. 데이터를 색인할 때, 기본적으로는 주와 모든 레플리카에서 처리되어야 요청이 완료된다. 따라서 색인이 진행되는 동안 레플리카 수를 하나로 줄이고(위험을 감수할 수 있다면 0으로 쓸 수도 있다.), 색인 작업이 종료된 후 레플리카수를 다시 늘리는 방법이 유용할 수 있다.

검색의 경우는 어떠한가? 레플리카 수를 늘릴수록 검색을 더 빠르게 수행할 수 있다. 주와 레플리카 모두 검색에 사용될 수 있기 때문이다.그림 9.9의 3개 노드로 구성된 클러스터를 살펴보면, 마지막 노드는 데이터를 가지고 있지 않기 때문에 검색 요청을 처리하고 있지 못하는 것을 확인할 수 있다.

하지만 일래스틱서치 클러스터에 많은 샤드를 생성하는 것은 파일 디스크립터의 수나 메모리 사용량 관점에서의 오버헤드가 있다는 점에 주의하여야 한다. 만약 검색량이 노드들이 감당할 수 없을 만큼 많아진다면, `node.data`와 `node.master`를 둘다 `false`로 설정한 노드들을 추가하는 것을 고려해볼 수 있다. 이 노드들은 요청을 받아 데이터 노드로 요청을 분배하고 결과를 합치는 작업을 수행할 수 있다. 이렇게 함으로써, 샤드를 실제 검색하는 노드들은 클라이언트와의 커넥션을 관리하지 않아도 되게 된다. 다음 장에서 색인과 검색 성능을 높이는 다른 방법들에 대해 더 알아볼 것이다.

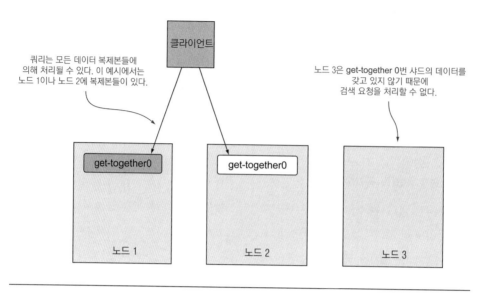

쿼리는 모든 데이터 복제본들에
의해 처리될 수 있다. 이 예시에서는
노드 1이나 노드 2에 복제본들이 있다.

노드 3은 get-together 0번 샤드의 데이터를
갖고 있지 않기 때문에
검색 요청을 처리할 수 없다.

get-together0   get-together0

노드 1   노드 2   노드 3

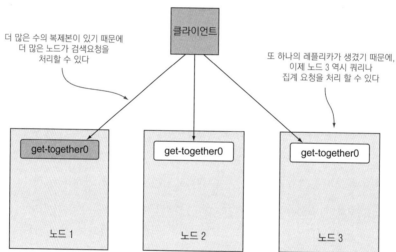

더 많은 수의 복제본이 있기 때문에
더 많은 노드가 검색요청을
처리할 수 있다

또 하나의 레플리카가 생겼기 때문에,
이제 노드 3 역시 쿼리나
집계 요청을 처리 할 수 있다

get-together0   get-together0   get-together0

노드 1   노드 2   노드 3

▲ **그림 9.9** 검색이나 집계를 처리하기 위한 추가적인 레플리카 사용하기

9.7 앨리어스

이제부터는 일래스틱서치에서 어쩌면 가장 쉬우면서도 가장 강력한 기능인 앨리어
스에 대해서 이야기해보자. 앨리어스란 그 단어의 뜻(별칭)과 기능이 정확히 같다.
즉, 앨리어스는 하나 이상의 실제 색인을 지칭하기 위해 사용할 수 있는 포인터 혹

은 이름이다. 이것은 상당히 유용한데, 클러스터 확장 시나 여러 색인에 걸친 데이터를 관리할 때 유연성을 얻을 수 있기 때문이다. 하나의 색인만을 사용할 때에도 앨리어스를 사용할 것을 권한다. 앨리어스가 가져다주는 유연성 때문에 도움을 받을 수 있는 상황이 올 것이다.

9.7.1 앨리어스란 대체 무엇일까?

아마 당신은 앨리어스가 정확히 무엇이며 이것을 만들 때 일래스틱서치에 어떤 오버헤드가 발생하는지 알고싶을 것이다. 앨리어스는 클러스터 상태 정보 내에 존재하며 마스터 노드에 의해서 관리된다. 즉, idaho라는 앨리어스를 가지고 있고 이것이 potatoes라는 색인을 가리키고 있다면, 클러스터 상태 맵 자료구조에 idaho라는 이름을 실제로 존재하는 potatoes 색인에 매핑시키기 위한 하나의 추가적인 키가 오버헤드가 된다는 것을 뜻한다. 다시 말해 색인을 추가하는 것에 비해서 앨리어스는 매우 가볍다. 클러스터에 부정적인 영향을 미치지 않고도 수천 개의 앨리어스를 사용할 수 있다. 그렇지만, 수십만 개 혹은 수백만 개의 앨리어스를 사용하는 것은 여전히 주의해야 한다. 그 정도가 되면 한 항목이 유발하는 오버헤드는 극미할지라도 전체로 봤을때 클러스터 상태 정보의 사이즈를 상당히 크게 만들 수 있기 때문이다. 이럴 경우 새로운 클러스터 상태를 생성하는 작업들이 처리하는 데 더 많은 시간이 걸릴 수 있다. 무엇인가가 변경될 때마다 전체 클러스터 상태 정보가 모든 노드로 전달되어야 하기 때문이다.

왜 앨리어스가 유용한가?

일래스틱서치 색인에 대해서 앨리어스를 사용할 것을 적극적으로 권장하는 이유는 재색인 관점에서도 엄청난 유연성을 제공하기 때문이다. 예를 들어, 하나의 주 샤드로 이루어진 색인을 생성하였고, 이후에 이 색인의 처리량을 늘리기를 원하게 되었다고 가정해보자. 원본 색인에 대해 앨리어스를 사용하고 있었다면, 색인명을 바꿀 필요 없이 이 앨리어스를 새로 생성한 색인을 향하도록 변경하기만 하면 된다(처음부터 검색에는 앨리어스를 사용하고 있었다고 가정한다면).

앨리어스의 또 다른 유용한 기능은 이를 서로 다른 색인에 걸친 윈도우처럼 사용할 수 있다는 점이다. 예를 들어, 데이터에 대한 일별 색인을 생성하고 있다고 생각해보자. 7-days라는 이름의 앨리어스를 생성하여 지난 1주간의 데이터에 대한 슬라이딩 윈도우 개념을 사용할 수 있다. 매일같이 새로운 색인을 생성하면서 동시에 새 색인을 이 앨리어스에 추가하고 8일 전의 색인을 앨리어스로부터 삭제하기만 하면 될 것이다.

앨리어스 관리하기

앨리어스는 지정된 앨리어스 API 종단점과 일련의 명령을 통해 생성할 수 있다. 각각의 명령은 추가 혹은 삭제 명령과 그것을 적용할 색인은 앨리어스의 맵 형태를 가진다. 다음 목록에서의 예제를 통해 더 명확하게 알아보자.

예제 9.7 앨리어스를 추가하고 제거하기

```
curl -XPOST 'localhost:9200/_aliases' -d'
{
  "actions": [
    {
      "add": {                            이 작업은 이경우 앨리어스에
                                          색인을 추가하는 것이다.
        "index": "get-together",
        "alias": "gt-alias"               gt-alias라는 앨리어스에 get-together
                                          앨리어스가 추가될 것이다.
      }
    },
    {
      "remove": {                         앨리어스에서 색인을 삭
                                          제하기 위한 삭제 명령
        "index": "old-get-together",
        "alias": "gt-alias"               old-get-together라는 색인이 gt-alias라는 앨
                                          리어스로부터 삭제될 것이다.
      }
    }
  ]
}'
```

이 목록에서 get-together 색인을 gt-alias라는 이름의 앨리어스에 추가하였고, old-get-together라는 보조 색인은 gt-alias로부터 제거되었다. 직접적으로 앨리어스를 추가 혹은 삭제 하지 않고도 앨리어스에 색인을 추가하는 명령을 통해 앨리어스를 생성하고, 앨리어스가 가리키고 있는 모든 색인을 제거하라는 명령을 통해 앨리어스를 제거할 수 있다. 하지만 앨리어스 관련 명령은 색인이 존재하지 않으면 실패하게 된다는 점을 기억하자. 원하는 만큼 추가/삭제 명령을 포함할 수 있다. 이러한 명령이 원자적으로 동작한다는 점을 이해할 필요가 있다. 즉, 앞의 예시에서 gt-alias라는 앨리어스가 get-together와 old-get-together 색인을 동시에 가리키고 있는 경우는 없다. 비록 방금 이야기한 방식의 혼합 API 요청이 당신의 요구사항을 충족시킬 수 있지만, 앨리어스 API의 동작들은 일래스틱서치의 표준화된 HTTP 메소드를 통해 개별적으로 수행된다는 점을 이해하는 것이 굉장히 중요하다. 예를 들어, 다음과 같은 일련의 요청은 방금 살펴본 혼합 명령과 같은 효과를 가진다.

```
curl -XPUT 'http://localhost:9200/get-together/_alias/gt-alias'
curl -XDELETE 'http://localhost:9200/old-get-together/_alias/gt-alias'
```

단일 요청 형태의 API들을 살펴보고 있긴 하지만, 이 API에 대해서는 더 자세히 알아볼 필요가 있다. 지금부터는 앨리어스를 생성하고 조회할 때 사용할 수 있는 종단점에 대해서 이야기해보고자 한다.

9.7.2 앨리어스 생성하기

앨리어스를 생성하기 위한 API 호출에는 여러 방법이 있다. 예를 들어서, 앨리어스를 특정 색인에 걸 수도 있고, 혹은 다수의 색인에 걸쳐서 걸거나, 아니면 색인명에 대한 패턴 매칭으로 걸 수도 있다.

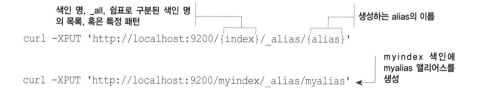

```
curl -XPUT 'http://localhost:9200/_all/_alias/myalias'
curl -XPUT 'http://localhost:9200/logs-2013,logs-2014/_alias/myalias'
curl -XPUT 'http://localhost:9200/logs-*/_alias/myalias'
```

모든 색인에 myalias 앨리어스를 생성

logs-2013과 logs-2014라는 두 색인에 myalias 앨리어스를 생성

logs-* 패턴을 따르는 색인에 myalias 앨리어스를 생성

앨리어스 삭제는 다음과 같은 포맷의 명령으로 수행할 수 있다:

```
curl -XDELETE 'localhost:9200/{index}/_alias/{alias}'
```

실제 색인에 걸려 있는 모든 색인을 조회하기 위해서는 GET 요청을 색인에 _alias를 붙여 보내면 된다. 혹은 색인 이름 없이 _alias만 사용하여 모든 앨리어스와 그것이 가리키고있는 모든 색인을 조회할 수도 있다. 다음 목록에서 색인에 걸린 앨리어스를 조회하는 방법을 살펴볼 수 있다.

예제 9.8 특정 색인을 가리키고 있는 모든 앨리어스 조회하기

```
curl 'localhost:9200/get-together/_alias?pretty'
{
  "get-together" : {
    "aliases" : {
      "gt-alias" : { }
    }
  }
}
```

gt-alias 앨리어스는 get-together 색인을 가리키고 있다.

색인에 대한 _alias 종단점 외에도, 다른 몇 가지 방법을 통해 색인에 관한 앨리어스 정보를 확인할 수 있다.

색인 명, _all, 쉼표로 구분된 색인 명의 목록, 혹은 특정 패턴, 혹은 빈 값

조회하고자 하는 앨리어스의 이름. 앨리어스 명, 쉼표로 구분된 목록, 혹은 특정 패턴

```
curl -XGET 'localhost:9200/{index}/_alias/{alias}'
curl -XGET 'http://localhost:9200/myindex/_alias/myalias'
curl -XGET 'http://localhost:9200/myindex/_alias/*'
```

myindex색인의 myalias 앨리어스를 조회하기

myindex색인의 모든 색인을 조회하기

```
curl -XGET 'http://localhost:9200/_alias/myalias'
curl -XGET 'http://localhost:9200/_alias/logs-*'
```

myalias 앨리어스의 모든
색인을 조회하기

logs-*라는 패턴에 맞는 앨리어
스들의 색인을 조회하기

앨리어스 필터를 통해 문서를 걸러내기

앨리어스는 몇몇 다른 좋은 기능들을 가지고 있다. 앨리어스는 수행할 쿼리에 자동
으로 필터를 적용하기 위해 사용될 수도 있다. 예를 들어, get-together 데이터의 경
우 elasticsearch라는 태그를 가진 그룹을 가리키는 앨리어스를 사용하는 것이 유
용할 수 있다. 이것을 위해, 다음 목록에서처럼 이 필터링을 자동적으로 해줄 앨리어
스를 생성할 수 있다.

예제 9.9 필터를 적용한 앨리어스를 생성하기

```
$ curl -XPOST 'localhost:9200/_aliases' -d'
{
  "actions": [
    {
      "add": {
        "index": "get-together",
        "alias": "es-groups",
        "filter": {
          "term": {
            "tags": "elasticsearch"
          }
        }
      }
    }
  ]
}'
{"acknowledged":true}

$ curl 'localhost:9200/get-together/group/_count' -d'
{
```

앨리어스에 elasticsearch 태
그에 대한 필터를 추가하기

get-together 색인에 있는
그룹들의 개수 조회하기

```
  "query": {
    "match_all": {}
  }
}'
{"count":5,"_shards":{"total":2,"successful":2,"failed":0}}  ◀── get-together 색인에
                                                                 있는 다섯 개의 그룹
$ curl 'localhost:9200/es-groups/group/_count' -d'◀──
{                                                    es-groups 앨리어스에 있는
                                                     그룹들의 개수 조회하기
  "query": {
    "match_all": {}
  }
}'
{"count":2,"_shards":{"total":2,"successful":2,"failed":0}}  ◀── 앨리어스에 있는 두 그룹,
                                                                 결과는 자동으로 필터링되
                                                                 었음을 알 수 있다.
```

es-groups라는 앨리어스는 다섯 개가 아닌 두 개의 그룹만을 포함하고 있는 것을 확인할 수 있다. 이는 자동으로 일래스틱서치라는 태그를 가진 그룹에 대한 필터를 적용하였기 때문이다. 이를 활용할 방법은 무수히 많다. 예를 들어, 민감한 데이터를 다룰 경우, 필터를 적용한 앨리어스를 생성하여 다른 사용자들이 사용하는 앨리어스를 통해서는 민감한 데이터를 노출시키지 않을 수 있다.

앨리어스는 라우팅이라는 또 하나의 기능을 제공한다. 앨리어스에 관해서를 이를 설명하기에 앞서, 라우팅에 대해서 먼저 이야기해보자.

9.8 라우팅

8장에서 문서가 어떻게 특정 샤드에 위치하게 되는지에 관해서 알아봤었다. 이것을 문서의 라우팅이라고 불렀었다. 기억을 되살려 보면, 문서를 라우팅하는 것은 일래스틱서치가 문서의 ID(직접 입력하였거나 혹은 일래스틱서치가 자동으로 생성한 값)를 해싱하여 문서가 어디로 색인될지를 결정하는 방식으로 동작하였다. 색인 시점에 라우팅 값을 사용자가 직접 입력할 수 있도 있는데, 이는 부모-자식 관계에서 유용할 수 있다. 왜냐하면 자식 문서가 부모 문서와 같은 샤드에 있어야 할 수 있기 때문이다.

라우팅은 또한 문서의 ID가 아닌 사용자 정의 값을 사용할 수도 있다. URL의 쿼리 파라미터에 라우팅 값을 입력하면, 그 값이 ID 대신 해시되어 사용될 것이다.

```
curl -XPOST 'localhost:9200/get-together/group/9?routing=denver' -d'{
  "title": "Denver Knitting"
}'
```

이 예시에서는 ID값인 9가 아닌 denver의 해시값이 문서가 어디에 위치하게 될지를 정하기 위해 사용되는 것을 볼 수 있다. 라우팅은 확장 전략이라는 면에서 유용하게 사용될 수 있는데, 그렇기 때문에 이 장에서 더 자세하게 살펴보고자 한다.

9.8.1 왜 라우팅을 사용해야 하는가?

라우팅을 전혀 사용하지 않을 경우, 일래스틱서치는 당신의 문서들을 여러 샤드들에 균등하게 분포시킬 것이다. 그렇다면 왜 라우팅을 사용해야 할까? 그 이유는 커스텀 라우팅은 같은 라우팅 값을 공유하는 문서들을 한 샤드에 저자할 수 있도록 하기 때문이다. 이 문서들이 같은 색인에 존재할 경우, 쿼리에 라우팅 값을 지정하여 요청이 색인의 특정 샤드들에 대해서만 수행되도록 할 수 있다. 조금 헷갈릴 수 있겠지만, 이어서 더 상세한 설명을 살펴보면서 이것에 대해 명확히 이해할 수 있을 것이다.

9.8.2 라우팅 전략

라우팅은 두 가지 영역에서의 고민이 필요하다. 먼저 문서를 색인하는 시점에 좋은 적절한 라우팅 값을 선택해야 하고, 쿼리 시점에 이를 재활용할 수 있어야 한다. get-together 예제의 경우, 각각의 문서를 분리할 좋은 방법에 대해 먼저 생각해보아야 한다. 이 경우, get-together 그룹 혹은 이벤트가 있을 도시를 라우팅 값으로 사용하는 것이 적절할 수 있다. 왜냐하면 도시들이란 상당히 다양한 값들 중 하나를 라우팅 값으로 사용할 수 있으며, 이벤트 혹은 그룹은 해당 도시의 값을 이미 가지고 있기 때문에 색인 시점에 이 값을 추출하기도 용이하다. 만약 적은 분포를 가지는 다른 값을 라우팅 값으로 선택하고자 했다면, 색인 내의 샤드 간에 불균등한 분포를 이루게 될 수 있다. 만약 라우팅 값의 경우의 수가 세 가지뿐이라면, 모든 문서들은 최대 세 개의 샤드에 걸쳐 분포하게 될 것이다. 색인 내의 여러 샤드에 걸쳐 데이터를 분포시키기 위해서는 충분히 많은 카디널리티를 가지는 값을 라우팅 필드로 선택하는 것이

상당히 중요하다고 볼 수 있다. 어떤 것을 라우팅 필드로 사용할지 결정하였다면, 이 라우팅 값을 다음 목록에서처럼 문서를 색인하는 시점에 적용할 수 있다.

예제 9.10 커스텀 라우팅 값으로 문서를 색인하기

```
% curl -XPOST 'localhost:9200/get-together/group/10?routing=denver' -d'    ◄
{                                                              denver라는 라우팅 값으로
                                                               문서를 색인하기
  "name": "Denver Ruby",
  "description": "The Denver Ruby Meetup"
}'


% curl -XPOST 'localhost:9200/get-together/group/11?routing=boulder' -d'    ◄
{                                                              boulder라는 라우팅 값으로
                                                               문서를 색인하기
  "name": "Boulder Ruby",
  "description": "Boulderites that use Ruby"
}'


% curl -XPOST 'localhost:9200/get-together/group/12?routing=amsterdam' -d'
{
  "name": "Amsterdam Devs that use Ruby",
  "description": "Mensen die genieten van het gebruik van Ruby"
}'
```

이 예제에서는 세 문서들에 대해 denver, boulder, amsterdam이라는 세 가지 라우팅 값을 사용하였다. 이는 ID값인 10, 11, 12의 해시 값을 사용하여 문서가 저장될 샤드를 결정하는 것이 아니라, 라우팅 값을 직접적으로 명시하는 것이다. 색인 측면에서만 본다면 이는 별다른 이득이 되지 않는다. 실제 효과는 다음 목록에서 처럼 쿼리 시점에 라우팅을 함께 사용할 때 얻을 수 있다. 쿼리 시점에 복수 개의 라우팅 값을 쉼표로 구분하여 사용할 수도 있다.

예제 9.11 쿼리 시점에 라우팅을 함께 사용하기

```
% curl -XPOST 'localhost:9200/get-together/group/
_search?routing=denver,amsterdam' -d'    ◀──  denver와 amsterdam이라는 라우
{                                              팅 값을 포함하여 검색을 수행
  "query": {
    "match": {
      "name": "ruby"

    }

  }
}'
{
  ...
  "hits": {
    "hits": [
      {
        "_id": "10",
        "_index": "get-together",
        "_score": 1.377483,
        "_source": {
          "description": "The Denver Ruby Meetup",
          "name": "Denver Ruby"
        },
        "_type": "group"
      },
      {
        "_id": "12",
        "_index": "get-together",
        "_score": 0.9642381,
        "_source": {
          "description": "Mensen die genieten van het gebruik vanRuby",
          "name": "Amsterdam Devs that use Ruby"
        },
        "_type": "group"
```

```
        }
    ],
    "max_score": 1.377483,
    "total": 2
  }
}
```

매우 흥미롭지 않은가? 세 그룹 모두가 아닌 두 개의 그룹만이 반환되었다. 정확히 어떻게 된 것일까? 일래스틱서치가 요청을 받았을 때, 내부적으로는 입력받은 두 라우팅 값인 denver와 amsterdam이라는 값을 해싱하고 이 값에 해당하는 샤드들에서 쿼리를 수행한 것이다. 이 경우에서는 denver와 amsterdam이 같은 샤드로 해시되었고, boulder는 다른 샤드로 해시된 것이다.

이를 수천 개의 그룹과 수백 개의 도시인 경우에 적용하여 생각해보면, 색인이나 검색 시점에 라우팅 값을 각 그룹에 적용하면, 검색 요청이 수행될 범위를 한정지을 수 있게 될 것이다. 색인이 100개의 샤드를 가질 수 있는 상황에서는 이는 확장성 면에서 매우 유용하다고 볼 수 있다. 쿼리를 100개 샤드에서 모두 수행하지 않고 범위를 제한하였기 때문에 더 빨리 수행될 뿐만 아니라 더 클러스터 영향을 적게 미칠 수 있다.

이전의 예제에서는 덴버와 암스테르담이 같은 샤드로 라우팅 되는 것을 확인할 수 있었다. 하지만 이는 우연일 뿐 각각의 해시값이 각각 다른 샤드를 가리키게 될 수도 있었다. 어떤 샤드에서 요청이 수행될지를 어떻게 확인할 수 있을까? 다행히도, 일래스틱서치는 검색 요청이 수행될 노드와 샤드들을 조회할 수 있는 API를 제공하고 있다.

9.8.3 _search_shards API를 사용하여 검색이 어느 샤드에서 수행될지 확인하기

이전의 예제와 search shards API를 통해 검색 요청이 어느 샤드에서 수행될지 확인할 수 있다. 다음 목록처럼 라우팅 값을 사용하는 지 여부에 따라 다음과 같이 확인이 가능하다.

예제 9.12 라우팅과 함께, 혹은 라우팅 없이 _search_shards API를 사용하기

라우팅 값 없이 _
search_shards
API 수행

```
% curl -XGET 'localhost:9200/get-together/_search_shards?pretty'
{
  "nodes": {
    "aEFYkvsUQku4PTzNzTuuxw": {
      "name": "Captain Atlas",
      "transport_address": "inet[/192.168.192.16:9300]"
    }
  },
  "shards": [
    [
      {
        "state": "STARTED",
        "primary": true,
        "node": "aEFYkvsUQku4PTzNzTuuxw",
        "relocating_node": null,
        "shard": 0,
        "index": "get-together"
      }
    ],
    [
      {
        "state": "STARTED",
        "primary": true,
        "node": "aEFYkvsUQku4PTzNzTuuxw",
        "relocating_node": null,
        "shard": 1,
        "index": "get-together"
      }
    ]
  ]
}
```

요청이 수행될 노드들

description 필드에 myCustomAnalyzer
분석기를 지정

```
% curl -XGET 'localhost:9200/get-together/_search_          샤드 0과 샤드 1이 요청을 수행하고
shards?pretty&routing=denver'                          ◄── 결과를 반환한다.
{
  "nodes": {
    "aEFYkvsUQku4PTzNzTuuxw": {
      "name": "Captain Atlas",
      "transport_address": "inet[/192.168.192.16:9300]"
    }
  },
  "shards": [
    [
      {
        "state": "STARTED",
        "primary": true,
        "node": "aEFYkvsUQku4PTzNzTuuxw",
        "relocating_node": null,               denver라는 라우팅 값과 함께
        "shard": 1,                      ◄──   _search_shards API를 수행
        "index": "get-together"                샤드 1만 요청을 수행한다.
      }
    ]
  ]
}
```

이처럼, 한 색인에 두개의 샤드가 존재하고, 라우팅 값으로 denver를 입력한 경우, 샤드 1에서만 검색은 수행되는 것을 확인할 수 있다. 즉, 검색이 수행되야 할 대상이 되는 데이터를 절반으로 줄인 것이라고 볼 수 있다.

라우팅은 샤드 수가 많은 색인을 다룰 때 유용하다. 하지만 라우팅이 항상 필요한 것은 아니다. 때로는 이를 통해 더 효과적으로 확장성을 활용할 수 있다고 생각할 수 있으며, 언제나 테스트를 통해 검증해볼 것을 권한다.

9.8.4 라우팅 설정하기

모든 문서에 대하여 커스텀 라우팅 값을 사용하고, 색인 시점에 라우팅 값 없이 색인을 할 수 없도록 하는 것도 유용한 방법일 수 있다. 타입에 대한 매핑에 이와 같은 설정을 할 수 있다. 예를 들어서, routed-events라는 색인을 생성하고 각 이벤트에 대해서 라우팅을 설정하기 위해서는 다음 목록과 같은 코드를 사용하면 된다.

예제 9.13 타입의 매핑에 라우팅을 필수값으로 설정하기

```
% curl -XPOST 'localhost:9200/routed-events' -d'          ◄── routed-events라는
{                                                             색인을 생성
  "mappings": {
    "event": {
      "_routing": {                      event라는 타입에 속하는 모든 문서는
        "required": true                 라우팅이 필수값이라고 정의
      },
      "properties": {
        "name": {
          "type": "string"
        }
      }
    }
  }
}'
{"acknowledged":true}


                                                    색인 값 없이 문서를 색
                                                    인하고자 함
% curl -XPOST 'localhost:9200/routed-events/event/1' -d' ◄──
{"name": "my event"}'
{"error":"RoutingMissingException[routing is required for [routed-
events]/[event]/[1]]","status":400}     ◄── 라우팅 값이 없기 때문에 일래스틱서치는
                                             에러를 발생시킴
```

라우팅을 사용하기 위한 또 하나의 방법은 앨리어스에 라우팅 값을 함께 사용하는 것이다.

9.8.5 라우팅과 앨리어스를 함께 사용하기

이전에 살펴보았던 것처럼 앨리어스는 색인에 대한 추상화 개념으로 매우 강력하고 유용하다. 앨리어스가 하나의 색인을 가리키고 있을 경우, 라우팅과 함께 사용한다면 쿼리 요청이나 색인 시점에 자동으로 라우팅 값을 적용시키는 효과를 얻을 수도 있다. 하나 이상의 색인을 가리키고 있는 앨리어스에 색인을 하고자 하면, 일래스틱서치는 실제 어느 색인로 문서를 색인해야 할지 알 수 없기 때문에 에러를 반환하게 된다.

이전의 예제를 가지고 말해보면, 다음 목록에서처럼 denver-event라는 이름의 앨리어스를 생성하여 이름이 "denver"를 포함하고 있는 이벤트에 대해서 필터와 "denver"라는 라우팅을 검색이나 쿼리시점에 자동적으로 적용되도록 하여 요청이 수행될 범위를 제한할 수 있다.

예제 9.14 앨리어스와 라우팅을 함께 사용하기

```
% curl -XPOST 'localhost:9200/_aliases' -d'
{
  "actions": [
    {
      "add": {
        "index": "get-together",          ← get-together 색인에
                                            앨리어스를 추가
        "alias": "denver-events",         ← denver-events라는
                                            이름의 앨리어스
        "filter": {
          "term": {
            "name": "denver"              ← 이름에 "denver"를 포함하고
          }                                 있는 문서만을 필터링
        },
        "routing": "denver"               ← denver라는 라우팅 값을
      }                                     자동으로 사용
    }
  ]
}'
{"acknowledged":true}
```

```
% curl -XPOST 'localhost:9200/denver-events/_search?pretty' -d'
{
  "query": {
    "match_all": {}
  },
  "fields": [
    "name"
  ]
}'
```

denver-events 앨리어스를
사용하여 모든 문서를 조회

```
{
  ...
  "hits": {
    "total": 3,
    "max_score": 1.0,
    "hits": [
      {
        "_index": "get-together",
        "_type": "group",
        "_id": "2",
        "_score": 1.0,
        "fields": {
          "name": [
            "Elasticsearch Denver"
          ]
        }
      },
      {
        "_index": "get-together",
        "_type": "group",
        "_id": "4",
        "_score": 1.0,
        "fields": {
```

```
          "name": [
            "Boulder/Denver big data get-together"
          ]
        }
      },
      {
        "_index": "get-together",
        "_type": "group",
        "_id": "10",
        "_score": 1.0,
        "fields": {
          "name": [
            "Denver Ruby"
          ]
        }
      }
    ]
  }
}
```

또한 색인 시점에 생성한 앨리어스를 사용할 수도 있다. Denver-events라는 앨리어스로 색인을 하였다면, 이는 routing=Denver 쿼리 파라미터와 함께 문서를 색인한 것과 결과적으로 같다고 할 수 있다. 앨리어스는 오버헤드가 거의 없으므로 스케일 아웃을 위해 커스텀 라우팅을 사용하는 경우 원하는 만큼 생성할 수 있다.

9.9 요약

이 장에서 일래스틱서치 클러스터가 어떻게 형성되고, 어떻게 여러 샤드들로 이루어진 여러 색인을 가지고 있는 다수의 노드들을 하나의 클러스터로 동작하게 만들 수 있는지에 대해 더 자세히 알아보았다. 또한 이 장에서는 다음과 같은 내용들을 다루었다.

- 일래스틱서치 클러스터에 노드가 추가되었을 때 어떤 일이 일어나는가?

- 어떻게 마스터 노드가 선출되는가?

- 노드를 제거하거나 해체하기

- _cat API를 통하여 클러스터 이해하기

- 오버샤딩과 이것을 활용하여 어떻게 클러스터가 확장될 경우의 계획을 세울 수 있는가

- 클러스터의 유연성과 확장성을 위하여 어떻게 앨리어스와 라우팅을 사용할 수 있는가

10장에서는 일래스틱서치 클러스터의 성능을 향상시키기 위한 확장 방법에 대해서 이어서 설명할 것이다.

10

성능 극대화

일래스틱서치는 색인, 검색, 집계를 통한 통계 추출에 관해서 보통 빠르다고 인식된다. 하지만 빠르다는 것은 모호한 개념이어서, "얼마나 빠른가?"라는 질문이 바로 떠오르게 된다. 다른 모든 것처럼 "얼마나 빠른가?"라는 질문에 대한 대답 역시 유스케이스, 하드웨어, 설정에 따라 달라진다.

이 장의 목적은 당신의 유스케이스에 맞게 일래스틱서치의 성능을 극대화할 수 있도록 설정하는 방법을 알아보는 것이다. 언제나 성능 향상에는 상응하는 대가가 따른다. 따라서 먼저 무엇을 희생할지를 결정해야 한다.

- 애플리케이션 복잡도 – 이 장의 앞부분에서는 어떻게 다수의 요청, 예를 들어 색인, 갱신, 삭제, 조회, 검색 등의 요청을 하나의 HTTP 요청으로 그룹화하는지에 대해 살펴볼 것이다. 이 그룹화는 때로는 애플리케이션에서 경계해야 할 때도 있지만, 전반적인 성능을 획기적으로 끌어올릴 수 있는 방법이기도 하다. 네트워크 오버헤드가 더 적기 때문에 20~30배의 성능 향상을 기대할 수 있다.

- 색인과 검색 중 어느 것의 성능에 초점을 맞출 것인가 – 이 절의 두 번째 절에서 일래스틱서치가 루씬 세그먼트를 어떻게 관리하는지에 대해 자세히 살펴보게 될 것이다. 연관된 내용으로는 리프레시, 플러시, 머지 정책, 저장 정책에 대한 설정이 어떻게 동작하고 이들이 검색과 색인 성능에 어떤 영향을 미치는지 등을 알아볼 것이다. 종종 색인 성능을 위한 튜닝은 검색 성능에 부정적인 영향을 미치고, 반대의 경우도 마찬가지다.

- 메모리 – 일래스틱서치의 성능이 좋은 요인 중 하나는 바로 캐싱이다. 이 장에서는 필터 캐시와 어떻게 그것을 적절히 사용할 수 있는지에 대해서 더 자세히 살펴볼 것이다. 또한 샤드 쿼리 캐시에 대해서도 알아보고 일래스틱서치가 충분한 힙 공간을 사용하면서도 동시에 운영체제가 색인을 캐싱하기 위해 충분한 공간을 남겨놓는 법에 대해 이야기할 것이다. 준비되지 않는 캐시에 대한 검색 요청이 지나치게 느리게 수행된다면, 색인 워머를 통해 쿼리를 백그라운드에서 실행시켜 캐시를 미리 준비시켜 놓을 수 있을 것이다.

- 위의 내용 전부 – 유스케이스에 따라서 색인 시점에 텍스트를 분석하는 방법이나 사용하는 쿼리의 종류는 더 복잡한 것이어서 다른 작업을 느리게 하거나 메모리를 더 많이 사용할 수 있다. 이 장의 후반부에서는 데이터나 쿼리를 설계할 때 마주하게 될 전형적인 트레이드오프를 살펴볼 것이다. 색인 시점에 더 많은 텀을 생성할 것인가 혹은 검색 시점에 더 많은 텀들에 찾아볼 것인가? 스크립트의 이점을 활용할 것인가 혹은 사용하지 않으려고 할 것인가? 깊은 페이징은 어떻게 처리할 것인가?

이 장에서는 이 모든 문제에 대해 논의하여 답을 찾게 될 것이다. 이를 통해 자신의 유스케이스에 맞게 일래스틱서치를 빠르게 하는 방법을 알게 될 것이고, 어떻게 그렇게 되는지에 대해 더 자세히 알게 될 것이다. 다수의 작업을 하나의 HTTP 요청으로 묶는 것은 일반적으로 성능을 향상시키는 가장 쉽고 가장 효과가 큰 방법이다. 이를 어떻게 할 수 있을지에 관하여 벌크, 멀티겟, 멀티서치 API를 먼저 살펴보자.

10.1 요청을 그룹화하기

색인 성능을 높이기 위해 할 수 있는 것을 하나만 말하라면 단연 여러 문서를 한 번의 벌크 API로 색인 요청을 하는 것이다. 이를 통해 네트워크 오버헤드를 줄여서 더 많은 색인 처리량을 확보할 수 있다. 하나의 벌크는 색인과 관련된 모든 동작을 포함할 수 있다. 예를 들어, 하나의 벌크에서 문서를 생성하거나 덮어쓸 수 있고, 갱신하거나 삭제할 수 있다. 이것은 색인에서만 적용되는 것은 아니다. 만약 당신이 애플리케이션 다수의 조회 혹은 검색 요청을 한 번에 보내야 한다면, 이것을 위한 벌크 요청인 멀티겟이나 멀티서치 API도 있다. 이것들에 대해서는 나중에 살펴보고, 먼저 벌크 API에 대해서 살펴보자. 프로덕션 환경의 대부분의 유스케이스에서는 이 방법으로 색인을 해야 할 것이다.

10.1.1 벌크 색인, 갱신, 삭제

지금까지 이 책에서는 색인을 한 번에 한 문서씩 했다. 이렇게 하여도 문제는 없지만, 적어도 두 가지 측면에서의 성능 패널티가 있다는 점을 생각해볼 수 있다.

- 당신의 애플리케이션이 다음 단계로 진행하기 이전에 일래스틱서치의 응답을 기다려야 한다.
- 각각의 문서 색인 요청마다 일래스틱서치는 모든 데이터를 처리해야 한다.

높은 색인 성능이 필요하다면, 그림 10.1처럼 다수의 문서를 한 번에 색인할 수 있는 일래스틱서치의 벌크 API를 사용할 수 있다.

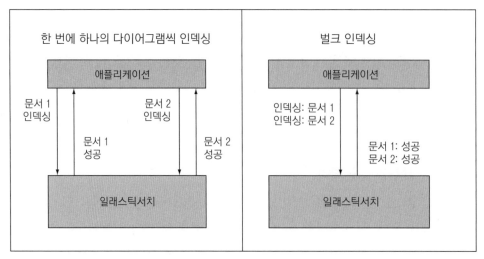

▲ **그림 10.1** 벌크 색인을 통해 하나의 요청으로 다수의 문서를 처리할 수 있다

그림에서 볼 수 있듯이, 이제까지 색인해온 방법인 HTTP를 이용해서 이를 수행할 수 있다. 응답 메시지에서 모든 색인 요청에 대한 결과를 확인할 수 있다.

벌크 단위로 색인하기

예제 10.1에서는 두개의 문서를 색인하는 상황을 살펴볼 것이다. 이를 위해서는 특정한 포맷으로 HTTP POST 요청을 _bulk 종단점으로 해야 한다. 이 포맷은 다음과 같은 요구사항을 따라야 한다.

- 각 색인 요청은 개행문자로 구분된 두 개의 JSON 문서로 이루어져 있어야 한다. 하나는 작업(이 경우 index)과 메타데이터(색인, 타입, ID)를 담은 것이고, 하나는 실제 문서의 내용을 담은 것이다.
- JSON 문서는 한 행에 하나씩 있어야 한다. 즉, 각 행은 개행문자(\n, 혹은 ASCII 10 문자)로 끝나야 하는데, 이는 전체 벌크의 마지막 행 역시 마찬가지다.

예제 10.1 하나의 벌크로 두 개의 문서 색인하기

하나의 파일을 사용하고 --data-binary @file-name을 통해 이를 가르켜 개행 문자를 보존

요청의 첫째 줄은 작업(색인)과 메타데이터(색인, 타입, ID) 등을 포함한다.

하나의 파일을 사용하고 --data-binary @file-name을 통해 이를 가르켜 개행 문자를 보존

```
REQUESTS_FILE=/tmp/test_bulk
echo '{"index":{"_index":"get-together", "_type":"group", "_id":"10"}}
{"name":"Elasticsearch Bucharest"}
{"index":{"_index":"get-together", "_type":"group", "_id":"11"}}
{"name":"Big Data Bucharest"}
' > $REQUESTS_FILE
curl -XPOST localhost:9200/_bulk --data-binary @$REQUESTS_FILE
```

문서 내용

모든 JSON 개행문자로 끝나야 하고(마지막 것도 마찬가지) 개행 문자를 포함한 형태로 포멧팅되어 있어서는 안 됨

두 색인 리퀘스트 각각을 보면, 첫 번째 줄에는 요청 타입과 메타데이터가 있다. 주요 필드의 이름은 작업의 종류다. 이것은 일래스틱서치에게 데이터를 가지고 무엇을 할지를 알려준다. 여기서는, index를 사용하여 색인을 수행하고 있고, 이 작업은 같은 ID를 가진 문서가 이미 존재할 경우 이를 덮어쓴다. 작업을 create로 변경할 수도 있는데, 이 경우 문서는 덮어쓰지 않는다. 혹은 이후에 살펴보게 될 내용처럼 다수의 문서를 갱신 혹은 삭제할 수도 있다.

_index와 _type은 어디에 각 문서를 색인할지를 나타낸다. 색인과 타입 모두 혹은 색인 이름만을 URL에 입력할 수 있다. 이는 벌크의 모든 작업에 대한 기본 색인과 타입이 된다. 예를 들어 다음과 같다.

```
curl -XPOST localhost:9200/get-together/_bulk --data-binary @$REQUESTS_FILE
```

혹은 다음과 같다.

```
curl -XPOST localhost:9200/get-together/group/_bulk --data-binary @$REQUESTS_
FILE
```

이 경우에는 요청 자체에서 _index와 _type 필드는 생략할 수 있다. 만약 이것들을 입력하였다면, 요청에서 입력한 색인과 타입 값이 URI에 입력된 값들을 오버라이드한다.

446

_id 필드는 색인하고자 하는 문서의 ID를 나타낸다. 이 값을 생략한 경우에는 일래스틱서치가 자동으로 ID를 생성해주는데, 문서에 대한 고유 ID를 가지고 있지 않은 경우 이는 매우 유용하다. 예를 들어 로그의 경우는 자동으로 생성된 ID를 사용해도 괜찮을 것인데, 로그는 본질적으로 고유한 ID 값을 가지고 있지 않을 뿐만 아니라 로그를 ID를 통해 조회해야 할 필요도 없기 때문이다.

ID를 따로 입력하지 않아도 되고 모든 문서를 같은 색인의 같은 타입에 색인하고자 한다면, 예제 10.1에서의 벌크 요청은 다음 목록과 같이 매우 단순해진다.

예제 10.2 자동 생성되는 ID를 사용하여 두 개의 문서를 같은 색인의 같은 타입에 색인하기

```
REQUESTS_FILE=/tmp/test_bulk
echo '{"index":{}}
{"name":"Elasticsearch Bucharest"}          ← 색인와 타입은 URL에 입력되어 있고
{"index":{}}                                   ID는 자동 생성되는 것을 사용하기 때
{"name":"Big Data Bucharest"}              ← 문에 작업 자체만을 입력함
' > $REQUESTS_FILE
URL='localhost:9200/get-together/group'       ← URL에 색인와
curl -XPOST $URL/_bulk?pretty --data-binary @$REQUESTS_FILE   타입을 입력함
```

벌크 인서트 요청에 대한 응답은 JSON 형태의 문서로, 해당 벌크를 색인하는 데 걸린 시간과 각 작업에 대한 응답을 포함하고 있다. 또한 실패한 작업이 있다면 그것을 보여주는 에러 플래그 역시 포함하고 있다. 전체 응답은 다음과 유사하다.

```
{
  "took" : 2,
  "errors" : false,
  "items" : [ {
    "create" : {
      "_index" : "get-together",
      "_type" : "group",
      "_id" : "AUyDuQED0pziDTnH-426",
      "_version" : 1,
      "status" : 201
```

```
    } }, {
    "create" : {
      "_index" : "get-together",
      "_type" : "group",
      "_id" : "AUyDuQEDOpziDTnH-426",
      "_version" : 1,
      "status" : 201
    } }]
}
```

자동 생성된 ID를 사용하고 있으므로, 색인 작업은 문서 생성 작업으로 변경된 것을 확인할 수 있다. 특정 문서가 색인에 실패한 경우, 전체 벌크가 실패한 것을 의미하지는 않는다. 한 벌크에 있는 항목들끼리는 서로 독립적이기 때문이다. 벌크 전체에 대한 한 응답만이 아닌 각각의 작업에 대한 응답을 받을 수 있는 것도 이 때문이다. 사용자 애플리케이션에서 JSON 응답을 통해 어떤 작업이 성공하고 어떤 작업이 실패했는지를 확인할 수 있다.

> **팁**　　성능 관점에서 보면, 벌크의 사이즈가 매우 중요하다. 벌크가 지나치게 크면 과다하게 메모리를 사용하게 되고, 벌크가 너무 작다면 네트워크 오버헤드가 매우 커질 것이다. 최적점은 문서 크기와 클러스터의 성능에 따라 달라진다. 한 벌크에는 큰 문서를 조금 담거나 작은 문서를 더 많이 담을 수 있을 것이고, 클러스터가 크고 장비가 좋을수록 큰 벌크와 검색을 빠르게 수행할 것이다. 결국, 각자가 테스트를 통해 자신의 유스케이스에 맞는 최적의 벌크 사이즈를 찾아야 한다. 작은 문서(예를 들어 로그)의 경우 1,000 같은 값으로 시작하여 더는 성능 이득이 없어지는 시점까지 값을 늘려갈 수 있다. 11장에서 이야기하겠지만, 테스트하는 동안 반드시 클러스터를 모니터링하도록 하자.

벌크로 갱신하거나 삭제하기

한 벌크 안에서는 다수의 색인 혹은 문서 생성 작업뿐만 아니라 갱신 혹은 삭제 작업도 포함할 수 있다.

갱신 작업은 방금 살펴본 색인/문서 생성 작업과 유사하지만, 특정 ID를 입력해야 한다는 점에서 차이가 있다. 또한, 문서의 내용은 갱신되고자 하는 문서나 스크립트를 포함하고 있어야 한다. 이는 마치 3장에서 개별 문서 갱신 작업을 요청할 때와 유사하다.

448

삭제 작업은 다른것들과는 조금 다른데, 문서 내용을 아무것도 포함하지 않기 때문이다. 갱신의 경우처럼, 문서의 ID를 메타데이터 행에 입력하기만 하면 된다.

다음 목록에서는 색인, 문서 생성, 갱신, 삭제 작업 모두를 포함하는 벌크를 살펴볼 수 있다.

예제 10.3 색인, 문서 생성, 갱신, 삭제 작업을 포함하는 벌크

```
echo '{"index":{}}
{"title":"Elasticsearch Bucharest"}
{"create":{}}
{"title":"Big Data in Romania"}
{"update":{"_id": "11"}}          ◀── 갱신 작업: ID와 문서의 갱신
{"doc":{"created_on" : "2014-05-06"} }         될 부분을 입력한다.
{"delete":{"_id": "10"}}          ◀── 삭제 작업: 문서는 필요 없고
' > $REQUESTS_FILE                         ID만 있으면 된다.
URL='localhost:9200/get-together/group'
curl -XPOST $URL/_bulk?pretty --data-binary @$REQUESTS_FILE

# 예상 응답
  "took": 37,
  "errors": false,
  "items": [
    {
      "create": {
        "_index": "get-together",
        "_type": "group",
        "_id": "rVPtooieSxqfM6_JX-UCkg",
        "_version": 1,
        "status": 201
      }
    }, {
      "create": {
        "_index": "get-together",
        "_type": "group",
        "_id": "8w3GoNg5T_WEIL5jSTz_Ug",
```

```
        "_version": 1,
        "status": 201
      }
  }, {
    "update": {
      "_index": "get-together",
      "_type": "group",
      "_id": "11",
      "_version": 2,
      "status": 200
    }
  }, {
    "delete": {
      "_index": "get-together",
      "_type": "group",
      "_id": "10",
      "_version": 2,
      "status": 200,
      "found": true
```

갱신과 삭제 작업은 다른 갱신이
나 삭제와 마찬가지로 문서의 버
전을 증가시킨다.

벌크 API가 다수의 색인, 갱신, 삭제 작업을 모두 포함할 수 있는 것이라면, 검색
이나 조회 요청 역시 멀티서치와 멀티겟 API를 통해 유사하게 수행할 수 있다. 다음
으로는 이것에 대해 살펴보자.

10.1.2 멀티서치와 멀티겟 API

멀티서치나 멀티겟을 사용함으로써 얻을 수 있는 이점은 벌크의 경우와 유사하다.
다수의 검색이나 조회 요청을 할 경우, 이를 하나로 묶어 요청하는 것이 네트워크 레
이턴시 비용을 줄여준다는 것이다.

멀티서치

다수의 검색 요청을 보내는 하나의 유스케이스로 여러 종류의 문서를 검색할 때를 생각해볼 수 있다. 예를 들어, get-together 웹사이트에서 검색 기능을 제공하고 있다고 가정해보자. 검색이 그룹에 관한 것일지 이벤트에 관한 것일지 모르기 때문에, 두 가지 모두를 검색하고 UI를 통해 그룹과 이벤트라는 두 가지 항목들을 제공하여야 할 것이다. 이 두 가지 검색은 서로 완전히 다른 스코어링 기준을 가지고 있을 것이기 때문에 별도의 요청으로 실행하여야 하겠지만, 멀티서치 요청을 통해 이 두 가지 요청을 하나로 묶을 수도 있다.

이와 같은 멀티서치 API는 벌크 API와 유사한 점이 많다.

- _msearch 종단점을 호출하는데, URL에 색인과 타입을 명시해도 되고 명시하지 않아도 된다.

- 각 요청은 JSON 문자열을 두 행씩 갖고 있어야 한다. 첫 행은 색인, 타입, 라우팅 값, 검색 타입과 같이 개별 요청 시에도 URI에 일반적으로 입력하는 파라미터들을 포함하고 있어야 한다. 두 번째 행은 일반적인 개별 요청의 페이로드에 해당하는 쿼리 바디를 포함하고 있어야 한다.

다음 목록은 일래스틱서치에 관한 그룹과 이벤트에 대한 멀티서치 요청 예제다.

예제 10.4 일래스틱서치에 관련된 이벤트와 그룹을 조회하기 위한 멀티서치 요청

각 문서의 헤더는 개별 검색의 URL에 들어갈 수 있는 데이터를 담고 있다.

```
echo '{"index" : "get-together", "type": "group"}          ← 개별 검색에서처럼 바디는
{"query" : {"match" : {"name": "elasticsearch"}}}            쿼리를 가지고 있다.
{"index" : "get-together", "type": "event"}
{"query" : {"match" : {"title": "elasticsearch"}}}
' > request
curl localhost:9200/_msearch?pretty --data-binary @request
# 응답
{
  "responses" : [ {          ← 응답은 개별 검색의 결괏값
                              의 배열이다.
```

다른 모든 검색의 경우, 헤더와 바디 행을 포함하고 있어야 한다.

벌크 요청에서처럼, 개행문자를 포함하고 있어야 한다.

```
    "took" : 4,
[...]
      "hits" : [ {
        "_index" : "get-together",
        "_type" : "group",
        "_id" : "2",
        "_score" : 1.8106999,
        "_source":{
  "name": "Elasticsearch Denver",
[...]
  }, {
    "took" : 7,
[...]
      "hits" : [ {
        "_index" : "get-together",
        "_type" : "event",
        "_id" : "103",
        "_score" : 0.9581454,
        "_source":{
  "host": "Lee",
  "title": "Introduction to Elasticsearch",
[...]
```

그룹에 관한 첫 번째 쿼리에 대한 응답이다.

모든 응답은 개별 쿼리의 응답과 유사한 형태를 갖는다.

멀티겟

멀티겟은 외부 프로세스에서 검색은 수행하지 않고 다수의 문서를 조회할 필요만 있을 때 유용하다. 예를 들어, 시스템 메트릭을 저장하고 있고 타임스탬프를 ID로 쓰고 있는 경우, 특정 시점의 특정 메트릭을 필터링하지 않고 모두 조회해야 할 필요가 있을 수 있다. 이를 위해서는, mget 종단점을 호출할 때 조회하고자 하는 문서들의 색인, 타입, ID를 포함한 객체의 배열을 전송할 수 있다. 이를 다음 목록에서 확인할 수 있다.

452

예제 10.5 _mget 종단점과 색인, 타입, 문서의 ID를 포함한 문서 배열

```
curl localhost:9200/_mget?pretty -d '{
  "docs": [
    {
      "_index": "get-together",
      "_type": "group",
      "_id": "1"
    },
    {
      "_index": "get-together",
      "_type": "group",
      "_id": "2"
    }
  ]
}'
```

문서 배열은 조회하고자 하는
모든 문서를 나타내고 있다.

```
# 응답
{
  "docs": [
    {
      "_index": "get-together",
      "_type": "group",
      "_id": "1",
      "_version": 1,
      "found": true,
      "_source": {
        "name": "Denver Clojure",
        [...]
      },
    {
      "_index": "get-together",
      "_type": "group",
      "_id": "2",
```

응답 역시 문서 배열을 포함하고 있다.

배열의 각 항목은 개별 GET 요청 시에
얻을 수 있는 것과 같은 문서들이다.

```
    "_version": 1,
    "found": true,
    "_source": {
      "name": "Elasticsearch Denver",
      [...]
    }
  }
```

다른 대부분의 API처럼, 색인과 타입은 필수로 지정해야 하는 것은 아니다. 요청의 URL에 따로 입력할 수도 있기 때문이다. 모든 ID에 대해 색인과 타입이 같은 경우에는 URL에 색인과 타입을 지정하고 ID 배열에 ID 값들을 입력할 것을 권장한다. 이 경우 예제 10.5처럼 요청이 매우 짧아진다.

```
% curl localhost:9200/get-together/group/_mget?pretty -d '{
    "ids" : [ "1", "2" ]
}'
```

다수의 작업을 멀티겟을 이용해서 같은 요청으로 묶는 것은 사용자 애플리케이션을 다소 복잡하게 만들 수도 있다. 하지만 이를 통해 추가적인 비용 없이 작업을 더 빠르게 만들 수 있다. 이는 멀티서치와 벌크 API의 경우에도 해당되는데, 이것들을 최적으로 사용하기 위해서는 요청의 크기를 변경해가며 실험을 한 후 어떤 크기가 자신의 하드웨어와 문서들에 대해 가장 적합한지를 파악해야 한다.

이어서, 일래스틱서치가 어떻게 내부적으로 문서들을 벌크로 처리하는지에 대해 알아볼 것이다. 이는 루씬 세그먼트의 형태로 이루어지는데, 색인과 검색을 빠르게 하기 위해 이 작업을 어떻게 튜닝할 수 있는지에 대해서도 살펴볼 것이다.

10.2 루씬의 세그먼트 관리를 최적화하기

일래스틱서치가 당신의 애플리케이션으로부터 문서를 전달받으면, 이를 먼저 메모리에 있는 세그먼트라는 역 색인에 담는다. 이 세그먼트는 이따금씩 디스크로 쓰여진다. 3장에서 이 세그먼트는 운영체제가 쉽게 캐싱할 수 있도록 하기 위해 삭제만 가능할 뿐 변경이 불가능한 점을 살펴보았다. 또한 작은 세그먼트들은 역 색인을 병합하고 검색을 빠르게 하기 위해 주기적으로 큰 세그먼트로 생성되어 합쳐진다.

각 단계에서 일래스틱서치가 세그먼트를 관리하는 방법에 영향을 미칠 수 있는 변수는 여러 가지가 있다. 그리고 사용자의 유스케이스에 맞게 이를 설정하는 것을 통해 유의미한 성능 향상을 얻을 수 있다. 이 절에서는, 이들을 세 분류로 나눠서 논의할 것이다.

- 얼마나 자주 리프레시와 플러시를 수행할 것인가 - 영리프레시는 일래스틱서치의 색인에 대한 뷰를 갱신시켜줌으로써, 새로 색인된 데이터가 검색될 수 있도록 해준다. 플러시는 색인된 데이터를 메모리에서 디스크로 커밋한다. 두 가지 모두 성능 관점에서 비용이 크기 때문에 유스케이스에 맞게 적절히 수행하도록 설정해야 한다.?

- 머지 정책 - 루씬(혹은 일래스틱서치)은 데이터를 세그먼트라는 불변 파일의 형태로 저장한다. 더 많은 데이터를 색인할수록 더 많은 세그먼트가 생성된다. 여러 세그먼트에 걸친 검색은 느리므로, 작은 세그먼트들을 백그라운드에서 큰 세그먼트들로 머지하여 세그먼트의 수를 관리하게 된다. 머지는 성능 집약적인 작업으로 특히 I/O를 많이 사용한다. 머지 정책을 조정하여 머지의 빈도나 세그먼트의 최대 크기를 조절할 수 있다.

- 저장과 저장 제한 - 일래스틱서치는 머지 작업이 시스템의 I/O에 미치는 여향을 초당 일정 바이트로 제한한다. 사용자의 하드웨어와 유스케이스에 따라, 이 값을 조절할 수 있다. 일래스틱서치가 어떻게 저장소를 사용하게 할 것인지에 관한 다른 옵션들도 있다. 예를 들어, 색인을 오직 메모리에만 저장하도록 할 수도 있다.

이 세 가지 중 일반적으로 봤을 때 성능 이득을 가장 많이 얻을 수 있는 방법인 리프레시와 플러시 빈도 선택하기라는 주제에 대해 먼저 살펴볼 것이다.

10.2.1 리프레시와 플러시 임계값

2장에서 언급한 것처럼 일래스틱서치는 준 실시간이라고 불리곤 한다. 왜냐하면 검색은 대부분 가장 최근에 색인한 데이터가 아닌(이 경우 실시간이라고 불릴 것이다) 그에 근접한 데이터에 대해서 수행하기 때문이다. 이와 같은 준 실시간이라는 특성은 일래스틱서치가 열린 색인에 대한 현재 시점의 뷰를 유지하고 있기 때문에, 다수의 검색이 같은 파일을 탐색하고 같은 캐시를 재사용한다는 점에서 적절한 용어다. 이 기간 동안 새롭게 색인된 데이터는 리프레시되기 전까지는 검색할 수 없다. 리프레시란 그 이름에서 유추해볼 수 있듯이 색인의 현재 시점의 뷰를 리프레시하여 새로 색인된 데이터를 검색할 수 있도록 해주는 것이다. 이것이 장점이라면 반대로 단점은 리프레시로 인한 성능 관점에서의 비용이 있다는 것이다. 일부 캐시는 무효화되어 검색이 느려지고, 이를 다시 갱신하는 작업은 더 많은 프로세싱 파워를 필요로 하여 색인을 느려지게 한다.

언제 리프레시할 것인가

기본적으로는 모든 색인을 자동적으로 매 초마다 리프레시한다. 각 색인의 설정을 런타임에 변경하여 리프레시 빈도를 조절할 수 있다. 예를 들어, 아래 명령은 자동 리프레시 주기를 5초로 변경한다.

```
% curl -XPUT localhost:9200/get-together/_settings -d '{
  "index.refresh_interval": "5s"
}'
```

> **팁** 변경이 반영되었는지 확인하려면, 다음의 curl 명령으로 모든 색인 설정을 조회하면 된다.
> curl localhost:9200/get-together/_settings?pretty

`refresh_interval`를 증가시킬수록 색인 처리량은 늘어난다. 이는 리프레시에 시스템 자원을 덜 사용하게 되기 때문이다.

혹은 `refresh_interval`을 -1로 지정하여 자동 리프레시를 비활성화하고 수동으로 직접 리프레시를 호출하는 방법을 택할 수도 있다. 이는 색인이 배치를 통해 주기적으로만 변경이 일어나는 경우 적합하다. 예를 들면 매일 밤 상품과 재고정보가 갱신되는 유통망 같은 경우를 생각해볼 수 있다. 이런 갱신 작업이 빨리 처리되기를 원하기 때문에 색인 성능은 매우 중요할 수 있다. 하지만 갱신이 실시간으로 발생하지 않기 때문에 데이터의 신선도는 중요하지 않을 수 있다. 따라서 자동 리프레시는 비활성화하고 매일 밤 벌크 색인/갱신을 수행이 끝난 후에 수동으로 리프레시를 수행할 수 있을 것이다.

수동으로 리프레시를 하고자 한다면, 리프레시 할 하나 혹은 여러 색인의 _refresh 종단점을 호출하면 된다.

```
% curl localhost:9200/get-together/_refresh
```

언제 플러시할 것인가

이전 버전의 루씬이나 솔라에 익숙하다면, 리프레시가 발생할 때 직전 리프레시는 이미 디스크로 커밋되어 있으므로 모든 데이터는 메모리 내에 색인되어 있는 상태라고 생각할 것이다. 일래스틱서치의 경우에는(그리고 솔라 4.0과 그 이후 버전에서는) 리프레시 작업과 메모리 내의 세그먼트를 디스크로 커밋하는 것은 별개다. 실제로도 데이터는 처음에 메모리로 색인되고, 리프레시가 수행되고 나면 일래스틱서치는 메모리 내의 세그먼트를 검색할 수 있다. 메모리 내의 세그먼트를 디스크 내의 실제 루씬 색인으로 커밋하는 작업은 플러시라고 부른다. 이 작업은 세그먼트가 검색 가능한지 여부와 무관하게 발생한다.

노드 장애나 샤드 재배치로 인해 메모리 내의 데이터가 유실되지 않도록 보장하기 위해서, 일래스틱서치는 플러시 되지 않은 색인 요청들을 트랜잭션 로그에 기록한다. 플러시는 메모리 내의 세그먼트를 디스크로 커밋할 뿐만 아니라 또한 그림 10.2에서처럼 트랜잭션 로그를 지워준다.

플러시는 그림 10.3에서 확인할 수 있듯 다음 조건 중 하나가 충족되면 발생한다.

- 메모리 버퍼가 가득 찼을 때
- 마지막 플러시로부터 일정 시간이 지났을 때
- 트랜잭션 로그의 사이즈가 일정한 임계치를 넘었을 때

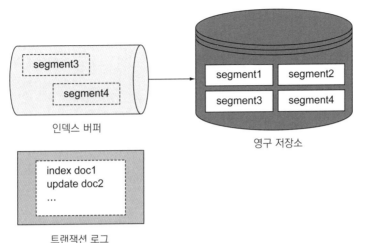

▲ **그림 10.2** 플러시는 세그먼트를 메모리로부터 디스크로 옮기고 트랜잭션 로그를 지워버린다

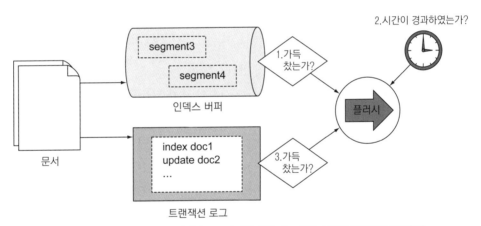

▲ **그림 10.3** 플러시는 메모리 버퍼나 트랜잭션 로그가 가득 찼을 때 그리고 설정된 주기마다 발생한다

플러시가 발생하는 빈도를 조정하기 위해서는 위 세 조건에 영향을 미칠 수 있는 설정값들을 조절해야 한다.

메모리 버퍼 크기는 elasticsearch.yml 설정 파일의 `indices.memory.index_buffer_size` 값을 통해 지정할 수 있다. 이 값을 통해 노드 전체의 버퍼 크기를 조절할 수 있다. 이 값은 10%처럼 전체 JVM 힙의 비율로 할 수도 있고, 100MB처럼 고정값으로 할 수도 있다.

트랜잭션 로그 설정은 색인별로 할 수 있고, 플러시를 발생시키게 될 크기(index.translog.flush_threshold_size)와 마지막 플러시로부터의 시간 간격(index.translog.flush_threshold_period)을 설정할 수 있다. 다른 대부분의 색인 설정이 그렇듯 런타임에 변경할 수 있다.

```
% curl -XPUT localhost:9200/get-together/_settings -d '{
  "index.translog": {
    "flush_threshold_size": "500mb",
    "flush_threshold_period": "10m"
  }
}'
```

플러시가 수행되면, 하나 이상의 세그먼트가 디스크에 생성된다. 쿼리를 수행하면, 일래스틱서치는 (루씬을 통해) 모든 세그먼트를 조회하고 결과를 샤드의 전체 응답에 포함시킨다. 그러고 나서, 2장에서 봤던 것처럼, 샤드별 응답들은 전체 응답으로 집계되어 사용자 애플리케이션에 반환된다.

여기서 가장 중요한 점은 검색해야 할 샤드의 수가 많을수록 검색이 느려진다는 것이다. 샤드의 숫자를 일정 수준으로 유지하기 위해서 일래스틱서치는 (역시 루씬을 통해서) 백그라운드에서 다수의 작은 세그먼트들을 큰 세그먼트로 병합한다.

10.2.2 머지와 머지 정책

이전에 3장에서는 세그먼트가 불변 파일들의 집합으로 일래스틱서치가 색인된 데이터를 저장하기 위한 사용하는 것이라고 소개했었다. 세그먼트는 불변이기 때문에 쉽게 캐싱되고, 검색을 더 빠르게 수행되도록 해준다. 또한 데이터셋의 문서 추가 등으로 인해 변경되더라도 기존의 세그먼트에 저장되어 있던 색인 데이터를 재구성해야 하는 것은 아니다. 이는 색인을 빠르게 만들어주는 것은 사실이나, 무조건적으로 좋은 것은 아니다. 문서를 갱신하는 것은 실제 해당 문서를 갱신하는 것이 아닌 새 문서를 하나 더 색인하는 것이다. 따라서 기존의 문서를 삭제해야 할 필요도 있다. 삭제의 경우 역시 실제 세그먼트에서 문서를 직접 지우지는 못한다(만약 그랬다면 역 색인을 다시 구성해야 했을 것이다). 별도의 .del 파일에 지워졌다고 표시를 남길 뿐이다. 문서들은 세그먼트 머지 작업을 통해 실제로 삭제된다.

종합해보면 세그먼트 머지에는 크게 두 가지 목적이 있는데, 그것은 바로 세그먼트의 총 숫자를 적절하게 유지하는 것(이를 통한 쿼리 성능 향상)과 삭제된 문서들을 제거하는 것이다.

세그먼트 머지는 정의된 머지 정책에 따라서 백그라운드에서 수행된다. 기본 머지 정책은 그림 10.4와 같은 계층적 정책이다. 이는 세그먼트를 계층별로 나누고, 설정된 세그먼트 수의 최대값을 넘는 세그먼트들이 하나의 계층에 있다면, 이 계층에서 머지를 실행한다.

다른 머지 정책들도 있으나, 이 장에서는 기본값인 계층적 머지 정책에 초점을 맞출 것이다. 대부분의 유스케이스에서는 이 정책이 효과적이다.

> **팁** 마이클 맥캔들리스(Mike McCandless)의 블로그에서 각 머지 정책에 대한 설명과 동영상을 확인할 수 있다(『루씬 인 액션 2판』(에이콘, 2013)의 공동저자다).
> http://blog.mikemccandless.com/2011/02/visualizing-lucenes-segment-merges.html

1. 플러시 작업은 너무 많아지기 전까지 첫 번째 계층에 세그먼트들을 추가한다. 너무 많은 것이 4개라고 해보자.

2. 작은 세그먼트들은 큰 세그먼트로 합쳐진다. 플러시는 계속 새로운 작은 세그먼트들을 생성한다.

3. 결국, 다음 계층에는 네 개의 세그먼트가 있게 된다.

4. 네 개의 큰 세그먼트들은 더 큰 세그먼트로 합쳐지고 이런 절차가 반복된다.

5. 계층 내에서 임계치에 도달할 때까지 반복된다. 상대적으로 작은 세그먼트만이 병합되고, 최대 세그먼트들은 그대로 남아 있다.

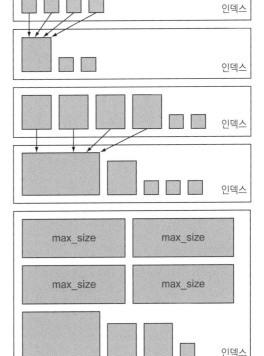

▲ **그림 10.4** 계층적 머지 정책은 한 계층에 너무 많은 세그먼트가 있을 경우 머지를 수행한다

머지 정책 관련 옵션 튜닝하기

머지의 전체적인 목적은 I/O와 CPU 시간을 조금 희생하여 검색 성능을 높이는 데 있다. 머지는 문서를 색인, 갱신, 삭제하는 동시에 발생하기 때문에 머지가 많을수록 이런 작업들에 대한 비용이 커진다. 반대로 말해, 빠른 색인을 원한다면, 병합을 덜 자주 함으로써 검색 성능을 조금 희생하기를 원할 것이다.

병합을 더 자주 혹은 덜 자주 실행하기 위해서 사용하게 될 옵션은 몇 가지가 있다. 자주 사용되는 것들은 다음과 같다.

- index.merge.policy.segments_per_tier - 이 값이 클수록, 하나의 계층에서 더 많은 세그먼트를 가지고 있을 수 있다. 이는 곧 더 적은 머지 작업과 더 향상된 색인 성능을 의미한다. 색인은 많이 일어나지 않고 검색 성능을 높이고자 한다면 이 값을 낮춰야 한다.

- index.merge.policy.max_merge_at_once - 이 값을 통해 한 번에 합쳐질 수 있는 세그먼트의 수를 제한할 수 있다. 일반적으로는 이 값을 segments_per_tier와 같은 값으로 사용한다. 머지 작업을 더 작게 만들기 위해 max_merge_at_once를 낮출 수도 있으나, 이를 위해서는 segments_per_tier 값을 높이는 것이 더 좋은 방법이다. max_merge_at_once는 segments_per_tier보다 큰 값을 갖지 않아야 하는데, 그럴 경우 지나치게 많은 머지 작업이 발생하기 때문이다.

- index.merge.policy.max_merged_segment - 이 설정은 세그먼트 크기의 최대값을 지정한다. 이 값보다 큰 세그먼트는 다른 세그먼트와 합쳐지지 않는다. 머지 작업을 줄이고 빠른 색인을 원한다면 이 값을 낮춤으로써 큰 세그먼트에 대한 머지작업이 일어나기 어려워지도록 만들 수 있다.

- index.merge.scheduler.max_thread_count - 다머지 작업은 백그라운드의 별도의 스레드에서 수행되는데, 이값은 머지 작업에 사용될 수 있는 스레드의 최대 개수를 조절한다. 이 값은 동시에 일어날 수 있는 머지 작업의 숫자에 대한 엄격한 한계값이다. CPU가 많고 I/O가 빠르다면 이 값을 높여 적극적인 머지 정책을 가져갈 수도 있고, 반대로 느린 CPU와 I/O를 가진 환경이라면 이 값을 낮춰야 할 것이다.

앞서 언급한 모든 설정은 색인 수준의 설정으로 트랜잭션 로그나 리프레시 설정과 마찬가지로 런타임에 변경할 수 있다. 예를 들어, 아래의 예시는 segments_per_tier를 5로 설정함으로써(max_merge_at_once와 함께) 머지를 더 자주 일어나도록 강제하고, 최대 세그먼트 크기를 1GB로 지정하며, 회전식 디스크에서 더 효율적으로 동작하도록 스레드 숫자를 1로 낮추고 있다.

```
% curl -XPUT localhost:9200/get-together/_settings -d '{
  "index.merge": {
    "policy": {
      "segments_per_tier": 5,
      "max_merge_at_once": 5,
      "max_merged_segment": "1gb"
    },
    "scheduler.max_thread_count": 1
  }
}'
```

색인 최적화

리프레시나 플러시처럼, 머지 작업을 직접 실행시킬 수도 있다. 강제 머지 요청은 최적화optimize라고 부른다. 보통 이 작업은 검색을 빠르게 하기 위해 더 이상 변하지 않을 색인에 실행하여 세그먼트 개수를 적게 만들기 위해 사용하기 때문이다.

과도한 머지 작업의 경우와 유사하게, 최적화 작업은 I/O 집약적인 작업이고 또한 다수의 캐시를 무효화한다. 해당 색인에 색인, 문서 생성, 갱신, 삭제 작업 등을 계속하고 있다면, 새로운 세그먼트들이 지속적으로 생성될 것이고, 따라서 최적화의 장점을 얻을 수 없을 것이다. 또한, 지속적으로 변하는 색인의 세그먼트 수를 적게 유지하고 싶다면, 머지 정책을 튜닝해야 한다.

최적화는 정적 색인에 대해서도 효과적이다. 예를 들어, SNS 데이터를 일단위 색인으로 색인하고 있는 경우, 필요에 의해 문서를 삭제해야 되는 경우가 아니라면 어제 만들어진 색인은 변하지 않을 것이라고 확신할 수 있다. 그림 10.5에서 확인할 수 있듯이 이 색인을 최적화하여 세그먼트 개수를 적게 만드는 것은 성능에 도움이 된다. 세그먼트의 총 크기를 줄여주고 캐시들이 다시 로딩될 경우 검색을 빠르게 만들어 주기 때문이다.

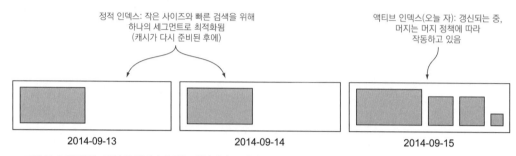

정적 인덱스: 작은 사이즈와 빠른 검색을 위해
하나의 세그먼트로 최적화됨
(캐시가 다시 준비된 후에)

액티브 인덱스(오늘 자): 갱신되는 중,
머지는 머지 정책에 따라
작동하고 있음

2014-09-13   2014-09-14   2014-09-15

▲ **그림 10.5** 최적화는 갱신이 일어나지 않는 색인에서 효과적이다

최적화를 하려면, 색인, 혹은 다수의 색인의 _optimize 종단점을 호출하면 된다. max_num_segments 설정은 샤드별로 몇 개의 세그먼트로 병합되기를 원하는지를 의미한다.

```
% curl localhost:9200/get-together/_optimize?max_num_segments=1
```

크기가 큰 색인의 경우 최적화 작업은 오랜 시간이 걸린다. wait_for_merge를 false로 설정하여 작업이 백그라운드에서 수행되도록 할 수 있다.

최적화(혹은 머지) 작업이 느려지는 한 가지 가능한 이유는 일래스틱서치가 기본적으로 머지 작업이 사용할 수 있는 I/O 처리량을 제한하고 있기 때문이다. 이는 저장 제한이라고 부르는데, 이어서 다른 데이터 저장 관련 옵션들과 함께 이를 살펴볼 것이다.

10.2.3 저장과 저장 제한

예전 버전 일래스틱서치에서는 큰 머지 작업이 클러스터를 느리게 만들어 색인이나 검색 요청을 처리하는 데 지나치게 오랜 시간이 걸리게 되거나 노드가 아예 응답하지 않는 상황이 되기도 하였다. 이는 머지 작업이 I/O 처리량에 부하를 주고, 이는 새로운 세그먼트 쓰기 작업을 느리게 만들기 때문이었다. 또한, CPU 로드 역시 I/O 대기로 인해 더 높아졌었다.

따라서 지금의 일래스틱서치는 저장 제한Store throttling을 통해 머지 작업이 사용할 수 있는 I/O 처리량을 제한하고 있다. 기본적으로 노드 레벨 설정인 `indices.store.throttle.max_bytes_per_sec`가 있는데, 기본값은 1.5버전의 경우 20mb이다.

이와 같은 제한은 안정성 관점에서 대부분의 유스케이스에서 좋다고 볼 수 있지만, 모든 상황에서 적절한 것은 아니다. 빠른 장비들을 가지고 있고 색인이 굉장히 많이 발생하고 있다면, 가용한 CPU와 I/O 자원이 충분함에도 불구하고 머지가 이를 따라잡지 못할 수도 있다. 이런 상황이라면 일래스틱서치는 외부로부터의 색인을 하나의 스레드에서만 처리하도록 하여 머지가 따라잡을 수 있도록 색인을 느리게 한다. 결국, 장비가 빠르다면, 색인은 저장 제한에 의해 제한되게 될 수 있다. SSD를 가진 노드의 경우, 일반적으로 제한 임계값을 100-200MB로 높여야 할 것이다.

저장 제한 임계값 변경하기

크기가 큰 디스크를 가지고 있고, 머지가 더 많은 I/O 처리량을 수행해야 한다면, 저장 제한 임계값을 높일 수 있다. 심지어 `indices.store.throttle.type`을 `none`으로 설정하여 임계값 전체를 없앨 수도 있다. 반대로, `indices.store.throttle.type`을 `all`로 설정하여 머지 작업뿐만 아니라 모든 일래스틱서치 디스크 작업에 저장 제한 임계를 설정할 수도 있다.

이 설정값들은 elasticsearch.yml을 통해 각 노드에서 수정할 수 있다. 또한 런타임에도 클러스터 설정 갱신 API를 통해 변경할 수 있다. 일반적으로 머지와 다른 디스크 활동이 얼마나 일어나는지를 모니터링하면서 이 값들을 튜닝해 나가게 될 것인데, 어떻게 이를 할 수 있는지는 11장에서 다뤄질 것이다.

> **팁** 루씬 5.0 기반인 일래스틱서치 2.0는 루씬의 auto-io-throttle 기능[1]을 사용하게 되는데, 이 기능은 색인이 진행되는 속도에 따라 머지를 자동으로 제한하는 것이다. 색인이 거의 발생하고 있지 않다면, 머지 제한이 더 심해져서 검색이 영향을 받지 않도록 하고, 색인이 많이 발생하고 있다면, 머지 제한을 낮추어 머지가 뒤쳐지는 일이 없도록 작동하게 된다.

---

1 더 상세하게 알고 시다면, 다음 루씬 이슈를 확인해보자. https://issues.apache.org/jira/browse/LUCENE-6119, and the Elasticsearch issue, https://github.com/elastic/elasticsearch/pull/9243

다음 명령은 저장 임계치를 500MB/초로 높여주지만, 이는 모든 작업에 적용된다. 이것 역시 전체 클러스터 재시작 시에도 반영되도록 영구적으로persistent 적용할수 있다. 참고로 일시적인transient 설정은 클러스터 재시작 시에는 반영되지 않는다.

```
% curl -XPUT localhost:9200/_cluster/settings -d '{
  "persistent": {
    "indices.store.throttle": {
      "type": "all",
      "max_bytes_per_sec": "500mb"
    }
  }
}'
```

> **팁** 색인 설정의 경우처럼, 다음의 명령으로 클러스터 설정을 조회하여 제대로 반영되었는지 확인할 수 있다.
> curl localhost:9200/_cluster/settings?pretty.

저장 설정하기

플러시, 머지, 저장 제한에 대해서 이야기할 때, "디스크", "I/O" 같은 단어를 사용했었는데, 이것은 그것들이 기본값이기 때문이다. 즉, 일래스틱서치는 색인을 데이터디렉토리 저장하는데, RPM/DEB 배포판으로 일래스틱서치를 설치했다면 기본값은/var/lib/elasticsearch/data이고 tar.gz나 ZIP 압축본을 직접 내려받아 설치했다면기본값은 data/ 디렉토리다. elasticsearch.yml의 path.data 속성을 통해 데이터디렉토리를 수정할 수 있다.

> **팁** 버전 1.5의 경우는 path.data에 복수의 디렉토리를 설정할 수도 있는데 이렇게 할 경우다른 파일들을 다른 디렉토리에 저장하여 스트라이핑 같은 효과를 얻을 수 있게 된다(만약 이 디렉토리들이 다른 디스크에 있다고 가정한다면). 이 효과를 얻고자 한다면, 일반적으로는 RAID 0을 사용하는 것이 성능이나 신뢰성 면에서 더 낫다. 이런 이유로, 각각의 샤드를 스트라이핑하기보다는같은 위치에 놓도록 설계되어 있다.[2]

---

2 이에 관해서는 일래스틱서치 버그 트래킹 시스템에서 더 자세히 알아볼 수 있다.
   https://github.com/elastic/elasticsearch/issues/ 9498

기본 저장 구현은 색인 파일을 파일 시스템에 저장하고, 대부분의 유스케이스에서 이는 적합하게 동작한다. 루씬 세그먼트 파일에 접근하기 위해, 기본 저장 구현 방식은 텀 사전과 같이 일반적으로 크기가 크거나 랜덤 액세스가 필요한 파일들에 대해서는 루씬의 MMapDirectory를 사용한다. 저장된 필드와 같은 다른 종류의 파일의 경우에는, 일래스틱서치는 루씬의 NIOFSDirectory를 사용한다.

MMapDirectory

MMapDirectory는 운영체제에게 필요한 파일들을 가상 메모리에 매핑시키도록 요청하고, 메모리에서 있는 파일에 직접 접근하는 방식으로 파일 시스템 캐시를 적극적으로 활용하고 있다. 일래스틱서치 관점에서는 모든 파일이 메모리에서 사용 가능한 것처럼 여기는 것이지만, 이것이 항상 가능한 것은 아니다. 만약 색인의 크기가 사용할 수 있는 물리 메모리에 비해 크다면, 운영체제는 캐시에서 사용되지 않는 파일들을 제거하고, 읽고자 하는 파일들을 위한 공간을 확보해준다. 만약 일래스틱서치가 이 캐싱되지 않은 파일들을 다시 사용해야 한다면, 다른 사용되지 않는 파일들이 캐시에서 빠지고 이 파일들이 메모리에 로딩되어야 한다. MMapDirectory가 사용하는 가상 메모리는 운영체제가 다수의 애플리케이션을 지원하기 위해 사용되지 않는 메모리를 디스크로 내리는 것인 시스템의 가상메모리(스왑)와 유사하게 동작한다.

NIOFSDirectory

메모리에 매핑된 파일 역시 오버헤드가 있는데, 애플리케이션이 운영체제에게 파일을 접근하기 이전에 이를 메모리에 매핑하라고 알려줘야 하기 때문이다. 이런 오버헤드를 줄이기 위해, 일래스틱서치는 특정 형태의 파일들의 경우 NIOFSDirectory를 사용한다. NIOFSDirectory는 파일을 직접적으로 접근하지만, 읽을 데이터를 JVM 힙의 버퍼에 복제한다. MMapDirectory는 크기가 크고 무작위로 접근되는 파일일 때 유리한 반면, NIOFSDirectory는 크기가 작고 연속적으로 접근할 파일의 경우 장점이 있다.

기본 저장 구현은 대부분의 경우 최적의 동작 방식이다. 하지만, 색인 설정의 index.store.type 값을 기본값 이외의 것으로 설정하여 다른 저장 구현을 사용할 수도 있다.

- mmapfs - 이는 MMapDirectory만을 사용한다. 만약 크기가 물리 메모리에 들어맞는 비교적 정적인 색인을 사용한다면 이것이 효과적일 수 있다.

- niofs - 이는 NIOFSDirectory만을 사용한다. 이는 32비트 시스템을 사용하여 가상 메모리 주소 공간의 크기가 4GB로 제한될 경우 유용한데, 이를 통해 큰 색인들에 대해 mmapfs나 기본 저장 구현을 사용하지 않도록 할 수 있기 때문이다.

저장 타입 설정은 색인 생성 시점에 설정되어야 한다. 예를 들어, 다음 명령은 메모리에 매핑되는 색인을 unit-test라는 이름으로 생성하고 있다.

```
% curl -XPUT localhost:9200/unit-test -d '{
  "index.store.type": "mmapfs"
}'
```

새로 생성되는 모든 색인에 같은 저장 타입을 적용하고 싶다면, elasticsearch.yaml에서 index.store.type을 mmapfs로 설정하면 된다. 11장에서 색인 템플릿을 소개하게 될 것인데, 이를 통해 이름이 특정 패턴을 따르는 색인에게 적용할 색인 설정을 정의할 수 있다. 템플릿은 런타임에 변경할 수 있기도 하기 때문에 새로운 색인을 자주 생성한다면 elasticsearch.yml을 통해 정적으로 저장 타입을 설정하는 것보다는 이 방법을 더 권장한다.

> **오픈 파일과 가상 메모리 임계치**
>
> 루씬 세그먼트는 디스크에 다수의 파일로 나누어져 저장된다. 검색이 수행되는 시점에 운영체제는 이것들 중 여러 개를 열 수 있어야 한다. 또한 기본 저장 형태인 mmapfs를 사용하고 있다면, 운영체제는 이 저장된 파일들 중 일부를 실제로 메모리에 존재하지는 않지만, 애플리케이션에는 그렇게 보이도록 메모리에 올려야 한다. 이때 운영체제 커널이 이 파일들을 캐시에 로딩하고 내리는 것을 처리한다. 리눅스의 경우 애플리케이션이 열 수 있는 최대 파일의 개수나 메모리 매핑에 대해서 설정할 수 있는 제한이 있다. 이 제한은 일반적으로 일래스틱서치가 필요한 것보다 보수적으로 설정되어 있기 때문에, 이 값들을 증가시킬 것을 권장한다. 만약 DEB나 RPM 을 이용해 일래스틱서치를 설치한다면, 이 설정들을 자동으로 증가시키기 때문에 별도로 고려하지 않아도 된다. 이 설정들은 /etc/default/elasticsearch 혹은 /etc/sysconfig/elastic-search에서 확인할 수 있다.

```
MAX_OPEN_FILES=65535
MAX_MAP_COUNT=262144
```

이를 직접 증가시키려면, 오픈 파일의 경우 ulimit -n 65535명령을 일래스틱서치를 실행한 사용자 계정에서 실행하고 가상 메모리의 경우 루트 사용자 계정에서 sysctl -w vm.max_map_count=262144를 실행하면 된다.

일반적으로는 기본 저장 타입이 가장 빠른데, 이는 운영체제가 파일을 캐싱하는 방법과 연관이 있다. 캐시가 잘 동작하도록 하려면, 충분한 메모리 공간을 확보하고 있어야 한다.

> **팁** 일래스틱서치 2.0부터는 저장된 필드(그리고 source)의 index.codec 설정을 best_compression으로 설정하여 더 압축된 형태로 저장할 수 있다.[3]
> 기본값의 경우 LZ4를 사용하여 저장된 필드들을 압축하지만, best_compression의 경우 deflate를 사용한다.[4] 더 높은 압축률은 _source를 필요로 하는 작업인 결괏값 조회나 하이라이팅을 느리게 만들 것이다. 하지만 집계 같은 다른 작업은 적어도 더 느리지는 않을 것인데, 왜냐하면 색인 전체가 작아지고 더 쉽게 캐싱될 수 있기 때문이다.

어떻게 머지와 옵티마이즈가 캐시를 무효화할 수 있는지를 알아보았다. 일래스틱서치의 캐시를 잘 관리하는 것에 대해 더 설명하고자 한다.

10.3 캐시 최적화

일래스틱서치의 장점 중 하나는 보통의 하드웨어를 가지고도 수십억 건의 문서에 대한 검색을 1초 이내에 수행할 수 있다는 점이다. 이것이 가능한 이유 중 하나는 일래스틱서치의 스마트한 캐싱이 있기 때문이다. 방대한 양을 데이터를 색인한 후에, 당신이 두 번째로 수행한 쿼리가 첫 번째 쿼리에 비해서 엄청나게 빠르게 수행되는 경험을 해봤을 수도 있다. 이것은 바로 캐시의 효과이다. 예를 들어, 필터와 쿼리를 혼

---

3 다음 일래스틱서치 이슈에서 더 많은 내용을 확인할 수 있다.
https://github.com/elastic/elasticsearch/pull/8863, https://issues.apache.org/jira/browse/LUCENE-5914

4 https://en.wikipedia.org/wiki/DEFLATE

합해서 사용하고 있다면, 필터 캐시는 당신의 검색을 빠르게 처리하는 데 있어 매우 중요한 역할을 한다.

여기서는 필터 캐시와 두 가지 다른 종류의 캐시에 대해 살펴볼 것이다. 하나는 샤드 쿼리 캐시로, 이것은 정적인 색인에 집계명령을 수행할 때 유용하다. 전체 결과를 캐싱하기 때문이다. 다른 하나는 운영체제 캐시로, 색인을 메모리에 캐싱함으로써 I/O 처리량을 높여준다.

마지막으로 리프레시 시점에 색인 위머를 포함한 쿼리를 실행하여 이 캐시들을 준비시키는 방법에 대해 살펴보자. 먼저 일래스틱서치 캐시의 대표적인 형태인 필터 캐시와 이를 가장 잘 활용하기 위해 어떻게 검색을 실행해야 할지를 알아보도록 하자.

10.3.1 필터와 필터 캐시

4장에서는 많은 종류의 쿼리는 상응하는 필터가 있다는 것을 살펴보았다. get-together 웹사이트에서 지난 달에 발생한 이벤트를 조회하고 싶다고 생각해보자. 이를 위해서, 범위 검색을 사용할 수도 있고 혹은 상응하는 범위 필터를 사용할 수도 있다.

4장에서 둘 중에서 필터는 캐싱되기 때문에 이를 사용할 것을 권장한다고 이야기했었다. 범위 필터는 기본적으로 캐싱된다. 하지만 _cache 플래그를 통해 필터를 캐싱 할지 여부를 조정할 수도 있다.

> **팁** 일래스틱서치 2.0은 기본 동작으로 자주 사용되는 필터와 큰 세그먼트(한 번 이상 머지가 수행된)에 대해 수행되는 필터만을 캐싱한다. 이는 지나치게 적극적인 캐싱을 방지하면서 동시에 자주 사용되는 필터를 기억하고 최적화한다. 구현에 과련된 상세 내용은 일래스틱서치[5]와 루씬[6]의 필터 캐싱 관련된 이슈에서 확인할 수 있다. 이 플래그는 모든 필터에 적용된다. 예를 들어, 다음의 예제는 "elasticsearch" 태그를 가진 이벤트에 대한 필터를 수행하지만 결과가 캐싱되지는 않는다.

```
% curl localhost:9200/get-together/group/_search?pretty -d '{
  "query": {
    "filtered": {
```

---

5 https://github.com/elastic/elasticsearch/pull/8573

6 https://issues.apache.org/jira/browse/LUCENE-6077

```
      "filter": {
        "term": {
          "tags.verbatim": "elasticsearch",
          "_cache": false
        }
      }
    }
  }
}'
```

> **노트**   비록 모든 필터가 cache 플래그를 가지고 있지만, 모든 케이스에 적용되는 것은 아니다. 범위 필터의 경우, 경곗값 중 하나에 "now"를 사용할 경우 플래그는 무시된다. has_child와 has_parent 필터의 경우 _cache 플래그는 전혀 적용되지 않는다.

필터 캐시

캐시될 필터의 결과는 필터 캐시에 저장된다. 이 캐시는 노드 레벨에서 할당되는데, 이는 앞서 살펴본 색인 버퍼 크기의 경우와 유사하다. 기본적으로는 10%인데, 이 값은 elasticsearch.yml에서 필요에 따라 변경할 수 있다. 필터를 자주 사용하고 캐싱한다면, 크기를 증가시켜야 할 수도 있다. 예를 들면 다음과 같다.

```
indices.cache.filter.size: 30%
```

필터 캐시를 더 많이(혹은 더 적게) 필요로 할지는 어떻게 파악할 수 있을까? 이를 위해서는 실제 사용량을 모니터링하여야 한다. 11장의 관리 기법에서 알게 되겠지만, 일래스틱서치는 다양한 메트릭을 제공하고 있고, 이 중에는 실제로 사용 중인 필터 캐시의 크기나 캐시 축출^{eviction}의 횟수 등도 포함되어 있다. 캐시 축출은 캐시가 가득 차서 공간을 확보하기 위해 일래스틱서치가 LRU 정책에 의거 사용된 지 가장 오래된 캐시 항목을 제거할 때 발생한다.

몇몇 유스케이스에서는 필터 캐시가 짧은 수명을 가질 수 있다. 예를 들어, 사용자가 get-together 이벤트를 특정 주제에 대해 필터하여 검색하고, 원하는 것을 찾을 때까지 검색을 수행하다가 웹사이트를 떠났다고 해보자. 다른 사용자는 이 주제에 대해 검색을 하지 않는다면, 이 캐시 항목은 아무 역할도 하지 않고 그저 머무르다가 축출될 것이다. 가득 차 있고 축출이 빈번하게 발생하는 캐시는 시스템 성능에 부정적인 영향을 미치는데, 왜냐하면 매번 검색할 때마다 기존의 캐시를 축출하고 새로운 캐시를 집어넣기 위해 CPU 자원을 소모해야 하기 때문이다.

이러한 유스케이스에서는 축출하고 검색이 수행되는 시점에 동시에 수행되지 않도록 하기 위해서, TTL$^{time\ to\ live}$을 캐시에 설정하는 것이 유효할 수 있다. 이는 색인별로 적용할 수 있는데, index.cache.filter.expire를 조절하면 된다. 예를 들어 다음의 경우 필터 캐시는 30분 후에 만료될 것이다.

```
% curl -XPUT localhost:9200/get-together/_settings -d '{
  "index.cache.filter.expire": "30m"
}'
```

필터 캐시를 위한 충분한 공간을 확보하는 것 이외에도, 이 캐시를 상황에 따라 적절하게 사용할 필요가 있다.

필터 결합하기

때로는 필터를 결합해서 사용해야 할 경우가 있다. 예를 들어 특정한 시간 범위 내의 이벤트를 검색해야 하는데, 그와 동시에 특정 숫자의 인원이 참석한 것만을 검색하고자 할 경우가 있을 것이다. 최적의 성능을 얻기 위해, 필터를 결합해서 사용할 때 이 필터들을 적절히 캐싱되도록 하고, 필터들이 적절한 순서로 적용되도록 해야 할 것이다.

어떻게 최선으로 필터를 조합할 것인지를 이해하기 위해서 4장의 내용인 비트셋을 다시 상기시켜볼 필요가 있다. 비트셋은 비트들의 작은 배열로 일래스틱서치는 어떤 문서가 필터에 매치되는지 여부를 캐싱하기 위해서 이를 사용한다. 대부분의 필터(예를 들어 범위나 팀 필터)는 캐싱을 위해 비트셋을 사용한다. 다른 필터(예를 들어 스크립트 필터)의 경우 비트셋을 사용하지 않는 경우도 있는데, 일래스틱서치는 필터 존재 여부와 무관하게 모든 문서를 순회해봐야 하기 때문이다. 표 10.1을 통해 중요한 필터 중 어떤 것이 비트셋을 사용하는지를 확인할 수 있다.

▼ 표 10.1 어떤 필터가 비트셋을 사용하는가

필터 종류	비트셋 사용 여부
term	그렇다.
terms	그렇다. 하지만 다르게 설정할 수 있는데, 후에 더 설명할 것이다.
exists/missing	그렇다.
prefix	그렇다.
regexp	아니다.
nested/has_parent/has_child	아니다.
script	아니다.
geo filters (see appendix A)	아니다.

비트셋을 사용하지 않는 필터의 경우, _cache를 true로 설정하여 바로 그 필터의 결괏값을 캐싱하도록 할 수 있다. 비트셋은 다음과 같은 특성으로 인해 단순히 결과를 캐싱하는 것과는 차이가 있다.

- 비트셋은 크기가 작고 쉽게 만들 수 있다. 따라서 필터가 처음 수행될 때 캐시를 생성하는 오버헤드가 매우 작다.
- 비트셋은 각 필터별로 저장된다. 예를 들어, 서로 다른 두 쿼리 혹은 두 bool 필터에서 같은 텀 필터를 사용할 경우, 그 텀에 대한 비트셋은 재사용될 수 있다.
- 비트셋은 다른 비트셋과 쉽게 결합해서 사용할 수 있다. 비트셋을 사용하는 두 쿼리를 사용할 경우, 쉽게 일래스틱서치에게 AND 혹은 OR 비트연산을 수행하도록 하여 어떤 문서가 결합된 조건에 매칭되는지를 알아낼 수 있다.

비트셋의 장점을 활용하기 위해서는 비트셋을 활용하는 필터를 이 AND 혹은 OR 비트연산을 수행할 bool 필터 내에서 결합하여야 한다. 그리고 이는 CPU 관점에서도 단순한 연산이다. 예를 들어, Lee가 구성원이거나 elasticsearch 태그를 포함하는 그룹만을 조회하고 싶다면, 다음과 같이 할 수 있다.

472

```
"filter": {
  "bool": {
    "should": [
      {
        "term": {
          "tags.verbatim": "elasticsearch"
        }
      },
      {
        "term": {
          "members": "lee"
        }
      }
    ]
  }
}
```

　　필터를 결합하는 다른 방법은 and/or/not 필터를 사용하는 것이다. 이 필터들은 조금 다르게 동작하는데, bool 필터와는 다르게 이들은 AND 혹은 OR 비트연산을 사용하지 않기 때문이다. 이들은 처음의 필터를 수행하고, 매치되는 문서들을 다음 것으로 넘겨주는 방식으로 동작한다. 따라서, and/or/not 필터는 비트셋을 사용하지 않는 필터를 결합할 때 유용하다. 예를 들어, 최소 3명의 구성원이 있고 이벤트가 2013년 7월에 주최된 적이 있는 그룹을 조회하고 싶다면, 필터는 다음과 같을 것이다.

```
"filter": {
  "and": [
    {
      "has_child": {
        "type": "event",
        "filter": {
          "range": {
            "date": {
```

```
          "from": "2013-07-01T00:00",
          "to": "2013-08-01T00:00"
        }
      }
    }
  }
},
{
  "script": {
    "script": "doc['members'].values.length > minMembers",
    "params": {
      "minMembers": 2
    }
  }
}
]
}
```

만약 비트셋을 사용하는 필터와 그렇지 않은 필터를 함께 사용하는 경우, bool 필터에서 비트셋을 사용하는 것들을 결합하고, 이 bool 필터를 다른 비트셋을 사용하지 않는 필터들과 함께 and/or/not 필터에 포함시킬 수 있다. 예를 들어, 다음 목록은 적어도 2명의 멤버가 있고 Lee가 구성원이거나 그룹이 일래스틱서치에 관한 그룹을 조회하고 있다.

예제 10.6 비트셋 필터를 불 필터로 결합하여 and/or/not 필터 안에서 사용하기

```
curl localhost:9200/get-together/group/_search?pretty -d'{
  "query": {            filtered 쿼리란 입력된 쿼리를 필터에
    "filtered": {       매치되는 문서에 대해서만 수행하는 것
      "filter": {       을 의미한다.
        "and": [ ◀
          {            AND 필터는 bool 필터를 먼
            "bool": {   저 실행시킨다.
              "should": [   bool 필터는 캐시되어 있을 때 빠른데,
                            이는 두 텀 필터의 비트셋을 사용하기
                            때문이다.
```

```
              {
                "term": {
                  "tags.verbatim": "elasticsearch"
                }
              },
              {
                "term": {
                  "members": "lee"
                }
              }
            ]
          }
        },
        {
          "script": {
            "script": "doc[\"members\"].values.length > minMembers",
            "params": {
              "minMembers": 2
            }
          }
        }
      ]
    }
  }
}'
```

스크립트 필터는 bool 필터에 매치되는 문서들에 대해서만 수행된다.

필터를 bool, and, or, not 중 어느 필터에서 결합하든지 간에, 필터가 수행되는 순서는 매우 중요하다. 텀 필터와 같이 비용이 작은 필터가 스크립트 필터처럼 비용이 큰 필터보다 앞에 위치해야 한다. 이는 비용이 큰 필터를 이전의 필터에 매치된 더 작은 문서의 집합에 대해 수행되도록 한다.

필드 데이터에 필터를 수행하기

지금까지 비트셋과 캐시된 결과가 어떻게 필터를 빠르게 만들어 주는지 알아보았다. 몇몇 필터는 비트셋을 사용하고, 몇몇은 전체 결과를 캐싱한다. 몇몇 필터는 필드 데이터 기반으로 동작하기도 한다. 앞서 6장에서 필드 데이터는 문서가 어떤 텀들에 사상되는지를 저장하고 있는 메모리 내의 자료구조라는 점을 살펴보았다. 이 대응관계는 텀이 어떤 문서에 사상되는지에 관한 것인 역 색인의 정반대의 것이라고 할 수 있다. 필드 데이터는 일반적으로 정렬이나 집계 과정에서 사용되기는 하지만, 텀 필터나 범위 필터 같은 몇몇 필터에서 사용하기도 한다.

> **노트** 메모리를 사용하는 필드 데이터에 대한 대안책은 닥밸류(doc value)가 있다. 닥밸류는 색인 타임에 연산되어 색인과 함께 디스크에 저장된다. 6장에서 언급하였듯 닥밸류는 수치 혹은 분석하지 않는 문자열 필드에서 동작한다. 일래스틱서치 2.0의 경우 이런 필드들에 대해 닥밸류를 기본으로 사용하게 될 것인데, 왜냐하면 필드 데이터를 JVM 힙에 들고 있는 것으로 얻을 수 있는 성능 이득에 비해서 비용이 크다고 보고 있기 때문이다.

텀 필터는 굉장히 많은 텀들을 갖고 있을 수 있고, 넓은 범위의 범위 필터는 (내부적으로) 굉장히 많은 수치에 매치될수 있다(그리고 수치 또한 하나의 텀이다). 이런 필터들을 보통의 방법으로 수행하면 각각의 텀을 하나하나 매칭하여 고유한 문서들의 집합을 반환하는데, 그림 10.6은 이것을 설명하고 있다.

필터: [apples, bananas]

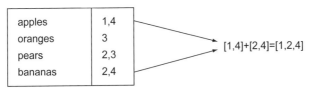

▲ **그림 10.6** 기본적으로, 텀즈 필터는 어떤 문서가 어떤 텀에 매치되는지에 관한 목록을 가지고 있다

예상할 수 있듯이, 많은 텀에 대해 필터를 사용하는 것은 비용이 큰데, 겹치는 목록이 많이 발생하 것이기 때문이다. 텀들의 숫자가 많다면, 그림 10.7에서처럼 하나씩 필드 값들을 확인하여 텀이 매치되는지를 확인하는 것이 색인 전체를 살펴보는 것보다 빠르다.

476

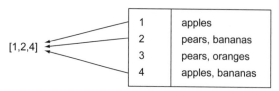

필터: [apples, bananas]

1	apples
2	pears, bananas
3	pears, oranges
4	apples, bananas

[1,2,4]

▲ **그림 10.7** 필드 데이터를 실행하는 것은 문서 전체를 조회하는 것을 의미하지만, 목록이 반드시 겹치지는 않는다

이 필드 값들은 텀즈나 범위 필터에서 execution을 filddata로 설정함으로써 필드 데이터 캐시 내에 로딩된다. 예를 들어, 다음의 범위 필터는 2013년에 발생한 이벤트를 조회하는데, 이는 필드 데이터 위에서 수행된다.

```
"filter": {
  "range": {
    "date": {
      "gte": "2013-01-01T00:00",
      "lt": "2014-01-01T00:00"
    },
    "execution": "filddata"
  }
}
```

필드 데이터를 이용하는 것은 필드 데이터가 기존의 정렬이나 집계 과정에서 사용되었을 경우 특히 유용하다. 예를 들어 tags 필드에 대해 텀 집계를 실행하였다면, 이후의 태그에 대한 텀 필터는 필드 데이터가 이미 로딩되어 있기 때문에 매우 빠르게 동작하게 된다.

텀즈 필터의 다른 실행 모드: bool, and, or

텀즈 필터는 다른 실행 모드를 가지고 있다. 기본 실행 모드(plain이라고 한다)가 전체 결과를 캐싱하기 위한 비트셋을 구성한다면, 이 값을 bool로 하여 각 텀에 대한 비트셋을 구성하도록 할 수 있다. 이는 여러 텀들을 공통적으로 갖는 서로 다른 텀즈 필터를 사용할 때 유용하다.

또한 and/or 실행 모드도 유사하게 동작한다. 개별 텀 필터가 bool 필터가 아닌 and/or 로 감싸진다는 점을 제외하면 말이다.

일반적으로, and/or 방식은 bool 방식에 비해서 느린데, 이는 비트셋의 장점을 활용하지 않기 때문이다. and/or은 첫 번째 텀 필터가 적은 수의 문서에만 매치될 경우 이어지는 필터들을 빠르게 실행시킬 수 있기 때문에 빠르게 동작한다.

요약하자면, 필터를 실행하는 방법에는 세 가지가 있다.

- 필터 캐시에 캐싱하기, 이는 필터가 재사용될 경우가 매우 좋다.
- 재사용되지 않는다면 캐싱하지 않기
- 텀즈와 범위 필터를 필드 데이터 위에서 수행하는 그를 위한 필드 데이터가 이미 로딩되어 있고 많은 텀을 사용할 경우 좋다.

이어서 정적인 데이터에 대한 검색 요청 전체를 재사용하는 경우에 활용하면 좋은 샤드 쿼리 캐시를 살펴볼 것이다.

10.3.2 샤드 쿼리 캐시

필터 캐시는 검색의 일부분인 캐싱을 위해 고안된 필터를 빠르게 수행하기 위해 의도적으로 만들어진 것이다. 이것은 또한 세그먼트별로 동작한다. 즉, 머지 작업에 의해 세그먼트가 제거되더라도, 다른 세그먼트의 캐시에는 영향이 없다. 이와는 대조적으로, 샤드 쿼리 캐시는 그림 10.8에서처럼 샤드 레벨에서 요청 전체와 이에 대한 결과를 갖고 있다. 만약 샤드가 같은 요청에 대해 이미 응답을 했었다면, 캐시로부터 이 요청을 처리할 수 있는 것이다. 버전 1.4의 경우 샤드 레벨에 캐싱되는 결과는 매치된 문서들의 개수, 집계, 검색어 추천 결과만으로 제한되어 있었다. 이로 인해 샤드 쿼리 캐시는 search_type이 count인 경우에만 효과적이다(적어도 1.5 버전에서는).

478

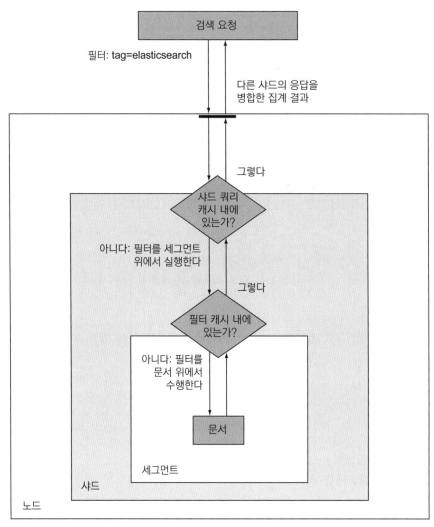

검색 요청

필터: tag=elasticsearch

다른 샤드의 응답을
병합한 집계 결과

그렇다

샤드 쿼리
캐시 내에
있는가?

아니다: 필터를 세그먼트
위에서 실행한다

그렇다

필터 캐시 내에
있는가?

아니다: 필터를
문서 위에서
수행한다

문서

세그먼트

샤드

노드

▲ **그림 10.8** 샤드 쿼리 캐시는 필터 캐시보다 더 고수준에서 동작한다

노트 URI 파라미터 중 search_type을 count로 하는 것은 일래스틱서치의 검색 결과에는 관심이 없고 그 숫자에만 관심이 있다는 의미이다. 이 절의 뒷부분에서는 count와 다른 검색 타입에 대해서도 살펴볼 것이다. 일래스틱서치 2.0에서는 size를 0으로 설정하여 이 동작을 수행할 수 있고, search_type=count의 형태는 더이상 지원하지 않게 될 것이다.[7]

---

7   https://github.com/elastic/elasticsearch/pull/9296

샤드 쿼리 캐시의 각 항목은 서로 다르다. 따라서 각각의 항목은 좁은 범위의 요청에만 적용된다. 다른 텀에 대해서 검색하거나 아주 조금 다른 집계를 수행할 경우, 캐시 미스가 발생할 것이다. 또한, 리프레시가 발생하여 샤드의 내용이 변경되었다면, 모든 샤드 캐시 쿼리는 무효화된다. 그렇지 않다면 새로 매치되는 문서들이 색인에 추가되었을 수 있으므로 캐시로부터 잘못된 응답을 받을 수 있기 때문이다.

이와 같은 좁은 캐시 항목 적용 범위로 인해 샤드 쿼리 캐시는 샤드가 잘 변하지 않고 많은 같은 요청을 반복적으로 수행할 경우에만 가치가 있다. 예를 들어, 시계열 색인에 로그를 색인하고 있고, 잘 변하지 않는 오래된 색인이 지워지기 전까지 자주 다수의 반복적인 집계를 수행하고 있을 수 있다. 이런 오래된 색인들이 샤드 쿼리 캐시를 사용하기에 이상적인 예라고 할 수 있다.

샤드 쿼리 캐시를 색인 레벨에서 활성화하기 위해서는 색인 설정 갱신 API를 다음과 같이 수행할 수 있다.

```
% curl -XPUT localhost:9200/get-together/_settings -d '{
  "index.cache.query.enable": true
}'
```

팁 다른 색인 설정과 마찬가지로, 샤드 쿼리 캐시는 색인 생성 시에 활성화할 수 있다. 하지만 이는 새 색인에 쿼리를 많이 수행할 것이고 갱신은 자주 하지 않을 경우에만 효과적일 것이다.

각 쿼리에 대해 색인 레벨 설정을 오버라이드하여 샤드 쿼리 캐시를 활성화하거나 비활성화할 수 있는데, 이는 query_cache 파라미터를 추가하여 적용할 수 있다. 예를 들어, get-together 색인에 빈번하게 수행되는 top_tags 집계를 캐싱하기 위해서, 기본적으로는 비활성화되어 있음에도 불구하고 다음처럼 명령을 실행할 수 있다.

```
% URL="localhost:9200/get-together/group/_search"?
% curl "$URL?search_type=count&query_cache&pretty" -d '{
  "aggs": {
    "top_tags": {
```

```
    "terms": {
      "field": "tags.verbatim"
}
    }
  }
}'
```

필터 캐시와 마찬가지로, 샤드 쿼리 캐시는 크기 설정 파라미터를 가지고 있다. 이 임계값은 노드의 elasticsearch.yml에서 indices.cache.query.size를 조절하여 변경할 수 있다. 기본 값은 JVM 힙의 1%다.

JVM 크기 자체를 조정할 때는 필터와 샤드 쿼리 캐시 모두가 적절한 공간을 확보할 수 있도록 하여야 한다. 만약 메모리(특히 JVM 힙)가 제한적이라면, 메모리 부족 에러를 방지하기 위해 캐시의 크기를 낮게 설정하여 색인이나 검색 요청을 처리하기 위해 필요한 메모리 공간을 충분히 확보할 수 있도록 해야 한다.

또한, JVM 힙 이외에도 충분한 여분의 메모리를 가지고 있어야 하는데, 운영체제가 디스크에 저장된 색인을 캐싱하기 위해 사용하기 때문이다. 그렇지 않았더라면 지나치게 많은 디스크 탐색이 발생할 것이다.

다음으로는 JVM 힙과 운영체제 캐시간에 균형을 맞추는 방법과 그것이 왜 중요한지에 대해서 살펴보고자 한다.

10.3.3 JVM 힙과 운영체제 캐시

일래스틱서치가 어떤 요청을 처리할 충분한 힙을 가지고 있지 않다면, 메모리 부족 오류를 발생시키고, 이는 노드 장애로 이어져 클러스터로부터 떨어져 나가게 될 것이다. 이 경우, 다른 노드에도 부담이 증가하게 되는데, 설정한 상태로 되돌리기 위해 샤드를 복제하고 이동시키기 때문이다. 일반적으로 노드들은 동등한 스펙을 갖고 있기 때문에, 이와 같은 과도한 부하는 다른 노드에 메모리 부족 에러를 발생시키게 될 것이다. 이런 도미노 효과는 클러스터 전체의 장애 현상으로 이어질 수도 있을 것이다.

로그에서 OOM에 관련된 것이 없을지라도 JVM 힙에 여유가 없다면, 노드는 응답이 없는 상태가 될 수도 있다. 메모리 부족 현상을 해결하고 메모리 공간을 확보하기 위해 가비지 컬렉션이 더 자주 그리고 더 오래 동작하기 때문이다. GC가 CPU 자원을 더 많이 소모하게 되면, 사용자의 요청을 처리하거나 마스터로부터의 핑에 응답할 컴퓨팅 자원이 부족하게 되고, 이는 클러스터로부터 노드가 떨어져 나가는 결과로 이어지게 된다.

GC가 너무 자주 발생하는가? 그렇다면 GC 튜닝 팁들을 웹상에서 검색해보자

GC가 CPU 자원을 과다하게 소모하고 있으면, 엔지니어는 모든 원인을 해결해줄 JVM 설정을 찾아내고 싶을 것이다. 대다수의 경우 이는 해결책을 찾아내기 위한 적절한 과정이 아닌데, 과도한 GC는 일래스틱서치가 가진 것보다 더 많은 힙을 필요로 하기 때문에 나타나는 하나의 증상일 뿐이기 때문이다. 비록 힙 크기를 증가시키는 것이 쉬운 해결책일 수는 있으나, 이것이 언제나 가능한 것은 아니다. 더 많은 데이터 노드를 추가하는 것 역시 마찬가지다. 이보다는, 힙 사용률을 감소시킬 몇 가지 방법에 대해서 알아보자.

- 10.2절에서 살펴본 것처럼 색인 버퍼의 크기를 줄이는 것?
- 필터 캐시와 샤드 쿼리 캐시의 크기를 줄이는 것?
- 검색과 집계의 size 파라미터값을 줄이는 것(집계의 경우 shard_size도 신경 써야 한다)
- 만약 size 값을 크게 사용해야 한다면 데이터 노드도 아니고 마스터 노드도 아닌 노드를 클라이언트처럼 사용할 수 있다. 이 노드들은 검색과 집계의 샤드별 결과를 종합하여 집계하는 역할을 하게 된다.

마지막으로 일래스틱 서치는 자바가 가비지 컬렉션을 수행하는 방식을 회피하기 위해 또다른 형태의 캐시를 사용한다. 새로운 객체들이 할당되는 영 영역(young generation)이라는 공간이 있는데, 이 객체들은 오랜 기간 참조되었거나 새로운 객체들이 많이 할당되어 젊은 세대 공간이 가득 찼을 경우 올드 영역(old generation)으로 승격된다. 특히 방대한 문서를 찾아보고 다음 집계에서 사용될지도 모르는 객체를 아주 많이 생성하는 집계의 경우 특히 이러한 마지막 문제점이 나타날 수 있다. 일반적으로는 어쩌다 보니 영 영역이 가득 찰 때 거기에 있었던 랜덤하고 임시적인 객체보다는 이러한 잠재적으로 재사용 가능성이 있는 객체를 올드 영역에 두고 싶을 것이다. 이를 위해서 일래스틱서치는 PageCacheRecycler[7]을 구현하여 집계에서 사용하는 큰 배열을 가비지 컬렉션 대상이 되지 않도록 하고 있다. 이 페이지 캐시는 기본적으로 전체 힙의 10%를 차지하는데, 경우에 따라 이 값이 너무 큰 것일 수도 있다(예를 들어, 30GB의 힙을 사용하고 있다면, 캐시의 크기는 3GB일 것이다). 이 캐시의 크기는 elasticsearch.yaml의 cache.recycler.page.limit.heap을 통해 조절할 수 있다.

---

8 https://github.com/elastic/elasticsearch/issues/4557

아직도 JVM 설정을 튜닝해야 할 경우는 더 있을 수 있는데(비록 기본 설정이 매우 좋기는 하지만), 예를 들어 메모리는 충분하지만 긴 GC가 발생하면 클러스터에 문제가 생기는 경우를 생각해 볼 수 있다. GC가 더 자주 수행되지만 스탑 더 월드 현상은 덜 자주 발생하게 하는 선택 등을 생각해볼 수 있는데, 이를 통해 효과적으로 전반적인 처리량에서 조금 손해를 볼지라도 응답 지연 시간의 관점에서 이득을 취할 수 있다.

- 전체 힙 대비 서바이버 영역을 늘리거나(-XX:SurvivorRatio를 낮춰서) 혹은 영 영역을 늘릴 것 (-XX:NewRatio를 낮춰서). 각 영역들을 모니터링하여 이런 작업이 필요한지 확인할 수 있다.[8] 더 많은 공간을 확보했을 수록 영 GC가 수명이 짧은 객체를 정리하여 GC가 발생하면 더 긴 Stop the world 시간이 발생하게 되는 올드 영역으로 승격시키기까지의 시간을 더 확보할 수 있다 하지만 이 영역을 너무 크게 만들면 GC 부담이 커지고 더 비효율적이 되는데, 수명이 긴 객체들이 두 서바이버 영역 사이에서 지속해서 복제되기 때문이다.
- G1 GC (-XX:+UseG1GC)를 사용할 것. 이는 각 영역에 대한 공간을 동적으로 할당하며, 큰 메모리를 사용하고 낮은 레이턴시 환경의 유스케이스에 가장 적합하다. 일래스틱서치 1.5버전에서는 기본으로 사용되지는 않는데, 이는 32비트 장비에서 발생하는 버그들이 발견되고 있기 때문이다.[9] 그러므로 G1을 프로덕션 환경에서 사용하기 전에 반드시 전체적으로 검증하도록 하자.

힙의 크기가 지나치게 클 수도 있는가?

지나치게 작은 크기의 힙이 좋지 않다는 것은 자명할 것이나, 지나치게 큰 힙 역시 좋지 않다. 32GB보다 큰 힙은 압축되지 않은 포인터를 사용하도록 만들어 메모리를 낭비하게 된다. 얼마나 많이 메모리가 낭비될까? 이는 유스케이스에 따라 다르다. 적게는 주로 집계(이는 적은 수의 포인터를 갖고 있는 큰 배열을 사용한다)를 사용한다면 32GB 중 1GB가 낭비될 것이고, 많게는 필터(이는 많은 수의 포인터를 갖고 있는 다수의 작은 항목들을 갖고 있다)를 많이 사용한다면 10GB 가량이 낭비될 수도 있다. 정말로 32GB 이상의 힙이 필요하다면, 때로는 한 장비에서 둘 이상의 노드를 각각 32GB보다 작은 힙으로 구동하고 데이터를 샤딩하여 분할하는 것이 나을 수 있다.

---

9 Sematext의 SPM을 이용해 이를 할 수 있다. 부록 D에 관련된 설명이 있다.

10 https://wiki.apache.org/lucene-java/JavaBugs

노트 만약 같은 물리 장비에 다수의 일래스틱서치 노드를 구동하고 있다면, 같은 장비 내의 서로 다른 일래스틱서치 노드로 한 샤드에 대한 같은 레플리카 샤드들이 할당되지 않도록 조치를 취할 필요가 있다. 그렇지 않을 경우 장비 한 대에 장애가 발생하면, 특정 샤드의 카피를 두 개나 잃게 될 수 있다. 이를 방지하기 위해서는 11장에 설명되어 있는 샤드 할당을 사용하면 된다.

32GB를 넘지 않는 과도하게 큰 힙 역시 이상적이라고 볼 수 없다(실제로는, 정확히 32GB에서는 이미 압축된 포인터를 사용하지 않는다. 따라서 최대 31GB를 사용해야 한다고 생각하는 것이 적절하다). JVM에게 점유되지 않은 서버의 램은 보통 운영체제 캐시가 디스크에 저장된 색인들을 캐싱하기 위해 사용된다. 이는 특히 자기 디스크나 네트워크 저장소를 사용하는 경우 중요한데, 쿼리 수행 시점에 디스크로부터 데이터를 가져오는 것은 쿼리에 대한 응답을 지연시키게 될 것이기 때문이다. 빠른 SSD를 사용하는 경우에도, 저장해야 할 데이터의 양이 운영체제 캐시 크기에 적합할 때 최적의 성능을 얻을 수 있다.

지금까지 힙의 크기가 너무 작을 경우 메모리 부족 이슈가 있을 수 있기 때문에 좋지 않다는 것을 알아보았고, 또한 지나치게 큰 힙도 운영체제 캐시를 비효율적으로 만들기 때문에 좋지 않다는 것을 알아보았다. 그렇다면 좋은 힙 크기는 도대체 무엇일까?

이상적인 힙 크기: 절반 규칙을 따르라

각각의 유스케이스에 따른 실제 힙 사용량을 고려하지 않고 이야기하자면, 기본 원칙은 32GB를 초과하지 않는 선에서 노드의 램 용량의 절반을 할당하는 것이다. 이 절반 규칙half rule은 대게 힙 크기와 OS 캐시 간에 적절한 균형을 이루도록 해준다.

실제 힙 사용량을 모니터링할 수 있다면(11장에서 어떻게 할 수 있는지 알아볼 것이다), 좋은 힙 크기란 일반적인 사용량과 예상되는 급증에 대비하기에 적절한 크기다. 메모리 사용량이 급증하는 경우가 있을 수 있는데, 예를 들어 어떤 사용자가 텀즈 집계를 사이즈 0 설정으로 굉장히 많은 고유한 텀을 가진 분석 필드에 대해서 수행하는 경우를 생각해볼 수 있다. 이는 일래스틱서치에게 모든 텀들을 메모리에 로딩하여 계산하도록 만들 것이다. 어느 정도 메모리 급증이 발생할지 예상하기 어렵다면, 가장 좋은 규칙은 이 역시 절반 규칙이라고 할 수 있다. 즉, 평소의 사용량보다 50% 큰 값으로 힙 크기를 설정하는 것이다.

운영체제 캐시의 경우, 대체로 서버 자체의 RAM을 사용하게 된다. 하지만, 운영체제 캐싱을 효과적으로 활용하도록 색인을 설계할 수 있다. 예를 들어, 애플리케이션 로그를 색인하는 경우, 대부분의 색인이나 검색이 최근 데이터에 관한 것이 될거라고 예상할 수 있다. 시계열 색인을 사용함으로써, 최근의 색인이 오래된 데이터보다 운영체제 캐시에 포함될 확률을 높여서 대부분의 작업을 빠르게 만들 수 있다. 오래된 데이터에 대한 검색은 자주 디스크를 탐색하게 되지만 사용자는 이와 같은 긴 시간 범위에 대한 검색의 경우 느린 처리 시간을 예상하고 조금 더 인내심을 가질 것이라고 기대할 수 있다. 일반적으로 더 "핫한" 데이터를 시계열 색인, 사용자 기반 색인, 혹은 라우팅 등을 사용하여 같은 색인이나 샤드에 보관함으로써 운영체제 캐시를 더 효율적으로 사용할 수 있다.

지금까지 논의한 모든 캐시(필터 캐시, 샤드 쿼리 캐시, 운영체제 캐시)는 보통 쿼리가 처음 수행될 때 만들어진다. 캐시를 로딩하는 작업이 첫 번째 쿼리를 느리게 수행되도록 하고, 데이터의 양이나 쿼리의 복잡도에 따라 느려지는 정도가 커질 수도 있다. 이 느려지는 현상이 문제가 된다면, 다음에서 살펴볼 색인 워머를 사용하여 캐시를 미리 준비시켜 놓는 것을 생각해볼 수 있다.

10.3.4 워머로 캐시를 준비시키기

워머는 어떤 종류의 검색에 대해서든 정의할 수 있다. 이는 검색, 필터, 정렬 기준, 집계 등을 포함할 수 있다. 한 번 정의되면, 워머는 리프레시 작업이 수행될 때마다 일래스틱서치가 쿼리를 수행하도록 해준다. 이는 리프레시를 느리게 하긴 하지만, 사용자는 언제나 준비된 캐시를 사용할 수 있다.

워머는 최초의 쿼리가 느리게 수행될 것이기 때문에 사용자가 이를 기다리기보다는 리프레시 작업을 통해 미리 수행해 놓기를 원하는 경우에 유용하다. get-together 웹사이트 예제에서 만약 이벤트가 수백만 건 있고 안정적인 검색 성능이 중요하다면, 워머가 유용할 수 있다. 리프레시 작업이 느린 것이 크게 문제가 되지는 않을 것이다. 그룹이나 이벤트들이 자주 변경되지는 않지만 빈번하게 검색될 것이라고 예상하기 때문이다.

기존 색인에 워머를 정의하기 위해서는 예제 10.7에서처럼 색인의 URI에 _

warmer라는 타입과 워머 이름에 해당하는 ID를 함께 입력하여 PUT 요청을 하면 된다. 원하는 만큼 많이 워머를 생성할 수 있으나 워머가 많아질수록 리프레시가 느려진다는 점에 주의하도록 하자. 예를 들어 다음 목록에서는 두 워머를 생성하고 있는데, 하나는 다가오는 이벤트에 관한 것이고 다른 하나는 인기 있는 그룹 태그에 관한 것이다.

예제 10.7 인기 있는 그룹 태그와 다가오는 이벤트에 대한 두 가지 워머

```
curl -XPUT 'localhost:9200/get-together/event/_warmer/upcoming_events' -d '{
  "sort": [
    {
      "date": {
        "order": "desc"
      }
    }
  ]
}'
# {"acknowledged": true}?
curl -XPUT 'localhost:9200/get-together/group/_warmer/top_tags' -d '{
  "aggs": {
    "top_tags": {
      "terms": {
        "field": "tags.verbatim"
      }
    }
  }
}'
# {"acknowledged": true}?
```

이후에는 _warmer 타입에 GET 요청을 보내 색인에 대한 모든 워머의 목록을 조회할 수 있다.

```
curl localhost:9200/get-together/_warmer?pretty?
```

486

워머의 URI로 DELETE 요청을 보내 워머를 지울 수도 있다.

```
curl -XDELETE localhost:9200/get-together/_warmer/top_tags
```

다수의 색인을 사용하고 있다면, 워머를 색인 생성 시점에 등록하는 것이 효과적일 수 있다. 이를 위해서는 다음 목록에서 볼 수 있듯이 워머 키를 매핑이나 세팅을 정의했던 것과 유사하게 정의하면 된다.

예제 10.8 색인 생성 시점에 워머를 등록하기

```
curl -XPUT 'localhost:9200/hot_index' -d '{
  "warmers": {
    "date_sorting": {          ← 이 워머의 이름. 다수의 워머를 등록할 수도 있다.
      "types": [],             ← 이 워머가 실행될 타입들. 빈 값은 모든 타입을 의미한다.
      "source": {              ← 이 워머는 일자별로 정렬하는 것이다.
        "sort": [              ← 이 키에서 워머의 내용을 지정한다.
          {
            "date": {
              "order": "desc"
            }
          }
        ]
      }
    }
  }
}'
```

> **팁** 만약 시계열 색인을 사용하는 경우에서처럼 새로운 색인이 자동으로 생성된다면, 워머를 색인 템플릿에 정의하여 새롭게 생성되는 색인들에 자동으로 적용되도록 할 수 있다. 색인 템플릿에 관해서는 11장에서 일래스틱서치 관리 기법에 대해 이야기하며 더 살펴보게 될 것이다.

지금까지는 일반적인 방법에 대해 살펴보았다. 어떻게 캐시를 미리 준비시킬 것인가, 어떻게 효율적으로 활용하여 검색을 바르게 할 것인가, 어떻게 검색을 그룹화하여 네트워크 지연을 줄일 것인가, 어떻게 세그먼트 리프레시와 플러시, 저장에 대

한 설정을 변경하여 클러스터에 미치는 부하를 줄일까 등이 앞서 살펴본 것들이다. 이어서 스크립트를 빠르게 하는 법과 다수의 페이징을 효율적으로 하는 방법 등 몇 몇 특정 유스케이스에 대한 베스트 프랙티스를 살펴보도록 하자.

10.4 이외의 성능에 관련된 트레이드오프

앞 절에서 어떤 동작의 성능을 높이고자 할 경우 무언가를 희생해야 한다는 점을 알 수 있었다. 예를 들어, 리프레시의 빈도를 낮춰서 색인 속도를 높이고자 하였다면, 최 근에 색인된 데이터는 조회가 불가능해지는 비용을 감수했어야 했었다. 이 절에서는 계속해서 구체적인 사례를 통해 다음 주제에 대한 답을 확인하며 이러한 트레이드오 프에 대해서 살펴볼 것이다.

- 부정확한 매치 – 싱글과 엔그램을 색인 시점에 사용하여 더 빠른 검색을 하기 를 원하는가? 혹은 퍼지나 와일드카드를 사용하는 것이 더 좋은가?
- 스크립트 – 색인 시점에 가능한 많은 연산을 미리 해두는 방법을 택해서 유연 성을 조금 포기할 수 있는가? 그렇지 않다면, 어떻게 스크립트의 성능을 조금 이라도 개선할 수 있는가?
- 분산 검색 – 더 정확한 점수 집계를 위해 네트워크 라운드트립을 사용해도 괜 찮은가?
- 깊은 페이징 – 100개의 페이지를 조회하기 위해 더 많은 메모리를 사용해도 괜찮은가?

이 장이 끝날 때쯤에는 이 모든 질문뿐만 아니라 관련된 다른 많은 것들에 대해 서도 답을 할 수 있게 될 것이다. 부정확한 매치를 먼저 살펴보도록 하자.

10.4.1 색인과 비용이 큰 검색

4장에서 살펴본 것처럼, 일부 부정확한 검색 결과여도 괜찮다면 (예를 들어 오타를 허용 할 수 있는 경우) 다음과 같은 쿼리들을 사용할 수 있다.

- 퍼지 쿼리 – 이 쿼리는 원본과 편집 거리edit distance가 일정값 이내인 텀들을 찾는다. 예를 들어, 한 문자가 추가되거나 빠진 경우, 편집 거리는 1이다.
- 접두사 쿼리 혹은 필터 – 이 쿼리를 통해 입력한 부분 문자열로 시작하는 텀들에 대해 검색할 수 있다.
- 와일드카드 – 이는 ?와 *를 통해 하나 혹은 다수의 문자를 나타낼 수 있도록 해준다. 예를 들어, "e*search"는 "elasticsearch."에 매치될 수 있다.

이 쿼리들은 상당한 유연성을 가져다주지만, 텀 쿼리와 같은 기본적인 검색에 비해서 오히려 더 무겁기도 하다. 정확하게 매치되는 쿼리의 경우 일래스틱서치는 텀 사전에서 오직 하나만을 찾아보면 되지만, 퍼지, 접두사, 와일드카드 쿼리의 경우 주어진 패턴에 매치되는 모든 텀을 찾아봐야 한다.

오탈자나 부정확한 검색을 해결하기 위해 적용할 수 있는 다른 방법은 엔그램이 있다. 5장을 상기시켜보면, 엔그램은 단어의 각 부분에 대한 토큰을 생성해주는 것이었다. 색인 시점과 쿼리 시점에 이를 사용한다면, 그림 10.9와 같이 퍼지 쿼리와 유사한 기능을 얻을 수 있다.

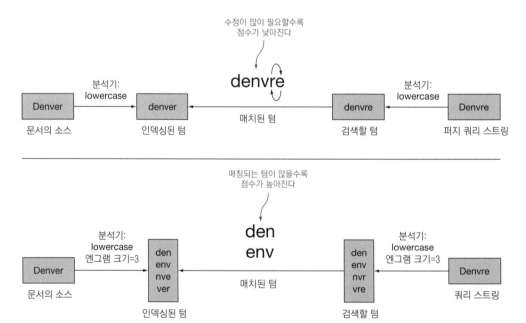

▲ **그림 10.9** 엔그램은 퍼지 쿼리에서 필요한 것보다 많은 텀을 생성하지만 정확하게 매치된다

어떤 방법이 성능 면에서 가장 유리할까? 이 장의 다른 모든 것들처럼, 여기에는 트레이드오프가 있고, 무엇을 희생하고 무엇을 추구할 것인지를 선택해야 한다.

- 퍼지 쿼리는 검색을 느리게 하지만 색인 자체는 정확한 매칭을 하는 경우와 같다.

- 반대로 엔그램은 색인의 크기를 증가시킨다. 엔그램과 텀 크기에 따라 엔그램을 포함한 색인의 크기는 몇 배 더 커진다. 또한 엔그램 설정을 변경하려면 전체 데이터를 리색인 해야 한다. 즉, 덜 유연하다고 볼 수 있다. 하지만 엔그램의 경우 검색은 일반적으로 더 빨라진다.

엔그램은 일반적으로 쿼리 지연이 중요하거나 동시에 수행되는 쿼리가 많아 각 쿼리가 적은 CPU 자원을 소모하기를 원하는 경우에 유용하다. 엔그램은 색인을 커지게 만들기 때문에 사용자의 디스크가 충분히 크거나, 색인이 여전히 운영체제 캐시에 적합한 크기여야 할 것이다. 그렇지 않다면 큰 색인으로 인해 성능 문제가 발생할 것이다.

퍼지 접근법은 반대로 색인 크기가 문제가 되거나 성능이 낮은 디스크를 사용하고 있어 색인 처리량이 중요한 경우 유용하다. 퍼지 쿼리는 또한 쿼리가 자주 변경될 경우에도 유용하다. 왜냐하면 변경 시에도 데이터를 리색인할 필요 없이 수정 거리 edit distance 를 변경하는 등의 방법을 통해 쿼리를 변경할 수 있기 때문이다.

접두사 쿼리와 엣지 엔그램

부정확한 검색의 경우, 종종 앞부분의 검색어는 맞았을 것이라고 가정할 수 있다. 예를 들어, "elastic"이라는 검색은 아마도 "elasticsearch"를 찾기 위한 것이었을지도 모른다. 퍼지 쿼리처럼, 접두사 쿼리는 일반적인 텀 쿼리보다 비용이 크다. 더 많은 텀들을 살펴봐야 하기 때문이다. 대안적인 방법은 5장에서 소개하였던 엣지 엔그램이 될 수 있다. 그림 10.10은 엣지 엔그램과 접두사 쿼리를 여러 면에서 비교하고 있다.

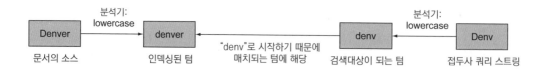

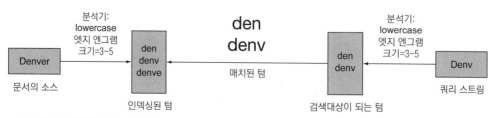

▲ **그림 10.10** 접두사 쿼리는 엣지 엔그램에 비해 더 많은 텀들에 매칭되어야 하지만 더 작은 색인으로도 사용할 수 있다

　퍼지 쿼리나 엔그램의 경우와 마찬가지로, 접두사 쿼리 역시 그 유연성과 색인 크기 간에 트레이드오프가 있는데, 이에 관해서는 접두사 쿼리를 통한 접근이 이점이 있고, 쿼리 지연과 CPU 사용률 간의 트레이드 오프 면에서는 엣지 엔그램이 이점이 있다.

와일드카드

elastic*처럼 마지막에 와일드카드를 넣는 와일드카드 쿼리는 접두사 쿼리와 같은 방식으로 작동한다. 같은 목적을 달성하기 위해 사용할 수 있는 다른 방법으로는 엣지 엔그램이 있다.

　만약 와일드카드를 e*search처럼 중간에 사용한다면, 색인 시점에 취할 수 있는 대안적 방법은 존재하지 않는다. 여전히 엔그램을 사용하여 제시된 문자열은 e와 search에 매칭할 수 있지만, 와일드카드가 어떻게 사용될지 알 수 없다면, 와일드카드 쿼리만이 유일한 해법이다.

　만약 와일드카드를 항상 시작 부분에서 사용한다면, 일반적으로 이것은 끝부분에 와일드카드를 사용하는 것보다 비용이 크다. 매치되는 텀을 찾기 위해 텀 사전에서 어떤 부분을 찾아봐야 할 것인지에 관한 단서가 전혀 없기 때문이다. 이런 경우라면, 5장에서 살펴보았던 역 토큰 필터를 엣지 엔그램과 함께 사용하는 것이 대안이 될 수 있다. 그림 10.11은 이 방법을 설명하고 있다.

구문 쿼리와 싱글

인접한 단어에 걸쳐 검색을 수행해야 할 경우, 4장에서 살펴봤던 것처럼 매치 쿼리의 타입을 phrase로 설정하여 사용할 수 있다. 구절pharse 쿼리는 텀들의 텀 자체뿐만 아니라 문서에서 텀들의 위치까지도 살펴봐야 하기 때문에 더 느리다.

> **노트**　분석 필드는 기본적으로 위치를 저장하도록 활성화되어 있는데, index_options가 positions로 되어 있기 때문이다. 구문 쿼리를 사용하지 않고 텀 쿼리만을 사용한다면, index_options를 freqs로 설정하여 위치를 색인하는 것을 비활성화할 수 있다. 예를 들어 애플리케이션 로그를 저장하고 있고 결과를 항상 타임스탬프 순서로 정렬하여 사용하는 경우처럼, 점수에 전혀 관심이 있다면 index_options를 docs로 설정하여 빈도를 색인하지 않도록 할 수 있다.

색인 시점에 사용할 수 있는 구문 쿼리에 대한 대안은 싱글singles이다. 5장에서 봤던 것처럼, 싱글은 엔그램과 유사하지만, 문자 단위가 아닌 텀 단위의 것이다. 텍스트는 Introduction, to, Elasticsearch로 토큰화되고, 싱글 크기가 2인 경우 "Introduction to"와 "to Elasticsearch"라는 텀이 생성된다.

결과적으로 기능은 구문 쿼리와 유사하다고 볼 수 있다. 성능 측면에서는 앞서 살펴봤던 엔그램과 유사하다. 왜냐하면 싱글은 쿼리를 빠르게 만들기 위해 색인 크기를 크게 하고 색인을 느리게 만들기 때문이다.

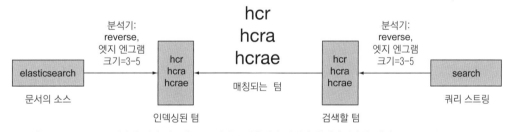

▲ **그림 10.11** reverse 분석기와 엣지 엔그램 토큰 필터를 사용하여 접미사에 매치시킬 수 있다

두 방법이 정확히 같지는 않다. 마치 와일드카드와 엔그램이 정확히 같지는 않은 것처럼 말이다. 구문 쿼리의 경우와 마찬가지로, 구문에 다른 단어가 등장하는 것을 허용하는 슬랩slop을 지정할 수 있다. 예를 들어, 슬랩값이 2일 경우 "buy phone"이라는 쿼리는 "buy the best phone"이라는 문자열에 매칭된다. 왜냐하면 검색 시점에 일래스틱서치는 각 텀의 위치를 알고 있는데, 싱글의 경우 실제로는 하나의 텀이 되기 때문이다.

싱글이 하나의 텀이라는 점으로 인해 이것을 복합어에 매칭되도록 사용할 수도 있다. 예를 들어, 많은 사람은 아직도 일래스틱서치를 "elastic search"라고 부를 것인데, 이를 매칭하기는 꽤 까다로울 것이다. 싱글을 사용한다면, 그림 10.12에서처럼 기본값인 공백이 아니라 빈 문자열을 구분자로 사용하여 이 문제를 해결할 수 있다.

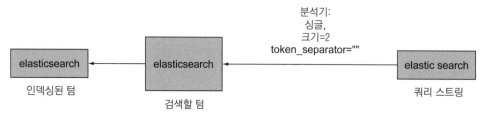

▲ **그림 10.12** 싱글을 사용하여 복합어를 매치하기

싱글, 엔그램, 퍼지, 와일드카드 쿼리에서 살펴보았듯이, 많은 경우 문서를 검색하기 위한 방법은 여러 가지가 있을 수 있으나, 여러 방법들이 동등한 것이라는 의미는 아니다. 성능이나 유연성이라는 관점에서 최적의 방법은 유스케이스에 따라 달라진다. 이어서는 스크립트에 대해서 더 깊게 알아볼 것이다, 스크립트는 앞서 말한 것이 더 그렇다고 할 수 있다. 같은 결과를 얻기 위해 여러 방법을 사용할 수 있으나, 각각의 방법에는 장단점이 존재한다.

10.4.2 스크립트를 튜닝하거나 사용하지 않기

3장에서 스크립트를 처음 소개하며 갱신 작업에 사용될 수 있다고 하였다. 스크립트는 6장에서 다시 다루어졌는데, 이때는 정렬을 위해 사용했었다. 7장에서는 검색 시점에 가상의 필드를 만들어내기 위해 스크립트를 사용했었다.

스크립트를 사용하여 유연성을 확보할 수 있는 것은 좋지만, 이 유연성에는 성능에 미치는 부정적인 영향이라는 반대급부가 있다. 스크립트의 결과는 절대로 캐싱되지 않는데, 일래스틱서치가 스크립트가 무엇인지에 관해 알 수 없기 때문이다. 스크립트에는 무작위 숫자처럼 외부적인 것이 있을 수도 있고, 이는 이번에 매치된 문서가 다음 번 실행 시에는 매치되지 않을 수도 있다는 것을 의미한다. 따라서 일래스틱서치는 언제나 같은 스크립트를 모든 대상이 되는 문서들에 걸쳐 직접 수행하게 된다.

스크립트를 사용할 경우, 많은 경우 스크립트가 검색에서 CPU 자원을 가장 많이 소모하는 부분이다. 쿼리를 빠르게 수행하고자 한다면, 스크립트를 되도록 사용하지 않는 것이 좋을 것이다. 만약 이것이 불가능하다면, 성능을 향상시키기 위해서는 최대한 네이티브 코드에 가깝게 쿼리를 작성하여야 한다.

어떻게 스크립트를 삭제하거나 혹은 최적화할 수 있을까? 물론 정답은 유스케이스에 따라 다르겠지만, 여기서는 몇 가지 베스트 프랙티스를 살펴볼 것이다.

스크립트 사용 회피하기

7장에서 했던 것처럼 스크립트를 사용하여 스크립트 필드를 생성하고 있었다면, 이를 색인 시점에 할 수도 있다. 문서를 그대로 색인하고 그룹 구성원의 수를 스크립트에서 배열의 길이를 통해 계산하는 방법 대신에, 그룹 구성원의 수를 색인 시점에 계산하여 새로운 필드로 추가할 수 있다. 그림 10.13에서 두 가지 접근법을 비교하고 있다.

엔그램에서와 마찬가지로, 이와 같은 연산을 색인 시점에 하는 방법은 쿼리의 레이턴시가 색인 처리량보다 우선순위가 높을 경우 효과가 있다.

미리 연산을 하는 것과 별개로, 스크립트의 성능을 최적화하는 일반적인 규칙은 일래스틱서치에 존재하는 기존 기능들을 최대한 많이 재사용하는 것이다. 스크립트를 사용하기 이전에, 6장에서 알아본 함수 스코어 쿼리를 사용할 수 있는 조건을 충족할 수 있는가? 함수 스코어 쿼리는 스코어를 조작할 수 있는 여러 방법을 제공해 준다. "elasticsearch" 이벤트에 대해 쿼리를 실행하려고 하는데, 아래와 같은 가정에 기반하여 점수에 가중치를 주려고 한다고 생각해보자.

- 최근에 발생한 이벤트일수록 더 관련성이 높다. 최대 60일 이전에 발생한 이벤트에 대해서 이벤트가 오래 전에 발생했을수록 점수를 지수적으로 낮게 줄 수 있을 것이다.

- 이벤트가 인기가 많고 참석자가 높을수록 더 관련성이 높다. 이벤트의 참석자가 많을수록 선형으로 점수를 높게 줄 수 있다.

494

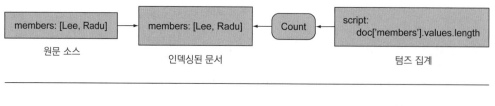

▲ **그림 10.13** 구성원의 수를 스크립트를 통해 혹은 색인 시점에 계산하기

　　이벤트 참석자를 색인 시점에 미리 계산할 수 있다면(attendees_count라는 필드로),
스크립트를 사용하지 않고도 두 기준을 모두 충족할 수 있을 것이다.

```
"function_score": {
  "functions": [
    {
      "linear": {
        "date": {
          "origin": "2013-07-25T18:00",
          "scale": "60d"
        }
      }
    },
    {
      "field_value_factor": {
        "field": "attendees_count"
      }
    }
  ]
}
```

네이티브 스크립트

스크립트를 최적의 성능으로 사용하고 싶다면, 스크립트를 자바로 작성하는 것이 바람직한 방법이다. 이런 네이티브 스크립트는 일래스틱서치의 일종의 플러그인이라고 볼 수 있는데, 부록 B에서 이를 어떻게 작성하는지에 관해 자세하게 다룰 것이다.

네이티브 스크립트를 사용하는 가장 큰 단점은 이 스크립트가 모든 노드의 일래스틱서치 클래스패스에 저장된다는 점이다. 따라서 스크립트를 변경하기 위해서는 클러스터의 모든 노드를 업데이트하고 재시작해야 한다. 쿼리를 자주 바꾸지 않는 경우에는 이것이 큰 문제가 아닐 수도 있다.

검색에서 네이티브 스크립트를 실행하고자 할 경우, lang을 native로 지정하고 스크립트 내용에 스크립트의 이름을 입력하면 된다. 예를 들어, numberOfAttendes라는 이름의 스크립트 플러그인을 가지고 있고 이것은 이벤트 참석자의 수를 집계하기 위한 것이라면, 다음처럼 통계 집계에 이것을 함께 사용할 수 있다.

```
"aggregations": {
  "attendees_stats": {
    "stats": {
      "script": "numberOfAttendees",
      "lang": "native"
    }
  }
}
```

루씬 표현식

스크립트를 자주 바꿔야 하거나 클러스터 재시작 없이 변경하기를 원할 경우, 그리고 스크립트가 수치값에 대한 것일 경우, 루씬 표현식은 최적의 선택일 수 있다.

루씬 표현식을 사용할 경우, 쿼리 시점에 자바스크립트 표현식을 입력하면 일래스틱서치가 이를 네이티브 코드로 컴파일하여 네이티브 스크립트만큼 빠르게 동작하게 된다.

이 방법의 큰 한계점은 색인된 수치값에 대해서만 수행할 수 있다는 점이다. 또한, 문서가 대상 필드를 가지고 있지 않을 경우, 0이란 값을 자동으로 사용하게 되는데, 유스케이스에 따라 이것이 결과를 왜곡하게 될 수도 있다.

루씬 표현식을 사용하려면 스크립트에서 lang을 expression으로 설정하면 된다. 예를 들어, 참석자의 수를 이미 알고 있는데 이 중 절반만이 실제로 참석하여서 이 숫자들에 대한 일종의 통계를 구해보는 경우를 살펴보자.

```
"aggs": {
  "expected_attendees": {
    "stats": {
      "script": "doc['attendees_count'].value/2",
      "lang": "expression"
    }
  }
}
```

수치가 아닌 혹은 색인이 되어 있지 않은 필드에 대한 작업을 수행하고자 하거나 혹은 스크립트를 쉽게 바꿀 수 있기를 원한다면 그루비를 사용하면 된다. 그루비는 일래스틱서치 1.4에서부터 디폴트 스크립트 언어로 사용되고 있다. 그루비 스크립트를 어떻게 최적화할 수 있는지 알아보자.

텀 통계

점수를 튜닝해야 한다면, 스크립트 내의 스코어 자체를 다룰 필요 없이 루씬 수준의 텀 통계를 사용할 수 있다. 예를 들어, 문서에서 텀이 등장한 횟수에 기반하여 점수를 계산하고자 하는 경우에 말이다. 일래스틱서치의 기본 동작과 다르게, 문서에서 등작한 필드의 길이나 텀이 다른 문서에 등장한 횟수 등에는 관심이 없을 수 있다. 이런 연산을 위해서는 다음 목록에서 확인할 수 있는 것처럼 텀 빈도(문서 내에서 텀이 등장한 횟수)만을 명시한 스크립트 점수를 사용할 수 있다.

예제 10.9 텀 빈도만을 명시한 스크립트 점수

```
curl 'localhost:9200/get-together/event/_search?pretty' -d '{
  "query": {
    "function_score": {
      "filter": {                                    제목 필드에 "elasticsearch"라는
        "term": {                                    텀을 가진 문서만을 필터한다.
          "title": "elasticsearch"
        }
      },
      "functions": [
        {                                            제목과 설명 필드의 텀 빈도를
          "script_score": {  ◀                       조회하여 연관성 연산하기
            "script": "_index[\"title\"][\"elasticsearch\"].tf()
+_index[\"description\"][\"elasticsearch\"].tf()",  ◀
            "lang": "groovy"                         필드에 속해 있는 텀에 속한 tf() 함
          }                                          수를 통해 텀 빈도에 접근하기
        }
      ]
    }
  }
}'
```

필드 데이터 접근하기

실제 문서의 필드들을 스크립트에서 다뤄야 한다면, 한 가지 방법은 _source 필드를 이용하는 것이다. 예를 들어서, 주최자organizer 필드는 _source['organizer]로 접근할 수 있다.

3장에서 _source 이외에도 개별 필드를 별도로 저장하는 방법에 대해서 알아보았었다. 개별 필드가 저장되어 있다면, 그 저장된 값들을 사용할 수도 있다. 예를 들어, 주최자 필드는 _fields['organizer']로도 접근할 수 있을 것이다.

_source나 _fields를 사용할 때의 문제점은 이처럼 특정 필드를 조회하기 위해 디스크를 탐색해야 하는 비용이 많이 든다는 점이다. 이런 성능 면에서의 비용이 일래스틱서치가 내장된 정렬이나 집계에서 필드의 내용에 접근해야 할 때 필드 데이터

를 필요로 하는 이유라고 할 수 있다. 필드 데이터는 6장에서 살펴본 것처럼 랜덤 액세스에 맞게 튜닝되어 있고, 따라서 스크립트 내에서 사용하기에도 적합하다. 스크립트는 많은 경우 스크립트가 최초로 실행될 때 필드 데이터가 로딩되어 있지 않더라도 _source나 _fields를 사용하는 것보다 훨씬 빠르다(혹은 6장에서 설명한 닥밸류를 사용하는 경우에도 마찬가지다).

주최자 필드를 필드 데이터로 접근하고자 한다면, doc['organizer']를 참조하면 된다. 예를 들어, 주최자가 구성원으로 속해 있지 않은 그룹을 조회하여, 자신의 그룹에 참여하라고 요청할 수도 있을 것이다.

```
% curl 'localhost:9200/get-together/group/_search?pretty' -d '{
  "query": {
    "filtered": {
      "filter": {
        "script": {
          "script": "return doc.organizer.values.intersect(doc.members.
values).isEmpty()",
        }
      }
    }
  }
}'
```

_source['organizer'] 혹은 _fields의 그것을 사용하는 대신에 doc['organizer']를 사용하는 경우에 한 가지 주의해야 할 점이 있다. 바로 문서의 원본 필드가 아닌 텀을 사용한다는 점이다. 만약 주최자가 "Lee"이고 필드가 기본 분석기로 분석되는 경우, _source에서는 "Lee"를 갖고 있는 반면 문서에서는 "lee"를 갖고 있게 된다. 어디에서나 트레이드오프가 있게 마련인데, 이쯤 되는 시점이라면 이런 부분에 대해 익숙해졌을 것이라고 생각한다.

이어서, 어떻게 분산 검색이 동작하는지와 정확한 스코어를 계산하는 것과 낮은 레이턴시 검색을 수행하는 것 사이에서 균형 잡힌 선택을 하기 위해 어떤 검색 타입을 사용할 수 있는지에 대해 더 깊이 알아보자.

10.4.3 네트워크 비용을 더 사용하여 적은 데이터를 전송하고 더 좋은 분산 스코어링을 얻기

2장에서 일래스틱서치 노드가 검색 요청을 받으면 그 노드가 어떻게 요청을 관련된 모든 샤드로 분배하여 개별 샤드의 응답으로부터 애플리케이션으로 반환할 하나의 최종 응답으로 집계하는지에 대해 살펴보았었다.

이제 이것이 어떻게 동작하는지에 대해 더 깊이 알아보자. 나이브한 접근법은 N개의 문서를 모든 관련된 샤드로부터 조회하고(N은 문서 수의 크기를 뜻한다), HTTP 요청을 받은 노드에서 이를 정렬하여(이를 조정 노드라고 부르기로 한다), 상위 N개의 문서를 선택한 후 사용자 애플리케이션으로 반환하는 것일 것이다. 기본값인 5개의 샤드를 가진 색인에 기본 문서 크기 값인 10이라는 요청을 했다고 가정해보자. 이는 조정 노드가 각 샤드로부터 10개의 문서를 얻어와서 정렬하고, 50개의 문서로부터 상위 10개를 반환해준다는 것을 의미한다. 하지만 샤드가 10개여서 문서가 100개라면 어떨까? 문서를 전달하는 네트워크 오버헤드와 조정 노드에서 이것들을 처리하는 메모리 오버헤드가 너무 클 것이다. 마치 집계에서 큰 `shard_size` 값을 사용하는 것이 성능에 악영향을 미치는 것처럼 말이다.

조정^{coordinating} 노드에서 정렬하기 위해 필요한 메타데이터와 이 50개 문서들의 ID값만을 반환하는 것은 어떨까? 정렬 이후, 조정 노드는 샤드로부터 필요한 상위 10개 문서만을 조회할 수 있게 된다. 이는 대부분의 경우 네트워크 오버헤드를 줄여주지만 두 번의 라운드 트립을 필요로 한다.

일래스틱서치의 경우 검색의 `search_type` 파라미터를 통해 두 가지 모두를 사용할 수 있다. 모든 연관된 문서를 조회하는 나이브한 구현은 `query_and_fetch`이고, 기본값인 두 단계로 구성된 방법은 `query_then_fetch`이다. 그림 10.14에서 이 둘을 비교하여 설명하고 있다.

기본값인 `query_then_fetch`(그림의 우측편)는 크기 파라미터에서 더 큰 값을 입력하여 더 많은 샤드를 조회해야 할 경우, 그리고 문서가 클 경우 더 좋은데, 이 방법은 네트워크로 전송하는 데이터가 훨씬 적기 때문이다. `query_and_fetch` 방법은 하나의 샤드를 조회할 때만 성능이 더 빠르다. 그렇기 때문에 검색이 라우팅을 사용하여 하나의 샤드만을 조회하거나 카운트만을 조회할 때는(이것에 관해서는 이후에 다시 다룰 것이다) 내부적으로 이것이 사용된다. 지금은 query_and_fetch를 명시적으로 지정할 수도 있지만, 2.0에서는 이런 특정 유스케이스별로 내부적으로만 사용되게 될 것이다.[11]

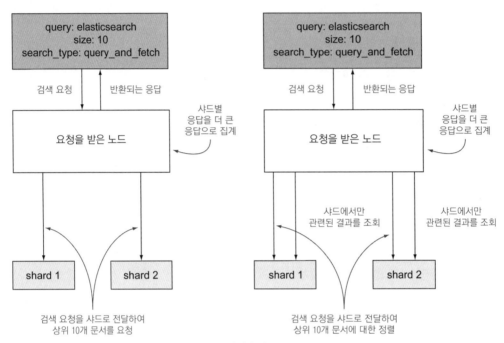

▲ **그림 10.14** query_and_fetch와 query_then_fetch 방식의 비교

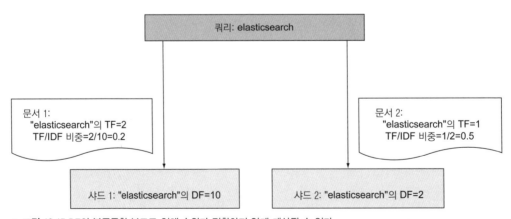

▲ **그림 10.15** DF의 불균등한 분포로 인해 순위가 정확하지 않게 계산될 수 있다

---

11 https://github.com/elastic/elasticsearch/issues/9606

분산 스코어링

기본적으로 스코어는 샤드 별로 계산되기 때문에 정확하지 않을 수 있다. 예를 들어, 텀에 대해서 검색하는 경우, 계산에 필요한 요소들 중 하나는 모든 문서에서 입력한 텀이 몇 번 등장했는지를 의미하는 문서 빈도DF, Document Frequency다. 이 "모든 문서" 란 기본적으로 해당 샤드 내의 모든 문서를 의미한다. 만약 어떤 텀의 DF가 샤드에 따라 많이 다르다면, 스코어링이 실제 점수를 정확하게 반영하지 못할 수도 있다. 이를 그림 10.15에서 확인할 수 있는데, 문서1이 "elasticsearch"가 더 많이 등장함에도 불구하고 샤드 내에서 이 텀을 가진 문서의 수가 적기 때문에 문서 2가 문서 1에 비해 높은 점수를 얻는 것을 확인할 수 있다.

충분히 많은 수의 문서가 있다면, DF 값이 샤드 간에 자연스럽게 균형을 이룰 것이고, 기본 동작 방식이 올바르게 작동할 것이라고 예상할 수 있다. 하지만 점수의 정확성이 우선순위가 높거나 DF가 사용자의 유스케이스에서 균등하게 분포하지 않는 경우(예를 들어 커스텀 라우팅을 사용하는 경우)), 다른 접근법이 필요할 것이다.

그 방법은 바로 검색 타입을 query_then_fetch에서 dfs_query_then_fetch 로 바꾸는 것이 될 수 있다. dfs 부분이 조정 노드coordinating node에 검색 대상 텀에 관한 문서 빈도를 수집하기 위해 샤드에 추가적인 요청을 하도록 한다. 집계된 빈도가 점수를 계산하는 데 사용되어, 그림 10.16에서처럼 문서 1과 문서 2의 순위를 정확하게 집계하게 된다.

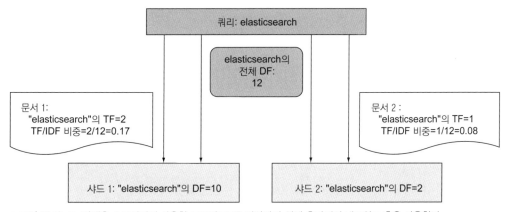

▲ **그림 10.16** dfs 검색은 스코어링에 사용할 글로벌 DF를 연산하기 위해 추가적인 네트워크 홉을 사용한다

DFS 쿼리는 추가적인 네트워크 통신으로 인해 더 느리다는 점을 이미 알게 되었을 수도 있을 것이다. 따라서 따라서 스위칭이 일어나기 이전에 더 정확한 점수를 얻을 수 있도록 해야 한다. 만약 레이턴시가 낮은 네트워크를 사용하고 있다면 이 오버헤드는 무시해도 좋을 만큼 작을 것이다. 반대로, 네트워크가 충분히 빠르지 않거나 동시에 수행되는 쿼리가 많을 경우, 오버헤드가 상당히 커질 수 있다.

개수만 반환하기

하지만 점수는 전혀 필요하지 않을 뿐 아니라 문서의 내용도 필요 없다면 어떻게 해야 좋을까? 예를 들어, 문서의 수나 집계값만이 필요할 수도 있다. 이럴 때 추천할 검색 타입은 카운트^{count}다. 카운트는 검색이 수행되는 샤드에게 매칭되는 문서의 수만을 요청하고 이 값들을 합쳐 준다.

> **팁** 2.0 버전에서는 size=0을 쿼리에 추가하면 자동으로 search_type=count와 같은 방식으로 동작하게 되고, search_type=count는 더는 지원되지 않게 될 것이다. 더 자세한 내용은 다음에서 확인할 수 있다.
>
> https://github.com/elastic/elasticsearch/pull/9296

10.4.4 메모리를 써서 깊은 페이징하기

4장에서 size와 from을 이용하여 쿼리의 결과를 페이징하는 방법을 살펴보았었다. 예를 들어, get-together 데이터를 "elasticsearch"로 검색하여 5번째 페이지의 100개 결괏값을 얻고자 한다면 다음처럼 요청을 할 수 있다.

```
% curl 'localhost:9200/get-together/event/_search?pretty' -d '{
  "query": {
    "match": {
      "title": "elasticsearch"
    }
  },
  "from": 400,
  "size": 100
}'
```

이는 결과적으로 상위 500개의 결과를 얻어오고 정렬하여, 마지막 100개만을 반환하게 될 것이다. 페이징이 많아질수록 이것이 얼마나 비효율적이 될지를 짐작할수 있을 것이다. 예를 들어, 매핑을 변경하고 새로운 색인으로 현재 데이터를 다시색인할 경우, 마지막 페이지를 반환하기 위해 모든 결과를 정렬하는 과정에서 메모리가 부족할 수도 있다.

이런 시나리오라면 get-together 그룹을 모두 조회하기 위해 예제 10.10과 같이 scan이라는 검색 타입을 사용해볼 수 있다. 최초의 응답은 스크롤 ID만을 반환하는데, 이 값은 요청에 대한 고유 식별자로 이미 반환한 페이지들이 무엇인지를 기억하고 있다. 조회를 시작하고자 할 경우, 요청을 스크롤 ID와 함께 보내면 된다. 다음 페이지를 조회하고자 할 경우에는 같은 요청을 반복하면 되는데, 충분히 데이터를 조회하였거나 혹은 hits 배열이 빈값인 상황, 즉 더는 반환할 데이터가 없어질 때까지반복할 수 있다.

예제 10.10 스캔 검색 사용하기

```
curl "localhost:9200/get-together/event/_search?pretty&q=elasticsearch\
&search_type=scan\
&scroll=1m\          일래스틱서치는 다음 요청을
                     1분간 대기한다(아래 참조).
&size=100"    각 페이지의 크기
# 응답
{
  "_scroll_id": "c2NhbjsxOzk2OjdZdkdQOTJLU1NpNGpxRWh4S0RWUVE7MTt0b3RhbF9oaXR
zOjc7",                  이후 요청에서 사용할 스크롤
                         ID를 반환받는다.
  [...]
  "hits": {
    "total": 7,         결과는 아직 조회하지 못하고,
    "max_score": 0,     오직 숫자만 조회한다.
    "hits": []
  [...]

curl 'localhost:9200/_search/scroll?scroll=1m&pretty' -d 'c2NhbjsxOzk2OjdZdk
dQOTJLU1NpNGpxRWh4S0RWUVE7MTt0b3RhbF9oaXRzOjc7'    이전에 받은 스크롤 ID를 통해 첫 번째
# 응답                                              페이지를 조회하고, 다음 요청까지의
                                                    타임아웃을 지정한다.
```

504

```
{
  "_scroll_id" : "c2NhbjswOzE7dG90YWxfaGl0czo3Ow==",
  [...]
  "hits" : {
    "total" : 7,
    "max_score" : 0.0,
    "hits" : [ {
      "_index" : "get-together",
```

다음 요청을 위한 다른
스크롤 ID를 반환받는다.

이번에는 결과를 갖고 있는
페이지를 조회하였다.

```
[...]
curl 'localhost:9200/_search/scroll?scroll=1m&pretty' -d 'c2NhbjswOzE7dG90YW
xfaGl0czo3Ow=='
```

마지막 스크롤 ID를 통해 힛 배열이 다시 빈
값이 되기 전까지 페이지를 계속 조회한다.

다른 검색에서처럼 스캔 검색은 페이지 크기를 조절하기 위한 파라미터를 지정할 수 있다. 주의할 점은, 이는 샤드별 크기를 의미하기 때문에, 실제로 반환되는 크기는 (입력한 페이지 크기 * 샤드 수)라는 점이다. 각 요청의 타임아웃 파라미터로 주어지는 값은 새 페이지를 조회할 때마다 갱신된다. 따라서 매 요청마다 다른 타임아웃 값을 지정할 수도 있다.

> **노트** 타임아웃값을 크게 하여 처리하는 동안 만료되는 일이 없도록 하고 싶은 유혹에 빠질 수도 있다. 하지만 스크롤이 활성화되어 있고 사용하지는 않는 경우, 이는 자원을 낭비하게 되는 문제점이 있다. 예를 들어 JVM 힙의 경우 현재 페이지를 기억해 놓기 위한 자료구조를 저장하고 있어야 하고, 디스크의 경우 스크롤이 완료 혹은 만료되기 전까지 루씬 세그먼트를 머지에 의해 지워지지 않도록 해야 한다는 점에서 그러하다.

스캔 타입의 검색은 언제나 결과를 정렬 기준과 무관하게 색인을 순회하며 조회하는 순서에 따라서 반환한다. 다수의 페이징과 정렬이 동시에 필요하다면, 스크롤 파라미터를 일반적인 검색 요청에 추가할 수 있다. 스크롤 ID로 GET 요청을 보내면 다음 페이지의 결괏값을 조회할 수 있다. 이번에는 샤드의 수와 상관없이 크기 값이 정확하게 적용된다. 일반적인 검색에서의 경우와 마찬가지로 첫 번째 요청의 첫 번째 페이지 역시 조회할 수 있다.

```
% curl 'localhost:9200/get-together/event/_search?pretty&scroll=1m' -d ' {
  "query": {
    "match": {
      "title": "elasticsearch"
    }
  }
}'
```

성능 관점에서는 일반적인 검색에 스크롤을 추가하는 것이 스캔 검색을 사용하는 것보다 비용이 큰데, 결괏값이 저장될 때 메모리에 추가로 저장해야 하는 정보가 있기 때문이다. 그렇긴 하지만, 많은 페이징에 경우에는 기본 검색보다 효과적인데 왜냐하면 현재 페이지를 반환하기 위해 일래스틱서치가 이전 페이지에 대한 결과를 정렬하지 않아도 되기 때문이다.

스크롤은 사전에 다수의 페이징 작업을 수행할 것이라는 것을 알고 있을 때만 유용하다. 소수의 페이징 결과만을 필요로 할 경우에는 이를 추천하지 않는다. 이 장에서의 다른 것들과 마찬가지로, 성능 향상을 위해서는 지불해야하는 비용이 있기 때문이다. 스크롤의 경우, 비용은 현재 검색에 대한 정보를 스크롤이 만료되거나 더 이상의 검색결과가 없을 때까지 메모리에 저장하는 것이다.

10.5 요약

이 장에서는 클러스터의 성능이나 응답성을 더 좋게 하기 위해 취할 수 있는 여러 가지 최적화 방법들에 대해서 알아보았다.

- 벌크 API를 사용하여 다수의 색인, 문서 생성, 갱신, 삭제 요청을 하나의 요청으로 처리하기
- 다수의 조회나 검색 요청을 합치기 위해서는 멀티겟이나 멀티서치 API를 각각 사용할 수 있다.

- 플러시 작업은 색인 버퍼가 가득 찼거나, 트랜잭션 로그가 일정 수준 이상으로 크거나, 마지막 플러시로부터 일정 이상의 시간이 지났을 때 메모리 내의 루씬 세그먼트들을 디스크로 커밋해준다.

- 리프레시는 플러시와는 무관하게 검색에서 사용할 수 있는 새 세그먼트들을 생성한다. 색인 부하가 클 때는 리프레시 빈도를 낮추거나 리프레시를 아예 비활성화하는 것이 바람직하다.

- 머지 정책은 필요에 따라 다수 혹은 소수의 세그먼트를 사용하도록 튜닝할 수 있다. 소수의 세그먼트를 사용하는 것은 검색을 빠르게 해주나 머지 작업이 더 많은 CPU 자원을 사용하게 된다. 다수의 세그먼트를 사용할 경우 머지에 자원을 덜 사용하므로 색인은 더 빨라지지만, 검색이 느려지게 된다.

- 최적화 작업은 강제로 머지를 수행하는데, 다수의 검색 요청을 받는 정적 색인에게는 효과적인 방법이다.

- 저장 제한은 머지 작업이 뒤처지도록 만들어 색인 성능을 제한하게 될 수도 있다. 빠른 I/O 성능을 가진 시스템을 사용하고 있다면, 임계값을 올리거나 혹은 임계값을 없애는 것이 좋을 것이다.

- 불 필터에서 비트셋을 사용하는 필터들을, in/or/not 필터에서 비트셋을 사용하지 않는 필터들을 결합해서 사용할 것

- 정적인 색인을 사용한다면 카운트나 집계를 샤드 쿼리 캐시에 캐싱할 것

- JVM 힙을 모니터링하고 여유 공간을 충분히 두어 과도한 가비지 컬렉션이나 메모리 부족 예외를 방지할 것, 또한 운영체제 캐시를 위한 램 여유 공간을 둘 것

- 처음 실행될 쿼리가 너무 느린데 색인이 느려지는 것은 크게 문제가 없다면 색인 워머를 사용할 것

- 색인의 크기가 커져도 괜찮다면, 퍼지/와일드카드/구문 쿼리 대신 엔그램과 싱글을 사용하는 것이 검색을 빠르게 해준다.

- 많은 경우 필요한 데이터를 색인하기 이전에 새로운 필드로 생성함으로써 스크립트 사용을 줄일 수 있다.

- 적합한 모든 곳에서 루씬 표현식, 텀 통계, 스크립트에서의 필드 데이터를 사용할 것

- 스크립트를 자주 변경하지 않아도 된다면, 부록 B에서 어떻게 일래스틱스틱서치 플러그인 형태로 네이티브 스크립트를 작성할 수 있는지에 대해 이해할 것

- 샤드별로 문서 빈도가 균일하지 않다면 `dfs_query_then_fetch`를 사용할 것

- 힛 자체는 필요하지 않을 경우 카운트 검색을 사용할 것, 많은 문서를 탐색해야 한다면 스캔 검색을 사용할 것

11

클러스터 관리

11장에서 다루는 내용

- 기본 설정 개선하기
- 템플릿을 통해 기본 색인 설정을 생성하기
- 성능 모니터링
- 백업과 복구 사용하기

이제까지 이 책에서 많은 내용을 다뤄왔었다. 이쯤이면 일래스틱서치 API를 다루는 데 어느 정도 익숙해졌을 것이다. 이 장에서는 이제까지 살펴본 API를 조금 더 확장하고, 성능을 개선하고 장애 복구 계획을 구현하기 위해 필요한 일래스틱서치 클러스터 모니터링과 튜닝이라는 목적에 맞게 이 API들을 사용하는 방법에 대해서 알아볼 것이다.

개발자와 운영자 모두 일래스틱서치 클러스터를 모니터링하고 관리하게 될 것이다. 시스템의 부하가 높든 적정 수준이든, 하드웨어나 시스템 장애에 대비하고 성능 병목 지점을 이해하고 확인하는 것은 매우 중요할 것이다.

이 장에서는 앞서 계속 살펴보며 이제는 익숙해졌을 법한 내용인 REST API를 이용한 클러스터 관리 기법에 대해 알아볼 것이다. 이를 통해 실시간 관리 기법과 다른 베스트 프랙티스들을 활용하여 잠재적인 성능 병목 지점을 파악하고 적절한 조치를 취할 수 있을 것이다.

이를 위해 이 장에서는 세 가지 매우 중요한 주제인 기본 설정 향상시키기, 문제 상황을 모니터링하기, 효율적으로 시스템을 백업하기를 다룰 것이다. 효율적으로 성능을 모니터링하는 것은 시스템 최적화를 위해 매우 중요하고 시스템을 이해하는 것이 장애 시나리오에 대비하는 데 있어 유용하다는 것에는 누구나 동의할 수 있을 것이다.

11.1 기본 설정 향상시키기

비록 일래스틱서치의 기본 설정이 대부분의 사용자에게는 적합하지만, 일래스틱서치는 더 좋은 성능을 위해서 기본 설정값을 튜닝할 수 있는 유연한 시스템이다.

프로덕션 환경에서 대부분의 일래스틱서치는 이따금씩 일어나는 전문 검색을 지원하기 위해 사용된다. 하지만 점점 과거에는 특이 사례로 인식되었던 것들이 일반적인 용도로 쓰여지고 있는데, 예를 들면 데이터의 유일한 저장소로서, 로깅 집계기로서, 혹은 다른 데이터베이스와 함께 하이브리드 형태의 저장소 아키텍처의 일부로서 일래스틱서치를 사용하고 있는 것이다. 이와 같은 흥미롭고 새로운 사용 목적은 일래스틱서치 기본 설정을 튜닝하고 최적화하는 데 있어 더욱 흥미롭게 해준다.

11.1.1 색인 템플릿

새로운 색인과 그에 대한 매핑을 일래스틱서치에 생성하는 것은 일반적으로 초기 설계가 있다면 간단한 작업이다. 하지만 때로는 미래에 생성하게 될 색인들도 같은 설정과 매핑을 사용하게 될 경우도 있는데, 다음과 같은 시나리오를 생각해볼 수 있다.

- 로그 수집 – 이 경우 일자별 색인을 쓰는 것이 쿼리를 효율적으로 수행하기에 유리하다. 마치 롤링 파일 어펜더와 같다고 생각할 수 있다. 이것의 일반적인 사례로 클라우드 환경을 생각해볼 수 있는데, 분산되어 있는 여러 시스템들이

각각의 로그를 중앙의 일래스틱서치 클러스터로 전송하는 경우를 예로 들 수 있다. 클러스터가 자동으로 일별 로그를 관리하도록 템플릿을 설정하는 것은 데이터를 정리하고 필요한 정보를 얻기 위한 검색을 편리하게 하는 데 유용하다.

- 규정 준수 – 이 경우 규정에 따라 데이터는 일정기간 동안 보관하여야 하거나 혹은 일정 기간 후에 제거되어야 한다. 예를 들면 금융 분야의 경우 Sarbanes-Oxley를 준수하여야 한다. 이런 규정은 체계화된 데이터 관리가 필요한데, 이 때 템플릿 체계가 매우 유용하다.

- 멀티 테넌시 – 새로운 사용자가 동적으로 추가되는 시스템은 대게 특정 사용자에게만 속하는 데이터를 분리해야 할 필요가 있다.

템플릿은 균일한 데이터 저장 형태가 반복되서 나타나는 것이 확인되었을 경우 유용하다. 일래스틱서치가 템플릿을 자동적으로 적용해주는 것은 또한 매력적인 기능이다.

템플릿 생성하기

그 이름에서 짐작해볼 수 있듯이, 색인 템플릿은 새로 생성하고자 하는 모든 색인에 적용된다. 사전에 정의된 명명 규칙을 따르는 색인에는 같은 템플릿이 적용되어, 일관적인 색인 설정을 갖게 된다. 색인 생성 시에는 적용되기를 원하는 템플릿에 정의된 템플릿 패턴을 따라야 한다. 새로 생성할 색인에 색인 템플릿을 적용하는 방법은 두 가지가 있다.

- REST API

- 설정 파일

첫 번째 방법은 클러스터가 구동 중일 경우에만 사용할 수 있지만 두 번째 방법은 구동 중이지 않을 경우에도 사용할 수 있고, 종종 데브옵스 엔지니어나 시스템 운영자가 프로덕션 환경을 사용하는 선배포 시나리오에서 사용한다.

512

이 절에서는 로그 집계를 위해 사용할 간단한 색인 템플릿을 예로 설명할 것이다. 이 로그 집계를 위한 도구는 일자별로 새 색인을 생성하게 된다. 이 책을 집필하고 있는 지금 시점에는 로그스태시^{Logstash}가 일래스틱서치와 함께 쓰기 위한 로그 집계 도구 중에서는 가장 인기가 있다. 그리고 둘을 연동하는 것은 아주 편리하다. 따라서 로그스태시와 일래스틱서치를 연동하는 색인 템플릿 생성 시나리오를 살펴보는 것이 의미가 있다.

기본적으로 로그스태시는 색인명에 일자별 타임스탬프를 추가하여 API 요청을 한다. 예를 들어 logstash-11-09-2014처럼 말이다. 일래스틱서치 기본 설정을 사용할 경우 색인 자동 생성 기능이 활성화되어 있는데, 로그 스태시가 새로운 이벤트를 포함하여 요청을 일래스틱서치로 보낼 경우, 새로운 색인은 logstash-11-09-2014라는 이름으로 생성되고 문서의 타입은 자동으로 매핑될 것이다. 먼저 다음과 같이 REST API를 사용하는 경우를 살펴보자.

```
curl -XPUT localhost:9200/_template/logging_index -d '{    ◄──── PUT 명령
  "template": "logstash-*",    ◄──── 색인 이름이 패턴에 매치되는
  "settings": {                     모든 색인에 이 템플릿을 적용
    "number_of_shards": 2,          한다.
    "number_of_replicas": 1
  },
  "mappings": { ... },
  "aliases": {
    "november": {}
  }
}'
```

PUT 명령을 사용하여 일래스틱서치에게 logstash-*패턴에 맞는 요청이 들어올 경우 이 템플릿을 사용하라고 할 수 있다. 이 경우 로그스태시가 새로운 이벤트를 일래스틱서치로 보냈는데, 해당 이름의 색인이 존재하지 않으면, 새로운 색인은 템플릿에 기반하여 자동으로 생성된다.

이 템플릿은 또한 앨리어스를 자동 생성하는 것까지도 지원하고 있다. 따라서 특정 월의 모든 색인을 묶을 수도 있다. 매달 이 색인 이름을 수동으로 바꿔줘야 하긴 하겠지만, 어쨌든 이는 로그 이벤트의 색인들을 월별로 묶을 수 있는 편리한 방법을 제공해준다.

파일 시스템에 설정된 템플릿

템플릿을 파일 시스템에서 설정하고 싶을 때도 역시 방법이 있다. 때로는 이렇게 하는 것이 유지보수 면에서 더 편리할 수도 있다. 설정 파일은 다음과 같은 간단한 규칙을 따라야 한다.

- 템플릿 설정은 JSON 포맷이어야 한다. 편의성을 위해, ⟨FILENAME⟩.json처럼 .json 확장자를 붙여주도록 하자.
- 다템플릿 정의는 일래스틱서치 설정이 있는 위치의 templates라는 디렉토리에 있어야 한다. 이 경로는 클러스터 설정 파일(elasticsearch.yml)의path.conf에서 지정할 수 있다. ⟨ES_HOME⟩/config/templates/*와 같이 말이다.
- 템플릿 정의는 마스터로 선출될 가능성이 있는 노드의 디렉토리에 있어야 한다.

이전의 템플릿 정의를 사용한다면, template.json 파일은 다음과 같을 것이다.

```
{
  "template" : "logstash-*",
  "settings" : {
    "number_of_shards" : 2,
    "number_of_replicas" : 1
  },
  "mappings" : { ... },
  "aliases" : { "november" : {} }
}
```

REST API로 정의할 때와 유사하게, 이 템플릿은 이제 logstash-* 패턴에 매치되는 모든 색인에 적용될 것이다.

514

복수 템플릿 병합

일래스틱서치를 사용할 때 서로 다른 설정을 가진 복수의 템플릿을 설정할 수도 있다. 다음 목록에서 볼 수 있는 것처럼 이전의 예제를 확장하여 월별 로그 이벤트를 관리하는 템플릿과 한 색인에 모든 로그 이벤트를 저장하는 템플릿을 설정할 수도 있다.

예제 11.1 여러 개의 템플릿을 설정하기

```
curl -XPUT localhost:9200/_template/logging_index_all -d '{
  "template": "logstash-09-*",        이 템플릿은 "logstash-09-"로
  "order": 1,                          시작하는 모든 색인에 적용된다.
  "settings": {
    "number_of_shards": 2,
    "number_of_replicas": 1
  },
  "mappings": {
    "date": {
      "store": false
    }
  },
  "alias": {
    "november": {}
  }
}'
curl -XPUT http://localhost:9200/_template/logging_index -d '{
  "template": "logstash-*",           이 템플릿은 "logstash-*"로 시작
  "order": 0,                          하는 모든 색인에 적용되고, date
  "settings": {                        필드를 저장한다.
    "number_of_shards": 2,
    "number_of_replicas": 1
  },
  "mappings": {
```

높은 순서 값을 가진 것이 낮은 순서 값을 가진 것을 오버라이딩한다.

```
    "date": {
      "store": true
    }
  }
}'
```

이전 예제에서 최상위 템플릿은 9월에 관련된 로그에만 적용되는데, 이 템플릿은 이름이 "logstash-09-"로 시작하는 색인에 매치되기 때문이다. 두 번째 템플릿은 더 광범위하게 적용되는데, 모든 로그스태시 색인에 반영되고 심지어 date 매핑에 대한 다른 설정을 갖고 있기도 하다.

이 설정에서 주의할 점 하나는 order 속성이다. 이 속성은 적은 숫자를 가진 것이 먼저 적용되고, 높은 숫자를 가진 것이 오버라이딩한다는 것을 의미한다. 이로 인해, 두 템플릿 설정이 합쳐지기도 하는데, 이로 인해 11월의 로그 이벤트는 date 필드가 정렬되지 않게 된다.

색인 템플릿 조회하기
모든 템플릿을 조회하기 위한 편리한 API도 있다.

```
curl -XGET localhost:9200/_template/
```

이와 비슷하게, 하나 혹은 다수의 템플릿을 템플릿명으로 조회할 수도 있다.

```
curl -XGET localhost:9200/_template/logging_index
curl -XGET localhost:9200/_template/logging_index_1,logging_index_2
```

혹은 이름이 특정 패턴을 따르는 모든 템플릿을 조회할 수도 있다.

```
curl -XGET localhost:9200/_template/logging_*
```

색인 템플릿 삭제하기

색인 템플릿은 템플릿 이름으로 삭제할 수 있다. 앞 절에서 다음과 같이 템플릿을 정의했었다.

```
curl -XPUT 'localhost:9200/_template/logging_index' -d '{ ... }'
```

이 템플릿을 지우려면 다음과 같이 요청에 템플릿 이름을 사용하면 된다.

```
curl -XDELETE 'localhost:9200/_template/logging_index'
```

11.1.2 기본 매핑

2장에서 다루었듯이, 매핑을 통해 구체적인 필드들과 그것들의 자료형, 그리고 일래스틱서치가 어떻게 필드를 해석하여 저장할지를 정의할 수 있다. 또한 3장에서는 일래스틱서치가 지원하는 동적 매핑으로 인해 색인 생성 시점에 반드시 매핑을 정의해야 하는 것은 아니라는 점을 알 수 있었다. 동적 매핑은 색인하게 될 초기 문서들에 의해 동적으로 생성되는 것이었다. 기본 색인 템플릿 살펴보았던 이전 절과 비슷하게 이 절에서는 기본 매핑의 개념을 살펴볼 것이다. 이를 통해 반복적인 매핑 생성작업을 단순하게 만들 수 있다.

바로 앞에서 색인 템플릿을 통해 유사한 자료형에 걸쳐 일관성을 확보하고 시간을 절약할 수 있는 것을 확인하였다. 기본 매핑은 매핑 타입에서 템플릿의 역할과 비슷하며 유사한 장점들을 가지고 있다. 기본 매핑은 유사한 필드들을 가지고 있는 색인에서 가장 자주 사용된다. 기본 매핑을 한 번 입력하면 각 색인 내에서 반복적으로 이를 입력하지 않아도 된다.

매핑은 소급 적용되지 않는다

기본 매핑을 입력한다고 해서 이것이 소급 적용되지는 않는다는 점에 주의하자. 기본 매핑은 새롭게 생성되는 타입에 대해서만 적용된다.

다음 예제에서는 Person 타입을 제외한 모든 매핑에 대해 _source를 저장하는 방법에 대해서 디폴트 설정을 입력하려고 하고 있다.

```
curl -XPUT 'localhost:9200/streamglue/_mapping/events' -d '{
  "Person": {
    "_source": {
      "enabled": false
    }
  },
  "_default_": {
    "_source": {
      "enabled": true
    }
  }
}'
```

이 경우, 모든 매핑은 기본적으로 문서의 _source를 저장하지만, Person 타입은 그렇지 않을 것이다. 이 동작은 개별 매핑 정의를 오버라이딩하여 변경할 수도 있다.

동적 매핑

기본적으로 일래스틱서치는 동적 매핑을 사용한다. 동적 매핑이란 문서의 새 필드들에 대한 자료형을 판단하는 것을 의미한다. 처음 문서를 색인했을 때 일래스틱서치가 문서에 대한 매핑을 생성하고 각 필드에 대한 자료형을 정의하는 것을 경험해 봤을 수도 있을 것이다. 일래스틱서치가 새로운 필드를 무시하거나 혹은 알려지지 않은 필드가 들어왔을 때 예외를 발생시키도록 하여 이런 동작 방식을 수정할 수 있다. 일반적인 경우라면 새 필드가 추가되는 것을 제한하여 데이터 오염을 방지하고 정의된 스키마를 유지하고자 할 것이다.

동적 매핑 비활성화

elasticsearch.yml에서 index.mapper.dynamic를 false로 설정하여 매핑이 없는 타입에 대해 동적으로 새 매핑을 생성하는 기능을 비활성화할 수도 있다.

다음 목록은 동적 매핑을 추가하는 방법을 보여준다.

예제 11.2 동적 매핑 추가하기

```
curl -XPUT 'localhost:9200/first_index' -d '{
  "mappings": {
    "person": {
      "dynamic": "strict",       색인 시점에 알려지지 않은 필드가 추
                                가되면 예외를 발생시킨다.
      "properties": {
        "email": { "type": "string" },
        "created_date": { "type": "date" }
      }
    }
  }
}'


curl -XPUT 'localhost:9200/second_index' -d '{
  "mappings": {
    "person": {
      "dynamic": "true",         새로운 필드를 동적으로 생성하는
                                것을 허용한다.
      "properties": {
        "email": { "type": "string" },
        "created_date": { "type": "date" }
      }
    }
  }
}'
```

처음의 매핑은 person 매핑 내에서 새로운 필드를 생성하는 것을 제한하게 된다. 만약 매핑이 없는 필드를 포함한 문서를 삽입하려고 하면 일래스틱서치는 예외를 반

환하고 색인을 수행하지 않는다. 예를 들어, first_name이라는 추가적인 필드를 포함한 문서를 색인하려 한다고 하자.

```
curl -XPOST 'localhost:9200/first_index/person' -d '{
  "email": "foo@bar.com",
  "created_date" : "2014-09-01",
  "first_name" : "Bob"
}'
```

응답은 다음과 같다.

```
{
  error: "StrictDynamicMappingException[mapping set to strict, dynamic
introduction of [first_name] within [person] is not allowed]"
  status: 400
}
```

동적 매핑과 템플릿을 함께 사용하기

이 절에서 빠질 수 없는 부분은 어떻게 동적 매핑과 동적 템플릿을 함께 사용할 수 있는지에 관한 것이다. 이를 통해 필드 이름이나 자료형에 따라 다른 매핑을 적용할 수 있게 된다.

앞에서는 색인 템플릿을 사용하여 일관된 매핑을 가져야 하는 색인들을 어떻게 자동으로 생성되게 할 수 있는지 알아보았다. 이런 아이디어를 이제는 동적 매핑에서 다뤘던 내용까지 포함하여 확장시켜보자.

다음 예시는 UUID를 포함하는 데이터를 다룰 때의 간단한 문제를 해결하고 있다. 이 고유한 영문자와 숫자로 이루어진 문자열은 하이픈 구분자를 포함하고 있는데, 예를 들면 "b20d5470-d7b4-11e3-9fa6-25476c6788ce"와 같다. 이것을 일래스틱서치가 분석하기를 원하지는 않을 것이다. 왜냐하면 기본 분석기는 색인 토큰을 생성할 때 이 UUID를 하이픈 기준으로 나눌 것이기 때문이다. 전체 UUID 문자열로 검색이 가능하기를 원할 것이기 때문에, 일래스틱서치가 전체 문자열을 하나의

520

토큰으로 저장하게 할 필요가 있다. 이 예제에서는 일래스틱서치가 특정 문자열 필드의 이름이 "_guid"로 끝날 경우 이 필드를 분석하지 않도록 할 필요가 있다.

```
curl -XPUT 'http://localhost:9200/myindex' -d '
{
  "mappings": {
    "my_type": {
      "dynamic_templates": [
        {
          "UUID": {
            "match": "*_guid",              ← _guid로 끝나는 필드
                                              이름에 매치됨
            "match_mapping_type": "string",  ← 매치된 필드는 반드시 문자열
                                              타입이어야 한다.
            "mapping": {                     ← 매치되었을 때 적용할 매핑을
                                              정의한다.
              "type": "string",
              "index": "not_analyzed"        ← 타입을 문자열로 지정한다.
            }
          }                                  ← 색인 시점에 이 필드들을 분
        }                                      석하지 않는다.
      ]
    }
  }
}'
```

이 예제에서 동적 템플릿은 특정 이름과 형태에 매치되는 필드에 대한 매핑을 동적으로 부여하기 위해 사용되고 있다. 이를 통해 사용자의 데이터를 어떻게 저장하여 원하는 방식으로 검색할 수 있도록 만들지에 대해 더 적절하게 제어할 수 있다. 또한, path_match와 path_unmatch 키워드를 사용할 수도 있는데, 이는 온점(.) 표기법을 사용하여 동적 템플릿에 매치시킬 수도 있다. 예를 들어, person.*.email 같은 필드에 매치하고자 하는 경우를 생각해볼 수 있다. 이 논리에 따르면, 다음과 같은 자료구조에 매치가 발생하는 것을 확인할 수 있다.

```
{
  "person" : {
    "user" : {
      "email": { "bob@domain.com" }
    }
  }
}
```

동적 템플릿은 일래스틱서치 관리의 몇몇 귀찮은 부분들을 자동화할 수 있는 편리한 방법이다. 이어서, 할당 인식에 대해 알아보자.

11.2 할당 인식

이 절에서는 클러스터의 위상topology 설계라는 개념을 통해 할당 인식Allocation Awareness을 사용하여 장애의 중심점을 줄이고 성능을 향상시키는 방법을 알아볼 것이다. 할당 인식이란 데이터의 복제본이 어디에 위치할지에 대한 인지 상태라는 개념이다. 이 개념을 이해하여 일래스틱서치가 클러스터에 레플리카 데이터를 스마트하게 분배하도록 할 수 있다.

11.2.1 샤드 기반 할당

할당 인식은 샤드 할당을 사용자 정의 파라미터를 통해 설정할 수 있도록 해준다. 이는 일반적인 베스트 프랙티스라고 할 수 있는데, 이를 통해 데이터가 네트워크 위상에서 균일하게 분포하도록 하여 단일 고장점을 가질 확률을 낮출 수 있기 때문이다. 이를 통해 또한 읽기 작업이 더 빨라지는 경험을 할 수도 있다. 예를 들어 같은 물리적인 랙에 위치한 노드들 간에는 데이터의 지역성이라는 이점이 있어 다른 네트워크와 통신하지 않아도 되기 때문이다.

할당 인식을 활성화하기 위해서는 그룹 키를 정의하고 이를 관련된 노드에 설정하면 된다. 예를 들어 elasticsearch.yml을 다음과 같이 수정할 수 있다.

```
cluster.routing.allocation.awareness.attributes: rack
```

노트 할당 인식 속성은 하나 이상의 값을 가질 수 있다. cluster.routing.allocation.awareness. attributes: rack, group, zone처럼 말이다.

이 정의를 사용한다면 클러스터 내에서 샤드들을 rack이라는 파라미터 인식을 사용하여 나눌 수 있다. 원하는 네트워크 구성에 따라서 각 노드의 elasitcsearch. yml에서 이 값을 원하는 값으로 수정할 수 있다. 일래스틱서치는 노드에 메타데이터를 설정할 수 있도록 해주고 있다는 점을 기억하자. 이 경우 메타데이터 키가 할당 인식 파라미터가 된다.

```
node.rack: 1
```

이것이 적용되기 이전과 이후를 비교해보는 게 이해하는 데 도움이 될 것이다. 그림 11.1은 기본 할당 설정을 적용한 클러스터를 보여주고 있다. 이 클러스터는 주와 레플리카 샤드가 같은 랙에 위치하는 문제점을 가지고 있다. 할당 인식 설정을 통해 그림 11.2에서처럼 이 위험을 없앨 수 있다.

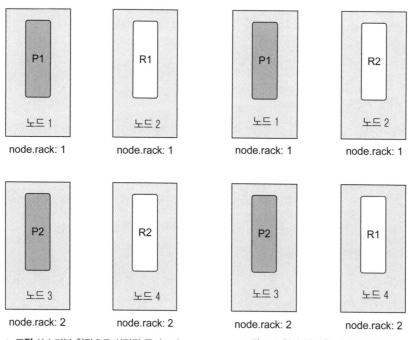

▲ **그림 11.1** 기본 할당으로 설정된 클러스터   ▲ **그림 11.2** 할당 인식을 설정한 클러스터

할당 인식을 사용하면 주 샤드는 이동하지 않았지만, 레플리카들이 다른 node. rack 값을 가지고 있는 노드로 이동하였다. 샤드 할당은 장애의 중심점을 예방할 수 있는 편리한 기능이다. 일반적인 용도는 클러스터 위상을 지역이나 랙, 심지어 가상 머신에 따라 분리하는 것이다. 이어서 실제 AWS 존을 예로 들며 강제 할당에 대해 살펴볼 것이다.

11.2.2 강제 할당 인식

강제 할당 인식은 사전에 값들의 분류를 이해하고 어떤 그룹에 속하는 레플리카의 수를 제한하고자 할 때 유용하다. 이것이 일반적으로 사용되는 실제 사례는 아마존 웹서비스나 다른 다수의 존을 지원하는 클라우드 환경에서 다수의 존에 걸치는 할당 전략을 들 수 있다. 유스케이스는 간단한데, 다른 존이 다운되거나 접근 불가능할 경우에도 한 존에 있는 레플리카의 수를 제한하는 것이다. 이렇게 함으로써, 다른 그룹에 레플리카가 과할당되는 위험을 줄일 수 있다.

예를 들어 이 유스케이스의 경우에는 존 레벨에서 할당을 강제하고 싶을 수 있다. 앞서 했던 것처럼 속성을 zone으로 지정하고, 이 그룹의 값들을 us-east와 us-west처럼 설정할 수 있다. elasticsearch.yml에 다음 내용을 추가하면 된다.

```
cluster.routing.allocation.awareness.attributes: zone
cluster.routing.allocation.force.zone.values: us-east, us-west
```

이 세팅에 따라 실제 시나리오를 상상해보자. 동부 리전에 node.zone: us-east 인 몇몇 노드를 시작했다고 해보자. 색인 설정은 기본값인 5개의 샤드와 1개의 레플리카를 사용한다고 하자. 다른 존 값이 없기 때문에, 주 샤드만이 할당될 것이다.

여기서 일어나고 있는 현상은 레플리카가 기존의 값을 가진 노드 이외의 곳으로만 밸런싱되도록 제한되고 있는 것이다. 만약 서부 리전의 클러스터를 node.zone: us-west로 설정하여 시작한다면, us-east의 레플리카들이 여기로 할당될 것이다. node:zone: us-east인 노드에는 레플리카 샤드가 존재하지 않을 것이다. node. zone: us-west인 다른 노드에도 같은 작업을 수행하여 레플리카가 같은 지역에 존재하지 않도록 할 수 있다. 주의할 점은 us-west로의 연결이 끊어질 경우 us-east 에는 레플리카가 생성되지 않고 반대의 경우도 마찬가지라는 것이다.

할당 인식은 사전 계획이 필요하다. 하지만 할당이 계획한 대로 작동하지 않는 경우에도 이 설정은 모두 런타임에 클러스터 세팅 API를 통해 수정할 수 있다. 변경 된 설정을 일래스틱서치가 재시작 후에도 적용하도록 영구적인 것으로 할 수도 있고 persistent, 일시적인 것으로 할 수도 있다transient.

```
curl -XPUT localhost:9200/_cluster/settings -d '{
  "persistent": {
    "cluster.routing.allocation.awareness.attributes": zone
    "cluster.routing.allocation.force.zone.values": us-east, us-west
  }
}'
```

클러스터 할당 전략에 따라 어떤 클러스터는 확장성이 있고 장애에 대해 회복력 이 있는 반면, 어떤 클러스터는 그렇지 않을 수 있다.

지금까지 일래스틱서치의 샤드 할당에 관련된 기본 설정값들을 정교하게 조정하 는 법에 대해서 알아보았다. 이어서 성능 이슈에 관련하여 어떻게 클러스터의 일반 적인 상태를 모니터링할 수 있는지에 대해 살펴보자.

11.3 성능 병목 모니터링

일래스틱서치는 API를 통해 메모리 사용, 노드 멤버십, 샤드 분배, I/O 성능 등에 관 한 풍부한 정보를 제공해준다. 클러스터와 노드 API는 클러스터의 상태와 전반적인 성능 메트릭을 측정하는 데 도움을 준다. 클러스터 상태 관련된 데이터를 이해하고 전반적인 상태를 평가할 수 있다면 할당되지 않은 샤드나 누락된 노드와 같은 성능 병목 지점을 파악할 수 있을 것이고, 쉽게 대처할 수 있을 것이다.

11.3.1 클러스터 상태 확인하기

클러스터 상태 API를 통해 클러스터, 색인, 샤드의 대략적인 상태를 편리하게 파악할 수 있다. 이는 일반적으로 현재 클러스터에서 발생하고 있는 문제를 진단해내는 첫 번째 접근법이다. 다음 예제는 클러스터 상태 API를 통해 클러스터 상태 전반을 어떻게 확인할 수 있는지 보여준다.

예제 11.3 클러스터 상태 API 요청

```
curl -XGET 'localhost:9200/_cluster/health?pretty';
```

다음은 이에 대한 응답의 예시다.

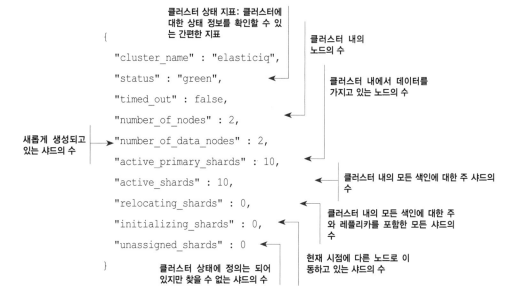

이 응답들을 그대로 받아들여도 클러스터의 일반적인 상태에 대해 많은 것을 추론할 수 있다. 하지만 처음 보기에 명백한 정보들 이외에도 이 예제 출력을 통해 이해할 수 있는 부분이 많다. 코드의 마지막 세 가지 지표인 relocating_shards, initializing_shards, unassigned_shards에 대해 더 깊게 살펴보도록 하자.

- relocating_shards - 0보다 큰 숫자의 의미는 일래스틱서치가 장애복구나 더 좋은 균형 상태를 유지하기 위해 샤드를 클러스터의 다른 노드로 이동시키고 있다는 것이다. 이는 노드를 추가하거나, 장애가 발생한 노드를 재시작하거나 노드를 제거할 경우 일상적으로 발생하는 일시적인 현상이라고 볼 수 있다.

- initializing_shards - 색인을 새로 생성하거나 노드를 재시작한 경우 이 숫자는 0보다 클 것이다.

- unassigned_shards - 이 숫자가 0보다 크게 되는 일반적인 이유는 할당되지 않은 레플리카들 때문이다. 개발 환경에서는 빈번하게 발생하는데, 단일 노드 구성의 클러스터를 사용하고 색인 설정을 기본값으로 사용하는 경우 5개의 샤드와 하나의 레플리카를 갖게 되는데, 이때 다섯 개의 할당되지 않은 레플리카 샤드가 발생하기 때문이다.

출력의 첫 줄에서 알 수 있듯이, 클러스터 상태는 그린이다. 하지만 때로 그렇지 않은 경우도 있다. 예를 들면, 노드가 정상적으로 실행되지 못했거나 혹은 클러스터로부터 떨어져 버리는 경우 등이 있다. 클러스터 상태 값은 클러스터 상태에 관한 일반적인 정보를 제공해 줄 뿐이지만, 각각이 상태 값들이 클러스터 성능 면에서 어떤 의미가 있는지를 이해할 필요가 있다.

- 그린 - 모든 주와 레플리카 샤드가 정상적으로 동작하고 있다.

- 옐로 - 일반적으로 이것은 레플리카 샤드가 유실되었음을 의미한다. unassigned_shards 값이 0보다 클 가능성이 높고, 이는 클러스터가 불안정하다는 것을 뜻한다. 추가적인 샤드 유실은 치명적인 데이터 유실로 이어질 수 있다. 정상적으로 시작되지 않았거나 작동하지 않는 노드들을 살펴보아야 한다.

- 레드 - 이는 심각한 상태로, 클러스터에서 찾을 수 없는 주 샤드가 있다는 것을 의미한다. 이 상태에서 유실된 샤드로의 색인 요청은 금지되고, 검색 결과는 정확하지 않을 수 있다. 하나 혹은 다수의 노드가 클러스터에서 유실되었을 가능성이 높다.

이 지식을 바탕으로 이제 옐로 상태의 클러스터를 진단하고, 문제의 원인이 무엇인지를 파악하고자 할 수 있다.

```
curl -XGET 'localhost:9200/_cluster/health?pretty';
{
  "cluster_name": "elasticiq",
  "status": "yellow",
  "timed_out": false,
  "number_of_nodes": 1,
  "number_of_data_nodes": 1,
  "active_primary_shards": 10,
  "active_shards": 10,
  "relocating_shards": 0,
  "initializing_shards": 0,
  "unassigned_shards": 5
}
```

위 API 요청과 응답을 보면, 앞서 살펴본 것처럼 클러스터는 현재 옐로 상태이고, unassingned_shards 값이 0 이상인 점이 아마도 문제의 원인일 것이라고 생각해 볼 수 있다. 클러스터 상태 API는 이슈를 더 깊이 있게 확인할 수 있도록 더 정밀한 작업 방법을 제공해준다. 이 경우, level이라는 파라미터를 추가하여 어떤 색인들이 미할당된 샤드들로 인해 문제가 되고 있는지를 더 깊이 확인해볼 수 있다.

```
curl -XGET 'localhost:9200/_cluster/health?level=indices&pretty';
{
  "cluster_name": "elasticiq",
  "status": "yellow",
  "timed_out": false,
  "number_of_nodes": 1,          ◀── 클러스터는 구동 중인 노드가 하나다.
  "number_of_data_nodes": 1,
  "active_primary_shards": 10,
  "active_shards": 10,
  "relocating_shards": 0,
```

```
"initializing_shards": 0,
"unassigned_shards": 5,
"indices": {
  "bitbucket": {
    "status": "yellow",                      주 샤드들
    "number_of_shards": 5,     ◄──  여기서 일래스틱서치에게 주 샤드 하나당 하나의 레플리카를
                                     할당하도록 설정되어 있는 것을 확인할 수 있다.
    "number_of_replicas": 1,   ◄──
    "active_primary_shards": 5,
    "active_shards": 5,
    "relocating_shards": 0,
    "initializing_shards": 0,        레플리카 정의를 지원해줄 사용 가능한 노드들이
    "unassigned_shards": 5     ◄──  모자라서 발생하게 되는 미할당된 샤드들
  }...
```

단일 노드로 구성된 클러스터가 문제에 빠져 있는 상황을 확인할 수 있는데, 일래스틱서치가 레플리카 샤드를 클러스터 내에 할당하려고 하지만, 노드가 하나밖에 없어 이를 수행할 수 없기 때문이다. 이로 인해 그림 11.3에서 볼 수 있듯 레플리카 샤드는 어디에도 할당되지 않고, 클러스터 상태가 옐로로 남게 된다.

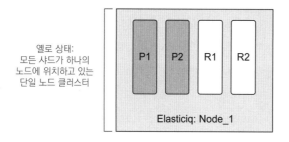

옐로 상태:
모든 샤드가 하나의
노드에 위치하고 있는
단일 노드 클러스터

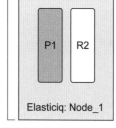
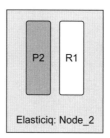

그린 상태:
새로운 노드가
추가되어 레플리카가
균일하게 분포된 상태

▲ **그림 11.3** 노드를 추가하여 옐로 상태를 해결한 경우

이처럼 쉬운 조치 방법은 클러스터에 노드를 추가하여 일래스틱서치가 레플리카 샤드를 그 노드에 새로 할당할 수 있도록 하는 것이다. 모든 노드를 정상적으로 동작하도록 만드는 것이 옐로 상태를 해결하는 가장 쉬운 방법이다.

11.3.2 CPU: 슬로우 로그, 핫 스레드, 스레드 풀

일래스틱서치를 모니터링하다보면 가끔씩 CPU 사용률이 갑작스럽게 증가하거나 높은 CPU 사용률과 블락 된/대기 중인 스레드들로 인해 성능 병목이 발생하는 것을 확인할 수 있다. 이 절에서는 잠재적인 성능 병목 현상과 이것들을 확인하고 대처할 수 있는 도구들에 대해 살펴볼 것이다.

슬로우 로그

일래스틱서치는 느린 작업들을 확인하기 위한 두 가지 형태의 로그(슬로우 로그slow log 와 슬로우 색인 로그)를 제공한다. 이는 클러스터 설정 파일에서 쉽게 설정할 수 있다. 기본적으로 둘 다 비활성화되어 있다. 로그 출력의 범위는 샤드 레벨이다. 다시 말해, 하나의 작업이 해당 로그 파일에서 몇 줄에 걸쳐 나타날 수 있다. 이와 같은 샤드 레벨 로깅의 장점은 여기서 볼 수 있듯 로그를 통해 어떤 샤드와 노드가 문제인지를 더 잘 확인할 수 있다는 것이다. 여기서 또한 이 설정은 '{index_name}/_settings' 종단점을 통해 수정할 수 있음을 확인할 수 있다.

```
index.search.slowlog.threshold.query.warn: 10s
index.search.slowlog.threshold.query.info: 1s
index.search.slowlog.threshold.query.debug: 2s
index.search.slowlog.threshold.query.trace: 500ms

index.search.slowlog.threshold.fetch.warn: 1s
index.search.slowlog.threshold.fetch.info: 1s
index.search.slowlog.threshold.fetch.debug: 500ms
index.search.slowlog.threshold.fetch.trace: 200ms
```

여기서 볼 수 있듯이 검색의 검색과 조회fetch 두 측면 모두에 임계값을 설정할 수 있다. 로그 레벨(warn, info, debug, trace)을 통해 어떤 레벨의 로그를 남길지를 세밀하게 설정할 수 있는데, 이는 로그 파일을 단순히 grep을 통해 찾아보고자 할 때 편리하다. 출력이 남겨질 실제 로그 파일과 다른 로깅에 관련된 기능은 다음과 같이 logging.yml에서 설정할 수 있다.

```
index_search_slow_log_file:
  type: dailyRollingFile
  file: ${path.logs}/${cluster.name}_index_search_slowlog.log
    datePattern: "'.'yyyy-MM-dd"
    layout:
      type: pattern
      conversionPattern: "[%d{ISO8601}][%-5p][%-25c] %m%n"
```

슬로우 로그 파일의 일반적인 출력 형태는 다음과 같다.

```
[2014-11-09 16:35:36,325][INFO ][index.search.slowlog.query][ElasticIQ-
Master] [streamglue][4] took[10.5ms], took_millis[10], types[], stats[],
search_type[QUERY_THEN_FETCH], total_shards[10],
source[{"query":{"filtered":{"query":{"query_string":{"query":"test"}}}},...}
[2014-11-09 16:35:36,339][INFO ][index.search.slowlog.fetch] [ElasticIQ-
Master] [streamglue][3] took[9.1ms], took_millis[9], types[], stats[],
search_type[QUERY_THEN_FETCH], total_shards[10], ...
```

슬로우 쿼리 로그

성능 이슈를 확인할 때 관심을 가질만한 중요한 부분은 바로 took[##ms] 같은 쿼리 수행 시간이다. 또한, 쿼리와 연관된 샤드나 색인을 아는 것도 도움이 될 수 있다. 이 정보들은 [index][shard_number] 형태로 표기되는데, 이 예제에서는 [streamglue][4]이다.

슬로우 색인 로그

색인 요청의 병목 지점을 파악하는 또 하나의 유용한 방법은 슬로우 색인 로그다. 이 임계값은 이전의 슬로우 로그의 경우와 유사하게 클러스터 설정 파일이나 색인 설정 갱신 API를 통해 정의할 수 있다.

```
index.indexing.slowlog.threshold.index.warn: 10s
index.indexing.slowlog.threshold.index.info: 5s
index.indexing.slowlog.threshold.index.debug: 2s
index.indexing.slowlog.threshold.index.trace: 500ms
```

이전처럼, 임계값을 초과하는 모든 색인 작업은 로그 파일에 기록되게 된다. 이 로그를 통해 색인 작업에 관한 내용인 [index][shard_number] ([bitbucket][2])와 수행시간(took[4.5ms]) 등을 확인할 수 있다.

```
[2014-11-09 18:28:58,636][INFO ][index.indexing.slowlog.index] [ElasticIQ-
Master] [bitbucket][2] took[4.5ms], took_millis[4], type[test], id[w0QyH_
m6Sa2P-juppUy3Tw], routing[], source[] ...
```

느린 쿼리나 색인 요청이 어디에서 발생하는지를 확인하는 것은 일래스틱서치 성능 문제를 해결하는 데 많은 도움을 줄 것이다. 느려지는 성능을 조치 없이 방치한 다면 전체 클러스터에 순차적인 장애로 이어져 전체 시스템의 크래시로 이어질 수 있다.

핫스레드 API

클러스터의 CPU 사용률이 과도한 현상을 경험한 적이 있다면, 핫스레드 HOT_THREADS API를 통해 특정 프로세스가 블락되어 문제를 일으키고 있는 것을 확인하는 데 유용하다는 것을 알 수 있을 것이다. 핫스레드 API를 통해 클러스터 내 각각의 노드에서 블락된 스레드들의 목록을 조회할 수 있다. 다른 API와는 다르게 핫스레드 API는 JSON이 아닌 특정 포맷의 텍스트를 반환한다.

```
curl -XGET 'http://127.0.0.1:9200/_nodes/hot_threads';
```

응답 예시는 다음과 같다.

```
::: [ElasticIQ-Master][AtPvr5Y3ReWua7ZPtPfuQ][loki.local]
[inet[/127.0.0.1:9300]]{master=true}
  37.5% (187.6micros out of 500ms) cpu usage by thread
'elasticsearch[ElasticIQ-Master][search][T#191]
10/10 snapshots sharing following 3 elements
...
```

핫스레드 API의 응답을 정확히 이해하기 위해서는 약간의 해석이 필요하다. 그러면 CPU 성능에 관한 정보는 어떤 것이 있는지 살펴보자.

```
::: [ElasticIQ-Master][AtPvr5Y3ReWua7ZPtPfuQ][loki.local][inet[/
127.0.0.1:9300]]{master=true}
```

응답의 최상단 행은 노드의 신원 정보를 포함하고 있다. 아마도 클러스터는 하나 이상으로 구성되어 있을 것이기 때문에, 스레드 정보가 어느 CPU에 속하는지에 관한 기초적인 정보라고 할 수 있다.

```
  37.5% (187.6micros out of 500ms) cpu usage by thread
'elasticsearch[ElasticIQ-Master][search][T#191]
```

여기서 37.5%의 CPU 자원이 검색 스레드에 사용되고 있는 것을 확인할 수 있다. 이것이 중요한데, 이것에 대한 이해가 있어야 CPU를 과다하게 사용하는 검색 쿼리들을 튜닝할 수 있기 때문이다. 검색이라는 값이 항상 존재하지는 않을 수도 있다. 일래스틱서치는 머지, 색인, 혹은 해당 스레드에서 수행되고 있는 다른 작업을 보여줄 수도 있다. CPU 사용률이라는 이름을 가지고 있기 때문에 이것이 뭔가 CPU에 연관된 것이라는 점을 알 수 있다. 여기서 확인할 수 있는 다른 것들은 블락된 스레드들을 확인할 수 있는 블락 사용률이나 WAITING 상태에 있는 스레드들에 의한 대기 사용률 등이 있다.

```
10/10 snapshots sharing following 3 elements
```

스택 트레이스 직전의 마지막 라인은 일래스틱서치가 같은 스택 트레이스를 가지고 있는 스레드가 최근 몇 밀리초 내에 뜬 10개 스냅샷 중 10개에 있다는 것을 의미한다.

당연하게도, 일래스틱서치가 어떻게 핫스레드 API 정보를 수집하여 나타내는지를 이해하는 것은 가치가 있다. 매우 짧은 밀리 초 기간마다, 일래스틱서치는 스레드의 지속 기간, 상태(WAITING/BLOCKED), 각 스레드가 대기 혹은 블락된 기간 등에 대한 정보를 수집한다. 설정된 시간 간격마다(기본값은 500ms) 일래스틱서치는 정보 수집 작업의 두 번째 단계를 수행한다. 각 단계에서는 각각의 스택 트레이스에 대한 스냅샷을 떠놓는다. 이런 정보 수집 작업은 핫스레드 API 요청에 파라미터들을 추가하여 튜닝할 수 있다.

```
curl -XGET 'http://127.0.0.1:9200/_nodes/hot_threads?type=wait&interval=1000
ms&threads=3';
```

- type - cpu, wait, block 중 하나. 스냅샷의 대상이 되는 스레드의 상태다.
- interval - 첫 번째와 두 번째 단계 사이의 대기 시간. 기본값은 500ms다.
- threads - 몇 개의 상위 핫스레드를 보여줄 것인지다.

스레드 풀

CPU와 메모리를 더 효율적으로 사용하기 위해 각 노드는 스레드 풀을 관리하고 있다. 일래스틱서치는 실행되고 있는 노드에서 최대한의 성능을 달성하기 위해 스레드 풀을 관리하려고 한다.

경우에 따라, 순차적인 실패 시나리오를 회피하기 위해 스레드풀이 관리되는 방법을 직접 설정하여 오버라이드할 필요가 있을 수 있다. 부하가 큰 상황에서 일래스틱서치는 수천 개의 스레드를 생성하여 요청을 처리하고자 할 수 있는데, 이는 클러스터 전체를 마비시킬 수 있다. 스레드 풀을 어떻게 튜닝할지를 알기 위해서는 사용자 애플리케이션이 어떻게 일래스틱서치 API를 사용하는지 이해해야 할 필요가 있다. 예를 들어, 벌크 색인 API의 사용이 대부분인 애플리케이션의 경우 더 많은 스레드를 할당받을 필요가 있다. 그렇지 않다면 벌크 색인 요청에서 병목이 발생해서 다른 요청이 무시될 수 있다.

클러스터 설정의 통해 스레드 풀 관련 설정들을 튜닝할 수 있다. 스레드 풀은 요청 종류에 따라 나누어지고 요청 종류에 따라 각각 다른 기본값을 가지고 있다. 이중 일부를 살펴보면 다음과 같다.

- bulk - 기본값은 가용 프로세서의 수
- index - 기본값은 가용 프로세서의 수
- search - 기본값은 가용 프로세서의 수의 세 배

elasticsearch.yml을 보면 스레드풀 큐의 사이즈나 벌크 요청을 위한 스레드 풀의 수를 늘릴 수 있음을 알 수 있다. 또한 클러스터 설정 API를 통해 실행 중인 클러스터에도 이 값들을 갱신할 수 있다.

```
# 벌크 스레드 풀
threadpool.bulk.type: fixed
threadpool.bulk.size: 40
threadpool.bulk.queue_size: 200
```

스레드 풀에는 고정[fixed]과 캐시[cache]라는 두 가지 형태가 있다. 고정 스레드 풀은 고정된 수의 스레드를 가지고 요청을 처리하고 대기 중인 요청을 보관할 큐를 가지고 있다. 이때 queue_size 파라미터는 스레드의 수를 제어하는 데 사용되고, 기본값은 CPU 코어의 5배이다. 캐시 스레드 풀은 무제한이라고 볼 수 있는데, 대기중인 요청이 있을 경우 새로운 스레드를 생성하기 때문이다.

클러스터 상태 API, 슬로우 쿼리/색인 로그, 스레드에 관한 정보를 통해, CPU 집약적인 작업과 병목을 더욱 쉽게 진단해낼 수 있을 것이다. 다음 절에서는 메모리 관련 정보에 대해 알아볼 것인데, 이것 역시 일래스틱서치 성능 이슈를 진단하고 튜닝하는 데 도움이 될 것이다.

11.3.3 메모리: 힙 크기, 필드와 필터 캐시

이 절에서는 일래스틱서치 클러스터의 메모리를 효율적으로 관리 하고 튜닝하는 방법에 대해 알아볼 것이다. 일래스틱서치의 집계와 필터링 작업은 메모리에 의해 제약

을 받는 작업이다. 따라서 일래스틱서치의 기본 메모리 관리 설정과 기반 JVM의 성능을 향상시키는 방법을 이해하는 것은 클러스터를 확장하는 데 있어 매우 중요하다.

힙 크기

일래스틱서치는 JVM에서 동작하는 자바 애플리케이션이다. 따라서 가비지 컬렉션의 메모리 관리 작업에 의해 영향을 받는다. 가비지 컬렉터의 개념은 단순하다. 이는 메모리가 부족할 때 실행되며, 레퍼런스가 끊긴 객체들을 삭제하여 다른 JVM 애플리케이션들이 사용할 수 있도록 메모리를 확보해준다. 이 가비지 컬렉션 작업은 오래 걸리고 시스템 멈춤 현상을 일으킨다. 지나치게 많은 데이터를 메모리에 올리는 것은 또한 메모리 부족 예외OOM를 발생시키게 되는데, 이는 시스템 실패와 가비지 컬렉션이 처리할 수 없는 예상할 수 없는 결과를 초래하게 된다.

일래스틱서치가 빠르게 동작하기 위해서는 몇몇 작업은 메모리 내에서 수행되어야 한다. 이렇게 할 때 필드 데이터에 대한 접근이 더 효율적이기 때문이다. 예를 들어, 일래스틱서치는 사용자 쿼리에 맞는 문서들에 대한 필드 데이터만을 로딩하는 것이 아니라 색인에 있는 모든 문서에 대한 값들을 로딩한다. 이는 데이터를 메모리 내에서 접근할 수 있도록 만들어 줌으로써 이후의 쿼리를 매우 빠르게 해준다.

JVM 힙이란 JVM 위에서 실행되는 애플리케이션에 할당된 메모리의 크기를 의미한다. 그렇기 때문에, 이것의 성능을 튜닝하는 법을 이해하는 것은 메모리 부족 예외나 가비지 컬렉션으로 인한 정지현상 등을 회피하기 위해서 매우 중요하다. JVM 힙 크기는 HEAP_SIZE라는 환경변수를 통해 설정할 수 있다. 힙 크기를 설정할 때 기억하고 있어야 할 규칙은 다음과 같다.

- 최대 시스템 램의 50% - JVM에 너무 많은 메모리를 할당하면 루씬이 빈번하게 사용하는 파일 시스템 캐시를 위한 메모리가 부족해질 수 있다.

- 최대 32GB 램 - JVM은 32GB 이상 메모리가 할당된 경우 압축된 OOPobject ordinary pointer를 사용하지 않도록 그 동작이 변경된다. 다시 말해 32GB 이하로 힙을 사용할 경우 메모리 공간을 대략 절반 정도로 사용하게 된다는 뜻이다.

필터와 필드 캐시

캐시는 일래스틱서치에서 중요한 역할을 담당한다. 이를 통해 필터와 facets, 색인
필드 정렬을 더 효율적으로 수행할 수 있다. 이 절에서는 필터 캐시와 필드 데이터
캐시 두 가지를 살펴볼 것이다.

필터 캐시는 필터와 쿼리 작업의 결과를 메모리 내에 저장한다. 즉, 필터가 적용
된 최초의 쿼리는 그 결과를 필터 캐시에 저장한다. 이후의 모든 같은 필터가 적용된
쿼리는 캐시 내의 데이터를 활용할 뿐 디스크의 데이터를 조회하지 않는다. 필터 캐
시는 CPU와 I/O 자원을 더 효율적으로 사용하게 함으로써 필터가 적용된 쿼리를 더
빠르게 수행될 수 있도록 한다.

일래스틱서치는 두 가지 종류의 필터 캐시를 사용할 수 있다.

- 색인 수준 필터 캐시
- 노드 수준 필터 캐시

노드 레벨 필터 캐시가 기본 설정으로 이것에 대해 다루게 될 것이다. 색인 레벨
필터 캐시는 사용을 권장하지 않는데, 왜냐하면 색인이 클러스터 내에서 어디에 존
재할지 알 수 없으므로 메모리를 얼마나 사용하게 될지 예측할 수 없기 때문이다. 노
드 레벨 필터 캐시는 LRU$^{least\ recently\ used}$ 형태의 캐시다. 즉 캐시가 가득 차면, 캐시
목록 중 가장 오래 전에 사용했던 것이 제거되어 새로운 목록을 추가하기 위한 공간
을 확보하게 된다. 이 설정은 index.cache.filter.typed을 node로 설정하여 사용
할 수 있다. 혹은 전혀 설정하지 않을 경우 기본값이기 때문에 사용하게 된다. 이제
indices.cache.filter.size 속성을 통해 크기를 설정할 수 있다. 이 값은 메모리
에 대한 퍼센트(예를 들어 20%) 혹은 정적인 값(예를 들어 1024MB)을 입력할 수 있다.
참고로 퍼센트 설정 시 전체 용량은 노드의 최대 힙 값이다.

필드 데이터 캐시

필드 데이터 캐시는 쿼리 수행 시간을 단축시키기 위해서 사용된다. 일래스틱서치
는 쿼리가 수행될 때 필드 값을 메모리로 불러오는데, 이를 다음 요청 시에 사용할
수 있도록 필드 데이터 캐시에 보관하고 있는 것이다. 이런 구조를 메모리에 형성하

는 것은 비싼 작업이기 때문에, 일래스틱서치가 모든 요청 시에 이 작업을 수행하기를 원하지는 않을 것이다. 따라서 캐시를 통한 성능적인 이점은 주목할 만하다. 기본적으로, 이 캐시의 크기에는 제한이 없고 필드 데이터 서킷 브레이커(다음 섹션에서 다룰 것이다) 값에 도달할 때까지 커질 수 있다. 필드 데이터 캐시의 값을 설정하여 일래스틱서치가 상한점에 도달할 경우 데이터를 제거하도록 할 수 있다.

이 설정은 indices.fielddata.cache.size 속성을 통해 할 수 있으며 퍼센트 값이나(20%) 정적인 값(16GB) 등으로 설정할 수 있다. 이 값은 전체 힙 크기의 일정 비율 혹은 일정한 크기의 메모리를 캐시를 위해 사용한다는 것을 나타낸다.

필드 데이터 캐시의 현재 상태를 조회하기 위해서는 다음과 같은 간편한 API들을 사용할 수 있다.

- 노드별:

  ```
  curl -XGET 'localhost:9200/_nodes/stats/indices/
  fielddata?fields=*&pretty=1';
  ```

- 색인별:

  ```
  curl -XGET 'localhost:9200/_stats/fielddata?fields=*&pretty=1'; ?
  ```

- 노드별 색인별:

  ```
  curl -XGET 'localhost:9200/_nodes/stats/indices/
  fielddata?level=indices&fields =*&pretty=1';??
  ```

fields=*를 입력할 경우 모든 필드 이름과 값을 조회할 수 있다. 이 API들의 응답은 다음과 같다.

```
{
  "indices": {
    "bitbucket": {
      "fielddata": {
        "memory_size_in_bytes": 1024mb,
        "evictions": 200,
        "fields": { ... }
      }
    }, ...
```

이 작업은 캐시의 현재 상태를 분석해준다. 캐시 제거eviction의 횟수에 특히 주의하도록 하자. 캐시 제거는 비용이 큰 작업이고 또한 필드 데이터가 너무 작게 설정되었다는 신호이기도 하다.

서킷 브레이커

앞 절에서 보았듯이 필드 데이터 캐시는 OutOfMemory 에러를 발생시킬 만큼 커지게될 수 있다. 필드 데이터의 크기는 데이터가 로딩된 이후에 계산되기 때문이다. 이런경우를 방지하기 위해 일래스틱 서치는 서킷 브레이커를 제공하고 있다.

서킷 브레이커는 메모리 부족 에러의 가능성을 줄이기 위해 설정할 수 있는 인위적인 임계치다. 이는 쿼리 수행 시에 필요한 데이터 필드들을 조사하여 이 데이터를캐시로 로딩하는 것이 전체 캐시 사이즈 임계치를 초과하게 만드는지를 판단하는 방식으로 동작한다. 일래스틱서치에는 두 가지 서킷 브레이커가 존재하고, 또한 모든서킷 브레이커가 사용할 수 있는 메모리의 총량을 설정할 수 있는 부모 서킷 브레이커도 있다.

- indices.breaker.total.limit - 기본값은 힙의 70%다. 필드 데이터와
  요청 서킷 브레이커가 이 값을 초과하지 않도록 해준다.

- indices.breaker.fielddata.limit - 기본값은 힙의 60%다. 필드 데이터
  캐시가 이 값을 초과하지 않도록 해준다.

- indices.breaker.request.limit - 기본값은 힙의 40%다. 집계 버킷 생
  성 등의 작업 등에 할당할 수 있는 힙의 크기를 조절한다.

서킷 브레이커 설정에 대한 기본적인 규칙은 그 값을 보수적으로 잡으라는 것이다. 서킷 브레이커가 제어하는 캐시는 메모리 공간을 메모리 버퍼, 필터 캐시, 다른일래스틱서치가 사용하는 메모리와 공유하기 때문이다.

스왑 사용 방지하기

운영체제는 메모리 페이지를 디스크로 내리기 위해 스왑swap을 사용하곤 한다. 이는운영체제에 메모리가 부족할 경우 발생한다. 운영체제가 스왑된 페이지를 다시 필요로 할 경우, 이는 다시 메모리로 로딩된다. 스왑은 성능 관점에서 비용이 매우 크

므로 가능한 사용하지 않도록 해야 한다. 일래스틱서치는 그림 11.4처럼 많은 런타임에 필요한 데이터와 캐시를 메모리에 보관하고 있기 때문에, 비싼 디스크 읽기/쓰기 작업은 클러스터의 성능에 심각한 영향을 미칠 수 있다. 지금부터는 성능을 더 빠르게 하기 위해 스왑을 비활성화하는 방법을 알아볼것이다. 일래스틱서치의 스왑 사용을 가장 확실하게 비활성화하는 방법은 elasticsearch.yml 파일에서 `bootstrap.mlockall`을 `true`로 설정하는 것이다. 그리고 나서는 이 설정이 적용되었는지를 확인하여야 할 것이다.

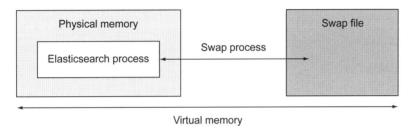

▲ **그림 11.4** 일래스틱서치는 런타임 데이터와 캐시를 메모리에 보관하기 때문에 읽기와 쓰기 작업의 비용이 클 수 있다

일래스틱서치가 구동 중이라면, 로그에서 경고 메시지를 확인하거나 혹은 현재 상태를 조회해볼 수 있다.

- 로그 내에서의 에러 예시:
  ```
  [2014-11-21 19:22:00,612][ERROR][common.jna]
  Unknown mlockall error 0
  ```

- API 요청:
  ```
  curl -XGET 'localhost:9200/_nodes/process?pretty=1'; ?
  ```

- 응답:
  ```
  ...
  "process" : {
      "refresh_interval_in_millis" : 1000,
      "id" : 9809,
      "max_file_descriptors" : 10240,
  ```

```
    "mlockall" : false
    } ...
```

로그에서 경고 메시지나 `mlockall`이 `false`로 설정되었다는 상태 확인 결과를 보게 된다면, 설정이 제대로 적용되지 않은 것이다. 일래스틱서치를 구동하는 사용자의 접근 권한이 충분하지 않은 것이 설정이 제대로 적용되지 않는 것에 대한 가장 흔한 이유다. 이 경우 보통 루트 사용자로 접속해 셸에서 `ulimit -l unlimited`를 실행시켜 해결할 수 있다. 새로운 설정을 적용하기 위해서는 일래스틱서치를 재시작하여야 한다.

11.3.4 운영체제 캐시

일래스틱서치와 루씬은 루씬 세그먼트가 불변 파일이라는 특성으로 인해 운영체제의 파일 시스템 캐시를 적극적으로 사용한다. 루씬은 인메모리 자료구조의 경우 기반의 운영체제 파일 시스템 캐시를 적극적으로 사용하도록 설계되었다. 루씬 세그먼트는 불변 파일들의 형태로 저장된다. 불변의 파일은 캐시 친화적이라고 할 수 있고, 기반이 되는 운영체제는 "핫한" 세그먼트를 빠른 접근이 가능하게 메모리에 상주시키도록 설계되어 있다.

이 결과 작은 색인은 운영체제에 의해 메모리에 통째로 캐싱되어 디스크를 사용하지 않고 빠르게 작업을 수행하게 될 확률이 높아진다. 루씬은 운영체제의 파일 시스템 캐시를 적극적으로 사용하기 때문에, 앞서 추천했던 것처럼 물리 메모리의 절반을 JVM 힙으로 설정했다면, 루씬이 나머지 절반의 대부분을 캐싱에 사용할 것이라고 기대해도 좋다. 이런 단순한 이유로 인해 자주 사용되는 색인들을 성능이 좋은 장비에 위치시키는 것은 좋은 프랙티스라고 여겨진다. 여기서의 아이디어는 루씬이 핫한 데이터 세그먼트를 메모리에 위치하여 빠르게 접근할 수 있도록 해줄 것이고, 이것은 힙에 할당되지 않은 메모리가 충분할수록 쉽게 수행할 수 있을 것이라는 점이다. 하지만 이를 위해서는 라우팅을 이용하여 특정 색인을 성능이 좋은 장비에 할당되도록 해야 할 것이다.

먼저, 특정한 속성인 `tag`를 모든 노드에 지정해야 한다. 모든 노드는 `tag` 속성에 대한 유일한 값을 갖고 있다. 예를 들어 `node.tag: mynode1` 혹은 `node.`

tag:mynode2처럼 말이다. 개별 노드의 설정을 사용하여 특정 태그값을 가진 노드에만 위치할 색인을 생성할 수 있다. 이 예제의 목표는 새로 생성된, 혹은 빈번하게 사용되는 색인을 루씬이 사용할 더 많은 힙 이외의 메모리를 가진 노드에 위치하도록 하기 위한 것임을 다시 한 번 기억하자. 이를 위해서 아래의 명령을 통해 새로운 색인인 myindex는 mynode1과 mynode2라는 태그를 가진 노드에서만 생성될 것이다.

```
curl -XPUT localhost:9200/myindex/_settings -d '{
  "index.routing.allocation.include.tag" : "mynode1,mynode2"
}'
```

이 특정 노드들이 더 많은 힙 이외의 메모리가 할당되어 있다고 가정하면, 루씬이 세그먼트들을 메모리에 캐싱할 것이고, 이를 통해 색인에 대한 응답시간이 세그먼트를 디스크에서 탐색해야 했을 경우보다 매우 빨라질 것이다.

11.3.5 저장 제한

아파치 루씬은 데이터를 디스크에 불변 세그먼트 파일 형태로 저장한다. 불변 파일은 정의상 루씬에 의해 한 번만 쓰이고 여러 번 읽히는 것을 의미한다. 머지 작업은 이 세그먼트들에 대해 이루어지는데, 새로운 세그먼트가 생성할 때 동시에 다수의 세그먼트를 읽어야 하기 때문이다. 비록 이런 머지 작업이 보통은 시스템에 큰 부하를 초래하지는 않지만, I/O 성능이 낮은 시스템은 머지나 색인, 검색 작업이 동시에 일어날 때 성능이 크게 저하될 수 있다. 다행히도, 일래스틱서치는 제한 기능을 제공하여 I/O가 얼마나 사용할지를 조절할 수 있도록 해주고 있다.

이 제한은 노드 수준 혹은 색인 수준에서 설정할 수 있다. 노드 수준에서의 제한 설정은 전체 노드에 영향을 미치지만, 색인 수준에서의 설정은 지정된 색인에서만 효과를 갖는다.

노드 수준의 제한은 indices.store.throttle.type 속성을 통해 설정할 수 있고 값으로는 none, merge, all을 설정할 수 있다. merge라는 값은 일래스틱서치에게 노드 전체, 즉 노드에 있는 모든 샤드에 대해 머지 작업으로 인한 I/O를 제한하도록 한다. all 값은 노드의 모든 샤드에 대해 모든 작업의 제한 한계점을 적용하게 된다. 색인 수준의 제한은 거의 같은 방식으로 설정할 수 있는데, index.store.throttle.type 속성을 사용하면 된다. 추가로 이 경우는 값으로 node를 사용할 수 있는데, 이는 노드 전체에 제한 한계를 적용하라는 의미를 갖는다.

노드 수준과 색인 수준 제한 모두의 경우, 일래스틱서치는 I/O가 사용할 수 있는 최대 초당 바이트를 설정할 수 있는 속성을 제공하고 있다. 노드 수준 설정의 경우에는 indices.store.throttle.max_bytes_per_sec를 사용하면 되고 색인 수준 설정의 경우는 index.store.throttle.max_bytes_per_sec를 사용하면 된다. 값들은 초당 메가바이트 형태로 표현된다는 점에 유의하자.

```
indices.store.throttle.max_bytes_per_sec : "50mb"
```

혹은

```
index.store.throttle.max_bytes_per_sec : "10mb"
```

자신의 클러스터에 가장 적절한 값을 찾아내는 것은 각자의 실습 과제로 남겨놓고자 한다. 시스템의 I/O 대기 빈도가 높거나 성능이 저하되고 있다면, 이 값을 낮추는 것이 문제의 심각성을 줄여줄 것이다.

지금까지 장애를 줄이는 방법에 대해 살펴보았다. 다음 장에서는 장애에 대비하여 클러스터의 데이터를 백업하고 다시 복원하는 것에 관해 알아볼 것이다.

11.4 데이터 백업하기

일래스틱서치는 풍부한 기능을 가진 증분식 데이터 백업 방법을 제공한다. 스냅샷과 복원 API는 개별 색인 데이터, 모든 색인, 클러스터 설정까지도 원격 저장소나 다른 연동할 수 있는 백엔드 시스템에 백업할 수 있도록 해준다. 이후에는 이를 통해 기존 클러스터나 새로운 클러스터에 이 백업을 복원할 수 있다.

스냅샷의 일반적인 용도는 물론 장애 복구를 위한 백업이겠지만, 프로덕션 환경의 데이터를 개발이나 테스트 환경으로 복제하는 경우나 큰 규모의 변경 작업을 수행하기 이전의 보험 용도로서도 유용할 수 있다.

11.4.1 스냅샷 API

데이터를 백업하기 위해 처음으로 스냅샷 API를 사용한다면, 일래스틱서치는 클러스터의 상태와 데이터를 복사하게 된다. 이후의 모든 스냅샷은 이전 것으로부터의 변경 사항만을 포함하게 된다. 스냅샷은 논블로킹 작업이기 때문에, 구동 중인 시스템에서 수행하여도 성능에 미치는 가시적인 영향은 없다. 게다가, 추가적인 스냅샷들은 기존 것으로부터의 증분인 형태이기 때문에, 시간이 지날수록 스냅샷의 크기는 작아지고 빠르게 수행된다.

스냅샷은 저장소에 저장된다는 점을 주의할 필요가 있다. 저장소는 파일 시스템이나 URL로 정의할 수 있다.

- 파일 시스템 저장소의 경우 공유 파일 시스템이어야 하고, 그 공유 파일 시스템은 클러스터의 모든 노드에 마운트되어 있어야 한다.
- URL 저장소는 읽기 전용이고 따라서 스냅샷을 보관할 대안적인 방법이라고 할 수 있다.

이 절에서는 일반적이고 다양하게 활용되는 파일 시스템 저장소 형태에 대한 것들을 다룰 것이다. 어떻게 스냅샷을 생성하고 복원하며 벤더가 제공하는 클라우드 저장소와 연동하는 플러그인을 어떻게 활용하는지에 대한 것들을 살펴보게 될 것이다.

11.4.2 공유 파일 시스템에 데이터 백업하기

클러스터 백업은 아래 세 가지 절차를 통해 이루어지고, 각각에 대해서 자세히 살펴보게 될 것이다.

- 저장소 정의 – 일래스틱서치에게 저장소가 어떤 구조의 것인지를 알려주는 것
- 저장소의 존재 여부 확인 – 저장소 정의를 통해 생성한 저장소를 다시 한 번 검증하는 것
- 백업 실행하기 – 첫 번째 스냅샷을 간단한 REST API 명령을 통해 실행해볼 수 있다.

스냅샷을 활성화하는 첫 번째 단계에서는 공유 파일 시스템 저장소를 정의해야한다. 다음 예제의 curl 명령은 네트워크에 마운트된 저장 장치에 새로운 저장소를 정의하기 위한 것이다.

예제 11.4 새 저장소 정의하기

```
                                        저장소의 이름: my_repository
curl -XPUT 'localhost:9200/_snapshot/my_repository' -d '
          저장소의 형태를 공유 파일
{         시스템으로 정의한다.
  "type": "fs",
  "settings": {
                                    저장소의 네트워크상의 위치
    "location": "smb://share/backups",
                                    기본값은 true이다. 즉, 실제 데이터 파일은
    "compress": true,              제외하고 (주석)메타데이터만을 압축한다.
    "max_snapshot_bytes_per_sec": "20mb",
    "max_restore_bytes_per_sec": "20mb"    스냅샷의 초당 전송률
  }                              복원 작업의 초당 변환율
}'
```

클러스터에서 저장소가 한번 정의되고 나면, 다음의 간단한 GET 명령을 통해 이것이 실제로 존재하는지를 확인할 수 있다.

```
curl -XGET 'localhost:9200/_snapshot/my_repository?pretty=1';
{
  "my_repository": {
    "type": "fs",
    "settings": {
      "compress": "true",
      "max_restore_bytes_per_sec": "20mb",
      "location": "smb://share/backups",
      "max_snapshot_bytes_per_sec": "20mb"
    }
  }
}
```

기본 명령 시 저장소 이름을 입력하지 않아도 되고, 이 경우, 일래스틱서치는 클러스터에 등록된 모든 저장소를 반환한다.

```
curl -XGET 'localhost:9200/_snapshot?pretty=1';
```

클러스터에 대한 저장소를 생성하고 난 후에는, 최초의 스냅샷(혹은 백업)을 다음과 같이 생성할 수 있다.

```
curl -XPUT 'localhost:9200/_snapshot/my_repository/first_snapshot';
```

이 명령은 스냅샷 작업을 실행시키고 즉각 반환된다. 만약 스냅샷이 종료된 후까지 기다린 후 요청이 반환되기를 원한다면, 다음과 같이 wait_for_completion 플래그를 추가하면 된다.

```
curl -XPUT 'localhost:9200/_snapshot/my_repository/first_snapshot?wait_for_
completion=true';
```

이제 저장소 위치를 확인하여 스냅샷 명령이 어떤 것을 저장했는지 확인해보자.

```
./backups/index
./backups/indices/bitbucket/0/__0
./backups/indices/bitbucket/0/__1
./backups/indices/bitbucket/0/__10
./backups/indices/bitbucket/1/__c
./backups/indices/bitbucket/1/__d
./backups/indices/bitbucket/1/snapshot-first_snapshot
...
./backups/indices/bitbucket/snapshot-first_snapshot
./backups/metadata-first_snapshot
./backups/snapshot-first_snapshot
```

이 목록을 통해 일래스틱서치가 백업한 것들의 패턴을 확인해볼 수 있다. 스냅샷은 클러스터의 모든 색인, 샤드, 세그먼트, 연관된 메타데이터 정보를 포함하고 있고,

파일 경로의 구조로 볼 때 /⟨index_name⟩/⟨shard_number⟩/⟨segment_id⟩와 같은 형태를 가지고 있다. 예제 스냅샷 파일은 다음과 같은데, 이는 크기, 루씬 세그먼트, 그리고 디렉토리 구조에 포함된 각각의 스냅샷들이 가리키고 있는 파일 등을 포함하고 있다.

```
smb://share/backups/indices/bitbucket/0/snapshot-first_snapshot
{
  "name": "first_snapshot",
  "index_version": 18,
  "start_time": 1416687343604,
  "time": 11,
  "number_of_files": 20,
  "total_size": 161589,
  "files": [
    {
      "name": "__0",
      "physical_name": "_1.fnm",
      "length": 2703,
      "checksum": "1ot813j",
      "written_by": "LUCENE_4_9"
    },
    {
      "name": "__1",
      "physical_name": "_1_Lucene49_0.dvm",
      "length": 90,
      "checksum": "1h6yhga",
      "written_by": "LUCENE_4_9"
    },
    {
      "name": "__2",
      "physical_name": "_1.si",
      "length": 444,
      "checksum": "afusmz",
```

```
        "written_by": "LUCENE_4_9"
    }
```

두 번째 스냅샷

스냅샷은 증분 방식, 즉 두 스냅샷 간의 차이만을 저장하는 방식을 사용하기 때문에, 두 번째 스냅샷 명령은 약간의 파일만을 더 생성할 뿐 전체 스냅샷을 처음부터 재생성하지는 않는다.

```
curl -XPUT 'localhost:9200/_snapshot/my_repository/second_snapshot';
```

새로운 디렉토리 구조를 분석해보면, 하나의 파일만이 수정된 것을 확인할 수 있다. 그것은 바로 루트 디렉토리에 있는 기존의 /index 파일이다. 이 파일은 이제 스냅샷의 목록 정보를 가지고 있다.

```
{"snapshots":["first_snapshot","second_snapshot"]}
```

일별 색인에 대한 스냅샷

이전 예시에서는 모든 클러스터와 모든 색인에 대한 스냅샷을 뜨는 방법을 알아보았다. 스냅샷은 개별 색인 기반으로도 뜰 수 있는데, 다음과 같이 색인명을 PUT 요청에 포함하면 된다.

```
curl -XPUT 'localhost:9200/_snapshot/my_repository/third_snapshot' -d '
{
  "indices": "logs-2014,logs-2013"   ◀── 스냅샷에 포함할 컴마로 구분
};                                        된 색인 이름의 목록
```

특정(혹은 모든) 스냅샷의 기본적인 상태 정보를 조회하는 것은 같은 종단점에 GET 요청을 통해 실행할 수 있다.

```
curl -XGET 'localhost:9200/_snapshot/my_repository/first_snapshot?pretty';
```

548

응답에는 어떤 색인이 이 스냅샷의 포함되어 있는지와 전체 스냅샷 작업이 걸린 시간 등이 포함되어 있다.

```
{
  "snapshots": [
    {
      "snapshot": "first_snapshot",
      "indices": [
        "bitbucket"
      ],
      "state": "SUCCESS",
      "start_time": "2014-11-02T22:38:14.078Z",
      "start_time_in_millis": 1414967894078,
      "end_time": "2014-11-02T22:38:14.129Z",
      "end_time_in_millis": 1414967894129,
      "duration_in_millis": 51,
      "failures": [],
      "shards": {
        "total": 10,
        "failed": 0,
        "successful": 10
      }
    }
  ]
}
```

스냅샷의 이름을 _all로 할 경우 저장소의 모든 스냅샷에 관한 정보를 조회할 수 있다.

```
curl -XGET 'localhost:9200/_snapshot/my_repository/_all';
```

스냅샷은 증분 방식으로 생성되기 때문에, 더 이상 필요 없는 스냅샷을 삭제할 때는 주의를 기울여야 한다. 오래된 스냅샷을 지울 때는 언제나 스냅샷 API를 사용할 것을 권고하는데, 왜냐하면 이 API는 현재 사용되지 않는 세그먼트만을 삭제하기 때문이다.

```
curl -XDELETE 'localhost:9200/_snapshot/my_repository/first_snapshot';
```

지금까지 클러스터의 데이터를 백업하기 위해 사용할 수 있는 방법들에 대해 구체적으로 살펴보았다면, 다음으로는 장애 발생 시에 이해하고 있어야 할 내용인 스냅샷으로부터 클러스터의 데이터와 상태정보를 복구하는 방법에 대해서 알아보게 될 것이다.

11.4.3 백업으로부터 복원하기

스냅샷은 실행 중인 어떤 클러스터로도 쉽게 복원시킬 수 있다. 심지어 스냅샷을 생성한 클러스터가 아니어도 가능하다. 스냅샷 API에 _restore 명령을 추가하여 실행하여 전체 클러스터 상태를 복원할 수 있다.

```
curl -XPOST 'localhost:9200/_snapshot/my_repository/first_snapshot/_restore';
```

이 명령은 스냅샷들(이 경우 first_snapshot)에 저장되어 있는 클러스터의 데이터나 상태를 복원해준다. 이 작업을 통해 클러스터를 특정 시점의 것으로 쉽게 복원할 수 있다.

이전에 스냅샷 작업에서 살펴본 것과 유사하게, 복원 작업은 wait_for_completion 플래그를 포함할 수 있다. 이는 HTTP 요청을 작업이 완전히 종료되기 전까지 블락되도록 하기 위해 사용할 수 있다. 기본적으로는 복원 HTTP 요청은 즉각 응답을 반환하고 작업은 백그라운드에서 수행된다.

```
curl -XPOST 'localhost:9200/_snapshot/my_repository/first_snapshot/_restore?wait_for_completion=true';
```

복원 시 추가적인 옵션을 통해 하나의 색인을 이름을 바꿔 복원할 수도 있다. 이는 색인을 복제하기를 원하거나 백업으로부터 복원된 색인의 내용을 검증하고자 할 때 유용하다.

```
curl -XPOST 'localhost:9200/_snapshot/my_repository/first_snapshot/_restore'
-d '{
  "indices": "logs_2014",            ◄──  스냅샷으로부터 복원할 하나
                                          혹은 다수의 색인
  "rename_pattern": "logs_(.+)",                      ◄──  새롭게 대체하고자 하는
                                                          색인 이름의 패턴
  "rename_replacement": "a_copy_of_logs_$1"  ◄──┐
}';                                               매치된 색인들에 새
                                                  로운 이름을 부여
```

이 명령을 수행하면 스냅샷으로부터 다른 모든 색인을 무시하고 logs_2014라는 이름의 색인 하나만을 복원하게 된다. 색인 명이 rename_pattern에서 정의한 것에 매치되기 때문에, 스냅샷 데이터는 새로운 이름의 색인 a_copy_of_logs_2014로 복원될 것이다.

> **노트** 기존에 존재하는 색인을 복원하고자 할 경우, 구동 중인 색인은 반드시 닫아 놓아야 한다. 완료될 경우 복원 작업은 닫힌 색인들을 다시 열어준다.

스냅샷 API를 이용해 네트워크에 연결된 저장소에 있는 백업을 사용하는 방법을 알아보았으니, 클라우드 벤더 환경에서 백업을 수행할 수 있는 다양한 플러그인들 중 일부에 대해서 알아보자.

11.4.4 저장소 플러그인 사용하기

비록 스냅샷과 복구에 공유 파일 시스템을 사용하는 것이 일반적인 유스케이스이긴 하지만, 일래스틱서치와 커뮤니티는 다른 주요 클라우드 벤더 저장소에 대한 플러그인을 지원하고 있기도 하다. 이 플러그인들은 각 벤더의 인프라스트럭처나 자체 API를 사용하고 있는 저장소를 사용할 수 있도록 해준다.

아마존 S3

아마존 웹 서비스에 일래스틱서치를 배포하여 사용하고 있다면, 일래스틱서치 측에서 깃허브 저장소에 관리하고는 S3 저장소 플러그인을 무료로 사용할 수 있다 (https://github.com/elasticsearch/elasticsearch-cloud-aws#s3-repository).

아마존 S3 저장소 플러그인은 몇몇 설정 변수들이 표준과 다르다. 따라서 이 변수들이 어떻게 작동하는지 이해할 필요가 있다. S3 저장소는 다음처럼 생성할 수 있다.

```
curl -XPUT 'localhost:9200/_snapshot/my_s3_repository' -d '{
  "type": "s3",        ◄─── 저장소의 형태         버킷 이름은 필수 항목으로
  "settings": {                                  S3 버킷에 매핑된다.
    "bucket": "my_bucket_name",  ◄───          저장소 데이터를 저장하기 위한
                                                S3 버킷 내의 디렉토리 경로
    "base_path": "/backups",
    "access_key": "THISISMYACCESSKEY",  ◄───   기본값은 cloud.aws.access_key이다.
    "secret_key": "THISISMYSECRETKEY",  ◄───   기본값은 cloud.aws.secret_key이다.
    "max_retries": "5",  ◄───          S3 에러 발생 시
                                        최대 재시도 횟수
    "region": "us-west"  ◄───
  }                                    버킷이 생성될 아마존 리전
}'
```

활성화되면 S3 플러그인은 스냅샷을 정의된 버킷 경로에 저장하게 된다. HDFS
를 S3에서 사용할 수도 있기 때문에, 다음 섹션에서 다루게 될 하둡 HDFS 플러그인
역시 흥미로울 수 있다.

하둡 HDFS

HDFS 파일 시스템 역시 이 간단한 플러그인을 통해 스냅샷/복원 저장소로 사용
할 수 있다. 일래스틱서치 측에서 개발하여 관리하고 있으며 이 플러그인은 더 포괄
적인 기능을 가지고 있는 하둡 플러그인 프로젝트의 일부분이다(https://github.com/
elasticsearch/elasticsearch-hadoop/tree/master/repository-hdfs).

일래스틱서치 클러스터에 이 플러그인의 최신 스테이블 버전을 설치하여야 한다.
plugin 디렉토리에서 다음 명령을 수행하여 직접 깃헙에 있는 플러그인의 원하는 버
전을 설치할 수 있다.

```
bin/plugin -i elasticsearch/elasticsearch-repository-hdfs/2.x.y
```

설치하였다면, 이제 플러그인을 설정해야 한다. HDFS 저장소 플러그인 설정은
elasticsearch.yml 설정 파일에 있어야 한다. 다음은 몇몇 중요한 설정들이다.

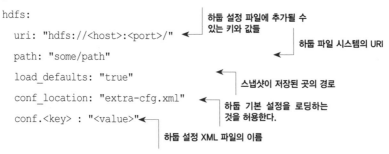

```
repositories
  hdfs:
    uri: "hdfs://<host>:<port>/"
    path: "some/path"
    load_defaults: "true"
    conf_location: "extra-cfg.xml"
    conf.<key> : "<value>"
```

이제 HDFS 저장소 플러그인이 설정되었다면, 스냅샷과 복원 작업은 이전에 다루었던 스냅샷 API를 이용하여 수행할 수 있다. 유일한 차이점은 스냅샷과 복원 작업이 하둡 파일 시스템에서 수행된다는 점이다.

이 절에서 클러스터의 데이터와 상태를 백업하고 복원할 때 사용할 다양한 스냅샷 API들을 살펴보았다. 저장소 플러그인은 벤더들이 제공하는 클라우드에서 일래스틱서치를 구동하는 경우 편리하게 사용할 수 있다. 스냅샷 API는 네트워크 환경에서 장애 복구에 활용할 수 있는 간편하고 자동화된 백업 저장 방법을 지원해준다.

11.5 요약

이 장에서 많은 내용을 다루었는데, 초점은 일래스틱서치 클러스터를 최적화하고 관리하는 것이었다. 이 개념들에 대해 잘 이해할 수 있었으리라고 생각한다. 다룬 내용을 다시 정리해보면 다음과 같다.

- 색인 템플릿은 공통의 설정을 공유하는 색인을 자동 생성하기 위해 사용할 수 있다.
- 기본 매핑은 색인 내에서 반복적으로 생성하게 될 매핑이 있을 경우 편리하다.
- 앨리어스는 다수의 색인을 하나의 명칭으로 검색할 수 있게 해준다. 이를 통해 필요에 따라 데이터 구획을 나눌 수 있다.

- 클러스터 상태 API는 전반적인 클러스터, 노드, 상태를 측정할 수 있도록 해준다.

- 슬로우 색인 로그와 슬로우 쿼리 로그를 사용하여 클러스터의 성능에 영향을 미치고 있는 색인과 쿼리 작업을 진단할 수 있다.

- JVM, 루씬, 일래스틱서치가 어떻게 메모리를 할당하고 사용하는지에 대해 깊게 이해하는 것을 통해 운영체제가 디스크 스왑을 사용하는 상황을 방지할 수 있다.

스냅샷 API는 클러스터의 데이터를 백업하고 복원하는 편리한 방법을 제공해준다. 저장소 플러그인을 통해 이 기능을 벤더사가 제공하는 클라우드에서도 사용할 수 있다.

부록 A
지리 공간 데이터로 작업하기

지리 공간geospatial 데이터는 검색 애플리케이션이 위치를 인식하도록location-aware 해준다. 예를 들어, 여러분 근처의 이벤트를 검색하거나, 어떤 지역의 레스토랑을 찾거나, 어떤 공원 지역이 도시 중심부와 인접해 있는지 알기 위해 지리 공간 데이터로 작업할 것이다.

문맥상 이벤트나 레스토랑을 지점point이라고 부를 것이다. 기본적으로 지도상의 지점들이기 때문이다. 지도에 그린 나라나 네모 같은 영역을 모양shape의 범위에 넣을 것이다. 지리 공간 검색은 지점, 모양, 그리고 그것들 간의 다양한 관계를 이용해서 동작한다.

- 지점 간의 거리 – 여러분의 위치가 하나의 지점이고 수영장이 또 다른 지점이라면 가장 가까운 수영장을 찾을 수 있다. 적절하게 가까운 수영장만 거를 수도 있고, 집계를 사용해서 10km 안에 얼마나 많이 있는지 혹은 10에서 20km 사이에 얼마나 많이 있는지 등을 볼 수 있다.

- 지점을 포함하는 모양 – 지도에서 지역을 선택하면, 여러분이 일하는 지역같이, 그 지역에 있는 레스토랑만 걸러내거나 geo_bounds 집계를 사용해서 지점들이 속해 있는 어떤 지역을 발견할 수도 있다.

- 다른 모양과 중첩하는 모양 – 예를 들어, 도시 중심의 공원을 검색할 수 있다.

여기에서는 지도의 참조 지점으로부터의 거리에 기반을 둬서 일래스틱서치에서 어떻게 문서를 검색하고 정렬하고, 집계하는지 보여줄 것이다. 어떻게 직사각형에 속하는 지점들을 검색하고 어떻게 지도에 정의한 어떤 영역과 교차하는 모양을 검색할지도 배울 것이다.

A.1 지점들 그리고 지점 간의 거리

지점을 검색하려면 우선 그것들의 색인을 만들어야 한다. 일래스틱서치는 특히 이를 위해 지오 포인트^{geo point} 타입을 갖는다. mapping.json을 보면 샘플 코드로 어떻게 사용하는지 예제를 볼 수 있다.

> **노트** 이 책의 코드 샘플은 사용 방법과 함께 https://github.com/dakrone/elasticsearch-in-action에서 찾을 수 있다.

각 이벤트는 `location` 필드를 갖고 있으며, 그것은 `geo_point` 타입의 geolocation 필드를 포함하는 객체다.

```
"geolocation" : { "type" : "geo_point"}
```

populate.sh에서 볼 수 있는 것과 같이 매핑에 정의한 지오 포인트 타입으로 위도와 경도를 주어 지점들의 색인을 만들 수 있다.

```
"geolocation": "39.748477,-104.998852"
```

> **팁** 위도와 경도를 프로퍼티, 배열, 지오해시(geohash)로 제공할 수 있다. 이렇게 하는 것이 지점의 색인을 만드는 방식을 변경하지는 않는다. 선호하는 방식을 가지고 있는 경우, 그저 편리함을 위한 것이다. www.elastic.co/guide/en/elasticsearch/reference/current/mapping-geo-point-type.html에서 좀 더 자세한 내용을 찾을 수 있다.

(책에서 사용한 데이터셋에서) 이벤트 문서의 일부로 geo point의 색인을 만들면 다음 방법으로 검색에 거리 기준을 추가하도록 해준다.

- 주어진 지점으로부터의 거리로 결과 정렬 - 가장 가까운 곳의 이벤트가 먼저 나타나도록 한다.
- 결과를 거기로 필터 - 어떤 범위 내에 있는 이벤트만 보여주도록 한다. 예를 들어, 100km 떨어진 이벤트다.
- 거리로 결과를 집계 - 범위 버킷을 생성하도록 한다. 예를 들어, 100 km 내의 이벤트 수, 100km에서 200km 사이의 이벤트 수 등을 얻을 수 있다.

A.2 정렬 기준에 거리를 추가하기

책 본문의 모임get-together 예제를 사용해서, 여러분의 좌표가 40-105이고 가장 가까운 일래스틱서치에 관한 이벤트를 발견해야 한다고 하자. 이렇게 하려면, 다음 예제처럼 현재 위치를 명시하는 _geo_distance라고 하는 정렬 기준을 추가해야 한다.

예제 A.1 거리로 이벤트 정렬하기

```
curl 'localhost:9200/get-together/event/_search?pretty' -d '{
  "query": {
    "match": {                      title에서 "elasticsearch"를
      "title": "elasticsearch"      찾는 쿼리
    }
  }, "sort" : [
    {
                                    _geo_distance 정렬 기준
      "_geo_distance" : {
        "location.geolocation" : "40,-105",     현재 위치
        "order" : "asc",
        "unit" : "km"               오름차순은 가장 가까운
    }                               이벤트를 먼저 준다.
  } ]        각 결과는 킬로미터로 여
}'          러분의 위치로부터의 거리
            를 나타내는 정렬 값을 갖
            는다.
```

다수의 참조 지점의 배열을 명시할 수도 있고, mode를 사용해서 정렬 값이 참조 지점과 문서에 저장된 지점 간의 min/max/avg 거리인지를 결정할 수 있다.

558

```
 "_geo_distance" : {
   "location.geolocation" : ["40,-105", "42,-107"],
   "order" : "asc",
   "unit" : "km",
   "mode" : "avg"
```

예를 들어, 여러 개의 관심 있는 지점을 가지고 있고 모든 지점과 가까운 호텔을 찾길 원할 때 유용하다.

A.2.1 거리와 다른 기준으로 동시에 정렬하기

이전 것과 같은 검색은 거리만 기준으로 했을 때 유용하다. 문서 점수 같은 다른 기준을 포함하길 원한다면 6장에서 소개한 function_score 쿼리를 사용할 수 있다. 이 방법은 쿼리에 관심 있는 지점으로부터의 거리를 더한 초기 점수에 기반을 둬서 최종 점수를 생성할 수 있다.

다음 예제는 이러한 쿼리를 보여준다. 이벤트는 거리가 멀어질수록 선형으로 점수를 낮출 것이다. 100km에서 원래의 점수는 반으로 줄어들 것이다(decay=0.5).

예제 A.2 점수를 계산할 때 거리 고려하기

```
curl 'localhost:9200/get-together/event/_search?pretty' -d '{
  "query": {
    "function_score": {
      "query": {
        "match": {
          "title": "elasticsearch"          "elasticsearch"를 찾기 위한
        }                                    쿼리는 점수를 반환한다.
      },
      "linear": {
        "location.geolocation": {
          "origin": "40, -105",
          "scale": "100km",                  linear decay 함수는 이벤트
          "decay": 0.5                       점수를 원점으로부터 더 많이
        }                                    줄인다.
```

```
        }
      }
    }
  }
}'
```

그런 스크립트가 쿼리 유사도와 지리 공간 차원의 두 측면에서도 최적의 값을 제공할 거라고 생각하고 싶을지 모른다. function_score 쿼리가 정말 아주 강력한데도, 예제 A.2와 같이 실행하는 것은 속도 측면에서 비싸다. 특히 많은 문서를 가지고 있다면, 모든 일치하는 문서의 원점으로부터의 거리를 계산해야 하므로 비싸다. 일반적으로 이벤트를 검색하고 오직 어떤 거리 내에 있는 것들만 필터하는 것이 하나의 빠른 방법일 수 있다.

A.3 거리에 기반을 둔 필터와 집계

그림 A.1과 같이 여러분이 있는 장소로부터의 어떤 범위 안에서 이벤트를 찾는다고 하자.

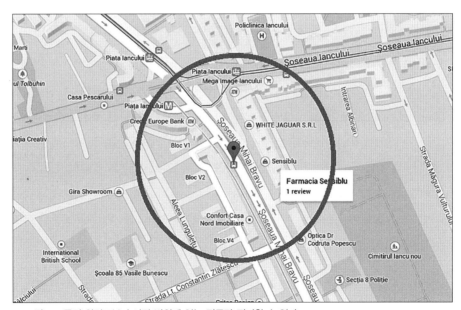

▲ **그림 A.1** 특정 위치로부터 어떤 범위에 있는 점들만 필터할 수 있다

그런 이벤트를 필터하려면, `geo distance` 필터를 사용한다. 필요한 파라미터는 다음과 같이 참조 위치와 거리를 제한하는 것이다.

```
% curl 'localhost:9200/get-together/event/_search?pretty' -d '{
  "query": {
    "filtered": {
      "filter": {
        "geo_distance": {
          "distance": "50km",
          "location.geolocation": "40.0,-105.0"
        }
      }
    }
  }
}'
```

기본 모드에서 일래스틱서치는 40.0,-105.0에서부터 각 이벤트의 지리 위치까지 거리를 계산하고 오직 50km 미만의 결과만 돌려줄 것이다. 거리를 계산하는 방법을 distance 파라미터 다음에 오는 `distance_type` 파라미터로 설정할 수 있다.

- `sloppy_arc`(기본값) - 두 점 사이의 거리를 원호의 빠른 근사치^{faster} ^{approximation}를 구해서 계산한다. 대부분 상황에서 좋은 옵션이다.

- `arc` - 원의 호를 계산해서 느리지만 `sloppy_arc`보다 더 정확하게 만든다. 이 방법도 100% 정확한 값을 얻지는 못한다는 것을 주목하자. 지구가 완벽히 둥글지 않기 때문이다. 하지만 정확성이 필요하다면 최선의 옵션이다.

- `plane` - 가장 빠르지만 가장 부정확한 구현이다. 두 점 사이의 면이 평면이라고 가정하기 때문이다. 이 옵션은 많은 문서가 있고 거리 제한이 상당히 작을 때 잘 동작한다.

성능 최적화는 거리 알고리즘으로 끝나지 않는다. `geo distance` 필터에 `optimize_bbox`라고 부르는 다른 파라미터가 있다. Bbox는 바운딩 박스^{bounding box}를 의미하고, 모든 관심 지점과 영역을 포함하는지도 위에 정의한 직사각형이다.

optimize_bbox를 사용하면 우선 이벤트가 거리 범위를 기술한 원을 포함하는 정사각형과 일치하는지 확인한다. 일치한다면 일래스틱서치는 거리를 계산해서 더 필터한다.

바운딩 박스 최적화가 실질적인 가치가 있는지 스스로 묻는다면, 대부분의 경우 그렇다는 것을 알고 기쁠 것이다. 하나의 점이 바운딩 박스에 속했는지 확인하는 것이 거리를 계산하고 제한 값과 비교하는 것보다 훨씬 빠르다.

설정도 가능하다. optimize_bbox를 none으로 설정하고 쿼리 시간이 더 빠른지 느린지 확인할 수 있다. 기본값은 memory이고 indexed로 설정할 수 있다.

memory와 indexed의 차이가 무엇인지 궁금한가? 다음 장의 처음에 이 차이점을 논의할 것이다. 궁금하지 않고 성능 개선에 집착하고 싶지 않다면, 기본값을 유지하는 것이 대부분의 경우 충분하다.

거리 범위 필터

지오 거리 범위geo distance range 필터는 예를 들어, 여러분이 있는 장소에서 50과 100 킬로미터 사이의 이벤트를 검색할 수 있도록 해준다. from과 to 거리 옵션 외에, 같은 파라미터를 지오 거리geo distance 필터로 받아준다.

```
"filter": {
  "geo_distance_range": {
    "from": "50km",
    "to": "100km",
    "location.geolocation": "40.0,-105.0"
    }
}
```

거리 범위 집계

사용자는 예를 들어, 이벤트 날짜가 미래에서 너무 멀다면 가까이서 발견한 곳들이 만족스럽지 않기 때문에, 아마도 그들의 참조 지점에서 좀 더 먼 이벤트를 검색할 것이다. 그런 경우에 사용자가 50km 이내, 50에서 100, 100에서 200 사이 등에 미리 얼마나 많은 이벤트가 있는지 볼 수 있다면 편리할 것이다.

562

이 사례에서 지오 거리 범위 집계는 편리할 것이다. 7장에서 본 범위range와 날짜 범위date range 집계와 유사하다. 이 경우 여러분은 참조 지점origin과 필요한 거리 범위를 명시할 것이다.

```
"aggs" : {
  "events_ranges" : {
    "geo_distance" : {
      "field" : "location.geolocation",
      "origin" : "40.0, -105.0",
      "unit": "km",
      "ranges" : [
        { "to" : 100 },
        { "from" : 100, "to" : 5000 },
        { "from" : 5000 }
      ]
    }
  }
}
```

일래스틱서치는 각 거리 범위에 대해 얼마나 많은 이벤트를 찾았는지 반환할 것이다.

```
"aggregations" : {
  "events_ranges" : {
    "buckets" : [ {
      "key" : "*-100.0",
      "from" : 0.0,
      "to" : 100.0,
      "doc_count" : 8
    }, {
      "key" : "100.0-5000.0",
      "from" : 100.0,
      "to" : 5000.0,
```

```
        "doc_count" : 3
    }, {
      "key" : "5000.0-*",
      "from" : 5000.0,
      "doc_count" : 3
    }]
  }
}
```

지금까지 어떻게 거리에 기반을 둬서 지점들을 검색하고 집계하는지 다뤘다. 다음으로 모양shape에 기반을 둬서 검색하고 집계하는 것을 살펴볼 것이다.

A.4 지한 점이 어떤 모양에 속해 있는가?

특히 직사각형과 같은 모양은 그림 A.2에서 볼 수 있는 것과 같이 지도에서 대화식으로 그리기 쉽다. 거리를 계산하는 것보다 형태에서 지점이 있는지 찾는 것이 빠르다. 형태에서 검색하는 것은 오직 형태의 모서리 좌표와 지점의 좌표를 비교하기만 하면 되기 때문이다.

책 전장에 걸쳐 사용했던 모임 예제를 생각해보면 지점을 일치하거나 지점을 이벤트에 일치하는 세 가지 형태의 모양이 지도에 있다.

- 바운딩 박스(직사각형) - 이것은 빠르고 어떤 직사각형을 그리는 데 유연성을 준다.

- 다각형 - 좀 더 정확한 모양을 그리도록 하지만 사용자에게 다각형을 그리도록 요구하는 것은 어렵고 다각형이 복잡할수록 검색도 느리다.

- 지오해시geohashes(해시로 정의한 정사각형) - 해시가 고정돼 있으므로 유연성이 가장 떨어진다. 나중에 보겠지만, 전형적으로 셋 중 가장 빠른 구현이다.

564

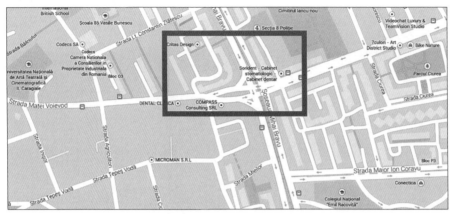

▲ **그림 A.2** 지도에서 직사각형 안에 지점들이 있는지에 따라 필터할 수 있다

A.4.1 바운딩 박스

지점이 직사각형에 포함되는지 검색하기 위해, 바운딩 박스 필터를 사용할 것이다.
여러분의 애플리케이션이 사용자가 지도에서 직사각형의 모서리를 정의하고 반대쪽
모서리를 다시 정의하기 위해 클릭하도록 한다면 유용하다. 결과는 그림 A.2와 같은
직사각형이 될 수 있다.

바운딩 박스 필터를 실행하려면, 직사각형을 형성하는 왼쪽 상단과 오른쪽 아래
지점의 좌표를 명시한다.

```
% curl 'localhost:9200/get-together/event/_search?pretty' -d '{
  "query": {
    "filtered": {
      "filter": {
        "geo_bounding_box": {
          "location.geolocation": {
            "top_left": "40, -106",
            "bottom_right": "38, -103"
          }
        }
      }
```

```
    }
  }
}'
```

바운딩 박스 필터의 기본 구현은 지점들의 좌표를 메모리에 올리고 바운딩 박스에 제공된 좌표와 비교하는 것이다. 이것은 geo_bounding_box의 type 옵션을 memory로 설정한 것과 같다.

그렇지 않으면 type을 indexed로 설정할 수 있고, 일래스틱서치는 4장에서 배운 것과 같이 범위 필터를 사용해서 같은 비교를 할 것이다. 이 구현이 동작하려면 필드 안에 지점의 위도와 경도를 색인해야 한다. 기본으로는 색인하지 않는다.

위도와 경도를 별도로 색인하도록 하려면, 매핑에 lat_lon를 true로 설정해서 geolocation 필드 정의를 다음과 같이 해야 한다.

```
"geolocation" : { "type" : "geo_point", "lat_lon": true }
```

> **노트** 코드 샘플에서 mapping.json에 이런 변경을 하면, 샘플 데이터를 다시 색인하고 변경을 적용하기 위해 populate.sh를 다시 실행해야 한다.

indexed 구현이 더 빠르긴 하지만, 위도와 경도를 색인하는 것이 색인 크기를 더 크게 만든다. 또한, 프렌차이즈 레스토랑의 지점 배열같이 문서당 지리 지점이 많다면, indexed 구현은 동작하지 않을 것이다.

다각형 필터

직사각형보다 더 복잡한 모양과 일치하는 지점들을 검색하길 원한다면, geo polygon 필터를 사용할 수 있다. 이것은 다각형을 형성하는 지점 배열을 입력하도록 해준다. geo polygon 필터에 대한 세부사항은 여기서 찾을 수 있다.

www.elastic.co/guide/en/elasticsearch/reference/current/query-dsl-geo-polygon-filter.html

566

지오 바운딩 박스 필터를 한 지역을 포함한 문서를 찾기 위해 사용한다면, 반대를 위해 지오 바운드geo bounds 집계를 사용할 수 있다. 즉 검색으로 얻은 모든 지점을 포함하는 바운딩 박스를 얻는 것이다.

```
  "aggs" : {
    "events_box": {
      "geo_bounds": {
        "field": "location.geolocation"
      }
    }
  }
?# 반환
  "aggregations" : {
    "events_box" : {
      "bounds" : {
        "top_left" : {
          "lat" : 51.524806,
          "lon" : -122.399801
        },
        "bottom_right" : {
          "lat" : 37.787742,
          "lon" : -0.099095
        }
      }
    }
  }
```

A.4.2 지오해시

마지막으로 사용할 수 있는 지점 매치 모양point-matches-shape 방법은 지오해시
Geohashes 셀을 일치하는 것이다. geohash.org[1]를 구축할 때 구스타보 니마이어
Gustavo Niemeyer에 의해 발명된 시스템인 지오해시는 그림 A.3과 같이 동작한다. 지구
는 셀당 32개의 직사각형으로 나뉜다. 각 셀은 알파벳과 숫자를 조합한 해시값으로
식별한다. 그리고 나서 예를 들어 d 같은 각각의 직사각형은 내부적으로 32개의 직
사각형으로 좀 더 나누어져 d0, d1 등을 생성한다. 가상적으로 무한히 이 과정을 반
복해서 점점 더 작은 직사각형을 더 긴 해시값을 가지고 생성할 수 있다.

▲ **그림 A.3** 세계는 32개의 문자로 코드 된 셀로 나누어진다. 각 셀은 32개의 셀로 계속 나누어져서 더 긴 해
시를 만든다

---

1   https://en.wikipedia.org/wiki/Geohash

지오해시 셀 필터

지오해시 셀이 정의된 방법 때문에, 지도의 각 지점은 d, d0, d0b 등의 유한한 숫자의 지오해시 셀에 속한다. 하나의 셀이 주어지면, 일래스틱서치는 어떤 지점이 지오해시 셀geohash cell 필터와 일치하는지 답변할 수 있다.

```
% curl 'localhost:9200/get-together/event/_search?pretty' -d '{
  "query": {
    "filtered": {
      "filter": {
        "geohash_cell": {
          "location.geolocation": "9xj"
        }
      }
    }
  }
}'
```

지오해시 셀이 직사각형이긴 하지만, 이 필터는 바운딩 박스 필터와 다르게 동작한다. 우선 지오 포인트geo points는 예를 들어 9xj6과 같이 기술하도록 지오해시로 색인해야 한다. 그리고 9, 9x, 9xj, 9xj6과 같이 해시의 모든 엔그램ngram도 색인해야 한다. 필터를 실행할 때, 쿼리의 해시는 그 지점을 색인한 해시와 일치해서, 지오해시 셀 필터가 4 장에서 본 텀 필터와 구현이 유사하도록 만들어 매우 빠르다.

지오 포인트에서 지오해시를 색인하도록 하려면 매핑에서 geohash를 true로 설정해야 한다. 그 해시의 부모edge ngrams도 색인하려면 geohash_prefix도 true로 설정한다. 접두사를 색인하는 것은 필터를 더 빠르게 하는 데 도움이 된다. 효율이 떨어지는 와일드카드 검색 대신 이미 색인한 접두사에 완전 매치exact match를 하기 때문이다.

> **팁** 셀은 결코 완벽하게 지점을 기술할 수 없으므로, 얼마나 직사각형이 정확하거나 커야 하는지 선택해야 한다. 정확도에 대한 기본 설정은 12이고, 몇 센티미터의 정확도로 9xj64sswpkdq처럼 해시를 생성한다. 모든 부모도 색인을 만들 것이기 때문에 색인 크기를 위한 정확도와 검색 성능 간에 맞바꾸길 원할 수도 있다. 정확도를 10m와 같이 길이로 명시할 수도 있어서, 일래스틱서치가 일치하는 수치 값을 설정할 것이다.

지오해시 그리드 집계

집계를 거리로 할 수 있는 것처럼, 문서들이 속한 지오해시 셀로 검색하여 일치한 문서들을 모을 수 있다. 이 지오해시 셀의 크기는 precision 옵션을 통해 설정한다.

```
"aggs" : {
  "events_clusters": {
    "geohash_grid": {
      "field": "location.geolocation",
      "precision": 5
    }
  }
}
```

이 쿼리는 다음과 같은 버킷을 돌려준다.

```
"events_clusters" : {
  "buckets" : [ {
    "key" : "9xj64",
    "doc_count" : 6
  }, {
    "key" : "gcpvj",
    "doc_count" : 3
...
```

지오해시 필터와 집계를 사용하지 않을지라도, 지오해시 셀을 이해하는 것은 중요하다. 일래스틱서치에서 지오해시가 모양을 나타내는 기본 방법이기 때문이다. 다음 장에서 어떻게 모양이 지오해시를 사용하는지 설명할 것이다.

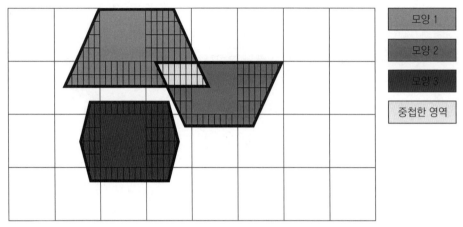

▲ **그림 A.4** 지오해시로 표현한 모양들. 모양 1과 일치하는 모양 검색은 모양 2를 반환할 것이다

A.5 모양 교차점

네 개의 모서리를 갖는 다각형인 공원 모양을 가지고 있다고 하자. 그것을 색인하려면, geo_shape 타입으로 그 모양 필드의 매핑을 정의해야 한다. 그것을 area라고 부르자. 준비된 매핑으로 문서의 색인을 시작할 수 있다. 각 문서의 area 필드는 다음 예제처럼, 모양의 type이 polygon이라는 것은 언급해야 하고, 그 다각형의 coordinates 배열을 알려줘야 한다.

예제 A.3 모양 색인하기

```
                                          공원 지역의 색인을 만들기 위한
                                          새로운 색인 생성하기
curl -XPUT localhost:9200/geo  ◀
curl -XPUT localhost:9200/geo/_mapping/park -d '
  "properties": {                          공원에 대한 매핑을 넣는다. Geo-shape는
    "area": { "type": "geo_shape"}         area 필드에 색인한다.
  }
}'
curl -XPUT localhost:9200/geo/park/1 -d '{
  "area": {
                          다각형은 area 필드에 색인한다.
    "type": "polygon",
```

```
      "coordinates": [
        [[45, 30], [46, 30], [45, 31], [46, 32]]
      ]
    }
}'
```

다각형 좌표

첫 배열은 바깥쪽 경계를 기술한다. 선택적으로 다른 배열이 다각형의 공백을 정의하기 위해 추가될 수 있다.

> **노트** 일래스틱서치가 지원하는 모양이 다각형 하나만은 아니다. 하나의 모양에 여러 개의 다각형을 가질 수 있다(타입: multipolygon). point와 multipoint 타입, 하나 이상의 연쇄 선(linestring, multilinestring), 직사각형(envelope), 그리고 더 있다. 전체 목록은 https://www.elastic.co/guide/en/elasticsearch/reference/current/geo-shape.html에서 찾을 수 있다.

색인에서 모양이 차지하는 공간은 어떻게 색인하는지에 많이 좌우한다. 지오해시는 대부분의 모양에 근접할 수만 있으므로, 얼마나 작게 지오해시 직사각형을 정의하느냐는 여러분에게 달렸다. 작을수록 해상도와 근사치가 좋아지지만, 색인 크기는 증가한다. 지오해시 셀이 작을수록 문자열도 길어지고, 더 중요한 것은 더 많은 부모 엔그램도 색인 해야 하기 때문이다. 이 균형이 어디에 있느냐에 따라 매핑에 `precesion` 파라미터를 명시할 것이다. 기본값은 50m이다. 최악의 시나리오가 50m 에러를 갖는다는 의미다.

A.5.1 겹치는 모양 걸러내기

색인한 공원 문서와 함께, 시 중심을 나타내는 또 다른 네 개의 모서리를 가진 모양이 있다고 하자. 어떤 공원이 최소한 부분적으로 시 중심에 있는지 보려면, 지오 셰이프geo shape 필터를 사용할 것이다. 다음 예제와 같이 필터에 시 중심의 모양 정의를 제공할 수 있다.

예제 A.4 geo shape 필터 예제

```
curl localhost:9200/geo/park/_search?pretty -d '{
  "query": {
    "filtered": {
      "filter": {
```

```
      "geo_shape": {
        "area": {                          검색할 필드
          "shape": {                       쿼리에 모양을 제공할 것이다.
            "type": "polygon",
            "coordinates": [                모양은 색인할 때와
                                            같은 방법으로 제공
              [[45, 30.5], [46, 30.5], [45, 31.5], [46, 32.5]]   했다.
            ]
          }
        }
      }
    }
  }
}'
```

예제 A.3을 따랐다면, 색인한 모양이 일치하는 것을 볼 것이다. 쿼리를
[[95,30.5], [96,30.5], [95,31.5], [96,32.5]]처럼 바꾸면, 아무것도 반환
하지 않을 것이다. 공통 지오해시가 없기 때문이다.

지오해시는 이 책에서 논의했던 텀 쿼리와 같은 내부 방식을 사용해서 지리 공간
검색을 할 방법을 제공하기 때문에 강력하다. 지오해시가 단지 점이나 모양의 근접 값
임에도 불구하고 그것을 사용하는 것은 부록의 첫 부분에서 본 것과 같이 일반적으로
가공하지 않은 위도와 경도 숫자에 계산하거나 범위 필터를 하는 것보다 빠르다.

부록 B
플러그인

플러그인은 일래스틱서치가 기본으로 제공하는 기능을 확장하는 강력한 방법이다. 일래스틱서치의 기본 설치 본은 설치한 플러그인이 없지만, 많은 플러그인을 깃허브에서 받아서 시도해볼 수 있다.

여기서는 일래스틱서치에 어떻게 플러그인을 설치하고 접근하고 관리하는지 알려준다.

B.1 플러그인으로 작업하기

플러그인은 두 가지 범주로 나누어진다. 사이트 플러그인과 코드 플러그인이다. 사이트 플러그인은 추가적인 기능을 제공하지 않는다. 단순히 일래스틱서치가 서비스하는 웹 페이지를 제공한다. 사이트 플러그인의 예는 일래스틱서치 헤드 플러그인head plugin, 일래스틱서치 코프kopf, 빅데스크bigdesk, 일래스틱서치 hq, 왓슨whatson이다. 예를 들어, 그림 B.1에서 보는 것과 같이 2장의 스냅샷을 기억할 것이다. 코프 플러그인에서 두 개의 다른 노드에 할당된 샤드들을 보여준다.

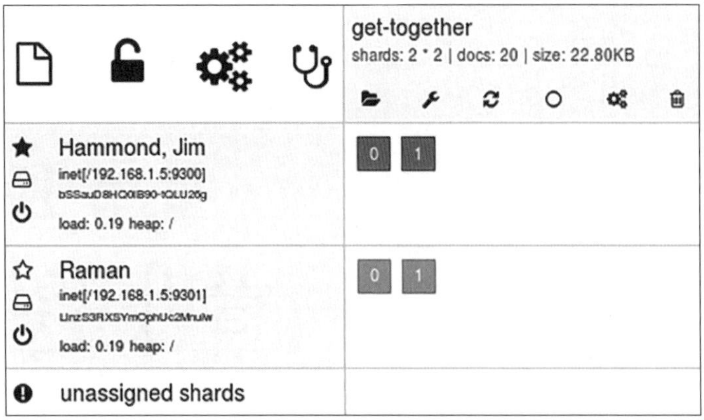

▲ **그림 B.1** 코프 플러그인 예제

그림에서 코프 플러그인이 일래스틱서치 클러스터에 관한 정보를 보여준다는 것을 알 수 있다. 일래스틱서치는 다른 코드를 실행하거나 서버에서 변경된 어떤 동작도 가지고 있지 않다. 다른 선택안은 코드 플러그인이다.

코드 플러그인은 일래스틱서치가 실행하는 JVM 코드를 포함하는 플러그인이다. 아마존 S3에 색인의 스냅샷을 만드는 기능을 추가하는 데 사용하는 AWS 플러그인뿐 아니라 분석 동안 텍스트의 언어 특징적인 특성을 더 잘 다루는 데 사용하는 ICU 분석 플러그인 같은 일래스틱서치에 기능을 추가하는 플러그인을 포함한다. 샤드 분배나 디스커버리 메커니즘 같은 일래스틱서치의 내부 기능을 대체하는 플러그인도 있다.

코드 플러그인의 예는 일래스틱서치 aws와 일래스틱서치 azure 플러그인, 그리고 추가적인 스크립트 언어를 지원하는 elasticsearch-lang-python과 elasticsearch-lang-ruby 같은 다수의 elasticsearch-lang-*가 있다. 추가적인 하이라이터와 새로운 형태의 집계 같은 쿼리 기능을 추가하는 플러그인도 있다. 코드 플러그인은 .jar 파일이기 때문에 개발자가 일래스틱서치에 관해 생각할 수 있는 어떤 기능도 추가할 수 있다.

플러그인이 두 가지 범주로 나뉜다고 말하긴 했지만, 완전히 사실은 아니다. 코드 플러그인이 일래스틱서치가 인터페이스를 제공하기 위해 서비스할 수 있는 기본 HTML, 이미지, 그리고 자바스크립트 파일도 포함하는 것도 가능하다. 이와 같은 플러그인의 한 예는 일래스틱서치 마블 플러그인(www.elastic.co/products/ marvel/)이다. 메트릭을 모아서 저장하는 자바 코드뿐 아니라 일래스틱서치의 데이터에 관한 분석 정보를 보여주는 인터페이스도 가지고 있는 사이트 부분도 포함한다.

두 가지 다른 일래스틱서치 플러그인을 다루었으니 어떻게 설치하고 사용하는지 이야기해보자.

B.2 플러그인 설치하기

플러그인을 사용하려면, 우선 설치해야 한다. 플러그인은 많은 형태로 제공되지만 주로 .zip 파일이다. 직접 plugins 디렉토리에 .zip 파일의 압축을 푸는 것을 선택할 수도 있고, 인터넷이나 로컬 zip 파일에서 받아서 설치하는 bin/plugin 툴을 사용할 수도 있다.

다음 예제에서 보는 것과 같이 일래스틱서치 헤드 플러그인을 설치하면서 시작하자. https://mobz.github.io/elasticsearch-head/에서 플러그인을 찾을 수 있다. 일래스틱서치와 함께 배포하는 plugin 셸 스크립트를 사용해서 설치하자. 윈도우에서는 plugin.bat 스크립트를 사용해서 설치할 수 있다.

예제 B.1 일래스틱서치 헤드 플러그인 설치하기

```
$ cd /path/to/elasticsearch
$ ls
LICENSE.txt  NOTICE.txt  README.textile  bin  config  lib  logs     bin/plugin 스크립트로
$ bin/plugin -install mobz/elasticsearch-head                        플러그인 설치하기
-> Installing mobz/elasticsearch-head...
Trying https://github.com/mobz/elasticsearch-head/archive/master.zip...
Downloading ......................................................DONE
Installed mobz/elasticsearch-head into /data/elasticsearch-1.5.1/plugins/
head
Identified as a _site plugin, moving to _site structure ...

                                       일래스틱서치가 플러그인이 사이트
                                       플러그인이라는 것을 감지한다.
```

plugin 스크립트가 github.com에서 플러그인을 내려받아 일래스틱서치 헤드 플러그인을 plugins/head 디렉토리에 설치했다는 것을 알 수 있다. 플러그인이 사이트 플러그인이라는 것도 감지했다.

여러분은 다음 예에서 보는 것과 같이 플러그인 스크립트에 -1이나 -list 파라미터를 사용해서 설치한 플러그인들을 열거할 수 있다.

예제 B.2 설치한 플러그인 나열하기

```
$ bin/plugin --list
Installed plugins:
  - head
```

이 경우, 깃허브에서 자동으로 내려받은 사이트 플러그인을 설치하지만, 플러그인을 설치하는 다른 방법도 있다. bin/plugin 스크립트를 파라미터 없이 실행하면 모든 사용 가능한 옵션을 보여준다. 다음 예를 보자.

예제 B.3 사용 가능한 plugin 스크립트 옵션

```
$ bin/plugin
사용법:
-u, --url      [플러그인 위치]        : 플러그인을 내려받을 정확한 URL을 설정한다
   -i, --install [플러그인명]         : 열거한 플러그인을 내려받아 설치한다.  [*]
   -t, --timeout [기간]              : 타임아웃 설정: 30s, 1m, 1h...
      (기본으로 무한대)
   -r, --remove  [플러그인명]         : 열거한 플러그인을 제거한다.
   -l, --list                       : 설치한 플러그인을 열거한다.
   -v, --verbose                    : 자세한 메시지 출력한다.
   -s, --silent                     : 무언 모드로 실행한다.
   -h, --help                       : 도움말을 출력한다.

[*] 플러그인 이름은 아래와 같이 정할 수 있다.
    elasticsearch/plugin/version 공식 일래스틱서치 플러그인
    (download.elasticsearch.org에서 내려받는다.)
    groupId/artifactId/version    커뮤니티 플러그인 (maven
    central 나oss sonatype에서 내려받는다.)
```

```
username/repository               for site plugins (github
master에서 내려받는다.)
```

출력을 마지막 단에서 자동으로 내려받을 수 있는 세 가지 다른 플러그인을 볼수 있다. URL을 손으로 명시할 수도 있어서, 예제 B.4에서와 같이 -url 파라미터를사용하면 로컬 파일에서도 설치하도록 해준다.

예를 들어, 설치하고 싶은 플러그인을 로컬에 내려받았다면, file:///을 전체 ZIP파일 경로에 붙여서 설치할 수 있다. 하지만 이렇게 한다면, 설치한 플러그인의 이름을 수동으로 명시해야 한다.

예제 B.4 플러그인을 로컬 ZIP 파일에서 수동으로 설치하기

```
$ bin/plugin --url file:///downloads/elasticsearch-head.zip --install head
-> Installing head...
Trying file:/downloads/elasticsearch-head.zip...
Downloading .........DONE
Installed head into /Users/hinmanm/ies/elasticsearch-1.5.1/plugins/head
Identified as a _site plugin, moving to _site structure ...
```

플러그인을 내려받는 plugin 툴을 사용하거나 로컬 파일에서 설치해서 플러그인을 설치했으니, 일래스틱서치에서 플러그인을 접속할 수 있길 원할 것이다.

B.3 플러그인 접속하기

일래스틱서치를 시작하면 일래스틱서치 헤드 플러그인을 설치했기 때문에 다음과같은 로그를 볼 수 있을 것이다.

예제 B.5 설치한 헤드 플러그인과 일래스틱서치를 시작하는 출력 예제

```
[INFO ][node                 ] [Black Widow] version[1.5.1], pid[33030],
  build[5e38401/2015-04-09T13:41:35Z]
[INFO ][node                 ] [Black Widow] initializing ...
[INFO ][plugins              ] [Black Widow] loaded [], sites [head]
[INFO ][node                 ] [Black Widow] initialized
```

578

```
[INFO ][node                 ] [Black Widow] starting ...
[INFO ][transport            ] [Black Widow] bound_address {inet[/
  0:0:0:0:0:0:0:0:9300]}, publish_address {inet[/192.168.0.4:9300]}
[INFO ][discovery            ] [Black Widow] elasticsearch/evzmesg5QlmRjffe-
  HnGIw
[INFO ][cluster.service      ] [Black Widow] new_master [Black
  Widow][evzmesg5QlmRjffe-HnGIw][Xanadu-2.domain][inet[/
  192.168.0.4:9300]], reason: zen-disco-join (elected_as_master)
[INFO ][http                 ] [Black Widow] bound_address {inet[/
  0:0:0:0:0:0:0:0:9200]}, publish_address {inet[/192.168.0.4:9200]}
[INFO ][node                 ] [Black Widow] started
```

로그 본문의 loaded [], sites [head]를 자세히 보자. 이 로그는 어떤 플러그인을 일래스틱서치가 적재했는지 보여준다. 이 경우, 빈 []는 코드 플러그인이 설치되지 않았다는 것을 의미한다. [head] 로그는 head 플러그인이 설치됐고 일래스틱서치에 의해 정확히 감지됐다는 것을 보여준다.

일래스틱서치가 설치한 사이트 플러그인과 시작하면, 웹 브라우저에서 http://localhost:9200/_plugin/head로 가서 플러그인의 HTML을 돌아다닐 수 있다.

그림 B.2는 실행하고 있는 일래스틱서치 헤드 플러그인의 예제 스냅샷이다.

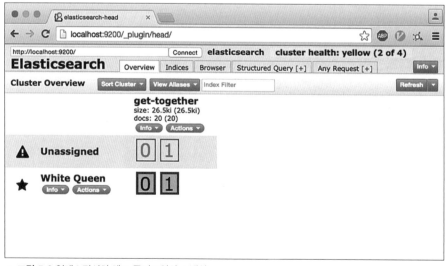

▲ 그림 B.2 일래스틱서치 헤드 플러그인의 스냅샷

사이트 플러그인을 접속하려면 http://localhost:9200/_plugin/〈이름〉을 방문하라. 〈이름〉은 설치한 플러그인의 이름이다. 이것은 모든 사이트 플러그인에서 통한다. 하지만 코드 플러그인은 어떤가? 일래스틱서치를 시작할 때 `loaded` `[myplugin]` 로그 메시지에서 플러그인의 이름을 보는 것 외에, 플러그인이 무엇을 하느냐에 따라 어떻게 코드 플러그인에 접근하는지가 다를 것이다. 일래스틱서치에 다른 분석기를 추가하는 플러그인은 매핑에 새로운 분석기 이름을 명시해서 사용할 것이다. 새로운 형태의 쿼리를 추가하는 플러그인은 일반적인 쿼리 DSL을 통해 접근할 것이다. 이 플러그인들은 elasticsearch.yml 파일에 추가하는 값으로 설정하는 것을 요구할 수도 있다. 어떻게 정확히 설정하는지 보려면 설치한 플러그인의 문서를 확인하자.

B.4 어떤 플러그인이 필요한지 일래스틱서치에 알려주기

일래스틱서치를 배포할 때, 설치할 플러그인을 명시하는 것이 도움될 수 있다. 플러그인들이 설치돼서 감지될 때까지 일래스틱서치가 시작하지 않는다는 것을 의미한다. plugin.mandatory 설정을 사용해서 할 수 있다. 예를 들어, 일래스틱서치 헤드와 ICU 분석 플러그인 둘 다 설치해야 한다면, elasticsearch.yml에 다음 행을 추가한다.

```
plugin.mandatory: analysis-icu,head
```

이 플러그인들을 설치하지 않고 일래스틱서치를 시작하려고 하면, 일래스틱서치가 처음에는 시작하길 거부하는 것을 볼 수 있다. 그러나 다음에서 보듯이, 플러그인을 설치하고 나면 바로 시작한다.

예제 B.6 일래스틱서치 서비스에서 플러그인을 필수로 만들기

플러그인이 설치되지 않아서 일래스틱
서치가 시작하길 거부한다.

```
$ bin/elasticsearch
[INFO ][node                     ] [Carrion] version[1.5.1], pid[46463],
  build[5e38401/2015-04-09T13:41:35Z]
```

```
[INFO ][node                 ] [Carrion] initializing ...
{1.5.1}: Initialization Failed ...
- ElasticsearchException[Missing mandatory plugins [analysis-icu, head]]
```

```
$ bin/plugin --install mobz/elasticsearch-head
-> Installing mobz/elasticsearch-head...
Trying https://github.com/mobz/elasticsearch-head/archive/master.zip...
Downloading ........................DONE
Installed mobz/elasticsearch-head into /Users/hinmanm/ies/elasticsearch-
   1.5.1/plugins/head
Identified as a _site plugin, moving to _site structure ...
```

필요한 플러그인 설치하기

```
$ bin/plugin --install elasticsearch/elasticsearch-analysis-icu/2.5.0
-> Installing elasticsearch/elasticsearch-analysis-icu/2.5.0...
Trying http://download.elasticsearch.org/elasticsearch/elasticsearch-
   analysis-icu/elasticsearch-analysis-icu-2.5.0.zip...
Downloading .......................................DONE
Installed elasticsearch/elasticsearch-analysis-icu/2.5.0 into /Users/
hinmanm/
   ies/elasticsearch-1.5.1/plugins/analysis-icu
```

일래스틱서치가 이제 시작한다.

```
$ bin/elasticsearch
[INFO ][node                 ] [ISAAC] version[1.5.1], pid[46698],
   build[5e38401/2015-04-09T13:41:35Z]
[INFO ][node                 ] [ISAAC] initializing ...
[INFO ][plugins              ] [ISAAC] loaded [analysis-icu], sites [head]
[INFO ][node                 ] [ISAAC] initialized
[INFO ][node                 ] [ISAAC] starting ...
[INFO ][node                 ] [ISAAC] started
```

analysis-icu와 head 플러
그인이 적재된다.

B.5 플러그인을 삭제하거나 갱신하기

설치한 플러그인을 더는 사용하지 않기로 한다면, `bin/plugin -r`이나 `bin/plugin --remove`에 플러그인명을 붙여서 제거할 수 있다. 예를 들어, 이전 절에서 설치한 elasticsearch-analysis-icu 플러그인을 제거하려면 다음과 같은 코드를 사용한다.

예제 B.7 analysis-icu 플러그인 제거하기

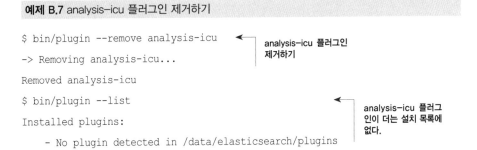

```
$ bin/plugin --remove analysis-icu        ◀── analysis-icu 플러그인
-> Removing analysis-icu...                    제거하기
Removed analysis-icu
$ bin/plugin --list
Installed plugins:                        ◀── analysis-icu 플러그
                                               인이 더는 설치 목록에
    - No plugin detected in /data/elasticsearch/plugins   없다.
```

플러그인을 갱신하는 것은 같은 기능을 사용하지만, 플러그인 툴에 갱신 옵션은 없다. 대신 플러그인을 갱신하기 위해서 기존 버전을 삭제하고 원하는 버전을 설치해야 한다. 일래스틱서치 헤드를 갱신하려면, `bin/plugin --remove head`를 실행 후 `bin/plugin --install mobz/elasticsearch-head`를 실행한다.

여러분이 본 것과 같이, 플러그인을 관리하는 것은 일래시틱서치에 포함된 스크립트로 쉽게 할 수 있다. 일래스틱[Elastic]과 커뮤니티에 의해 관리되는 유용한 플러그인 목록은 다음 URL을 확인하자.

www.elastic.co/guide/en/elasticsearch/reference/current/modules-plugins.html#known-plugins

하이라이팅은 일치하는 용어를 강조해서 문서가 왜 쿼리의 결과인지 나타낸다. 그림 C.1과 같이 사용자에게 문서가 무엇에 관한 것인지 아이디어를 주고 쿼리와의 관련성을 보여준다.

그림 C.1은 덕덕고^{DuckDuckGo}에서 왔지만, 일래스틱서치는 하이라이팅 기능도 제공한다. 예를 들어, 모임(get-together) 이벤트 타이틀에서 "elasticsearch"를 찾고 단어가 눈에 띄게 만들 수 있다.

```
"title" : [ "Introduction to <em>Elasticsearch</em>" ],
```

하이라이팅을 하려면 세 가지가 필요할 것이고, 여기에서 상세히 논의할 것이다.

* 쿼리나 집계와 같은 레벨에서 일어나는 검색 요청의 하이라이트 부분
* 이벤트 이름이나 설명 같은 하이라이트하길 원하는 필드 목록
* _source에 포함했거나 개별적으로 저장한 하이라이트된 필드들

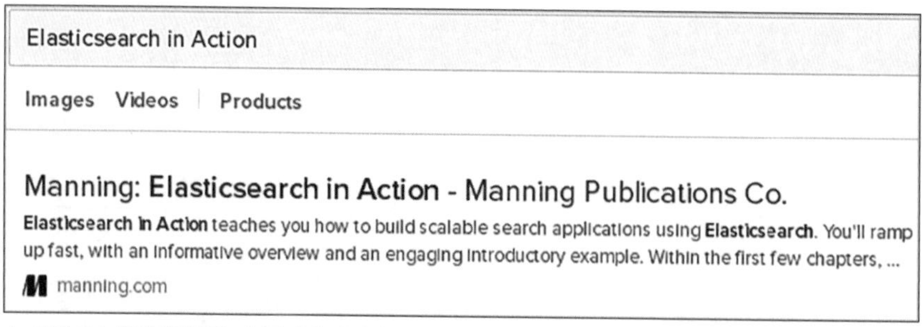

▲ **그림 C.1** 하이라이팅은 왜 문서가 쿼리와 일치하는지 보여준다

> **노트**　모든 필드는 기본으로 _source에 포함되고 개별적으로 저장되지는 않는다. 3장의 3.4.1
> 절에서 _source와 저장 필드에 관해 더 많은 정보를 찾을 수 있다.

기본 하이라이팅을 한 후에 설정을 변경하길 원할 수 있다. 여기에서 가장 중요
한 하이라이팅 옵션들도 논의할 것이다.

- 무엇을 일치시킬 것인가 – 예를 들어, 모든 문서에 대해 같은 필드를 보기 위
  해, 하이라이트할 용어가 없을지라도, 필드 일부를 보도록 결정할 수 있다. 혹
  은 하이라이팅을 위해 검색을 위해 사용하는 것과 다른 쿼리를 사용하길 원할
  수도 있다.

- 프래그먼트가 어떻게 보여야 하는가 – 큰 필드는 일반적으로 모든 콘텐츠를
  하이라이트한 텀으로 돌려받지 않는다. 텀들 중에서 오직 한 개나 몇 개의 프
  래그먼트만 받는다. 몇 개의 프래그먼트를 허락하고, 어떤 순서로 보이고, 얼
  마나 클지 설정할 수 있다.

- 어떻게 하이라이트 하는가 – 기본 `<em>`과 `</em>` 태그를 다른 것으로 변경
  할 수 있다. HTML 태그를 고수한다면, 일래스틱서치가 전체 프래그먼트를
  HTML로 인코드하도록 할 수 있다(예를 들어, 앰퍼샌트(&) 문자를 이스케이프해서).
  그래서 애플리케이션에서 정확하게 그 프래그먼트들을 렌더링할 수 있다.

다른 하이라이팅 구현도 논의해볼 것이다. 기본 구현은 플레인plain이라고 부르고,
관련 텀들을 하이라이트하기 위해 저장된 필드들의 텍스트를 재분석해야 한다. 이
과정은 블로그 포스트의 콘텐츠처럼 큰 필드의 경우 너무 비쌀 수도 있다. 다른 방법

<u>으로</u> 포스팅 하이라이터^{Postings Highlighter}를 사용하거나 패스트 벡터 하이라이터^{Fast Vector Highlighter}를 사용할 수 있다. 두 가지 모두 일래스틱서치가 추가 데이터를 저장하게 하려고 매핑을 변경해야 한다. 포스팅 하이라이터를 위해 텀 오프셋, 패스트 벡터 하이라이터를 위해 텀 벡터를 설정해야 한다. 두 변경 모두 색인 크기를 증가시키고 색인할 때 더 많은 연산을 사용한다.

각 하이라이팅 구현은 고유한 기능 세트를 가지고 있고, 이 부록의 후반에서 이야기할 것이다. 우선 하이라이팅의 기본을 다루자.

C.1 하이라이팅 기본

우선 소개에서 나왔던 하이라이팅 스니핏^{snippet}을 다시 생성한다. 예제 C.1에서 모임(get-together) 이벤트의 이름에서 "elasticsearch" 텀을 검색하고 `title`과 `description` 필드에서 이 텀들을 하이라이트할 것이다.

> **노트** 예제가 동작하려면, https://github.com/dakrone/elastic- search-in-action에서 깃 저장소를 클론(clone)해서 이 책의 코드 샘플을 내려받고 샘플 데이터의 색인을 만들기 위해서 populate.sh를 실행한다.

예제 C.1 두 필드에서 텀을 하이라이팅하기

```
curl localhost:9200/get-together/event/_search?pretty -d '{
  "query": {
    "match": {                          전형적인 일래스틱서치 매치 쿼리.
      "title": "elasticsearch"          여기는 새로운 것이 없다.
    }
  },
  "highlight": {
    "fields": {                         어떤 필드를 하이라이트하길 원하
      "title": {},                      는지 포함한다.
      "description": {}
    }
  }
```

```
}'
# 응답
    "hits" : [ {
        "_index" : "get-together",
        "_type" : "event",
        "_id" : "103",
        "_score" : 0.9581454,
        "_source":{
  "host": "Lee",
  "title": "Introduction to Elasticsearch",
  "description": "An introduction to ES and each other. We can meet and
  greet and I will present on some Elasticsearch basics and how we use it.",
[...]
        "highlight" : {
            "title" : [ "Introduction to <em>Elasticsearch</em>" ],
            "description" : [ "can meet and greet and I will present on some
  <em>Elasticsearch</em> basics and how we use it." ]
        }
[...]
  "title": "Elasticsearch and Logstash",
  "description": "We can get together and talk about Logstash -
  http://logstash.net with a sneak peek at Kibana",
[...]
        "highlight" : {
            "title" : [ "<em>Elasticsearch</em> and Logstash" ]
        }
```

응답은 앞서와 같이 _source를 포함한다.

그러나 "elasticsearch" 텀과 일치한다면 하이라이트된 필드도 포함한다.

기본값으로 title과 description 필드가 _source에 포함되기 때문에 하이라이팅이 동작한다. 개별적으로 저장된다면(필드 매핑에서 store를 true로 설정해서), 일래스틱서치는 _source에서 가져오는 대신 저장 필드stored field에서 콘텐츠를 추출할 것이다.

> **팁** 필드를 저장하고 _source를 사용하지 않으면, 하나의 필드를 하이라이팅할 때 더 빠를 수 있다. 여러 개의 필드를 하이라이팅한다면, _source를 사용하는 것이 보통은 더 빠르다. 모든 필드를 한 번에 디스크에서 불러오기 때문이다. 하이라이트 요청에서 force_source를 true로 설정해서 저장 필드도 _source를 사용하도록 강제할 수 있다. 대부분의 경우에 기본설정으로 매핑과 하이라이팅에서 _source만 사용하는 것이 가장 좋다.

여러분의 사례에 따라서 예제 C.1의 결과가 원하는 것이 아닐 수 있다. 두 가지 가장 공통된 문제와 그것을 어떻게 바로잡을지 살펴보자.

C.1.1 사용자에게 무엇을 전달해야 하나

예제 C.1의 결과는 _source 필드를 포함한다. 하이라이트할 것이 있다면 title과 description 필드도 포함한다. 사용자에게 title과 description 필드를 반환하길 원한다고 가정하면, 애플리케이션에 다음과 같은 것을 구현해야 한다.

- 필드(이 경우 title이나 description)가 하이라이트되는지 확인한다.
- 그렇다면 하이라이트된 프래그먼트를 보여준다. 그렇지 않으면, _source에서 원본 필드 콘텐츠를 취한다.

더 멋진 방법은 하이라이트할 것이 있는지에 상관없이 title과 description 필드에 모두 하이라이터 반환 프래그먼트를 갖는 것이다. 필드가 일치하지 않았다면, no_match_size를 프래그먼트가 갖길 원하는 문자 개수로 설정해서 예제 C.2와 같이 한다. 기본값은 0이므로 일치하지 않는 필드는 전혀 나타나지 않는다.

> **노트**   프래그먼트 크기를 설정하는 것은 필드가 얼마나 큰지 조절할 수 없을 때 유용하다. 예를 들어, _source에서 이벤트 설명을 취해서 한 페이지를 채운다면, UI를 망칠 것이다. 프래그먼트 크기와 다른 옵션에 대해서 C.2.1절에서 좀 더 논의할 것이다.

필요한 모든 필드를 반환하는 하이라이터와 함께, 결과의 _source 필드는 중복된다. 그래서 다음과 같이 검색 요청에서 _source를 false로 설정해서 반환하는 것은 생략할 수 있다.

예제 C.2 no_match_size로 하이라이터가 필요한 필드를 반환하도록 강제하기

```
curl localhost:9200/get-together/event/_search?pretty -d '{
  "query": {
    "match": {
      "title": "elasticsearch"
    }
```

```
    },
  "highlight": {
    "no_match_size": 100,   ◄──┐   일치하지 않는 필드를 100개
                                   문자까지 보여준다.
    "fields": {
      "title": {},
      "description": {}
    }
  },
  "_source": false   ◄──┐   하이라이트된 필드에서 필요한 모두 정보를
                           가지고 있어서, _source를 끈다.
}'
# reply
    "hits" : [ {
      "_index" : "get-together",
      "_type" : "event",
      "_id" : "103",
      "_score" : 0.9581454,
      "highlight" : {                               결과에 _source가
                                                    없다.
        "title" : [ "Introduction to <em>Elasticsearch</em>" ],
        "description" : [ "can meet and greet and I will present on some
          em>Elasticsearch</em> basics and how we use it." ]
      }
[...]

      "highlight" : {
        "title" : [ "<em>Elasticsearch</em> and Logstash" ],
        "description" : [ "We can get together and talk about Logstash -
http://logstash.net with a sneak peek at Kibana" ]   ◄──┐
                           이 description은 일치하지 않지만,
                           완성도를 위해 필드가 보인다.
```

일치 여부에 상관없이 같은 필드를 하이라이팅하는 것은 공통된 사례다. 다음으로 다른(여전히 일반적인) 사용 사례를 살펴볼 것이다.

C.1.2 너무 많은 필드가 하이라이트된 텀을 포함한다.

사용자에게 예제 C.2의 하이라이트된 결과를 전달하면, 하이라이트된 elasticsearch description 필드로 인해 혼란스러울 수도 있다. 단지 title 필드만 검색했기 때문이다. 쿼리와 일치하는 필드만 하이라이트하기 위해 다음과 같이 require_field_match를 true로 설정할 수 있다. 쿼리가 title 필드가 일치하면 오직 title 필드만 하이라이트된다.

예제 C.3 Highlighting only fields matching the query

```
curl localhost:9200/get-together/event/_search?pretty -d '{
  "query": {
    "match": {
      "title": "elasticsearch"
    }
  },
  "highlight": {
    "require_field_match": true,
    "fields": {
      "title": {},
      "description": {}
    }
  }
}'
# 응답
      "highlight" : {
        "title" : [ "Introduction to <em>Elasticsearch</em>" ]
      }
[...]
      "highlight" : {
        "title" : [ "<em>Elasticsearch</em> and Logstash" ]
      }
```

이제 title 필드만 하이라이트된다.

같은 결과를 얻기 위한 다른 방법은 검색을 `title` 필드에서 하고, 하이라이트하는 필드의 목록에서 `title`만 추가한다. 이 방식이 동작하긴 하겠지만, 때로는 어떤 필드에 검색할지 조절하지 못하는 경우도 있다. 예를 들어, 4장에서 설명한 `query_string` 쿼리를 사용한다면, 기본 설정한 검색 필드가 다른 필드라 할지라도 어떤 사람은 `description:elasticsearch`를 사용할 수 있다.

`require_field_match`와 `no_match_size`는 그저 두 가지 사용 가능한 하이라이팅 옵션이다. 더 많은 유용한 것을 얻을 수 있지만, 다음 절에서 논의하자.

C.2 하이라이팅 옵션

어떤 필드를 선택하는 것 외에도 다음과 같은 하이라이팅 옵션을 설정할 수 있다.

- 하이라이트하는 프래그먼트의 크기와 수를 조정하기
- 하이라이팅 태그와 인코딩 변경하기
- 주 쿼리 대신 하이라이팅을 위해 다른 쿼리를 명시하기

이 모든 것을 다음 절에서 논의할 것이다.

C.2.1 크기, 순서, 프래그먼트 수

이벤트의 `description` 필드에서 `elasticsearch`를 하이라이팅하면 하이라이트한 텀 중 약 100개 문자의 프래그먼트만 보일 것이다. 예제 C.1과 C.2에서 눈치챘을지도 모르지만, 항상 전체 필드를 포함하는 것이 아니라서 문맥이 너무 크거나 작을 수 있다.

```
"description" : [ "can meet and greet and I will present on some
<em>Elasticsearch</em> basics and how we use it." ]
```

약 100개 문자라고 한 이유는 일래스틱서치가 단어가 잘리지 않도록 노력하기 때문이다.

프래그먼트 크기

당연히 기본 프래그먼트 크기를 변경하기 위한 fragment_size 옵션이 있다. 0으로 설정하면 전체 필드 내용이 보일 것이고 names 같은 짧은 필드에 대해 잘 동작한다. 모든 필드에 대해 전체적으로 프래그먼트 크기를 설정하고 필드별로 설정할 수 있다. 개별 설정은 전체 설정보다 우선한다. Description 필드에서 "Elasticsearch" "Logstash" "Kibana"를 검색하는 다음 예제에서 볼 수 있다.

예제 C.4 특정 필드의 fragment_size 설정이 글로벌 설정보다 우선한다

```
curl localhost:9200/get-together/event/_search?pretty -d '{
  "query": {
    "match": {
      "description": "elasticsearch logstash kibana"
    }
  },
  "highlight": {
    "fragment_size": 20,        ◄── 글로벌 프래그먼트 크기는
                                     모든 필드에 적용된다.
    "fields": {
      "title": {},
      "description": {
        "fragment_size": "40"   ◄── 특정 필드의 프래그먼트 크기는
                                     글로벌 설정보다 우선한다.
      }
    }
  }
}'
# 응답
      "highlight" : {
        "title" : [ "Logging and <em>Elasticsearch</em>" ],
         "description" : [ "dive for what <em>Elasticsearch</em> is and how
   it", "logging with <em>Logstash</em> as well as <em>Kibana</em>!" ]
        }
[...]
      "highlight" : {
```

필드 일부만 보여주는 프래그먼트

```
                "title" : [ "<em>Elasticsearch</em> and <em>Logstash</em>" ],
                "description" : [ "together and talk about <em>Logstash</em> -
        http://logstash", "with a sneak peek at <em>Kibana</em>" ] }
[...]
            "highlight" : {
                "title" : [ "<em>Elasticsearch</em> at" ],
                "description" : [ "how they use <em>Elasticsearch</em>" ]
            }
```

이 예제에서 프래그먼트 크기가 충분히 작고 텀이 충분히 자주 발생하면 여러 개의 프래그먼트를 생성한다는 것을 알 수 있다.

프래그먼트의 순서

기본적으로 프래그먼트는 예제 C.4와 같이 본문에 나온 순서로 반환된다. 프래그먼트의 자연적인 순서가 전체 내용을 더 잘 요약하는 짧은 본문에서는 잘 동작한다. 예를 들어, 예제 C.4에서 반환한 description 프래그먼트는 description을 잘 드러낸다.

책과 같은 대량의 문서의 경우 프래그먼트가 멀리 떨어질 수 있으므로 자연적인 순서는 잘 동작하지 않는다. 그래서 사용자는 어떤 링크도 볼 수 없다. 예를 들어, 이 책에서 "elasticsearch parent child"를 검색했다면 상위 두 개의 프래그먼트는 다음과 같을 것이다.

```
"we will discuss how Elasticsearch works and"
"the child aggregation works on buckets generated by"
```

그리 관련은 없으나 일래스틱서치에서 부모 자식 관계를 찾는다고 가정하자. 책 자체가 주제를 다루고 있어서 관련이 있을지라도, 책에서 나중에 나오는 프래그먼트를 보여주면 더 멋질 것이다.

```
"parent-child relationships work with different Elasticsearch documents"
```

큰 필드를 하이라이팅할 때, 쿼리와의 유사도 순서로 프래그먼트를 배열하는 것이 타당하다. 사용자가 순서대로 관련된 부분을 보는 데 관심이 있을 공산이 있어서, 결과가 기대한 것인지 결정할 수 있기 때문이다.

하이라이터는 각 프래그먼트에 대해 TF-IDF 점수를 계산한다. 색인에서 문서에 대한 점수를 계산하는 것과 거의 같다. 이 점수에 의해 프래그먼트를 정렬하려면 요청의 highlight 부분에 order를 score로 설정해야 한다. 프래그먼트 크기로 했던 것처럼, 순서를 개별적으로 혹은 전체적으로 설정할 수 있다. 예를 들어, 다음 하이라이트 부분은 예제 C.4에서 실행했던 "elasticsearch logstash kibana" 쿼리의 프래그먼트 순서를 변경할 것이다.

```
"highlight": {
  "fields": {
    "description": {
      "fragment_size": 40,
      "order": "score"
    }
  }
}
```

더 많은 텀과 일치한 프래그먼트가 더 높은 점수를 가지고 있으므로 먼저 나오는 것을 알 수 있다.

```
"description" : [ "logging with <em>Logstash</em> as well as?
<em>Kibana</em>!", "dive for what <em>Elasticsearch</em> is and how it" ]
```

프래그먼트 수

책과 같이 큰 문서는 오직 하나의 큰 관련 프래그먼트만 보여주는 것이 타당하다. 지금까지 작업했던 이벤트 설명과 같은 더 작은 필드를 설명할 때는 여러 개의 작은 프래그먼트가 적합하다. number_of_fragments를 설정해서 프래그먼트 수를 조절할 수 있다. 기본은 5이다.

```
"highlight": {
  "fields": {
```

```
    "description": {
      "number_of_fragments": 1
    }
  }
}
```

이름이나 짧은 설명 같은 정말 작은 필드들은 number_of_fragments를 0으로 설정할 수 있다. 이렇게 하면 프래그먼트를 전혀 사용하지 않고, 전체 필드를 하나의 프래그먼트로 반환한다. fragment_size는 무시한다.

프래그먼트의 크기, 순서, 수를 알았으니, 어떻게 프래그먼트가 반환되는지 설정하는 방법을 알아보자.

C.2.2 하이라이팅 태그와 프래그먼트 인코딩

기본으로 사용하는 과 태그를 pre_tags와 post_tags 옵션을 통해 변경할 수 있다. 다음 예제에서는 와 를 대신 사용할 것이다.

예제 C.5 사용자 지정 하이라이팅 태그

```
curl localhost:9200/get-together/event/_search?pretty -d '{
  "query": {
    "match": {
      "title": "elasticsearch"
    }
  },
  "highlight": {
    "pre_tags" : ["<b>"],          글로벌 태그. 필드별로 다른
    "post_tags" : ["</b>"],        태그들을 정의할 수도 있다.
    "fields": {
      "title": {}
    }
  }
}'
```

```
# 응답
    "highlight" : {
      "title" : [ "<b>Elasticsearch</b> at Rangespan and Exonar" ]
    }
```

새로운 태그를 하이라이팅하는
프래그먼트에 사용한다.

사용자 지정 태그가 기본값과 같은 HTML이라면, 아마 프래그먼트를 HTML로 만들어서 사용자 인터페이스에 보여주길 원할 수도 있다. 여러분이 마주칠 수 있는 문제가 여기 있다. 기본적으로 일래스틱서치는 인코딩 없이 프래그먼트를 반환해서, 앰퍼샌트(&) 같은 특수 문자가 있다면 적절히 표현하지 못한다. 예를 들어, select&copy로 하이라이트한 프래그먼트는 그림 C.2와 같이 나타난다. &copy 시퀀스를 카피라이트 문자로 해석하기 때문이다.

▲ **그림 C.2** 프래그먼트 인코딩이 없어서 브라우저가 HTML을 잘못 해석하게 할 수 있다

엠퍼샌드는 &amp로 이스케이프되야 한다. encoder를 html로 설정하면 가능하다.

```
"highlight": {
  "encoder": "html",
  "fields": {
    "title": {}
  }
}
```

HTML 인코더로 그림 C.3과 같이 텍스트를 적절히 해설할 수 있다.

▲ **그림 C.3** HTML 인코더를 사용해서 구문 분석 실수를 회피할 수 있다

프래그먼트의 내용을 사용자가 원하는 대로 만드는 것을 다루었으니, 처음으로 돌아가 하이라이트된 프래그먼트를 생성한 쿼리를 살펴보자. 기본적으로 메인 쿼리로부터의 텀들이 사용되지만, 커스텀 쿼리를 정의할 수 있다.

C.2.3 하이라이트 쿼리

하이라이팅을 위해 메인 쿼리를 사용하면 대부분 동작하지만, 특별한 주의가 필요한 경우가 있다. 예를 들어, 점수를 다시 매기는 쿼리를 사용하는 경우다.

6장에서 관련성을 논의했을 때 처음으로 리스코어링을 접했다. 전체 결과의 상위 N개에 대해서만 (가끔은 비싼) 대안 쿼리를 실행해서 결과의 순위를 개선해 주기 때문이다. 그 다음에 일래스틱서치는 마지막 순위를 얻기 위해 본 점수와 리스코어 쿼리의 점수를 합산한다. 문제는 리스코어 쿼리가 하이라이팅에 적용되지 않는다는 것이다.

이런 경우 커스텀 하이라이트 쿼리가 유용하다. 예를 들어, 주 쿼리가 이름에서 elasticsearch 혹은 단순히 search와의 그룹을 찾는다면, enterprise search처럼 search로 끝나는 태그가 있을 경우를 증진(boost)하는 것도 원할 것이다. *search를 위한 와이드카드 쿼리는 10장의 10.4.1절에서 본 것처럼 비용이 들어서, 상위 200개의 문서에 대해서만 실행하는 리스코어 쿼리에 한정할 수 있다.

다음 예제에서 어떻게 elasticsearch와 search를 name 필드에 넣고, 더불어 하이라이트 쿼리에 *search 태그를 넣어서 검색에 포함된 모든 텀들을 하이라이트하는지 볼 것이다. 와일드카드를 확장하고 enterprise search 같은 일치하는 태그를 하이라이트하는 것을 볼 수 있다.

예제 C.6 하이라이트 쿼리는 주 쿼리와 리스코어 쿼리의 텀들을 포함한다

```
curl localhost:9200/get-together/group/_search?pretty -d '{
  "query" : {
    "match" : {
      "name" : "elasticsearch search"          주 쿼리는 name 필드에서 elasticsearch와
    }                                            search를 찾는다.
  },
  "rescore" : {
```

```
        "window_size": 200,
        "query" : {
          "rescore_query" : {
            "wildcard" : {
              "tags.verbatim" : "*search"        ◀─── 리스코어 쿼리는 search로
            }                                          끝나는 태그를 찾는다.
          }
        }
      },
      "highlight": {
        "highlight_query": {
          "query_string": {
            "query": "name:elasticsearch name:search tags.verbatim:*search"  ◀──
          }                                    하이라이트 쿼리는 모든 주 쿼리와
        },                                     리스코어 쿼리 제약을 맞춘다.
        "fields": {
          "name": {},
          "tags.verbatim": {}
        }
      }
    }'
    # reply
        "highlight" : {
          "name" : [ "<em>Elasticsearch</em> Denver" ],
          "tags.verbatim" : [ "<em>elasticsearch</em>" ]     ◀───
    [...]                                              search로 끝나는 모든
        "highlight" : {                                태그도 하이라이트된다.
          "name" : [ "Enterprise <em>search</em> London get-together" ],
          "tags.verbatim" : [ "<em>enterprise search</em>" ]    ◀───
```

elasticsearch와 search는 name 필드에서 하이라이트된다.

이제 하이라이팅이 내부에서 어떻게 동작하는지 깊이 살펴보자. 여러분의 사례에 가장 잘 맞는 구현을 선택하는 데 도움이 될 것이다.

C.3 하이라이터 구현

지금까지 여러분이 플레인^{Plain}이라고 부르는 기본 하이라이터 구현을 사용하고 있다고 가정했다. 플레인 하이라이터는 하이라이트할 텀을 식별하고 텀들이 텍스트의 어느 위치에 있는지 식별하기 위해 각 필드에서 텍스트를 다시 분석하는 방식으로 동작한다. 대부분의 경우 잘 동작하고, 단지 하이라이트할 필드를 개별적으로 혹은 _source 필드에 저장해야 한다. 텍스트를 다시 분석해야 하므로, 플레인 하이라이터는 큰 필드에 사용하면 느릴 수 있다. 예를 들어, 책이나 블로그 글 본문의 색인을 만들 때 그렇다.

그런 사례의 경우, 두 가지 다른 구현이 도움 된다.

- 포스팅 하이라이터
- 패스트 벡터 하이라이터

둘 다 큰 필드에 사용 시 플레인 하이라이터보다 빠르지만, 둘 다 추가 데이터를 색인에 저장해야 한다. 즉, 데이터가 속도의 기반이 된다. 또한, 둘 다 다음에 논의할 고유의 기능을 제공한다. 어떤 것이 여러분에게 가장 적합한지 명확하지 않다면, 플레인 하이라이터로 시작 후 플레인 하이라이터가 너무 느리다고 확인된 필드에 대해 포스팅 하이라이터로 변경하는 것을 추천한다. 포스팅 하이라이터가 색인 크기에 오버헤드가 다소 있고, 필드가 작은 경우에 잘 작동하기 때문이다. 포스팅 하이라이터가 필요한 기능을 제공하지 않는다면, 패스트 벡터 하이라이터를 시도해보자.

C.3.1 포스팅 하이라이터

포스팅 하이라이터는 하이라이트할 필드에 index_options를 offsets로 설정해서, 색인에 각 필드의 위치(포지션과 오프셋)를 저장해야 한다. 예제 C.7처럼 오프셋은 본문에서 어떤 텀의 정확한 위치를 나타내서, 이 정보로 포스팅 하이라이터는 어떤 필드를 본문을 재분석하지 않고 하이라이트할지 식별할 수 있다. 이 예제에서는 5장의 분석에서 처음 접한 분석 API를 사용할 것이다.

예제 C.7 분석 API가 오프셋을 알려준다

```
curl localhost:9200/_analyze?pretty -d 'Introduction to Elasticsearch'
# 응답
{
  "tokens" : [ {
    "token" : "introduction",
    "start_offset" : 0,
    "end_offset" : 12,
    "type" : "<ALPHANUM>",
    "position" : 1
  }, {
    "token" : "to",
    "start_offset" : 13,
    "end_offset" : 15,
    "type" : "<ALPHANUM>",
    "position" : 2
  }, {
    "token" : "elasticsearch",
    "start_offset" : 16,
    "end_offset" : 29,
    "type" :   "<ALPHANUM>",
    "position" : 3
  }]
}
```

텍스트를 분석할 때 일래스틱서 치는 오프셋을 저장할 수 있다.

저장한 오프셋으로 두 번째 분석 때는 텀의 위치를 찾을 필요가 없다.

　텍스트를 분석할 때, 일래스틱서치는 정확한 위치를 저장하기 위해 각 텀의 오프셋을 추출할 수 있다. 오프셋이 저장되면, 일래스틱서치는 각 텀의 위치를 알아내기 위해 하이라이팅하는 동안 다시 텍스트를 분석할 필요가 없다. 색인에 텀의 오프셋을 추가하는 것은 쿼리 대기시간을 개선하는 반면 색인 시간이 느려지고 색인이 커지는 장단점이 있다. 10장에서 이런 성능적인 장단점을 많이 봤다.

600

index_options를 offsets로 설정했을 때, 자동으로 포스팅 하이라이터를 사용
한다. 예를 들어, 다음 예제에서 새로운 색인의 content 필드에 대한 오프셋을 켜고,
두 개의 문서를 추가하고, 하이라이트할 것이다.

예제 C.8 포스팅 하이라이터 사용하기

```
INDEX_URL="localhost:9200/test-postings"
curl -XDELETE $INDEX_URL          ◀──  포스팅 하이라이터를 가지고
curl -XPUT $INDEX_URL -d '{            놀기 위한 색인 이름
  "mappings": {
    "docs": {
      "properties": {
        "content": {
          "type": "string",
          "index_options": "offsets" ◀──  포스팅 하이라이터를 위해
        }                                 필요하다.
      }
    }
  }
}'
curl -XPUT $INDEX_URL/docs/1 -d '{
    "content": "Postings Highlighter rocks. It stores offsets in postings."
}'
curl -XPUT $INDEX_URL/docs/2 -d '{
    "content": "Postings are a generic name for the inverted part of the
        index: term dictionary, term frequencies, term positions."
}'
curl -XPOST $INDEX_URL/_refresh
curl "$INDEX_URL/_search?q=content:postings&pretty" -d '{ ◀──
  "highlight": {
    "fields": {
      "content": {}
    }
  }
```

두 개의
샘플 문
서를 색
인한다.

Content 필드에 포스팅
을 위한 쿼리. 자동으로
포스팅 하이라이터를 사
용한다.

```
}'
# 응답
    "highlight" : {
      "content" : [ "<em>Postings</em> Highlighter rocks.", "It stores
  offsets in <em>postings</em>." ]
    }
[...]
    "highlight" : {
      "content" : [ "<em>Postings</em> are a generic name for the inverted
  part of the index: term dictionary, term frequencies, term positions." ]
    }
```

이 예제에서 크든 작든 하이라이트된 샘플들이 문장이라는 것을 알 수 있다. 포스팅 하이라이터는 fragment_size 옵션을 설정하면 무시할 것이다. number_of_fragments를 0으로 설정하지 않으면 프래그먼트가 항상 문장이 될 것이다. 이 경우 전체 필드가 하나의 프래그먼트로 처리된다.

> **팁**   하이라이터 구현을 수동으로 설정하길 원하면, type을 plain(플레인 하이라이터), postings(포스팅 하이라이터), fvh(패스트 벡터 하이라이터)로 설정해서 할 수 있다. 전체적으로 혹은 필드별로 설정할 수 있고 구현에 대한 결정을 변경했고 다시 색인하고 싶지 않을 때 유용하다. 예를 들어, 오프셋을 색인했으나 포스팅 하이라이터의 문장을 프래그먼트로 처리하는 방식을 좋아하지 않아서, 플레인 하이라이터로 돌아가는 방법이 필요하다.

내부적으로 포스팅 하이라이터는 필드를 문장(이후 프래그먼트가 되는)으로 나누고, 문장들을 분리된 문서로 다루어 BM25 유사도를 사용해서 점수를 부여한다. 6장에서 논의한 것처럼 BM25는 TF-IDF기반 유사도이며, 짧은 필드에 잘 동작하므로 여러분의 문장이 짧아야 한다.

프래그먼트를 생성하고 점수 매기는 방식 때문에, 포스팅 하이라이터는 책이나 블로그 같은 자연어를 색인할 때 잘 동작한다. 코드 같은 것을 색인할 때는 잘 동작하지 않는다. 문장의 개념이 종종 동작하지 않고 전체 필드가 하나의 프래그먼트로 처리될 수 있고 프래그먼트 크기를 줄일 옵션이 없다.

602

포스팅 하이라이터의 다른 단점은 최소한 버전 1.4에서는 구 쿼리와 잘 동작하지 않는다. 개별 텀만 처리하기 때문이다.[1]

예를 들어, 다음 예제에서 `match_phrase` 쿼리를 사용해서 "Elasticsearch intro" 구를 찾을 것이다.

예제 C.9 포스팅 하이라이터는 모든 텀을 일치시키고 구를 무시한다

```
curl -XPUT localhost:9200/test-postings/docs/2 -d '{
  "content": "Elasticsearch intro - first you get an intro of the core
  concepts, then we move on to the advanced stuff" }'?
curl localhost:9200/test-postings/_search?pretty -d '{
  "query": {
    "match_phrase": {
      "content": "Elasticsearch intro"
    }
  },
  "highlight": {
    "encoder": "html",
    "fields": {
      "content": {}
    }
  }
}'
# 응답
"highlight": {
  "content": ["<em>Elasticsearch</em> <em>intro</em> - first you get an
  <em>intro</em> of the core concepts, then we move on to the advanced
  stuff"]
}
curl localhost:9200/test-postings/_search?pretty -d '{
```

◀── 구 일부가 아닐지라도, 두 번째 나온 intro가 하이라이트된다.

---

1 2.4나 5.0 alpha에서도 같은 상황이다. – 옮긴이
   https://www.elastic.co/guide/en/elasticsearch/reference/current/search-request-highlighting.
   html#postings-highlighter

```
  "query": {
    "match_phrase": {
      "content": "Elasticsearch intro"
    }
  },
  "highlight": {
    "encoder": "html",
    "fields": {
      "content": {
        "type": "plain"
      }
    }
  }
}'
#응답
"highlight" : {
  "content" : [ "<em>Elasticsearch</em> <em>intro</em> - first you get an
  intro of the core concepts, then we move on to the advanced stuff" ]
}
```

플레인 하이라이터를 사용하면 구만 하이라이트된다.

구에 속하지 않았을 때조차 개별 텀들이 하이라이트된다. 플레인 하이라이터를 사용하면 그렇지 않다. 좋은 점은 오프셋을 색인해서 색인 크기가 증가하고 색인이 다소 느려짐에도 불구하고, 오버헤드가 패스트 벡터 하이라이터에서 필요한 텀 벡터를 추가했을 때보다 작다는 것이다.

C.3.2 패스트 벡터 하이라이터

필드에 패스트 벡터 하이라이터를 사용하려면, 매핑에서 `term_vector`를 `with_positions_offsets`로 설정해야 한다. 이렇게 하면 일래스틱서치는 필드 내용을 재분석하지 않고 텍스트에서 위치뿐 아니라 텀도 식별한다. 예를 들어 1MB가 넘는 큰 필드에 대해, 패스트 벡터 하이라이터는 플레인 하이라이터보다 빠르다.

텀 벡터가 무엇인가?

텀 벡터는 텀을 차원으로 사용해서 문서를 표현하는 방법이다. 예를 들어, 다음 그림은 Elasticsearch와 Logstash를 가진 문서와 Elasticsearch만 포함한 문서를 나타낸다.

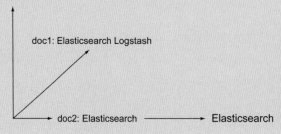

메타데이터, 벡터, 순위

쿼리를 다른 벡터로 표현하고, 쿼리 벡터와 각 문서의 벡터 사이의 거리에 기반을 둬서 문서의 순위를 매길 수도 있다. 다른 애플리케이션은 순위에 영향을 주는 다른 메타데이터(예를 들어, 필드의 총 크기)를 각 문서에 추가하는 것이다. 텀 벡터와 사용에 관한 추가 정보는 https://en.wikipedia.org/wiki/Vector_space_model을 방문해보자.

하이라이팅을 위해서, 이 메타데이터는 각 텀에 대한 위치와 오프셋의 목록이어야 한다. 이래서 패스트 벡터 하이라이터가 with_positions_offsets 설정이 필요하다. 다른 설정은 no(기본), yes, with_positions, with_offsets다.

포스팅 하이라이터보다 패스트 벡터 하이라이터는 더 공간을 차지하고 색인하는 동안 더 많은 계산이 필요하다. 둘 다 위치와 오프셋이 필요하지만 패스트 벡터 하이라이터만 기본으로는 꺼져있는 텀 벡터를 계산해야 하기 때문이다.

필드에 `term_vector`가 `with_positions_offsets`로 설정돼 있을 때, 일래스틱서치는 자동으로 그 필드에 대해 패스트 벡터 하이라이터를 사용한다. 예를 들어, 코드 샘플의 모임(get-together) 이벤트와 그룹 설명은 기본으로 이 하이라이터를 사용한다. 다음은 매핑의 관련 코드 조각이다.

```
"group" : {
  "properties" : {
    "description" : {
      "type" : "string",
      "term_vector": "with_positions_offsets"
```

포스팅 하이라이터보다 더 낳은 구^{phrase} 하이라이팅을 제공한다. 모든 일치한 텀을 하이라이팅하는 대신, 패스트 벡터 하이라이터는 예제 C.9에서 플레인 하이라이터가 한 것처럼 오직 구에 속한 텀들만 하이라이트한다.

패스트 벡터 하이라이터는 고유한 기능도 가지고 있다.

- 다중 필드와 잘 동작한다. 다중 필드에서 일치한 것들을 같은 집합의 프래그먼트로 조합할 수 있기 때문이다.
- 여러 개의 하이라이트 할 단어들이 있다면, 각각을 다른 태그로 하이라이트할 수 있다.
- 프래그먼트의 경계를 어떻게 선택할지 설정할 수 있다. 이 기능들을 더 깊이 살펴보자.

다중 필드 하이라이트하기

3장의 3.3.3절에서 같은 텍스트를 여러 가지 방법으로 색인하는 방법으로 다중 필드$^{multi-fields}$를 접했다. 다중 필드는 검색을 개선하는 훌륭한 방법이지만, 같은 필드의 변형이 다른 일치 결과를 준다면, 적절히 하이라이팅하는 것이 까다로울 수 있다. 예를 들어 description 필드가 두 가지 방식으로 분석되는 다음 예제를 보자. 기본은 search와 searching을 일치시키기 위해 어간^{stemming}을 사용하는 english 분석기다. 접미사 서브 필드는 elasticsearch와 search처럼 단어와 공통 접미사를 일치시키는 에지 엔그램$^{Edge\ ngram}$을 사용하는 커스텀 분석기를 사용한다. 둘 다에 multi_match 쿼리를 할 때, 플레인 하이라이터는 한 번에 하나의 필드만 일치시킬 수 있다.

예제 C.10 플레인 하이라이터는 다중 필드와 잘 동작하지 않는다

```
curl -XPUT localhost:9200/multi -d '{
  "settings": {
    "analysis": {
      "analyzer": {
        "my-suffix": {
          "tokenizer": "standard",
          "filter": ["lowercase","suffix"]
        }
      },
      "filter": {
        "suffix": {
          "type": "edgeNGram",
          "min_gram": 5,
          "max_gram": 5,
          "side": "back"
        }
      }
    }
  },
  "mappings": {
    "event": {
      "properties": {
        "description": {
          "type": "string",
          "analyzer": "english",
          "term_vector": "with_positions_offsets",
          "fields": {
            "suffix": {
              "type": "string",
              "analyzer": "my-suffix",
              "term_vector": "with_positions_offsets"
            }
```

각 텀의 오직 마지막 다섯 개 문자만 다루는 커스텀 분석기

영어 분석기는 기본 필드에 어간을 사용해 search와 searching을 일치시킨다.

커스텀 분석기는 접미사만 취해서 search와 elasticsearch를 일치시킨다.

```
          }
        }
      }
    }
  }
}'

curl -XPUT localhost:9200/multi/event/1 -d '{
  "description": "elasticsearch is about searching"
}'
curl localhost:9200/multi/_refresh
curl -XGET localhost:9200/multi/event/_search -d'
{
  "query": {
    "multi_match": {
      "query": "search",
      "fields": ["description", "description.suffix"]
    }
  },
  "highlight": {
    "type": "plain",
    "fields": {
      "description": {},
      "description.suffix": {}
    }
  }
}'
# 응답
"highlight": {
  "description": ["elasticsearch is about <em>searching</em>"],
  "description.suffix": ["<em>elasticsearch</em> is about searching"]
```

플레인 하이라이터는 오직 하나 혹은 다른 일치한 것을 하이라이트할 수 있다.

이것이 패스트 벡터 하이라이터가 도움을 줄 수 있는 부분이다. 다중 필드를 하나로 합쳐서 모든 일치하는 것들을 하이라이트하기 때문이다. 단지 하이라이트할 모든 필드에 term_vector를 with_positions_offsets로 설정하기만 하면 된다 (패스트 벡터 하이라이터가 우선 동작하기 위한 요구 사항이다). 이미 이것을 예제에 추가했다. 다중 서브 필드를 하나로 합치려면, 어떤 서브 필드를 하이라이트하길 원하는지 matched_fields 옵션으로 표시해야 한다.

```
"highlight": {
  "fields": {
    "description": {"matched_fields": ["description","description.suffix"]
    }
  }
}
```

예제 C.10의 문서와 쿼리를 사용해서, 기대하는 하이라이팅을 얻을 수 있다.

```
"highlight": {
  "description": ["<em>elasticsearch</em> is about <em>searching</em>"]
```

다른 프래그먼트에 다른 태그 사용하기

첫 하이라이트한 단어는 볼드로 하고 두 번째는 이탤릭으로 하기 위해, 태그 배열을 명시할 수 있다.

```
"highlight": {
  "fields": {
    "description": {
      "pre_tags": ["<b>", "<em>"],
      "post_tags": ["</b>", "</em>"]
```

두 단어 이상을 하이라이트한다면, 패스트 벡터 하이라이터는 다시 시작한다. 세 번째는 볼드로 하고, 네 번째는 이탤릭으로 하는 등이다. 하이라이트할 단어가 많다면, 번호를 파악하길 원할 수도 있다. 이 쿼리처럼 tags_schema를 styled로 설정해서 할 수 있다.

```
"query": {
  "match": {
    "description": "elasticsearch logstash kibana"
  }
},
"highlight": {
  "tags_schema": "styled",
  "fields": {
    "description": {}
```

코드 샘플의 문서에 실행한다면, 첫 히트가 이처럼 하이라이트될 것이다.

```
"highlight": {
  "description": [
    "for what <em class=\"hlt1\">Elasticsearch</em> is and how
it can be used for logging with <em class=\"hlt2\">Logstash</em> as well
as <em class=\"hlt3\">Kibana</em>!"
```

클래스 이름(hltX)을 사용해서 어떤 단어가 처음, 두 번째, 등으로 일치하는지 계산하도록 해준다.

경계 문자 설정하기

일래스틱서치는 단어가 잘리지 않도록 해서 fragment_size는 근삿값이라고 했던 C.2.1절을 상기해보자. 설명이 다소 모호하다고 생각했다면, 동작이 하이라이터의 구현에 달렸기 때문이다.

포스팅 하이라이터를 사용하면, 프래그먼트 크기가 상관없다. 텍스트를 문장으로 나누기 때문이다. 플레인 하이라이터는 프래그먼트 크기에 가까워질 때까지 하이라이트된 텀들을 붙인다. 즉 경계가 항상 텀이라는 것을 의미한다. 이 장의 예제에서 본 것처럼, 이 방식은 자연어에 잘 동작하지만, 단어와 텀의 개념이 겹치지 않는 다른 사용 사례에서는 문제가 될 수 있다. 예를 들어, 코드를 색인한다면 다음과 같은 변수 정의를 가질 수 있다.

```
variable_with_a_very_very_very_very_long_name = 1
```

이런 텍스트를 효과적으로 검색하려면, 이 긴 변수를 나눌 수 있고 텀을 찾도록 해주는 분석기가 필요할 것이다.

> **팁** 언더스코어를 포함하는 패턴(예를 들어, 공백과 언더스코어로 단어를 나누는 (₩₩ |_))을 명시하는 Pattern Tokenize로 이렇게 할 수 있다. 5장에서 분석기와 토크나이저(tokenizer)에 대해 더 많은 정보를 발견할 것이다.

분석기가 변수를 토큰으로 나눈다면, 원하지 않더라도 플레인 하이라이터는 변수를 나눌 것이다. 예를 들어, 프래그먼트 크기 20으로 long을 검색하면 다음과 같은 결과를 줄 것이다.

```
_very_very_very_very_<em>long</em>_name = 1
```

패스트 벡터 하이라이터는 다르게 동작한다. 단어가 텀과 같지 않기 때문이다. 단어는 다음 문자에 의해 구분되는 문자열이다. 즉 .,!? \t\n. 예제를 boundary_chars 옵션으로 변경할 수 있다. 프래그먼트를 만들 때, 보통 fragment_size에 의해 설정되는 limits으로 부터 boundary_max_scan 문자들(기본값 20)을 위해 그런 문자들을 찾는다. 스캐닝하는 동안 그런 경계 문자를 발견하지 못하면, 프래그먼트가 잘린다. 기본으로 패스트 벡터 하이라이터는 long을 하이라이팅하는 동안 코드 샘플을 자를 것이다.

```
ry_very_<em>long</em>_name = 1
```

두 가지 방법으로 기본값을 변경해서 이것을 수정할 수 있다. 하나는 경계 문자들의 목록에 언더스코어를 추가하는 것이다. 이 방법은 여전히 변수를 자르지만 좀 더 예측 가능한 방법을 사용한다.

```
"highlight": {
  "fields": {
    "description": {
      "fragment_size": 20,
      "boundary_chars": ".,!? \t\n_"
```

 # 다음을 생성할 것이다

```
very_very_<em>long</em>_name = 1
```

다른 옵션은 boundary_chars를 기본값으로 남겨두고 대신 boundary_max_scan 을 확장하는 것이다. 특정 프래그먼트에 대해 프래그먼트 크기를 높이는 것을 의미함에도 불구하고, 프래그먼트에 포함된 전체 변수를 가질 기회를 증가시킬 것이다.

```
variable_with_a_very_very_very_very_<em>long</em>_name = 1
```

프래그먼트의 경계에 관한 이슈는 보통 작은 프래그먼트가 필요할 때 드러난다. 더 큰 청크에 대해 부정확한 경계는 사용자에게 드러나기 쉽지 않다. 사용자의 관심이 프래그먼트 전체가 아닌 하이라이트된 것들과 둘레의 단어들에 집중하는 경향이 있기 때문이다. 패스트 벡터 하이라이터를 설정하는 다른 파라미터는 fragment_offset이다. 이 파리미터로 하이라이팅을 시작할 여백^{margin}을 조절할 수 있다.

패스터 벡터 하이라이터에 대한 일치 수 제한하기

마지막으로 논의하는 설정 옵션은 phrase_limit 파라미터다. 패스트 벡터 하이라이터가 많은 구를 일치시킨다면, 많은 메모리를 소비할 수 있다. 기본적으로 오직 첫 256개의 매치만 사용된다. phrase_limit 파라미터를 사용해서 이 양을 변경할 수 있다.

부록 D
일래스틱서치 모니터링 플러그인

일래스틱서치 커뮤니티는 클러스터 상태와 색인을 관리하기 쉽도록 하고 멋진 사용자 인터페이스로 쿼리를 실행하는 다수의 모니터링 플러그인을 제공한다. 이런 플러그인들 대부분은 무료이고 활발히 개발하고 있어서 잘 문서화로 만들어 진 플러그인과 REST APIs 그리고 유달리 활발한 일래스틱 커뮤니티에 감사한다.

이 장에서는 몇 가지 가장 인기 있고 사용 가능한 플러그인을 다룰 것이다.

- 빅데스크Bigdesk
- 일래스틱HQElasticHQ
- 헤드Head
- 코프Kopf
- 일래스틱서치 마블Elasticsearch Marvel

각 플러그인은 잘 문서화돼 있고 오픈소스 커뮤니티에 의해 적극적으로 지원된다. 마블은 일래스틱Elastic에 의해, 세마텍스트Sematext SPM은 세마텍스트에 의해 각각 지원된다. 종종 어떤 모니터링이나 관리 인터페이스를 선택해야 할지에 대한 질문은 개인적인 것이다. 상업적인 지원을 찾는다면, 결정은 둘 중 하나다. 마블과 세마텍스트 둘 다 이 점에서 적절하며 검증된 회사에 의해 적극적으로 지원된다. 세마텍

614

스트는 일래스틱서치 모니터링 이외에 제공하는 추가적인 이점이 있지만, 인프라스트럭처infrastructure에 대한 사이트 전체의 모니터링을 찾는 것이 아니라면 선택은 명확하다. 빅데스크, 일래스틱HQ, 헤드, 코프는 기능 면에서 많은 유사점이 있어서 결정하기가 다소 어렵다. 이 솔루션들은 몇 분 안에 서비스나 설치가 가능하므로, 경험상 대부분의 사용자는 단순히 가장 적합한 것을 발견할 때까지 시도해 본다. 때때로 쉬운 사용자 인터페이스로 요약된다.

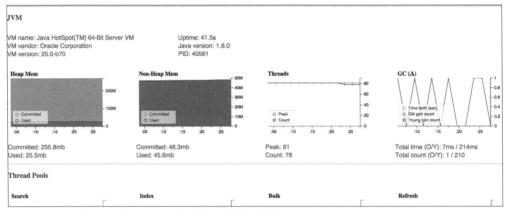

▲ **그림 D.1** 웹사이트: http://bigdesk.org/ 라이선스:아파치 라이선스 v2.0

D.1 빅데스크: 클러스터를 시각화한다

그림 D.1에 보이는 빅데스크는 Lukáš Vlček가 개발해서 일래스틱서치 0.17.0 이래로 지속해서 모니터링 플러그인 사용자 인터페이스를 제공해 왔다. 빅데스크는 라이브 차트와 통계를 제공해서 실시간으로 클러스터에 발생한 변경사항들을 시각화하도록 해준다.

빅데스크의 가장 가치 있는 기능 중 하나는 클러스터 토폴러지를 시각화하는 것이다. 다른 플러그인 사이에서도 드문 기능이다. 본서의 모임(get-together) 애플리케이션을 사용해서 만든 클러스터가 그림 D.2에 보인다.

이 기능은 아주 상세히 클러스터에 배포된 노드, 샤드, 색인들을 볼 수 있도록 해준다.

빅데스크는 일래스틱서치 REST API를 통해 통신하기 때문에 세 가지 방식으로 사용할 수 있다.

- 서버 쪽에 설치된 플러그인으로
- Bigdesk.org 웹사이트를 통해: http://bigdesk.org
- 내려받아서 로컬에 설치한다.

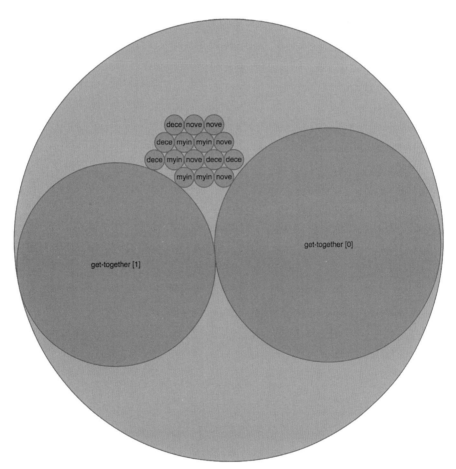

▲ **그림 D.2** Bigdesk는 get-together 클러스터를 쉽게 시각화해준다

D.2 일래스틱HQ: 관리와 모니터링을 함께

일래스틱HQ는 모니터링을 위한 실시간 분석 화면을 제공한다. 관리를 위해 에일리어스^{alias}, 매핑, 색인을 생성, 수정, 삭제하는 기능이 있다. 일래스틱서치 클러스터를 쉽게 검색할 수 있는 쿼리 인터페이스도 있다. 이것은 최근 경향이다. 많은 모니터링 플러그인들이 이제 테스트와 유지보수를 위한 관리와 쿼리 인터페이스를 시작하고 있다. 그림 D.3은 사용자가 쉬운 인터페이스를 통해 실시간으로 색인을 변경하도록 해주는 일래스틱HQ의 주 색인 관리 화면을 보여준다.

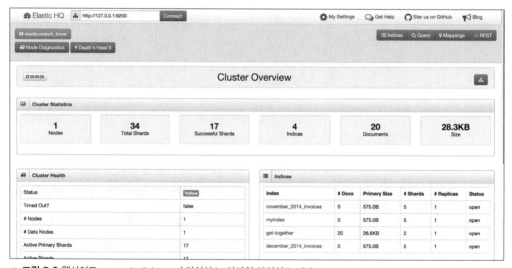

▲ **그림 D.3** 웹사이트: www.elastichq.org/ 라이선스: 아파치 라이선스 v2.0

    실시간 모니터링 플러그인 이상의 기능을 제공하고, 색인과 매핑 생성할 수 있고, 일래스틱서치 종단점 요청을 고칠 수 있도록 해주는 쿼리 인터페이스와 REST UI를 포함한다.

    단연코 이 플러그인의 가장 유용한 기능은 클러스터를 진단하는 기능이다. 클러스터 안에서 문제의 근원을 알려줄 수 있는 규칙을 적용한다. 그림 D.4에서 보는 것처럼, 이 진단 규칙은 일래스틱서치에서 프로세스, 운영체제, 그리고 UI 변수를 측정하고, 어떤 임계치를 넘어서면 알려준다.

ElasticHQ는 일래스틱서치 REST API를 통해 통신하기 때문에 세 가지 방식으로 사용할 수 있다.

- 서버 쪽에 설치된 플러그인으로
- ElasticHQ.org 웹사이트를 통해: www.elastichq.org
- 내려받아서 로컬에 설치한다.

▦ Summary	
Node Name:	Marsha Rosenberg
IP Address:	127.0.0.1:9300
Node ID:	Up5R1TeWSiSLBlFKNcGGmw
ES Uptime:	0.00 days
▦ File System	
Store Size:	28.3KB
# Documents:	20
Documents Deleted:	0%
Merge Size:	0.0
Merge Time:	00:00:00
Merge Rate:	0 MB/s
File Descriptors:	264
▦ Index Activity	
Indexing - Index:	0ms
Indexing - Delete:	0ms
Search - Query:	0ms
Search - Fetch:	0ms
Get - Total:	0ms
Get - Exists:	0ms
Get - Missing:	0ms

▲ 그림 D.4 노드 진단 화면

D.3 헤드: 고급 쿼리 생성

Head는 처음 나온 플러그인 중 하나였다. 가장 오래 됐고 사용자 인터페이스에 변화가 많지 않지만, 여전히 활발히 개발 중이고, 새로운 기능을 추가하고 일래스틱서치의 새로운 버전을 지원하고 있다.

Head는 사용하기 쉬운 인터페이스(그림 D.5)와 cURL 없이 복잡한 쿼리를 생성하고 수동으로 코맨드라인 REST 도구에 쿼리들을 구성하도록 해주는 강력한 쿼리 생성 도구를 가지고 있다.

헤드는 두 가지 방법을 실행할 수 있다.

- 서버 쪽에 설치된 플러그인으로

- 내려받아서 로컬에 설치한다: https://github.com/mobz/elasticsearch-head

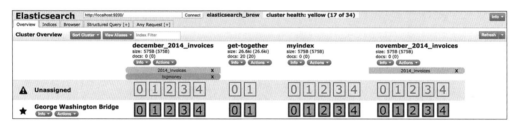

▲ 그림 D.5 웹사이트: https://github.com/mobz/elasticsearch-head 라이선스: 아파치 라이선스 v2.0

D.4 코프: 스냅샷, 워머, 퍼컬레이터

독일어인 코프^{Kopf}는 영어로 "head"로 번역한다. 상대적으로 새로 나왔고 사용이 그림 D.6처럼 쉽고 멋진 UI로 일래스틱서치에 완전한 관리 인터페이스를 제공한다.

코프는 스냅샷, 퍼컬레이터, 워머 API에 접근하는 것 같은 여기 나열한 다른 플러그인에는 없는 많은 기능을 포함한다. 퍼컬레이터와 워머 사용자 인터페이스 둘 다 API 명령을 배우지 않고 이 기능들을 사용하길 원하는 사용자들에게 편리함을 준다. 코프는 일래스틱서치 인스턴스 관리를 긴밀히 제어하길 원하는 사용자들을 위한 REST 사용자 인터페이스도 제공하고 있어서, 사용자들이 실행 중인 클러스터에 JSON 요청을 실행하도록 해준다.

코프는 다음 방법으로 실행할 수 있다.

- 서버 단의 플러그인으로
- http://lmenezes.com/elasticsearch-kopf/에서 온라인으로
- 로컬에 내려받아 설치한다.

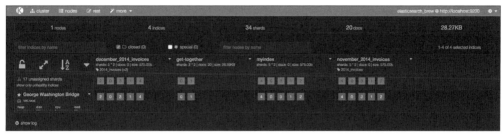

▲ 그림 D.6 웹사이트: https://github.com/lmenezes/elasticsearch–kopfLicense 라이선스: MIT

D.5 마블: 상세한 분석

일래스틱서치 마블은 일래스틱이 제공하는 상용 모니터링 솔루션이다. 시각적으로 멋진 사용자 인터페이스(그림 D.7)이고, OS, JVM, 검색, 색인 요청 성능의 드릴 다운 뷰 등을 제공해서 실행 중인 클러스터를 깊이 이해할 수 있게 해준다.

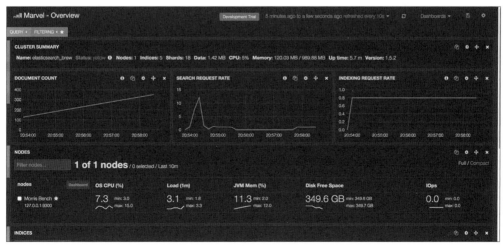

▲ 그림 D.7 웹사이트: www.elastics.co/overview/marvel/ 라이선스: 상용

서버에 설치하는 플러그인으로 마블은 캐시 크기, 메모리 세부사항, 스레드 풀의 실시간 성능 정보뿐 아니라 이력historical 데이터 분석을 제공하는 장점이 있다.

REST API 인터페이스에 관한 한 마블은 문맥을 인식하는 제안, 팀과 종단의 자동완성 같은 고급 기능과 함께 가장 강력한 기능 세트를 포함한다(그림 D.8).

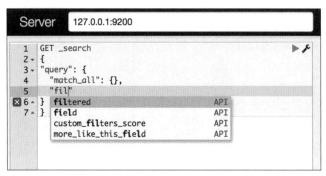

▲ **그림 D.8** REST 호출의 자동 완성

현재 마블은 개발 목적으로는 무료로 이용할 수 있다. 마블의 프로덕션 설치는 첫 다섯 개 노드에 대해 연당 $1000에 시작한다. 일래스틱서치 마블은 이력 데이터를 저장하고 분석하는 기능 때문에 서버 쪽 설치만 사용 가능하다. 설치 방법은 이전에 언급한 플러그인과 다르다. 마블은 서버에서 바로 설치해서 웹 브라우저를 통해 접근해야 한다.

D.6 세마텍스트 SPM: 스위스 군용 칼

세마텍스트는 오랫동안 클라우드 호스트 기반의 중앙 로그 관리 제공자로 알려져 왔다. 최근 몇 년 제품 포트폴리오를 일래스틱서치를 포함한 분산 시스템을 위한 실시간 성능 모니터링 분야로 확장해 왔다. 그림 D.9의 세마텍스트 SPM은 클라우드와 설치형으로 성능 모니터링, 쿼리, 알람, 이상 감지 기능을 제공한다.

SPM은 일래스틱서치와 아파치 카프카, NGINX, 하둡, MySQL 같은 다른 인프라스트럭처에 대한 풍부한 알람alert와 통지notification 설정을 제공해서 이전에 언급한 솔루션을 한 단계 넘어선다. 알람은 이메일 기반일 수 있고, 알람 데이터를 다른 웹 서비스에 게시하거나 아틀란시안 힙챗Atlassian HipChat이나 나지오스Nagios 같은 다른 모니터링 혹은 협업 애플리케이션과 연동도 할 수 있다.

SPM의 가장 매력적인 점은 일체형 성능 모니터링 대시보드 아이디어다. 사용자가 배포한 아키텍처의 각 조각에 대한 큰 그림을 볼 수 있고, 일래스틱서치 클러스터에 모인 실시간 지표로 간단히 드릴다운할 수 있다(그림 D.10). SPM은 언급했던 다른 선택 옵션들처럼 무료가 아니지만, 가격이 사용량(시간당 cpu)에 따라 다르고 여기서 확인할 수 있다. http://sematext.com/spm/index.html

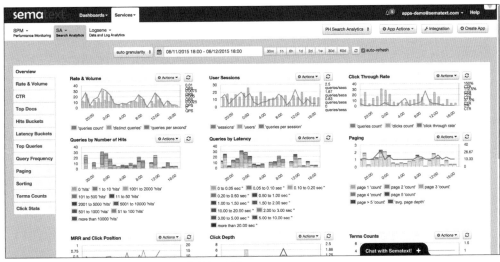

▲ 그림 D.9 웹사이트: www.sematext.com 라이선스: 상용

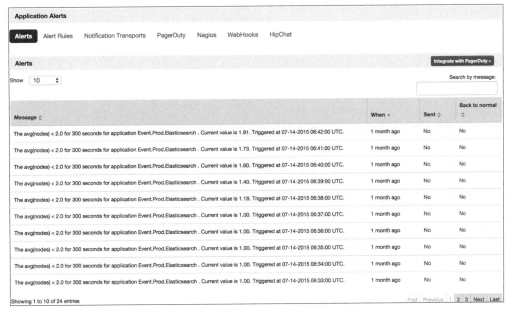

▲ 그림 D.10 알람과 통지 설정

세마텍스트 SPM은 다음 방식으로 사용 가능하다.

- 설치형

- www.sematext.com에서 온라인 서비스로 사용

이 부록은 현재 사용 가능한 일래스틱서치 모니터링과 관리 솔루션 중 몇 가지 샘플을 다루었다. 현재 사용 가능하고 커뮤니티가 지원하는 모니터링 플러그인은 www.elastic.co/guide/en/elasticsearch/reference/current/modules-plugins. html#known-plugins에서 찾을 수 있다. 일래스틱서치가 완벽하고 철저한 REST API를 제공하지만, 실시간 이력 데이터를 시각화하는 기능은 여기 논의한 어떤 플러그인을 설치하기 위해 몇 분 투자할 가치가 충분히 있다.

부록 E
퍼컬레이터로
검색 뒤집기

일래스틱서치 퍼컬레이터를 다음과 같은 이유로 보통 "뒤집어 검색하기"로 정의한다.

- 문서 대신 쿼리의 색인을 만든다. 메모리에 쿼리를 등록하고 후에 빠르게 실행할 수 있다.

- 쿼리 대신 문서를 일래스틱서치에 보낸다. 이 과정을 문서를 퍼컬레이트한다고 하고, 기본적으로 작은 인 메모리 색인을 만든다. 등록한 쿼리는 작은 색인에서 실행해서, 일래스틱서치가 어떤 쿼리가 일치하는지 알아낸다.

- 보통의 쿼리 같은 방식 대신 문서와 일치하는 쿼리 목록을 받는다.

퍼컬레이션의 전형적인 사용 사례는 알람이다. 그림 E.1과 같이 (관심 사항과 일치하는) 새로운 문서가 나왔을 때 사용자에게 알려줄 수 있다.

그림과 같이, 본 책에서 사용한 모임(get-together) 사이트 예제를 사용해서, 구성원들이 관심을 정의하도록 할 수 있고, 퍼컬레이터 쿼리로 저장할 수 있다. 새로운 이벤트를 추가했을 때, 그 쿼리에 대해 퍼컬레이트할 수 있다. 일치하는 것들이 있을 때마다, 각각의 사용자들에게 관심에 관련된 새로운 이벤트를 알리기 위해 이메일을 보낼 수 있다.

다음으로 어떻게 퍼컬레이터를 사용해서 알람을 구현하는지 설명할 것이다. 그 후에 내부적으로 어떻게 동작하는지 설명하고, 성능과 기능성에 관한 요령으로 옮겨 갈 것이다.

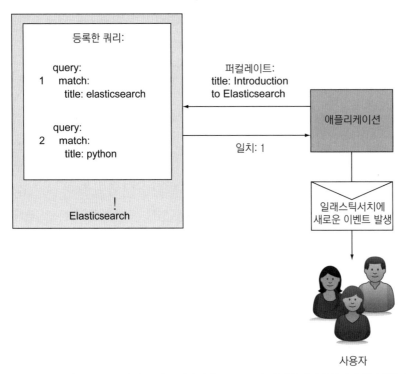

▲ **그림 E.1** 전형적인 사용 사례: 문서를 걸러내면(percolating) 저장한 쿼리가 문서와 일치했을 때 애플리케이션이 사용자에게 알림을 보낼 수 있게 해준다

E.1 퍼컬레이터 기초

퍼컬레이션을 위해 세 가지 단계가 필요하다.

1. 등록한 쿼리가 참조하는 모든 필드에 대해 매핑이 있다는 것을 확인한다.

2. 쿼리 자체를 등록한다.

3. 문서에 퍼컬레이터를 실행한다.

그림 E.2는 이런 단계를 보여준다.

이 세 가지 단계를 자세히 살펴보고, 어떻게 퍼컬레이터가 동작하고 한계가 무엇인지로 옮겨갈 것이다.

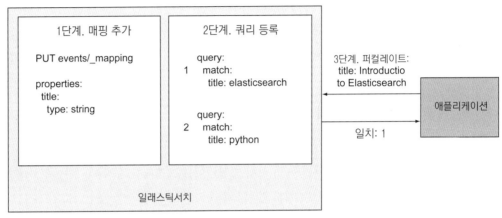

▲ **그림 E.2** 문서에 퍼컬레이트를 실행하기 위해 매핑과 등록한 쿼리가 필요하다

E.1.1 매핑을 정의, 쿼리 등록, 문서에 퍼컬레이트 실행

일래스틱서치 퍼컬레이터에 관한 어떤 새로운 이벤트에 대해 알람을 보내길 원한다고 가정하자. 쿼리를 등록하기 전에, 쿼리를 실행할 모든 필드에 대해 매핑이 필요하다. 모임 예제의 경우, 코드 샘플에서 populate.sh를 실행했다면 그룹과 이벤트에 대한 매핑을 아마도 이미 가지고 있을 것이다. 아직 스크립트를 실행하지 않았다면 https://github.com/dakrone/elasticsearch-in-action에서 코드 샘플을 받아서 populate.sh를 실행할 수 있다.

코드 샘플의 데이터로 title 필드에서 Elasticsearch Percolator를 찾는 쿼리를 등록할 수 있다. populate.sh를 실행했기 때문에 이미 title에 대한 매핑을 가지고 있다.

```
% curl -XPUT 'localhost:9200/get-together/.percolator/1' -d '{
  "query": {
    "match": {
```

```
      "title": "elasticsearch percolator"
    }
  }
}'
```

요청의 바디가 매치 쿼리지만, 등록하려면 문서를 추가할 때처럼 PUT 요청을 통해 보내야 한다. 일래스틱서치에 보통 문서가 아니고 퍼컬레이터 쿼리라는 것을 알려주려면 .percolator 타입을 명시해야 한다.

> **노트** 기대하는 것처럼, 어느 시점이든 원하는 만큼 많은 쿼리를 추가할 수 있다. 퍼컬레이터는 실시간이어서, 추가하자마자 새로운 쿼리가 퍼컬레이션을 위해 처리될 것이다.

준비된 매핑과 쿼리와 함께 문서에 퍼컬레이트를 시작할 수 있다. 그렇게 하려면 문서를 전달하고 doc 필드 아래 문서의 콘텐츠를 넣어 타입의 _percolate 종단점을 히트한다.

```
% curl 'localhost:9200/get-together/event/_percolate?pretty' -d '{
  "doc": {
    "title": "Discussion on Elasticsearch Percolator"
  }
}'
```

색인 이름과 ID로 식별되는 일치한 쿼리 목록을 돌려받을 것이다.

```
  "total" : 1,
  "matches" : [ {
    "_index" : "get-together",
    "_id" : "1"
  }]
```

> **팁** 같은 색인에 많은 쿼리를 등록했다면, 응답을 줄이기 위해 오직 ID만을 원할 수도 있다. 이렇게 하려면, 요청 URI에 percolate_format=ids 파라미터를 추가한다.

다음으로 어떻게 퍼컬레이터가 동작하고 어떤 종류의 제약이 있는지 살펴보자.

E.1.2 퍼컬레이터 내부

여러분이 실행했던 퍼컬레이션에서 일래스틱서치는 등록한 쿼리를 적재하고 퍼컬레이트를 실행한 문서를 포함하는 작은 인 메모리 색인에 실행한다. 더 많은 쿼리를 등록했다면, 모두가 작은 색인에서 실행된다.

쿼리 등록하기

일래스틱서치에서 쿼리는 문서처럼 보통 JSON으로 표현하는 것이 편리하다. 쿼리를 등록할 때, 지정한 색인의 `.percolator` 타입에 저장한다. 쿼리가 다른 문서들처럼 저장되기 때문에 내구성durability을 위해 좋다. 쿼리를 저장하는 것에 덧붙여, 일래스틱서치는 메모리에 적재해서 빠르게 실행할 수 있다.

> **주의** 등록한 쿼리를 구문분석하고 메모리에 유지하기 때문에, 각 노드에 쿼리들을 유지하기 위한 충분한 힙을 가졌는지 확인해야 한다. 이 부록의 E.2.2절에서 보는 것처럼, 많은 양의 쿼리를 다루는 한 가지 방법은 퍼컬레이션을 위한 별도의 색인(혹은 더 많은 색인)을 사용하는 것이다. 이 방법으로 실데이터에 독립적으로 퍼컬레이션을 확장할 수 있다.

쿼리 등록 취소하기

쿼리를 등록 취소하려면, `.percolator` 타입과 쿼리 ID를 사용해 색인에서 지워야 한다.

```
% curl -XDELETE 'localhost:9200/get-together/.percolator/1'
```

쿼리를 메모리에도 적재하기 때문에, 쿼리를 삭제한다고 항상 쿼리를 등록 취소하는 것은 아니다. delete-by-ID는 메모리에서 퍼컬레이션 쿼리를 삭제하지만, 버전 1.4 현재,[1] delete-by-query 요청은 메모리에서 일치한 쿼리의 등록을 취소하지 않는다. 그렇게 하려면, 색인을 다시 열어야 한다. 예를 들어, 다음과 같다.

---

1 버전 2.4 현재 퍼컬레이터의 delete-by-ID는 여전히 디스크에서만 삭제하므로, 색인을 다시 열어야 한다. – 옮긴이

628

```
% curl -XDELETE 'localhost:9200/get-together/.percolator/_query?q=*:*'
# 지금은 삭제한 쿼리가 여전히 메모리에 있다.
% curl -XPOST 'localhost:9200/get-together/_close'
% curl -XPOST 'localhost:9200/get-together/_open'
# 이제 메모리에서도 쿼리를 등록 취소한다.
```

문서 퍼컬레이트 하기

문서를 퍼컬레이트할 때, 우선 그 문서의 인 메모리 색인을 만든다. 그 다음에 어떤 것이 일치하는지 보기 위해 등록한 모든 쿼리를 만든 색인에 실행한다.

한 번에 하나의 일래스틱서치 문서만 퍼컬레이트 할 수 있으므로, 버전 1.4^2 현재 8장에서 본 부모 자식 쿼리는 퍼컬레이터를 사용할 수 없다. 여러 개의 문서를 의미하기 때문이다. 게다가 항상 같은 부모에 새로운 자식을 추가할 수 있어서, 인 메모리 색인에 모든 관련 데이터를 유지하기 어렵다.

그에 반해서 중첩 쿼리는 동작한다. 중첩 문서를 항상 같은 일래스틱서치 문서에 함께 색인하기 때문이다. 다음 예제에서 그런 경우를 볼 수 있다. 참석자 이름attendee name 갖는 이벤트를 중첩 문서로 퍼컬레이트할 것이다.

예제 E.1 중첩된 참석자 이름에 퍼컬레이터 사용하기

```
curl -XPUT 'localhost:9200/get-together/_mapping/nested-events' -d '{
  "properties": {
    "title": { "type": "string" },
    "attendee-name": {                    attendee-name을 중첩으로
      "type": "nested",                   정의하기
      "properties": {
        "first": { "type": "string" },
```

2　버전 2.4도 마찬가지다. – 옮긴이
　https://www.elastic.co/guide/en/elasticsearch/reference/current/search-percolate.html#_important_notes
　버전 5.0 에서는 퍼컬레이터가 사라지고 퍼컬레이트 쿼리로 대체됐다.
　https://www.elastic.co/guide/en/elasticsearch/reference/master/search-percolate.html#_important_notes

```
              "last": { "type": "string" }
            }
          }
        }
}'
curl -XPUT 'localhost:9200/get-together/.percolator/1' -d '{
  "query": {
    "nested": { "path": "attendee-name",          ◀──  중첩 쿼리 등록하기
      "query": {
        "bool": {
          "must": [
            { "match": {
              "attendee-name.first": "Lee"
            }},
            { "match": {?
              "attendee-name.last": "Hinman"
            }}
          ]
        }
      }
    }
  }
}'
curl 'localhost:9200/get-together/nested-events/_percolate?pretty' -d '{
  "doc": {
    "title": "Percolator works with nested documents",
    "attendee-name": [
      { "first": "Lee", "last": "Hinman" },       ◀──  이 중첩 문서는 등록한 쿼리
      { "first": "Radu", "last": "Gheorghe" },          와 일치할 것이다.
      { "first": "Roy", "last": "Russo" }
    ]
  }
}'
```

쿼리 수가 증가함에 따라, 하나의 문서를 퍼컬레이트하기 위해 더 많은 CPU가 필요하다. 그래서 가능하면 가벼운 쿼리를 등록하는 것이 중요하다. 예를 들어, 와일드카드나 정규 표현식 대신 엔그램ngrams을 사용하는 것이다. 10장에서 성능 팁을 돌아볼 수 있다. 10.4.1절은 엔그램과 와일드 카드 간의 장단점을 설명한다.

퍼컬레이션 성능에 대해 염려할지 모른다. 다음 장에서 사용 사례에 따른 퍼컬레이터에 특화된 팁을 알려줄 것이다.

E.2 성능 팁

서로 다른 퍼컬레이터 사용 사례별로 성능을 개선하기 위해 할 수 있는 다른 것들이 있다. 이장에서 가장 중요한 기법들을 살펴보고 두 개의 범주로 나눌 것이다.

- 요청이나 응답 포맷의 최적화 – 기존 문서를 퍼컬레이트하고, 하나의 요청에 여러 개의 문서를 퍼컬레이트하고, 전체 ID 목록 대신 일치하는 쿼리의 수만 요청할 수 있다.

- 쿼리를 정리하는 방법의 최적화 – 이전에 언급한 것처럼, 등록한 쿼리를 저장하기 위해 하나 혹은 그 이상의 분리된 색인을 사용할 수 있다. 여기서, 여러분은 이 조언을 적용하고, 각 퍼컬레이션을 실행하는 쿼리 수를 줄이기 위해 어떻게 라우팅과 필터링을 사용할지도 살펴볼 것이다.

E.2.1 요청과 응답 옵션

어떤 사용 사례에서는 네트워크를 거치는 더 적은 요청 혹은 적은 데이터를 사용할 수 있다. 여기서 이것을 이루기 위한 세 가지 방법을 살펴볼 것이다.

- 기존 문서 퍼컬레이트하기
- 퍼컬레이션의 벌크 API인 다중 퍼컬레이트 사용하기
- 전체 목록을 얻는 대신 일치한 쿼리 수 계산하기

기존 문서 퍼컬레이트하기

퍼컬레이트하는 것이 색인하는 것과 같고, 특히 문서가 크다면 잘 작동한다. 예를 들어, 블로그를 색인한다면, 모든 글을 HTTP로 두 번 보내는 것은 느릴 것이다. 즉, 색인을 위해 한 번, 관심 사항과 일치하는 글의 구독자에게 알림을 주기 위해 한 번 보내는 것을 뜻한다. 그런 경우, 다시 제출하는 대신 문서를 색인하고 그 다음에 ID로 퍼컬레이트하는 것이 타당하다.

> **노트**　기존 문서를 퍼컬레이트하는 것이 모든 사용 사례에 적합하진 않다. 예를 들어, 소셜 미디어 포스트가 지오 포인트(geo point) 필드를 가지고 있다면, 각 국가의 영역과 일치하는 지오 쿼리를 등록할 수 있다. 이 방법으로 원산지를 결정하기 위해 각 포스트를 퍼컬레이트하고, 색인 전에 포스트에 이 정보를 추가할 수 있다. 그런 경우, 퍼컬레이트하고 나서 색인해야 한다. 반대로 하는 것은 타당하지 않다. 원산지를 결정하기 위한 사용 사례는 일래스틱(Elastic)의 블로그 포스트에서 설명하고 있다.
>
> www.elastic.co/blog/using-percolator-geo-tagging/

다음 예제에서 elasticsearch와 일치하는 그룹을 찾기 위한 쿼리를 등록할 것이다. 그다음에 콘텐츠를 다시 보내는 대신 이미 색인한 ID 2(일래스틱서치 덴버^{Denver})로 그룹을 퍼컬레이트할 것이다.

예제 E.2 기존 그룹 문서를 퍼콜레이트하기

```
curl -XPUT 'localhost:9200/get-together/.percolator/2' -d '{
"query": {
  "match": {
    "name": "elasticsearch"
  }
}
}'
curl 'localhost:9200/get-together/group/2/_percolate?pretty'
```

일래스틱서치에 관한 그룹과 일치하는 쿼리. .percolator ID 2는 그룹 ID 2와 관련이 없다.

기존의 일래스틱서치 덴버 그룹(ID2)을 퍼컬레이트하기

다중 퍼컬레이트 API

기존 문서를 퍼컬레이트하든 안 하든, 다수의 퍼컬레이션을 한 번에 할 수 있다. 색인도 벌크로 한다면 이것이 잘 동작한다. 예를 들어, 태그별 하나의 쿼리로 블로그 포스트의 자동화된 태깅을 위해 퍼컬레이터를 사용할 수 있다. 포스트 묶음이 도착할 때, 그림 E.3처럼 할 수 있다.

1. 다중 퍼컬레이트 API로 한 번에 퍼컬레이트한다. 그 다음에 애플리케이션에 일치하는 태그를 덧붙인다. 퍼컬레이트 API는 일치하는 쿼리의 ID만 반환한다는 것을 인지하자. 애플리케이션은 퍼컬레이션 쿼리의 ID를 태그에 사상해야 한다. 즉, 1을 `elasticsearch`로, 2를 `release`로, 3을 `book`으로 사상해서 한다. 다른 방법은 퍼컬레이션 쿼리에 태그와 같은 ID를 주는 것이다.

2. 마지막으로 10장에서 소개한 벌크 API로 모든 포스트를 한 번에 색인한다.

퍼컬레이션과 색인을 위해 각각 한 번씩 두 번 문서를 보내는 것은 더 많은 네트워크 트래픽을 의미한다는 것을 인지하자. 장점은 업데이트를 사용해 태그를 추가한다면 문서를 다시 색인할 필요가 없다는 것이다. 문서를 우선 색인하고, ID로 퍼컬레이션을 하고, 색인한 문서를 갱신하기 위해 다수의 업데이트 API를 사용했다면 대안이 될 것이다.

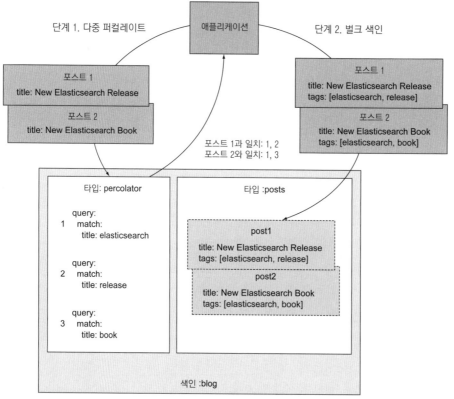

▲ **그림 E.3** 자동화된 태깅을 위한 퍼컬레이터. 다중 퍼컬레이트와 벌크 API는 요청 수를 줄인다. 단계 1 이전에, 퍼컬레이션 쿼리를 색인했다. 단계 1에서 일치하는 퍼컬레이션 쿼리를 찾기 위해 다중 퍼컬레이트 API를 사용한다. 애플리케이션은 ID를 태그에 사상하고 색인할 문서에 추가한다

다음 예제에서 그림 E.3에 설명한 것을 적용할 것이다.

예제 E.3 자동화된 태깅을 위해 다중 퍼컬레이트와 벌크 API 사용하기

```
curl -XPUT localhost:9200/blog -d '{
  "mappings": {
    "posts": {
      "properties": {
        "title": {
          "type": "string"
        }
      }
    }
  }
}'
```

먼저 title 필드에 대한 매핑과 함께 색인을 생성한다.

```
echo '{"index" : {"_index" : "blog", "_type" : ".percolator", "_id": "1"}}
{"query": {"match": {"title": "elasticsearch"}}}
{"index" : {"_index" : "blog", "_type" : ".percolator", "_id": "2"}}
{"query": {"match": {"title": "release"}}}
{"index" : {"_index" : "blog", "_type" : ".percolator", "_id": "3"}}
{"query": {"match": {"title": "book"}}}
' > bulk_requests_queries
curl 'localhost:9200/_bulk?pretty' --data-binary @bulk_requests_queries
```

지금까지 색인 API를 사용했던 것처럼 쿼리를 등록하기 위해 벌크 API를 사용할 수 있다.

```
echo '{"percolate" : {"index" : "blog", "type" : "posts"}}
{"doc": {"title": "New Elasticsearch Release"}}
{"percolate" : {"index" : "blog", "type" : "posts"}}
{"doc": {"title": "New Elasticsearch Book"}}
' > perc_requests
curl 'localhost:9200/_mpercolate?pretty' --data-binary @perc_requests
```

다중 퍼컬레이트는 각 퍼컬레이트한 문서에 대해 일치한 것들을 반환한다.

```
echo '{"index" : {"_index" : "blog", "_type" : "posts"}}
{"title": "New Elasticsearch Release", "tags": ["elasticsearch", "release"]}
{"index" : {"_index" : "blog", "_type" : "posts"}}
{"title": "New Elasticsearch Book", "tags": ["elasticsearch", "book"]}
' > bulk_requests
curl 'localhost:9200/_bulk?pretty' --data-binary @bulk_requests
```

어떤 태그가 어떤 포스트와 일치하는지 알면 태그를 단 포스트도 색인할 수 있다.

다중 퍼컬레이트 API와 벌크 API가 얼마나 유사한지 보자.

- 매 요청은 요청의 바디에 두 라인을 차지한다.
- 첫 라인은 작업(퍼컬레이트)과 식별 정보(색인, 타입, 그리고 기존 문서, ID)를 알려준다. 벌크 API는 _index와 _type처럼 언더스코어를 사용하지만, 다중 퍼컬레이트는 사용하지 않는다는 것(index와 type)을 알아두자.
- 두 번째 라인은 메타데이터를 포함한다. doc 필드 아래에 문서를 넣는다. 기존 문서를 퍼컬레이트할 때, 메타데이터 JSON은 비어 있다.
- 마지막으로 요청의 바디는 _mpercolate 종단점으로 보낸다. 벌크 API처럼, 이 엔드포인트는 색인과 타입 이름을 포함하고, 후에 바디에서는 생략할 수 있다.

일치하는 쿼리 수만 얻기

퍼컬레이트 기능 외에 다중 퍼컬레이트 API는 count 기능을 지원한다. 각 문서별로 일치하는 쿼리의 총수를 갖는 이전의 응답과 같지만, matches 배열은 포함하지 않는다.

```
echo '{"count" : {"index" : "blog", "type" : "posts"}}
{"doc": {"title": "New Elasticsearch Release"}}
{"count" : {"index" : "blog", "type" : "posts"}}
{"doc": {"title": "New Elasticsearch Book"}}
' > percolate_requests
curl 'localhost:9200/_mpercolate?pretty' --data-binary @percolate_requests
```

count를 사용하는 것은 태깅 사용 사례에는 적합하지 않다. 어떤 쿼리가 일치하는지 알아야 하기 때문이다. 그러나 모든 경우가 그렇지는 않을 것이다. 온라인 가게를 가지고 있고 새로운 아이템을 추가하고 싶다고 하자. 사용자 쿼리를 수집하고 퍼컬레이터로 등록한다면, 쿼리들에 대해 새로운 아이템을 퍼컬레이트해서 검색하는 동안 얼마나 많은 사용자가 그것들을 발견할 수 있는지 예측할 수 있다.

모임(get-together) 사이트 예제에서 시작 전 이벤트에 얼마나 많은 참여자를 기대할 수 있을지 알 수 있다. 가령 쿼리로 각 사용자의 유효성과 등록 시간 범위를 얻을 수 있다.

물론, 단지 다중 퍼컬레이션이 아닌 개별적인 퍼컬레이션에 대한 개수를 얻을 수 있다. _percolate 종단점에 /count를 추가하자.

```
% curl 'localhost:9200/get-together/event/_percolate/count?pretty' -d '{
  "doc": {
    "title": "Discussion on Elasticsearch Percolator"
  }
}'
```

더 많은 쿼리가 일치할수록 개수를 세는 것이 성능에 도움을 줄 것이다. 일래스틱서치가 메모리에 모든 ID를 적재해서 네트워크로 보낼 필요가 없기 때문이다. 하지만 처음에 많은 처리를 두고 있다면, 별도의 색인으로 분리해서 관련된 것들만 실행하도록 하고 싶을 수도 있다. 어떻게 그렇게 할 수 있는지 다음에 살펴볼 것이다.

E.2.2 퍼컬레이터 쿼리 분리하고 필터링하기

많은 쿼리를 등록해서 많은 문서를 퍼컬레이트한다면, 아마도 확장과 성능 팁을 찾고 있을 것이다. 여기서 중요한 것들을 논의할 것이다.

- 퍼컬레이션을 별도의 색인에 유지한다. 이렇게 하면 다른 데이터와 별도로 확장할 수 있다. 특히 별도의 일래스틱서치 클러스터에 색인을 저장한다면 그렇다.
- 각 퍼컬레이션에서 실행하는 쿼리 수를 줄인다. 라우팅과 필터링을 포함하는 전략이다.

퍼컬레이터를 위해 별도의 색인 사용하기

별도의 색인에 쿼리를 등록하면, 기억해야 할 것은 쿼리하길 원하는 모든 필드에 대한 매핑을 정의하는 것이다. 모임 예제에서 title 필드에 퍼컬레이터 쿼리를 실행하

길 원한다면, 매핑에 정의해야 한다. 색인을 생성할 때 이것을 할 수 있고, 샤드 수와
같은 다른 색인 특화된 설정도 함께 명시할 수 있다.

```
% curl -XPUT 'localhost:9200/attendance-percolate' -d '{
  "settings": {
    "number_of_shards": 4
  },
  "mappings": {
    "event": {
      "properties": {
        "title": {
          "type": "string"
        }
      }
    }
  }
}'
```

기존 get-together 색인이 두 개의 샤드를 가지고 있는 데 비해, 새로운
attendance-percolate 색인은 네 개를 가지고 있다. 이것은 잠재적으로 하나의 퍼
컬레이션을 최대 4개의 노드에서 실행할 수 있다는 것을 의미한다. 그러한 색인을
별도의 일래스틱서치 클러스터에 저장할 수도 있어서, 퍼컬레이션은 get-together
색인에서 실행하는 쿼리의 CPU를 줄이지 않는다.

일단 별도의 색인이 매핑과 함께 생성되면, 쿼리를 등록해서 E.1.1절에서 했던 같
은 방법으로 퍼컬레이션을 실행할 수 있다.

```
% curl -XPUT 'localhost:9200/attendance-percolate/.percolator/1' -d '{
  "query": {
    "match": {
      "title": "elasticsearch percolator"
    }
  }
```

```
}'
% curl 'localhost:9200/attendance-percolate/event/_percolate?pretty' -d '{
  "doc": {
    "title": "Discussion on Elasticsearch Percolator"
  }
}'
```

9장에서 봤던 대부분의 확장 전략이 퍼컬레이터에 적용된다. 각 퍼컬레이션에 관련된 쿼리만 실행한 것을 확실히 하기 위해 다수의 색인을 사용할 수 있다. 예를 들어, 사용자당 하나씩 사용한다. 쿼리에 사용자를 제한 위해 에일리어스를 사용할 수도 있다. 이 방법으로 사용자별로 고유의 색인을 갖는다면 발생하는 너무 많은 색인(too-many-indices) 문제를 극복할 수 있다.

라우팅과 퍼컬레이터 사용하기

퍼컬레이터는 9장에서 논의했던 확장 전략인 라우팅도 지원한다. 라우팅은 많은 노드뿐 아니라 많은 퍼컬레이션을 실행하는 많은 사용자가 있을 때 잘 동작한다. 라우팅은 각 사용자의 쿼리를 하나의 샤드에 유지하도록 해서, 그림 E.4에서 본 노드 간의 불필요한 교류를 피한다.

> **노트**   라우팅의 주된 단점은 샤드의 균형이 깨진다는 것이다. 쿼리가 기본값처럼 무작위로 분배되지 않기 때문이다. 어떤 사용자가 다른 사용자보다 더 많은 쿼리를 가지고 있다면, 그 샤드는 커지고 확장하기 어려울 수 있다. 더 자세한 정보는 9장을 보라.

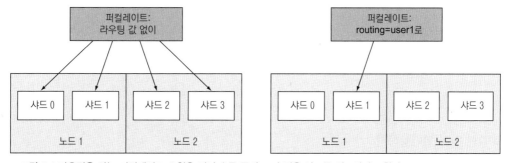

▲ **그림 E.4** 라우팅을 하는 퍼컬레이트 요청은 쿼리 수를 줄이고 더 적은 샤드를 히트하기도 한다

라우팅을 사용하려면, routing 값과 함께 쿼리를 등록한다.

```
% curl -XPUT 'localhost:9200/\
attendance-percolate/.percolator/1?routing=radu' -d '{
  "query": {
    "match": {
      "title": "Elasticsearch Aggregations"
    }
  }
}'
```

그리고 나서 같은 라우팅 값을 명시해서 퍼컬레이트한다.

```
% curl 'localhost:9200/\
attendance-percolate/event/_percolate?routing=radu&pretty' -d '{
  "doc": {
    "title": "Introduction to Aggregations"
  }
}'
```

또는 라우팅 값을 생략하고 모든 등록한 쿼리에 퍼컬레이트를 할 수 있다. 적절한 샤드에만 쿼리를 보내는 장점을 잃는다는 것은 인지하자.

```
% curl 'localhost:9200/attendance-percolate/event/_percolate?pretty' -d '{
  "doc": {
    "title": "Introduction to Aggregations"
  }
}'
```

등록한 쿼리 필터링하기

퍼컬레이터 성능은 실행하는 쿼리 수에 직접 의존하고, 필터링은 이 숫자 문제가 발생하는 것을 막도록 도울 수 있다.

보통 쿼리 다음에 어떤 메타데이터를 추가하고 필터를 건다. 이 필드에 대한 이름은 자유롭게 고를 수 있다. 이 필드들은 메타데이터이고, 일치하는 문서 일부가 아니므로, 이 필드들은 매핑에 추가하지 않는다. 예를 들어, 이벤트에 대한 쿼리의 태그를 붙일 수 있다.

```
% curl -XPUT 'localhost:9200/\
attendance-percolate/.percolator/1' -d '{
  "query": {
    "match": {
      "title": "introduction to aggregations"
    }
  },
  "tags": ["elasticsearch"]
}
```

그리고 나서, 문서를 퍼컬레이트할 때 오직 관련 쿼리만 실행한다는 것을 확실히 하기 위해 그 태그에 대한 필터를 추가한다.

```
% curl 'localhost:9200/attendance-percolate/event/_percolate?pretty' -d '{
  "doc": {
    "title": "nesting aggregations"
  },
  "filter": {
    "term": {
      "tags": "elasticsearch"
    }
  }
}'
```

대안으로 쿼리 자체에 필터를 걸 수 있다. 기본으로 query 객체를 색인하지 않기 때문에, .percolator 타입에 대한 매핑을 다음처럼 변경해야 한다.

640

```
".percolator": {
  "properties": {
    "query": {
      "type": "object",
      "enabled": false
    }
  }
}
```

> **팁** 객체와 옵션에 대한 더 많은 정보는 7장 7.1절에서 찾을 수 있다.

다음 예제에서 query 객체를 사용할 수 있게 매핑을 변경하고 쿼리 문자열 자체에 필터를 사용할 것이다.

예제 E.4 컨텐츠로 쿼리 필터링하기

```
curl -XPUT 'localhost:9200/smart-percolate' -d '{
  "mappings": {
    "event": {
      "properties": {
        "title": { "type": "string" }
      }
    },
    ".percolator": {
      "properties": {
        "query": { "type": "object", "enabled": true }
      }
    }
  }
}'
curl -XPUT 'localhost:9200/smart-percolate/.percolator/1' -d '{
  "query": {
    "match": {
      "title": "Elasticsearch Aggregations"
    }
```

event 매핑에 title 필드를 갖는 새로운 색인을 생성하고 쿼리 객체를 사용할 수 있게 한다.

일래스틱서치 집계에 관한 쿼리를 추가한다.

```
  }
}'
curl 'localhost:9200/smart-percolate/event/_percolate?pretty' -d '{
  "doc": {
    "title": "Nesting Elasticsearch Aggregations"
  },
  "filter": {
    "query": {
      "match": {
        "query.match.title": "Elasticsearch"  ◄──────  집계에 관한 이벤트를 퍼컬레이트 하지만,
      }                                                일래스틱서치에 관한 쿼리만 필터링한다.
    }
  }
}'
```

두 가지 방법의 장단점이 있다. 메타데이터 필터링은 필터를 걸기 위한 명확한 범주가 있다면 잘 동작한다. 반면에 메타데이터가 사용 가능하지 않거나 신뢰할 수 없을 때 쿼리 텍스트에 필터링하면 휴리스틱^{heuristic} 기법처럼 동작한다.

예제 F.4에서 왜 필터에 쿼리를 감쌌는지 의아해 할지 모른다. 이 사용 사례를 위해 등록한 쿼리를 필터링할 때는 점수^{score}가 필요하지 않기 때문이다. 4장에서 본 것처럼, 필터는 점수를 계산하지 않고 캐시에 저장할 수 있어서 더 빠르다. 하지만 점수(혹은 하이라이트나 집계 같은 기능)가 퍼컬레이션 동안 유용하다고 판명된 사용 사례가 있다. 다음에 그런 사용 사례를 논의할 것이다.

E.3 기능성 요령

메타데이터에 기반을 둬서 등록한 쿼리를 필터링할 수 있는 것처럼, 이 메타 데이터에 쿼리하고 어떤 쿼리가 더 관련 있는지 점수를 사용할 수 있다. 이 절에서, 어떻게 이게 동작하고 일치하는 쿼리에 대한 통찰을 얻기 위해 집계를 사용하는 것을 살펴볼 것이다.

> **노트**   쿼리와 집계를 등록한 쿼리에 실행하는 것이지 퍼컬레이트한 문서에 실행하는 것이 아니라는 것을 기억하자. 이것은 문서가 아닌 쿼리에 대한 랭킹과 통계를 얻는다는 것을 의미한다.

쿼리를 쿼리한다는 논리가 약간은 꼬인 듯하게 들린다면, 다른 기능성 요령인 하이라이팅을 시작하자. 이것은 하이라이트한 텍스트가 퍼컬레이트한 문서에서 오기 때문에 더 단순하다.

E.3.1 퍼컬레이트한 문서 하이라이팅하기

하이라이팅은 퍼콜레이팅하고 있는 문서에서 어떤 단어가 쿼리와 일치하는지 알게 해준다. 부록 C에서 일반적인 쿼리 측면에서 하이라이팅의 기능을 논의했지만, 모두 퍼컬레이터와도 동작한다.

예제 F.4를 실행했다면, 퍼컬레이트 요청에 `highlight` 부분을 추가해서 하이라이트 된 퍼컬레이션을 시도할 수 있다. 얼마나 많은 쿼리를 하이라이트할지 제한을 두기 위해 `size` 값을 명시할 수도 있다.

```
% curl 'localhost:9200/smart-percolate/event/_percolate?pretty' -d '{
  "doc": {
    "title": "Nesting Elasticsearch Aggregations"
  },
  "highlight": {
    "fields": { ?
      "title": {}
    }
  },
  "size": 2
}'
```

쿼리별로 퍼컬레이트한 문서에서 일치한 텀들을 볼 수 있다.

```
"_index" : "smart-percolate",
"_id" : "1",
```

```
"highlight" : {
    "title" : [ "Nesting <em>Elasticsearch</em> <em>Aggregations</em>" ]
}
```

반면에 점수는 퍼컬레이터 처럼 "거꾸로" 동작한다. 즉 퍼컬레이트한 문서가 아닌 쿼리에 점수를 매긴다.

E.3.2 일치한 쿼리의 순서 나열하기

문맥에 따라 광고하는 사용 사례를 보자. 사용자는 여러분의 웹사이트에 블로그 포스트를 보고 있고, 쿼리로 등록한 광고를 가지고 있다. 페이지를 적재하는 동안 어떤 광고가 콘텐츠에 적절한지 보기 위해 쿼리들에 대해 포스트를 퍼컬레이트 할 수 있다. 이렇게 하면 기술 포스트에 대한 기술 광고, 휴일 포스트에 대한 휴일 광고 등을 볼 수 있다. 그러나 광고 공간이 부족하다. 여러분은 어떤 광고를 볼 것인가?

광고별 수입 같은 어떤 기준에 의해 광고를 정렬하는 것은 어떤가? 그리고 나서 오직 보여줄 수 있는 만큼의 광고만 돌려받기 위해 size 값을 사용할 수 있다.

필드의 값으로 등록한 쿼리를 정렬하려면, 6장에서 소개한 function score 쿼리를 사용할 수 있다. 다음 예제에서, ad_price 값으로 광고를 정렬하기 위해 사용할 것이다.

예제 E.5 메타데이터 값으로 등록한 쿼리 정렬하기

```
curl -XPUT 'localhost:9200/blog-ad/' -d '{
  "mappings": {
    "posts": {
      "properties": {
        "text": {              쿼리를 실행하는 포스트에 텍스트
          "type": "string"      필드를 위한 의무적인 매핑
        }
      }
    }
  }
```

```
}'
curl -XPUT 'localhost:9200/blog-ad/.percolator/1' -d '{
  "query": {
    "match": {
      "text": "new cars"
    }
  },
  "ad_price": 5.4
}'
curl -XPUT 'localhost:9200/blog-ad/.percolator/2' -d '{
  "query": {
    "match": {
      "text": "used cars"
    }
  },
  "ad_price": 2.1
}'
curl 'localhost:9200/blog-ad/posts/_percolate?pretty' -d '{
  "doc": {
    "text": "This post is about cars"
  },
  "query": {
    "function_score": {
      "field_value_factor": {
        "field": "ad_price"
      }
    }
  },
  "size": 5,
  "sort": "_score"
}'
```

저장한 쿼리에 price 메타데이터 필드를 추가한다.

Function score 쿼리는 점수를 ad price와 같게 만든다.

얼마나 많은 광고를 보여주길 원하나

이제 ad price인 점수로 정렬한다고 명시한다.

Function score 쿼리는 가능함에도 불구하고 어떤 필터링도 하지 않고, 단순하게 정렬에 사용하는 _score 값을 정의한다.

이 시점에 왜 ad_price 필드에 직접 하지 않고 _score에 정렬을 하는지 의아할지 모른다. 두 가지 이유가 있다.

- 퍼컬레이터는 _score에만 정렬을 지원한다(버전 1.4 현재[3]).
- 실무에서 여러 개의 정렬 기준을 조합하길 원할 수 있다.

광고의 경우 결국 모든 광고를 다 본다는 것을 확실히 하기 위해 임의의 값을 혼합하길 원할지 모른다. 즉, 그저 비싼 것에 대한 가능성을 높인다. Function score 쿼리는 다른 기준에 대해 다른 가중치를 정의하고 그것들을 조합할 수 있도록 한다.

마지막으로 어떻게 일치하는 쿼리가 분포하는지에 대해 더 잘 이해하길 원할지 모른다. 집계를 통해 이것을 이해할 수 있다.

E.3.3 일치하는 쿼리의 메타데이터 집계하기

여러분이 온라인 가게의 검색 기능을 담당하고 있다고 하자. 새로운 제품을 추가할 때, 제품 설명이 보통 이런 형태의 제품을 찾는 사용자의 검색과 확실히 일치하도록 하길 원한다.

사용자 검색을 퍼컬레이터 쿼리로 등록하면, 제품의 문서를 제출하기 전에 퍼컬레이트해서 얼마나 자주 제품이 검색에 등장하는지 예측할 수 있다. 제품이 너무 적거나 많이 검색에 나오면, 문제가 될 수 있다. 이럴 때, 메타데이터 필드나 심지어 실쿼리 텍스트에 집계를 실행해서 일치하는 쿼리의 분포에 관한 추가 정보를 얻을 수 있다.

다음 예제에서 사용자의 검색에 퍼컬레이션을 준비하고 실행해서 쿼리 텀에 집계할 것이다. 이 예제에서 텀 cheap은 일치하는 쿼리에 대해 상위 텀에 나타날 것이다. 그 가격을 제안하는 것은 이런 형태의 제품을 찾는 사용자에게 중요하다.

---

3   2.4 버전에서도 _score에만 정렬을 지원하고, 다른 필드는 예외를 던진다. −옮긴이
    https://www.elastic.co/guide/en/elasticsearch/reference/current/search−percolate.html#_percolate_api

646

예제 E.6 일치하는 쿼리 메타데이터와 텀 통계를 얻기 위해 집계 사용하기

```
curl -XPUT 'localhost:9200/shop' -d '{
  "mappings": {
    "items": {
      "properties": {
        "name": { "type": "string" }    ◄── 쿼리를 name 필드에서 실행하기 때문
      }                                      에 매핑에 정의한다.
    },
    ".percolator": {
      "properties": {
        "query": { "type": "object", "enabled": true }   ◄── 쿼리 객체를 사용하면 쿼리
      }                                                       텀에 집계할 수 있다.
    }
  }
}'
curl -XPUT 'localhost:9200/shop/.percolator/1' -d '{
  "query": {
    "match": {
      "name": "cheap PC Linux"    ◄─────────┐
    }                                         │
  }                                           │
}'                                            │ 사용자 검색 같은 쿼리
curl -XPUT 'localhost:9200/shop/.percolator/2' -d '{   │ 등록하기
  "query": {                                  │
    "match": {                                │
      "name": "cheap PC"    ◄─────────────────┘
    }
  }
}'
curl -XPUT 'localhost:9200/shop/.percolator/3' -d '{
  "query": {
    "match": {
      "name": "Mac Pro latest"    ◄──│── 사용자 검색 같은 쿼리 등록하기
    }
```

```
    }
}'
curl 'localhost:9200/shop/items/_percolate/count?pretty' -d '{
    "doc": {
      "name": "PC with preinstalled Linux"    ◄─────
    },
    "aggs": {
      "top_query_terms": {
        "terms": { "field": "query.match.name" }    ◄─────
      }
    }
}'
```

새로운 제품을 퍼컬레이트 하면 첫 두 쿼리가 일치할 것이다.

쿼리 텍스트에 집계를 실행하면 cheap과 pc가 두 번 나오고 linux가 한번 나온다.

쿼리 응답의 집계 부분은 다음과 같다.

```
"aggregations" : {
  "top_query_terms" : {
    "doc_count_error_upper_bound" : 0,
    "sum_other_doc_count" : 0,
    "buckets" : [ {
      "key" : "cheap",
      "doc_count" : 2
    }, {
      "key" : "pc",
      "doc_count" : 2
    }, {
      "key" : "linux",
      "doc_count" : 1
    }]
  }
}
```

Cheap이 여기서 상위 텀이고, 추가한 컴퓨터가 정말 싸다면, 설명을 추가하는 것이 좋을 것이다. 그러면 이런 형태의 제품을 검색하는 사람들이 찾을 수 있다.

여기서 기억할 중요한 점은 이 부록의 대부분과 마찬가지로, 집계 같은 기능은 퍼컬레이트한 문서가 아닌 등록한 쿼리에 동작한다는 것이다. 이유 없이 퍼컬레이션을 "거꾸로 검색하기"라고 부르지 않는다!

부록 F
자동완성과 검색어 제안 기능을 위한 제안자 사용하기

이제 검색 엔진이 좋은 결과를 반환할 뿐 아니라 쿼리도 개선하길 기대한다. 예를 들어, 구글을 보자. 그림 F.1처럼 오타를 치면 구글은 여러분에게 오타를 지적하고 정정한 것을 추천하거나 바로 실행하기도 한다.

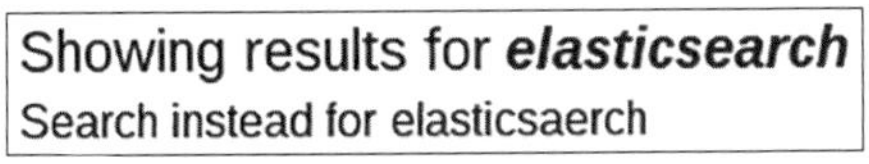

Showing results for *elasticsearch*
Search instead for elasticsaerch

▲ 그림 F.1 구글에 의한 철자 검사

구글은 자동완성을 제공해서 오타를 방지하는 것도 시도한다. 그림 F.2처럼 자동완성은 쿼리를 빠르게 만들고 관심 있는 것을 찾을 수 있도록 주제를 보여주는 역할도 한다.

elastics earch

elasticsearch
elasticsearch tutorial
elasticsearch query
elasticsearch vs solr

▲ 그림 F.2 구글의 자동완성

일래스틱서치는 제안자 모듈^{Suggesters module}을 통해 검색어 제안(DYM)과 자동완성 기능 둘 다 제공한다. 제안자의 핵심은 텍스트를 주면 더 낳은 키워드를 반환한다는 것이다.

이 부록에서 네 가지 형태의 제안자를 다룰 것이다.

- 텀 제안자 - 제공한 텍스트의 텀별로 색인에서 키워드를 제안한다. 태그 같은 짧은 필드에 대한 DYM에 잘 동작한다.

- 구 제안자 - 개별적인 텀 대신 전체 텍스트에 대한 DYM 대안을 제공하는 텀 제안자의 확장으로 생각할 수 있다. 얼마나 자주 텀들이 서로 이웃해 있는지 설명한다. 제품 설명 같은 긴 필드에 특히 좋다.

- 완성 제안자 - 텀의 접두사에 기반을 둬서 자동완성 기능을 제공한다. 인 메모리 구조로 동작해서 4장에서 본 접두사 쿼리보다 더 빠르다.

- 문맥 제안자 - 텀(카테고리)이나 지오 포인트^{geo-point} 위치에 기반을 둬서 선택 가능한 것들을 필터링하도록 하는 완성 제안자의 확장이다.

> **노트** 작업이 NRT 제안자에 기반을 둔 새로운 제안자에서 실행된다. 지오 거리(geo distance)와 필터 같은 추가 옵션을 포함할 수 있다. 이 새로운 제안자를 2.0 버전에서 계획하고 있다. 현재 제안자는 여기 기술한 것처럼 동작할 것이다. 새로운 제안자에 대한 추가적인 정보는 여기서 발견할 수 있다. https://github.com/elastic/elasticsearch/issus/8909

F.1 검색어 추천 제안자

텀 과 구 제안자는 오타를 제거하거나 원 키워드보다 인기 있는 변형 키워드들을 보여줘서 짜증 나는 "결과가 없습니다" 페이지를 피하는 데 도움이 된다. 예를 들어, Lucene/Solar 대신 Lucene/Solr를 제안할지도 모른다.

사용자에게 제안자 쿼리를 실행하도록 남겨둘 수 있다.

(Lucene/Solr를 의미했나요?)

또는 자동으로 실행할 수 있다.

(Lucene/Solr에 대한 결과 보여주기. Lucene/Solar를 위해 여기를 클릭하세요).

보통 원본 쿼리의 결과가 없거나 작은 점수로 거의 결과가 없다면 자동으로 제안하는 쿼리를 실행할 것이다.

어떻게 텀과 구 제안자를 사용할지에 대한 세부 사항으로 넘어가기 전에, 어떻게 비교하는지 살펴보자.

- 텀 제안자는 기본적이고 빨라서 코드나 짧은 텍스트를 검색할 때처럼 각 단어의 발생에 대해서만 고려할 때 잘 동작한다.

- 반면 구 제안자는 입력 텍스트를 전체로 취한다. 잠시 후 살펴보면 알겠지만 느리고 복잡하긴 하다. 하지만 자연어나 제품 이름처럼 단어의 순서를 고려해야 하는 상황에서 훨씬 잘 동작한다. 예를 들어, phone이 색인에서 더 자주 출현하는 단어일 지라도, apple iphone은 apple phone보다 더 나은 제안이다.

텀과 구 제안자 둘 다 루씬의 스펠체커^{SpellChecker} 모듈을 코어에서 사용한다. 제안을 위해 색인에서 텀을 찾는다. 데이터가 믿을 만하다면 기존 데이터에 쉽게 DYM 기능을 추가할 수 있다. 그렇지 않고 데이터에 오타가 종종 있다면, 예를 들어 소셜 미디어 콘텐츠를 색인하고 있을 때, "사전"으로써 제안하는 분리된 색인을 유지하는 것이 낳을 수도 있다. 분리된 색인은 자주 실행하는 쿼리를 포함하고 일반적으로 클릭하는 결과를 반환할 수 있다.

F.1.1 텀 제안자

텀 제안자는 입력 텍스트를 취해서 텀으로 분석하고, 각 텀에 대한 제안 목록을 제공한다. 예제 F.1에서 이 과정을 잘 설명한다. 책에서 실행해 왔던 모임(get-together) 사이트 예제의 그룹 멤버들에 대한 제안을 제공한다.

텀 제안자의 구조는 다른 형태의 제안자에도 적용된다.

- JSON의 루트에 suggest 구성 요소 아래에 제안 옵션이 위치한다. 예를 들어, query나 aggregations와 같은 레벨이다.

- 7장에서 논의한 집계로 할 수 있는 것처럼, 각각 이름을 가지고 있는 하나 이상의 제안을 가질 수 있다. 예제 F.1에는 `dym-members`가 있다.

- 각 제안 아래 `text`와 제안 타입을 제공한다. 이 경우에는 `term`이다. 그 아래에 타입 별 옵션을 넣는다. 텀 제안자의 경우 필수 옵션은 제안을 얻기 위해 사용하는 필드뿐이다. 이 경우, `members` 필드를 사용할 것이다.

> **노트** 예제 F.1이 정상 동작하려면 https://github.com/dakrone/elasticsearch-in-action에서 코드를 받고 샘플 데이터를 색인하기 위해 populate.sh를 실행해야 한다.

예제 F.1 멤버 오타를 수정하기 위해 텀 제안자 사용하기

```
curl localhost:9200/get-together/group/_search?pretty -d '{
  "query": {
   "match": {
     "members": "leee daneil"
   }
  },
  "suggest": {
   "dym-members": {          ← 각 제안은 이름을 가지고 있다.
     "text": "leee daneil",  ← 제안을 생성할 입력 텍스트
     "term": {               ← 제안자 타입
       "field": "members"    ← 제안할 필드
     }
   }
  }
}'
# 응답 스니팻
  "hits" : {                 ← 오타 때문에 검색 결과에 히트
   "total" : 0,                가 없다.
   "max_score" : null,
   "hits" : [ ]
  },
  "suggest" : {
   "dym-members" : [ {
```

```
      "text" : "leee",
      "offset" : 0,
      "length" : 4,
      "options" : [ {
        "text" : "lee",
        "score" : 0.6666666,
        "freq" : 3
      } ]
    }, {
      "text" : "daneil",
      "offset" : 5,
      "length" : 6,
      "options" : [ {
        "text" : "daniel",
        "score" : 0.8333333,
        "freq" : 1
      }]
    }]
```

입력 텍스트의 각 텀에 대해, 제안 배열을 얻는다.

제안만 필요하고 쿼리 결과는 필요하지 않다면, _suggest 엔드 포인트를 사용하고, 쿼리 객체를 생략해서, suggest 키워드를 둘러싸지 않는 페이로드^{payload}로 suggest 객체만 전달할 수 있다.

```
% curl localhost:9200/get-together/_suggest?pretty -d '{
  "dym-members": {
    "text": "leee daneil",
    "term": {
      "field": "members"
    }
  }
}'
```

쿼리를 실행하기 전 빠뜨린 텀을 확인하길 원할 때 유용하다. "결과를 찾지 못했습니다" 페이지를 반환하는 대신 키워드를 수정하도록 해준다.

랭킹 제안

기본적으로 텀 제안자는 각 제안한 텀에 대해 다수의 제안(size 값까지)을 제공한다. 제공한 텍스트에 얼마나 근접한 가로 제안을 정렬한다. 예를 들어, Willian을 제공하면 William과 Williams를 반환할 것이다. 물론 그것들이 색인에 사용 가능한 텀들 이라면, 이 두 값만 반환할 수 있다. 또한, 일래스틱서치는 초기 텀 Willian이 색인에 존재하지 않을 때만 제안을 제공할 것이다.

Williams를 William이나 Willian보다 더 검색할 가능성이 많은 Formula 1에 관한 문서들을 통해 검색하고 있다면, 이상적이진 않다. 그리고 아마 Willian이 색인에 실제 존재할지라도 Williams를 보여주길 원할 수 있다.

기대한 것처럼, 이 모든 것들을 변경할 수 있다. 기본 점수 대신 sort를 frequency로 변경해서 인기 단어를 더 높게 평가할 수 있다. 마지막으로 언제 제안을 보여줄지 결정하기 위해 suggest_mode를 변경할 수 있다. 기본값인 missing과 비교해서, popular는 높은 빈도의 텀을 생산하고, always는 어쨌든 제안을 제시한다.

다음 예제에서, 이벤트 참여자인 mick에 대한 가장 인기 있는 제안만을 얻을 것이다.

예제 F.2 텀에 대한 가장 인기 있는 제안 얻기

```
curl localhost:9200/get-together/_suggest?pretty -d '{
  "dym-attendees": {
    "text": "mick",
    "term": {
      "field": "attendees",          ← 가장 높은 점수를 가진 제안만 얻는다.
      "size": 1,
      "sort": "frequency",           ← 점수는 주어진 텀에 얼마나 근접한지보다
                                        제안의 빈도에 더 의존한다.
      "suggest_mode": "popular"      ← 주어진 텀 보다 높은 빈도를
    }                                   갖는 제안만 제공한다.
  }
}'
```

어떤 텀을 고려할지 선택하기

예제 F.2에서 마음을 끄는 제안을 얻었지만, 누가 그 자리를 위해 경쟁했는가? 어떤 제안이 우선 고려되는지 이해하기 위해 어떻게 텀 제안자가 동작하는지 보자.

전에 언급한 것처럼, 텀 제안자는 루씬의 스펠체커 모듈을 사용한다. 제공한 텀의 최대편집거리^{edit distance}에 있는 텀들을 색인에서 반환한다. 4장에서 퍼지 쿼리의 편집거리가 어떻게 동작하는지 예제를 봤다. 예를 들어, `mik`에서 `mick`을 얻으려면 한 문자를 추가해야 해서 편집거리가 1이다.

퍼지 쿼리^{fuzzy query}처럼 텀 제안자는 유연성과 성능의 균형을 맞추는 몇 가지 옵션을 가지고 있다.

- `max_edits` - 제공한 텀에서 제안될 수 있는 텀까지의 편집 거리를 제한한다. 성능적인 이유로 1과 2로 값을 제한하고, 기본값은 2다.
- `prefix_length` - 단어의 시작을 얼마나 많이 가정하는 것이 올바른가. 접두사가 클수록 일래스틱서치가 더 빨리 제안을 발견하지만, 접두사에 오타가 있을 위험도 높다. `prefix_length`의 기본값은 1이다.

성능을 중요시한다면 다음 옵션도 조절하길 원할 수 있다.

- `min_doc_freq`는 충분히 대중적인 텀으로 후보 제안을 한정한다.
- `max_term_freq`는 우선 입력 텍스트에서 대중적인 텀이 수정되지 않도록 한다.

www.elastic.co/guide/en/elasticsearch/reference/current/search-suggesters-term.html에서 더 상세한 문서를 발견할 수 있다.

정확도를 더 중요시한다면 구 제안자도 살펴보라. 특히 큰 필드에 더 좋은 제안을 제공한다.

F.1.2 구 제안자

구 제안자는 텀 제안자처럼 검색어 제안 기능도 제공하지만, 각 텀에 대한 제안을 주는 대신 전체 텍스트에 대한 제안을 준다. 이렇게 하면 여러 단어를 검색할 때 몇 가지 장점이 있다.

우선, 적용할 클라이언트 로직이 적다. 예를 들어, 입력 텍스트 abut using elasticsarch에 대한 텀 제안자를 사용하고 있다면, 아마 abut의 제안으로 about을 얻고, elasticsarch에 대해서는 elasticsearch를 제안받을 것이다. 애플리케이션은 using에 대한 제안이 없다는 것을 이해해서 "did you mean: about using elasticsearch." 같은 메시지를 구성해야 한다.

다음 예제에서 보는 것처럼, 구 제안자는 about using elasticsearch를 즉시 준다. 게다가 하이라이팅을 사용해서 원본 텀들 중 어떤 것이 정정됐는지 사용자에게 보여줄 수 있다.

예제 F.3 하이라이팅과 동작하는 구 제안자

```
curl localhost:9200/get-together/_suggest?pretty -d '{
  "dym-attendees": {
    "text": "abut using elasticsarch",
    "phrase": {                            ◄── 제안자 타입을 구로 변경
    "field": "description",
      "highlight": {
        "pre_tag": "<em>",                 하이라이팅은 부록 C에서 본
        "post_tag": "</em>"                것처럼 태그가 필요하다.
      }
    }
  }
}'
# 응답 스니팻
  "dym-attendees" : [ {
    "text" : "abut using elasticsarch",
    "offset" : 0,
    "length" : 23,
    "options" : [ {                        랭크 하고 하이라이트한 텍스트
      "text" : "about using elasticsearch",  전체 텍스트에 대한 제안
      "highlighted" : "<em>about</em> using <em>elasticsearch</em>", ◄──
      "score" : 0.004515128
    }, {
```

```
  "text" : "about using elasticsarch",
   "highlighted" : "<em>about</em> using elasticsarch",
   "score" : 0.002511514
 }, {
   "text" : "abut using elasticsearch",
   "highlighted" : "abut using <em>elasticsearch</em>",
   "score" : 0.0022977828
  }]
}]
```

랭크하고 하이라이트한 텍스트 전체 텍스트에 대한 제안

그 다음에 제안이 더 좋은 랭킹을 갖길 기대할 수 있다. 특히 책의 내용 같은 자연어를 검색한다면 그렇다. 구 제안자는 텀 제안자에 얼마나 텀들이 색인에 함께 발생하는지에 기반을 둬서 후보 구들에 가중치를 주는 새로운 로직을 추가해서 그렇게 한다. 이 랭킹 기술을 엔그램 언어 모델ngram-language model이라고 부르고, 검색하는 필드와 같은 내용을 갖는 싱글shingle 필드를 가지고 있다면 동작한다. 5장에서 논의한 싱글 토큰 필터를 사용해서 싱글을 얻을 수 있다. 즉, 색인을 적절히 생성하기 위해 매핑에 싱글을 설정해야 한다는 것을 의미한다는 것을 기억하자.

엔그램, 싱글, 엔그램 모델에 대한 부가 설명

엔그램은 주어진 연속적인 텍스트나 연설에서 근접하고 연속된 n개의 아이템으로 정의한다.[1] 이 아이템들은 문자나 단어일 수 있고, 일래스틱서치에서는 문자 엔그램은 엔그램이라고 하고, 단어 엔그램은 싱글이라고 말한다.

엔그램 모델은 기존 단어 엔그램의 빈도를 사용해서 다른 단어가 서로 이웃해 있을 가능성을 결정한다. 예를 들어, 훈련 데이터에서 hello fever 싱글보다 yellow fever를 더 발견한다고 가정하면, 음성 인식 장비는 hello fever보다 yellow fever를 좀 더 접할 가능성이 많다.

구 제안자는 엔그램 모델을 사용해서 싱글 필드에서 연이은 단어들이 발생하는 것에 기반을 둬서 후보 구들의 점수를 매긴다. John has yellow fever 같은 구 제안이 John has hello fever보다 높은 점수를 갖는 것을 기대할 수 있다.

---

1   https://en.wikipedia.org/wiki/N-gram

싱글 필드는 그림 F.3과 같이 얼마나 제안된 단어들이 서로 이웃해 발생하는지 확인해서 제안의 순위를 매기기 위해 사용한다.

기대하는 것처럼 이 과정의 상당 부분을 설정하도록 하는 옵션들이 많이 있고, 여기서 가장 중요한 것들을 논의할 것이다.

- 얼마나 후보 발생기들이 후보 텀들을 내놓는가

- 얼마나 전체 구들이 싱글 필드에 기반을 둬서 점수를 얻는가

- 얼마나 다른 크기의 싱글들이 제안 스코어에 영향을 주는가

- 어떻게 점수 혹은 실제로 결과를 내놓는지 아닌지 같은 다양한 기준에 기반을 둬서 제안을 포함하거나 제외하는가?

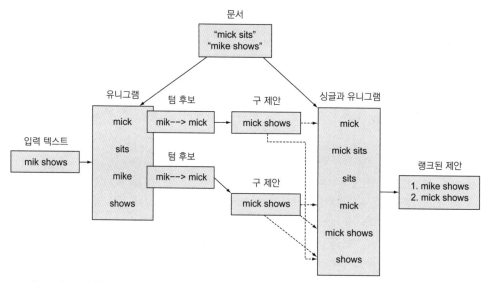

▲ **그림 F.3** 후보 제안을 싱글 필드에 기반을 둬서 순위 매긴다

후보 생성자

후보 생성자의 책임은 제공한 텍스트의 텀에 기반을 둬서 가능한 텀들의 목록을 내놓는 것이다. 1.4 버전에는 `direct_generator`라고 부르는 한 가지 타입의 후보 생성자만 있다.[2] 입력 텍스트의 모든 텀에 대한 제안을 찾는다는 점에서 텀 제안자와 유사한 방식으로 동작한다.

다이렉트 생성기는 `max_edits`나 `prefix_length`처럼 텀 제안자와 유사한 옵션을 가지고 있다. 그러나 구 제안자는 하나 이상의 생성기를 지원하고, 철자 검사(pre-filter) 전에 입력 텀에 적용하고 반환 전에 제안 텀에 적용하는 분석기도 명시하도록 해준다.

다중 생성기와 필터를 가지면 멋진 트릭을 할 수 있다. 예를 들어, 오타가 단어의 시작과 끝에 발생하기 쉽다면, 그림 F.4처럼 reverse token 필터를 이용해서 접두 문자 길이가 짧은 값 비싼 제안들을 회피하기 위해 다중 생성기를 사용할 수 있다.

예제 F.4에서 그림 F.4에서 본 것을 구현할 것이다.

- 우선, reverse token 필터를 포함하는 분석기가 필요할 것이다.
- 그다음에 두 개의 필드에 정확한 제품 설명을 색인 할 것이다. 하나는 표준 분석기로 분석한 것이고 하나는 역 분석기로 한 것이다.

제안자를 실행할 때, 두 개의 후보 생성기를 명시할 수 있다. 하나는 표준 필드에서 실행하는 것이고 하나는 역 프리 필터reverse pre-filter와 역 포스트 필터reverse post-filter를 사용하는 반전된reversed 필드에 실행하는 것이다.

---

2 2.4와 5.0.0-alpha5에서도 현재 direct_generator하나만 지원하고 있다. – 옮긴이
   https://www.elastic.co/guide/en/elasticsearch/reference/current/search-suggesters-phrase.html#_candidate_generators

660

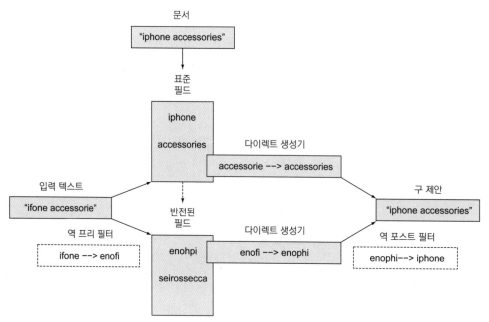

▲ **그림 F.4** 필터와 두 개의 다이렉트 생성기를 사용해 접두어와 접미어 오타를 정정한다

```
curl -XPUT localhost:9200/shop -d '{
  "settings": {
    "analysis": {
      "filter": {                                    역 토큰 필터
        "reversing": { "type": "reverse" }  ◄───┘
      },
      "analyzer": {
        "standard_reverse": {
          "type": "custom",
          "tokenizer": "standard",
          "filter": ["lowercase", "reverse"]  ◄───  토큰을 거꾸로 한다는 것을 제외하고 표준
        }                                            분석기와 유사한 분석기
      }
    }
  },
```

```
    "mappings": {
      "products": {
        "properties": {
          "product": {
            "type": "string",
            "fields": {
              "reversed": {
                "type": "string",
                "analyzer": "standard_reverse"
              }
            }
          }
        }
      }
    }
}'
curl -XPUT localhost:9200/shop/products/1 -d '{
  "product": "iphone accessories"
}'
curl -XPOST localhost:9200/shop/_suggest?pretty -d '{
  "dym": {
    "text": "ifone accesorie",
    "phrase": {
      "field": "product",
      "max_errors": 2,
      "direct_generator": [
        {
          "field": "product",
          "prefix_length": 3
        },
        {
          "field": "product.reversed",
          "prefix_length": 3,
```

product 필드는 표준 분석기로 분석하고 product.reversed는 뒤집는다.

max_errors는 하나의 제안에 얼마나 정정을 허락할지 설정한다.

정규 생성기는 접미 문자들을 정정하고, 역 생성기는 접두 문자들을 정정한다.

```
            "pre_filter": "standard_reverse",
            "post_filter": "standard_reverse"
        }
     ]
   }
 }
}'
```

응답 스니펫

```
   "text" : "iphone accessories",
       "score" : 0.48023444
   "text" : "iphone accesorie",          두 텀 다 제안에서 정정한다.
       "score" : 0.38765374
   "text" : "ifone accessories",
        "score" : 0.35540017
```

후보들을 점수 매기기 위해 싱글 필드 사용하기

좋은 후보를 가졌기 때문에 랭킹을 위해 싱글 필드를 사용할 것이다. 예제 F.5에서 상점의 제품 설명을 위한 다른 다중 필드를 정의하기 위해 싱글 토큰 필터를 사용할 것이다.

하나의 싱글 혹은 싱글 크기로 연이은 단어들을 얼마나 많이 허락할지 결정해야 한다. 보통은 성능과 정확도 간의 절충이다. 낮은 레벨의 싱글은 United States of America라고 색인한 텍스트에서 United States로 제안한 것에 가중치를 주는 것 같은 부분 일치를 얻는 데 필요하다. 높은 레벨의 싱글은 United States of Americas에서 United States of America 같은 긴 텍스트의 정확한 일치에 가중치를 주는 데 좋다. 문제는 싱글 크기를 추가할수록 색인이 커지고, 제안이 더 오래 걸린다는 것이다.

대부분의 사용 사례에서 좋은 균형은 1에서 3의 색인 크기다. min_shingle_size를 2로, max_shingle_size를 3으로 설정해서 그렇게 할 수 있다. 싱글 필터가 기본으로 유니그램을 출력하기 때문이다.

제 자리에서 싱글 필드와 함께 구 제안자의 필드로 명시해야 한다. 반면 정규 description 필드는 각 후보 생성기 아래로 간다.

예제 F.5 제안을 위한 더 좋은 랭킹을 얻기 위해 싱글 필드 사용하기

```
curl -XPUT localhost:9200/shop2 -d '{
  "settings": {
    "analysis": {
      "filter": {
        "shingle": {
          "type": "shingle",
          "min_shingle_size": 2,
          "max_shingle_size": 3
        }
      },
      "analyzer": {
        "shingler": {
          "type": "custom",
          "tokenizer": "standard",
          "filter": ["lowercase", "shingle"]
        }
      }
    }
  },
  "mappings": {
    "products": {
      "properties": {
        "product": {
          "type": "string",
          "fields": {
            "shingled": {
              "type": "string",
              "analyzer": "shingler"
            }
          }
        }
      }
    }
```

유니그램, 빅그램, 그리고 트리그램을 출력하는 싱글 분석기

싱글 분석기를 사용하는 필드

```
    }
  }
}'
curl -XPUT localhost:9200/shop2/products/1 -d '{
  "product": "iphone accesories"
}'
curl localhost:9200/shop2/_suggest?pretty -d '{
  "dym": {
    "text": "ifone accesorie",
    "phrase": {
      "field": "product.shingled",   ◄─┐
      "max_errors": 2,                  │  싱글 필드는 점수를 매기기 위해
      "direct_generator": [{            │  사용하고 유니그램은 후보들을
          "field": "product"      ◄─────┘  위해 사용한다.
      }]
    }
  }
}'
# 응답 스니펫
  "text" : "iphone accesories",  ◄─┐
      "score" : 0.44569767           │  첫 제안이 빅그램과 일치하기 때
  "text" : "ifone accesories",  ◄──┤  문에 예제 F.4보다 점수 차가 증가
      "score" : 0.16785859           │  한다.
  "text" : "iphone accesorie",  ◄──┘
      "score" : 0.16785859
```

다른 크기의 싱글들에 점수를 매기기 위해 스무딩 모델 사용하기

두 가지 가능한 제안을 보자. Elasticsearch in Action과 Elasticsearch is Auction이다. 색인이 트리그램 Elasticsearch in Action을 포함한다면, 이 제안이 더 높은 순위를 얻을 거라고 기대할 것이다. 하지만 텀 빈도만이 기준이고, 유니그램 auction이 색인에 여러 번 나온다면 Elasticsearch is Auction이 승리할지도 모른다.

대부분의 사용 사례에서, 싱글의 빈도뿐 아니라 싱글의 크기에 의해서도 점수를
주길 원한다. 다행히도 스무딩 모델Smoothing Model이 그렇게 한다. 기본적으로 일래스
틱서치는 구 제안자에서 스튜피드 백오프Stupid Backoff라는 알고리즘을 사용한다. 이
름은 단순하다는 것을 의미하지만, 잘 동작한다.[3] 가장 높은 차수의 싱글을 참조로
취한다-그림 F.5의 경우 트리그램이다. 트리그램이 없다면 빅그램을 찾지만 점수에
0.4를 곱한다. 빅그램이 없다면, 유니그램으로 가지만 점수를 0.4만큼 다시 낮춘다.
전체 과정은 그림 F.5에서 볼 수 있다.

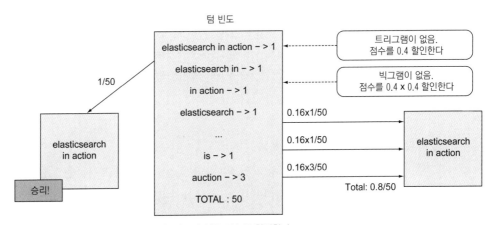

▲ 그림 F.5 스튜피드 백오프는 낮은 차수의 싱글 점수를 할인한다

0.4 승수는 discount 파라미터로 설정할 수 있다.

```
% curl localhost:9200/shop2/_suggest?pretty -d '{
  "dym": {
    "text": "ifone accesories",
    "phrase": {
      "field": "product.shingled",
      "smoothing": {
        "stupid_backoff": {
```

---

3 스튜피드 백오프(Stupid Backoff)는 내가 그런 단순한 알고리즘은 아마 동작할 수 없다고 가정했기 때문에 본래의
이름이었다. 동작한다는 것이 판명됐지만 이름은 그대로다. 더 상세한 내용은 www.aclweb.org/anthology/D07-
1090에 있다.

```
        "discount": 0.5
      }
    },
    "direct_generator": [{
        "field": "product"
    }]
  }
 }
}'
```

> **노트** 보통 스튜피드 백오프는 잘 동작하지만, 라플라스 스무딩(Laplace smoonthing) 혹은 선형 보간법(linear interpolation) 같은 사용 가능한 다른 스무딩 모델들이 있다. 더 많은 정보는 www.elastic.co/guide/en/elasticsearch/reference/current/search-suggesters-phrase.html#_smoothing_models를 방문하자.

다른 기준에 근거해서 제안 제외하기

엔그램 언어 모델에 기반을 둔 랭킹 제안 외에, 어떤 기준에 의해 그것들을 포함하거나 제외할 수 있다. 예제 F.4로 돌아가서 최대 텀의 수를 정정하는 제안만 허락하는 max_errors를 보자. 보통 max_errors를 낮은 값으로 설정하길 추천한다(기본값 1). 그렇지 않다면, 너무 많은 제안에 점수를 매겨야 해서 제안 요청이 오래 걸릴 것이다.

가능한 제안들을 점수나 실제 결과를 생산할지 여부 혹은 제안한 텍스트로 쿼리를 실행해야 하는지에 기반을 둬서 포함하거나 제외할 수도 있다.

점수로 필터링하기 위한 주 옵션은 confidence다. 점수가 높을수록, 입력 텍스트에 제안이 필요하지 않다는 것을 확신한다. 다음처럼 동작한다. 구 제안자가 입력 텍스트뿐 아니라 가능한 제안도 점수를 매긴다. confidence(기본값 1)를 곱한 입력 텍스트의 점수보다 적은 점수를 갖은 제안들을 제거한다. 값을 증가시키면 성능을 개선하고 "lucene/solar를 의미하나요?" 같은 당혹스러운 제안을 제거하도록 돕는다. 반면 너무 높은 값은 "solr panels"에 대한 제안들을 제공하는 것을 놓친다.

Confidence는 색인 자체에서 철자가 잘못된 단어들의 비율을 기술하는 real_word_error_likelihood(기본값 0.95)와 밀접하게 동작한다. 가능한 제안들은 이 값을 곱한 점수를 가져서, 제안으로 철자가 틀린 단어를 반환할 가능성을 줄인다.

그 제안의 점수가 (confidence를 곱한) 입력 텍스트보다 낮을 가능성이 높기 때문이다. 너무 낮게 설정하면, 좋은 제안도 놓칠 수 있긴 해서, 보통 real_word_error_likelihood를 색인에서 오 철자의 실제 가능성을 기술하는 값으로 설정하는 것이 가장 좋다.

마지막으로 제안한 쿼리가 어떤 결과도 반환하지 않으면 어떤 일이 발생하는 가? 매우 나쁜 상황이지만, 다행히도 각 제안에 대해 일래스틱서치가 확인하도록 할 수 있다. 다음 예제에서, 일래스틱서치가 오직 결과를 반환하는 제안만 내놓게 하려고 collate 옵션을 사용할 것이다. 쿼리를 명시해야 하고, 쿼리에서 제안을 {{suggestion}} 변수로 참조할 것이다. 어떻게 ifone accessories 같은 제안들이 목록에서 제거되는지 주목하자.

예제 F.6 어떤 제안들이 결과를 반환하는지 보기 위해 collate 사용하기

```
curl localhost:9200/shop/_suggest?pretty -d '{
  "dym-description": {
    "text": "ifone accesorie",
    "phrase": {
      "field": "product",
      "max_errors": 2,
      "collate": {
        "query": {
          "match": {
            "{{field_name}}": {
              "query": "{{suggestion}}",       ← 제안 텍스트는 이미 정의한 제안 변수에 있다.
              "operator": "AND"
            }
          }
        },
        "params": {
          "field_name": "product"              ← 쿼리는 파라미터로 전달할 수 있는 변수를 포함한다.
        }
      }
    }
  }
```

```
    }
}'
```
응답 스니펫
```
    "options" : [ {
      "text" : "iphone accessories",
      "score" : 0.3933509 }]
    }]
```

> **노트**　이것은 Mustache 템플릿(더 자세한 내용은 https://mustache .github.io)이고 이미 정의한 정규 쿼리를 위해 사용할 수도 있다. 쿼리 템플릿에 대한 더 자세한 내용은 여기서 발견할 수 있다.
>
> www.elastic.co/guide/en/elasticsearch/reference/current/query-dsl-template-query.html

Collating은 몇몇 나쁜 제안을 제거하는 데 잘 동작한다. 높은 비율의 나쁜 제안을 가지고 있다면, 구 제안자를 성공한 쿼리를 갖는 별도의 색인에 실행하는 것을 고려해 보아라. 이것은 많은 유지보수를 요구하지만, 훨씬 더 관련된 제안들을 얻을 수 있다. 그리고 그 색인이 아마 훨씬 작으므로, 성능도 더 좋을 것이다.

다음으로 자동완성 제안자에 관해 이야기할 것이다. 보통 아주 빠르고 관련성이 높아야 하므로, 분리된 색인에 실행할 가능성이 아주 높다.

F.2 자동완성 제안자

자동완성이 2005년에 끝내주는 기능이었다면, 지금은 당연한 기능이다. 자동완성이 없는 어떤 검색도 폐물처럼 보인다. 좋은 자동완성이 검색을 좀 더 빠르고 좋게 하도록 돕길 기대하지만(e를 입력하면 Elasticsearch를 찾고 있다는 것을 알아야 한다) 인기 있는 옵션들을 살피도록 허락하기도 한다("elasticsearch tutorial"은 실제로 좋은 생각이다!). 마지막으로 좋은 자동완성은 주 검색 시스템에 부하를 덜어줄 것이다. 특히 순간 검색식의 것들을 사용 가능하다면 그렇다(즉, 완전한 검색을 실행하지 않고 인기 결과로 바로 넘어갈 때).

좋은 자동완성은 빠르고 관련 있어야 한다. 사용자가 입력하면서 제안을 생성해야 하므로 빠르고, 결과가 없거나 유용하지 않을 가능성이 있는 쿼리를 제안하길 원하지 않기 때문에 관련이 있다.

별도의 색인에 성공한 제품이나 쿼리 같은 좋은 후보들을 유지해서 제안의 품질에 도움을 줄 수 있다. 그리고 나서 제안을 생성하기 위해서 4장에서 소개했던 프리픽스 쿼리prefix query를 실행할 수 있다. 하지만 원칙적으로 사용자가 다음 문자를 입력하기 전에 제안을 생성해야 하므로 그 쿼리들은 아주 빠르지 않을 수도 있다.

완성과 문맥 제안자는 더 빠른 자동완성을 생성하도록 돕는다. 루씬의 제안 모듈에 구성해서 데이터를 메모리에 유한 상태 변환기FSTs, finite state transducers로 유지한다. FSTs는 텀들을 압축하고 검색하기 쉬운 방법으로 저장할 수 있는 필수 그래프이다. 그림 F.6은 어떻게 index, search, 그리고 suggest 텀이 저장되는지 보여준다.

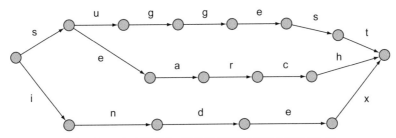

▲ **그림 F.6** 인 메모리 FSTs는 접두사에 기반을 둬 빠르게 제안을 얻도록 돕는다

실 구현은 다소 더 복잡하다. 예를 들어, weight를 추가하도록 하기 때문이다. 하지만 왜 인 메모리 FSTs가 빠른지 추측할 수 있다. 단지 경로를 따르고 그 접두사들이 search나 suggest에 이른다는 것을 보아야 한다.

이제 어떻게 자동 제안자가 동작하는지 볼 것이다. 그리고 나서 이전에 논의한 구 제안자가 단순한 텀 제안자의 확장인 것처럼 자동 제안자의 확장인 문맥 제안자Context Suggester로 변경할 것이다.

> **노트** 버전 2.0과 이후 버전에서 새로운 완성 제안자를 지원 계획이다. 현재 완성과 문맥 제안자의 모든 기능을 가지고 있고, 추가로 (지오 거리나 편집 거리에 기반을 둔 유연한 스코어링 같은) 몇 가지 기능을 더 가지고 있다. 기본 원리는 같긴 하다. 완성 제안자 버전 2에 대한 추가 정보는 https://github.com/elastic/elasticsearch/issues/8909에서 주 이슈를 살펴보라. 이 제안자가 출시 됐을 때, 제안자 페이지에서 갱신된 문서를 볼 것이다(www.elastic.co/guide/en/elasticsearch/reference/current/search–suggesters.html).

F.2.1 완성 제안자

자동완성을 위해 FSTs에 제안을 저장할 의도라는 것을 일래스틱서치에 말하려면, 매핑에 type을 completion으로 설정해서 필드를 정의해야 한다. 제안을 저장하는 가장 쉬운 방법은 다음 예제에서처럼 이미 색인한 필드에 그런 필드를 멀티 필드로 추가하는 것이다. 레스토랑 같은 장소를 색인하고 각 장소의 name 필드에 suggest 서브 필드를 추가할 것이다.

예제 F.7 기존 데이터에 기반을 둔 간단한 자동완성

```
curl -XPUT 'localhost:9200/places' -d '{
  "mappings": {
    "food": {
      "properties": {
        "name": {
          "type": "string",
          "fields": {
            "suggest": {                          제안들을 completion 필드에 저장할
              "type": "completion"   ◄───┐       것이다.
            }
          }
        }
      }
    }
  }
}'
curl -XPUT 'localhost:9200/places/food/1' -d '{
  "name": "Pizza Hut"
}'
curl 'localhost:9200/places/_suggest?pretty' -d '{
  "name-autocomplete": {
    "text": "p",
    "completion": {                      완성 제안 요청은 completion
      "field": "name.suggest"            필드에서 실행한다.
```

```
      }
    }
}'
#응답
"name-autocomplete" : [ {
  "text" : "p",
  "offset" : 0,
  "length" : 1,
  "options" : [ {
    "text" : "Pizza Hut",    ◄──── 색인한 이름을 제안으로 반환한다.
    "score" : 1.0
}]
```

    예를 들어, 결과에 순위를 매기지 않기 때문에, 이처럼 간단한 자동완성 구현이 충분하지 않다면, 유사도를 개선하도록 도울 수 있는 아주 적은 옵션들이 있다. 그중 어떤 것들은 색인 시간에 실행해야 하고(예를 들어, 각 제안에 가중치를 추가할 수 있다), 어떤 것들은 검색 시간에 동작한다(퍼지를 켤 수 있다). 이 모든 것 외에, 제안들은 순간 검색을 위해 사용할 수 있는 문서 ID를 저장할 수 있는 페이로드를 가질 수 있다.

색인 시에 유사도 개선하기

문자열 필드에 보통의 검색에서와 같이 입력 텍스트를 색인과 검색 시 모두 분석한다. Pizza Hut가 p와 매치하는 이유가 그것이다. index_analyzer와 search_analyzer 옵션을 통해 분석을 조정할 수 있다. 예를 들어, 대소문자를 구별하는 제안을 원한다면(즉 P만 매치하고 p는 아니다), 키워드 분석기keyword analyzer를 사용할 수 있다.

```
"suggest": {
  "type": "completion",
  "index_analyzer": "keyword",
  "search_analyzer": "keyword"
```

분석에 관한 추가 정보가 필요하다면, 6장에서 찾을 수 있다.

대부분의 경우 제안을 별도의 필드, 색인, 혹은 별도의 일래스트 클러스터에 유기하기도 할 것이다. 이렇게 하면 어떻게 실행하는지에 기반을 둬서 제안을 제어하길 원할 때 도움이 되고, 주 검색 시스템에서 별도로 제안자를 확장할 수도 있다.

제안이 다른 필드에 있을 때, 매치한 입력을 제공한 제안(출력)으로부터 분리할 수 있다. 예를 들어, 이와 같은 문서는 입력 텍스트 ph에 대해 iphone을 제안할 것이다.

```
{
  "name": {
    "input": "phone",
    "output": "iphone"
  }
}
```

또한, 다중 입력을 제공할 수 있다.

```
{
  "name": {
    "input": ["iphone", "phone"],
    "output": "iphone"
  }
}
```

결국 색인 시 제공한 가중치에 기반을 둬서 제안에 순위를 매길 수 있다. 다음 예제에서, 이 책의 대부분에서 실행해 왔던 모임(get-together) 사용 사례에 대한 그룹 태그에 자동완성을 구현하기 위해 입력, 출력, 가중치를 조합할 것이다.

예제 F.8 가중치, 입력, 출력 사용하기

```
curl -XPUT 'localhost:9200/autocomplete' -d '{
"mappings": {
  "group": {
    "properties": {
      "tags": { "type": "completion" }
    }
  }
}}'
curl -XPUT 'localhost:9200/autocomplete/group/1' -d '{
"tags": {
  "input": ["big data", "data"],
  "output": "big data",
  "weight": 8
}}'
curl -XPUT 'localhost:9200/autocomplete/group/2' -d '{
"tags": {
  "input": ["data visualization", "visualization"],
  "output": "data visualization",
  "weight": 5
}}'
curl 'localhost:9200/autocomplete/_suggest?pretty' -d '{
"tags-autocomplete": {
  "text": "d",
  "completion": {
    "field": "tags"
  }
}}'
# 응답
  "tags-autocomplete" : [ {
    "text" : "d",
    "offset" : 0,
    "length" : 1,
```

별도의 필드를 사용할 때 입력, 출력, 그리고 가중치를 분리할 수 있다.

```
    "options" : [ {
      "text" : "big data",
      "score" : 8.0
    }, {
      "text" : "data visualization",
      "score" : 5.0
    }]
  }]
```

제안들은 가중치로 순위
를 매긴 출력이다.

검색 시 유사도 개선하기

제안 요청을 실행할 때, 어떤 제안이 나타날지 결정할 수 있다. 다른 제안기들처럼 size는 얼마나 많은 제안을 반환할지 조정할 수 있도록 한다. 그리고 나서, 오타를 용인하길 원한다면, 제안 요청의 completion 객체 아래 fuzzy 객체가 필요하다. 퍼지 검색은 이 방법을 할 수 있게 해서, 다음과 같은 추가적인 옵션을 설정할 수 있다.

- fuzziness는 최대 허락하는 편집 거리를 명시하도록 한다.
- min_length에 어떤 길이의 입력 텍스트를 퍼지 쿼리하도록 할지 명시 한다.
- prefix_length는 첫 번째 문자를 정정하는 걸 고려해서 유연성의 비용에서 성능을 개선한다.

모든 그 옵션들이 제안 요청의 completion 객체 아래로 간다.

```
% curl 'localhost:9200/autocomplete/_suggest?pretty' -d '{
"tags-autocomplete": {
  "text": "daata",
  "completion": {
    "field": "tags",
    "size": 3,
    "fuzzy": {
      "fuzziness": 2,
      "min_length": 4,
      "prefix_length": 2
```

```
    }
  }
}}'
```

페이로드로 순간 검색 구현하기

많은 검색 솔루션은 제안을 클릭했을 때 검색을 실행하는 대신 바로 특정 결과로 갈수 있도록 한다. 그림 F.7은 사운드클라우드^{SoundCloud}의 예를 보여준다.

▲ **그림 F.7** 순간 검색은 실제 검색을 실행하지 않고 결과로 바로 갈 수 있도록 한다

일래스틱서치에서 이것을 구현하려면, completion 필드에 페이로드를 넣어야 하고, 페이로드는 제안하고 있는 문서의 ID일 것이다. 그리고 나서 다음 예제에서 하는 것처럼, 문서를 얻기 위해 ID를 사용할 수 있다.

예제 F.9 페이로드는 제안한 텍스트에 대해 검색하는 대신 문서를 얻도록 한다

```
curl -XPUT 'localhost:9200/autocomplete/_mapping/group' -d '{
"properties": {
  "name": {
    "type": "completion",
    "payloads": true          ◀──┤ Completion 필드의 매핑에
                                   페이로드 켜기
  }
}}'
curl -XPUT 'localhost:9200/autocomplete/group/3' -d '{
"name": {
  "input": "Elasticsearch San Francisco",   ◀──┤ 입력이 출력과 같다면 생략
  "payload": {                                    할 수 있다.
```

```
    "groupId": 3   ◄─────┐
  }                      │  문서에 페이로드 추가하기
}}'
curl 'localhost:9200/autocomplete/_suggest?pretty' -d '{
"name-autocomplete": {
  "text": "elastic",
  "completion": {
    "field": "name"
  }
}}'
# 응답
    "options" : [ {
      "text" : "Elasticsearch San Francisco",
      "score" : 1.0,
      "payload":{"groupId":3}  ◄─── 페이로드는 제안과 함께 돌
    } ]                              아온다. 이제 ID 3인 문서를
                                    얻을 수 있다.
```

완성 제안자는 입력 텍스트와 매치하는 모든 결과를 반환하고, 사운드클라우드 같은 경우 잘 동작할 수 있다. 그러나 모임 사이트 같은 어떤 사용 사례는 필터링이 필요하다. 즉, 오직 사용자와 상당히 근접한 이벤트만 제안하고 다른 것들은 무시하길 원한다. 이렇게 하려면, 완성 제안자 위에 필터링 기능을 추가해서 구성한 문맥 제안자Context Suggester가 필요할 것이다.

F.2.2 문맥 제안자

문맥 제안자는 카테고리(팀)나 지리 위치geo location일 수 있는 context를 필터할 수 있도록 한다. 이런 문맥을 사용하려면, 매핑에 명시하고 문서와 제안 요청에 문맥을 제공해야 한다.

매핑에 문맥 정의하기

매핑의 completion 필드에 하나나 그 이상의 context 값들을 추가할 수 있다. 각 문맥은 category나 geo일 수 있는 type을 가진다. geo 문맥은 precision 값을 명시해야 한다.

```
"name": {
  "type": "completion",
  "context": {
    "location": {
      "type": "geo",
      "precision": "100km"
    },
    "category": {
      "type": "category"
    }
  }
}
```

문맥의 내부

문맥은 완성 제안자가 사용하는 같은 FST 구조 위에서 동작한다. 필터링을 사용하게 하려면, 문맥은 실제 제안의 접두어로 사용될 것이다. search가 카테고리이고 루씬이 매치하고 싶은 텍스트라면 search_lucene처럼 말이다.

geo 문맥은 접두 문자가 abcde 같은 지오해시(geohash)다. 지오 검색에 대해 부록 A에서 본 것처럼, 지오해시는 지도에서 직사각형 지역을 나타내고, 문자열이 길수록 정확도가 높다. 예를 들어, gc는 영국과 아일랜드 대부분을 차지하는 직사각형이지만, gcp는 런던에서 사우샘프턴 (Southampton)만 지정한다.[4]

---

4 스냅샷은 GeohashExplorer에서 가져왔다. http://geohash.gofreerange.com/

지도의 하나의 지점을 줬을 때, 지오해시로 해시 길이에 따라 더 혹은 덜 정확히 근사치를 낼 수 있다. 제안들에 대해, 보통 관심 지점이 얼마나 현재 위치에 근접해야 하는지 반영하는 정확도를 선택한다. 예를 들어, 사용자가 햄버거 하나 살 때보다는 월별 이벤트를 위해 더 멀리 운전할 가능성이 있다고 가정했을 때, 레스토랑(10km 범위)이 get-together 이벤트(100km 범위)보다 더 정확한 해시와 동작할 것이다.

문서와 제안 요청에 문맥 추가하기

장소의 매핑과 함께 문서들의 `completion`의 `context` 필드 아래에 문서의 문맥을 넣을 수 있다.

```
{
  "name": {
    "input": "Elasticsearch Denver",
    "context": {
      "location": {
        "lat": 39.752337,
        "lon": -105.00083
```

```
      },
      "category": ["big data"]
    }
  }
}
```

제안을 불러올 때, completion 요청에도 context 값을 추가해야 한다.

```
% curl 'localhost:9200/autocomplete/_suggest?pretty -d '{
  "name-autocomplete": {
    "text": "denv",
    "completion": {
      "field": "name",
      "context": {
        "category": "big data",
        "location": {
          "lat": 39,
          "lon": -105
        }
      }
    }
  }
}'
```

문맥(그리고 완성) 제안자 에러 해결하기

보통, 문맥을 정의하고 요청에 문맥없이 문맥 제안자를 실행하면, 모든 샤드에서 에러를 받을 것이다.

```
"reason": "BroadcastShardOperationFailedException[[autocomplete][0] ];
nested: ElasticsearchException[failed to execute suggest]; nested: Elastics
earchIllegalArgumentException[suggester [completion] requires context to be
setup]; "
```

하지만 정말로 어떤 요청과 문서에만 문맥을 명시해야 한다면, 매핑에 기본값을 명시할 수 있다.

```
"name": {
  "type": "completion",
  "context": {
    "category": {?
      "type": "category",
      "default": "default_category"
    }
  }
}
```

그러고 나서 카테고리 없이 문서를 색인할 수 있다.

```
{
  "name": {
    "input": "test meeting"
  }
}
```

마지막으로 사용자가 어떤 필터링 문맥도 입력하지 않는다면, 애플리케이션에 기본값을 채워 넣을 수 있다. 이것은 지오 문맥을 사용할 때도 가능하다.

```
"name-autocomplete": {
  "text": "te",
  "completion": {
    "field": "name",
    "context": {
      "category": "default_category"
    }
  }
}
```

기능 관점에서 필요할 때 문맥 제안자, 필요하지 않을 때는 완성 제안자를 가지고 있는 것처럼 동작한다. 하지만 두 경우 모두 삭제한 문서에서 제안을 얻을지도 모른다. FSTs가 내부적으로 색인에서 각 루씬 세그먼트별로 생성되고, 세그먼트가 머지하면서(merging) 삭제될 때(FST도 삭제될 때)까지는 전혀 변경되지 않기 때문에 이런 문제가 발생한다. 3장의 기억을 되살려 본다면, 문서를 삭제할 때, 정말로 세그먼트에서 없어지지 않는다. 그저 삭제했다고 표시한다.

검색이 삭제한 문서를 필터링하기에 충분히 똑똑함에도, 최소한 버전 1.4에서 제안자는 그렇지 않다.[5] 이것이 새로운 완성 제안자(https://github.com/elastic/elasticsearch/issues/8909)에서 해결되기 전까지, 머지 정책을 변경하거나 옵티마이징을 실행해 색인에서 삭제한 문서들을 가능한 한 적게 가져가도록 함으로써 이 이슈를 우회할 수 있다. 머지에 대한 추가 정보는 10장의 10.2.2절로 가자.

---

5   2.4에서도 삭제한 문제를 제안자에서 같은 상황이며, 삭제한 문서를 결과에 노출하지 않으려면 optimize를 실행해야 한다. 5.x에서는 준 실시간 제안을 제공해서 삭제한 문서를 노출하지 않는다. 다음 문서를 참고하자. – 옮긴이
     https://www.elastic.co/guide/en/elasticsearch/reference/current/search-suggesters-completion.html

| 찾아보기 |

684

에이콘출판의 기틀을 마련하신 故 정완재 선생님 (1935-2004)

Elasticsearch in Action
일래스틱서치의 핵심 기능과 고급 기능

발 행 | 2016년 10월 31일

지은이 | 라두 게오르게·매튜 리 힌만·로이 루소
옮긴이 | 이재익·최중연·이승진·한우람

펴낸이 | 권 성 준
편집장 | 황 영 주
편 집 | 조 유 나

에이콘출판주식회사
서울특별시 양천구 국회대로 287 (목동)
전화 02-2653-7600, 팩스 02-2653-0433
www.acornpub.co.kr / editor@acornpub.co.kr

한국어판 ⓒ 에이콘출판주식회사, 2016, Printed in Korea.
ISBN 978-89-6077-910-5
ISBN 978-89-6077-103-1 (세트)
http://www.acornpub.co.kr/book/elasticsearch-in-action

이 도서의 국립중앙도서관 출판시도서목록(CIP)은 서지정보유통지원시스템 홈페이지(http://seoji.nl.go.kr)와
국가자료공동목록시스템(http://www.nl.go.kr/kolisnet)에서 이용하실 수 있습니다.(CIP제어번호: CIP2016025390)

책값은 뒤표지에 있습니다.